Matthias Scheck

Die Tätigkeit von Idealvereinen im Spannungsverhältnis zwischen Vereinsautonomie und kartellrechtlichen Verhaltensanforderungen

Matthias Scheck

Die Tätigkeit von Idealvereinen im Spannungsverhältnis zwischen Vereinsautonomie und kartellrechtlichen Verhaltensanforderungen

Tectum Verlag

Matthias Scheck

Die Tätigkeit von Idealvereinen im Spannungsverhältnis zwischen Vereinsautonomie und kartellrechtlichen Verhaltensanforderungen.

Zugl. Diss. Philipps-Universität Marburg 2012
ISBN: 978-3-8288-3049-3

Umschlagabbildung: © graph | shutterstock.de
Umschlaggestaltung: Heike Amthor
Druck und Bindung: CPI buchbücher.de, Birkach
Printed in Germany

Besuchen Sie uns im Internet
www.tectum-verlag.de

MIX
Papier aus verantwortungsvollen Quellen
FSC
www.fsc.org
FSC® C003147

Bibliografische Informationen der Deutschen Nationalbibliothek
Die Deutsche Nationalbibliothek verzeichnet diese Publikation in der Deutschen Nationalbibliografie; detaillierte bibliografische Angaben sind im Internet über http://dnb.ddb.de abrufbar.

Danksagung

Die vorliegende Arbeit wurde im Sommersemester 2012 vom Fachvereich Rechtswissenschaften der Philipps-Universität Marburg als Dissertation angenommen. Die Disputation fand am 05.07.2012 statt. Rechtsprechung und Literatur wurden bis zur Fertigstellung des Manuskripts im Februar 2012 berücksichtigt.

Zum Gelingen dieser Arbeit haben verschiedene Personen beigetragen, denen ich an dieser Stelle sehr herzlich danken möchte.

Zum einen geht mein Dank an Prof. Dr. Michael Kling, der es möglich gemacht hat, dass diese Arbeit entstehen konnte. Ihm sei für die Ideen und Ratschläge sowie die äußerst zügige Erstellung des Erstgutachtens gedankt, ebenso wie für die sehr angenehme und lehrreiche Zusammenarbeit während meiner Tätigkeit als wissenschaftlicher Mitarbeiter an seinem Lehrstuhl.

Herrn Prof. Dr. Johannes Wertenbruch danke ich für die zügige Erstellung des Zweitgutachtens, Herrn Prof. Dr. Horn für den angenehmen Vorsitz im Rahmen der Disputation.

Mein Dank geht auch an alle Kollegen und Freunde, die maßgeblich mit zur Erstellung dieser Arbeit beigetragen haben, sei es dadurch, dass sie wertvolle Hinweise sowie Ideen diskutiert und eingebracht haben, oder dadurch, dass sie Zeit geopfert haben, um das Korrekturlesen des umfangreichen Manuskripts zu übernehmen.

Nicht zuletzt geht mein Dank an meine Eltern, die mir die juristische Ausbildung bis hin zur Promotion mit ihrer bedingungslosen Unterstützung erst möglich gemacht haben, sowie an meine Freundin Stefanie für ihre großartige Unterstützung während aller Phasen der Erstellung dieser Arbeit.

Inhaltsverzeichnis

Abkürzungsverzeichnis

ABl.	Amtsblatt der Europäischen Union
Abs.	Absatz
AcP	Archiv für die civilistische Praxis
ADAC	Allgemeiner Deutscher Automobilclub
AEG	Allgemeines Eisenbahngesetz
AEUV	Vertrag über die Arbeitsweise der Europäischen Union
AfP	Zeitschrift für Medien- und Kommunikationsrecht
AG	Aktiengesellschaft
AG	Amtsgericht
AGB	Allgemeine Geschäftsbedingungen
AGBG	Gesetz zur Regelung des Rechts der Allgemeinen Geschäftsbedingungen
AktG	Aktiengesetz
AöR	Archiv des öffentlichen Rechts
ArbG	Arbeitsgericht
ArchBürgR	Archiv für Bürgerliches Recht
arg. e	argumentum e contrario
Art.	Artikel
AuR	Arbeit und Recht
Az.	Aktenzeichen
a.A.	andere Ansicht
a.E.	am Ende
a.F.	alte Fassung
BAG	Bundesarbeitsgericht
BayGO	Bayerische Gemeindeordnung
BayObLG	Bayerisches Oberstes Landesgericht
BayObLGZ	Entscheidungen des Bayerischen Obersten Landesgerichts in Zivilsachen
BayVBl.	Bayerische Verwaltungsblätter
BB	Betriebsberater
Bd.	Band
BGB	Bürgerliches Gesetzbuch
BGBl.	Bundesgesetzblatt
BGH	Bundesgerichtshof
BGHZ	Entscheidungen des Bundesgerichtshofs in Zivilsachen
BKartA	Bundeskartellamt
BMI	Body-Mass-Index
BT-Drucks.	Bundestagsdrucksachen
BR-Drucks.	Bundesratsdrucksachen
BVerfG	Bundesverfassungsgericht
BVerfGE	Entscheidungen des Bundesverfassungsgerichts
BVerwGE	Entscheidungen des Bundesverwaltungsgerichts
bzw.	Beziehungsweise
CaS	Causa Sport
CHF	Schweizer Franken

DB	Der Betrieb
dens.	Denselben
ders.	Derselbe
DEL	Deutsche Eishockey Liga Betriebsgesellschaft mbH
DFB	Deutscher Fußballbund e.V.
DFL	Deutsche Fußball Liga GmbH
dies.	dieselbe(n)
DOSB	Deutscher Olympischer Sportbund
DÖV	Die Öffentliche Verwaltung
DStR	Deutsches Steuerrecht
DVBl.	Deutsches Verwaltungsblatt
DVL	Deutsche Volleyball-Liga GmbH
d.h.	das heißt
EG	Europäische Gemeinschaft
EGBGB	Einführungsgesetz zum Bürgerlichen Gesetzbuch
EGMR	Europäischer Gerichtshof für Menschenrechte
EGV	Vertrag zur Gründung der Europäischen Gemeinschaft
EIBV	Verordnung über den diskriminierungsfreien Zugang zur Eisenbahninfrastruktur und über die Grundsätze zur Erhebung von Entgelt für die Benutzung der Eisenbahninfrastruktur
ELPA	Elliniki Leschi Aftokinitou kai Perigiseon (Griechischer Automobil- und Reiseclub)
EKMR	Europäische Kommission für Menschenrechte
EMRK	Konvention zum Schutze der Menschenrechte und Grundfreiheiten
Entsch.	Entscheidung
EnWG	Gesetz über die Elektrizitäts- und Gasversorgung
EU	Europäische Union
EuG	Europäisches Gericht Erster Instanz
EuGH	Europäischer Gerichtshof
EuGRZ	Europäische Grundrechtezeitschrift
EuR	Europarecht
EUV	Vertrag über die Europäische Union
EWR	Europäischer Wirtschaftsraum
EWS	Europäisches Wirtschafts- und Steuerrecht
EuZW	Europäische Zeitschrift für Wirtschaftsrecht
e.V.	eingetragener Verein
f./ff.	Folgende
FamRZ	Zeitschrift für das gesamte Familienrecht mit Betreuungsrecht, Erbrecht, Verfahrensrecht, Öffentlichem Recht
FC	Fußballclub
FCI	Fédération Cynologique Internationale (Internationaler Hundezuchtdachverband)
FIA	Fédération Internationale de l'Automobile (Internationaler Automobildachverband)
FIBA	Fédération Internationale de Basketball (Weltbasketballverband)

FIFA	Fédération Internationale de Football Association (Internationaler Fußballverband)
FINA	Fédération Internationale de Natation (Internationaler Schwimmverband)
FIS	Fédération Internationale de Ski (Internationaler Skiverband)
FKVO	Verordnung (EG) Nr. 139/2004 des Rates vom 20. Januar 2004 über die Kontrolle von Unternehmenszusammenschlüssen („EG-Fusionskontrollverordnung")
FLF	Fédération Luxembourgeoise de Football (Luxemburgischer Fußballverband)
FS	Festschrift
GbR	Gesellschaft bürgerlichen Rechts
GewArch	Gewerbearchiv
GG	Grundgesetz
ggf.	Gegebenenfalls
GmbH	Gesellschaft mit beschränkter Haftung
GmS-OBG	Gemeinsamer Senat der obersten Gerichtshöfe des Bundes
GO NRW	Gemeindeordnung für das Land Nordrhein-Westfalen
GRC	Charta der Grundrechte der Europäischen Union
GRUR	Gewerblicher Rechtsschutz und Urheberrecht
GRUR-RR	Gewerblicher Rechtsschutz und Urheberrecht Rechtsprechungs-Report
GS	Gedächtnisschrift
GWB	Gesetz gegen Wettbewerbsbeschränkungen
HbStR	Handbuch des Staatsrechts
HessGO	Hessische Gemeindeordnung
h.M.	herrschende Meinung
IOC	Internationales Olympisches Komitee
i.S.v.	im Sinne von
i.V.m.	in Verbindung mit
JR	Juristische Rundschau
Jura	Juristische Ausbildung
JuS	Juristische Schulung
JW	Juristische Woche
JZ	Juristenzeitung
Kap.	Kapitel
KG	Kammergericht
KGaA	Kommanditgesellschaft auf Aktien
LAG	Landesarbeitsgericht
LG	Landgericht
lit.	Littera
LM	Lindenmaier-Möhring – Kommentierte BGH-Rechtsprechung
MDR	Monatsschrift für Deutsches Recht
Mio.	Millionen
MLS	Major League Soccer
MOTOE	Motosykletistiki Omospondia Ellados (griechischer Motorradsportverband)
Mrd.	Milliarden

m.w.N.	mit weiteren Nachweisen
NAAT	no appreciable affectation of trade
NdsGO	Niedersächsische Gemeindeordnung
NJW	Neue Juristische Wochenschrift
NJW-RR	Neue Juristische Wochenschrift Rechtsprechungs-Report
Nr.	Nummer
NVwZ	Neue Zeitschrift für Verwaltungsrecht
NZA	Neue Zeitschrift für Arbeitsrecht
NZA-RR	Neue Zeitschrift für Arbeitsrecht Rechtsprechungs-Report
NZG	Neue Zeitschrift für Gesellschaftsrecht
NZS	Neue Zeitschrift für Sozialrecht
n.F.	neue Fassung
OLG	Oberlandesgericht
OLGZ	Entscheidungen der Oberlandesgerichte in Zivilsachen
RabelsZ	Rabels Zeitschrift für ausländisches und internationales Privatrecht
RdA	Recht der Arbeit
RG	Reichsgericht
RGRK	Das Bürgerliche Gesetzbuch mit besonderer Berücksichtigung der Rechtsprechung des Reichsgerichts und des Bundesgerichtshofes
RGZ	Entscheidungen des Reichsgerichts in Zivilsachen
Rn.	Randnummer
PostG	Postgesetz
Rs.	Rechtssache
S.	Seite
SGB	Sozialgesetzbuch
SGG	Sozialgerichtsgesetz
Slg.	Sammlung der Rechtsprechung des Europäischen Gerichtshofes und des Gerichts Erster Instanz
sog.	sogenannte(r/s)
SpuRt	Sport und Recht
SSV	Spiel- und Sportverein
SV	Sportverein
TKG	Telekommunikationsgesetz
TVG	Tarifvertragsgesetz
u.	Und
UCI	Union Cycliste International (Internationaler Radsportverband)
UEFA	Union des Associations Européennes de Football (Europäischer Fußballverband)
US / USA	United States / United States of America
UWG	Gesetz gegen den unlauteren Wettbewerb
u.a.	unter anderem / und andere
v.	von / vom
verb.	Verbundene
VDH	Verband für das Deutsche Hundewesen e.V.
VfL	Verein für Leibesübungen

vgl.	Vergleiche
VO	Verordnung
VVE	Vertrag über eine Verfassung für Europa
VwVfG	Verwaltungsverfahrensgesetz
WM	Wertpapiermitteilungen
WRP	Wettbewerb in Recht und Praxis
WuW	Wirtschaft und Wettbewerb
ZEuP	Zeitschrift für Europäisches Privatrecht
ZfA	Zeitschrift für Arbeitsrecht
ZGB	Schweizerisches Zivilgesetzbuch
ZGR	Zeitschrift für Unternehmens- und Gesellschaftsrecht
ZHR	Zeitschrift für das gesamte Handels- und Wirtschaftsrecht
ZIP	Zeitschrift für Wirtschaftsrecht
Ziff.	Ziffer
ZUM	Zeitschrift für Urheber- und Medienrecht
ZWeR	Zeitschrift für Wettbewerbsrecht
z.B.	zum Beispiel

Einleitung und Problemaufriss

Deutschland einig Vereinsland: 580.298 eingetragene Vereine zählte die Bundesrepublik bei der fünften Vereinszählung im Sommer 2011.[1] Betrachtet man die vielfältigen Tätigkeiten von Vereinen, ausgehend von den Sportvereinen und Parteien über die Automobilclubs[2] und Jugendvereine bis hin zu sozialen und Tierschutzvereinen, um nur einige wenige Vereinstypen zu nennen, so fällt auf, dass Vereine aus dem täglichen Leben nicht mehr wegzudenken sind.

Die Zusammenschlüsse unterschiedlichster Menschen zu unterschiedlichsten Zielen haben neben einem individuellen Zweck auch gesellschafts- und sozialpolitische Auswirkungen, hat doch jeder gemeinsame Zusammenschluss mit dem damit verbundenen Engagement Einfluss auf die Gesellschaftsordnung und einen positiven Effekt auf das menschliche Miteinander. So können sich die Mitglieder und Vereine untereinander bei der Verwirklichung von Aufgaben, gerade in den zunehmend komplexen technischen und ökonomischen Bedingungen unserer Zeit, unterstützen.[3] Zudem ermöglicht der Zusammenschluss die Teilhabe an Veranstaltungen, Ausstellungen, Einrichtungen oder Subventionen[4] und die Entstehung eines gemeinsamen Gefühls der Stärke und der Zugehörigkeit. Dies hat die Befriedigung eines emotionalen Bedürfnisses[5] und die Entwicklung eines gesellschaftlichen Wertes[6] zur Folge. Das Verlangen, sich mit Gleichgesinnten zusammenzuschließen, wird so folgerichtig als Grundelement des sozialen Lebens[7] und als eines der tragenden Elemente in der europäischen Gesellschaft und ihrer politischen Kultur[8] eingestuft. Die abschätzige Bemerkung des Abgeordneten *Stadthagen* im Rahmen der zweiten Beratung zum BGB im Plenum des Reichstages am 19.06.1896, dass man sich nochmal überlegen solle, im Deutschen Reich die Ver-

1 http://www.registeronline.de/vereinsstatistik/2011/ (zuletzt abgerufen am 11.12.2011). Bei dieser Vereinszählung handelt es sich nicht um eine Erhebung seitens öffentlicher Stellen. So kennen weder das Statistische Bundesamt noch die Statistischen Landesämter die genaue Anzahl der Vereine. Für die Vereinszählung hat vielmehr die privatrechtliche V & M Service GmbH die einzelnen ca. 600 Vereinsregister durchsucht. Eine insoweit zumindest halbwegs greifbare Zahl an eingetragenen Vereinen ist daher gegeben.

2 Gerade die Automobilclubs haben alleine aufgrund ihrer Mitgliederzahl eine besondere Bedeutung. So ist der Allgemeine Deutsche Automobil-Club (ADAC) mit seinen 17,5 Mio. Mitgliedern (http://www.adac.de/wir-ueber-ns/unternehmensdarstellung/default.aspx?ComponentId=73849&SourcePageId=73382; zuletzt abgerufen am 14.11.2011) größter Verein Deutschlands, vgl. *Schöpflin* in: Bamberger/Roth, § 21 Rn. 67.

3 *Weick* in: Staudinger, Einl. zu §§ 21 ff. Rn. 6; *Hemmerich*, Möglichkeiten und Grenzen wirtschaftlicher Betätigung von Idealvereinen, S. 82 f.

4 Vgl. hierzu und generell zu vereinsspezifischen Vorteilen: *Birk*, JZ 1972, 343, 344 f. und *Weisbrod*, Europäisches Vereinsrecht, S. 8 ff.

5 *Meyer-Cording*, Die Vereinsstrafe, S. 1 & 4; *Birk*, JZ 1972, 343, 344.

6 *Weisbrod*, Europäisches Vereinsrecht, S. 9 f.

7 *Weick* in: Staudinger, Einl. zu §§ 21 ff. Rn. 6.

8 *Weisbrod*, Europäisches Vereinsrecht, S. 10.

einstätigkeit privatrechtlich regeln zu wollen, da man ohne die Einbeziehung der Parteien in das Vereinsrecht alleine Skat-, Kegel-, Sauf- und Rauchvereinen die Rechtsfähigkeit gebe[9], erweist sich damit aus heutiger Sicht als überholt.

Das soziologische Bedürfnis nach Zusammenschlüssen wurde bereits im Altertum erkannt, als die ersten Vereine gegründet wurden[10]. Auch im römischen Privatrecht, welches Einfluss auf die meisten europäischen Privatrechtsordnungen wie auch das Bürgerliche Gesetzbuch hatte, waren Vereine zwar nicht als eigenständige Rechtssubjekte, so aber doch als Zusammenschlüsse von Personen in den Formen der *collegia*, *sodalitates*, *sodalicia* oder *corpora* bekannt[11]. Bereits im römischen Vereinsrecht galt der Grundsatz, dass die inneren Angelegenheiten des Vereins der Regelung in der Satzung vorbehalten waren (*lex collegii*).[12] Auch im germanischen Recht stand jedem Zusammenschluss die Befugnis zu, sich sein Recht selbst zu setzen.[13] Daran hat sich auch im geltenden deutschen Privatrecht nichts geändert. Eine so genannte Vereinsautonomie, als die Befugnis eines Vereins, sich seine innere Ordnung selbst zu geben und damit das Vereinsleben selbst zu regeln[14], wird vielmehr allgemein angenommen.

Dass hierbei dennoch eine vollkommene Freiheit nicht gegeben sein kann, liegt auf der Hand: Zu vielfältig sind die vereinssoziologischen Berührungspunkte, sei es nach außen im Rechtsverkehr oder nach innen, wenn es sich um das Verhältnis der Vereine zu ihren Mitgliedern handelt. Gerade bei Letzterem ist einiges an Spannungspotenzial zu beobachten, wenn es darum geht, die einzelnen Rechtssphären miteinander in Ausgleich zu bringen.[15] Daher hat auch die deutsche Rechtsprechung, zwar zunächst zögerlich, aber nun immer mehr, eine Überprüfung von Vereinstätigkeiten anhand der Rechtsordnung vorgenommen. Man denke in diesem Zusammenhang nur an die entwickelten Grundsätze der Überprüfung der Rechtmäßigkeit von Vereinsstrafen.[16]

---

9 Reichstagsprotokolle, Band 146, 1895/97, S. 2745; Vgl. auch *Mugdan*, Materialen zum BGB I, S. 995.

10 Vgl. Reichert, Vereins- und Verbandsrecht, Rn. 18 m.w.N. in der Fußnote; Weisbrod, Europäisches Vereinsrecht, S. 53.

11 *Kaser/Knüter*, Römisches Privatrecht, § 17 Rn. 2, 9.

12 *Reichert*, Vereins- und Verbandsrecht, Rn. 19; *Kaser/Knütel*, Römisches Privatrecht, § 17 Rn. 11.

13 *v. Gierke*, Deutsches Privatrecht I, S. 144.

14 BVerfG NJW 1979, 699, 706; BVerfG NJW 1996, 1203; BGH DStR 2000, 289; *Ellenberger* in: Palandt, § 25 Rn. 7; *Kemper* in: v. Mangoldt/Klein/Starck, Art. 9 Rn. 40 f.; *Weick* in: *Staudinger*, Vorbem. zu §§ 21 ff. Rn. 35; *Schwarz/Schöpflin* in: Bamberger/Roth, § 21 Rn. 55; *Westermann* in: Erman, § 25 Rn. 2; *Sauter/Schweyer/Waldner*, Der eingetragene Verein, Rn. 39a; *Reuter* in: Münchener Kommentar, § 40 Rn. 1.

15 Vgl. *Ellenberger* in: Palandt, § 25 Rn. 7; *Schwarz/Schöpflin* in: Bamberger/Roth, § 21 Rn. 56; *Teubner*, Organisationsdemokratie, S. 312; *Röthel/Vieweg*, ZHR 166 (2002), 6, 11 f.

16 Siehe hierzu ausführlich unter B. V. 2. b) aa).

Darüber hinaus stellt die Rechtsprechung auch kartellrechtliche Beschränkungen für die Tätigkeiten von Vereinen und Verbänden auf. Dabei ist natürlich zuerst an die Problematik der Aktivitäten von Sportverbänden hinsichtlich der Zentralvermarktung von Sportereignissen oder aber bei Dopingsperren zu denken. Mag bei derartigen Vereinigungen, die inzwischen nicht wenig wirtschaftliche Tätigkeit ausüben[17], eine Anwendung des Kartellrechts bereits auf den ersten Blick naheliegen, so erscheint eine kartellrechtliche Beurteilung von Tätigkeiten kleinerer Vereine ungewöhnlich und wird ihren Entscheidungsträgern und Mitgliedern nicht immer gleich einleuchten. Denn diese Vereine orientieren sich noch mehr am Leitbild des Idealvereins und weisen daher nur sehr geringe wirtschaftliche Betätigungsfelder auf. Dennoch hat die – auch europäische – Rechtsprechung hier ebenfalls keinen Halt vor der Vereinsautonomie gemacht und zuletzt die Anwendbarkeit des Kartellrechts noch befeuert.

Allen voran stehen die Entscheidungen des Europäischen Gerichtshofs (EuGH), wonach Sportverbände nicht nur unmittelbar den Anforderungen der Grundfreiheiten unterworfen werden – siehe hierzu exemplarisch das *Bosman*-Urteil[18] –, sondern neuerdings auch die Vorschriften des europäischen Kartellrechts (Art. 101, 102 AEUV) anzuwenden sind. Für Aufsehen haben in diesem Zusammenhang die Entscheidungen *Meca-Medina*[19] und *MOTOE*[20] gesorgt. Im ersten Urteil ging es um zwei Langstreckenschwimmer, die wegen eines erwiesenen Doping-Vergehens vom Internationalen Schwimmverband FINA aufgrund von Anti-Doping-Regularien für zunächst vier, später für zwei Jahre gesperrt worden waren und diese Doping-Regeln vor dem EuGH unter anderem wegen Verstoßes gegen kartellrechtliche Bestimmungen angriffen. Im Ergebnis sah der EuGH in den Regeln der FINA und des Internationalen Olympischen Komitees (IOC) keinen Kartellrechtsverstoß, bejahte aber dennoch unter gewissen Voraussetzungen die Anwendbarkeit des Kartellrechts auch auf sportverbandliche Regelwerke. Nur wenn das Regelwerk auf das zum ordnungsgemäßen Funktionieren eines sportlichen Wettkampfs Notwendige begrenzt bleibe, seien die kartellrechtlichen Bestimmungen tatbestandlich nicht anwendbar.[21] Daran anschließend entschied der EuGH im *MOTOE*-Fall, dass der griechische Automobil- und Reiseclub ELPA hinsichtlich seiner Tätigkeit zur Genehmigung der Durchführung von Motorsportveranstaltungen wegen seiner eigenen Tätigkeit in diesem Bereich und wegen des Abschlusses von Sponsoring-,

---

17 In der Saison 2008/2009 hatten z.B. die 36 Profivereine der 1. und 2. Fußball-Bundesliga, die in der DFL zusammengeschlossen sind, einen kumulierten Gesamtumsatz von über zwei Milliarden Euro, vgl. Welt Online vom 27.01.2010: Die Fußball-Bundesliga trotzt der Finanzkrise: http://www.welt.de/sport/fussball/article6003474/Die-Fussball-Bundesliga-trotzt-der-Finanzkrise.html (zuletzt abgerufen am 14.11.2011).

18 EuGH Rs. C-415/93 (*Bosman*), Slg. 1995, I-4921, Rn. 69 ff.

19 EuGH Rs. C-519/04 P (*Meca-Medina*), Slg. 2006, I-6991.

20 EuGH Rs. C-49/07 (*MOTOE*), Slg. 2008, I-4863.

21 EuGH Rs. C-519/04 P (*Meca-Medina*), Slg. 2006, I-6991, Rn. 43 ff.

Werbe- und Versicherungsverträgen hierfür, als Unternehmen anzusehen und daher an die kartellrechtlichen Maßstäbe gebunden sei.

Auch im nationalen Recht wird inzwischen weitgehend Kartellrecht auf Idealvereine angewendet. So hat zuletzt der 1. Kartellsenat des OLG Düsseldorf in seinem Urteil vom 11.02.2009 (Az.: VI-U 13/08)[22] eine bundesweite Dachorganisation von Brieftaubenzüchtern maßgeblich aufgrund des kartellrechtlichen Beschränkungsverbotes, § 19 GWB, dazu verpflichtet, über Zulassungsanträge von elektronischen Systemen zur Messung von Flugzeiten nach ausschließlich sachbezogenen Kriterien diskriminierungsfrei zu entscheiden. Hintergrund war hier, dass der Brieftaubendachverband exklusiv über die Zulassung von Zeiterfassungssystemen für den deutschen Brieftaubensport bestimmt und daher für Anbieter dieser Messsysteme ein vitales Interesse besteht, mit ihren Produkten zugelassen zu werden. Der klagende Anbieter solcher Messsysteme erhielt für sein neues Produkt keine Zulassung durch den Verband, da sein System nicht sämtliche korrespondierenden Brieftaubenringe aller zugelassenen Anbieter erfassen konnte. Der Senat entschied, dass ein solches Kriterium der allgemeinen Kompatibilität sachgerecht sei, nicht jedoch die ebenfalls geltend gemachte Abhängigkeit der Zulassung von einer Nachrüstung alter Messgeräte auf alle aktuell codierten Ringe.

Noch weiter geht ein Urteil des 6. Zivilsenats des OLG Karlsruhe vom 10.12.2008 (Az.: 6 W 92/08)[23]. Hier wurde das Kartellrecht im Innenverhältnis zwischen einem Hundezüchterverein und eines seiner Mitglieder angewendet. Der Verein wurde daraufhin wegen des Diskriminierungsverbots nach § 20 GWB dazu verurteilt, es zu unterlassen, dem Mitglied die für die Züchtung von Hunden erforderlichen Maßnahmen mit der Begründung zu verweigern, das Mitglied gehöre noch einem anderen Verein an, welcher nicht Mitglied im Dachverband Verband für das Deutsche Hundewesen e.V. (VDH) ist. Diese entsprechende Bestimmung, welche sogar zum Vereinsausschluss führen kann, wurde dabei von der Dachorganisation vorgegeben.

Von diesen Entscheidungen ausgehend – sie sollen im Rahmen der Arbeit immer wieder aufgegriffen werden – stellen sich Fragen: Inwieweit stellt das Kartellrecht generell einen beschränkenden Maßstab für die Tätigkeit von Idealvereinen und Verbänden dar? Denn die Probleme, die damit einhergehen liegen auf der Hand: Fällt ein Verein mit grundsätzlich ideeller Zwecksetzung überhaupt unter den sachlichen Anwendungsbereich des Kartellrechts oder ab wann kann dieses der Fall sein? Und falls dies bejaht wird, welche dieser Tätigkeiten unterliegen dem Schutz der Vereinsautonomie, sowie nachfolgend: In welchem Maße kann das Kartellrecht diese im Rahmen verfassungsrechtlicher Vorgaben einschränken? Ferner ist die

22 Vgl. den redaktionellen Leitsatz in GRUR-RR 2009, 397.
23 GRUR-RR 2009, 112 ff.

Frage nach der Beweislastverteilung bei möglichen kartellrechtlichen Rechtfertigungen durch vereinsautonome, ideelle Gesichtspunkte zu stellen.

Außerdem ist andererseits fraglich, inwieweit ein Mitglied oder ein Dritter, dessen Interessen mit jenen eines Vereins in Konflikt stehen, Schutz vor vereinsautonomen Entscheidungen von Vereinsgremien verdient. Denn auch hier können gewichtige Interessen betroffen sein, denke man nur an die Sportverbände, welche mit ihren Regelungen Zulassungskriterien aufstellen und damit z.B. die wirtschaftliche Entfaltungsmöglichkeit von Sportlern entscheidend einschränken können. Daran schließt sich die Frage an, ob das Kartellrecht hierfür der richtige Beurteilungsmaßstab ist.

Die vorliegende Arbeit befasst sich mit diesen grundsätzlichen Fragen und leistet einen Beitrag zu dem in der Literatur bisher nur im Bereich des Sports diskutierten[24] Spannungsverhältnis zwischen Vereinstätigkeiten im Dunstkreis der Vereinsautonomie und kartellrechtlichen Anforderungen. Im ersten Kapitel sollen die Vereinsautonomie und ihre bisherigen Beschränkungen im deutschen Recht beleuchtet werden. Das zweite Kapitel befasst sich mit der gleichen Fragestellung aus europäischer Sicht, ehe im dritten Kapitel die Problematik der Abgrenzung zwischen ideeller Zwecksetzung und Außenwirkung dargestellt wird. Das vierte Kapitel ist unterteilt in die Untersuchung der Frage, ob das Kartellrecht im Rahmen der grundrechtlichen Gewährleistung der Vereinsautonomie Beschränkungsmöglichkeit derselben sein kann, und andererseits in die Frage nach der tatbestandsmäßigen Anwendbarkeit des Kartellrechts auf Idealvereine und ihre Tätigkeiten. Das fünfte Kapitel befasst sich mit den einzelnen kartellrechtlichen Anforderungen und den Fragen, inwiefern dort ideelle Zwecksetzungen beachtet werden können, ehe abschließend auf Beweislastfragen eingegangen wird.

Zudem sollen je Bezüge auch und gerade zum europarechtlichen Kartellrecht der Art. 101, 102 AEUV geschaffen werden. Man denke insoweit nur an Vereine mit Bedeutung über das Gebiet eines Mitgliedslandes hinaus und an einen möglichen Konflikt mit der Vereinigungsfreiheit in Art. 12 Abs. 1 der Grundrechtecharta der Europäischen Union (GRC) sowie den Einflüssen, welche die Grundfreiheiten auf diese Konstellationen haben können.

Eine solch umfassende Betrachtung kann angesichts der Vielfältigkeit und der dadurch im Einzelfall bestehenden Komplexität von Vereinstätigkeiten naturgemäß

---

24 Dort beispielsweise: *Hannamann*: Kartellverbot und Verhaltenskoordination im Sport, passim; *Grätz*, Missbrauch der marktbeherrschenden Stellung durch Sportverbände, passim; *Bagger*, Die kartellrechtlichen Grenzen bei der Vergabe von Bundesligaübertragungsrechten, passim; *Tyrolt*, Sportschiedsgerichtsbarkeit, S. 185 ff.; *Zinger*, Diskriminierungsverbote und Sportautonomie, S. 72 ff.; Schürnbrand, ZWeR 2005, 396 ff.; *Heermann*, WuW 2009, 394 ff. und 489 ff.; *ders.*, WRP 2009, 285 ff.; *ders.*, CaS 2006, 345 ff.; *Deselaers*, WuW 1998, 946 ff.; *Fleischer*, WuW 1996, 473 ff.; *Schwarze/Hetzel*, EuR 2005, 581 ff.

nicht alle Fallgestaltungen exakt abbilden. Insofern musste eine Beschränkung auf einzelne Beispiele erfolgen. Im Übrigen sei die Arbeit als Grundlage für weitere Überlegungen im Einzelfall verstanden.

1. Kapitel: Die Vereinsautonomie und ihre Schranken im deutschen Recht

Für das weitere Verständnis des Spannungsverhältnisses zwischen Vereinsautonomie und Kartellrecht ist es zunächst unumgänglich, die Grundbegriffe Verein und Verband zu definieren sowie die Vereinsautonomie samt ihrer grundsätzlichen Beschränkungsmöglichkeiten darzustellen.

I. Der Verein

Der Begriff des Vereins wird im Bürgerlichen Gesetzbuch (BGB) nicht definiert. Die privatrechtlichen Regelungen der §§ 21–79 BGB setzen vielmehr diesen Begriff bereits voraus.

1. Definition

Das Reichsgericht hat den Vereinsbegriff in einer Entscheidung aus dem Jahr 1905 erstmals konkretisiert. Demnach ist ein Verein

> *„eine dauernde Verbindung einer größeren Anzahl von Personen zur Erreichung eines gemeinsamen Zwecks […], die sich eine die wesentlichen Merkmale korporativer Organisation enthaltene Gestaltung gegeben hat, einen Gesamtnamen führt, und bei welcher ein Wechsel in dem Mitgliederbestande, und zwar nicht vermöge besonderen Ausnahmerechts, sondern naturgemäß infolge des Wesens der Vereinigung, stattfindet.“*[1]

Diese Definition haben das Reichsgericht und der BGH auch später, obgleich im Wortlaut etwas modifiziert und verkürzt, beibehalten.[2] Sie ist auch Grundlage der heute weit überwiegend anerkannten Vereinsdefinition. Als Verein[3] wird daher ein auf eine gewisse Dauer angelegter, körperschaftlich organisierter Zusammenschluss einer größeren Anzahl von Personen, die ein gemeinschaftliches Ziel verfolgen, und der vom Wechsel seiner Mitglieder unabhängig ist, verstanden.[4] Keine Voraussetzung ist dagegen die Rechtsfähigkeit eines Vereins. Dies ergibt sich aus § 54 BGB, in welchem der Gesetzgeber ausdrücklich statuiert, dass es auch einen nichtrechtsfähigen Verein geben kann.

---

1 RGZ 60, 94, 99.

2 Vgl. z.B. RGZ 143, 212, 213; RGZ 165, 140,143; BGH LM § 31 Nr. 11.

3 Zum geschichtlichen Ursprung des Vereins vgl. *Weisbrod*, Europäisches Vereinsrecht, S. 13 ff.

4 *Ellenberger* in: Palandt, Einf. v. § 21 Rn. 14; *Weick* in: Staudinger, Vorbem. zu §§ 21 ff. Rn. 43, *Westermann* in: Erman, Vor § 21 Rn. 14; *Reichert*, Vereins- und Verbandsrecht, Rn. 2 ff.; *Sauter/Schweyer/Waldner*, Der eingetragene Verein, Rn. 1; *Schwarz/Schöpflin* in: Bamberger/Roth, § 21 Rn. 25; *Stommel*, Vereins- und Verbandsgerichtsbarkeit, S. 5; *Steinbeck*, Vereinsautonomie und Dritteinfluss, S. 4; *Stöber*, Handbuch zum Vereinsrecht, Rn. 4; *Butte*, Das selbstgeschaffene Recht des Sports, S. 28.

2. Wesen des Vereins

Ganz im Gegensatz zur Gesellschaft des bürgerlichen Rechts ist der Verein kein Konstrukt eines bloßen Vertragsverhältnisses zwischen natürlichen und juristischen Personen. Vielmehr weist er eine verfestigte Struktur auf, die so genannte körperschaftliche Verfassung[5], welche ihn gleichermaßen dazu befähigt, unter gewissen Voraussetzungen juristische Person, also eine Organisation, die von der Rechtsordnung mit eigener Rechtsfähigkeit ausgestattet ist[6], zu sein. Gerade mit dieser Struktur löst sich die Personenverbindung von den sie gründenden Personen und tritt nach außen sowie ihren Mitgliedern gegenüber als eigene Einheit auf.[7] Hierauf wird bei der Erörterung der Vereinsautonomie noch zurückzukommen sein.

3. Abgrenzungen für den weiteren Verlauf der Untersuchung

a) Keine Untersuchung wirtschaftlicher und nicht eingetragener Vereine

An dieser Stelle ist eine fundamentale Abgrenzung für den weiteren Verlauf der Arbeit vorzunehmen. Im Folgenden soll eine kartellrechtliche Beschränkungsmöglichkeit von Tätigkeiten wirtschaftlicher Vereine nach § 22 BGB und von Kapitalgesellschaften nicht weiter untersucht werden. Dass das Kartellrecht bei diesen Rechtsformen, deren primäres Ziel die wirtschaftliche Betätigung ist, Anwendung in der jetzigen Form findet, wird nicht in Zweifel gezogen. Interessant und diskussionswürdig ist vielmehr die Anwendbarkeit des Kartellrechts auf die nicht primär mit wirtschaftlicher Zielsetzung[8] tätigen Vereine, also die so genannten Idealvereine des § 21 BGB. Hierauf beschränken sich die weiteren Ausführungen, soweit nicht ausdrücklich etwas anderes erklärt ist.

Nicht näher sollen ebenfalls die nichteingetragenen Vereine im Sinne des § 54 BGB betrachtet werden. Diese Vereine haben zwar eine körperschaftliche Verfassung[9],

---

5 Vgl. *Reichert*, Vereins- und Verbandsrecht, Rn. 6; *Schwarz/Schöpflin* in: Bamberger/Roth, § 21 Rn. 26; *Hadding* in: Soergel, Vor § 21 Rn. 44; *Brox/Walker*, Allgemeiner Teil des BGB, Rn. 732.

6 Vgl. zum Begriff der juristischen Person u.a. *Bork*, Allgemeiner Teil des BGB, Rn. 186, *Westermann* in: Erman, Vor § 21 Rn. 2, sowie hinsichtlich des damit früher verbundenen Theorienstreits die Darstellungen in *Flume*, Allgemeiner Teil des Bürgerlichen Rechts I/2, § 1, sowie *Weick* in: Staudinger, Einl. zu §§ 21 ff. Rn. 4 f.

7 *Reichert*, Vereins- und Verbandsrecht, Rn. 6; *Weisbrod*, Europäisches Vereinsrecht, S. 28.

8 Vgl. zu den hier nicht näher interessierenden Abgrenzungsfragen: *Weick* in: Staudinger, § 21 Rn. 5 ff.; *Reuter* in: Münchener Kommentar, § 21, 22 Rn. 4 ff.; *Ellenberger* in: Palandt, § 21 Rn. 2 ff.; *Hadding* in: Soergel, §§ 21, 22 Rn. 20 ff.; *Sauter/Schweyer/Waldner*, Der eingetragene Verein, Rn. 43 ff.; Reichert, Vereins- und Verbandsrecht, Rn. 128 ff.; OLG Hamm NJW-RR 2003, 898, 899. Siehe auch die Darstellungen hierzu bis Ende der 1970er bei *Heckelmann*, AcP 1979 (179), 1, 13 ff. und *Hemmerich*, Möglichkeiten und Grenzen wirtschaftlicher Betätigung von Idealvereinen, S. 39 ff.

9 BGHZ 50, 325, 328; BGH LM Nr 11 zu § 31 BGB; *Weick* in: Staudinger, § 54 Rn. 1; *Ellenberger* in: Palandt, § 54 Rn. 1; *Hadding* in: Soergel, § 54 Rn. 1; *Weisbrod*, Europäisches Vereinsrecht, S. 29.

werden aber nach der gesetzlichen Intention grundsätzlich den Regelungen des Gesellschaftsrechts unterworfen, § 54 S. 1 BGB. Zwar geht die ständige Rechtsprechung davon aus, dass diese Regelungen nicht immer passen und zieht daher vielfach die Regelungen des Vereinsrechts analog heran[10], dennoch sollen mit der Zielsetzung dieser Arbeit nicht jeweils etwaige Besonderheiten des nichteingetragenen Vereins gesondert dargestellt werden. Soweit im Einzelnen passend, gelten die nachfolgenden Betrachtungen aber natürlich auch für den nicht-eingetragenen Verein.

b) Sportvereine und -verbände, die als Kapitalgesellschaften organisiert sind

Von dem dargestellten Grundsatz, dass nur die Tätigkeit von Idealvereinen untersucht werden soll, wird hinsichtlich der heutzutage oftmals als Kapitalgesellschaften organisierten Profisportvereine[11] und -verbände[12] eine Ausnahme gemacht. Dies ist jedoch nur eine formelle Durchbrechung des Untersuchungsgegenstandes. In der Sache hat sich durch den vor allem seit Mitte der 1990er in Deutschland stattgefundenen Rechtsformwechsel im Profisport[13] nichts verändert. Es stecken vielmehr im Kern weiterhin jene ideellen, vereinsautonomen Zwecke hinter der Ausübung und Organisation des Sports, die auch vorher in der Rechtsform des Idealvereins verfolgt wurden. Nur die Profisportabteilungen mit ihren enorm gewachsenen wirtschaftlichen Betätigungen sind aus den Hauptvereinen ausgegliedert und in eine Kapitalgesellschaft umgewandelt worden. Aus Sicht der Vereine konnten damit neue Finanzierungsquellen zum Erhalt der Wettbewerbsfähigkeit im europäischen Vergleich erschlossen[14] und professionelle Strukturen ausgebaut werden. Aus juris-

---

10 Vgl. z.B. BGHZ 50, 325, 329; BGH NJW 1979, 2304, 2305; BayObLG, BayObLGZ 1990, 71, 75; *Weick* in: Staudinger, § 54 Rn. 2; *Ellenberger* in: Palandt, § 54 Rn. 1; *Sauter/Schweyer/Waldner*, Der eingetragene Verein, Rn. 619; *Grunewald*, Gesellschaftsrecht, 2. B. Rn. 6; *Brox/Walker*, Allgemeiner Teil des BGB, Rn. 770. Vgl. ausführlich auch *Schöpflin*, Der nichtrechtsfähige Verein, S. 233 ff. Insbesondere nach der Zuerkennung der Rechtsfähigkeit für Außen-GbRs durch den BGH, NJW 2001, 1056, stellt sich die Frage der Einordnung eines eigentlich nicht-rechtsfähigen Vereins mit Betätigung nach außen.

11 Z.B. aus dem Bereich des deutschen Profifußballs: FC Bayern München AG, Borussia Dortmund GmbH & Co. KGaA, Borussia VfL 1900 Mönchengladbach GmbH, SSV Jahn 2000 Regensburg GmbH & Co. KGaA. Aus dem Bereich des Eishockeysports ferner z.B.: Augsburger Panther Eishockey GmbH, DEG Eishockey GmbH, Landshuter Eishockey Spielbetriebs GmbH.

12 Z.B. DFL Deutsche Fußball Liga GmbH (DFL), Deutsche Eishockey Liga Betriebsgesellschaft mbH (DEL), DVL Deutsche Volleyball-Liga GmbH (DVL).

13 Vgl. zur deutschen Entwicklung vor allem im Fußball-, Handball- und Eishockeysport die Darstellungen bei *Summerer*, Praxishandbuch Sportrecht, S. 126 f. und *Hannamann*, Verhaltenskoordinationen und Kartellverbot im Sport, S. 225 f. Zur Entwicklung im vor allem europäischen Ausland, das der deutschen Entwicklung vorausging: *Summerer*, Praxishandbuch Sportrecht, S. 126 f.; *Fuhrmann*, Ausgliederung der Berufsfußballabteilungen, S. 96 ff.; *Wagner*, NZG 1999, 469, 470.

14 Vgl. *Bäune*, Kapitalgesellschaften im bundesdeutschen Lizenzfußball, S. 2 f.; *Schmidt*, Organisations- und Rechtsfragen als Folgen der Kommerzialisierung des Fußballsports,

tischer Sicht liegen die Gründe vor allem in der Diskussion um die Erfüllung des Nebenzweckprivilegs[15] durch professionelle Sportvereine[16] und in der Frage der Erfüllung des Merkmals der Gemeinnützigkeit im steuerrechtlichen Sinn für den Gesamtverein[17].

Den Sparten des Vereins, die nicht Profisport betreiben, sollen dagegen die Privilegien des Idealvereins erhalten bleiben[18], so dass keine komplette Rechtsformumwandlung geschieht, sondern regelmäßig der Verein Gesellschafter der Sportkapitalgesellschaft ist.[19] Im deutschen Profifußball ist darüber hinaus geregelt, dass

---

S. 142 f.; *Balzer*, ZIP 2001, 175 f.; *Steinbeck/Menke*, NJW 1998, 2169, 2170; *Wagner*, NZG 1999, 469, 470.

15 Das *Nebenzweckprivileg* führt dazu, dass ein Verein seinen Status als Idealverein beibehält, obwohl er wirtschaftlich tätig ist. Die wirtschaftliche Tätigkeit muss sich allerdings dem ideellen Hauptzweck funktional unterordnen und darf nicht dem Verein sein inneres und äußeres Gepräge geben. Andernfalls läge wegen Gläubigerschutzaspekten ein wirtschaftlicher Verein i.S.d. § 22 BGB vor. Vgl. zum Nebenzweckprivileg z.B. BGHZ 85, 84, 93; BGHZ 15, 315, 319 f.; RGZ 133, 170, 176 f.; OLG Hamm NJW-RR 2003, 898, 899; *Weick* in: Staudinger, § 21 Rn. 14; *Reuter* in: Münchener Kommentar, §§ 21, 22 Rn. 8; *Hadding* in: Soergel, §§ 21, 22 Rn. 33 ff.; *Ellenberger* in: Palandt, § 21 Rn. 7; *Sauter/Schweyer/Waldner*, Der eingetragene Verein, Rn. 47; *Summerer*, Praxishandbuch Sportrecht, S. 124; *Hemmerich*, Möglichkeiten und Grenzen wirtschaftlicher Betätigung von Idealvereinen, S. 78 ff.; *Bäune*, Kapitalgesellschaften im bundesdeutschen Lizenzfußball, S. 115; *Fuhrmann*, Ausgliederung der Berufsfußballabteilungen, S. 31 ff.; *Weisbrod*, Europäisches Vereinsrecht, S. 103; *Balzer*, ZIP 2001, 175, 181; *Heckelmann*, AcP 1979 (179), 1, 22 ff.

16 Vgl. zur h.M., dass die Vereine des Profisports sich nicht mehr im Rahmen des Nebenzweckprivilegs bewegen und daher Rechtsformverfehlung vorlag z.B.: *Summerer*, Praxishandbuch Sportrecht, S. 124; *Fuhrmann*, Ausgliederung der Berufsfußballabteilungen, S. 50 ff.; *Habersack*, in: Sportkapitalgesellschaften, S. 45, 47; *Hemmerich*, Möglichkeiten und Grenzen wirtschaftlicher Betätigung von Idealvereinen, S. 109; *Bäune*, Kapitalgesellschaften im bundesdeutschen Lizenzfußball, S. 115; *Schmidt*, Organisations- und Rechtsfragen als Folgen der Kommerzialisierung des Fußballsports, S. 141 f. *Balzer*, ZIP 2001, 175, 181; *Wagner*, NZG 1999, 469, 472 f.; *Weick* in: Staudinger, § 21 Rn. 15; *Heckelmann*, AcP 1979 (179), 1, 39 ff.; *Westermann* in: FS für F. Rittner (1991), 771, 780.

17 *Steinbeck/Menke*, NJW 1998, 2169, 2171.

18 Vgl. *Fuhrmann*, Ausgliederung der Berufsfußballabteilungen, S. 126.

19 Siehe zur Frage, ob durch eine Mehrheitsbeteiligung des Idealvereins an einer Sportkapitalgesellschaft wegen der damit verbundenen wirtschaftlichen Betätigung die Voraussetzungen des Nebenzweckprivilegs noch gegeben sind: *Reuter* in: Münchener Kommentar, §§ 21, 22 Rn. 26; *Bäune*, Kapitalgesellschaften im bundesdeutschen Lizenzfußball, S. 117 ff.; *Habersack*, in: Sportkapitalgesellschaften, S. 45, 48 ff.; *Hemmerich*, Möglichkeiten und Grenzen wirtschaftlicher Betätigung von Idealvereinen, S. 124 ff.; *Balzer*, ZIP 2001, 175, 182 f.; *Steinbeck/Menke*, NJW 1998, 2169, 2171; *Wagner*, NZG 1999, 469, 473 f. *Schmidt*, Organisations- und Rechtsfragen als Folgen der Kommerzialisierung des Fußballsports, S. 120, ist hinsichtlich des Ligaverbandes der Meinung, dass die Ausgliederung des operativen Geschäfts in die DFL GmbH nichts am wirtschaftlichen Hauptzweck ändere, so dass der Ligaverband keinen Idealverein darstelle.

grundsätzlich der hinter der Kapitalgesellschaft stehende Stammverein 50% plus eine Stimme an der Kapitalgesellschaft halten muss.[20] Damit soll die Integrität des sportlichen Wettkampfs gesichert und die Gefahr vermieden werden, dass Investoren einen Verein übernehmen und damit eine Fremdbestimmung stattfindet, die nicht auf sportlichen Gründen, sondern auf Aspekten der Renditesteigerung beruht[21].[22]

Auch diese formelle Verflechtung von Stammverein und Profisport-Kapitalgesellschaft zeigt, dass sich in der Sache an der Ausübung des Sports als ideellem Zweck nichts geändert hat. Soweit wirtschaftliche Betätigungen eine Rolle spielen, konnten diese ebenfalls von Idealvereinen wahrgenommen werden und wären im Ergebnis für diese Untersuchung nur am Rande anzusprechen. Gleiches gilt auch für Sportverbände, die als Kapitalgesellschaften organisiert sind. Soweit also nachfolgend von Vereinen und Verbänden die Rede ist, sind damit auch die Sportkapitalgesellschaften gemeint.

c) Ausländische Vereine und Verbände

Die Zielsetzung dieser Arbeit ist, wie sich insbesondere aus den vorliegenden Darstellungen des nationalen Vereinsrechts zeigt, primär auf die kartellrechtliche Rolle nationaler Vereine beschränkt. Dennoch werden an diversen Stellen auch internationale Vereine und Verbände[23], vor allem aus dem Bereich des Sports, aufgegriffen. Dies findet seine Rechtfertigung darin, dass gerade für den Bereich des europäischen Kartellrechts einschlägige und wichtige Beispiele oftmals nur im Rahmen der Tätigkeit internationaler Verbände zu finden sind[24], der hier vertretene Lösungsansatz allerdings auch mit dem europäischen Kartellrecht vereinbar sein muss. Da diese Vereine nach den jeweiligen nationalen Rechtsordnungen ebenfalls als gemeinnützige Vereine mit ideeller Zwecksetzung ausgestattet sind und sich auf eine noch genauer darzustellende Vereinsautonomie zumindest unionsrechtlicher Prägung berufen können, hat diese Erweiterung keine inhaltliche Veränderung der Untersuchung zur Folge. So sind z.B. die Fédération Internationale de Football

---

20 § 8 Ziff. 2 Satzung Ligaverband e.V. und § 16c DFB-Satzung.

21 *Balzer*, ZIP 2001, 175, 176; *Ouart*, SpuRt 2010, 54, 55; *Stopper*, WRP 2009, 413, 417; *Summerer*, SpuRt 2008, 234, 236; *Deutscher*, SpuRt 2009, 98.

22 Zur insbesondere kartellrechtlichen Zulässigkeit der 50+1-Regel vgl. z.B. *Heermann*, WRP 2003, 724 ff.; *Klees*, EuZW 2008, 391 ff.; *Deutscher*, SpuRt 2009, 97 ff.; *Ouart*, SpuRt 2010, 54 ff.; *Stopper*, WRP 2009, 413 ff.; *Summerer*, SpuRt 2008, 234 ff.; Vgl. auch die Entscheidung des DFB-Schiedsgerichts vom 30.08.2011: http://www.dfb.de/index.php?id=500014&tx_dfbnews_pi1%5BshowUid%5D=28925&tx_dfbnews_pi4%5Bcat%5D=71

23 Zu diesem Begriff sogleich in diesem Kapitel unter II.

24 Das europäische Kartellrecht verlangt für die Eröffnung seines räumlichen Anwendungsbereichs die Eignung zur Beeinträchtigung des Handels zwischen den Mitgliedsstaaten, was bei rein nationalen Effekten ausgeschlossen ist. Vgl. hierzu ausführlich unten unter 4. Kap. II. 1.

Association (FIFA) und die Union des Associations Européennes de Football (UEFA) gemeinnützige eingetragene Vereine schweizerischen Rechts.[25] Gleiches gilt für die Union Cycliste International (UCI)[26], oder den internationalen Hundedachverband Fédération Cynologique Internationale (FCI) mit Sitz in Belgien[27].

II. Der Verband

Ein weiterer Begriff, der im Rahmen des Vereinsrechts fällt und daher näher einzuordnen ist, ist jener des Verbandes. Betrachtet man dabei die Begriffe Verein und Verband ihrem Wortsinne nach, so fällt auf, dass beide Begriffe die gleiche Bedeutung haben: Sie bezeichnen einen Zusammenschluss von Personen, die einen gewissen gemeinsamen Zweck verfolgen wollen.[28]

1. Definition

Während das Bürgerliche Gesetzbuch in den §§ 21 ff. BGB ausführlich den Verein benennt, findet sich über den Begriff des Verbandes darin kein Wort.

a) Interdisziplinäre Relevanz des Begriffes

Wissenschaft und Rechtsprechung haben sich mit dem Begriff des Verbandes intensiv beschäftigt, freilich ohne eine übereinstimmende Definition zu finden.[29] Dabei soll an dieser Stelle nicht auf unterschiedliche Verbandsbegriffe in den verschiedenen Wissenschaftsdisziplinen eingegangen werden. Dies würde den Rahmen der Arbeit sprengen und im Übrigen nichts für den Untersuchungsgegenstand beitragen.[30] Aus den gleichen Gründen geht es an dieser Stelle nicht um öffentlich-rechtliche Verbandsbegriffe. Ebenfalls nicht erfasst sein sollen auch privatrechtliche Begriffe außerhalb des Bürgerlichen Gesetzbuches, wie sie teilweise in den verschiedenen Gesetzen, wie Art. 164 EGBGB, § 8 Abs. 3 UWG oder § 2 Abs. 2 TVG, verwendet werden. Diese Gesetze betreffen nur bestimmte Verbände, freilich auch ohne dort den Verbandsbegriff zu definieren. Im Folgenden soll es alleine um Verbände im vereinsrechtlichen Sinne gehen.

b) Vereinsrechtliche Definitionsmöglichkeiten

Auch im vereinsrechtlichen Sinne ist eine gemeinsame Definition nicht anzutreffen. In der Rechtsprechung neigt man dazu einen Verband anzunehmen, wenn dieser

---

25 Vgl. Punkt 1.1. der FIFA-Statuten 2010 und Art. 1 der UEFA-Statuten 2010, je i.V.m. Art. 60 ff. des Schweizerischen Zivilgesetzbuches (ZGB).

26 Art. 1.1. der UCI-Constitution 2010.

27 Art. 1 der FCI-Statuten vom Januar 2010.

28 Vgl. *Reichert*, Vereins- und Verbandsrecht, Rn. 14; *Steinbeck*, Vereinsautonomie und Dritteinfluss, S. 5.

29 *Steinbeck*, Vereinsautonomie und Dritteinfluss, S. 4 f.

30 Zu diesen unterschiedlichen Bedeutungen vgl. *Steinbeck*, Vereinsautonomie und Dritteinfluss, S. 5.

entweder eine größere Anzahl an Mitgliedern hat oder einen Zusammenschluss von Vereinen darstellt.[31] Begründet wird dies mit dem allgemeinen Sprachgebrauch und dem Eindruck, den das durchschnittliche Publikum dem Begriff des Verbandes entgegenbringt.[32] Dem ist auch die Literatur vielfach beigetreten[33], wenngleich oftmals nur der Vereinsverband im Sinne von Großvereinen, Dachorganisationen und Untergliederungsformen breiter erörtert wird[34].

Unabhängig von den unterschiedlichen Ausprägungen von Verbänden im Einzelfall[35] ist festzustellen, dass die Verbände im vereinsrechtlichen Sinne ebenfalls als zivilrechtliche Vereine einzustufen sind, da sie als körperschaftliche Organisationen auf freiwilliger Basis deren Definition erfüllen, so dass sie völlig den vereinsrechtlichen Vorschriften unterliegen.[36] Oftmals werden daher die Begriffe Verein und Verband als Synonyme verwendet.[37] Dies soll auch im weiteren Verlauf dieser Untersuchung gelten. Soweit im Hinblick auf die Funktion von Verbänden eine gesonderte Beurteilung erforderlich ist, wird dies sodann gesondert dargestellt.

2. Mögliche Verbandszwecke

Man ist sich darüber einig, dass Vereinsverbände oftmals aus dem Grunde bestehen, ihren Mitgliedern, die selbst Vereine sind, Beratung, Hilfe, Unterstützung, Koordination oder Organisation zu bieten.[38] Auch die Durchführung von gemeinsamen Veranstaltungen kann ein wesentlicher Zweck von Verbänden sein. Man denke hierbei vor allem an die Organisation im Bereich des Sports, die einen pyramidenförmigen Aufbau aufweist, in welchem Vereine vereinfacht in regionalen Verbänden, welche wieder in verschiedenen Landesverbänden, diese wieder in regelmäßig einem nationalen Spitzenverband und diese in internationalen Verbänden eingegliedert sind.[39] Eine Durchführung beispielsweise der Fußball-Bundesliga

---

31 So das BayObLG, BayObLGZ 1974, 299.

32 BayObLG, BayObLGZ 1974, 299, 300.

33 *Stöber*, Handbuch zum Vereinsrecht, Rn. 9; *Stommel*, Vereins- und Verbandsgerichtsbarkeit, S. 43; *Weick* in: Staudinger, § 21 Rn. 36; *Hadding* in: Soergel, vor § 21 Rn. 51 ff.; *Nicklisch*, Inhaltskontrolle von Verbandsnormen, S. 9.

34 Vgl. *Schwarz/Schöpflin* in: Bamberger/Roth, § 21 Rn. 48; *Ellenberger* in: Palandt, Einf. v. § 21 Rn. 21 ff.; *Reichert*, Vereins- und Verbandsrecht, Rn. 42.

35 Vgl. hierzu und zur Abgrenzung von Gesamtvereinen die Darstellungen z.B. *Reuter* in: Münchener Kommentar, Vor § 21 Rn. 138 ff.; *Hadding* in: Soergel, vor § 21 Rn. 51 ff.

36 So ausdrücklich auch *Stommel*, Vereins- und Verbandsgerichtsbarkeit, S. 49; *Kohler*, Mitgliedschaftliche Regelungen in Vereinsordnungen, S. 20; *Ellenberger* in: Palandt, Einf. v. § 21 Rn. 22; *Butte*, Das selbstgeschaffene Recht des Sports, S. 28.

37 *Reichert*, Vereins- und Verbandsrecht, Rn. 14; *Kohler*, Mitgliedschaftliche Regelungen in Vereinsordnungen, S. 20, *Stommel*, Vereins- und Verbandsgerichtsbarkeit, S. 50.

38 *Hadding* in: Soergel, vor § 21 Rn. 51; *Stommel*, Vereins- und Verbandsgerichtsbarkeit, S. 43, *Vieweg*, Normsetzung, S. 28.

39 Vgl. hierzu die Darstellung von *Vieweg*, Faszination Sportrecht, S. 7 f. (http://www.irut.de/Forschung/Veroeffentlichungen/OnlineVersionFaszinationSportrecht/FaszinationSportre

oder der Fußball-Weltmeisterschaft wäre nicht möglich, wenn nicht gemeinsame Regelwerke für alle teilnehmenden Vereine und nationalen Verbände bestünden, nach welchen die Veranstaltungen stattzufinden haben.[40]

Doch nicht nur im Falle von Sportwettkämpfen sind Verbände zur Durchführung von Veranstaltungen, die eine Vergleichsmöglichkeit beinhalten sollen, heutzutage nicht mehr wegzudenken[41]. Sie werden in einer Welt, in welcher durch mannigfaltige Reise- und Kommunikationsmöglichkeiten der Austausch und Vergleich mit Gleichgesinnten auch über die nähere Region oder ein Land hinweg möglich ist, immer wichtiger. Hierbei ist auch an die in der Einleitung geschilderten Fälle zu denken: Für die Brieftaubenvereine besteht die Notwendigkeit ein einheitliches Messsystem zur Beurteilung der Flugleistungen der Tauben einzuführen. Andernfalls könnte eine Vergleichbarkeit mit den Brieftauben von Angehörigen anderer Vereine allenfalls in geringem Maße stattfinden. Auch Zuchtvereine haben das verständliche Interesse daran, einheitliche Zuchtbestimmungen aufzustellen, um insbesondere eine Verwässerung der Zuchtlinien zu verhindern, welche durch anderweitige Zuchtkriterien in anderen Vereinen geschehen könnten.

III. Die Vereinsautonomie

Ebenfalls zu erörtern ist der zentrale Begriff der Vereinsautonomie. Diese ist Grundlage der vielfältigen Vereinstätigkeiten und wird insbesondere dann relevant, wenn es um Befugnisse des Vereins bei Vereinsstrafen oder Ausschlüssen von Mitgliedern geht. Zwar wurde über jenen Begriff bereits sehr viel geschrieben und auch seine Grundlagen systematisiert[42], jedoch kommt eine Arbeit, welche die Beschränkungen der Vereinsautonomie untersucht, nicht umhin, nochmals eine genauere Betrachtung des Begriffs vorzunehmen, um im weiteren Fortgang hierauf aufbauen zu können.

1. Begriffsdefinition

Ausgangspunkt für eine Begriffsdefinition ist die etymologische Herkunft aus dem Griechischen: „auto“ – selbst – und „nomos“ – Gesetz – bilden die Bestandteile des Begriffs.[43] Autonomie bedeutet daher folgerichtig in etwa *„sich selbst Gesetze*

---

cht.pdf - Stand: 01.09.2010); *Hannamann*, Kartellverbot und Verhaltenskoordinationen im Sport, S. 59; *Zinger*, Diskriminierungsverbote und Sportautonomie, S. 27; *Menzel*, Werbebeschränkungen im Sport, S. 32 f. *Mournianakis*, WRP 2009, 562, 563; ausführlich: *Orth*, Vereins- und Verbandsstrafen, S. 32 ff.; speziell für den Bereich des Fußballs siehe auch *Blask*, Die Anwendbarkeit der Single-Entity-Theorie im professionellen Fußball, S. 13 ff.

40 Vgl. schon BGH NJW 1970, 378, 382. Siehe auch *Hannamann*, Kartellverbot und Verhaltenskoordinationen im Sport, S. 68 und zu einzelnen Verhaltenskoordinationen im Sport auf S. 251 f.

41 *Buchberger*, Sportverbandsrechtliche Entscheidungen, S. 39 f.; *Haas/Prokop*, JR 1998, 45.

42 Vgl. nur *Stommel*, Vereins- und Verbandsgerichtsbarkeit, S. 26 ff.

43 Vgl. *Kluge*, Etymologisches Wörterbuch.

gebend"[44] und ist damit das Gegenstück zur Heteronomie, welche Fremdgesetzlichkeit bzw. Fremdbestimmung bezeichnet.

a) Begriffsdefinitionen außerhalb des Vereinsrechts

aa) Völkerrechtliche Bedeutung

Geht man zunächst von der deutschen Bedeutung des Begriffs aus, also von der Befugnis, sich selbst Gesetze zu geben, so ist auf den ersten Blick der Staat Träger einer Autonomie, da er für das eigene Staatsgebiet Gesetze und Regelungen erlässt. Völkerrechtlich ist damit im Sinne der Drei-Elemente-Lehre die originäre staatliche Herrschaftsgewalt angesprochen.[45] Trotz dieser Ähnlichkeit zum Begriff der Autonomie wird völkerrechtlich in diesem Zusammenhang von Souveränität, der Fähigkeit eines Staates zu grundsätzlich alleiniger rechtlicher Selbstbestimmung auf dem eigenen Staatsgebiet[46], gesprochen.[47] Autonomie im völkerrechtlichen Sinne wird in der Regel territorial oder personal konstituierten Einheiten im Staat selbst zugeschrieben, welchen ein Selbstgestaltungsrecht innerhalb der verschiedenen Staatsaufgaben gewährt wird, ohne jedoch über Souveränität zu verfügen.[48]

bb) Öffentlich-rechtliche Bedeutung

Der Begriff der Autonomie wird dagegen vor allem im nationalen öffentlichen Recht genutzt. In erster Linie wird dabei im Rahmen des Kommunalrechts ein Teil der gemeindlichen Selbstverwaltung angesprochen. Diese Selbstverwaltung speist sich aus Art. 28 Abs. 2 GG, in welcher den Gemeinden und Gemeindeverbänden das Recht zugestanden wird, die örtlichen Angelegenheiten im Rahmen der bestehenden Gesetze eigenverantwortlich zu regeln. Diese umfasst im Wege einer objektiven Rechtsinstitutionsgarantie die Gewährleistung einer eigenverantwortlichen Aufgabenerledigung soweit es um Aufgaben der örtlichen Gemeinschaft geht.[49] Auch die Gemeindeordnungen der Länder verwenden bedeutungsmäßig gleiche Begriffe, wenn von „freier Selbstverwaltung"[50], „in eigener Verantwortung"[51] oder

---

44 Das Reichsgericht hat in seiner Entscheidung RGZ 73, 187, 191 von *Selbstgesetzgebung* gesprochen. Vgl. auch *Creifelds*, Rechtswörterbuch, S. 129.

45 Vgl. *Maurer*, Staatsrecht I, § 1, Rn. 7; *Herdegen*, Völkerrecht, § 8 Rn. 7; *Hailbronner/Kau* in: Vitzthum, 3. Abschnitt Rn. 151.

46 So die Definition bei *Creifelds*, Rechtswörterbuch, S. 1093.

47 Vgl. zum Begriff der Souveränität: *Randelzhofer* in: HbStR I, § 15 Rn. 1 ff. und *Herdegen*, Völkerrecht, § 28 Rn. 1 ff.; *Hailbronner/Kau* in: Vitzthum, 3. Abschnitt Rn. 83 ff.; *Maurer*, Staatsrecht I, § 1 Rn. 9.

48 Vgl. *Simon*, Autonomie im Völkerrecht, S. 24; *Creifelds*, Rechtswörterbuch, S. 129.

49 BVerfGE 79, 127, 143; *Tettinger/Schwarz* in: v. Mangoldt/Klein/Starck, Art. 28 Abs. 2 Rn. 178; *Dreier* in: Dreier, Art. 28 Rn. 102; *Nierhaus* in: Sachs, Art. 28 Rn. 44; *Stern* in: Stern, Staatsrecht I, § 12 II 4 d).

50 § 1 Abs. 1 S. 2 GO NRW, § 1 Abs. 1 S. 2 HessGO.

51 § 1 Abs. 1 S. 2 NdsGO.

„örtlichen Angelegenheiten“[52] die Rede ist. Regelmäßig wird dabei zwischen verschiedenen Hoheiten der Kommunen unterschieden, wie der Finanzhoheit, der Personalhoheit, der Planungshoheit, der Organisationshoheit und der Rechtsetzungshoheit.[53] Letztere wird dabei ausdrücklich als Autonomie bezeichnet[54] und findet ihre Ausprägung im Erlass öffentlich-rechtlicher Satzungen. Demgegenüber ist der Erlass von Rechtsverordnungen eine heteronome Rechtsetzung und daher nicht vom Autonomiebegriff mit umfasst.[55]

Als Satzung wird im öffentlichen Recht generell eine Rechtsnorm bezeichnet, die von einer juristischen Person des öffentlichen Rechts zur Regelung ihrer Angelegenheiten mit Wirkung für die ihr angehörenden und unterworfenen Personen erlassen wird.[56] Damit wird zugleich klar, dass sich der Begriff der Autonomie oder Satzungsautonomie in diesem Bereich nicht nur auf Gemeinden und Gemeindeverbände beschränkt[57]. Vielmehr steht diese auch sonstigen juristischen Personen des öffentlichen Rechts, wie Universitäten, Anstalten und Stiftungen zu.

Diese Form der Autonomie ist jedoch nicht originär, sondern beruht auf staatlicher Delegation und wird daher zurecht als abgeleitete Rechtsetzungskompetenz bezeichnet[58], zumal es sich bei den juristischen Personen des öffentlichen Rechts um rechtlich selbständige, aber letztlich dem Staat eingegliederte Organisationen handelt. So ist der Satzungsgeber einerseits nicht berechtigt, wegen Art. 20 Abs. 3 GG ohne genauere gesetzgeberische Bestimmung in die Grundrechte einzugreifen.[59] Andererseits ist eine Überprüfung der Satzungsbestimmungen nur eingeschränkt möglich, nämlich alleine dahingehend, ob die Voraussetzungen für den Satzungserlass vorliegen, ob die formellen Voraussetzungen eingehalten wurden, ob höherrangiges Recht beachtet wurde sowie ob das Satzungsermessen rechtmäßig ausgeübt wurde.[60] Ob und welche Satzungsbestimmungen der Satzungsgeber innerhalb dieses Rahmens erlässt, bleibt jedoch ihm überlassen. Gemeinden unterliegen

52 Art. 1 S. 1, 7 Abs. 1 BayGO.

53 Vgl. genauer zu den einzelnen Hoheiten: *Seewald* in: Besonderes Verwaltungsrecht, S. 24 ff.; *Nierhaus* in: Sachs, Art. 28 Rn. 53; *Stern* in: Stern, Staatsrecht I, § 12 II 4 d).

54 *Maunz* in: Maunz/Dürig, Art. 28 Rn. 44; *Seewald* in: Besonderes Verwaltungsrecht, S. 24; *Detterbeck*, Allgemeines Verwaltungsrecht, Rn. 844; *Maurer*, Allgemeines Verwaltungsrecht, § 4 Rn. 26; BVerwGE 6, 247, 249.

55 *Maurer*, Allgemeines Verwaltungsrecht, § 4 Rn. 26.

56 BVerfGE 33, 125, 156; *Kopp/Ramsauer*, VwVfG, § 35 Rn. 48; *Detterbeck*, Allgemeines Verwaltungsrecht, Rn. 844; *Maurer*, Allgemeines Verwaltungsrecht, § 4 Rn. 24.

57 Gemeinden haben in der Regel auch noch ausdrücklich eine Befugnis zum Erlass von Satzungen in den Gemeindeordnungen erhalten, vgl. z.B. § 5 Abs. 1 S. 1 HessGO, Art. 23 Abs. 1 BayGO, § 7 Abs. 1 S. 1 GO NRW.

58 BVerwGE 6, 237, 249 f. u. 251; *Maurer*, Allgemeines Verwaltungsrecht, § 4 Rn. 26; *Detterbeck*, Allgemeines Verwaltungsrecht, Rn. 846; *Kopp/Ramsauer*, VwVfG, § 35 Rn. 48.

59 BVerwGE 6, 247, 250 f; *Detterbeck*, Allgemeines Verwaltungsrecht, Rn. 847.

60 Vgl. Schema bei *Detterbeck*, Allgemeines Verwaltungsrecht, Rn. 849.

hinsichtlich ihrer Autonomie noch eines besonderen verfassungsrechtlichen Schutzes, Art. 28 Abs. 2 GG, da ein Eingriff in den Kerngehalt des verfassungsrechtlich abgesicherten Selbstverwaltungsrechts und damit auch der Satzungsautonomie gar nicht erfolgen darf[61] und auch außerhalb dieses Bereichs nur innerhalb verfassungsrechtlicher Grenzen geschehen kann.

b) Privat- und vereinsrechtliche Definition

Geht man in den Bereich des Privatrechts, so ist der Begriff der Autonomie außerhalb des Vereinsrechts mit Ausnahme der Privatautonomie kaum zu finden.[62] Die das Zivilrecht alles umspannende Privatautonomie bezeichnet das Recht zur eigenverantwortlichen Gestaltung eigener Lebensverhältnisse nach dem freien Willen einer Person im Rahmen der Rechtsordnung[63], ist aber im Bürgerlichen Gesetzbuch weder ausdrücklich genannt noch definiert.

Somit verbleibt allein die Vereinsautonomie, die auf der Ebene des Vereinsrechts eine erhebliche Bedeutung hat. Unter dieser wird nach der herkömmlichen Definition gemeinhin verstanden, dass ein Verein die Freiheit besitzt, sich seine innere Ordnung selbst zu geben und die eigenen Angelegenheiten oder Rechtsverhältnisse ohne Einmischung staatlicher Stellen selbst zu regeln.[64] Insbesondere ist es dem Staat verwehrt, seine eigenen Wertvorstellungen an die Stelle jener eines vereinsrechtlichen Zusammenschlusses zu setzen. Dies wird vor allem im Sportbereich anschaulich, wo es nicht Aufgabe des Staates ist, zu definieren, was Sport ist, sowie was unter „sportgerecht“ oder „sportlich“ zu verstehen ist[65].

c) Vergleich der Definitionen

Betrachtet man die verschiedenen Definitionen, so fällt auf, dass mit der Gewährleistung eines Raums freier Entscheidungsfindung ein nicht unerheblicher Über-

---

61 BVerfGE 11, 266, 274; 22, 180, 205; 38, 258, 278 f.; *Maunz* in: Maunz/Dürig, Art. 28 Rn. 53; *Seewald* in: Besonderes Verwaltungsrecht, S. 7.

62 Hierzu zählt auch die Tarifautonomie, die zwar begrifflich ebenfalls das Wort „Autonomie“ enthält, als besondere Ausprägung aber im Bereich der Privatautonomie anzusiedeln ist, vgl. BVerfGE 34, 307, 317.

63 *Ellenberger* in: Palandt, Überbl. v. § 104 Rn. 1; *Krüger-Nieland* in: RGRK, vor § 104 Rn. 1; *Völzmann-Stickelbrock/Ahrens* in: Prütting/Wegen/Weinreich, Vor §§ 116 ff. Rn. 1; *Wendtland* in: Bamberger/Roth § 133 Rn. 1; *Köhler*, BGB Allgemeiner Teil, § 5 Rn. 1.

64 BVerfG NJW 1979, 699, 706; BVerfG NJW 1996, 1203; BGH DStR 2000, 289; *Ellenberger* in: Palandt, § 25 Rn. 7; *Kemper* in: v. Mangoldt/Klein/Starck, Art. 9 Rn. 40 f.; *Weick* in: Staudinger, Vorbem. zu §§ 21 ff. Rn. 35; *Schwarz/Schöpflin* in: Bamberger/Roth, § 21 Rn. 55; *Westermann* in: Erman, § 25 Rn. 2; *Sauter/Schweyer/Waldner*, Der eingetragene Verein, Rn. 39a; *Reuter* in: Münchener Kommentar, § 40 Rn. 3; *Zinger*, Diskriminierungsverbote und Sportautonomie, S. 63; *Fuchs*, NJW 1965, 1509; *Summerer*, SpuRt 2008, 234, 235; *Nicklisch*, Inhaltskontrolle von Verbandsnormen, S. 18. *Steiner*, Die Autonomie des Sports, S. 29, fasst dies zu einem Recht zur Selbstgestaltung zusammen.

65 *Steiner*, Die Autonomie des Sports, S. 31.

schneidungsbereich besteht, der mit der Gemeinsamkeit des Begriffs „Autonomie" und seiner etymologischen Bedeutung zusammenhängt. Dennoch kann hinsichtlich der rechtlichen Konsequenzen nicht ohne weiteres von der einen Definition der Autonomie im Rechtssinne auf eine andere geschlossen werden. Hierfür sind die Rechtsgebiete und die rechtlichen Zusammenhänge zu unterschiedlich, so dass auch der Gedanke der Einheit der Rechtsordnung nicht greifen kann. Während die Autonomie der Gemeinden nämlich staatlich abgeleitet ist, hat die Privatautonomie ihre Wurzeln in Art. 2 Abs. 1 GG und steht daher dem Einzelnen aufgrund seiner Existenz ohne staatliche Gewährleistung zu. Freilich ist der Einzelne wiederum nicht zu einer staatlichen Normsetzung befugt, was wiederum den juristischen Personen des öffentlichen Rechts mittels Satzungserlasses gestattet ist.

Zu klären ist, in welche dieser Extrempositionen die herkömmliche Definition der Vereinsautonomie inhaltlich passt. Mit der Verankerung im Privatrecht steht sie einerseits der Privatautonomie nahe, von der Begrifflichkeit („Ordnung geben") und von der Grundlage her, dass sie ebenfalls einer juristischen Person – wenn auch des Privatrechts – zusteht, hat sie aber auch Bezüge zu Elementen der öffentlich-rechtlichen Betrachtungsweise. Diese Gedanken sind Ausgangspunkt für die weiteren Betrachtungen rund um den Begriff der Vereinsautonomie.

2. Sinn einer autonomen Rechtsgestaltung

Betrachtet man soziologisch den Sinn einer autonomen Rechtsgestaltung, so muss in diesem Zusammenhang der Begriff der Subsidiarität fallen. Dieser besagt in seinem Ausgangspunkt, dass eine größere Einheit in einer Gesellschaft nur dann zur Erfüllung und Regelung einer Aufgabe zuständig sein soll, wenn das Individuum oder eine kleinere Einheit dazu nicht in der Lage ist.[66]

Dieser Gedanke findet sich zum einen innerhalb des staatlichen, föderalen Aufbaus der Bundesrepublik Deutschland wieder und ist auch Grund für die angesprochene Autonomie der Gemeinden. Das Bundesverfassungsgericht versteht dementsprechend den Sinn der Satzungsautonomie im öffentlichen Recht darin, zum einen den Abstand zwischen Normsetzer und -adressaten zu verringern und zum anderen, um zu einer sachkundigen und effizienten Beurteilung eines Sachverhalts durch die regelmäßig näher am Geschehen stehenden Angehörigen der Gruppe – die Gemeindemitglieder – zu gelangen.[67]

Zum anderen ist der Subsidiaritätsgedanke aber auch Teil der Abgrenzung zwischen staatlicher und gesellschaftlicher Sphäre. Der Staat soll außerhalb der ihm zustehenden ausschließlichen Aufgabenbereiche nur dann regelnd tätig werden,

66 Vgl. zu diesem Begriff und zu dessen Herkunft aus der katholischen Soziallehre: Deutsches Rechts-Lexikon, Band 3, S. 4065.

67 BVerfGE 33, 126, 126.

wenn die Bürger die durch das Gemeinwohl vorgegebenen Zwecke nicht erreichen können oder der Staat mit seinen Mitteln diese Zwecke besser fördern kann.[68] Dies steht in der Konsequenz in einem engen Bezug zur freiheitlichen Tätigkeit des Individuums im Sinne seiner Freiheitsrechte.[69]

Diese gesellschaftliche Selbstorganisation hat auch im Rahmen des Vereinsrechts ihre Bedeutung, da sie dort gleichermaßen aufgrund der Nähe zu den zu regelnden Sachverhalten, sowohl was Fachkompetenz der beteiligten Kreise als auch den persönlichen Kontakt der Mitglieder angeht, sachgerechte Lösungen hervorbringen kann, ohne dass der Staat regelnd eingreifen muss.[70] Staatlich ausdifferenzierte und sachgerechte Regelungen sind bei der Vielfalt der Vereinstätigkeiten auch gar nicht denkbar. Bereits der Gedanke, dass der Staat beispielsweise im Bereich des Sports vorgeben könnte, wie sportliche Wettkämpfe abzulaufen haben oder welche Messsysteme für die Messung der Leistung von Brieftauben am besten geeignet sind, erscheint surreal und ist mit dem freiheitlichen Selbstverständnis, auf dem die deutsche und europäische Gesellschaft beruht, auch nicht zu vereinen.

Deshalb ist festzustellen, dass autonome Regelungsbereiche keinen Selbstzweck erfüllen. Sie sind vielmehr sinnvoll, um zu sachgerechten Lösungen zu gelangen und die Ausübung gesellschaftlicher Freiheiten zu unterstützen.

Im europäischen Recht ist der Gedanke der Subsidiarität ebenfalls enthalten, wie Art. 5 Abs. 1 und Abs. 3 EUV zeigen. Dabei ist jedoch zu beachten, dass es sich bei dieser Regelung nicht um eine Kompetenzschranke in Abgrenzung zur gesellschaftlichen Sphäre, sondern um eine Kompetenzausübungsschranke handelt.[71]

3. Rechtsgrundlagen der Vereinsautonomie

Nachdem formale Definition und Sinn geklärt sind, bleibt die Frage, wie die Existenz der Vereinsautonomie rechtsdogmatisch begründet werden kann. Dieser allumfassende Grundsatz, der oftmals von der Rechtsprechung vor allem bei der Frage der Einschränkungen gerichtlicher Nachprüfung von Vereinstätigkeiten herangezogen wird[72], wird gemeinhin als existent angenommen. Gleichwohl findet

---

68 Vgl. hierzu grundlegend *Jellinek*, Allgemeine Staatslehre, S. 259, 263; *Grzeszick* in: HbStR IV (2006), § 78 Rn. 31.

69 *Grzeszick* in: HbStR IV (2006), § 78 Rn. 31 f., Deutsches Rechts-Lexikon, Band 3, S. 4065.

70 Vgl. *Vieweg/Röthel*, ZHR 166 (2002), 6, 7 m.w.N.; zur Anwendung des Subsidiaritätsgedankens auf Sportverbände s.a.: *Vieweg*, Normsetzung, S. 182; *Parrish/Miettinen*, The Sporting Exception in European Union Law, S. 13 f.; *Brost*, SpuRt 2010, 178, 180.

71 *Streinz*, SpuRt 1998, 1, 5; *Adolphsen*, Internationale Dopingstrafen, S. 172; *Schmidt*, Organisations- und Rechtsfragen als Folgen der Kommerzialisierung des Fußballsports, S. 174.

72 Erstmals aufgrund des BGB: RGZ 49, 150, 155; ferner z.B.: BGHZ 13, 5, 11; 21, 370, 375; 101, 193, 200; in neuerer Zeit u.a. OLG Frankfurt a.M., SpuRt 2003, 79, 83; LG Karlsruhe,

sich in den Gesetzen kein ausdrücklicher Hinweis hierauf. Die Begründungsansätze sind dementsprechend vielfältig und lassen sich zwei großen Ansatzpunkten zuordnen: einerseits unmittelbar aus dem Verfassungsrecht mit Art. 9 Abs. 1 GG und dem Grundgedanken der Ausübung grundrechtlich zugesicherter Freiheit, und andererseits vorrangig aus dem einfachen Recht, §§ 25, 40 BGB, mit Einflüssen vertragsrechtlicher Ansichten.

a) Privatrechtliche Begründungsansätze

aa) Einfachrechtlicher Begründungsansatz aus §§ 25, 40 BGB

Der erste privatrechtliche Begründungsansatz speist sich aus den vereinsrechtlichen Bestimmungen der §§ 21 ff. BGB. Zwar ist diesen Normen keine ausdrückliche Regelung der Vereinsautonomie zu entnehmen[73], doch wird dennoch teilweise eine Ableitung hieraus im Wege der Auslegung angenommen.[74] So statuiert § 25 BGB, dass die Verfassung des Vereins grundsätzlich durch eine von den Gründern aufzustellende Satzung bestimmt wird. Flankiert wird dies durch § 40 BGB, der viele Vorschriften des Bürgerlichen Rechts zum Innenleben der Vereine für dispositiv erklärt. Mit dem Gesagten scheint eine Begründung der Vereinsautonomie gefunden, da die §§ 25 und 40 BGB in ihrem Zusammenspiel einem Verein eine grundsätzliche Gestaltungsfreiheit zur Regelung im Innenverhältnis geben.

Einen ähnlichen Befund erkannte das Bundesverfassungsgericht in seiner Entscheidung zur Einschränkung der Vereinsautonomie für kirchliche und religiöse Vereine, wenn es konstatiert, dass der Grundsatz der Vereinsautonomie im Vereinsrecht des Bürgerlichen Gesetzbuches nicht ausdrücklich festgelegt sei. Diese sei vielmehr der Gesamtheit der Vorschriften zu entnehmen, welche die Konstituierung, Organisation und die Wahrnehmung der Vereinsaufgaben auf den Willen der Vereinsmitglieder zurückführen.[75]

Auch die erste Rechtsprechung zum damals neuen Bürgerlichen Gesetzbuch ist diesem Begründungsansatz gefolgt. So schloss das Reichsgericht im Jahr 1901 aus den §§ 25, 32 und 40 BGB, dass die Vereine ihre inneren Angelegenheiten selbständig regeln könnten. Dabei zog es in seiner Begründung einen Vergleich mit den Vorschriften des gemeinen Rechts, insbesondere des Preußischen Landrechts, welche weitgehende Rechte der Aufsicht und der Einmischung des Staates in inne-

---

SpuRt 2009, 211 f.; OLG Stuttgart, DStR 2010, 1249; LG Frankfurt a.M., SpuRt 2011, 32, 34 f.

73 *Vieweg*, Normsetzung, S. 153 f., begründet die fehlende Regelung durch den Gesetzgeber damit, dass der Gesetzgeber von Vereinen ausging, welche klein und lokal begrenzt seien und bei denen die tatsächliche Möglichkeit eines freiwilligen Austritts als mögliches Korrektiv ausreiche.

74 Vgl. ausdrücklich *Sauter/Schweyer/Waldner*, Der eingetragene Verein, Rn. 39a.

75 BVerfG, NJW 1991, 2623, 2625; ebenso *Schockenhoff*, AcP 193, 35, 48.

re Vereinsangelegenheiten vorgesehen hatten[76]. Dies könne unter der Geltung des Bürgerlichen Gesetzbuches wegen der fundamental anderen Struktur und Systematik der §§ 25, 32 und 40 BGB nicht mehr gelten.[77] Später entwickelte das Reichsgericht, wohl in Anknüpfung an diesen gefundenen Begründungsansatz, die Formel, dass dem Verein eine Autonomie zukomme, die der Staat gelten lasse.[78] Diese Formel griff sodann der BGH auf[79], ohne dass dieser zunächst weiter Stellung zur Grundlage der Vereinsautonomie nahm. Dementsprechend schwanken die gerichtlichen Begründungen[80], die zum einen vom reichsgerichtlichen Fundament in den Vorschriften des Bürgerlichen Gesetzbuchs ausgehen und dieses weiter ausdifferenzieren, so dass die heutige Rechtsprechung im Begründungsansatz teilweise auch dieser Kategorie zugerechnet werden kann. Andererseits trifft die insbesondere neuere Rechtsprechung auch die verfassungsrechtliche Schiene, wenn sie die Grundlage der Vereinsautonomie teils ausdrücklich aus Art. 9 Abs. 1 GG ableitet.[81]

bb) Gewohnheitsrechtlicher Begründungsansatz

Ein anderer Ansatz wird über die Figur des Gewohnheitsrechts genommen. So hat *Larenz* aus dem Fehlen einer ausdrücklichen Vorschrift zur Vereinsgewalt gefolgert, dass diese sodann ihre Grundlage nur im Gewohnheitsrecht haben könne.[82] Dies wird aber vielfach zu Recht kritisiert.[83] Denn aus dem bloßen Fehlen einer ausdrücklichen gesetzlichen Begriffsregelung durch den Gesetzgeber kann nicht ohne weiteres geschlossen werden, dass die Figur des Gewohnheitsrechts einschlägig ist. So ist die Privatautonomie ebenfalls nicht ausdrücklich im Bürgerlichen Gesetzbuch angesprochen, wird aber dennoch nicht dem Gewohnheitsrecht entnommen. Zudem lassen sich die Existenz und die wesentlichen Bestandteile der Vereinsautonomie auch ohne ausdrückliche Erwähnung der kodifizierten Rechtsordnung entnehmen, wie sich schon aus den Betrachtungen zu §§ 25, 40 BGB gezeigt hat und sich nachfolgend verfassungsrechtlich zeigen wird[84]. Eines Rückgriffs auf ungeschriebenes Gewohnheitsrecht bedarf es daher nicht.

---

76 Zur Rechtslage unter dem Preußischen Allgemeinen Landrecht: *Baecker*, Grenzen der Vereinsautonomie im deutschen Sportverbandswesen, S. 20 f.

77 RGZ 49, 150, 155.

78 RG JW 1937, 1548.

79 BGHZ 13, 5, 11.

80 Vgl. z.B. BGHZ 27, 297, 298; BGHZ 87, 337, 345; BGH MDR 1961, 916; BGH MDR 1997, 954; KG OLGZ 1974, 385, 387.

81 LG Aachen in DVBl 1976, 914; BGH NJW 1999, 1326. Zu Art. 9 Abs. 1 GG noch weiter unten in diesem Kapitel unter III. 3. b).

82 *Larenz*, GS für R. Dietz (1973), 45, 49.

83 Vgl. *Weick* in: Staudinger, Vorbem zu §§ 21 Rn. 37, der in der Konsequenz allenfalls (problematisches) Richterrecht sieht; *Schockenhoff*, AcP 193 (1993), 35, 62 f.

84 Siehe hierzu in diesem Kapitel unter Punkt III. 3. b).

cc) Abstellen auf die Privatautonomie

Eine andere Näherung geschieht durch die Ähnlichkeit zum privatrechtlichen Begriff der Privatautonomie. Dabei können zwei Begründungsansätze festgestellt werden[85]:

Zum einen wird die Vereinsautonomie den Vereinen aufgrund ihrer Eigenschaft als körperschaftliche Organisationen durch den privatautonomen Akt der Vereinsgründung mit dem Entstehen selbst zugebilligt, ähnlich wie die Privatautonomie den natürlichen Personen selbst zusteht.[86]

Nach anderer Ansicht wird die Vereinsautonomie rechtsgeschäftlich begründet. Sie soll in der Zusammenfassung der privatautonomen Handlungen der Mitglieder eines Vereins fußen und sich in der rechtlichen Bewertung auch hierin erschöpfen.[87] Diese Sichtweise weist starke Bezüge zur noch anzusprechenden Vertragstheorie im Streit um die Satzungsnatur auf und wird daher vornehmlich von diesen Vertretern diskutiert. Maßgeblich ist hierbei, dass sich die Vereinsmitglieder kraft ihrer Privatautonomie dazu entschlossen haben, einen Verein mit einer bestimmten Binnenstruktur und einem bestimmten Zweck zu gründen bzw. diesem beizutreten oder daraus auszutreten.[88] Dies weist als solches mit dem Fokus auf die privatautonomen Entscheidungen der Mitglieder starke Bezüge zum Personengesellschaftsrecht auf.

Gemein ist beiden Strömungen, dass sie für ihre Begründungen in Anlehnung an den Begriffsinhalt der Privatautonomie ähnliche Begriffe nutzen. So wird die Vereinsautonomie als Unterfall[89], Ausprägung[90], Ausfluss[91], Teilbereich[92], Sonderfall[93],

---

85 Ähnlich *Stommel*, Vereins- und Verbandsgerichtsbarkeit, S. 32; *Kohler*, Mitgliedschaftliche Regelungen in Vereinsordnungen, S. 33.

86 *Kohler*, Mitgliedschaftliche Regelungen in Vereinsordnungen, S. 34; *Schlosser*, MDR 1967, 884, 887; *Vieweg*, Normsetzung, S. 148; *Steinbeck*, Vereinsautonomie und Dritteinfluss, S. 25.

87 *Schwarz/Schöpflin* in: Bamberger/Roth, § 21 Rn. 55; *Hadding* in: FS für R. Fischer (1979), S. 165, 192.

88 Zu den einzelnen als der Privatautonomie entspringenden Freiheiten *van Look*, Vereinsstrafen als Vertragsstrafen, S. 65.

89 *Baecker*, Grenzen der Vereinsautonomie im deutschen Sportverbandswesen, S. 25 f.; *van Look*, Vereinsstrafen als Vertragsstrafen, S. 70, *Butte*, Das selbstgeschaffene Recht des Sports, S. 31.

90 *Schlosser*, MDR 1967, 884, 887; *Hadding* in: Soergel, Vor § 21 Rn. 79; *Fritzweiler/von Coelln* in: Praxishandbuch Sportrecht, S. 42.

91 *Ellenberger* in: Palandt, § 25 Rn. 7; *Enneccerus/Nipperdey*, Allgemeiner Teil des Bürgerlichen Rechts I, § 108 II (S. 652); *Reemann*, Die Verfassung des Vereins, S. 115; *Zinger*, Diskriminierungsverbote und Sportautonomie, S. 63.

92 *Steinbeck*, Vereinsautonomie und Dritteinfluss, S. 16.

93 *Kohler*, Mitgliedschaftliche Regelungen in Vereinsordnungen, S. 34; *van Look*, Vereinsstrafen als Vertragsstrafen, S. 66.

besondere Erscheinungsform[94] oder Konkretisierung[95] der Privatautonomie bezeichnet.

b) Verfassungsrechtlicher Begründungsansatz

Auch auf verfassungsrechtlicher Ebene ist die Vereinsautonomie relevant, obwohl sie dort ebenfalls nicht ausdrücklich genannt wird. Dennoch ergibt sich ein Ansatzpunkt hierfür aus dem Grundrecht der Vereinigungsfreiheit des Art. 9 Abs. 1 GG.[96]

Das Grundrecht aus Art. 9 Abs. 1 GG ist mit dem Prinzip freier sozialer Gruppenbildung ein konstituierendes Prinzip der freien demokratischen Grundordnung[97] und nimmt insoweit einen wichtigen Platz im Rahmen der Grundrechte des Grundgesetzes ein. Formell gilt Art. 9 Abs. 1 GG dabei nur für Deutsche im Sinne des Art. 116 Abs. 1 GG. Über das Diskriminierungsverbot des Art. 18 S. 1 AEUV[98] genießen jedoch EU-Ausländer den gleichen Grundrechtsschutz.[99]

Sachlich schützt die Vereinigungsfreiheit zunächst das Recht, Vereine und Gesellschaften zu bilden. Mit der Vereinigung als Oberbegriff von Vereinen und Gesellschaften ist jeder Zusammenschluss von mehreren Personen für eine längere Zeit zur Verfolgung eines gemeinsamen Zwecks auf freiwilliger Basis samt Unterwerfung unter eine einheitliche Willensbildung zu verstehen.[100] Hierunter fallen also auch die untersuchungsgegenständlichen Idealvereine des Privatrechts.[101]

---

94 *Nicklisch*, Inhaltskontrolle von Verbandsnormen, S. 24.

95 *Baecker*, Grenzen der Vereinsautonomie im deutschen Sportverbandswesen, S. 25.

96 Gegen einen Begründungsansatz aus dem Verfassungsrecht vor allem im Bereich der Vereinsstrafen wendet sich *van Look*, Vereinsstrafen als Vertragsstrafen, S. 70, der es als kritisch sieht, dass eine kollektive Grundrechtsausübung zu einer Freiheitseinschränkung des Einzelnen führen soll. Jedoch ist eine Kollision verschiedener Rechtssphären bei der Ausübung von Freiheitsrechten die Regel und nicht die Ausnahme. Hier hat der Gesetzgeber gerade eine Regelungsbefugnis zum Ausgleich der konfligierenden Interessen.

97 BVerfG NJW 1979, 699, 705; BVerfG NJW 1975, 1265; *Jarass* in: Jarass/Pieroth, Art. 9 Rn. 1; *Kemper* in: v. Mangoldt/Klein/Starck, Art. 9 Rn. 1.

98 Vertrag über die Arbeitsweise der Europäischen Union, Art. 2 des Vertrages von Lissabon, BGBl. II vom 14.10.2008, S. 1038.

99 Im Einzelnen umstritten: *Jarass* in: Jarass/Pieroth, Art. 9 Rn. 10, geht davon aus, dass das Diskriminierungsverbot dazu führt, dass direkt Art. 9 Abs. 1 GG einschlägig sei, während *Bauer* in: Dreier, Art. 9 Rn. 17, davon ausgeht, dass Art. 2 Abs. 1 GG anzuwenden sei, jedoch das Schutzniveau Art. 9 Abs. 1 GG anzupassen sei. Vgl. auch *Kemper* in: v. Mangoldt/Klein/Starck, Art. 9 Rn. 65.

100 *Jarass* in: Jarass/Pieroth, Art. 9, Rn. 3; *Kemper* in: v. Mangoldt/Klein/Starck, Art. 9 Rn. 12; *Bauer* in: Dreier, Art. 9 Rn. 38; BVerwGE 106, 177, 181; BVerfG NVwZ 2002, 335, 336; vgl. § 2 Abs. 1 Vereinsgesetz.

101 *Jarass* in: Jarass/Pieroth, Art. 9 Rn. 5; *Wolff*, Der drittbestimmte Verein, S. 70; *Steinbeck*, Vereinsautonomie und Dritteinfluss, S.15; *Kauffmann*, Sportwissenschaft 1981, 198.

Geschützte Tätigkeiten sind zunächst der Zusammenschluss an sich, und die damit zusammenhängenden Entscheidungen über den Zeitpunkt der Gründung, den Zweck, die Rechtsform, den Namen, die Satzung und den Sitz der Vereinigung.[102] Darüber hinaus entnimmt das Bundesverfassungsgericht der Vereinigungsfreiheit auch eine kollektive Komponente. So ist neben den Gewährleistungen für den Einzelnen auch die Vereinigung selbst Grundrechtsträger und kann sich auf den Schutz ihres Entstehens und Bestehens berufen. Dies wird richtigerweise damit begründet, dass der Grundrechtsschutz erst effektiv gewährleistet werden kann, wenn auch Vereinigungen direkt mit einbezogen seien.[103] Geschützt sind damit auch die Selbstbestimmung über die eigene Organisation, das Verfahren der Willensbildung und die Führung der Geschäfte[104], mit anderen Worten: die Freiheit, über Mittel und Wege zur Erreichung des selbst gesetzten Vereinszwecks zu entscheiden[105]. Allerdings ist nur ein Kernbereich des Vereinsbestandes und der Vereinstätigkeit in den Schutzbereich einbezogen. Wird die Vereinigung wie jedermann im Rechtsverkehr tätig, kommt nach Ansicht des Bundesverfassungsgerichts und der herrschenden Lehre nicht Art. 9 Abs. 1 GG, sondern das bereichsspezifische Grundrecht und gegebenenfalls subsidiär Art. 2 Abs. 1 GG zur Anwendung.[106] Diese in ihrem Grundsatz richtige Abgrenzung wird jedoch dann schwierig, wenn man bedenkt, dass vielerlei Vereinsaktivitäten eine Mischung aus vereinsinterner Zwecksetzung und normalem rechtsgeschäftlichen Handeln darstellen, gerade dann, wenn das rechtsgeschäftliche Handeln essentiell der Verwirklichung der Vereinsziele dient. Hierauf wird noch genauer einzugehen sein.[107]

Daher genügt zunächst die Feststellung, dass die Vereinsautonomie als das Recht zur Selbstorganisation unter den Schutzbereich des Art. 9 Abs. 1 GG fällt[108], so

---

102 *Pieroth/Schlink*, Grundrechte, Rn. 788; *Jarass* in: Jarass/Pieroth, Art. 9 Rn. 6; *v. Mutius*, Jura 1984, 193, 195.

103 BVerfGE 13, 174, 175; 50, 290, 354; 30, 227, 241; 80, 244, 253; zustimmend u.a.: *Vieweg*, Normsetzung, S. 151; *Buchberger*, Sportverbandsrechtliche Entscheidungen, S. 35; *Weisbrod*, Europäisches Vereinsrecht, S. 56; nach a.A. reicht hierzu der Weg über Art. 19 Abs. 3 GG aus: vgl. insbesondere *Kemper* in: v. Mangoldt/Klein/Starck, Art. 9 Rn. 58 ff.; *v. Mutius*, Jura 1984, 193, 197 f.

104 BVerfGE 50, 290, 354. *Kauffmann*, Sportwissenschaft 1981, 198, 199, spricht in diesem Zusammenhang prägnant von der Garantie der freien Entfaltung der kollektiven Persönlichkeit von Vereinen und Verbänden.

105 *Steiner*, Die Autonomie des Sports, S. 30.

106 BVerfG NJW 2000, 1251; NJW 1986, 772; *Jarass* in: Jarass/Pieroth, Art. 9 Rn. 9; *Bauer* in: Dreier, Art. 9 Rn. 45; *Kluth* in: Friauf/Höfling, Art. 9 Rn. 76 f.; vgl. auch *Pieroth/Schlink*, Grundrechte, Rn. 794.

107 Vgl. ausführlich unten unter Gliederungspunkt D.

108 *Sauter/Schweyer/Waldner*, Der eingetragene Verein, Rn. 39c; *Stommel*, Vereins- und Verbandsgerichtsbarkeit, S. 33; *Baecker*, Grenzen der Vereinsautonomie im deutschen Sportverbandswesen, S. 26; *Ströbele*, Auswirkungen der Besonderheiten des Sports auf Verfahrensgrundsätze, S. 113 f.; *Heinrichs/Ellenberger* in: Palandt, § 25 Rn. 7; Vieweg, NJW

dass ein Ansatzpunkt für die Begründung einer Existenz der Vereinsautonomie auch dem Verfassungsrecht entnommen werden kann.

c) Art. 9 Abs. 1 GG als maßgeblicher Anknüpfungspunkt für die Vereinsautonomie

Trotz aller Unterschiede in der Begründung ist zu beobachten, dass jedenfalls im Ergebnis alle davon ausgehen, dass eine Vereinsautonomie existiert.[109] Auch *Schockenhoff* und *Wolff* bestreiten nicht die Existenz einer Vereinsautonomie. Zwar kommen sie zum Schluss, dass eine Vereinsautonomie nicht aus den bestehenden Vorschriften, insbesondere des Bürgerlichen Gesetzbuches, abgeleitet werden könne.[110] Jedoch beschränken sie in ihren Untersuchungen die Vereinsautonomie begrifflich auf die bloße Letztzuständigkeit des Vereins, mithin das Selbstbestimmungsrecht als Freiheit von Fremdeinfluss.[111] Darum geht es aber in der Untersuchung hier nicht. Maßgeblich ist hierfür das, was *Schockenhoff* als inhaltliche Gestaltungsfreiheit bezeichnet und deren Existenz auch er nicht verneint.[112]

Daher ist zu konstatieren, dass eine intensive Diskussion nur hinsichtlich der Begründung der Vereinsautonomie geführt wird, welche wiederrum daher herrührt, dass dieser Grundsatz nicht ausdrücklich in der geschriebenen Rechtsordnung auftaucht. Der Ansatz von *Flume*, demzufolge die Vereinsautonomie ebenso wie die Privatautonomie ein Grundprinzip sei, welches nicht im einfachen Gesetz ausdrücklich verankert worden sei[113], hat jedoch seine Vorzüge. Nicht zuletzt hat schon *Hedemann* 1913 erkannt, dass bei der Abgrenzung zwischen Verbands- und staatlicher Sphäre immer auch der Zeit- und Volksgeist, mithin die zeitgenössischen Wertanschauungen, maßgeblich sind.[114] Freilich gilt dies für so viele Freiheitsrechte. Insoweit spricht viel dafür, dass im Kontext der geschichtlichen Entwicklung zur Vereinsfreiheit und insbesondere im Umfeld der freiheitlichen Grundordnung des Grundgesetzes in heutiger Zeit der Staat grundsätzlich von einem Raum freier Entfaltung der Vereinstätigkeit ausgeht, was sich nicht zuletzt aus Art. 9 Abs. 1 GG ergibt. Auch die Vorschriften der §§ 25, 32, 40 BGB sowie der Vergleich mit der

---

1991, 1511, 1515; *Vieweg/Röthel*, ZHR 166 (2002), 6, 11; LG Frankfurt a.M., SpuRt 2011, 32, 34.

109 *Lukes* in: FS für H. Westermann (1974), 325, 327, bezeichnet die Streitfrage deshalb sogar als „rein konstruktive Frage".

110 *Schockenhoff*, AcP 193 (1993), 35, 66 f.; *Wolff*, Der drittbestimmte Verein, S. 186 ff, 305.

111 *Schockenhoff*, AcP 193 (1993), 35, 38; *Wolff*, Der drittbestimmte Verein, S. 52 f. Vgl. zum sog. Dritteinfluss auch die Entscheidung des BVerfG NJW 1991, 2623 ff. sowie deren Besprechung durch *Schockenhoff*, NJW 1992, 1013 ff.

112 *Schockenhoff*, AcP 193 (1993), 35, 38, 46 f.; ebenso wenig *Wolff*, Der drittbestimmte Verein, S. 52 f.

113 *Flume*, JZ 1992, 238, 239.

114 *Hedemann*, ArchBürgR 38 (1913), 132, 135. Zum Einfluss des Volksgeistes auf das Recht schon grundlegend *Savigny*, Vom Beruf unserer Zeit für Gesetzgebung und Rechtswissenschaft, S. 8 ff., insbes. S. 13 f.

Privatautonomie natürlicher Personen können in ihrer Gesamtheit als Anhaltspunkte für die Existenz der Vereinsautonomie gelten.

Entscheidende Bedeutung kommt dabei Art. 9 Abs. 1 GG als der Vorschrift zu, in welcher die liberale Werteordnung des Grundgesetzes bei der so genannten Freiheitsausübung in Gruppenform[115] festgeschrieben wird, deren Teile die freie Organisation und die eigenverantwortliche Führung der Geschäfte sind. Setzt man zudem einen Vergleich mit der nicht nur begriffsverwandten Privatautonomie, so erkennt man, dass hierfür als Grundlage Art. 2 Abs. 1 GG, die allgemeine Handlungsfreiheit, herangezogen wird[116] und die Privatautonomie ebenso wenig im einfachen Recht definiert, sondern schlicht vorausgesetzt wird. Insoweit wird aus der Sicht der Normenhierarchie klar, dass die Vereinsautonomie ihre Grundlage im Verfassungsrecht, mithin in Art. 9 Abs. 1 GG, hat[117] und daher die sporadischen einfachgesetzlichen Regelungen im Privatrecht hierzu Ausprägungen sind, welche den verfassungsrechtlichen Anforderungen genügen müssen.

Dabei ist zu differenzieren: Ist das Außenverhältnis eines Vereins, also der Rechtsverkehr als eigenständiges Rechtssubjekt, betroffen, so ist auch für einen Verein Art. 2 Abs. 1 GG einschlägig, da hier nicht die Organisation der Vereinigung berührt ist und Art. 9 Abs. 1 GG nur einen Kern der Vereinstätigkeiten schützt, der eng mit der Verwirklichung der Zwecksetzung des Zusammenschlusses verbunden ist.[118] Insoweit wird nachfolgend der Begriff der Privatautonomie gebraucht. Geht es jedoch um Fragen des Vereinszwecks, der Binnenorganisation oder des Verhältnisses zu Mitgliedern, also um Fragen, die aus dem Innenverhältnis herrühren und die Verwirklichung des Vereinszwecks betreffen, ist die Vereinsautonomie angesprochen und daher Art. 9 Abs. 1 GG als Maßstab einschlägig. Dass hier eine eigenständige Kategorie einer Autonomie vom Grundgesetz vorgegeben wird, hat nicht zuletzt seine Bewandtnis darin, dass es bei Vereinigungen, anders als bei natürlichen Personen, eine derartige Trennung des Innen- und des Außenverhältnisses gibt und nur hier eine Regelung des Binnenverhältnisses mit einem Ausgleich verschiedener Interessen notwendig ist.

---

115 Vgl. BVerfG NJW 1979, 699, 705; BVerfG NJW 1975, 1265; *Weick* in: Staudinger, Einl zu § 21 ff. Rn. 6.

116 *Ellenberger* in: Palandt, Überbl. v. § 104 Rn. 1; BVerfGE 70, 115, 123; 72, 155, 170; *Köhler*, BGB Allgemeiner Teil, § 5 Rn. 1; *Larenz/Wolf*, Allgemeiner Teil des Bürgerlichen Rechts, § 34 Rn. 22; *Starck* in: v. Mangoldt/Klein/Starck, Art. 2 Rn. 145 ff.

117 Für eine Ableitung direkt aus Art. 9 Abs. 1 GG auch: *Schöpflin* in: Prütting/Wegen/Weinreich, Vor §§ 21 ff. Rn. 11; *Buchberger*, Sportverbandsrechtliche Entscheidungen, S. 40.

118 BVerfG NJW 2000, 1251; NJW 1986, 772; *Jarass* in: Jarass/Pieroth, Art. 9 Rn. 9; *Bauer* in: Dreier, Art. 9 Rn. 45; *Kluth* in: Friauf/Höfling, Art. 9 Rn. 76 f.; vgl. auch *Pieroth/Schlink*, Grundrechte, Rn. 794.

Bei der Ableitung der Vereinsautonomie aus Art. 9 Abs. 1 GG muss beachtet werden, dass Vereinigungen, wie der untersuchungsgegenständliche Verein, selbst Träger der Autonomie zur freien Binnenorganisation und Zweckverwirklichung sind. Dies ergibt sich daraus, dass das Freiheitsrecht aus Art. 9 Abs. 1 GG der Vereinigung nach der richtigen Konzeption zur Effektuierung der Freiheitsausübung selbst zusteht. Das ist gerade der entscheidende Mehrwert der Konzeption eines eigenständigen Grundrechts gegenüber der allgemeinen Handlungsfreiheit.[119] Dabei ist im Ergebnis gleichgültig, ob man zur Begründung auf Art. 9 Abs. 1 GG als Doppelgrundrecht und damit als Schutz der kollektiven Vereinigungsfreiheit abstellt[120] oder ob man über Art. 19 Abs. 3 GG die Vereinigungsfreiheit der zumindest mit fester Struktur und gewisser Dauerhaftigkeit operierenden[121] oder teilweise rechtsfähigen[122] Vereinigung selbst zuspricht[123].

Darüber hinaus wird die hier vertretene These, dass die Vereinsautonomie als Binnenautonomie dem Verein selbst zukommt, zumindest beim (eingetragenen) Verein auch durch die einfachrechtlichen Ausgestaltungen seines Wesens gestützt. Als eigenes Zuordnungsobjekt ist er ein Rechtsgebilde und unterscheidet sich in diesem Punkt wesentlich von einer natürlichen Person, welcher mit Vollendung der Geburt Existenz und gemäß § 1 BGB Rechtsfähigkeit zukommt. Als Rechtsgebilde ist der Verein demgegenüber hinsichtlich Existenz und Erwerb der Rechtsfähigkeit auf staatliche Regelungen angewiesen. Insoweit ist auch der Ansatz des Bundesverfassungsgerichts zu verstehen, dass das Grundrecht des Art. 9 Abs. 1 GG für seine Verwirklichung einer einfachgesetzlichen Ausgestaltung bedarf, welche sich wiederum an der Freiheit des Art. 9 Abs. 1 GG zu messen hat.[124] Hierzu gehören einerseits die Regelungen über das Wesen der Vereinigungen, also jene, die ihre Existenz festschreiben, und andererseits die weitgehend nicht dispositiven Regelungen, welche die Einbeziehung der Vereinigungen in den Rechtsverkehr mit anderen Rechtssubjekten betreffen.

---

119 Mit dieser Ansicht übt *Buchberger*, Sportverbandsrechtliche Entscheidungen, S. 50 f., zutreffende Kritik an einer Einordnung der Vereinsautonomie als bloße Erscheinungsform der Privatautonomie.

120 BVerfGE 13, 174, 175; 50, 290, 354; 30, 227, 241; 80, 244, 253; *Vieweg*, Normsetzung, S. 151; *Bauer* in: Dreier, Art. 9 Rn. 34 ff.

121 BVerfGE 122, 342, 355; *Huber* in: v. Mangoldt/Klein/Starck, Art. 19 Abs. 3 Rn. 239.

122 Vgl. zum weiten Begriff der juristischen Person im Verfassungsrecht: *Pieroth/Schlink*, Grundrechte, Rn. 162; BVerfGE 3, 383, 391 f.; *Dreier* in: Dreier, Art. 19 III Rn. 46 ff.; *Rüfner* in: HbStR V (2000), § 116 Rn. 54 ff.

123 *Kemper* in: v. Mangoldt/Klein/Starck, Art. 9 Rn. 62 ff.; *Pieroth/Schlink*, Grundrechte, Rn. 793; *Isensee* in: HbStR V (2000), § 118, Rn. 65 ff.; *v. Mutius*, Jura 1984, 193, 197 f.

124 BVerfGE 50, 290, 354 f.; BVerfGE, 84, 372, 378; *Bauer* in: Dreier, Art. 9 Rn. 51 f.

Für den Verein streiten insoweit zwei Punkte: zum einen, dass er eine körperschaftliche Verfassung, die vom Willen seiner Mitglieder abgekoppelt ist, hat[125], so dass er eine eigene Rechtssphäre besitzt. Und zum anderen, dass ihm als juristische Person Rechtsfähigkeit zukommt, § 21 BGB, und er insoweit eigenes Rechtssubjekt ist, das im Rechtsverkehr Träger von Rechten und Pflichten sein kann.

Die Anerkennung der juristischen Person[126] als Rechtssubjekt hat zur Folge, dass dieser die Fähigkeit ihre Rechtsverhältnisse eigenständig zu regeln, mithin eine eigene Autonomie, zugestanden werden muss. Dies betrifft einerseits die Rechtsverhältnisse nach außen, also die Privatautonomie. Anders als bei natürlichen Personen ist es bei juristischen Personen jedoch zudem so, dass diese nicht selbständig handeln können, sondern Organe hierfür benötigen und, was Körperschaften angeht, auch noch Mitglieder haben müssen, die zumindest die Grundentscheidungen treffen[127]. Mithin ist auch ein Innenverhältnis gegeben, das geregelt werden muss. Hierfür ist ebenfalls eine Autonomie der Körperschaft notwendig. Dies wird hier als Vereinsautonomie bezeichnet. Angesprochen sind hierbei die Punkte der Bestimmung des Vereinszwecks, der Regelung der Vereinsorganisation und das Verhältnis zu den Mitgliedern.[128]

Aufgrund der Tatsache, dass die juristische Person ein eigenständiges Rechtssubjekt ist, geht die Annahme fehl, dem Verein könne eine Autonomie nur im Wege der Bündelung der Privatautonomien seiner Mitglieder zugesprochen werden. Vielmehr muss diesem ab Entstehung wegen der damit einhergehenden Verselbständigung von den Rechtssphären der Mitglieder[129] eine eigenständige Autonomie zugebilligt werden.[130]

IV. Formen der Vereinsautonomie

Nachdem die rechtsdogmatische Einordnung der Vereinsautonomie erfolgt ist, kann sich der Frage zugewendet werden, in welchen Formen sich die Vereinsautonomie in der täglichen Vereinsarbeit äußert. Diese Darstellung wird später noch

---

125 *Larenz/Wolf*, Allgemeiner Teil des Bürgerlichen Rechts, § 9 Rn. 10; *Hadding* in: Soergel, Vor § 21 Rn. 44.

126 *Köhler*, BGB Allgemeiner Teil, § 21 Rn. 2, bezeichnet die „Erfindung" der juristischen Person zu Recht als eine große rechtstechnische Leistung.

127 *Larenz/Wolf*, Allgemeiner Teil des Bürgerlichen Rechts, § 9 Rn. 3.

128 Zum Theorienstreit, auf den es hier nicht ankommt, vgl. *Larenz/Wolf*, Allgemeiner Teil des Bürgerlichen Rechts, § 9 Rn. 6 ff.; *Flume*, Allgemeiner Teil des Bürgerlichen Rechts I/2, § 1 Rn. 15 ff.; *Weick* in: Staudinger, Einl. zu §§ 21 ff. Rn. 4 f.; *Enneccerus/Nipperdey*, Allgemeiner Teil des Bürgerlichen Rechts I, § 103 Anm. 2 (S. 608 ff.).

129 *Larenz/Wolf*, Allgemeiner Teil des Bürgerlichen Rechts, § 9 Rn. 10.

130 In diesem Punkt ebenso: *Reemann*, Die Verfassung des Vereins, S. 112 f.; Er spricht dabei zutreffend davon, dass die Vereinsmitglieder nicht Inhaber, sondern Treuhänder der Autonomie sind.

bedeutsam, wenn es darum geht, die kartellrechtlichen Anknüpfungspunkte zu erläutern.

1. Allgemeines

Die Vereinsautonomie hat vielfältige Formen. Wie bereits der herkömmlichen Definition zu entnehmen ist, umfasst diese das Recht des Vereins sich zum einen eine innere Ordnung zu geben, als auch andererseits seine Angelegenheiten selbst regeln zu können.[131] Angesprochen sind damit zwei Punkte: zum einen das Recht auf Selbstgesetzgebung und zum anderen das Recht auf Selbstverwaltung[132]. Dies war als solches zu Beginn der Geltung des Bürgerlichen Gesetzbuches in der Rechtsprechung jedoch noch nicht anerkannt. So hat das Reichsgericht im Jahr 1910 folgendes entschieden:

> *„Mit der Autonomie des Vereins hat die Ausschließung eines einzelnen Mitglieds überhaupt nichts zu tun. Will man den Begriff der Selbstgesetzgebung nicht sinnwidrig auf das ganze Gebaren des Vereins ausdehnen, so läßt sich darunter nur das Recht verstehen, sich seine Satzung und damit seine Verfassung selbst zu geben. Dadurch aber, daß der Verein einem einzelnen Mitglied die Mitgliedschaft entzieht, handelt er entweder – sofern er sich das Recht satzungsgemäß beigelegt hat – in Ausübung bestehender Rechte und vollführt alsdann einen Akt nicht der Autonomie, sondern der Vereinsverwaltung, oder er bricht die Verfassung.“*[133]

Im weiteren Verlauf der Rechtsprechung, insbesondere unter jener des BGH[134], wurde jedoch dann nicht mehr genauer differenziert und auch die Akte der Selbstverwaltung in den Begriff der Vereinsautonomie mit aufgenommen[135].

Eine Trennung in Selbstgesetzgebung und Selbstverwaltung, wobei nur erstere der Vereinsautonomie unterfallen soll, ist auch nicht sinnvoll. Da insbesondere so genannte Vereinsverwaltungsakte[136] immer eine Grundlage entweder im Gesetz oder aber, wie zumeist, in der weitgehend dispositiven Satzung haben, sind sie eng

131 Vgl. oben 1. Kap. III. 1. b).

132 Vgl. die Definition der Selbstverwaltung als die Befugnis zur Gestaltung der Vereinsangelegenheiten durch den Verein selbst bei *Lukes* in: FS für H. Westermann (1974), 325, 327.

133 RGZ 73, 187, 190 f., bestätigt durch RGZ, 88, 194, 195.

134 Der BGH hat bei einer Genossenschaft jedoch auch einen Ausschluss an sachlichen Gründen überprüft, vgl. BGHZ 27, 297, 298.

135 Vgl. z.B. nur BGHZ 101, 193, 200; *Schlosser*, MDR 1967, 884, 887, bedauert die fehlende Unterscheidung und die damit einhergehende Beschränkung der Überprüfung durch die Rechtsprechung, gesteht jedoch Vereinen auch nicht überprüfbare Ermessensentscheidungen ähnlich § 315 BGB zu.

136 Vgl. zur Prägung dieses Begriffs für vereinsrechtliche Einzelfallmaßnahmen: RGZ 73, 187, 191; *Schlosser*, MDR 1967, 884, 885; *ders.*, Vereins- und Verbandsgerichtsbarkeit, S. 49 f.; *Meyer-Cording*, Die Vereinsstrafe, S. 75 f., *Nicklisch*, Inhaltskontrolle von Verbandsnormen, S. 15.

mit der Selbstgesetzgebung verknüpft und unterfallen zudem im Einzelfall der den Vereinen überlassenen Ordnungsgewalt. Eine eindeutige Trennung ist daher nicht möglich und würde dazu führen, dass bei einer Überprüfung von Vereinsverwaltungsakten stets die Gefahr bestünde, doch die Satzung selbst der Überprüfung durch den Staat anheim zu stellen. Dies bedeutet freilich nicht, dass nicht auch die Ausübung von Einzelakten Grenzen haben kann.[137]

Daher ist davon auszugehen, dass die Vereinsautonomie sowohl die Aufstellung von Satzungsregelungen als auch Einzelfallentscheidungen hierauf oder auf speziellen Beschluss der Mitgliederversammlung umfasst.[138]

In der Praxis machen die Vereine von ihrer Gestaltungsfreiheit reichlich Gebrauch.[139] Oftmals werden sogar Aufgaben der Mitgliederversammlung, § 32 BGB, auf andere Vereinsgremien oder auf Vereinsfremde übertragen, welche überdies Zustimmungsbefugnisse bei Satzungsänderungen oder weitergehende Rechte bei der Binnenstruktur eines Vereins haben können.[140]

2. Satzungsautonomie

Begonnen wird mit der Darstellung der Autonomie im Bereich der Selbstgesetzgebung. Diese wird als Satzungsautonomie bezeichnet und gilt als Kern der Vereinsautonomie.[141]

a) Begriff der Satzung

Der Begriff der Satzung findet sich in den §§ 25 und 40 BGB. Dabei ist zwischen dem Begriff der Verfassung und jenem der Satzung zu unterscheiden. Diese Unterscheidung ist bereits in § 25 BGB angelegt, wenn davon die Rede ist, dass die Verfassung auf den nachstehenden gesetzlichen Vorschriften des Vereinsrechts sowie auf der Satzung beruht.

Die Verfassung wird als rechtliche Grundordnung des Vereins bezeichnet und enthält in generell-abstrakter Regelungsweise alle das Vereinsleben bestimmenden

137 Zu den Grenzen der Vereinsautonomie ausführlich unter Gliederungspunkt B. V.

138 Ebenso: *Baecker*, Grenzen der Vereinsautonomie im deutschen Sportverbandswesen, S. 26; *Lukes* in: FS für H. Westermann (1974), 325, 328 f.; *Vieweg*, Normsetzung, S. 149; *Steinbeck*, Vereinsautonomie und Dritteinfluss, S. 20; *Buchberger*, Verbandsrechtliche Entscheidungen, S. 41 f.; *Augsberger*, Rechtsetzung zwischen Staat und Gesellschaft, S. 232; *Kauffmann*, Sportwissenschaft 1981, 198, 199; a.A: *Flume* in: FS für E. Bötticher (1969), 101, 110, 115, der an die Entscheidung des Reichsgerichts aus dem Jahr 1910 anknüpft (RGZ 73, 187, 190 f.).

139 *Schockenhoff*, AcP 193 (1993), 35, 36.

140 Vgl. BVerfG NJW 1991, 2623 ff.

141 Vgl. *Kohler*, Mitgliedschaftliche Regelungen in Vereinsordnungen, S. 34.

Grundentscheidungen.[142] Dazu gehören insbesondere Bestimmungen über den Namen, den Sitz und den Zweck des Vereins, grundlegende Regelungen über den Erwerb, den Inhalt und den Verlust der Mitgliedschaft sowie über die Aufgaben und die Arbeitsweise der Vereinsorgane.[143] Auch etwaige weitergehende Befugnisse gegenüber Mitgliedern, die sich je nach Typus des Vereins gestalten, müssen in der Satzung festgelegt werden. Gleiches gilt für die organisatorischen Strukturen, wie die Errichtung von Schiedsgerichten oder die Verbandssanktionen disziplinärer Art, die vor allem bei Sportverbänden eine große Rolle spielen.[144]

Die Satzung ist Teil der Vereinsverfassung und tritt neben die zwingenden Vorschriften sowie neben die dispositiven Bestimmungen, von denen in der Satzung nicht abgewichen wurde.[145] Die Satzung ist daher die vom Verein außerhalb der (zwingenden) Regelungen des Vereinsrechts festgelegte Verfassung.[146]

Neben der Satzung kann der Verein noch weitere Rechtsgrundlagen abstrakt-genereller Art für das Vereinsleben aufstellen. Diese werden üblicherweise als Ordnungen, Statuten, Richtlinien oder Vereinsgesetze bezeichnet.[147] Hier werden zumeist, um die Hauptsatzung zu entlasten, jene Bestimmungen aufgenommen, die nicht bestimmende Grundentscheidungen darstellen[148], jedoch darüber hinaus gehende Regelungen des Vereinslebens ausgestalten und festlegen.[149] Diese Normwerke werden vom BGH als „eigenständige körperschaftliche Normen des Vereinslebens“ bezeichnet.[150] Ein praktisches Bedürfnis hierzu ist insbesondere bei größeren Verbänden wie Sportverbänden gegeben, die eine einheitliche Handha-

142 BGHZ 47, 172, 177; *Ellenberger* in: Palandt, § 25 Rn. 1; *Sauter/Schweyer/Waldner*, Der eingetragene Verein, Rn. 32; *Reuter* in: Münchener Kommentar, § 25 Rn. 1; *Fuchs*, NJW 1965, 1509. Einen Überblick über weitere Definitionen bietet *Reuter*, ZHR 148 (1984), 523, 525, welcher selbst Regelungen, welche in die Verfassung müssen, anhand der Bedeutung für das Vereinsleben bemisst, S. 529.

143 *Ellenberger* in: Palandt, § 25 Rn. 1; *Sauter/Schweyer/Waldner*, Der eingetragene Verein, Rn. 32; *Hadding* in: Soergel, § 25 Rn. 1; *Weisbrod*, Europäisches Vereinsrecht, S. 176.

144 Vgl. auch *Summerer* in: Praxishandbuch Sportrecht, S. 107 f.

145 *Sauter/Schweyer/Waldner*, Der eingetragene Verein, Rn. 33; *Ellenberger* in: Palandt, § 25 Rn. 1, *Reichert*, Vereins- und Verbandsrecht, Rn. 354 f.

146 *Ellenberger* in: Palandt, § 25 Rn. 2; *Reichert*, Vereins- und Verbandsrecht, Rn. 386; *Butte*, Das selbstgeschaffene Recht des Sports, S. 33. Diese Definition beschreibt die Satzung im materiellen Sinn. Als Satzung im formellen Sinn wird die Satzungsurkunde verstanden, vgl. *Reichert*, Vereins- und Verbandsrecht, Rn. 387. Letztere soll jedoch im Rahmen dieser Arbeit nicht mit dem Begriff Satzung gemeint sein.

147 *Lohbeck*, MDR 1972, 381.

148 Diese dürfen sogar nicht außerhalb der Satzung geregelt werden, BGHZ 47, 172, 177.

149 *Reichert*, Vereins- und Verbandsrecht, Rn. 410; *Kohler*, Mitgliedschaftliche Regelungen in Vereinsordnungen, S. 15; *Hadding* in: Soergel, § 25 Rn. 8; *Butte*, Das selbstgeschaffene Recht des Sports, S. 33 f. Zur Typisierung dieser Nebenordnungen: *Kohler*, Mitgliedschaftliche Regelungen in Vereinsordnungen, S. 24 ff.

150 BGHZ 47, 172, 180 f.

bung von Wettkämpfen sicherstellen wollen. Der Erlass dieser Nebenordnungen fällt, selbst wenn Nebenordnungen nach Satzungsbestimmung auch von anderen Vereinsorganen als der für Satzungsänderungen zuständigen Mitgliederversammlung (§ 33 BGB) erlassen und geändert werden können[151], ebenfalls unter die Satzungsautonomie[152], so dass auch Bestimmungen in den Nebenordnungen im Weiteren als Untersuchungsgegenstand gelten. Soweit im Folgenden von Satzungen und ihren Regelungen die Rede ist, sind daher immer auch mögliche Regelungsaspekte in Nebenordnungen gemeint.

b) Rechtsnatur der Satzung

Eng mit dem Begriff der Vereinsautonomie verbunden, werden ebenfalls seit nunmehr über 150 Jahren – damals beschäftigte sich erstmals *Gerber* kritisch mit der Frage nach autonomen Regelungsbereichen neben dem Staat[153] – die Probleme rund um die rechtsdogmatische Einordnung von Satzungsbestimmungen erörtert. Da insoweit Teile der Vereinsautonomie betroffen sind, kann ein kleiner Überblick über das Spektrum der Meinungen und die Klärung der Auswirkungen auf den weiteren Fortgang der Untersuchungen nicht unterbleiben. Dabei soll allerdings nicht auf jedwede Nuance der verschiedenen Meinungen eingegangen werden, um nicht den Rahmen der Untersuchung zu sprengen.

Diese kontroverse und offenbar nicht enden wollende Streitfrage ist nicht zuletzt dadurch bedingt, dass sich die Gründungsväter des Bürgerlichen Gesetzbuches einer Stellungnahme enthalten hatten[154], wie auch der Gesetzgeber bis heute keine Klarstellung getroffen hat[155]. Es ist daher weiterhin Rechtswissenschaft und Rechtsprechung überantwortet, sich mit dieser Frage auseinanderzusetzen. Obwohl man sich heute einig ist, dass als Anknüpfung für die Geltung der Vereinsregeln allenfalls das Rechtsgeschäft der Gründung bzw. des Beitritts in einen Verein gelten kann, stehen sich im Wesentlichen auch heute noch Vertreter der (modifizierten) Normentheorie[156] und der Vertragstheorie[157] gegenüber.

---

151 *Hadding* in: Soergel, § 25 Rn. 8; *Kohler*, Mitgliedschaftliche Regelungen in Vereinsordnungen, S. 28 f.

152 *Kohler*, Mitgliedschaftliche Regelungen in Vereinsordnungen, S. 35, der dies als Satzungsautonomie in einem weiteren Verständnis bezeichnet und später, auf S. 42, zum Ergebnis kommt, dass sich Satzungen und Vereinsordnungen in Geltungsgrund und Wirkungsweise grundsätzlich nicht unterscheiden.

153 *Gerber*, AcP 37 (1854), 35, 44 ff., der die Autonomie des Adels untersucht hat und zu dem Schluss gekommen ist, dass deren Bestimmungen keine juristische Wirksamkeit haben würden, S. 57.

154 Vgl. *Mugdan*, Materialen zum BGB I, S. 403.

155 Vgl. *Stommel*, Vereins- und Verbandsgerichtsbarkeit, S. 9 f. zur Diskussion hierüber im Rahmen eines ZPO-Reformgesetzes 1996.

156 *Schwarz/Schöpflin* in: Bamberger/Roth, § 21 Rn. 41; *Schöpflin*, Der nichtrechtsfähige Verein, S. 219 f., *Reuter* in: Münchener Kommentar, § 25 Rn. 18 ff.; *Meyer-Cording*, NJW 1966, 225, 226; *ders.*, Die Vereinsstrafe, S. 47; *ders.*, Die Rechtsnormen, S. 91; *Orth*, Vereins- und Ver-

aa) Normentheorie und modifizierte Normentheorie

Die Vertreter der *Normentheorie* nehmen einen korporationsrechtlichen Standpunkt ein und gehen davon aus, dass den Bestimmungen der Vereinssatzung ähnlich wie den Gesetzen des Staates Normqualität im Sinne objektiven Rechts[158] zukomme. Die Rechtsnatur der Bestimmungen in Vereinssatzungen ist daher von Rechtsgeschäften einerseits zu trennen, kann aber auch andererseits nicht staatliche Gesetzgebung sein.

Diese in der Reinform vertretene Form geht auf eine Konzeption von *Otto v. Gierke*[159] zurück, welcher selbst das Gründungsstadium eines Vereins nicht als Vertrag, sondern als sozial-rechtlichen Konstitutivakt bezeichnete[160], und ist durch die geschichtlichen, liberalen Entwicklungen im 19. Jahrhundert bedingt.[161] Die von den Vereinen ausgeübte Vereinsgewalt sollte von den staatlichen Gerichten und Behörden nicht überprüft werden können. Es bestünden also Rechtsordnungen neben jener des Staates, auf welche der Staat keinen Zugriff hätte. Dies stellt eine vollkommene originäre Form einer Autonomie dar.

Heutzutage wird diese Auffassung in ihrer Reinform nicht mehr vertreten[162], da dem Verein eine originäre Autonomie außerhalb staatlicher Grenzen nicht zugestanden werden kann. Dies ist mit dem heutigen Staatsverständnis, wonach jegliches objektives Recht vom Staat ausgeht oder von diesem verliehen wird, nicht vereinbar.[163] Selbst die bereits angesprochenen juristischen Personen des öffentli-

---

bandsstrafen, S. 126; *Reemann*, Die Verfassung des Vereins, S. 83 ff., 138; *Buchberger*, Verbandsrechtliche Entscheidungen, S. 51; *Steffen* in: RGRK, Vor § 21 Rn. 32; *Menzel*, Werbebeschränkungen im Sport, S. 18 ff.

157 *Lutter*, AcP 180 (1980), 84, 95 ff.; *v. Tuhr*, Der Allgemeine Teil des Deutschen Bürgerlichen Rechts, Bd. I, § 34 I (S. 476 ff.) und § 35 III (S. 502 ff.); *Bötticher*, ZfA 1970, 3, 44 ff.; *Enneccerus/Nipperdey*, Allgemeiner Teil des Bürgerlichen Rechts I, § 108 II (S. 652 f.); *van Look*, Vereinsstrafen als Vertragsstrafen, S. 89 ff., *Hadding* in: FS für R. Fischer (1979) S. 165, 188 ff.; *ders.* in: Soergel, Vor § 21 Rn. 49 f., § 25 Rn. 14 ff.; *Coing* in: FS für W. Flume (1978), 429, 436 f.; *Fuchs*, NJW 1965, 1509, 1510.

158 Vgl. *Schwarz/Schöpflin* in: Bamberger/Roth, § 21 Rn. 39.

159 Vgl. *v. Gierke*, Deutsches Privatrecht I, S. 142 f., 148, 484 ff.

160 *V. Gierke*, Deutsches Privatrecht I, S. 486.

161 Vgl. *Baecker*, Grenzen der Vereinsautonomie im deutschen Sportverbandswesen, S. 21.

162 Tedenziell in diese Richtung aber noch: *Reuter* in: Münchener Kommentar, § 25 Rn. 18 ff.; *ders.*, NJW 1983, 649, 651 f., der im Sportverbandswesen dem DFB-Recht gesetzesgleichen Ordnungscharakter ähnlich wie Satzungen der öffentlich-rechtlichen Handwerkskammern oder der Ärzteschaft zugestehen will; *Schöpflin*: Prütting/Wegen/Weinreich, § 25 Rn. 4. Allerdings müssen sich auch hier die Satzungen der Vereine an Maßstäben staatlichen Rechts messen lassen, vgl. *Reuter* in: Münchener Kommentar, § 25 Rn. 24; *Schöpflin*: Prütting/Wegen/Weinreich, § 25 Rn. 3.

163 Vgl. statt aller: *Stommel*, Vereins- und Verbandsgerichtsbarkeit, S. 13, 29; *Baecker*, Grenzen der Vereinsautonomie im deutschen Sportverbandswesen, S. 18; *Lukes* in: FS für H. Westermann (1974), 325, 326; *Vieweg*, Normsetzung, S. 320; *Kirchhof*, Private Rechtsetzung,

chen Rechts, welche Teil der mittelbaren Staatsverwaltung sind, haben keine originäre Satzungsgewalt, sondern nur eine vom Staat abgeleitete.[164] Etwas anderes kann für juristische Personen des Privatrechts kaum sinnvoll vertreten werden.

Deshalb hat sich die so genannte *modifizierte Normentheorie* herausgebildet.[165] Maßgeblich im Unterschied zur ursprünglichen Konzeption ist, dass die Satzungsaufstellung ein Rechtsgeschäft darstellt. Erst nach dem Beschluss über die Maßgeblichkeit der Satzung verliert diese ihren Charakter als Vertrag und wird zur Verfassung, die aufgrund der Loslösung vom Willen der Mitglieder kraft Korporationsrechts gilt. Die Satzung wird in ihrer Rechtsnatur mit dem Entstehen des Vereins also modifiziert.[166] Ähnliches gilt beim Neubeitritt eines Mitglieds: Dessen Beitritt soll als Rechtsgeschäft zu beurteilen sein, während die weiteren Berührungspunkte im Innenverhältnis nach dem erfolgten Beitritt Akte mit Charakter eines Über-/Unterordnungsverhätnisses darstellen würden. Die Satzung wäre somit eine Teilrechtsordnung, welche innerhalb der staatlichen Rechtsordnung zugelassen werde.[167] Dieser staatliche Geltungsbefehl speise sich entscheidend aus Art. 9 Abs. 1 GG, da hiermit die dadurch verbürgte Freiheit erst effektiv ausgeübt werden könne.[168]

bb) Vertragstheorie

Die Gegenauffassung geht auf *Andreas von Tuhr* zurück.[169] Nach der *Vertragstheorie* würden die allgemein bekannten Instrumente der Rechtsgeschäftslehre vollständig ausreichen, um die vereinsinternen Vorgänge umfassend zu beurteilen und rechtsdogmatisch richtiger auf einer Ebene der Gleichordnung[170] einzuordnen. So wird die Gründung des Vereins ebenso als Vertrag gedeutet wie der Beitritt zu einem Verein. Die Satzung bliebe als so genannter Organisationsvertrag auch nach der Gründung des Vereins weiterhin in ihrem Charakter ein Vertrag[171], ganz ähnlich wie der Gesellschaftsvertrag im Rahmen der Personengesellschaften. Mit diesem Vertrag, der eben Satzung heiße, erkläre der Gründer sowie das später eintretende

---

S. 158 f.; *Buchberger*, Verbandsrechtliche Entscheidungen, S. 41; *Summerer* in: Praxishandbuch Sportrecht, S. 104; *Weick* in: Staudinger, Vorbem zu §§ 21 ff. Rn. 35.

164 Vgl. dazu oben unter 1. Kap. III. 1. a) cc).

165 RGZ 165, 140, 143 f.; BGHZ 21, 370, 373 ff., BGHZ 47, 172, 179 f.; *Ellenberger* in: Palandt, § 25 Rn. 3 (im Ergebnis sei die Satzung eine „eigenständige normartige Regelung des Vereinslebens"); *K. Schmidt*, Gesellschaftsrecht, S. 77 f.; *Steffen* in: RGRK, § 25 Rn. 5.

166 Anschaulich BGHZ 47, 172, 179 f.: Die Satzung erlangt mit Entstehung des Vereins ein „unabhängiges rechtliches Eigenleben".

167 *Larenz* in: GS für R. Dietz (1973), 45, 49; *Kirchhoff*, Private Rechtsetzung, S. 138 f., 272 ff.

168 *Augsberger*, Rechtsetzung zwischen Staat und Gesellschaft, S. 231; *Kirchhof*, Private Rechtsetzung, S. 511 f.; *Vieweg*, Normsetzung, S. 145.

169 *v. Tuhr*, Der Allgemeine Teil des Deutschen Bürgerlichen Rechts, Bd. I, § 34 I (S. 476 ff.) und § 35 III (S. 502 ff.)

170 *Lutter* AcP 180 (1980), 84, 97.

171 *Hadding* in: FS für R. Fischer (1979) S. 165, 189.

Mitglied vertraglich sein Einverständnis, ebenso wie mit der Geltung von Mehrheitsbeschlüssen, und unterwerfe sich daher rechtsgeschäftlich der Satzung.[172] Besonders anschaulich fällt der Unterschied zur Normentheorie im Rahmen der Vereinsstrafen aus, welche die Vertreter der Normentheorie als Ausfluss der Vereinsgewalt ansehen, während die Vertreter der Vertragstheorie hierzu über die Figur der Vertragsstrafe gemäß §§ 339 ff. BGB gelangen.[173]

cc) Argumente

Beide Auffassungen treten sich mit den unterschiedlichsten Argumenten gegenüber.[174] Der Vertragstheorie wird im Wesentlichen entgegengehalten, dass sie nicht auf korporationsrechtliche Strukturen passe, die auf Mitgliederwechsel angelegt sind, und sie zudem bei der Maßgeblichkeit von Mehrheitsbeschlüssen passen müsse.[175] Insoweit benötige man für die von ihren Mitgliedern verselbständigte Organisation zugeschnittene objektive Ordnungsregeln, die dem Willen der einzelnen Mitglieder entzogen seien.[176] Die (modifizierte) Normentheorie sieht sich dem Einwand ausgesetzt, methodisch nicht zu passen. Denn die Setzung objektiven Rechts mit Eingriffen in die Freiheit des Individuums sei nur im Wege staatlicher Gesetzgebung möglich.[177] Ferner könne es sich systematisch mit Blick auf die Rechtsquellenlehre nur um ein Rechtsgeschäft handeln, da eine objektive staatliche Norm ausscheide und der Staat den Vereinen keine Befugnis zum Erlass objektiven Rechts eingeräumt habe[178]. Zudem passe sie nicht in die rechtsgeschäftlichen Grundlagen des Gesellschaftsrechts[179].

dd) Folgerungen

Klärungsbedürftig ist, welche Folgerungen für den weiteren Fortgang der Untersuchung aus dem Streit um die Rechtsnatur gezogen werden können. Klar ist, dass vielfach eine unterschiedliche Kombination der Begründungsansätze zur Vereinsautonomie und der beiden Theorien möglich ist, auch wenn Vertreter der modifizierten Normentheorie sich oft auf Begründungen stützen, welche die Anknüpfung der Vereinsautonomie an das Rechtssubjekt des Vereins sehen. Umgekehrt erblicken Vertreter der Vertragstheorie in der Vereinsautonomie eine Rückführung auf eine Bündelung von Privatautonomien der Mitglieder im Sinne vertragsrechtlicher

172 *Hadding* in. Soergel, Vor § 21 Rn. 50; *ders.* in: FS für R. Fischer (1979) S. 165, 191.

173 Vgl. zur Einordnung unter die §§ 339 ff. BGB ausführlich bei *van Look*, Vereinsstrafen als Vertragsstrafen, S. 134 ff.; Siehe auch *Säcker/Rancke*, AuR 1981, 1, 5.

174 Vgl. ausführlich *Stommel*, Vereins- und Verbandsgerichtsbarkeit, S. 15 ff.

175 Vgl. *Schwarz/Schöpflin* in: Bamberger/Roth, § 21, Rn. 41; *Reuter* in: Münchener Kommentar, § 25 Rn. 18; *Schöpflin*, Der nichtrechtsfähige Verein, S. 219; *Menzel*, Werbebeschränkungen im Sport, S. 17.

176 *Steffen* in: RGRK, § 25 Rn. 5.

177 *van Look*, Vereinsstrafen als Vertragsstrafen, S. 79.

178 *Enneccerus/Nipperdey*, Allgemeiner Teil des Bürgerlichen Rechts I, § 108 II (S. 652).

179 *Hadding* in: Soergel, Vor § 21 Rn. 49.

Betrachtungen. Auch lassen sich oft Unterschiede einebnen, wenn man anerkennt, dass sich Individuen privatautonom einem von einem anderen Rechtssubjekt gesetzten Regelwerk unterordnen können, und wenn man sich nicht an terminologischen Feinheiten, wie der Verwendung der Begriffe „Unterwerfung"[180] oder „Normen"[181] stößt.[182]

Mit den dargestellten Erwägungen zur Vereinsautonomie, die sich als eigenständiges Recht des Vereins aus Art. 9 Abs. 1 GG speist, wird hier die modifizierte Normentheorie vertreten, da nur sie überzeugend beschreibt, welche Rechtsbeziehungen es zwischen dem entstandenen Verein als eigenständigem Rechtssubjekt und den daran beteiligten Mitgliedern gibt[183], während die Vertragstheorie in gewissen Bereichen hierzu gekünstelt wirkt[184]. Dennoch kommt es nicht darauf an, diesen Streit an dieser Stelle umfassend zu entscheiden. Maßgeblich ist nämlich, dass die Bestimmungen der Vereinssatzung Geltung gegenüber den Mitgliedern beanspruchen. Dies ist im Ergebnis bei allen Gegensätzen den genannten Auffassungen gemein und kann daher als Basis für die weitere Untersuchung genommen werden. Zudem gehen auch die Vertreter der Vertragstheorie davon aus, dass sich hinsichtlich des Inhalts der Vereinsautonomie im Vergleich zur Normentheorie keine Unterschiede ergeben.[185] Die unterschiedlichen Begründungen können daher allenfalls auf der Ebene der Grenzen der Vereinsautonomie bedeutsam werden, da die Vertreter der Vertragstheorie auf die Satzung allgemeines Vertragsrecht mit den dortigen Grenzen anwenden. Hierauf wird später noch einzugehen sein.[186]

c) Wirkungen von Satzungsbestimmungen auf Dritte

Resümiert man die bisherigen Ausführungen, so erkennt man, dass bislang immer nur von vereinsinternen Auswirkungen der Satzung die Rede war. Dies ist auch folgerichtig, denn die Anerkennung einer satzungsmäßigen Vereinsgewalt hängt

---

180 So aber *Flume*, Allgemeiner Teil des Bürgerlichen Rechts I/2, S. 319, der davon spricht, dass man den Begriff der Unterwerfung vermeiden sollte. Im Übrigen verwenden auch Vertreter der Vertragstheorie diesen Begriff, vgl. *Weick* in: Staudinger, Vorbem zu §§ 21 ff. Rn. 38; Zum Begriff der Unterwerfung als minimalisierte Willenserklärung: *Lukes* in: FS für H. Westermann (1974), 325, 331.

181 *Kohler*, Mitgliedschaftliche Regelungen in Vereinsordnungen, S. 39, spricht insoweit zutreffend von „privaten Normen".

182 *Teubner*, Organisationsdemokratie, S. 318 f., stellt rechtsvergleichend z.B. fest, dass sich in den USA auch die beiden Theorien gegenüberstehen, allerdings im Vergleich zum deutschen Recht zu exakt gegensätzlichen Folgerungen bei der Frage der Legitimation von Vereinsmaßnahmen kommen.

183 Vgl. die zutreffenden Ausführungen von *Kohler*, Mitgliedschaftliche Regelungen in Vereinsordnungen, S. 37 ff.; *Baecker*, Grenzen der Vereinsautonomie im deutschen Sportverbandswesen, S. 29 ff.

184 Ebenso: *Baecker*, Grenzen der Vereinsautonomie im deutschen Sportverbandswesen, S. 32.

185 *Hadding* in: Soergel, Vor § 21 Rn. 50.

186 Siehe dazu in diesem Kapitel unter Punkt V. 2.

maßgeblich davon ab, dass sich derjenige, der mit dieser Vereinsgewalt in Berührung kommt, mit den hierfür grundlegenden Satzungsbestimmungen einverstanden zeigt. Dazu muss er entweder an der Gründung beteiligt gewesen oder später willentlich dem Verein beigetreten sein.

Dementsprechend gelten die Satzungsbestimmungen grundsätzlich nur im Innenverhältnis eines Vereins und entfalten gegenüber Dritten keine Wirkung.[187] Eine Ausnahme gilt dabei für die Fälle, in denen sich Dritte rechtsgeschäftlich mit der Geltung und der Durchführung der Satzung im Einzelfall einverstanden erklärt haben, also ein entsprechender Vertrag zumindest konkludent abgeschlossen wurde[188], § 311 Abs. 1 BGB.[189] Dieses Rechtsgeschäft ist als vom Erwerb der Mitgliedschaft verschieden anzusehen[190] und wird sich daher regelmäßig nur auf die Geltung jener Satzungsbestandteile beschränken, welche zur Durchführung des Zwecks der Vereinbarung notwendig sind.[191]

Für die Mitglieder von Vereinen, die in Verbänden als Mitglieder vertreten sind, kann eine Bindung an die Regelwerke der Verbände in der Regel nur auf diese rechtsgeschäftliche Weise erfolgen.[192] Daneben kann eine vereinsrechtliche Bindung aber ebenfalls bestehen. Neben der Möglichkeit, dass Mitglieder nicht nur ihrem Verein, sondern auch gleichzeitig dem Verband als Individualmitglied beitreten und sich damit mitgliedschaftlich der Verbandssatzung unterwerfen[193], kann auch eine Bindung zu den entsprechenden Regelungen aus dem Verhältnis des Mitglieds zu seinem Verein bestehen, wenn der Verein die Regelung in seine Satzung, z.B. aufgrund durch den Verband ausgesprochener satzungsmäßiger Übernahmeverpflichtung, übernimmt. Faktisch ist damit das Vereinsmitglied an die Verbandsregelung

187 *Hadding* in: Soergel, § 25 Rn. 35; *Steffen* in: RGRK, § 25 Rn. 7.

188 *Hadding* in: Soergel, § 25 Rn. 35; *Lukes* in: FS für H. Westermann (1974), 325, 334 ff.; BGHZ 128, 93, 96 ff., 103; *Steffen* in: RGRK, § 25 Rn. 7; einschränkend für den Fall der Unterwerfung unter die Strafgewalt eines Vereins: *Weick* in: Staudinger, § 25 Rn. 11.

189 Hier kommen also die Ansichten und Folgerungen der Vertreter der Vertragstheorie zum Tragen; vgl. zur gerichtlichen Prüfungskompetenz auch BGH WM 1972, 1249, BGH NJW 1995, 583, 584 f.

190 *Lukes* in: FS für H. Westermann (1974), 325, 333. Insbesondere können keine mitgliedschaftlichen Mitwirkungsrechte begründet werden.

191 *Hadding* in: Soergel, § 25 Rn. 35; *Lukes* in: FS für H. Westermann (1974), 325, 343.

192 BGH NJW 1995, 583, 585 f.; OLG München, SpuRt 1996, 133, 134; *Zinger*, Diskriminierungsverbote und Sportautonomie, S. 36. Vgl. zur Kategorisierung vertraglicher Vereinbarungen im sportverbandlichen Bereich auch *Hannamann*, Kartellverbot und Verhaltenskoordinationen im Sport, S. 80.

193 Hieran haben die Verbände vor allem im Bereich des Sports allerdings kaum ein Interesse, da eine kontinuierliche Regelfortentwicklung aufgrund der hohen Mitgliedszahlen kaum sinnvoll möglich wäre, vgl. *Kotzenberg*, Die Bindung des Sportlers an private Dopingregeln und private Schiedsgerichte, S. 36 f.

über ein hierarisch gestuftes Vereinsverhältnis gebunden.[194] Dabei ist allerdings zu beachten, dass sich der Ansatz, in der Vereinssatzung einen Passus einzubauen, nach welchem der jeweilige Inhalt der Verbandssatzung gilt (sog. dynamische Verweisung), zum einen wegen des Eintragungserfordernisses von Satzungsänderungen in das Vereinsregister gemäß § 71 BGB als unzulässig erweist. Zum anderen müssen sich zumindest die grundlegenden Entscheidungen der Vereinsorganisation ausdrücklich in der Vereinssatzung befinden.[195] Damit verbleibt für diese vereinsrechtliche Lösung nur die Möglichkeit, dass die Regelungen des Verbandes mit den daraus entstehenden Schwierigkeiten und zeitlichen Lücken bei der Umsetzung wörtlich übernommen und bei Änderungen im Einzelfall angepasst werden.[196] Allenfalls für Bestimmungen in Nebenordnungen, die keine Satzungsqualität aufweisen, kommt eine dynamische Verweisung in Betracht.[197]

Schwierig wird diese Betrachtung bei Profisportlern in Mannschaftssportvereinen wie der Fußball-Bundesliga, die ihrem Verein nicht kraft Korporationsverhältnis angehören, sondern normale Arbeitnehmer des Vereins sind.[198] Ihre Unterwerfung unter das Satzungsreglement des Verbandes geschieht durch den Abschluss eines Spielerlizenzvertrages, mit welchem die Spieler erst an der Bundesliga als Berufs-

---

194 Vgl. *Tyrolt*, Sportschiedsgerichtsbarkeit, S. 191; *Zinger*, Diskriminierungsverbote und Sportautonomie, S. 35; *Haas/Prokop*, SpuRt 1998, 15, 18.

195 Hierzu und zum vorstehenden Argument vgl. *Reuter* in: Münchener Kommentar, Vor § 21 BGB Rn. 131; BGH NJW 1995, 583, 585; *Hannamann*, Kartellverbot und Verhaltenskoordinationen im Sport, S. 83; *Butte*, Das selbstgeschaffene Recht des Sports, S. 184; *Haas/Prokop*, SpuRt 1998, 15, 16; Ausführlich zu den dynamischen Verweisen im Bereich der Dopingregeln: *Kotzenberg*, Die Bindung des Sportlers an private Dopingregeln und private Schiedsgerichte, S. 39 ff., der zum Ergebnis kommt, dass dynamische Verweisungen in Grenzen möglich seien. Auch § 71 Abs. 1 S. 1 BGB stünde bei einer restriktiven Auslegung der Vorschrift im Hinblick auf die Informationsmöglichkeit der Dopingregelungen im Internet der Zulässigkeit einer dynamischen Verweisung nicht entgegen (hierzu im Besonderen S. 57 ff.). *Heß* in Heß/Dressler, Aktuelle Rechtsfragen des Sports, 1, 17 f. sieht dynamische Verweisungen im Sportbereich als generell zulässig an.

196 Vgl. zu verschiedenen Möglichkeiten der Bindung von Sportlern an das Regelwerk internationaler Sportverbände ausführlich bei *Adolphsen*, Internationale Dopingstrafen, S. 47 ff.

197 Vgl. *Adolphsen*, Internationale Dopingstrafen, S. 74 ff.

198 BAG NJW 1980, 470; BAG NJW 1971, 855 f.; *Reichert*, Vereins- und Verbandsrecht, Rn. 5794; *Zinger*, Diskriminierungsverbote und Sportautonomie, S. 33; *Butte*, Das selbstgeschaffene Recht des Sports, S. 102 f. Dies liegt vereinsrechtlich in der früheren Ausgestaltung der Mannschaften als gemeinnützige Vereine begründet. So dürfen diese keine Gewinnausschüttung an ihre Mitglieder vornehmen, wenn sie nicht ihren Status als Idealverein verlieren wollen, vgl. *Eggerstedt*, Probleme der Lizenz- und Schiedsgerichtsverträge im deutschen Berufsfußball, S. 123; *Westermann* in: FS für F. Rittner (1991), 771, 780.

sportler teilnehmen dürfen.[199] Auch hier wird also die vertragsrechtliche Lösung verwendet. Zwar könnte man auch daran denken, dass der Abschluss eines Spielerlizenzvertrages ein Beitritt zum Verband und damit eine vereinsrechtliche Unterwerfung unter das entsprechende Satzungsregime darstellt, allerdings sprechen hiergegen der Wille des Spielers, der typischerweise nicht Mitglied des Vereins werden möchte, als auch die Satzungsbestimmungen von DFB und Ligaverband e.V., wonach Einzelpersonen nicht Mitglieder werden können. [200, 201] Als Ergebnis bleibt festzustellen, dass im Sport die Durchsetzung des Regelwerks aufgrund eines komplexen Geflechts von individualvertraglichen und vereinsrechtlichen Bindungen geschieht.[202]

3. Maßnahmen der Selbstverwaltung

Die Selbstverwaltung unterscheidet sich von der Satzungsgebung dadurch, dass sie konkret-individuelle Sachverhalte betrifft[203], während in der Satzung abstrakt-generelle Regelungen für einen unterschiedlichen Mitgliederbestand getroffen werden. Man kann insoweit eine ähnliche Abgrenzung wie zwischen staatlichen Gesetzen und Verwaltungsakten als Grundlage nehmen.[204]

Die Formen der Selbstverwaltung sind dabei vielschichtig, denn je nach Vereinszweck ergeben sich hierbei unterschiedliche Arten von Maßnahmen. Insofern kann an dieser Stelle nur ein knapper, systematisierter Überblick gegeben werden. Zum einen kann auf das allgemeine Verhältnis eines jeden Vereins zu seinen Mitgliedern abgestellt werden. So sind demnach als Akte der Verwaltung die Aufnahme neuer Mitglieder bzw. umgekehrt die Verweigerung der Aufnahme, die Ausformung der Mitgliedschaft, wie etwa die Festsetzung der Zahlung von Mitgliedsbeiträgen, sowie die Beendigung derselben anzusehen.

Besonders einschneidende Maßnahmen im Rahmen der laufenden Mitgliedschaft sind die Vereinsstrafen[205]. Solche Vereinsstrafen können sowohl in der Zahlung von

---

199 *Eggerstedt*, Probleme der Lizenz- und Schiedsgerichtsverträge im deutschen Berufsfußball, S. 83; *Butte*, Das selbstgeschaffene Recht des Sports, S. 116 f.; *Reichert*, Vereins- und Verbandsrecht, Rn. 5794.

200 Vgl. § 7 DFB-Satzung, wonach nur die Landes- und Regionalverbände sowie der Ligaverband ordentliche Mitglieder des DFB sein können, sowie § 7 Satzung Ligaverband, wonach nur die Vereine und Kapitalgesellschaften der ersten beiden Bundesligen Mitglieder des Ligaverbandes sein können.

201 Zur Ablehnung eines Vereinsbeitritts aufgrund Teilnahme am Wettkampf auch: *Adolphsen*, Internationale Dopingstrafen, S. 61 f.

202 So schon *Westermann* in: FS für F. Rittner (1991), 771, 781. Vgl. auch die Darstellung bei *Butte*, Das selbstgeschaffene Recht des Sports, S. 122, für den Bereich des Profifußballs.

203 *Kauffmann*, Sportwissenschaft 1981, 198, 199.

204 Vgl. auch *Nicklisch*, Inhaltskontrolle von Verbandsnormen, S. 32 f.

205 *Flume* in: FS für E. Bötticher (1969), 101, 108 ff. verneint die Möglichkeit einer Vereinsstrafe. Diese Auffassung ist jedoch alleine geblieben, vgl. insbesondere die Kritik

Geld als auch in einer Rüge, dem dauernden oder zeitweisen Entzug bestimmter Mitgliedschaftsrechte (z.B. Stimmrechtsentzug, Einschränkung der Wählbarkeit für bestimmte Posten) oder dem Ausschluss von Vereinseinrichtungen oder -veranstaltungen bestehen und in der härtesten Variante in einen Vereinsausschluss münden.[206] In heutiger Zeit verfügen die Vereine hierbei zum Teil über eigene Gerichte, die über diese Strafen befinden.[207] In besonderem Maße ist eine Vereinsgerichtsbarkeit[208] bei politischen Parteien, Gewerkschaften, Berufsvereinigungen und Sportverbänden präsent.[209] Man denke insbesondere bei Letzteren an die vielfältigen Einrichtungen der Sportgerichtsbarkeit, wie z.B. im Rahmen des Deutschen Fußballbundes (DFB) das DFB-Sportgericht, das DFB-Bundesgericht sowie der DFB-Kontrollausschuss, die zur Regelung aller verbandsinternen Streitigkeiten berufen sind.[210]

Neben diesen sehr einschneidenden Möglichkeiten der Vereinsstrafen gibt es aber auch vielfältige begünstigende Einzelentscheidungen, welche die mitgliedschaftlichen Genussrechte betreffen. Um für Beispiele auch hier im Bereich eines Sportverbandes zu bleiben: die Erteilung einer Lizenz zum Spielbetrieb in einer Liga oder von Spieler- und Trainerlizenzen sowie die Zulassung als Schiedsrichter.[211] Umgekehrt wirkt natürlich die Verweigerung dieser Begünstigungen belastend.

Ganz generell kann man daher sagen, dass ein Akt der Vereinsverwaltung im Verhältnis zu den Mitgliedern immer dann vorliegt, wenn Mitgliedschaftsrechte oder Mitgliedschaftspflichten betroffen sind, aus denen gebündelt die Mitgliedschaft besteht[212]. Diese, und damit auch die einzelnen Ausprägungen zumindest wesentlicher Natur, werden von § 823 Abs. 1 BGB als sonstiges Recht geschützt.[213]

---

durch *Larenz* in: GS. Für R. Dietz (1973), 45, 49 ff. und *Schlosser*, Vereins- und Verbandsgerichtsbarkeit, S. 45 ff.

206 Vgl. zu den Arten *Hadding* in: Soergel, § 25 Rn. 51, mit Nachweisen in der Rechtsprechung.

207 *Stommel*, Vereins- und Verbandsgerichtsbarkeit, S. 1; *Schlosser*, Vereins- und Verbandsgerichtsbarkeit, S. 20 ff.

208 Auf die Probleme, insbesondere im Verhältnis zur staatlichen Gerichtsbarkeit wird im Rahmen dieser Untersuchung mit Ausnahme des Bezugs zur Vereinsautonomie, vgl. Punkt B.V. 2. b) dd), nicht eingegangen. Ausführlich hierzu insbesondere: *Stommel*, Vereins- und Verbandsgerichtsbarkeit, passim; *Schlosser*, Vereins- und Verbandsgerichtsbarkeit, passim und *Reichert*, Vereins- und Verbandsrecht, Rn. 4842 ff.

209 *Schlosser*, Vereins- und Verbandsgerichtsbarkeit, S. 17.

210 Siehe §§ 2 und 3 DFB-Rechts- und Verfahrensordnung.

211 Vgl. *Schlosser*, Vereins- und Verbandsgerichtsbarkeit, S. 70.

212 Vgl. *Hadding* in: Soergel, § 38 Rn. 2; *Ellenberger* in: Palandt, § 38 Rn. 1; *Habersack*, Die Mitgliedschaft – subjektives und ‚sonstiges' Recht, S. 98, 142; *Wagner* in: Münchener Kommentar, § 823 Rn. 172; *Reuter* in: Münchener Kommentar, § 38 Rn. 26 und 40; *Butte*, Das selbstgeschaffene Recht des Sports, S. 29; *K. Schmidt*, Gesellschaftsrecht, S. 704 ff.; *Brox/Walker*, Allgemeiner Teil des BGB, Rn. 758 ff.

213 BGH NJW 1990, 2877, 2878 u. 2879 f. (*Schärenkreuzer*); *Sprau* in: Palandt, § 823 Rn. 21; *Weisbrod*, Europäisches Vereinsrecht, S. 123; *Zinger*, Diskriminierungsverbote und

Darüber hinaus sind als Akte der Vereinsverwaltung all jene Durchführungsmaßnahmen zu qualifizieren, welche die Satzung zur Organisation vorgibt, so zum Beispiel die Bestellung von Organen aufgrund von Satzungsbestimmungen und der §§ 27 Abs.1 und 30 BGB. Auch Geschäftsführungsmaßnahmen und die Regelung der sonstigen Angelegenheiten des Vereins sind Teil des freien Raums der Entscheidungsmacht der Vereine.[214]

V. Grenzen der Vereinsautonomie

Auch wenn ein freier Entscheidungsspielraum von Vereinen verfassungsrechtlich mit Art. 9 Abs. 1 GG als gesichert anzusehen ist und insbesondere die Rechtsprechung formelhaft den Grundsatz der Vereinsautonomie in ihren Entscheidungen zugrunde legt, haben die Vereine dennoch keine umfassende Freiheit in ihren Entscheidungen. Vielmehr müssen auch sie sich nach allgemeiner Meinung in gewissen Grenzen in die geltende Rechtsordnung einfügen.

Im Folgenden sollen diese Grenzen der Vereinsautonomie näher beleuchtet werden. Aufgrund der Zielsetzung dieser Arbeit wird hierbei jedoch eine Begrenzung durch das Kartellrecht noch nicht angesprochen. Dies soll später ausführlich in einem eigenen Teil geschehen.[215] Vielmehr geht es an dieser Stelle zunächst um allgemeine Erwägungen, wie die Frage der Einschränkbarkeit im Rahmen des Verfassungsrechts und sodann um einzelne Grenzen des einfachen Rechts mit Ausnahme kartellrechtlicher Regelungsbereiche.

1. Verfassungsrechtliche Schranken der Vereinigungsfreiheit

Wie andere Grundrechte auch, kann die Vereinigungsfreiheit nicht schrankenlos gelten, sondern sie ist vielmehr in den allgemeinen Kanon der Grundrechtsbeschränkungen eingebunden.[216] Hierbei ist zunächst an Art. 9 Abs. 2 GG zu denken, der ausdrücklich eine verfassungsrechtliche Schranke normiert. Diese ist vorliegend jedoch für die Untersuchung irrelevant, da sich Art. 9 Abs. 2 GG auf die Existenz eines Vereins auswirkt, hier jedoch die Tätigkeit eines bestehenden Vereins untersucht werden soll.

Sportautonomie, S. 120; *Reichert*, Vereins- und Verbandsrecht, Rn. 719; kritisch zum deliktischen Schutz im Innenverhältnis: *Wagner* in: Münchener Kommentar, § 823 Rn. 173, der zudem in Rn. 172 nur den Einzelrechten deliktischen Schutz zukommen lassen möchte. Vgl. zum Ganzen ausführlich: *Habersack*, Die Mitgliedschaft – subjektives und ‚sonstiges' Recht, passim.

214 Vgl. *Steinbeck*, Vereinsautonomie und Dritteinfluss, S. 21; *Hadding* in: Soergel, Vor § 21 Rn. 79.

215 Siehe hierzu die Kapitel 4 und 5.

216 *Reichert*, Vereins- und Verbandsrecht, Rn. 399 f., *Kemper* in: v. Mangoldt/Klein/Starck, Art. 9 Rn. 80.

Blickt man sodann auf die Vereinigungsfreiheit, so stellt man fest, dass diese außerhalb des Anwendungsbereiches von Art. 9 Abs. 2 GG keine ausdrückliche Schranke im Grundgesetz erhalten hat. Da zudem der Schrankenvorbehalt des Art. 2 Abs. 1 GG nicht anwendbar ist[217], bleibt nur die Figur der verfassungsimmanenten Schranke[218]. Dabei ist vorweg zu berücksichtigen, dass nach Ansicht des Bundesverfassungsgerichts die Vereinigungsfreiheit der gesetzlichen Ausgestaltung bedarf und daher auf Regelungen angewiesen ist, welche die Zusammenschlüsse und deren Wirken in die allgemeine Rechtsordnung einfügen.[219] Demnach sind also vor allem Ordnungsvorschriften, welche die Ausübung der Vereinigungsfreiheit erst ermöglichen, wie etwa die Bereitstellung eines Kanons zulässiger Rechtsformen sowie Regelungen für die Funktionsfähigkeit von Vereinen, nicht als Beschränkungen von Art. 9 Abs. 1 GG, sondern als notwendiger Inhalt der Vereinsfreiheit anzusehen. Diese müssen sich im Sinne einer Art Wechselwirkung allerdings wieder am Schutzgehalt des Art. 9 Abs. 1 GG messen lassen. Darüber hinaus ist das Bundesverfassungsgericht der Auffassung, dass es dem Gesetzgeber nicht verwehrt sein darf, zum legitimen Schutz anderer Rechtsgüter das Wirken einer Vereinigung zu beschränken, um dieses in die allgemeine Rechtsordnung einzufügen. [220] Problematisch hieran ist, dass der Schutzbereich der Vereinigungsfreiheit unklar wird[221] und sich die Anforderungen an die Begrenzung des Grundrechts jenen des einfachen Gesetzesvorbehalts annähern[222]. Diese Auffassung des Bundesverfassungsgerichts kann daher nur dann uneingeschränkt gelten, wenn Regelungen erlassen werden, welche die Vereinigungsfreiheit erst ermöglichen, wie beispielsweise die gesetzliche Konzeption von Vereinigungen.

Für andere beschränkende Regelungen muss dagegen grundsätzlich die Regelung des Art. 9 GG gelten, so dass eine Beschränkung nur zum Schutz verfassungsrechtlich geschützter Rechtsgüter zulässig ist. Vor allem hinsichtlich der hier intendierten Untersuchung kartellrechtlich relevanter Tätigkeiten geht es nicht um diese reinen Ordnungsvorschriften, sondern um wirkliche Beschränkungen der Vereinstätigkeiten, so dass allein verfassungsimmanente Rechtsgüter auf Ebene der Vereinigungsfreiheit einschlägig sind. Als verfassungsimmanente Schranken werden dabei sowohl die Vereinigungsfreiheit selbst, was bei Streitigkeiten zwischen Verein und Mitglied, insbesondere beim Zugang zu Vereinen, relevant wird, als auch die durch

---

217 *Sachs* in: Sachs, Vor Art. 1 Rn. 119; *Scholz* in: Maunz/Dürig, Art. 9 Rn. 112; BVerfGE 30, 173, 192.

218 BVerfGE 28, 243, 261; *Höfling* in: Sachs, Art. 9 Rn. 40; *Bauer* in: Dreier, Art. 9 Rn. 59; *Menzel*, Werbebeschränkungen im Sport, S. 21.

219 BVerfGE 50, 290, 354 f.; BVerfGE, 84, 372, 378; *Bauer* in: Dreier, Art. 9 Rn. 51 f.

220 Vgl. BVerfGE, 84, 372, 378; BVerfG GewArch 2003, 241, 243; BVerfG FamRZ 1989, 1047.

221 *Bauer* in: Dreier, Art. 9 Rn. 52.

222 Kritisch ob der Verkürzung des Schutzbereichs der Vereinigungsfreiheit auch *Scholz*, Entflechtung und Verfassung, S. 106 f.

Art. 12, 14, 2 Abs. 1 GG geschützte Wettbewerbsfreiheit[223] genannt. Hierauf wird später noch genauer einzugehen sein.[224] Zunächst genügt die Feststellung, dass die Vereinsfreiheit auch verfassungsrechtlich nicht komplett schrankenlos gewährleistet ist.

2. Einfachrechtliche Grenzen einzelner Vereinstätigkeiten und gerichtliche Kontrolldichte im Bereich des allgemeinen Zivilrechts

Da sich bereits aus verfassungsrechtlicher Sicht zeigt, dass die Vereinsautonomie nicht uneingeschränkt gilt, sondern sich in den Kanon der bestehenden verfassungsrechtlichen Rechtsordnung einfügen muss, ist es folgerichtig, dass auch auf einfachrechtlicher Ebene Einschränkungen gelten müssen. Mangels einschlägiger einfachgesetzlicher Regelungen mit Bezug zur Vereinsautonomie ist zu konstatieren, dass sich die Grenzen der Vereinsautonomie immer direkt mit den Grenzen der gerichtlichen Kontrolldichte decken. Denn je mehr den Vereinen ein freier Entscheidungsspielraum zugestanden wird, umso weniger können sich Gerichte hierin einmischen. Engt man umgekehrt die so genannte Vereinsgewalt ein, haben auch Gerichte öfter und qualitativ mehr Veranlassung, die entsprechenden Vereinsakte anhand der allgemeinen Rechtsordnung zu überprüfen und gegebenenfalls für unzulässig zu erklären.

a) Rechtshistorischer Rückblick

Für das Verständnis der Rechtsprechung zur Überprüfung von Vereinsakten ist es zunächst unumgänglich, einen kurzen Blick in die rechtshistorische Entwicklung hierzu zu werfen.

Die ältere Rechtsprechung seit Inkrafttreten des Bürgerlichen Gesetzbuches war zunächst darin bestrebt, den Vereinen einen möglichst weiten Raum eigenverantwortlicher Entscheidungsgewalt zuzubilligen. Dies hatte sein Fundament in den liberalen Vorstellungen der damaligen Zeit des beginnenden 20. Jahrhunderts. So lehnte es das Reichsgericht im Oktober 1901 ab, eine sachliche Überprüfung eines Ausschließungsbeschlusses durchzuführen.[225] Dies wurde darauf gestützt, dass der Gesetzgeber bei Schaffung der vereinsrechtlichen Vorschriften des Bürgerlichen Gesetzbuches, anders als im Preußischen Landrecht, kein Aufsichtsrecht des Staates vorgesehen hatte und daher den Vereinen ein freier Raum der Gestaltung zugestanden worden war, in den sich auch Gerichte nicht einmischen durften.[226] Diese

223 *Bauer* in: Dreier, Art. 9 Rn. 62; *Höfling* in: Sachs, Art. 9 Rn. 40; *Scholz* in: Maunz/Dürig, Art. 9 Rn. 152.

224 Siehe 4. Kap. I.

225 RGZ 49, 150 ff.; im Anschluss an eine Erwägung in einer Entscheidung aus dem Jahr 1900: RG JW 1900, 419.

226 RGZ 49, 150, 155; Zu diesem Vergleich und der damit verbundenen schiefen Gleichsetzung von polizeirechtlich geprägtem Aufsichtsrecht und gerichtlichem

Entscheidung stellt das grundlegende Verhältnis der Rechtsprechung zur Vereinsautonomie dar: Zwar wird überprüft, ob der Vereinsausschluss in der Satzung eine Grundlage hat und ob das vorgeschriebene Verfahren[227] eingehalten wurde, eine inhaltliche Überprüfung scheidet jedoch mit Hinweis auf die freie Sphäre der Vereine aus.[228]

Eine Verschärfung der richterlichen Kontrolle ging sodann von einem Urteil des Reichsgerichts aus dem Jahr 1923[229] aus. In dieser Entscheidung wurde ein Ausschließungsbeschluss eines Vereins auch sachlich eingeschränkt überprüft. Die Abweichung von der bisherigen Rechtsprechung wurde damit begründet, dass es sich hier um einen Verein handle, der gesellschaftlich eine derart starke Stellung hat, dass „[...] die Zugehörigkeit zum Verein geradezu eine Lebensfrage für die Mitglieder bildet [...]"[230]. Maßstab der gerichtlichen Überprüfung der Vereinstätigkeit ist hier zum einen die Sittenwidrigkeit und zum anderen die Billigkeit, welche eine Interessensabwägung zwischen den Gründen für den Ausschluss und seinen Folgen erfordere. Diese Entscheidung wurde zur steten Rechtsprechung und sogar um Vereine von so großer sozialer, wirtschaftlicher oder kultureller Bedeutung ausgeweitet, dass ein Ausschluss das Mitglied in wichtigen Lebensbeziehungen treffe[231], wenngleich eine Überprüfung, ob der Ausschließungsgrund tatsächlich vorlag, nicht geschah[232].

Der BGH hat in seiner Anfangszeit den Standpunkt des Reichsgerichts grundsätzlich übernommen und ebenfalls eine nur beschränkte Überprüfbarkeit der Vereinsakte angenommen. Die Vereinsgewalt, die der Staat gelten lasse, finde nur ihre Grenzen in Gesetzwidrigkeit, Sittenwidrigkeit oder offenbarer Unbilligkeit.[233] Dabei ist zu beachten, dass sich der BGH bereits in dieser Entscheidung vom Ansatz des Reichsgerichts gelöst hat, Schranken der Vereinsautonomie nur bei sozialmächtigen Vereinen zu setzen. Vielmehr galten diese von nun an bei jedwedem Verein. Be-

---

Überprüfungsmaßstab: *Baecker*, Grenzen der Vereinsautonomie im deutschen Sportverbandswesen, S. 23 f., sowie *Weick* in: Staudinger, Vorbem zu §§ 21 ff. Rn. 23.

227 Aus der neueren Rechtsprechung z.B. das Verbot der Mitwirkung am Ausschlussverfahren bei persönlicher Befangenheit, OLG Karlsruhe, SpuRt 1999, 204, 205.

228 Wie bereits kurz dargestellt, sah das Reichsgericht später eine Trennung der Bereiche Selbstgesetzgebung und der Selbstverwaltung mit umfassender sachlicher Überprüfung Letzterer, vgl. RGZ 73, 187, 190 f., und oben unter 1. Kap. IV. 1. Dies ändert an der grundsätzlichen Beurteilung der Vereinsautonomie durch die reichsgerichtliche Rechtsprechung jedoch nichts, da diese Unterscheidung in der Rechtsprechung vereinzelt geblieben ist, wie die Darstellung der nachfolgenden Entscheidungen zeigt.

229 RGZ 107, 386, 387 ff.

230 RGZ 107, 386, 388.

231 RGZ 140, 23, 24; 147, 11, 15.

232 RGZ 147, 11, 15.

233 BGHZ 13, 5, 11; BGH NJW 1997, 3368; OLG Frankfurt a.M., NZA-RR 2002, 531, 532; LG Landau (Pfalz), Urt. vom 30.12.2003, Az.: 1 S 178/03, JURIS-Rn. 3.

sonders kam dies in einem Urteil aus dem Jahr 1967 zum Ausdruck, als der BGH konstatierte, dass sich Mitglieder jeder Art von Vereinen mit ihrem Eintritt der Vereinsgewalt nur insoweit unterwerfen würden, als der Verein von der Ausübung derselben nicht in einer der offensichtlichen Billigkeit entsprechenden Weise Gebrauch machen werde.[234] Dabei könne die Wichtigkeit einer Vereinszugehörigkeit bei der Abwägung im Rahmen der Billigkeit eine Rolle spielen und daher eher zur Annahme der Unzulässigkeit eines Ausschlusses führen.[235]

b) Aktueller Stand der Rechtsprechung

Ausgehend von der eben beschriebenen Entwicklung geht der BGH heutzutage in vielerlei Dingen, welche die Überprüfung von Vereinsakten betreffen, weiter als das Reichsgericht.

aa) Vereinsstrafen und Vereinsausschluss

Für den aktuellen Stand der Rechtsprechung ist vor allem die Beurteilung von Vereinsmaßnahmen mit Sanktionscharakter prägend. Der BGH geht anders als das Reichsgericht bei der Beurteilung dieser sog. Vereinsstrafen inzwischen davon aus, dass die staatlichen Gerichte auch die Tatsachenermittlungen zu überprüfen haben, da sich kein Mitglied damit einverstanden zeige, für Taten verantwortlich gemacht zu werden, die es nicht begangen habe. Freilich verbleibt den Vereinen in der Subsumtion des überprüften Sachverhalts unter die Vereinssatzung ein eigenverantwortlicher Bereich, der nur beschränkt gerichtlich auf Fälle grober Unbilligkeit oder Sittenwidrigkeit überprüft werden könne.[236]

Welche große Auswirkungen diese richtigen Ansätze faktisch haben können, zeigt ein Fall aus dem Bereich des Sports: Einem Fußballverein wurden in der Saison 2010/2011 wegen Verstoßes gegen die Platzdisziplin durch das zuständige Sportgericht zwei Punkte abgezogen, nachdem ein Zuschauer und Anhänger des Vereins nach Spielende eines Meisterschaftsspiels einen Becher in Richtung der Schiedsrichter geworfen und einen Trainer getroffen haben soll. Das Landgericht Hof konnte diesen Sachverhalt in einem Verfahren des einstweiligen Rechtsschutzes nach Studium von Videoaufnahmen jedoch nicht feststellen und hob die Vollziehung des sportgerichtlichen Urteils kurz vor Ende der Saison einstweilen auf.[237] Das Sportgericht nahm daraufhin seine Entscheidung zurück, so dass dem Verein die

234 BGHZ 47, 381, 385.

235 BGHZ 75, 158, 159 f.; BGH NJW 1997, 3368, 3370; OLG Koblenz, Urt. vom 26.06.2003, Az.: 5 U 1621/02, JURIS-Rn. 8.

236 BGHZ 87, 337, 344 f.; BGH NJW 1997, 3368; OLG Frankfurt a.M., NZA-RR 2002, 531, 532; OLG Koblenz, Urt. vom 26.06.2003, Az.: 5 U 1621/02, JURIS-Rn. 5; LG Landau (Pfalz), Urt. vom 30.12.2003, Az.: 1 S 178/03, JURIS-Rn. 3.

237 LG Hof, unveröffentlichter Beschluss vom 24.05.2011, Az.: 32 O 216/11.

abgezogenen zwei Punkte wieder zugesprochen wurden.[238] Dies hatte zur Folge, dass kurzfristig am Saisonende nicht der betroffene Verein in die nächstniedrigere Klasse absteigen musste, sondern eine andere Mannschaft.[239]

Noch schärfere Anforderungen gelten bei den so genannten Monopolverbänden und bei solchen Vereinen mit einer überragenden Machtstellung im wirtschaftlichen oder sozialen Bereich, bei denen die Mitgliedschaft für den Einzelnen aus beruflichen, wirtschaftlichen oder sozialen Gründen von erheblicher Bedeutung ist. Hier sei eine strengere Beurteilung vorzunehmen, da schwerwiegende Interessen betroffen sein sollen. Maßstab sei hier nicht die Grenze der Willkür, sondern jene der Unbilligkeit. So müssten für die Rechtmäßigkeit von Vereinsstrafen sachliche Gründe vorliegen, welche gerichtlich nachprüfbar seien.[240]

bb) Aufnahmezwang

Darüber hinaus hat der BGH in gewissen Fällen einen Aufnahmezwang bei Vereinen bejaht. Zum einen trifft dies auf so genannte Monopolvereine zu, also auf Vereine, welche eine rechtliche oder zumindest tatsächliche Monopolstellung innehaben.[241] Hier wurde auch für Idealvereine zunächst ein Aufnahmezwang aufgestellt, soweit ein Bewerber die satzungsmäßigen Voraussetzungen für eine Aufnahme erfüllt.[242] Dem Monopolverein verbleibt daher kein weiterer Spielraum, die Aufnahme eines Mitglieds zu verweigern. Tut er dies dennoch, kommt dem Bewerber ein Anspruch aus § 826 BGB zu[243], der sich wie § 20 Abs. 6 GWB (= § 27

238 Mitteilung des Bayerischen Fußballverbandes vom 27.05.2011, http://www.bfv.de/cms/seiten/39356_58984.html (zuletzt abgerufen am 21.12.2011).

239 Dieser Verein versuchte sich ebenfalls vor den staatlichen Gerichten gegen den Abstieg zu wehren, hatte jedoch mit einem Antrag auf einstweilige Verfügung vor dem LG München keinen Erfolg, vgl. oberpfalznetz.de vom 03.06.2011, SpVgg Bayreuth im Schockzustand, https://oberpfalznetz.de/demobeilagen/2828995-468-spvgg_bayreuth_im_schockzustand-P11,1,0.html (zuletzt abgerufen am 21.12.2011).

240 BGHZ 102, 265, 276 f.; OLG Frankfurt a.M., NJW-RR 2000, 1117, 1120; LG Frankfurt a.M., SpuRt 2011, 32, 35.

241 Die Tatsache dass es sich um den einzigen sachlich und örtlich relevanten Verband handelt, reicht zur Annahme einer Monopolstellung alleine jedoch nicht aus, vgl. BGH NJW 1980, 186 f.

242 BGH LM § 38 Nr. 3, 4; BGH NJW 1999, 1326, 1327 f.

243 Zweifelnd an der Annahme, dass sich der Aufnahmeanspruch auf § 826 BGB stützt: *Grunewald*, AcP 182 (1982), 181, 210 i.V.m. S. 196; *Nicklisch*, JZ 1976, 105, 107; *Bartodziej*, ZGR 1991, 517, 519. *Gramlich*, Zum Aufnahmezwang nach § 20 Abs. 6 GWB, S. 64 f., plädiert daher für eine Analogie zu § 20 Abs. 6 GWB. Unabhängig davon, dass sich hierbei an den Voraussetzungen des Aufnahmeanspruchs im Ergebnis nichts ändert, da die Rechtsprechung bereits den kartellrechtlichen Aufnahmeanspruch zur Konkretisierung heranzieht, begegnet auch die Anwendung einer Analogie Bedenken. Bei § 20 Abs. 6 GWB handelt es sich nämlich um eine Einschränkung zu und damit um eine Ausnahme von den Grundsätzen der Privat- und der Vereinsautonomie in einem ganz speziellen Fall. Ausnahmevorschriften sind allerdings nur selten analogiefähig. Möchte man auf den

GWB a.F.)[244] als Aufnahmeanspruch daran misst, ob die Ablehnung der Aufnahme zu einer im Verhältnis zu den bereits aufgenommenen Mitgliedern sachlich nicht gerechtfertigten Ungleichbehandlung und unbilligen Benachteiligung des Bewerbers führt.[245] Maßgeblich ist daher eine Interessensabwägung zwischen den Rechten und Vorteilen, welche ein Bewerber mit der Aufnahme erfährt, und den Interessen eines Monopolverbandes hinsichtlich der Beschränkung der Aufnahme. Diese kann sogar dazu führen, dass ein Bewerber, der nicht den satzungsmäßigen Anforderungen an einen Beitritt genügt, dennoch einen Anspruch auf Aufnahme haben kann.[246] Der Aufnahmeanspruch wurde im Weiteren von Monopolvereinen auf Vereine und Verbände mit überragender Machtstellung im wirtschaftlichen oder sozialen Bereich erweitert[247], wenn ein wesentliches oder grundlegendes Interesse am Erwerb der Mitgliedschaft besteht.[248]

cc) Inhaltskontrolle von Satzungsbestimmungen gemäß § 242 BGB und AGB-Recht

Weitergehende Grenzen hat der BGH auch für die generelle Überprüfung von Satzungsbestimmungen entwickelt. Im Anschluss an die Rechtsprechung zum Ausschluss von und der Aufnahme zu Monopolvereinen und Vereinen, die im wirtschaftlichen oder sozialen Bereich eine überragende Machtstellung innehaben, geht der BGH davon aus, dass es jedenfalls diesen Vereinen nicht freistehen könne, ihre Mitglieder auch sonst unbilligen Satzungsbestimmungen zu unterwerfen, da sich die Mitglieder beim Eintritt nicht den sie unbillig benachteiligenden Satzungsbestimmungen unterworfen haben.[249] Hierbei spielt vor allem der Gedanke eine Rolle, dass zwischen sozialmächtigen Vereinen und Verbänden sowie ihren Mitgliedern kein ausgeglichenes Kräfteverhältnis besteht, so dass letztlich die Vereine und Verbände ihre Satzungen einseitig diktieren können, da den Mitgliedern ein Ausweichen auf andere Vereine und Verbände nicht möglich ist.[250] Das rechtliche

---

dahinterstehenden Regelungszweck abstellen, müsste man einen nicht kodifizierten allgemeinen Rechtsgedanken heranziehen, der in § 20 Abs. 6 GWB in einem speziellen Fall positiviert wurde. Letztlich braucht eine dogmatische Herleitung des anerkannten allgemeinen Aufnahmeanspruchs mit der Zielsetzung der Arbeit nicht zu erfolgen, so dass dieser dahingestellt bleiben kann.

244 Siehe hierzu ausführlich unten unter 5. Kap. II. 4.

245 BGHZ 63, 282, 284; BGH NJW 1999, 1326; kein Aufnahmezwang, wenn kein Monopolverein vorliegt: BGH NJW 1980, 186; OLG Celle, NJW-RR 1989, 313, 314.

246 Vgl. hierzu die ausführlichen Erwägungen in: BGHZ 63, 282, 286 ff.; BGH WuW/E BGH 1726, 1727 f. (*Deutscher Landseer-Club*).

247 Zur Erweiterung des Aufnahmeanspruchs durch die Rechtsprechung im Laufe der Zeit generell vgl. *Gramlich*, Zum Aufnahmezwang nach § 20 Abs. 6 GWB, S. 28 ff.; *Hauptmann/Theissen*, SpuRt 2011, 181 f.

248 BGHZ 93, 151, 152 f.; BGH NJW 1999, 1326.

249 BGHZ 105, 306, 318.

250 *Bunte*, ZGR 1991, 316, 323.

Institut der Inhaltskontrolle soll, ähnlich wie im Bereich des AGB-Rechts[251], ein Korrektiv zu diesem Ungleichgewicht darstellen.[252] Gestützt wird diese Inhaltskontrolle auf § 242 BGB.[253] Demnach ist im Wege einer Interessensabwägung zu prüfen, ob für die fragliche vereinsrechtliche Bestimmung ein überwiegendes sachliches Interesse des Vereins besteht, welches die schutzwürdigen Belange der Mitglieder nicht unangemessen beeinträchtigt.[254] Diese Abwägung wird wegen des dort geltenden Ein-Platz-Prinzips und der damit vorhandenen fachlichen Monopolstellung vor allem bei Regelungen von Sportverbänden virulent.[255] Zu einer generellen Überprüfung von Satzungsbestimmungen jeder Art von Vereinen hat der BGH noch keine Entscheidung getroffen, dies jedoch in der genannten Entscheidung auch nicht ausdrücklich verneint[256], was Raum für Spekulationen hinsichtlich der Entwicklung in der Zukunft offenlässt.

Dagegen wird die Überprüfbarkeit von Vereinssatzungen anhand der Inhaltskontrolle nach den AGB-rechtlichen Bestimmungen der §§ 307 ff. BGB zu Recht einheitlich abgelehnt.[257] Insoweit steht bereits die Bereichsausnahme des § 310 Abs. 4 S. 1 BGB betreffend Verträge des Gesellschaftsrechts, worunter auch Satzungen von Vereinen fallen[258], einer Anwendung ausdrücklich entgegen.

dd) Ausschluss des Rechtswegs zu staatlichen Gerichten

Die gerichtliche Überprüfungskompetenz in diesem Rahmen besteht natürlich nur, soweit die staatlichen Gerichte hierfür zuständig sind. So ist es im Rahmen der vereinsautonomen Gestaltung auch denkbar, dass die Vereine für ihre internen Streitigkeiten den staatlichen Rechtsweg in ihren Satzungen ausschließen und stattdessen, wie bereits angesprochen, eine eigene Vereinsgerichtsbarkeit installieren.

---

251 *Nicklisch*, Inhaltskontrolle von Verbandsnormen, S. 34; BGH NJW 2010, 1131, 1132; *Grüneberg* in: Palandt, Überbl. v. § 305 Rn. 7; *Berger* in: Prütting/Wegen/Weinreich, Vor §§ 305 ff. Rn. 1; *Köhler*, BGB Allgemeiner Teil, § 16 Rn. 2.

252 BGHZ 105, 306, 319; *Nicklisch*, Inhaltskontrolle von Verbandsnormen, S. 34 ff. und 47.; *Zinger*, Diskriminierungsverbote und Sportautonomie, S. 102; *Heß* in Heß/Dressler, Aktuelle Rechtsfragen des Sports, 1, 31 (speziell zum Bereich des Sports); *Butte*, Das selbstgeschaffene Recht des Sports, S. 238 ff.; *Bunte*, ZGR 1991, 316, 323.

253 Grundlegend: BGHZ 105, 306, 318 f.

254 BGHZ 105, 305, 320. Für einen Maßstab anhand AGB-rechtlicher Bestimmungen (damals § 9 AGBG): *Bunte*, ZGR 1991, 316, 324. Für eine allenfalls entsprechende Heranziehung AGB-rechtlicher Maßstäbe: BGH NJW 1995, 583, 585.

255 Siehe z.B. BGH NJW 1999, 3552; BGH NJW 2000, 1028; AG Heidelberg, SpuRt 1999, 160; LG Hannover CaS 2008, 291, 293; OLG Bremen, SpuRt 2010, 121, 122.

256 So meint der BGH dies gelte „jedenfalls" für Monopol- und sozial- oder wirtschaftlich mächtige Vereine, vgl. BGHZ 105, 306, 318.

257 BGH NJW 1995, 583, 585 (noch zum AGBG); *Grüneberg* in: Palandt, § 310 Rn. 49; *Berger* in: Prütting/Wegen/Weinreich, § 310 Rn. 16; *Zinger*, Diskriminierungsverbote und Sportautonomie, S. 103.

258 BGH NJW 1998, 454 (noch zum AGBG); *Basedow* in: Münchener Kommentar, § 310 Rn. 80; *Butte*, Das selbstgeschaffene Recht des Sports, S. 254.

Die Zulässigkeit eigener Vereinsgerichte wird dabei in der Rechtsprechung nicht angezweifelt, da es sich hierbei um Ausübung von Vereinsautonomie handelt.[259] Anders ist dagegen der Ausschluss des staatlichen Rechtswegs zu beurteilen, soweit dieser tatsächlich ausgeschlossen wird und die Satzungsbestimmung nicht nur als Hinweis auf die eingeschränkte Nachprüfungskompetenz des staatlichen Gerichts anzusehen ist.[260] Die zutreffende Begründung der Rechtsprechung liegt darin, dass der Verein Richter in eigener Sache wäre und es zu einer Entziehung rechtlichen Gehörs käme, wenn man einen solchen Ausschluss des ordentlichen Rechtswegs zulassen würde.[261] Allerdings müssen vorherige vereinsinterne Rechtsmittel ausgeschöpft werden, ehe das staatliche Gericht angerufen werden kann, was sich daraus rechtfertigt, dass eine staatliche Prüfungskompetenz ohne endgültige vereinsinterne Entscheidung ein zu großer Eingriff in die Vereinsautonomie wäre.[262] Der Ausschluss des staatlichen Rechtswegs ist jedoch in den Fällen zulässig, in welchen die Anrufung eines Schiedsgerichts, das den Anforderungen der §§ 1025 ff. ZPO entspricht, in der Satzung vorgeschrieben ist.[263]

c) Auffassungen in der Literatur zu den Grenzen der Vereinsautonomie

Betrachtet man die Ansichten in der Literatur zu den einfachrechtlichen Grenzen der Vereinsautonomie, so werden unterschiedliche Konzepte deutlich. Hierbei ist in erster Linie erneut maßgeblich, ob man auf einem eher vertragsrechtlichen Standpunkt der Vereinsautonomie und der Satzungsnatur steht oder ob man die

---

259 Vgl. RGZ 80, 189, 191; BGHZ 29, 352, 355. *Steiner*, Die Autonomie des Sports, S. 14.

260 RGZ 80, 189, 191; BGHZ 21, 370, 375 f.; 29, 352, 354.

261 RGZ 80, 189, 191; BGHZ 21, 370, 375 f.; 29, 352, 354; LG Regensburg, NJW-RR 1988, 412; LG Frankfurt a.M., SpuRt 2011, 32, 33; OLG Frankfurt a.M., NJW-RR 2000, 1117, 1118; OLG Celle, WM 1988, 495 f. mit rechtsdogmatischer Einordnung auf Basis des § 242 BGB. In der Literatur ausnahmslose Zustimmung: z.B.: *Meyer-Cording*, Die Vereinsstrafe, S. 102; *van Look*, Vereinsstrafen als Vertragsstrafen, S. 169 f.; *Orth*, Vereins- und Verbandsstrafen, S. 215; *Ströbele*, Auswirkungen der Besonderheiten des Sports auf Verfahrensgrundsätze, S. 114; *Schöpflin* in: Prütting/Wegen/Weinreich, § 25 Rn. 21; *Reichert*, Vereins- und Verbandsrecht, Rn. 3168; *Haas/Prokop*, JR 1998, 45.

262 BGHZ 47, 172, 174; 49, 396, 398; LG Frankfurt a.M., SpuRt 2011, 32, 33; *Orth*, Vereins- und Verbandsstrafen, S. 214; *Reemann*, Die Verfassung des Vereins, S. 190; *Buchberger*, Sportverbandsrechtliche Entscheidungen, S. 179 f.

263 BGH NJW 2004, 2226, 2227; BGHZ 88, 314, 316; OLG Celle, WM 1988, 495, 496; *Ellenberger* in: Palandt, § 25 Rn. 20; *Hadding* in: Soergel, § 25 Rn. 55 ff.; *van Look*, Vereinsstrafen als Vertragsstrafen, S. 154, 168; *Eggerstedt*, Probleme der Lizenz- und Schiedsgerichtsverträge im deutschen Berufsfußball, S. 124 ff.; *Sauter/Schweyer/Waldner*, Der eingetragene Verein, Rn. 316; *Reichert*, Vereins- und Verbandsrecht, Rn. 3168; *Haas/Prokop*, JR 1998, 45, 46; *Kauffmann*, Sportwissenschaft 1981, 198, 207; jetzt auch *Reuter* in: Münchener Kommentar, § 25 Rn. 59. Vgl. zu besonderen Konstellationen ausländischer Schiedssprüche im Rahmen einer Dopingsperre OLG München, SpuRt 2003, 199 ff.

Vereinsautonomie als etwas vom Vertragsrecht Abgekoppeltes, Eigenständiges und die Satzungsbestimmungen als normartig ansieht.[264]

aa) Ursprüngliche Normentheorie

Die ursprüngliche Konzeption der Normentheorie hat zur Folge, dass der Verein keiner gerichtlichen Kontrolle untersteht, da dem Verein allein aufgrund seiner Existenz eine Befugnis zukommt, in einem eigenen Rechtskreis unabhängig vom staatlichen Rechtssystem diesem jedoch in der Qualität vergleichbare Normen zu erlassen.[265] Eine Grenze der Vereinsautonomie wäre danach zumindest nicht in der staatlichen Rechtsordnung zu finden. Diese Konzeption ist nach allgemeiner Meinung jedoch mit dem heutigen Staatsverständnis unvereinbar und daher zu Recht abzulehnen.[266]

bb) Vertragstheorie

Die Vertreter der Gegenposition, der Vertragstheorie, sehen die Grenzen der zulässigen Satzungsautonomie in den allgemein vertragsrechtlich begrenzenden Bestimmungen der §§ 134, 138 und 242 BGB, wobei sich die Ausübung der Satzungsbestimmungen im Einzelfall, mithin die Vereinsverwaltung, an den §§ 315, 242 BGB messen lassen soll.[267] Dieses Ergebnis ist eine zwingende Konsequenz, wenn man die Satzung und die vereinsinternen Maßnahmen als bloßes Rechtsgeschäft ohne Normenqualität ansieht.[268] So entnimmt *van Look* aus den §§ 25, 32, 40 BGB, dass der Staat als Korrelat zur Anerkennung eines freien Spielraums grundsätzlich die Rechtsverhältnisse der Vereine regeln dürfe und sich daher die Befugnisse der Vereine sogar auf eine staatliche Regelung stützen müssten.[269]

---

264 Anders *Teubner*, Organisationsdemokratie, S. 322, der die rechtliche Anknüpfung als zweitrangig gegenüber dem Sachargument der Gefährdungslage, in welchem sich das Mitglied gegenüber dem Verein befinden soll, ansieht. Damit setzt er sich aber der Kritik aus, von einem gewünschten Ergebnis aus zu einer Begründung zu gelangen, was insbesondere unter dem Blickwinkel, dass sich Vereine auf Art. 9 Abs. 1 GG berufen können, problematisch ist.

265 *v. Gierke*, Deutsches Privatrecht I, S. 142 ff., 148 ff.

266 Vgl. hierzu bereits oben 1. Kap. IV. 2. b) aa).

267 *Weick* in: Staudinger, Vorbem zu §§ 21 ff. Rn. 29; *Hadding* in: Soergel, § 25 Rn. 25 ff.; *van Look*, Vereinsstrafen als Vertragsstrafen, S. 101 f.; *Löwer*, Inhaltskontrolle, S. 71; *v. Tuhr*, Der Allgemeine Teil des Deutschen Bürgerlichen Rechts, Bd. I, § 35 III (S. 504), zu § 138 BGB; *Enneccerus/Nipperdey*, Allgemeiner Teil des Bürgerlichen Rechts I, § 108 II (S. 653).

268 Dass die Begründung ‚Vertragstheorie führt zu Vertragsrecht‘ nicht zwangsläufig ist, zeigt der rechtsvergleichende Befund, den *Teuber*, Organisationsdemokratie, S. 318 ff. anstellt: Die in den USA vertretene Vertragstheorie argumentiert damit, dass sich das Mitglied mit Vertragsschluss der Organisationsgewalt des Vereins unterworfen habe, was zu einer Einschränkung der gerichtlichen Überprüfbarkeit führen würde.

269 *Van Look*, Vereinsstrafen als Vertragsstrafen, S. 60.

cc) Einordnung der Auffassungen von BGH und überwiegender Lehre

Auch der BGH nähert sich insoweit der Vertragstheorie an, als dass er die Grundlage der Vereinsgewalt über die Mitglieder im Eintritt derselben sieht. Denn diese sollen sich dadurch freiwillig der Vereinsgewalt unterworfen[270] und sich mit dieser, aber nur in Grenzen[271], einverstanden gezeigt haben. Insoweit sind die Grenzen der Gesetzeswidrigkeit, der Sittenwidrigkeit und der offenbaren Unbilligkeit, jenen der §§ 134, 138 und 242 BGB bereits vom Namen, aber auch vom Inhalt her, äußerst nahe. Dies gibt den Vertretern der Vertragstheorie das Hauptargument dafür, mit ihrer Ansicht die Grenzen der Vereinsautonomie ohne Schwierigkeiten auf eine einfachrechtliche Grundlage stellen zu können.[272] In der Tat kann dieses Argument nicht einfach verworfen werden, da die Grenzen der freien Entfaltungsmöglichkeiten eines Vereins, wie der BGH sie setzt, oftmals keinen direkten Normbezug aufweisen. Ausnahmen bestehen nur bei den Monopolvereinen und den wirtschaftlich oder sozialmächtigen Vereinen hinsichtlich des Aufnahmeanspruchs (§ 826 BGB) und der generellen Satzungsbestimmungen (§ 242 BGB). Besonders deutlich wird eine Verwandtschaft zur Vertragstheorie in den Fällen der Überprüfung der Strafgewalt, wenn der BGH seine Überprüfungskompetenz zur Tatsachenkontrolle daraus herleitet, dass die Grundlage für die Vereinsgewalt der Beitritt zum Verein sei. Bei diesem hätten sich jedoch die Mitglieder nicht Satzungsbestimmungen unterwerfen wollen, die dazu führen, dass sie für Taten verantwortlich gemacht werden, die sie in Wirklichkeit gar nicht begangen haben.[273] Die Vertreter der modifizierten Normentheorie, zu denen auch der BGH zählt, haben insoweit im Ergebnis eine Gleichartigkeit mit den Ergebnissen der Vertragstheorie, wobei oftmals sogar in der Begründung auf die §§ 134, 138 BGB verwiesen wird und daher eine noch deutlichere Anlehnung an die Vertragstheorie geschieht.[274] Ähnlich ist die Auffassung von *Buchberger* einzustufen, der eine Angemessenheitskontrolle bei allen Vereinen mit dem Argument befürwortet, dass Art. 9 Abs. 1 GG keine Ermächtigung zur Herbeiführung von Unterwerfungsverhältnissen unter willkürliche bzw. unbillige Satzungsbestimmungen beinhalte.[275] Hierbei liegt er im Ergebnis auf einer Linie mit den Vertretern der Vertragstheorie, welche mit rein vertraglichen Erwä-

---

270 BGHZ 47, 381, 385.

271 BGHZ 47, 381, 385; 87, 337, 344.

272 So auch: *Hadding* in: Soergel, Vor § 21 Rn. 50.

273 BGHZ 87, 337, 344; *Reuter* in: Münchener Kommentar, § 25 Rn. 50, spricht hierbei sogar davon, dass sich der BGH damit in die von ihm eigentlich abgelehnte Vertragstheorie verirrt hätte. Ähnlich *Augsberger*, Rechtsetzung zwischen Staat und Gesellschaft, S. 235 f., der im Rahmen von § 242 BGB damit argumentiert, dass sich das Mitglied der Vereinsgewalt nur insoweit unterworfen habe, dass diese im Rahmen von Treu und Glauben ausgeübt werde.

274 Vgl. *Ellenberger* in: Palandt, § 25 Rn. 7; *Schwarz/Schöpflin* in: Bamberger/Roth, § 25 Rn. 28 ff.; bis zum Stand der damaligen Rechtsprechung auch *Steffen* in: RGRK, § 25 Rn. 21; Reemann, Die Verfassung des Vereins, S. 159.

275 *Buchberger*, Verbandsrechtliche Entscheidungen, S. 133.

gungen eine Angemessenheitskontrolle von Satzungen bei jedem Verein annehmen.[276]

Dennoch gibt es darüber hinaus auch Vertreter der modifizierten Normentheorie, die zumindest ein weitgehendes inhaltliches Überprüfungsrecht der Gerichte aus § 242 BGB ablehnen und damit die Vereinsautonomie stärken.[277] In der Tat besteht mit der Inhaltskontrolle nämlich die Gefahr, dass staatliche Wertentscheidungen zum Maßstab von Vereinsregelwerken werden. Um eine solche weitgehende Verletzung vereinsautonomer Positionen auszuschließen, ist jedenfalls mit der grundrechtlichen Position der Vereinsautonomie ein Korrektiv beizubehalten, das es den Vereinen erlaubt weiterhin eigenständige Wertentscheidungen zu treffen. Ansonsten kann, worauf *Steiner* zutreffend hinweist, sogar der Gesichtspunkt der Verhältnismäßigkeit zu einer Gefahr gerade für sportautonome Wertvorstellungen werden. Prägnant verwendet er hier das Beispiel der Doppelbestrafung mit roter Karte und Elfmeter bei regelwidriger Verhinderung einer Torchance im Strafraum bei einem Fußballspiel.[278] Gerade bei Vereinen ohne entsprechende Machtstellung kann deshalb eine Angemessenheitskontrolle angesichts fehlender Ungleichgewichtslage nicht stattfinden.[279]

d) Vergleich mit dem öffentlichen Recht

Da der BGH im Rahmen seiner Rechtsprechung ausdrücklich von einem Beurteilungsspielraum bei der Vereinsautonomie spricht[280] und in der Literatur von einer inhaltlichen Grenzkontrolle die Rede ist[281], bietet sich insoweit ein Vergleich mit

---

276 *Vieweg*, Normsetzung, S. 234 f.; *ders.* in: FS für R. Lukes (1989), 809, 811 f.; *Schwarz/Schöpflin* in: Bamberger/Roth, § 21 Rn. 29; *Nicklisch*, Inhaltskontrolle von Verbandsnormen, S. 24 ff.; *Löwer*, Inhaltskontrolle, S. 71 ff.; dagegen: *Kohler*, Mitgliedschaftliche Regelungen in Verbandsordnungen, S. 208 ff.; *Butte*, Das selbstgeschaffene Recht des Sports, S. 242 ff. Für *Löwer*, Inhaltskontrolle, S. 215 ff. ist zum Ausgleich einer fehlenden Richtigkeitsgewähr bei Nutzungs- und Leistungsbeziehungen im Innenverhältnis zu den Mitgliedern sogar AGB-Recht aufgrund teleologischer Reduktion der Bereichsausnahme des § 310 Abs. 4 S. 1 BGB als Maßstab anwendbar.

277 *Steinbeck*, Vereinsautonomie und Dritteinfluss, S. 217 ff.; *Baecker*, Grenzen der Vereinsautonomie im deutschen Sportverbandswesen, S. 34 ff.; *Reuter* in: Münchener Kommentar, Vor § 21 Rn. 124 und § 25 Rn. 24.

278 Vgl. hierzu und zu weiteren Beispielen *Steiner*, Die Autonomie des Sports, S. 20 ff. Zu Recht daher das LG Nürnberg-Fürth, SpuRt 2000, 244, 245, das den Verhältnismäßigkeitsgrundsatz mit Blick auf die durch die Vereinsautonomie eingeschränkte gerichtliche Kontrollbefugnis als nicht verletzt ansah. Hier wurde einem Fußballverein ein sportlich erzielter Sieg aberkannt, da dieser einen Spieler einsetzte, der nicht auf dem Spielberichtsbogen stand.

279 Vgl. auch ausführlich *Butte*, Das selbstgeschaffene Recht des Sports, S. 242 ff.

280 So z.B. in BGHZ 75, 158, 159; 102, 265, 277.

281 So *Vieweg*, Normsetzung, S. 227, denn die Vereine könnten die Verbandsautonomie nicht selbst definieren; *ders.* in: FS für R. Lukes (1989), 809, 811.

den nicht dem Staat eingegliederten[282] juristischen Personen des öffentlichen Rechts an[283]. Denn auch die Entscheidungen dieser Körperschaften unterliegen bisweilen nur eingeschränkter gerichtlicher Kontrolle. Angesprochen sind hierbei die Grundsätze zum Ermessens- und zum Beurteilungsspielraum. So wird im Allgemeinen der Verwaltungstätigkeit ein gewisser Bereich eigenverantwortlicher Entscheidungen auf der Tatbestands- und auf der Rechtsfolgenseite zugestanden[284], der nur an den Grenzen – zu denen auch die Grundrechte der Betroffenen gehören[285] – gerichtlich überprüfbar ist. Auch die Rechtssetzungstätigkeit der Verwaltung unterliegt einem Ermessen, das im Falle eines Erlasses einer Rechtsverordnung nach ähnlichen Grundsätzen zu beurteilen ist[286] und bei Gemeinden aufgrund der ihnen zustehenden Satzungsautonomie sogar einen noch größeren Raum freier Entscheidungsmöglichkeiten mit sich bringt[287].

Soweit auf den ersten Blick eine gewisse Vergleichbarkeit mit den Konturen besteht, welche Rechtsprechung und Literatur im Vereinsrecht vorgeben, gibt es dennoch grundlegende Unterschiede. Der Spielraum, der sich für die juristischen Personen des öffentlichen Rechts ergibt, wird nämlich durch den Staat vorgegeben und von diesem eingeräumt.[288] Dies deckt sich damit, dass insbesondere die den Gemeinden zustehende Autonomie eine staatlich abgeleitete ist[289] und zudem Eingriffsakte der Verwaltungstätigkeit in Freiheitsrechte sich immer, auch im Falle der Satzungsautonomie, einem Gesetzesvorbehalt unterwerfen müssen.[290] Dementsprechend ist insbesondere hinsichtlich des Beurteilungsspielraums nur von einem

---

282 Wobei freilich die Darstellungen auch für die unmittelbare staatliche Verwaltung grundsätzlich ebenso gelten.

283 *Nicklisch*, JZ 1976, 105, 113, spricht sogar von einer weitgehenden strukturellen Gleichheit öffentlich-rechtlicher und privatrechtlicher Korporationen als Ansatzpunkt zur Erfassung der inneren Ordnung der Vereine.

284 Vgl. zu den einzelnen Fallgruppen des Ermessensspielraums: *Maurer*, Allgemeines Verwaltungsrecht, § 7 Rn. 20 ff.; *Detterbeck*, Allgemeines Verwaltungsrecht, Rn. 328 ff.; und zu den Fallgruppen des Beurteilungsspielraums: *Maurer*, Allgemeines Verwaltungsrecht, § 7 Rn. 37 ff.; *Detterbeck*, Allgemeines Verwaltungsrecht, Rn. 362 ff.

285 *Maurer*, Allgemeines Verwaltungsrecht, § 7 Rn. 23; *Detterbeck*, Allgemeines Verwaltungsrecht, Rn. 334 und 378; vgl. insbesondere zu Prüfungsentscheidungen die Einwirkung des Art. 12 GG: BVerfGE 84, 34, 54 f.; 84, 59, 79; *Maurer*, Allgemeines Verwaltungsrecht, § 7 Rn. 43.

286 Zu den Unterschieden aufgrund der abstrakt-generellen Natur der Rechtsverordnung: BVerwGE 125, 384, 386; *Detterbeck*, Allgemeines Verwaltungsrecht, Rn. 837; *Kopp/Schenke* § 47, Rn. 117 f.

287 *Maurer*, Allgemeines Verwaltungsrecht, § 13 Rn. 15 a.E.; BVerwGE 116, 188, 193; insgesamt zum Satzungsermessen: *Ossenbühl* in: HbStR V (2007), § 105 Rn. 47 ff.

288 Vgl. *Maurer*, Allgemeines Verwaltungsrecht, § 7 Rn. 9 (Ermessen) und § 7 Rn. 31 ff. (Beurteilungsspielraum); *Detterbeck*, Allgemeines Verwaltungsrecht, Rn. 316 ff.

289 Vgl. hierzu schon oben im 1. Kap. III. 1. a) bb).

290 *Pieroth/Schlink*, Grundrechte, Rn. 273; *Degenhart*, Staatsorganisationsrecht, Rn. 296.

engen Raum freier Entscheidungen auszugehen, der sich an der Garantie effektiven Rechtschutzes aus Art. 19 Abs. 4 GG orientieren muss.[291]

Während also den nicht mit dem Staat identischen juristischen Personen des öffentlichen Rechts insbesondere bei Eingriffsakten dem Staat gleiche Grenzen gezogen werden müssen, geht es bei der Autonomie juristischer Personen des Privatrechts gerade um die Ausübung von Freiheitsrechten, so dass im Hinblick hierauf gerade entgegengesetzt grundsätzlich von einem großen Spielraum freier Entscheidungen auszugehen ist.

e) Kritische Würdigung und Folgerungen für den weiteren Verlauf der Untersuchung

Wenn man auf die Entwicklung der Rechtsprechung seit 1900 sieht, so erkennt man, dass die Reichweite der Vereinsautonomie, die bis dahin anerkannt war, sukzessive wieder eingeschränkt wurde. Hat es das Reichsgericht im Ausgangspunkt überhaupt abgelehnt, inhaltlich die Vereinssatzung und die Akte der Vereinsverwaltung zu überprüfen, geht der BGH nun sogar soweit, bei sozial oder wirtschaftlich mächtigen Verbänden eine Inhaltskontrolle im Wege der Angemessenheitsprüfung vorzunehmen und damit staatliche Wertvorstellungen mit einzubringen.

aa) Maßgeblichkeit des Art. 9 Abs. 1 GG ohne einfachrechtliche Ausgestaltung

Eine solche Einschränkung kann jedoch unter dem Gesichtspunkt, dass das Grundrecht der Vereinsfreiheit aus Art. 9 Abs. 1 GG auch den Kernbereich der Tätigkeit des Vereins schützt, nur bei Vorliegen von Rechtfertigungsgründen geschehen. Die Rechtsprechung muss sich unter diesem Gesichtspunkt vorwerfen lassen, die Einschränkungen der Vereinsautonomie oftmals auf nur allzu vage Begründungen außerhalb gesetzlicher Normen gestützt zu haben. So wird dem reichsgerichtlichen Begründungssatz der Verschärfung der Nachprüfbarkeit von Vereinsstrafen bei den Vereinen, die eine Monopolstellung haben und bei denen der Einzelne auf eine Mitgliedschaft qua sozialer Stellung angewiesen ist, eine Vielfalt von Ableitungen gezogen. Hieraus ergebe sich, dass diese Vereine auch einem Aufnahmezwang unterliegen und in direkter Ableitung hierzu auch, dass die Satzungsbestimmungen inhaltlich überprüft werden müssen.

Worauf diese Einschränkungen rechtsdogmatisch beruhen bleibt vage[292] – so vage, wie auch die Begründung der Vereinsautonomie, so dass ein gewisser Gleichlauf zu

291 BVerwGE 94, 307, 309; 100, 221, 225; BVerfGE 54, 173, 197; 84, 34, 50; *Kopp/Schenke*, § 114 Rn. 24a; *Maurer*, Allgemeines Verwaltungsrecht, § 7 Rn. 34; *Detterbeck*, Allgemeines Verwaltungsrecht, Rn. 358 f.

sehen ist: War früher die staatliche Aufsicht über Vereine und damit eine Gefährdung von Grundrechtspositionen – auch wenn es die Anerkennung einer Vereinigungsfreiheit erst schleppend gegeben hat – mit einer dementsprechenden Begründung und Ausweitung einer Vereinsautonomie das Problem, so stellt heute die Begrenzung einer aus diesem Punkt entstandenen Macht der Vereine über das einzelne Mitglied die zentrale Aufgabe dar. Dies verschärft sich durch die Tendenz vieler Vereine, Dachvereine nationaler und internationaler Art zu schaffen, was zu einem Ausbau ihrer sozialen Macht führt. Unter diesem Gesichtspunkt erscheint es in der Tat sachlich berechtigt, die Macht der Vereine zu begrenzen und die Vereinsautonomie insoweit den Grenzen einer gerichtlichen Nachprüfung zu unterstellen.

Jede Einschränkung der Vereinsautonomie kann jedoch in der Werteordnung des Grundgesetzes mit der mittelbaren Drittwirkung der Grundrechte als objektive Wertordnung nicht einfach über Art. 9 Abs. 1 GG hinweggehen.[293] Hiernach ist im Kernbereich der Vereinstätigkeiten nämlich von einer verfassungsrechtlich geschützten Vereinsautonomie auszugehen, an welcher sich alle Einschränkungen messen lassen müssen. Freilich ist danach für einen Eingriff in Art. 9 Abs. 1 GG eine dogmatische Grundlage notwendig. Eine solche hat das Bundesverfassungsgericht in einer Entscheidung aus dem Jahr 1989 für die Fälle der verweigerten Aufnahme gefunden[294]: Auch der Bewerber kann sich hinsichtlich der Aufnahme auf Art. 9 Abs. 1 GG berufen, da mit der Aufnahme sein Recht auf Eintritt in den Verein angesprochen ist.[295] Auch können die Grundrechte des Art. 12 Abs. 1 GG[296]

---

292 *Grunewald*, AcP 182 (1982), 181, 198 nennt im Falle des Aufnahmezwangs den Weg des BGH richterliche Rechtsfortbildung. Ähnlich *Kohler*, Mitgliedschaftliche Regelungen in Verbandsordnungen, S. 186, zur Inhaltskontrolle.

293 Die Entscheidung BGH NJW 1973, 35 betrifft in erster Linie das Grundrecht aus Art. 9 Abs. 3 GG, das nach heutiger Ansicht wegen Art. 9 Abs. 3 S. 2 GG unmittelbare Drittwirkung entfaltet, vgl. nur *Kemper* in: v. Mangoldt/Klein/Starck, Art. 9 Rn. 184 m.w.N., und der BGH ist nur wegen Parteivorbringens hierzu hierauf eingegangen, S. 36; erst BGH NJW 1999, 1326 hat erstmals höchstrichterlich eine rechtsdogmatische Erklärung auf Basis des Art. 9 Abs. 1 GG geliefert; zuvor: KG, NJW-RR 1993, 183. Im Urteil des BGH vom 05.07.1973, Az.: KZR 16/72, Rn. 43 (in NJW 1973, 1973 nur hinsichtlich hier nicht interessierenden Gründe veröffentlicht) ist nur von Grundrechten die Rede, ohne diese zu benennen.

294 BVerfG NJW-RR 1989, 636.

295 BVerfGE 10, 89, 102; *Pieroth/Schlink*, Grundrechte, Rn. 789; *Bauer* in: Dreier, Art. 9 Rn. 44; *Jarass* in: Jarass/Pieroth, Art. 9 Rn. 6; *Kemper* in: v. Mangoldt/Klein/Starck, Art. 9 Rn.2; *Larenz/Wolf*, § 9 Rn. 29; *v. Mutius*, Jura 1984, 193, 195; *Nicklisch*, JZ 1976, 105, 109, der zur Verstärkung auch auf Art. 2 Abs. 1 GG zurückgreift, was rechtsdogmatisch wegen des spezielleren Grundrechts des Art. 9 Abs. 1 GG zweifelhaft ist. Ebenso das OLG Bremen, SpuRt 2010, 121, 122, das aber im weiteren Verlauf seiner rechtlichen Betrachtung die Situation einer Grundrechtskollision innerhalb des Art. 9 Abs. 1 GG verfehlt als nicht gegeben ansieht.

296 *Nicklisch*, JZ 1976, 105, 111; *Birk*, JZ 1972, 343, 349.

oder des Art. 5 Abs. 1 GG[297] im Einzelfall relevant werden, ebenso wie der Gleichbehandlungsgrundsatz des Art. 3 Abs. 1 GG[298]. Systematisch geht es in den hier behandelten Fällen nämlich nicht nur um die Abwehr staatlicher Eingriffe in das Selbstbestimmungsrecht des Vereins, sondern auch um das privatrechtliche Verhältnis zwischen Verein und Mitglied[299], dessen Freiheitssphäre durch Vereinshandeln betroffen sein kann. Mithin ist damit ein Ausgleich der beiden Grundrechtspositionen – der Vereinsautonomie des Vereins aus Art. 9 Abs. 1 GG einerseits und generell das Recht auf Vereinsbetätigung des Bewerbers aus Art. 9 Abs. 1 GG andererseits – vorzunehmen und diese Wertung über die bekannte Formel des Aufnahmeanspruchs gemäß § 826 BGB[300] im Wege der mittelbaren Drittwirkung von Grundrechten bei der Ausfüllung unbestimmter Tatbestände des Zivilrechts[301] einfließen zu lassen.[302] Ähnlich ist dies bei der Nachprüfung von Ausschließungsbeschlüssen zu bewerten. Hier können sodann entsprechende Abwägungskriterien, wie sie von der Rechtsprechung aufgestellt werden, eingeflochten und im Wege praktischer Konkordanz[303] zum Ausgleich gebracht werden. Somit zeigt sich auch, dass ein genereller Vorrang der Vereinsautonomie nicht besteht.[304]

bb) Konsequenzen der verfassungsrechtlichen Sicht

Im Ergebnis kommt man unter Zugrundelegung dieser sich strikt an Art. 9 Abs. 1 GG orientierenden Auffassung zu keinen anderen Resultaten als die Vertreter der Vertragstheorie oder als über den Weg, den der BGH wählt. Der Vorteil ist jedoch, dass man das Gewicht der Vereinsautonomie eindeutig verfassungsrechtlichen Bewertungsmaßstäben entnimmt und damit der Bedeutung der Vereinsautonomie ihren richtigen Platz innerhalb der Abwägung zuweist[305], ohne das einfachrechtlich

---

297 Vgl. OLG Stuttgart, JZ 1972, 493 ff.; *Nicklisch*, JZ 1976, 105, 106, 109.

298 *Nicklisch*, JZ 1976, 105, 111; *Zinger*, Diskriminierungsverbote und Sportautonomie, S. 103.

299 So zu Recht *Kauffmann*, Sportwissenschaft 1981, 198, 202.

300 Auf einen Aufnahmeanspruch aufgrund kartellrechtlicher Bestimmungen, insbesondere nach § 20 Abs. 6 GWB, wird im Rahmen der kartellrechtlichen Betrachtung eingegangen, siehe 5. Kap. II. 4.

301 BVerfGE 7, 198, 205 f.; 73, 261, 269; *Pieroth/Schlink*, Grundrechte, Rn. 196; BGH NJW 1999, 1326; BGH NJW 1970, 378, 381.

302 BGH NJW 1999, 1326; KG NJW-RR 1993, 183; *Stommel*, Vereins- und Verbandsgerichtsbarkeit, S. 36; *Vieweg/Röthel*, ZHR 166 (2002), 6, 13; *Nolte/Polzin*, NZG 2001, 980, 981. *Vieweg*, Normsetzung, S. 189 ff.

303 Dieses Vorgehen bei Grundrechtskollisionen im Profisport, in welchem oftmals vereinsrechtliche Implikationen gegeben sind, bevorzugt ebenfalls *Schulz*, Grundrechtskollisionen im Sport, S. 58 f.

304 Anders *Reemann*, Die Verfassung des Vereins, S. 205 f.

305 Mit der Bedeutung von Art. 9 Abs. 1 GG argumentieren auch *Grunewald*, Gesellschaftsrecht, 2.A., Rn. 20; *Ströbele*, Auswirkungen der Besonderheiten des Sports auf Verfahrensgrundsätze, S. 114 f.; *Bröhmer* in: Grote/Marauhn, Kap. 19 Rn. 58; *Reemann*, Die Verfassung des Vereins, S. 205 ff. (dieser argumentiert in abzulehnender Weise mit einer unmittelbaren Drittwirkung von Grundrechten im Vereinsrecht, S. 200 ff., was im

oder gar ohne weitere Begründung, einfach nur mit Hinweis auf eine Vereinsautonomie, zu tun. Die Einschränkungen, die man im Innenverhältnis eines Vereins anlegt, sind sodann mit ihrem verfassungsrechtlichen Gewicht gegenüberzustellen und in einen Ausgleich zu bringen. Die Abwägung findet daher auf der Ebene des Verfassungsrechts statt, was sich auf das einfache Recht wegen der mittelbaren Drittwirkung der Grundrechte auswirkt[306]. Dies ist ganz besonders deshalb maßgeblich, weil sich der historische wie der jetzige Gesetzgeber einer Stellungnahme zur Natur der Vereinsautonomie und einer einfachgesetzlichen Regelung derselben bisher enthalten haben[307]. Dabei ist zu beachten, dass es um eine Kollision zwischen den Rechten des Vereins und denen seiner Mitglieder bzw. nach außen gegenüber Dritten geht. Die Lösung einer derartigen Kollision ist ohne entsprechende Regelungen seitens des Gesetzgebers, der die Interessen zur Effektivierung gegeneinander abwägen könnte[308], der Rechtsprechung überlassen. Eine schematische Anwendung der Grundsätze und Regelungen der Privatautonomie kann dabei nicht ohne weiteres stattfinden[309], da Privatautonomie die Rechtsgestaltung nach außen betrifft, während die Vereinsautonomie Rechtsgestaltung im Innenverhältnis eines Vereins darstellt. Diese Organisationshoheit des Vereins geht, wie bereits dargestellt[310], bedingt durch die Konzeption einer mitgliedschaftlichen Verkörperung über die Summe der einzelnen Mitglieder hinaus. Diese muss aber, um handlungsfähig zu sein, einen gewissen Bezug zu dahinterstehenden Personen – Organe einerseits, Mitglieder andererseits – aufweisen. Notwendig sind daher Organisationsregeln in diesen Verhältnissen, welche der Verfolgung des Vereinszwecks am besten entsprechen. Hier besteht ein Spannungsverhältnis zwischen der eigenverantwortlichen Ausgestaltung des Vereins und den Berührungspunkten zu anderen Rechtssphären, welches einer Abwägung bedarf. Diese verfassungsrechtlichen Erwägungen kommen im Rahmen der mittelbaren Drittwirkung von Grundrechten insbesondere bei den ausfüllungsbedürftigen Schranken von Sittenwidrigkeit und Angemessenheit zur Anwendung. Mit der freiheitsbezogenen Ansicht der Vereins-

---

Ergebnis jedoch keinen Unterschied bringt); *Vieweg*, NJW 1991, 1511, 1515, bei der Inhaltskontrolle von Satzungsbestimmungen.

306 Ebenso *Nicklisch*, JZ 1976, 105, 107 ff. ausführlich zu den Fragen des Aufnahmezwangs der Vereine, allerdings rechtsdogmatisch nicht anhand der mittelbaren Drittwirkung von Grundrechten begründet, sondern mit einer Horizontalwirkung der Grundrechte in gewissen Fällen des Interessensungleichgewichts. Auf S. 113 überträgt er diese Gedanken dann generell auf die Überprüfung von Satzungsbestimmungen und Einzelakten von Vereinen.

307 In historischer Sicht sind die kursorischen Regelungen des BGB zum Vereinsrecht damit zu erklären, dass der Gesetzgeber bei Schaffung des BGB von einem Leitmodell des kleinen Vereins mit freiwilliger Mitgliedschaft auf gleicher Stufe stehender Mitglieder ausgegangen ist, vgl. *Kauffmann*, Sportwissenschaft 1981, 198, 203; *Nicklisch*, Inhaltskontrolle von Verbandsnormen, S. 11.

308 Ebenso: *Augsberger*, Rechtsetzung zwischen Staat und Gesellschaft, S. 235.

309 So aber *Löwer*, Inhaltskontrolle, S. 38 f.

310 Siehe hierzu 1. Kap. III. 3. c) aa).

autonomie wird auch klar, dass der Staat, der die Autonomie zulässt, ihr nicht als korrespondierendes Gegenstück einfach auch Grenzen setzen darf.[311]

cc) Anwendbarkeit der rechtsgeschäftlichen Normen

Auf den ersten Blick ist es erstaunlich, dass auch Vertreter der modifizierten Normtheorie die Schranken der Rechtsgeschäftslehre, insbesondere der §§ 134, 138 BGB[312], auf Vereinsregelungen anwenden. Geht man nämlich davon aus, dass es sich bei Satzungsbestimmungen nicht bzw. nach der körperschaftlichen Verselbständigung nicht mehr um rechtsgeschäftliche Inhalte, sondern um etwas Normartiges handelt, können diese Normen, die von Rechtsgeschäften sprechen, nicht ohne weitere Begründung einfach angewendet werden.[313] Allerdings handelt es sich bei der Herstellung der Satzungsbestimmungen – sei es anfänglich durch Einigung unter den Gründern oder nachträglich durch Beschluss der Mitgliederversammlung – um rechtsgeschäftliche Elemente, nämlich um Willenserklärungen der Mitglieder. Zudem bestehen rechtsgeschäftliche Elemente beim Eintritt, wenn sich das Mitglied den Satzungsbestimmungen unterwirft. An diese Punkte scheinen auch die Vertreter der modifizierten Normentheorie entscheidend anzuknüpfen[314], auch wenn der BGH gerade zu Beginn der Entwicklung der gerichtlichen Überprüfbarkeit zwar die Schranken der Sittenwidrigkeit und der Gesetzeswidrigkeit setzte, allerdings die §§ 134, 138 BGB nicht explizit nannte.

Insoweit kann eine direkte Anwendung der rechtsgeschäftlichen Regelungen daran anknüpfen, dass eine Satzungsbestimmung überhaupt nur in eine Vereinsnorm transformiert werden kann, wenn das zugrundeliegende Rechtsgeschäft des Schaffungsaktes wirksam ist. Scheitert schon die vertragliche Wirksamkeit, kann keine Heilung durch Transformation in eine normartige Bestimmung geschehen. Dies rechtfertigt es, die §§ 134, 138[315] BGB sowie § 242 BGB[316] in direkter Geltung zur Anwendung kommen zu lassen. Freilich müssen die grundrechtlichen Wertungen des Art. 9 Abs. 1 GG, die auch bei der Gründung des Vereins sowie bei einer Satzungsänderung gelten, berücksichtigt werden. Dies geschieht bei den §§ 138 und

311 So aber *Pfister* in: Praxishandbuch Sportrecht, S. 27.

312 Vgl. auch BVerfG FamRZ 1989, 1047.

313 Vgl. auch *Steffen* in: RGRK, § 25 Rn. 5: Die Verselbständigung der Satzung nach der Errichtung des Vereins entzieht sie weitgehend den Regeln über rechtsgeschäftliche Willenserklärungen.

314 Z.B. *Steffen* in: RGRK, § 25 Rn. 5, 8 sowie *Ellenberger* in: Palandt, § 25 Rn. 3, 7; *Schöpflin* in: Prütting/Wegen/Weinreich, § 25 Rn. 3, 4, je im Vergleich. Letzterer sogar auf Grundlage der Normentheorie.

315 Zu einem Fall eines sittenwidrigen Vereinszwecks vgl. LG Bonn NJW-RR 1995, 1515, 1516.

316 Bei § 242 BGB stellt sich das Problem nicht derartig, da der Grundsatz von Treu und Glauben kein Rechtsgeschäft, sondern nur eine irgendwie geartete Sonderverbindung voraussetzt, vgl. *Schmidt-Kessel* in: Prütting/Wegen/Weinreich, § 242 Rn. 8; *Grüneberg* in: Palandt, § 242 Rn. 3, welche auch in einem vereinsrechtlichen Verhältnis besteht.

242 BGB über die schon erwähnte mittelbare Drittwirkung der Grundrechte, was eine schematische Anwendung dieser Normen verbietet.[317]

dd) Konzeption für die Fälle der Gesetzeswidrigkeit

Ähnlich ist der Begründungsansatz auch bei den Schranken der Gesetzeswidrigkeit, also nach § 134 BGB. So erscheint es von vornherein klar, dass ein Verein, der gegen ein Verbotsgesetz verstößt, sich nicht auf den Grundsatz der Vereinsautonomie berufen kann.[318] Anschaulich dargestellt kann einem „Verein zur Förderung des Internetbetrugs" die Anerkennung in der Rechtsordnung nicht gestattet werden. Freilich wäre ein solcher Verein schon an der Schranke des Art. 9 Abs. 2 GG in Verbindung mit § 263 StGB gescheitert und hätte daher schon deshalb keine verfassungsrechtliche Anerkennung erlangt.[319] Dennoch ist es verfehlt, allgemein für die Grenze der Gesetzeswidrigkeit nur an die Wertung des Art. 2 Abs. 1 GG anzuknüpfen[320], da die Satzung zur Organisation gehört und das Rechtsgeschäft, welches die Gründer zum Entstehen des Vereins vornehmen, bereits von Art. 9 Abs. 1 GG, das gerade ausdrücklich das Recht auf Bildung einer Vereinigung schützt, erfasst ist. Ebenfalls reicht es nicht, lediglich darauf abzustellen, dass eine Kontrolle auf Gesetzmäßigkeit stattzufinden habe, da Art. 9 Abs. 1 GG keine Ermächtigung zur Schaffung unrechtmäßiger Verbandsregelungen beinhalte[321], will man damit nicht auf Grundlage von Wertvorstellungen den Schutzbereich des Art. 9 Abs. 1 GG begrenzen und damit die qualifizierte Schranke des Grundrechts umgehen.[322]

Dabei darf jedoch auch nicht übersehen werden, dass die Fälle, in welchen § 134 BGB einschlägig ist, oftmals eine Außenwirkung haben, wie im vorhergehenden Beispiel des fiktiven „Vereins zur Förderung des Internetbetrugs", und mit dem Bundesverfassungsgericht grundsätzlich gesagt werden kann, dass Vereinen nicht mehr erlaubt sein darf, als natürlichen Personen im Rahmen des Art. 2 Abs. 1 GG gestattet ist.[323] Der Gesetzgeber könne hier, nach Ansicht des Bundesverfassungs-

---

317 Ebenso zur Überprüfung von Sportregelwerken anhand von § 242 BGB *Hannamann*, Kartellverbot und Verhaltenskoordinationen im Sport, S. 86 und *Zinger*, Diskriminierungsverbote und Sportautonomie, S. 106.

318 Selbst *Reuter*, der soweit ersichtlich einer jener Vertreter ist, der für größtmögliche Vereinsautonomie plädiert, geht ohne nähere Begründung davon aus, dass § 134 BGB eine Schranke setzt, vgl. *dens.* in: Münchener Kommentar, § 25 Rn. 24.

319 Das Bundesverfassungsgericht spricht in diesem Zusammenhang davon, dass der Inhalt des Grundrechts auf Vereinigungsfreiheit darin besteht, sich mit anderen zu jedem verfassungsmäßig erlaubten Zweck zusammenzuschließen, BVerfGE 50, 290, 354.

320 So z.B. *Steffen* in: RGRK, § 25 Rn. 8.

321 So *Buchberger*, Sportverbandsrechtliche Entscheidungen, S. 129.

322 Noch kritischer ist es, Satzungsbestimmungen, die willkürlich oder unbillig erscheinen, dem Grundrechtsschutz des Art. 9 Abs. 1 GG zu entziehen, wie *Buchberger*, Sportverbandsrechtliche Entscheidungen, S. 133, dies anklingen lässt.

323 BVerfGE, 30, 227, 243; *Scholz* in: Maunz/Dürig, Art. 9 Rn. 149.

gerichts, Ordnungsregeln aufstellen, die zur Ausgestaltung des Grundrechts des Art. 9 Abs. 1 GG zählen. Auch hierbei ist aber der Gehalt des Grundrechts in einer Abwägung mit zu berücksichtigen.[324] Anders liegen die Fälle, die nur im Innenverhältnis des Vereins bleiben oder aber einen sehr großen Bezug hierin und jedenfalls nur eine bloße Reflexwirkung nach außen haben. Hier wird man nur auf die Möglichkeit einer Abwägung im Wege praktischer Konkordanz mit anderen verfassungsrechtlich geschützten Gütern abstellen können und insbesondere die Vereinsautonomie auf der Ebene der Auslegung und Anwendung des Verbotsgesetzes berücksichtigen müssen.

Die gerade vorgenommene Grenzziehung zwischen Innen- und Außenverhältnis sowie die Fragen, inwieweit eine Abwägung geschehen kann und nach welchen Aspekten sie durchgeführt werden muss, wird sogleich im Rahmen kartellrechtlicher Beurteilungen von Vereinstätigkeiten noch eine große Rolle spielen. Daher sei hinsichtlich der genauen Ausgestaltung dieses Gedankengangs nach unten verwiesen.[325]

ee) Vergleich dieser Auffassung mit den Gründen und Ergebnissen in der Rechtsprechung

Zur Untermauerung der These, dass die hier vertretene Auffassung sich in ihren Ergebnissen und teils auch in den Begründungen nicht mit jenen der Rechtsprechung unterscheidet, sei hier der Vergleich mit einigen Entscheidungen sowohl aus der älteren als auch aus der jüngeren Vergangenheit dargestellt. Hinzuweisen ist, dass es hier nicht um alle rechtlichen Aspekte der jeweiligen Entscheidungen geht, sondern nur um den Konflikt zwischen Vereinsautonomie und den dieser entgegenstehenden Interessen.

(1) Aufnahme von Vereinen in Verbände

In der Praxis sind vor allem die Konstellationen der verweigerten Aufnahme von Vereinen in Verbände relevant. Der BGH hat hier auf Grundlage des § 826 BGB bei Monopolverbänden unter gewissen Voraussetzungen eine Aufnahmepflicht angenommen.[326] Im Einzelfall kommt hierbei eine sehr differenzierte Abwägung der verschiedenen Interessen zum Tragen, wie das Urteil des BGH vom 14.11.1968[327] zeigt. Hier begehrte der Universitätssportclub Marburg die Aufnahme in den hessischen Landessportbund. Die Aufnahme wurde mit der Begründung abgelehnt, nach der Satzung des Landessportbundes könnten nur Vereine aufgenommen werden, welche nicht nur speziellen Gruppierungen parteipolitischer, konfessioneller oder auch beruflicher Art die Ausübung des Sports erlauben. Der Universitätssportclub Marburg würde diese Kriterien nicht erfüllen, da unabhängig

324 BVerfGE, 30, 227, 243; 50, 290, 354 f.; *Scholz* in: Maunz/Dürig, Art. 9 Rn. 149.
325 Siehe hierzu im 3. Kapitel.
326 BGHZ 29, 344, 347; siehe auch oben 1. Kap. V. 2. b) bb).
327 BGH LM § 38 Nr. 5.

von der tatsächlichen Offenheit für jeden Sportinteressierten im Namen ein Anschein hervorgerufen werde, dass hier nur Universitätsangehörige Sport treiben könnten. Der BGH hat diese Erwägung gestützt und einen darüber hinaus gehenden Anspruch aus § 826 BGB abgelehnt, da ein Festhalten an der Satzung in der Regel nicht sittenwidrig sein könne. Nur wenn spezielle Umstände hinzukämen, wäre ein solcher Anspruch möglich. Hier wäre jedoch dem Universitätssportbund eine Änderung seines Namens ohne weiteres zuzumuten, um eine Aufnahme in den Landessportbund zu erlangen.

Zu keinem anderen Ergebnis kommt man mit einer Begründung mittels Art. 9 Abs. 1 GG[328], denn hier stehen sich wie bereits gezeigt die Grundrechte des aufnehmenden Vereins und des die Aufnahme begehrenden Vereins, je aus Art. 9 Abs. 1 GG, gegenüber. Die im Rahmen dieser Kollision erforderliche Abwägung[329] muss darauf hinaus laufen, wessen Interessen Vorrang haben. Hier sind es jene des aufnehmenden Vereins, wenn der die Aufnahme begehrende Verein sich ohne große Einbußen der Satzung des aufnehmenden Vereins anpassen kann, um in den Genuss der Mitgliedschaft zu kommen. Dies gilt aber auch umgekehrt, wenn das Interesse des Bewerbers besonders groß ist, die hinter der Aufnahmebeschränkung stehende Zielsetzung demgegenüber geringer zu bewerten ist und es dem aufnehmenden Verein in diesem Rahmen durch Schaffung einer anderweitigen Satzungsbestimmung zuzumuten ist, eine Öffnung zugunsten des Bewerbers zu schaffen.[330]

(2) Ausbildungsentschädigungen im Amateurfußball

Eine kritische Haltung nahm der BGH auch gegenüber Ausbildungsentschädigungen im Amateurfußball ein. Eine Regelung, die eine pauschale Entschädigung für die Ausbildung eines Fußballers anlässlich eines Vereinswechsels desselben fordere, sei mit dem Grundrecht des Fußballers aus Art. 12 Abs. 1 GG nicht vereinbar und deshalb nach § 138 BGB i.V.m. Art. 12 Abs. 1 GG unzulässig.[331]

In besonderem Maße interessant sind hierbei die Ausführungen des BGH zur Vereinsautonomie. Zunächst stellte der 2. Zivilsenat klar, dass es sich bei der strei-

---

328 Dies natürlich nur, wenn man davon absieht, dass inzwischen wohl allgemein bekannt ist, dass auch Nicht-Universitätsangehörige gegen Gebühr Zugang zu den Einrichtungen der Universitätssportclubs haben können. Diese tatsächliche Änderung soll jedoch außer Acht gelassen werden, um den Gleichlauf der rechtlichen Beurteilung aus damaliger Sicht darstellen zu können.

329 So der BGH im Urteil vom 05.07.1973, Az.: KZR 16/72, Rn. 43 (in NJW 1973, 1973 nur hinsichtlich hier nicht interessierenden Gründe veröffentlicht); ebenso: KG NJW-RR 1993, 183 f.

330 Vgl. auch BGH NJW 1975, 771, 772; LG Duisburg SpuRt 2011, 202, 204.

331 BGH NJW 1999, 3552 f.; an diese Entscheidung anknüpfend: BGH NJW 2000, 1028, 1030; OLG Oldenburg, SpuRt 2005, 164 ff. und OLG Bremen, SpuRt 2010, 121, 123; Vgl. zum vorherigen bunten Strauß von unterinstanzlichen Entscheidungen zu dieser Sachverhaltskonstellation die Darstellung bei *Stopper*, SpuRt 2000, 1, 2 ff.

tigen Regelung um eine Verbandsnorm handle und diese wegen der Monopolstellung der Fußballverbände mit der Linie der Rechtsprechung gerichtlich überprüfbar sei. Jedoch würde dem beklagten Fußballverband nicht das Grundrecht des Art. 9 Abs. 1 GG zur Seite stehen. Zwar würde die Jugendarbeit regelmäßig in den Bereich der grundrechtlich geschützten Vereinigungsfreiheit fallen, jedoch habe die Frage der Entschädigung hiermit nichts zu tun, da diese mit dem Vereinszweck nicht notwendigerweise verbunden sei.[332]

Betrachtet man jedoch den Zweck der Regelung der Ausbildungsentschädigung, so wird klar, dass hier verbandsautonome Entscheidungen dahinterstecken. Gäbe es nämlich keine Ausbildungsentschädigung, bliebe der Ausbildungsverein auf seinen Ausbildungskosten sitzen und würde es sich sicherlich genau überlegen, wie viel Geld er zukünftig in die Jugendabteilung stecken würde. Die damit einhergehenden negativen Folgen für die Nachwuchsausbildung sind offensichtlich. Die Regelung einer Ausbildungsentschädigung hat daher eine Anreizfunktion, junge Spieler auszubilden[333], was auch und gerade im Sinne der nationalen Dachverbände ist, die damit ihren Nationalmannschaften einen entsprechenden Spielerpool zur Verfügung stellen können. Insoweit besteht eine vereinsautonome Zielsetzung, welche durch die Regelung verfolgt wird.[334] Jugendförderung und Ausbildungsentschädigung sind daher untrennbar miteinander verbunden.

Damit ist freilich noch nicht gesagt, dass derartige Ausbildungsentschädigungen unbegrenzt zulässig wären. So wirken sich diese Regelungen in der Tat als Beschränkungen des Grundrechts der Berufsfreiheit der Spieler aus, da diese als Berufsspieler zum einen zur Schaffung und Erhaltung ihrer Lebensgrundlage den Sport ausüben und hierfür ausgebildet werden[335], und da zum anderen wegen der sich damit erschwerenden Anreizfunktion, Spieler von auszubildenden Vereinen zu kaufen, eine objektive Zugangsschranke im Sinne der Drei-Stufen-Theorie[336] vorliegt.[337] Insoweit ist nach der hier vertretenen Auffassung eine Abwägung im Sinne

332 BGH NJW 1999, 3552, 3553. Ebenso: BGH NJW 2000, 1028, 1030; Ohne nähere Begründung dem BGH zustimmend: *Nolte/Polzin*, NZG 2001, 838, 841. Auf die außerdem vom BGH aufgeworfene These, dass sich der Verein hier allgemein am Rechtsverkehr beteilige und daher Art. 9 Abs. 1 GG nicht einschlägig sei, wird an dieser Stelle nicht eingegangen. Die Frage, wann ein Außenrechtsverhältnis vorliegt, soll später noch erörtert werden, vgl. ausführlich im 3. Kapitel.

333 So auch der EuGH, zum einen schon in der Rs. C-415/93 (*Bosman*), Slg. 1995, I-4921, Rn. 105 ff. sowie zuletzt in der Rs. C-325/08 (*Bernard*), Slg. 2010, I- 2177, Rn. 39 ff.; ebenso: BGH, NJW 1976, 565, 566; *Schulz*, Grundrechtskollisionen im Berufssport, S. 92.

334 Ebenso: *Schulz*, Grundrechtskollisionen im Berufssport, S. 93. Kritisch zu den Ausführungen des BGH zu Art. 9 Abs. 1 GG auch: *Stopper*, SpuRt 2000, 1, 4.

335 *Fritzweiler/von Coelln* in: Praxishandbuch Sportrecht, S. 37.

336 Hierzu vgl. BVerfGE 7, 377, 405 ff.; *Pieroth/Schlink*, Grundrechte, Rn. 894 ff.

337 *Stopper*, SpuRt 2000, 1, 4; *Hadding* in: Soergel, § 25 Rn. 25; *Schöpflin*: Prütting/Wegen/Weinreich, § 25 Rn. 9; ausführlich: *Schulz*, Grundrechtskollisionen im

praktischer Konkordanz durchzuführen, welche die Gehalte der konfligierenden Art. 9 GG und Art. 12 GG optimal berücksichtigt und in Einklang bringt. So ist es in der Tat mit Art. 12 GG nicht vereinbar, wenn Ausbildungsentschädigungen aufgestellt werden, welche sich nicht an den tatsächlichen Kosten der Ausbildung und dem Vorteil des aufnehmenden Vereins orientieren, da eine solche Regelung zur Verwirklichung der Zwecksetzung der Nachwuchsförderung nicht notwendig ist. Gibt es aber andererseits ein System, welches sich an den beachtenswerten Zielsetzungen der Verbände orientiert und in seinen Wirkungen hierüber nicht hinausgeht, erscheinen auch Ausbildungsentschädigungen im Lichte der betroffenen Grundrechte als rechtmäßig.[338] Dieses Abwägungsergebnis wird dadurch gestützt, dass auch im Arbeitsrecht die Entschädigung von Ausbildungskosten, sofern der Arbeitnehmer vor Ablauf einer gewissen Frist seinen Arbeitgeber verlässt, nach steter Rechtsprechung anerkannt ist.[339] Der Sache nach handelt es sich auch hierbei um Beschränkungen der freien Berufswahl, die jedoch im Wege einer entsprechenden Abwägung der beteiligten Interessen gerechtfertigt sind.[340]

(3) Transferentschädigungen bei vertragslosen Spielern

Analog zum viel diskutierten *Bosman*-Urteil auf europäischer Ebene[341] hatte das Bundesarbeitsgericht (BAG) im Jahr 1997 Transfersysteme, die einen Wechsel eines Berufsmannschaftssportlers, dessen Vertrag mit dem ursprünglichen Arbeitgeber nicht mehr besteht, von der Zahlung einer Ausbildungsentschädigung abhängig machen, wegen Verstoßes gegen die Berufsfreiheit (§ 138 BGB i.V.m. Art. 12 Abs. 1 GG) für unwirksam erklärt.[342] Mit keinem Wort geht jedoch das Gericht auf die Frage der Vereinsfreiheit und der Vereinsautonomie ein, welche auch hier berührt ist, da die Zahlung von Transferentschädigungen vielfältigen Zwecken der Sportausübung und damit der Verwirklichung der Vereinszwecke dient: Förderung eines effizienten Jugendsystems, Förderung der Nationalmann-

---

Berufssport, S. 77 ff.; *Arens*, SpuRt 1994, 179 ff. Zur Legitimation die Grundrechte der Sportler als Schranke der Ordnungsbefugnis der Sportverbände anzuwenden, vgl. *Fritzweiler/van Coelln* in: Praxishandbuch Sportrecht, S. 35 f.; *Steiner*, BayVBl. 1995, 417.

338 Für die Grundfreiheiten hat der EuGH derartiges zuletzt entschieden, wenngleich die Regelung in ihrer Wirkung über das erforderliche Maß hinausging: EuGH Rs. C-325/08 (*Bernard*), Slg. 2010, I- 2177, Rn. 39 ff.; vgl. auch die Darstellung des Urteils im 2. Kap. II. 1. d) (4); ebenfalls für eine Aufweichung der nationalen Warte unter dem Gesichtspunkt des Art. 12 Abs. 1 GG: *Dahm*, EuZW 2010, 345, 346.; ebenso: *Stopper*, SpuRt 2000, 1, 4 f.; zu weit und zu undifferenziert dagegen OLG Düsseldorf, NJW-RR 1996, 558, 559.

339 Vgl. z.B. BAG DB 2011, 1138, 1139 f.; BAG NZA 2009, 435, 438; BAG NZA 2006, 1042, 1044; *Preis* in: Erfurter Kommentar, § 611 BGB Rn. 436.

340 BAG NZA 2002, 551, 552 f.; BAG NZA 2006, 1042, 1044; BAG NZA 1994, 937, 939 f.; *Preis* in: Erfurter Kommentar, § 611 BGB Rn. 437 ff.

341 Vgl. hierzu ausführlich im 2. Kap. II. 1. d) (1).

342 BAG NZA 1997, 647, 650 ff.; im Anschluss an: BAG NZA 1990, 392 ff. und LAG Berlin, NJW 1979, 2582, 2582 ff.; zweifelnd an der Wirksamkeit einer solchen Regelung auch: ArbG Hanau, NZA-RR 1998, 108, 109.

schaften sowie Ausgleich zwischen finanzstarken und weniger finanzstarken Vereinen, welche damit die Chancengleichheit zwischen den Vereinen herstellt, was wiederum einem spannendem Ligabetrieb dient und in dieser Form allen beteiligten Vereinen zu Gute kommt.[343]

Doch auch wenn demnach von einer solchen Berührung der Vereinsautonomie auszugehen ist, bedeutet das wegen der ebenfalls tangierten, grundrechtlich geschützten Berufsfreiheit nicht, dass die Vereinigungsfreiheit vorzugehen hat. In der Tat erscheint es hier im Wege der Abwägung der konfligierenden Grundrechte und Rechtsphären sinnvoller, der Berufsfreiheit den Vorrang zu geben, da die entsprechenden Spieler – anders als bei Entschädigungssystemen, die darauf abzielen, einen Spieler aus einem Vertrag heraus zu kaufen[344] – vertragsfrei wären und durch diese Entschädigungssysteme in ihrer Wahl einen Anschlussvertrag abzuschließen beeinträchtigt wären. Demgegenüber muss einerseits das Vereinsinteresse an der Amortisation der Aus- oder Weiterbildungskosten zurückstehen, da es Vereine selbst in der Hand haben, mit entsprechenden Vertragslaufzeiten sich die Dienste selbst ausgebildeter Spieler zu sichern[345]. Dies gilt andererseits auch für das Interesse des Verbandes, eine ausgeglichene Wettbewerbsbasis für die Ligawettkämpfe zu haben. Hier geht die Wahrung der Berufsfreiheit der Berufssportler vor[346], auch wenn damit andere Vereine den kostenlosen Vorteil eines ausgebildeten Spielers erhalten.[347] Umverteilungsmechanismen zwischen den Vereinen, die zu einer höheren Spannung des Wettbewerbs beitragen sollen, müssen daher anders ausgestaltet werden.

---

343 Ebenso *Reuter*, NJW 1983, 649, 656; *Buchner*, RdA 1982, 1, 12. Vgl. auch BGH NJW 1976, 565, 566.

344 Zu Recht spricht das entsprechende FIFA-Reglement in diesem Fall von „Vertragsbruch“, vgl. Art. 17 des Reglements bezüglich Status und Transfer von Spielern (2010).

345 *Reuter*, NJW 1983, 649, 655, weist zu Recht darauf hin, dass zudem bei vertragslosen Spielern, die keinen oder nur einen unzumutbaren Vertrag mehr von ihrem alten Verein angeboten bekommen haben, kein Wettbewerb zwischen dem abgebenden und dem aufnehmenden Verein mehr besteht und eine Berufung auf eine Kompensation daher widersprüchlich wäre. Ebenso: *Westerkamp*, Ablöseentscheidungen im bezahlten Sport, S. 144.

346 Ebenso *Schulz*, Grundrechtskollisionen im Berufssport, S. 108. A.A. noch *Buchner*, RdA 1982, 1, 13, der selbst dann, wenn ein Verein einem Spieler keinen neuen Vertrag mehr anbietet, eine Berechtigung zur Entschädigung von früheren Aufwendungen in Erwägung zieht. Dies ist jedoch mit dem Schutzgehalt des Art. 12 Abs. 1 GG nicht vereinbar, da die Vereine es in der Hand haben, mit einem neuen Vertragsangebot sich diese Aufwendungen weiterhin sportlich zu Nutze zu machen und mit einem fehlendem Angebot gerade zeigen, kein Interesse an dem Spieler mehr zu haben, weshalb eine Ablöseforderung zur Freigabe eines an sich vertragsfreien Spielers widersprüchlich erscheint, vgl. auch die vorgehende Fußnote.

347 Vgl. die ausführliche Abwägung von *Westerkamp*, Ablöseentscheidungen im bezahlten Sport, S. 126 ff. noch zum alten System der Transferentschädigungen.

(4) Überprüfung von Nominierungen zu internationalen Wettkämpfen

Relevant wird die Vereinsautonomie auch in den Fällen der Nominierung von Sportlern zu internationalen Wettkämpfen, wie beispielsweise zu Olympischen Spielen oder zu Welt- und Europameisterschaften.[348] Da hier nur eine gewisse Anzahl von Sportlern pro Sportart teilnehmen kann, um nicht die Funktionsfähigkeit des Wettkampfes zu gefährden, sind die nationalen Verbände angehalten Nominierungsentscheidungen zu treffen. Das OLG Frankfurt a.M. hatte im Vorfeld der Olympischen Spiele 2008 in Peking in einem Verfahren des einstweiligen Rechtsschutzes über den Antrag eines Dreispringers zu befinden, der sich gegen seine Nichtnominierung durch den Deutschen Olympischen Sportbund (DOSB) wehrte, da er die Nominierungskriterien als erfüllt ansah. Zudem waren auch andere Sportler ohne Erfüllung der Kriterien als Härtefälle für die Olympischen Spiele gemeldet worden.[349] Das Gericht stieg mit dem Hinweis auf das Vorliegen eines Monopolverbandes relativ tief in die Prüfung der Sache ein und prüfte insbesondere ausführlich, ob der Verfügungskläger die Kriterien erfüllt hatte[350]. An den entscheidenden Stellen bejahte es jedoch die Ermessenspielräume der Sportverbände, sei es bei der Erstellung der maßgeblichen sportlichen Regelwerke als auch bei der Frage einer ermessensfehlerfreien Auswahl, und wies daher den Antrag des Sportlers letztlich zurück. Auf den grundrechtlichen Gehalt der Vereinsautonomie ging es jedoch nicht ein.

Ein ähnliches Ergebnis erhält man, wenn man der Beurteilung einen Sachverhalt der Vereinsautonomie zugrunde legt. Hier kollidieren das Grundrecht des Art. 9 Abs. 1 GG des Verbandes mit jenen des Sportlers, also Art. 2 Abs. 1 GG[351] bzw. Art. 12 Abs. 1 GG, soweit, wie bei Profisportlern regelmäßig vorliegend, die Wettkampfausübung Teil der Berufsausübung ist. Nachdem mit der Nichtnominierung nur zu einem – wenn auch sportlich überaus bedeutsamen – Wettkampf die Ausübung des Sports nicht generell unmöglich gemacht oder erschwert wird, liegt in den Nominierungsentscheidungen nur eine Berufsausübungsregel, was eine Rechtfertigung auf niedriger Stufe zulässt. Bei der stattzufindenden Interessensabwägung spricht für die Interessen des Sportlers, dass der Dachverband aufgrund des Ein-Platz-Prinzips in der Sportorganisation eine Monopolstellung inne hat, der Sportler also nicht auf einen anderen Verband ausweichen kann und daher dessen sozialer

348 Vgl. zu den europarechtlichen Fragen der Nominierung von Sportlern und der Wahrung der Vereinsautonomie: EuGH Rs. C-51/96 und C-191/97 (*Deliège*), Slg. 2000, I-2549, Rn. 67 und ausführlich unten im 2. Kap. II. 1. d) (2).

349 OLG Frankfurt a.M., NJW 2008, 2925 ff.

350 OLG Frankfurt a.M., NJW 2008, 2925, 2926 f.

351 Art. 2 Abs. 1 GG schützt mit dem Recht auf freie Entfaltung der Persönlichkeit auch die sportliche Betätigung, vgl. *Fritzweiler/von Coelln* in: Praxishandbuch Sportrecht, S. 34; *Steiner*, BayVBl. 1995, 417; BVerfGE 80, 137, 152 ff. (zum Reiten im Walde als Teil des weiten Schutzbereichs von Art. 2 Abs. 1 GG).

Macht gegenübersteht[352]. Umgekehrt kann der Verband die Funktionsfähigkeit des internationalen Wettbewerbs als Notwendigkeit von Nominierungskriterien anbringen. Die konkrete Festlegung von Kriterien im Zusammenhang mit den jeweiligen Regelungen der Sportart und mit der Wahrung einer Objektivierung und Chancengleichheit im Hinblick auf alle Sportler sind Ausprägungen der vereinsautonomen Gestaltung. Zudem können nur die zuständigen Gremien der Sportverbände eine sinnvolle Beurteilung vornehmen, welche Sportler mit Erfolgsaussichten zu den Wettkämpfen geschickt werden. Dies alles rechtfertigt es, dass staatliche Gerichte zur Wahrung der Interessen der Sportler im Rahmen einer Inhaltskontrolle nach § 242 BGB (in Verbindung mit den einschlägigen Grundrechten) zwar konkret prüfen können, ob einerseits die Nominierungskriterien selbst als sachgerecht erscheinen und andererseits die Nominierungskriterien erfüllt sind. Jedoch sind sie andererseits zur Wahrung der Vereinsautonomie nicht dazu befugt, letztendlich in die Nominierungsentscheidung hinsichtlich der Beurteilungsmaßnahmen – z.B. im konkreten Fall welche Weite eine bestimmte Erfolgsaussicht bei internationalen Wettkämpfen vermuten lässt – als auch bei der Durchführung der sportlichen Wettkämpfe als Voraussetzung zur Ermittlung der Leistungen für die Nominierungen einzugreifen.[353]

VI. Zusammenfassung

Für den weiteren Verlauf der Untersuchung ist von einer Gestaltungsfreiheit der Vereine auszugehen, welche die Regelung ihres Vereinslebens betrifft. Diese Vereinsautonomie, welche sich entscheidend aus Art. 9 Abs. 1 GG speist, gewährt dem Kollektiv eine Freiheit, seine inneren Angelegenheiten, insbesondere zur Erreichung, Aufrechterhaltung und Förderung des Vereinszwecks, selbst zu regeln, und zwar generell-abstrakt durch den Erlass von Satzungen und anderen Vereinsordnungen als auch konkret-individuell mittels Einzelmaßnahmen.

Die Grenzen dieser freien Gestaltungsmöglichkeit sind in der Rechtsprechung fließend und insbesondere durch die herrschenden Anschauungen zu Vereinen, ihren Tätigkeiten und ihren Bedeutungen in der heutigen Gesellschaft bedingt. Während vor dem Erlass des Bürgerlichen Gesetzbuches eine ziemlich rigide Überwachung der Vereine stattfand, hielt sich die Rechtsprechung unter der Geltung des Bürgerlichen Gesetzbuches anfangs stark zurück, um sodann immer mehr Überprüfungskompetenzen zu generieren. Diese Entwicklung hängt mit der gestiegenen Bedeutung von Vereinen in der heutigen Gesellschaft zusammen: Je bedeutungsmächtiger Vereine in gesellschaftlicher Hinsicht werden, umso größer sind auch die Berührungspunkte mit den Interessen und Rechtskreisen anderer Rechtssubjekte und umso mehr gerät die Vereinsautonomie mit den Rechtskreisen sowohl

---

352 BGH, ZIP 1999, 137, 238 f.; BGH NJW 1975, 771; *Fritzweiler/von Coelln* in: Praxishandbuch Sportrecht, S. 38.

353 Im Ergebnis ebenso *Pfister*, SpuRt 1998, 221, 225.

der eigenen Mitglieder, die dem Verein trotz ihres Beitritts immer noch als Individuum gegenüberstehen[354], als auch mit dem allgemeinen Rechtsverkehr in Konflikt.[355] Die Wertungen des Art. 9 Abs. 1 GG[356] in einem Grundgesetz, das von Freiheit und von einem Menschen als einer gemeinschaftsbezogenen und -gebundenen Person und nicht eines isolierten Individuums[357] ausgeht, sind dabei in ihrem verfassungsrechtlichen Gehalt bei diesen Kollisionsmöglichkeiten zu berücksichtigen. Diese sind daher in eine Abwägung bei der Begrenzung der Vereinsautonomie einzustellen, um eine dogmatisch einwandfreie Rechtfertigung hierfür zu erhalten. Insbesondere ist es verfehlt für vereinsinterne Sachverhalte schematisch die gleichen Anforderungen anzustellen, die für Rechtsgeschäfte gelten, da sich deren gesetzliche Grenzen am Schrankentrias des Art. 2 Abs. 1 GG orientieren, während Art. 9 Abs. 1 GG schrankenlos garantiert ist. Insofern bedürfen die staatlichen Einschränkungen immer der Überprüfung, ob diese sich auch an die Wertung des Art. 9 Abs. 1 GG halten.

354 Vgl. *Meyer-Cording*, Die Vereinsstrafe, S. 3 f.

355 Vgl. BGHZ 87, 337, 344 f.

356 Zu Recht weist *Buchberger*, Sportverbandsrechtliche Entscheidungen, S. 137, darauf hin, dass sozialmächtige Verbände gleichermaßen von Art. 9 Abs. 1 GG geschützt sind wie die kleinen Vereine.

357 BVerfGE 4, 7, 15 f.; 50, 290, 353.

2. Kapitel: Die Gewährleistung der Vereinsautonomie im europäischen Recht

Für den Fortgang der Untersuchung, insbesondere im Zusammenhang mit den kartellrechtlichen Anforderungen des Unionsrechts, ist die europarechtliche Bedeutung der Vereinsautonomie relevant. Diese soll nachfolgend dargestellt werden. Dabei werden erneut zunächst die Verankerungen einer Vereinsautonomie im europäischen Recht untersucht und sodann die Einschränkungen außerhalb des Kartellrechts dargestellt.

Es ist zunächst festzustellen, dass mit der europäischen Gewährleistung der Vereinsautonomie nicht nur das Europarecht im engeren Sinne, also jenes der Europäischen Union[1], angesprochen ist, sondern auch die völkerrechtlichen Verträge des Europarats, mithin die Konvention zum Schutze der Menschenrechte und Grundfreiheiten (EMRK) vom 04.11.1950 samt den bislang 14 Zusatz-Protokollen. Die Zusammenziehung beider Rechtsgebiete unter einen Gliederungspunkt erscheint nicht nur aus grammatikalischen Gründen sinnvoll, sondern speist sich zudem daraus, dass die Europäische Union mit der Schaffung einer Beitrittsmöglichkeit zur EMRK gemäß Art. 6 Abs. 2 EUV[2] ihren Willen gezeigt hat, auch rechtsverbindlich die Freiheiten der EMRK zu beachten.[3] Bislang war die EMRK gemäß Art. 6 Abs. 2 EUV a.F. zudem bereits Erkenntnisquelle für die bis dahin noch ungeschriebenen Unionsgrundrechte.[4] Sie stellt also insoweit einen – freilich bis dato nicht rechtlich verbindlichen – Maßstab für das Handeln der Unionsorgane dar.

Weiterhin sind die Rechte der EMRK natürlich auch Maßstab für die Handlungen der Mitgliedsstaaten. Dies gilt in der Bundesrepublik Deutschland wegen Art. 59 Abs. 2 GG auf der Stufe eines einfachen Gesetzes.[5] Auf dieser Ebene können selbst Handlungen der Mitgliedstaaten aufgrund Unionsrechts bedeutsam werden, auch solange die EU selbst nicht der EMRK beigetreten ist. Denn ein bedeutsames Problem in der Abgrenzung der Rechtskreise des Unionsrechts und der EMRK

---

1 Vgl. zu dem Begriff des Europarechts „im engeren Sinne" *Streinz*, Europarecht, Rn. 1.

2 In der Form des Vertrages von Lissabon zur Änderung des Vertrags über die Europäische Union und des Vertrags zur Gründung der Europäischen Gemeinschaft (ABl. 2007 Nr. C 306/1; BGBl. 2008 II S. 1039). Im Folgenden beziehen sich alle Normen des Rechts der Europäischen Union auf diesen aktuellen Stand, soweit nicht ein anderes angegeben ist.

3 Ein Beitritt bislang ist nicht erfolgt, obwohl seit dem 01.06.2010 das 14. Zusatz-Protokoll in Kraft ist, das in Art. 59 Abs. 2 EMRK die Beitrittsmöglichkeit der EU schafft.

4 *Streinz*, Europarecht, Rn. 761; *Oppermann/Classen/Nettesheim*, Europarecht, § 18 Rn. 19; EuGH Rs. 44/79 (*Hauer*), Slg. 1979, 3727 Rn. 15 und 17 ff; EuGH Rs. C-94/00 (*Roquette Frères*), Slg. 2002, I-9011 Rn. 23 ff.

5 Trotz dieser Stellung unterhalb des Verfassungsrechts ist für das Bundesverfassungsgericht die EMRK und die Rechtsprechung des EGMR eine Hilfe bei der Auslegung des Grundgesetzes, vgl. BVerfGE 74, 358, 370; 82, 106, 120; *Grabenwarter*, EMRK, § 3 Rn. 6.

liegt darin, inwieweit die Mitgliedsstaaten selbst noch den Verpflichtungen der EMRK unterliegen wenn sie Unionsrecht ausführen müssen.[6] Eine „Flucht ins Unionsrecht" kann es dabei aus Sicht der EMRK und des Europäischen Gerichtshofes für Menschenrechte (EGMR) nicht geben.[7]

I. Die Vereinsautonomie nach der EMRK

Wegen der vorstehenden Erwägungen als auch aufgrund der Tatsache, dass die EMRK bei der Entstehungsgeschichte der gemeinschaftsrechtlichen[8] Grundrechtecharta Pate gestanden hat[9], erscheint es sinnvoll, bei der Darstellung der europarechtlichen Grundlagen zur Vereinsautonomie mit der Gewährleistung nach der EMRK zu beginnen. Hiernach kann mit den dargestellten Verknüpfungen zum Gemeinschaftsrecht die Darstellung der gemeinschaftsrechtlichen Gewährleistung geschehen.

Die EMRK gewährleistet den Schutz der Vereinigungsfreiheit zusammen mit der Versammlungsfreiheit in Art. 11 EMRK. Damit wird sogleich deutlich, dass die Vereinigungsfreiheit, wie auch die Versammlungsfreiheit, in einem engen Zusammenhang mit dem Recht auf freie Meinungsäußerung steht[10] und daher zu den Grundlagen eines freiheitlichen demokratischen Staates zählt[11].

1. Schutzbereich

a) Persönlicher Schutzbereich

Art. 11 EMRK ist als Menschenrecht ausgestattet, das sich, anders als Art. 9 Abs. 1 GG, nicht nur an Inländer, sondern zugleich an Ausländer wendet. Allerdings gibt Art. 16 EMRK die Möglichkeit, die politische Tätigkeit von Ausländern zu begrenzen. Zudem ist zu beachten, dass sich Art. 11 EMRK auch auf politische Parteien bezieht, die in Deutschland mit Art. 21 GG eine besondere Regelung erfahren haben.[12] Dementsprechend sind in der Rechtsprechung des EGMR zu Art. 11

---

6 Vgl. hierzu *Grabenwarter*, EMRK, § 4 Rn. 5 f.; *Herdegen*, Europarecht, § 3 Rn. 59 ff.; *Winkler*, EuGRZ 2007, 641, 643 ff.

7 EGMR, Urt. v. 30.06.2005 (*Bosphorus Airways*), EuGRZ 2007, 662, Rn. 135 ff., 152 ff.; *Streinz*, Europarecht, Rn. 252; Ausführlich zum Urteil *Winkler*, EuGRZ 2007, 641 ff.

8 Soweit in den nachfolgenden Betrachtungen von „Gemeinschaftsrecht" die Rede ist, ist das Recht der Europäischen Union gemeint. Auf mögliche terminologische Änderungen nach dem Umbau des Rechts der Europäischen Union nach Inkrafttreten des Vertrages von Lissabon – eine Europäische Gemeinschaft gibt es nach der neuen Konzeption nicht mehr – wird an dieser Stelle verzichtet, da der Terminus „Gemeinschaftsrecht" immer noch maßgeblich Verwendung findet.

9 *Grabenwarter*, EMRK, § 4 Rn. 8 f.; *Streinz*, Europarecht, Rn. 755.

10 *Grabenwarter*, EMRK, § 23 Rn. 73.

11 *Frowein* in: Frowein/Peukert, Art. 11 Rn. 1; *Tomuschat* in: Macdonald/Matscher/Petzold, S. 493.

12 *Grabenwarter*, EMRK, § 23 Rn. 74; *Tomuschat* in: Macdonald/Matscher/Petzold, S. 495.

EMRK vor allem Beschränkungen mit Bezug zu politischen Vereinigungen relevant geworden[13], da diese in einer demokratischen Gesellschaft eine sehr wichtige Rolle spielen[14].

b) Sachlicher Schutzbereich

Der sachliche Schutzbereich, um den es nun nur noch gehen soll, umfasst ausweislich des Art. 11 EMRK das Recht, sich mit anderen zusammenzuschließen, mithin eine Vereinigung zu gründen. Der Begriff der Vereinigung ist dabei autonom aufgrund der Konvention zu bestimmen[15] und umfasst alle auf Dauer angelegten, organisatorisch verfestigten, freiwilligen Zusammenschlüsse zur Verfolgung eines bestimmten Zwecks, unabhängig davon, ob sie nach nationalem Recht als Vereine qualifiziert werden.[16] Diese Definition deckt sich mit jener der Vereinigungsfreiheit nach Art. 9 Abs. 1 GG[17], so dass insoweit der Befund zu Art. 9 Abs. 1 GG[18] auch hier gilt: Die vorwiegend untersuchungsgegenständlichen Idealvereine des deutschen Bürgerlichen Rechts unterfallen der Gewährleistung des Art. 11 EMRK.

Mit der bereits erwähnten engen Beziehung des Art. 11 EMRK zu den Kommunikationsgrundrechten der Versammlungsfreiheit und der Meinungsfreiheit ist allenfalls streitig, ob bloße wirtschaftliche Vereinigungen auch unter den Schutz des Art. 11 EMRK fallen, was überwiegend zu Recht bejaht wird[19]. Im Übrigen hat dies keine großen Auswirkungen auf den Fortgang der Untersuchung, da es hier um Idealvereine nach nationalem Recht geht, welche ihrem Vereinszweck nach gerade nicht primär erwerbswirtschaftlich tätig sind.

Hinsichtlich der Tätigkeiten schützt Art. 11 Abs. 1 Hs. 1 EMRK ausweislich des Wortlauts das Recht auf den Zusammenschluss zu einer Vereinigung. Damit hat es aber wie im deutschen Recht nicht sein Bewenden, vielmehr schützt Art. 11 EMRK auch die Tätigkeit zum Zwecke der Vereinigung.[20] Dies speist sich nicht zuletzt aus

---

13 Vgl. beispielhaft EGMR, Urt. v. 13.02.2003 (*Refah Partisi*), EuGRZ 2003, 206 ff.; EGMR, Urt. v. 09.04.2002 (*Yazar*), Rn. 29 ff.; EGMR Urt. v. 30.01.1998 (*United Communist Party of Turkey*), Rn. 19 ff.; EGMR, Urt. v. 25.05.1998 (*Socialist Party*), Rn. 30 ff.

14 EGMR, Urt. v. 13.02.2003 (*Refah Partisi*), EuGRZ 2003, 206, Rn. 87 ff.; *Frowein* in: Frowein/Peukert, Art. 11 Rn. 9; *Meyer-Ladewig*, Art. 11 Rn. 12; *Tomuschat* in: Macdonald/Matscher/Petzold, S. 495.

15 EGMR, Urt. v. 29.04.1999 (*Chassagnou*), NJW 1999, 3695, Rn. 100.

16 Vgl. *Grabenwarter*, EMRK, § 23 Rn. 75; *Frowein* in: Frowein/Peukert, Art. 11 Rn. 8; *Tomuschat* in: Macdonald/Matscher/Petzold, S. 493 f.; EKMR (*Young, James and Webster*), EuGRZ 1980, 450, 453.

17 *Bröhmer* in: Grote/Marauhn, Kap. 19 Rn. 46.

18 Vgl. 1. Kap. III. 3. b).

19 Vgl. *Bröhmer* in: Grote/Marauhn, Kap. 19 Rn. 47; *Grabenwarter*, EMRK, § 23 Rn. 75; *Tomuschat* in: Macdonald/Matscher/Petzold, S. 495 f. Ausführlich mit Widerlegung der Gegenargumente: *Marauhn*, RabelsZ 63 (1999), 537, 550 ff.

20 *Frowein* in: Frowein/Peukert, Art. 11 Rn. 9;*Weisbrod*, Europäisches Vereinsrecht, S. 54.

der ähnlichen Erwägung wie bei Art. 9 Abs. 1 GG, dass ein bloßer Zusammenschluss und eine bloße Beitrittsfreiheit eine leere Hülle darstellten, wenn nicht auch die vereinigungsspezifische Tätigkeit mit geschützt wäre.[21] Umspannt sind hierbei die Gründung und die Tätigkeit als das Recht zur Selbstverwaltung in eigenen Angelegenheiten. Dies hat die Rechtsprechung zur EMRK zwar bisher ausdrücklich vor allem bei der Gewerkschaftsfreiheit, Art. 11 Abs. 1 Hs. 2 EMRK, festgestellt: „*The right to form trade unions involves, for example, the right of trade unions to draw up their own rules and to administer their own affairs.*“[22] Es ist aber nichts dafür ersichtlich, dass dies für andere Vereinigungen nicht gleichfalls gelten soll. Dies ergibt sich zum einen daraus, dass ein effektiver Schutz der Vereinigungsfreiheit nur erreicht werden kann, wenn die Vereinigungen das Recht haben, ihre Angelegenheiten ohne Einmischung des Staates selbst zu regeln. Ansonsten würde es sich um staatliche Konzeptionen der Vereinstätigkeit handeln, was einer freien Ausübung des Menschenrechts zuwiderlaufen würde. Zum anderen geht Art. 11 Abs. 1 Hs. 2 EMRK ersichtlich davon aus, dass Koalitionen nur einen Ausschnitt der allgemeinen Vereinigungsmöglichkeiten darstellen.[23] Dennoch darf ähnlich dem deutschen Recht nicht übersehen werden, dass Art. 11 Abs. 1 EMRK nicht alle Aktivitäten von Vereinen schützt, da kein weitergehender Schutz im Vergleich zu Handlungen von Individuen sinnvoll bestehen und erklärt werden kann.[24] Letztlich schützt die Vereinigungsfreiheit aber zumindest jede Kerntätigkeit, die für die Verfolgung des Vereinszwecks und damit zur Ausübung des Freiheitsrechts notwendig ist.[25]

Diese Rechte stehen, identisch wie in der Konzeption des Art. 9 Abs. 1 GG als Doppelgrundrecht, zur effektiven Verfolgung des Menschenrechtsschutzes auch der Vereinigung selbst zu.[26]

---

21 *Tomuschat* in: Macdonald/Matscher/Petzold, S. 499.

22 EGMR, Urt. v. 27.02.2007 (*Associated Society of Locomotive Engineers & Firemen (ASLEF)*), Rn. 38; EKMR (*Cheall*), DR 42, 178, 193; EKMR (*Johansson*), DR 65, 202, 209; Vgl. auch *Grabenwarter*, EMRK, § 23 Rn. 77; *Mann* in: Heselhaus/Nowak, § 28 Rn. 9.

23 Vgl. den Wortlaut „dazu gehört auch (…)“, engl.: „including“, franz.: „y compris“; *Tomuschat* in: Macdonald/Matscher/Petzold, S. 494; EGMR, Urt. v. 27.10.1975 (*Nationale Belgische Polizeigewerkschaft*), EuGRZ 1975, Rn. 38: Die Gewerkschaftsfreiheit ist eine Form oder besonderer Aspekt der Vereinigungsfreiheit. Im Bereich der ausdrücklich angesprochenen Gründung von Gewerkschaften, Art. 11 Abs. 1 Hs. 1 EMRK geschieht ein Übertrag auf die anderen Vereinigungen ebenso, vgl. *Frowein* in: Frowein/Peukert, Art. 11 Rn. 9; *Lewis-Anthony* in: Freedom of Associaton, 28, 35.

24 *Tomuschat* in: Macdonald/Matscher/Petzold, S. 500.

25 Bei der Koalitionsfreiheit vgl. EGMR, Urt. v. 27.10.1975 (*Nationale Belgische Polizeigewerkschaft*), EuGRZ 1975, 562, Rn. 38 ff.; *Grabenwarter*, EMRK, § 23 Rn. 77; *Tomuschat* in: Macdonald/Matscher/Petzold, S. 500 f.

26 EGMR, Urt. v. 02.08.2001 (*Grande Oriente*), Rn. 15 f.; *Meyer-Ladewig*, Art. 11 Rn. 11; *Frowein* in: Frowein/Peukert, Art. 11 Rn. 9; *Grabenwarter*, EMRK, § 23 Rn. 78; *Schilling*, Internationaler Menschenrechtsschutz, Rn. 409.

Mithin kann also konstatiert werden, dass auch die EMRK einen Bereich freier Gestaltung innerhalb eines Vereins anerkennt, der Grundsatz der Vereinsautonomie also auch der EMRK bekannt und von ihr geschützt ist.[27]

2. Grenzen der Vereinsautonomie

Die Grenzen der durch die EMRK geschützten Vereinsautonomie sind identisch mit den Grenzen der zulässigen Eingriffe in den Schutzbereich, so dass es hierbei auf die Frage ankommt, welche Eingriffe Art. 11 EMRK in die Vereinigungsfreiheit zulässt. Maßgeblich ist hierbei die Vorschrift des Art. 11 Abs. 2 EMRK. Demnach besteht in einer Beschränkung der Gewährleistung einer geschützten Position[28] kein Verstoß gegen die Konvention, wenn der Eingriff erstens gesetzlich vorgesehen ist, zweitens zumindest eines der in Art. 11 Abs. 2 S. 1 EMRK genannten berechtigten Ziele verfolgt wird und es drittens notwendig ist, dieses Ziel in einer demokratischen Gesellschaft zu verfolgen.[29]

Das erste Erfordernis bringt eine Art Gesetzesvorbehalt zum Ausdruck. Dabei versteht der EGMR unter dem Begriff „gesetzlich vorgesehen" allerdings alle Gesetze im materiellen Sinn, also auch Rechtsvorschriften, die im Rang unter dem eines formellen Gesetzes stehen[30]. Alleine schon diese Auslegung zeigt, dass das Erfordernis regelmäßig wenig Anlass dazu geben wird, die Rechtmäßigkeit eines Eingriffs abzulehnen[31], vor allem aber einfach feststellbar ist. Von besonderer Relevanz sind eher die anderen beiden Erfordernisse. So wird zum einen klar, dass nur die Verfolgung bestimmter öffentlicher Interessen überhaupt einen Eingriff zulässt, worunter jedoch unter anderem auch die öffentliche Sicherheit, die Aufrechterhaltung der Ordnung und insbesondere der Schutz der Rechte und Freiheiten anderer fallen. Mithin bestehen im Vergleich zum deutschen Recht geringere Eingriffsschranken, die im Wortlaut, auch unter Berücksichtigung einer autonomen Auslegung der völkerrechtlichen Verträge, jenen des Art. 2 Abs. 1 GG ähneln.[32] So verwundert es nicht, dass der EGMR seine Prüfung oftmals auf den letzten Punkt, der Notwendigkeit des Eingriffs in einer demokratischen Gesellschaft, kon-

27 Ebenso *Gramlich*, DÖV 1996, 801, 807.

28 So die Eingriffsbeschreibung auch im Recht der EMRK, vgl. *Grabenwarter*, EMRK, § 18 Rn. 5; *Schilling*, Internationaler Menschenrechtsschutz, Rn. 50.

29 Vgl. auch ausdrücklich EGMR, Urt. v. 29.04.1999 (*Chassagnou*), NJW 1999, 3695, Rn.104.

30 EGMR, Urt. v. 10.11.2005 (*Leyla Sahin*), NVwZ 2006, 1389, Rn. 88; EGMR, Urt. v. 04.03.2005 (*Dogru*), Rn. 52; *Meyer-Ladewig*, Art. 11 Rn. 100. Sogar die Regelungen von berufsständischen Einrichtungen können den Begriff erfüllen, vgl. EGMR, Urt. v. 25.03.1985 (*Barthold*), NJW 1985, 2885, Rn. 46.

31 Vgl. aber EGMR, Urt. v. 02.08.2001 (*N.F.*), Rn. 26 u. 31 f.; EGMR, Urt. 17.02.2004 (*Maestri*), Rn. 37 u. 42: Gesetz nicht eindeutig genug und daher für den Einzelnen nicht voraussehbar.

32 Beispiele mit Rechtssprechungsnachweisen zu legitimen Zielen in den vor allem beim EGMR relevanten Fällen der Parteien und der Gewerkschaften: *Grabenwarter*, EMRK, § 23 Rn. 82.

zentriert.[33] Dieser Prüfungspunkt steht dem Verhältnismäßigkeitsprinzip nahe und verlangt, dass die legitimen Ziele des Art. 11 Abs. 2 S. 1 EMRK gegen die freie Ausübung der Vereinigungsfreiheit abgewogen werden.[34] Hierbei sind verschiedene Aspekte in die Abwägung einzustellen, die dazu führen können, dass der Beurteilungsspielraum, der den nationalen Stellen zusteht, eng oder weit sein kann.[35]

3. Schutzpflichten und Drittwirkung

Die Vereinigungsfreiheit ist auch in der Konvention nicht nur als bloßes Abwehrrecht im Staat-Bürger-Verhältnis ausgestaltet, sondern umfasst weitere Komponenten. So gibt es beispielsweise eine staatliche Schutzpflicht, die dem Staat die Aufgabe auferlegt, dem Einzelnen eine wirksame Ausübung seiner Rechte zu ermöglichen.[36] Der Staat ist darüber hinaus verpflichtet, in seiner Rechtsordnung Möglichkeiten zur Bildung von Zusammenschlüssen vorzusehen. Dabei ist es ihm jedoch grundsätzlich überlassen, welche Organisationsformen er bereit stellt und unter welchen Voraussetzungen etwa juristische Personen gegründet werden können.[37] Diese Regelungen stellen daher im Umkehrschluss keinen Eingriff dar, sondern ermöglichen die Ausübung der Vereinigungsfreiheit erst. Insoweit ist auch hier ein Gleichlauf mit der bundesverfassungsgerichtlichen Rechtsprechung zum Organisationsgehalt des Art. 9 Abs. 1 GG zu erkennen.

Mit der Problematik der Schutzpflichten ist die Frage nach der Drittwirkung der Rechte der EMRK eng verwandt. Eine unmittelbare Drittwirkung wird dabei nach allgemeiner Auffassung zu Recht abgelehnt.[38] Eine mittelbare Geltung im Bürger-Bürger-Verhältnis kommt aber auch im Rahmen der Konvention in Betracht, und zwar über die Ausgestaltung von Gesetzen als auch durch Rechtsprechung, wenn diese es erlauben, dass Privatpersonen Rechte anderer verletzen können. Insoweit besteht eine enge Verknüpfung dieser Sachverhalte zur Schutzpflichtenkonstellation. So ist es kaum verwunderlich, dass diese Problematik in der Literatur zur

33 *Schilling*, Internationaler Menschenrechtsschutz, Rn. 69, 415.

34 *Schilling*, Internationaler Menschenrechtsschutz, Rn. 415. Vgl. hierzu auch *Tomuschat* in: Macdonald/Matscher/Petzold, S. 509 f.

35 *Schilling*, Internationaler Menschenrechtsschutz, Rn. 73 ff. mit Rechtsprechungsnachweisen.

36 EGMR, Urt. v. 12.11.2008 (*Demir*), NZA 2010, 1425, Rn. 110; *Schilling*, Internationaler Menschenrechtsschutz, Rn. 421; *Grabenwarter*, EMRK, § 23 Rn. 88; *Marauhn* in: Ehlers, § 4 Rn. 79; *Tomuschat* in: Macdonald/Matscher/Petzold, S. 504 f. und 506. *Szczekalla*, Schutzpflichten, S. 843 f. Allgemein zu Schutzpflichten im Rahmen der Konvention *Herdegen*, Europarecht, § 3 Rn. 27 f.; *Szczekalla*, Schutzpflichten, S. 712 ff.; *Ehlers* in: Ehlers, § 2 Rn. 25.

37 *Frowein* in: Frowein/Peukert, Art. 11 Rn. 8; *Grabenwarter*, EMRK, § 23 Rn. 88; *Tomuschat* in: Macdonald/Matscher/Petzold, S. 506. EGMR, Urt. v. 05.10.2006 (*Moskauer Zweig der Heilsarmee*), EuGRZ 2007, 24, Rn. 60.

38 *Grabenwarter*, EMRK, § 19 Rn. 14; *Meyer-Ladewig*, Art. 1 Rn. 10; *Frowein* in: Frowein/Peukert, Art. 1, Rn. 16; *Herdegen*, Europarecht, § 3 Rn. 27.

EMRK mehr als im nationalen Recht zumeist unter diesem Gesichtspunkt diskutiert wird.[39]

4. Vergleich mit und Folgerungen für das nationale Recht

Vergleicht man die Gewährleistungen der Vereinsautonomie im Grundgesetz und in der EMRK, so ist im Rahmen des Schutzbereichs zu konstatieren, dass eine weitgehende Gleichheit besteht. Sowohl Art. 9 Abs. 1 GG als auch Art. 11 Abs. 1 EMRK schützen über den reinen Wortlaut hinaus auch die vereinsspezifische Tätigkeit und das Recht, die eigenen Angelegenheiten zu ordnen und zu regeln. Beide Rechtsnormen gehen ebenso davon aus, dass der Gesetzgeber zur effektiven Ausübung der Vereinigungsfreiheit Regelungen erlassen muss, die keinen Anspruch der Individuen oder der Vereinigungen auf Anerkennung oder Schaffung einer bestimmten Rechtsform geben, sich jedoch im Übrigen an der Freiheitsgewährleistung messen lassen müssen.

Auf der Ebene der Rechtfertigung stellt Art. 11 Abs. 2 EMRK einen Katalog von zulässigen Zielen bei der Beschränkung der Vereinsfreiheit zur Verfügung. Art. 9 Abs. 2 GG hält zwar auch einen abschließenden Katalog bereit, der jedoch nur das Verbot einer Vereinigung beinhaltet. Im Übrigen verbleibt im Rahmen des Grundgesetzes eine Einschränkung durch Verfolgung verfassungsrechtlich geschützter Zwecke, so dass man insoweit ebenfalls von einem abschließenden Katalog der Eingriffsmöglichkeiten sprechen kann. Zwar geht der EGMR davon aus, dass die Eingriffsziele des Art. 11 Abs. 2 EMRK wegen der Bedeutung der Vereinigungsfreiheit in einer demokratischen Gesellschaft eng auszulegen sind[40], jedoch können aufgrund des weiten Wortlauts im Einzelfall auch bloße vernünftige Erwägungen im Rahmen der Beurteilungsfreiheit der Vertragsstaaten rechtfertigend wirken[41]. Sodann ist nach beiden Rechtsordnungen entscheidend, dass eine Abwägung zwischen den Zielen der Vereinigungsfreiheit und den vom Staat verfolgten Zielen im Sinne einer Verhältnismäßigkeitsprüfung stattfindet, wobei der Vereinigungsfreiheit ein hoher Stellenwert zukommt.

Nach den genannten Grundsätzen ist darüber hinaus der Staat, an welchen sich die Rechte der Vereinigungsfreiheiten ausschließlich unmittelbar richten, auch zur Beachtung verpflichtet, wenn er sich in einen Rechtsstreit zwischen Privaten einbringt. Dies ist unabhängig davon, ob man dies als mittelbare Grundrechtswirkung, wie im nationalen Recht, oder als Schutzpflicht, wie unter der Konvention, bezeichnet.

---

39 Vgl. hierzu EGMR, Urt. v. 28.06.2001 (*Verein gegen Tierfabriken*), Rn. 44 ff.; *Meyer-Ladewig*, Art. 1 Rn. 9 f.; *Grabenwarter*, EMRK, § 19 Rn. 14 f.; vgl. eingehend *Szczekalla*, Schutzpflichten, S. 900 ff.

40 EGMR, Urt. v. 10.07.1998 (*Sidiropoulos*), Rn. 38, 40.

41 Vgl. EGMR, Urt. v. 10.07.1998 (*Sidiropoulos*), Rn. 39; EGMR, Urt. v. 17.02.2004 (*Gorzelik*), NVwZ 2006, 65, Rn. 76.

Für die dargestellten Grenzen der Vereinsautonomie nach Art. 9 Abs. 1 GG ergibt sich unter der Geltung der Konvention mit dem Gesagten daher nichts anderes. Maßgeblich für die Ziehung der Grenzen der Vereinsautonomie sind erneut die Ziele, mit welchen der Staat in den freien Raum der inneren Entscheidungsfindung eines Vereins eingreift. Dabei können andere Grundrechte oder unter der Konvention die Rechte der anderen im Sinne des Art. 11 Abs. 2 EMRK relevant werden, da Mitglieder im Verhältnis zu den Vereinen trotz ihres freiwilligen Beitritts immer noch eigene Rechtssphären und eigene Freiheitsgarantien haben[42]. Relevant ist sodann auch die Abwägung, in welcher es unter dem Grundgesetz und unter der EMRK regelmäßig zu gleichen Ergebnissen kommen wird. Insbesondere das Problem gesellschaftlicher Machtkonzentration kann unter diesen Gesichtspunkten auch unter der Konvention angemessen gelöst werden.[43]

Jedenfalls ist ein erhöhtes sachliches Schutzniveau der Konvention gegenüber Art. 9 Abs. 1 GG nicht zu erkennen[44], so dass eine Auslegung des Grundgesetzes unter dem Einfluss der EMRK zu keinen anderen Bewertungsmaßstäben nötigt.

II. Die Vereinsautonomie im Unionsrecht

Nunmehr ist zu untersuchen, inwieweit der Grundsatz der Vereinsautonomie auch im Recht der Europäischen Union anerkannt ist und welche Grenzen diesem Grundsatz unionsrechtlich auferlegt sind.

1. Grundrechtliche Gewährleistung

Begonnen werden soll mit der Darstellung der gemeinschaftsrechtlichen Grundrechtsgewährleistung der Vereinsautonomie. Erster Anknüpfungspunkt hierfür ist, seit ihrer rechtlichen Verbindlichkeit im Rahmen des In-Kraft-Tretens des Lissaboner Vertrages am 01.12.2009, wegen Art. 6 Abs. 1 EUV die Grundrechtecharta mit ihren Aussagen zur Vereinsfreiheit.[45] Die Grundrechtecharta stellt seither eine echte Rechtsquelle der EU-Grundrechte dar[46] und ist in der Rechtsanwendung vorrangig heranzuziehen. Dabei ist im Rahmen der Auslegung auf bisher ergangene Entscheidungen des EuGH zu den ungeschriebenen Unionsgrundrechten Rück-

---

42 Vgl. *Gramlich*, DÖV 1996, 801, 808; *Meyer-Cording*, Die Vereinsstrafe, S. 3 f.; *Teubner*, Organisationsdemokratie, S. 312.

43 Ebenso im Rahmen des Wirtschaftsrechts: *Marauhn* in: RabelsZ 63 (1999), 537 , 556 f.

44 *Gramlich*, DÖV 1996, 801, 809, spricht davon, dass kein wesentlicher Unterschied zwischen den beiden Inhalten der Gewährleistungen der Vereinigungsfreiheit ersichtlich sei.

45 Dass die Charta für das Vereinigte Königreich und für Polen nur eingeschränkte Geltung beansprucht (vgl. Protokoll über die Anwendung der Charta auf der Grundrechte der Europäischen Union auf Polen und das Vereinigte Königreich, ABl. 2007 Nr. C 306/156) , soll an dieser Stelle keine Rolle spielen, da mit der Zielsetzung der Untersuchung Einwirkungen auf deutsche Vereine untersucht werden sollen, die Grundrechtecharta aber für die Bundesrepublik Deutschland uneingeschränkt gilt.

46 *Jarass*, GRC, Einl. Rn. 6.

sicht zu nehmen. Soweit diese ungeschriebenen Rechte eine weiterreichende Freiheitsgewährleistung gegenüber der Grundrechtecharta beinhalten, sind darüber hinaus diese weiterhin als allgemeine Rechtsgrundsätze des Unionsrechts[47] Prüfungsmaßstab für das Handeln der Union und ihrer in Ausübung des Unionsrechts handelnden Mitgliedsstaaten.[48]

Die Auslegungshilfe durch die Rechtsprechung zu den ungeschriebenen Gemeinschaftsgrundrechten rechtfertigt es, die hierzu ergangene Rechtsprechung bei einem ersten Herangehen an den Schutzgehalt der Vereinigungsfreiheit in der Grundrechtecharta mit zu beleuchten, um diese sodann in die Erläuterungen zur Grundrechtecharta zu übernehmen. Dennoch soll an anderer Stelle nochmals explizit auf die Vereinigungsfreiheit als allgemeinem Rechtsgrundsatz des Gemeinschaftsrechts eingegangen werden.

a) Art. 12 Abs. 1 GRC

Die Grundrechtecharta nennt in ihrem Art. 12 Abs. 1 GRC das Recht der Vereinigungsfreiheit, welche eine elementare Voraussetzung der kollektiven Freiheitsausübung ist und damit als Teil der Persönlichkeitsentfaltung gilt[49]. Wörtlich ist von dem Recht die Rede, sich frei mit anderen zusammenzuschließen. Der Wortlaut impliziert bereits eine nahe Verwandtschaft zum insoweit gleichlautenden Art. 11 Abs. 1 EMRK. Diese wird darüber hinaus noch dadurch verstärkt, dass das Gemeinschaftsgrundrecht der Vereinigungsfreiheit in seiner Entstehung auf die Vereinigungsfreiheit der Konvention gestützt wurde.[50] Diese starke Verflechtung hat auf die Auslegung der Gewährleistung des Gemeinschaftsgrundrechts sowohl im Schutzbereich, als auch bei den Grenzen Einfluss. Für Letzteres ergibt sich dies auch explizit aus Art. 52 Abs. 3 GRC.

Die Vereinigungsfreiheit der Grundrechtecharta steht in einem engen Zusammenhang zu der ebenfalls in Art. 12 Abs. 1 GRC genannten Versammlungsfreiheit und der in Art. 11 GRC genannten Meinungsfreiheit, so dass die spezielle Funktion für die öffentliche Meinungsbildung und deren Pluralität in einer demokratischen Grundordnung angesprochen ist. Sie erfasst darüber hinaus aber auch bloße wirtschaftliche Vereinigungen, wie sich aus der speziellen Nennung der Gewerkschaften ergibt.[51]

---

47 Hierzu: EuGH Rs. 29/69 (*Stauder*), Slg. 1969, 419, Rn. 7; EuGH Rs. 11/70 (*Internationale Handelsgesellschaft*), Slg. 1970, 1125, Rn. 3 f.; *Streinz*, Europarecht, Rn. 754; *Herdegen*, Europarecht, § 8 Rn. 17 ff.

48 *Jarass*, GRC, Einl. Rn. 32 ff.; *Heselhaus* in: Heselhaus/Nowak, § 2 Rn. 61.

49 *Bernsdorff* in: Meyer, Art. 12 Rn. 1.

50 Vgl. Präsidium des Europäischen Konvents, Charta-Erläuterungen, ABl. 2007 C 303/17 S. 22.

51 *Pünder* in: Ehlers, § 16.2 Rn. 39; *Bernsdorff* in: Meyer, Art. 12 Rn. 14; *Ruffert* in: Calliess/Ruffert, GRCh Art. 12 Rn. 11.

aa) Schutzbereich

(1) Sachlicher Schutzbereich

Die Vereinigungsfreiheit ist auch nach der Konzeption der Grundrechtecharta ein wesentliches Element einer freiheitlichen und demokratischen Gesellschaft[52]. Sie umfasst sachlich jeden freiwilligen Zusammenschluss einer Personenmehrheit zu einem gemeinsamen Zweck[53] mit einer bestimmten Dauer und mit einem gewissen Mindestmaß an organisatorischer Stabilität, ohne dass eine bestimmte rechtliche Form vorausgesetzt wird.[54] Diese Definition deckt sich mit jenen der EMRK und des Grundgesetzes, so dass auch hier wiederum zu konstatieren ist, dass die untersuchungsgegenständlichen Idealvereine des Bürgerlichen Gesetzbuches diese Definition erfüllen. Daher fallen auch deren Gründung und der Beitritt zu ihnen unter den sachlichen Schutzbereich, obwohl dies wie in Art. 11 Abs. 1 EMRK im Text nur für Gewerkschaften ausgedrückt wurde. Diese sind jedoch in Anlehnung an die Konvention auch in der Grundrechtecharta als Unterfälle der allgemeinen Vereinigungsfreiheit anzusehen.[55] Dies ergibt sich nicht zuletzt daraus, dass Art. 12 Abs. 1 GRC den gewerkschaftlichen Bereich der Vereinigungsfreiheit neben dem politischen und dem zivilgesellschaftlichen Bereich nennt. Geschützt sind daher sowohl in der allgemeinen Vereinigungsfreiheit als auch in der Gewerkschaftsfreiheit die vereinsmäßigen Betätigungen als Teil der effektiven Wahrnehmung der Vereinigungsfreiheit.[56] Zudem ist erneut auch die Freiheit des Kollektivs auf Entstehen und Bestehen sowie auf vereinsspezifische Betätigung umfasst.[57] Insoweit ist auch im Gemeinschaftsrecht ein Doppelgrundrecht anerkannt.

(2) Vereinsautonomie als Teil des Schutzbereichs der Vereinigungsfreiheit

Zu klären ist, ob auch die Vereinsautonomie Teil des Schutzes der Vereinsbetätigung ist. Geht man von einem Standpunkt aus, der sich auf Art. 11 EMRK und insbesondere auf das deutsche Grundrechtssystem stützt, so scheint die Annahme einer Vereinsautonomie auch im Gemeinschaftsrecht nicht fern zu liegen. Dennoch darf keine ungeprüfte Übernahme dieser Grundsätze geschehen, da das Gemeinschaftsrecht autonom auszulegen ist.

---

52 *Jarass*, GRC, Art. 12 Rn. 17.

53 Art. 12 Abs. 1 GRC nennt beispielshaft gewerkschaftliche, politische und zivilgesellschaftliche, also wirtschaftliche, wissenschaftliche, kulturelle oder soziale Bereiche.

54 *Jarass*, GRC, Art. 12 Rn. 21; *Pünder* in: Ehlers, § 16.2 Rn. 39; *Bernsdorff* in: Meyer, Art. 12 Rn. 15; *Ruffert* in: Calliess/Ruffert, GRCh Art. 12 Rn. 11; *Rixen* in: Tettinger/Stern, Art. 12 Rn. 4.

55 *Bernsdorff* in: Meyer, Art. 12 Rn. 17.

56 *Bernsdorff* in: Meyer, Art. 12 Rn. 15; *Mann* in: Heselhaus/Nowak, § 28 Rn. 10; *Rixen* in: Tettinger/Stern, Art. 12 Rn. 7.

57 *Pünder* in: Ehlers, § 16.2 Rn. 39; *Bernsdorff* in: Meyer, Art. 12 Rn. 15; *Jarass*, GRC, Art. 12 Rn. 24, 26; *Schwarze*, EuZW 2001, 517, 519; EuGH Rs. C-415/93 (*Bosman*), Slg. 1995, I-4921, Rn. 80.

(a) Standpunkt des EuGH

Schwierig wird die Annäherung an den Gehalt der Vereinigungsfreiheit, wenn man die Rechtsprechung des EuGH hierzu heranziehen möchte. So hat dieser zwar die Vereinigungsfreiheit bereits als ungeschriebenes Gemeinschaftsgrundrecht ausdrücklich anerkannt. Jedoch spricht er in diesem Zusammenhang allenfalls vage von dem Begriff der Vereinsautonomie, auch wenn er offenbar dazu neigt, diese in die Vereinigungsfreiheit mit einzubeziehen. Dies betrifft auch jene Fälle, in welchen in der Vorlage bereits von der Vereinsautonomie als Rechtfertigung für Beeinträchtigungen der Grundfreiheiten die Rede war, wie beispielsweise im Fall *Bosman*[58]. Indirekt hat der EuGH auch in der Rechtssache *Deliège* eine Autonomie der Sportverbände anerkannt, indem er von der natürlichen Aufgabe der Verbände spricht, geeignete (Auswahl-)Regelungen aufzustellen und in Anwendung dieser Regeln zu handeln.[59] Freilich hat der EuGH auch in diesem Urteil nicht auf die Vereinigungsfreiheit abgestellt und eine grundrechtliche Ableitung dieses Gesichtspunktes, welcher eine Beeinträchtigung der Dienstleistungsfreiheit rechtfertigte, ganz unterlassen. Gleiches geschah in den Rechtssachen *Meca-Medina*[60], *Wouters*[61] und *Lehtonen*[62], wo ebenfalls Ziele der Regelungen von Verbänden als Rechtfertigungsgründe für Beeinträchtigungen der Wettbewerbsfreiheit bzw. der Grundfreiheiten geprüft wurden, ohne hierbei auf das Grundrecht der Vereinigungsfreiheit zu rekurrieren und eine grundrechtliche Prüfung durchzuführen. In der Sache ist damit jedoch die Vereinsautonomie angesprochen, was sich deutlich aus der Formulierung ergibt, dass es sich bei der Aufstellung von (Auswahl-)Regeln um die „natürliche Aufgabe" der Verbände handle.[63] Dies passt zur Konzeption der Vereinigungsfreiheit als Recht des Kollektivs im Rahmen der vereinsspezifischen Tätigkeiten grundsätzlich frei entscheiden und handeln zu können – auch und gerade im Verhältnis zu den eigenen Mitgliedern. Schwer verständlich bleibt allerdings, warum der EuGH in der Begründung nicht auf die Vereinigungsfreiheit und die damit einhergehende Vereinsautonomie abstellt, sondern die jeweils hinter den Regelungen stehenden Ziele als Rechtfertigungsgründe heranzieht.[64] Dies mag allenfalls mit der gemeinschafts-

58 EuGH Rs. C-415/93 (*Bosman*), Slg. 1995, I-4921, Rn. 81, 83: Hier ist je von einer Autonomie der Verbände die Rede, ohne diese jedoch in einen Kontext zur Vereinigungsfreiheit zu setzen und damit den Inhalt dieses Grundrechts zu konturieren. Vielmehr wird dieser Aspekt unter dem Gesichtspunkt des Subsidiaritätsprinzips erläutert. Kritisch hierzu auch: *Gramlich*, DÖV 1996, 801, 804. Einen Anklang zur Prüfung eines kontrollfreien Raumes aufgrund der Vereinigungsfreiheit sehen allerdings *Vieweg/Röthel*, ZHR 166 (2002), 6, 15.

59 EuGH Rs. C-51/96 und C-191/97 (*Deliège*), Slg. 2000, I-2549, Rn. 67.

60 EuGH Rs. C-519/04 P (*Meca-Medina*), Slg. 2006, I-6991, Rn. 42 ff.

61 EuGH Rs. C-309/99 (*Wouters*), Slg. 2002, I-1577, Rn. 97 ff.

62 EuGH Rs. C-176/96 (*Lehtonen*), Slg. 2000, I-2681, Rn. 53 ff.

63 Ebenso: *Pünder* in: Ehlers, § 16.2 Rn. 40 und 53; *Adolphsen*, Internationale Dopingstrafen, S. 173; *Streinz*, SpuRt 2000, 221, 227.

64 Kritisch auch: *Pünder* in: Ehlers, § 16.2 Rn. 53; *Streinz*, SpuRt 2000, 221, 226 f.; *Hobe/Tietje*, JuS 1996, 486, 490; *Zinger*, Diskriminierungsverbote und Sportautonomie, S. 136.

rechtlich noch relativ neuen und daher rechtsdogmatisch sich noch im Fluss befindlichen Materie der Kollision von Grundfreiheiten und Grundrechten vor allem im Privatrechtsverhältnis zu erklären sein.[65]

(b) Ansätze in der Literatur

Weiter in Begrifflichkeit und Dogmatik ist die vor allem deutsche Literatur.[66] Dies mag nicht zuletzt aus der nationalen Perspektive mit der großen Diskussion um die Einschränkungen des Anfang des 20. Jahrhunderts angenommenen weiten Umfangs staatlich nicht überprüfbarer vereinsinterner Bereiche herrühren. So ist bereits im Jahr 1995 rund um das *Bosman*-Urteil des EuGH eine große Welle von Ansätzen zur Beachtung der Vereinsautonomie im Rahmen der Grundfreiheitendogmatik entstanden. Allen diesen Argumentationen ist gemeinsam, dass sie die Anerkennung der Vereinigungsfreiheit im Grundrechtskanon der damals noch ungeschriebenen Grundrechte aus Art. 11 EMRK und der wertenden Rechtsvergleichung der Gewährleistung in den Mitgliedsstaaten vornehmen. Insoweit ist der EuGH diesen Ansichten noch ausdrücklich, wenn auch oberflächlich beigetreten.[67] Hieraus wurde von der Literatur dem Grundrecht ein Inhalt entnommen, welcher die Vereinsautonomie mitumfasst und daher in entsprechend gelagerten Fällen grundrechtlich gewürdigt werden müsse.[68]

Vor allem an der fehlenden Beachtung der grundrechtlichen Bedeutung der Vereinsautonomie setzt die Kritik der deutschen Literatur am Urteil des EuGH an.[69] Die Anerkennung der Vereinsautonomie als grundrechtliche, über Art. 12 GRC geschützte Ausprägung der Vereinigungsfreiheit auf europäischer Ebene wird dementsprechend heute inzwischen überwiegend ohne größere Begründung in der Literatur anerkannt.[70]

65 Ebenso *Streinz*, SpuRt 2000, 221, 227.

66 *Röthel*, EuR 2001, 908, 915.

67 EuGH Rs. C-415/93 (*Bosman*), Slg. 1995, I-4921, Rn. 79.

68 Vgl. z.B. *Tyrolt*, Sportschiedsgerichtsbarkeit, S. 195; *Hobe/Tietje*, JuS 1996, 486, 490; *Palme*, JZ 1996, 238, 241; *Schroeder*, JZ 1996, 254, 256; *Scholz/Aulehner*, SpuRt 1996, 44, 45; *Gramlich*, DÖV 1996, 805, 807 ff.; *Röthel*, EuR 2001, 908, 915 ff.

69 Vgl. z.B. *Gramlich*, DÖV 1996, 805, 807 ff.; *Röthel*, EuR 2001, 908, 915 ff.; *Vieweg/Röthel*, ZHR 166 (2002), 6, 13 ff., 23 ff.; *Hobe/Tietje*, JuS 1996, 486, 490; *Palme*, JZ 1996, 238, 241; *Schroeder*, JZ 1996, 254, 256; Deutliche Kritik am EuGH üben *Scholz/Aulehner*, SpuRt 1996, 44, 45 f. Dennoch – dies soll nicht verhehlt werden – gibt es auch zustimmende Auffassungen, welche jedoch ein Eingehen auf die Vereinsautonomie vermissen lassen und daher stark grundfreiheitengeprägt sind: Vgl. z.B. *Hilf/Pache*, NJW 1996, 1169, 1176 f.; *Wertenbruch*, EuZW 1996, 91 ff., *Summerer* in: Praxishandbuch Sportrecht, S. 615; vorweg schon *Palme/Hepp-Schwab/Wilske*, JZ 1994, 343, 343 ff.; *Hilf*, NJW 1984, 517, 519 ff.

70 Vgl. exemplarisch zuletzt *Persch*, NJW 2010, 1917 f. und *Brost*, SpuRt 2010, 178, 180.

(c) Ergebnis

Hinsichtlich der vereinsspezifischen Tätigkeit ist als Teilbereich die Vereinsautonomie anzuerkennen. Dies ergibt sich wie im deutschen Verfassungsrecht und auch aus dem Recht der EMRK schon daraus, dass der Zusammenschluss an sich ohne Schutz der dahinterstehenden vereinsinternen Tätigkeit keinen effektiven Grundrechtsschutz bietet. Wenn man vereinsinterne Tätigkeiten im Rahmen eines freien Vereinszwecks zugesteht, muss jedoch zwangsläufig den Vereinen und Verbänden ein freier Raum der Entscheidungsfindung zugestanden werden, in welchen staatliche Stellen und die Europäische Union nicht ohne Rechtfertigungsgründe eingreifen können. Dies entspricht grundrechtlicher Freiheitsgewährung – auch im Gemeinschaftsrecht. Die damit einhergehende Auffassung stimmt mit jener deutschen Auffassung überein, die insbesondere im Rahmen des *Bosman*-Urteils geäußert wurde, ist jedoch auch dem EuGH nicht fremd. Denn dieser spricht im Rahmen seiner Entscheidungen selbst von Gewährleistungen, welche Ausprägungen der Vereinsautonomie darstellen, freilich noch ohne diese explizit der Vereinigungsfreiheit zu entnehmen und eine grundrechtliche Prüfung vorzunehmen. Mit weiterer Stärkung der Bedeutung der Grundrechte als Schranken der wirtschaftlichen Freiheiten, ausgehend vom *Schmidberger*-Urteil[71] über den nun geschriebenen und rechtsverbindlichen Katalog der Grundrechtecharta, scheint eine solche Ableitung aber nur noch eine Frage der Zeit zu sein.[72]

Insoweit wird nachfolgend von einer gemeinschaftsrechtlich vorhandenen Vereinsautonomie, die sich aus grundrechtlichen Gewährleistungen der Vereinigungsfreiheit des Art. 12 Abs. 1 GRC speist, ausgegangen.

bb) Rechtfertigung von Eingriffen nach der Grundrechtecharta

Hinsichtlich der zulässigen Eingriffe und damit der Grenzen der Vereinigungsfreiheit und der Vereinsautonomie ist im Rahmen der Grundrechtecharta auf Art. 52 Abs. 1 GRC abzustellen und zudem, soweit sich Art. 11 Abs. 1 EMRK und Art. 12 Abs. 1 GRC in ihrem Schutzgehalt überschneiden, wegen Art. 52 Abs. 3 GRC die Vorgaben Art. 11 Abs. 2 EMRK zu beachten[73]. Dieser letztgenannten Vorschrift entsprechend muss ein Eingriff in die Vereinigungsfreiheit gesetzlich[74] ausreichend bestimmt vorgesehen sein, einem der Ziele des Katalogs des Art. 11 Abs. 2 EMRK

71 EuGH Rs. C-112/00 (*Schmidberger*), Slg. 2003, I-5659, Rn. 65 ff.

72 Die Generalanwälte haben in den Rs. C-415/93 (*Bosman*), Slg. 1995, I-4921, Rn. 216 und Rs. C-176/96 (*Lehtonen*), Slg. 2000, I-2681, Rn. 69, die grundrechtliche Absicherung der Vereinsautonomie bereits explizit betont.

73 *Jarass*, GRC, Art. 12 Rn. 30; *Bernsdorff* in: Meyer, Art. 12 Rn. 19; *Pünder* in: Ehlers, § 16.2 Rn. 50.

74 Hierzu zählen auch die sekundärrechtlichen Bestimmungen (Verordnungen oder Richtlinien) der Union sowie die Gründungsverträge, vgl. *Gramlich*, DÖV 1996, 801, 808; *Jarass*, GRC, Art. 52 Rn. 27; *Ehlers* in: Ehlers, § 14 Rn. 67, mit weiteren Nachweisen zum Meinungsstand, wann das Europäische Parlament beteiligt sein sollte.

dienen und im Rahmen einer Abwägung in einer demokratischen Gesellschaft notwendig und verhältnismäßig sein.[75]

Außerhalb des Überschneidungsbereichs – also soweit die Grundrechtecharta einen höheren Schutzstandard garantieren sollte, Art. 52 Abs. 3 S. 2 GRC – wäre allein Art. 52 Abs. 1 GRC anzuwenden. So muss ebenfalls eine ausreichende gesetzliche Ermächtigung vorliegen, die Einschränkung hinsichtlich des Zwecks den von der Union anerkannten dem Gemeinwohl dienenden Zielsetzungen oder den Erfordernissen des Schutzes der Rechte und Freiheiten anderer tatsächlich entsprechen und abschließend im Rahmen einer Abwägung verhältnismäßig sein. Ein solcher höherer Schutzstandard ist jedoch bisher nicht ersichtlich, zumal sich Art. 12 GRC stark an Art. 11 EMRK anlehnt.

b) Die Vereinigungsfreiheit aus den ungeschriebenen EU-Grundrechten

Bereits vor der rechtsverbindlichen Geltung der Charta wurde die Vereinigungsfreiheit als ungeschriebenes Gemeinschaftsgrundrecht durch den EuGH anerkannt.[76] Maßstab für diese auch heute noch subsidiär zu Art. 12 GRC geltenden allgemeinen Grundsätze des Gemeinschaftsrechts[77] sind die EMRK und die gemeinsamen Verfassungsüberlieferungen der Mitgliedstaaten, Art. 6 Abs. 3 EUV. Auf die Existenz eines Grundrechts der Vereinigungsfreiheit in der EMRK (Art. 11 Abs. 2 EMRK) wurde bereits eingegangen. Darüber hinaus ist die Vereinigungsfreiheit in allen Mitgliedstaaten, welche zudem alle Mitglied des Europarates sind, zumindest als Bürgerrecht anerkannt.[78] Auf diese beiden Punkte hat der EuGH in der *Bosman*-Entscheidung bei der erstmaligen Anerkennung der Vereinigungsfreiheit als ungeschriebenem Grundrecht auch rekurriert, freilich ohne eine genauere Begründung und Untersuchung, gerade auch zum Schutzinhalt des Grundrechts vorzunehmen. Das Abstellen auf Art. 11 EMRK rechtfertigt es jedoch, die Ergebnisse der Untersuchung zu dessen Schutzgehalt[79] grundsätzlich auch auf das ungeschriebene Grundrecht der Vereinigungsfreiheit zu übernehmen.

Dieses Recht gilt jedoch nicht absolut, sondern ist ebenfalls beschränkbar. Eine solche Beschränkung ist nach der Rechtsprechung zulässig, wenn sie aus einem legitimen Zweck erfolgt und nicht unverhältnismäßig ist.[80] Solche legitimen Zwecke

---

75 Hierzu bereits oben in diesem Kapitel unter Punkt I. 2.

76 Erstmals: EuGH Rs. C-415/93 (*Bosman*), Slg. 1995, I-4921, Rn. 79; weiterhin: EuGH Rs. C-235/92 (*Montecatini*), Slg. 1999, I-4539, Rn. 137; EuGH Rs. C-499/04 (*Werhof*), Slg. 2006, I-2397, Rn. 33; EuG Rs T-222/99 (*Martinez u.a./Parlament*), Slg. 2001, II-2823, Rn. 231.

77 *Jarass*, GRC, Einl. Rn. 28, 32; *Heselhaus* in: Heselhaus/Nowak, § 2 Rn. 61.

78 Vgl. die ausführlichen Darstellungen bei: *Mann* in: Heselhaus/Nowak, § 28 Rn. 3; *Bernsdorff* in: Meyer, Art. 12 Rn. 2. Siehe ebenso zu Frankreich, Belgien, Niederlande, Luxemburg und Italien bei *Weisbrod*, Europäisches Vereinsrecht, S. 57 ff. (auf Stand Mitte der 1990er).

79 Vgl. oben in diesem Kapitel unter I. 1.

80 EuG Rs T-222/99 (*Martinez u.a./Parlament*), Slg. 2001, II-2823, Rn. 232.

sind nach der Rechtsprechung alle dem Gemeinwohl dienenden Zwecke, wie die Durchsetzung der Grundfreiheiten, des Wettbewerbsrechts sowie das ordnungsgemäße Funktionieren des Beamtentums und des Europäischen Parlaments.[81] Insoweit ist auf die oben unter dem Gesichtspunkt der Grundrechtecharta bereits dargestellte Judikatur zu verweisen.[82] Freilich muss der Einschränkung nach der Rechtsprechung der Europäischen Gerichte auch ein ausreichendes Gesetz zugrunde liegen.[83]

c) Wirkung der Gemeinschaftsgrundrechte im Verhältnis zwischen Privaten

Ebenso wie die Grundrechte im deutschen Verfassungsrecht und unter Geltung der Konvention der Menschenrechte werden die Gemeinschaftsgrundrechte, bereits nach bisheriger Rechtsprechung des EuGH und nun wegen Art. 51 Abs. 1 S. 1 GRC arg. e, nicht im horizontalen Verhältnis zulasten Privater angewendet, so dass eine unmittelbare Drittwirkung nicht gegeben ist.[84] Dies ist ein fundamentaler Unterschied zu den Grundfreiheiten, die in erster Linie zwar ebenfalls nur Mitgliedsstaaten und die Gemeinschaft selbst verpflichten, nach zweifelhafter[85], aber dennoch inzwischen gefestigter Rechtsprechung des EuGH zumindest bei den Personenverkehrsfreiheiten auch private Verbände und teilweise sogar Privatpersonen binden.[86]

Jedoch ist auch in der Dogmatik des Unionsrechts eine positive Pflicht der Grundrechtsverpflichteten, also der Union bzw. der Mitgliedsstaaten, grundsätzlich aner-

---

81 Vgl. die ausführliche Darstellung mit Rechtsprechungsnachweisen bei *Pünder* in: Ehlers, § 16.2 Rn. 52 f.

82 Siehe 2. Kap. II. 1. a) bb).

83 Vgl. allgemein EuGH, Rs. 46/87 und 227/88 (*Hoechst*), Slg. 1989, 2859, Rn. 19.

84 Eine Ausnahme stellt insoweit das grundrechtsgleiche Recht auf gleiches Entgelt für Männer und Frauen, Art. 157 AEUV, dar, vgl. grundlegend EuGH Rs. 43/75 (*Defrenne II*), Slg. 1976, 455, Rn. 21 ff.; *Rengeling/Szczekalla*, § 4 Rn. 334; kritisch: *Roth* in: FS für U. Everling (1995), 1231, 1240.

85 Vgl. zu einer kritischen Betrachtung der unmittelbaren Geltung der Grundfreiheiten: *Kluth*, AöR 122 (1997), 557, 568 ff.; *Ehlers* in: Ehlers, § 7 Rn. 52 f., der wie *Kingreen*, Struktur der Grundfreiheiten des Europäischen Gemeinschaftsrechts, S. 195 ff., und *Herdegen*, Europarecht, § 14 Rn. 14 f. die Konzeption einer unmittelbaren Geltung der Grundfreiheiten kritisiert, und stattdessen eine Schutzgewährpflicht der Mitgliedsstaaten ins Spiel bringt. Weiterhin: *Streinz*, Europarecht, Rn. 837; *Streinz/Leible*, EuZW 2000, 468 ff, welche stattdessen eine mittelbare Drittwirkung der Grundfreiheiten vorschlagen. Von einem Vorrang der Wettbewerbsregeln zumindest vor der Warenverkehrsfreiheit geht *Röthel*, EuR 2001, 908, 912, aus.

86 Vgl. z.B. EuGH Rs. 36/74 (*Walrave*), Slg. 1974, 1405, Rn. 19 f.; EuGH Rs. C-415/93 (*Bosman*), Slg. 1995, I-4921, Rn. 83 ff.; EuGH Rs. C-281/98 (*Angonese*), Slg. 2000, I-4139, Rn. 29 ff; EuGH Rs. C-309/99 (*Wouters*), Slg. 2002, I-1577, Rn. 120; EuGH Rs. C-438/05 (*Viking Line*), Slg. 2007, I-10779, Rn. 56 ff. Vgl. auch die Darstellung der Rechtsprechungsentwicklung bei *Kronberg*, Bindung von Sportverbänden an die Europäischen Grundfreiheiten, S. 72 ff.

kannt, die Ausübung der Grundrechte zu ermöglichen[87], gleichwohl sich der EuGH noch nicht eindeutig zu einer solchen Funktion der Grundrechte bekannt hat[88]. Unter der Geltung der Charta ergibt sich eine solche Schutzpflichtendimension aber bereits mit dem Wortlaut des Art. 51 Abs. 1 S. 2 GRC, der von Förderung der Rechte spricht.[89] Bei der Vereinigungsfreiheit bedeutet dies zum einen die Möglichkeit eines Zusammenschlusses rechtlich vorzusehen und wirksam auszugestalten sowie zum anderen einen wirksamen Schutz in Rechtsverhältnissen zwischen Privaten herzustellen und dort Störungen zu vermeiden.[90] Hierzu gehört beispielsweise, dass die Vereinigungsfreiheit der Mitglieder gegen die Vereinigung selbst geschützt werden muss.[91]

d) Einzelne Fälle aus der Rechtsprechung des EuGH (mit Bezug zur Vereinsautonomie)

Im Folgenden sollen nun einzelne Grenzen der Vereinsautonomie und damit die Rechtfertigung von Einschränkungen derselben aus Sicht der Gemeinschaftsrechtsprechung dargestellt werden. Hierbei ist wieder zu berücksichtigen, dass der EuGH verbandsautonom getroffene Entscheidungen nicht, bzw. zumindest nicht ausdrücklich, in eine Grundrechtsprüfung einkleidet. Dennoch soll an dieser Stelle, entsprechend der Ableitung, dass die Vereinsautonomie grundrechtlich gewährleistet ist, eine Übernahme der Rechtsprechung auf die Grundrechtsdogmatik vorge-

---

87 *Ehlers* in: Ehlers, § 14 Rn. 35. *Kingreen* in: Calliess/Ruffert, GRCh Art. 51 Rn. 23 ff.; *Rengeling/Szczekalla*, Rn. 408 ff.; Ausführliche Herleitung mit Darstellung der Notwendigkeit unionsrechtlicher Schutzpflichten bei *Szczekalla*, Schutzpflichten, S. 549 ff. Vgl. weiterhin die Ausführungen im 4. Kap. I. 3. a) bb).

88 In der Entscheidung des EuGH in der Rs. C-2/92 (*Bostock*), Slg. 1994, I-955, Rn. 18 ff., musste der Gerichtshof im Hinblick eine etwaige Schutzpflicht diesbezüglich keine Entscheidung treffen. In den Urteilen in den Rs. C-288/89 (*Gouda*), Slg. 1991, I-4007, Rn. 23 und Rs. C-368/ 95 (*Familiapress*), Slg. 1997, I-3689, Rn. 25 f. ließ der EuGH eine Rechtfertigung von Beschränkungen von Grundfreiheiten grundsätzlich zu, wenn diese seitens eines Mitgliedsstaates in Ausübung eines Schutzes von Grundrechten erfolgen. Ob hieraus der Schluss zu ziehen ist, dass der EuGH damit die Existenz einer unionsrechtlichen Schutzpflicht anerkennt, ist zweifelhaft und strittig, vgl. nur einerseits *Kingreen* in: Calliess/Ruffert, GRCh Art. 51, Rn. 25 und andererseits *Schindler*, Die Kollision von Grundfreiheiten und Gemeinschaftsgrundrechten, S. 152 ff.

89 Ebenso: *Borowsky* in: Meyer, Art. 51 Rn. 31 f.; *Kingreen* in: Calliess/Ruffert GRCh, Art. 51 Rn. 22; *Ladenburger* in: Tettinger/Stern, Art. 51 Rn. 17. f.; *Jarass*, GRC, Art. 51 Rn. 49 ff; *Ehlers* in: Ehlers, § 14 Rn. 35. *Winkler*, Die Grundrechte der Europäischen Union, S. 209 f., sieht zwar dagegen kein klares Konzept von positiven Gewährleistungen in der Grundrechtecharta, geht aber auch nicht auf die Regelung des Art. 51 Abs. 1 S. 2 GRC ein.

90 *Bernsdorff* in: Meyer, Art. 12 Rn. 20; *Pünder* in: Ehlers, § 16.2 Rn. 47; *Rixen* in: Tettinger/Stern, Art. 12 Rn. 13. *Rengeling/Szczekalla*, Rn. 748. In diese Richtung auch: EuGH Rs. C-2/92 (*Bostock*), Slg. 1994, I-955, Rn. 16 ff.; Zu der Frage ob und inwieweit von einer zumindest mittelbaren Drittwirkung der europäischen Grundrechte gesprochen werden kann vgl. *Rengeling/Szczekalla*, § 4 Rn. 337 ff.

91 *Jarass*, GRC, Art. 12 Rn. 28.

nommen werden. Entsprechend der Zielsetzung dieser Arbeit soll an dieser Stelle eine Darstellung kartellrechtlicher Begrenzungen noch nicht erfolgen.[92] Daher verbleiben nach Sichtung der Rechtsprechung nur jene Grenzen, welche die Grundfreiheiten setzen. Diese legen den Sportverbänden – auf diese beschränkt sich die Rechtsprechung des EuGH vereinsrechtlich bisher – unter gewissen Voraussetzungen unmittelbar Verpflichtungen auf.[93]

(1) Bosman-Urteil

Im bereits angesprochenen *Bosman*-Urteil des EuGH ging es um die Vereinbarkeit zweier Regelungen der europäischen Fußballverbände mit dem europäischen Recht: zum einen um Bestimmungen über Ablösesummen für vertragsfreie Spieler und zum anderen um solche über Beschränkungen im Einsatz ausländischer Spieler, die aus EU-Mitgliedsstaaten kommen. Das Urteil soll an dieser Stelle nicht vollständig auf seine Aussagen und Auswirkungen untersucht werden[94]. Vielmehr kommt es hier nur auf die Kollision der Sportregeln mit der Arbeitnehmerfreizügigkeit des Art. 45 AEUV (damals Art. 48 EGV a.F.) an. Der EuGH erkannte die hinter den autonom gesetzten Regeln steckenden Ziele der Transferentschädigung – vor allem die Aufrechterhaltung eines finanziellen Gleichgewichts der Vereine mit der damit einhergehenden Ungewissheit über den Ausgang sportlicher Wettbewerbe sowie die Förderung der Ausbildung junger Talente – grundsätzlich als Rechtfertigungsgründe für eine Einschränkung der Arbeitnehmerfreizügigkeit an. Er verneinte jedoch in einer Verhältnismäßigkeitsprüfung[95] deren Geeignetheit und Erforderlichkeit.[96] Hinsichtlich der mit der Beschränkung des Einsatzes von Ausländern verfolgten Zielsetzungen – Identifikation der Vereine mit den Fans der Region, Aufrechterhaltung einer Reserve an Spielern für Nationalmannschaften und Erhaltung eines Chancengleichgewichts zwischen den Vereinen – verneinte der EuGH schon die Geeignetheit dieser diskriminierenden Regelungen.[97, 98]

---

92 Siehe hierzu ausführlich in den Kapieln 4 und 5.

93 Auf die Anwendbarkeit der Grundfreiheiten auf Sportverbände wird hier nicht näher eingegangen. Die Eröffnung des diesbezüglichen Anwendungsbereichs, so vom EuGH in den Rs. 36/74 (*Walrave und Koch*), Slg. 1974, 1405, Rn. 4/10 und Rs. 13/76 (*Dona*), Slg. 1976, 1333, Rn. 12/13 entschieden, wird im Rahmen kartellrechtlicher Anwendungsbereiche aber nochmals aufgegriffen, vgl. 4. Kap. II. 3. c).

94 Vgl. insbesondere zu den Aussagen der unmittelbaren Anwendbarkeit der Arbeitnehmerfreizügigkeit bei Beschränkungen die ausführlichen Darstellungen z.B. von *Kluth*, AöR 122 (1997), 557 ff.; *Hobe/Tietje*, JuS 1996, 486, 488 ff.; *Gramlich*, DÖV 1996, 801, 802 ff.; *Hilf/Pache*, NJW 1996, 1169, 1170 ff.; *Streinz*, SpuRt 1998, 45; zu den Auswirkungen, die dem Urteil zugeschrieben werden: *Raupach*, SpuRt 2008, 241, 244.

95 Vgl. die Gliederung der Urteilsbesprechung bei *Hilf/Pache*, NJW 1996, 1169, 1172.

96 EuGH Rs. C-415/93 (*Bosman*), Slg. 1995, I-4921, Rn. 105 ff.

97 EuGH Rs. C-415/93 (*Bosman*), Slg. 1995, I-4921, Rn. 121 ff.; anders zuvor das LG Frankfurt a.M., SpuRt 1994, 102, 103, das von einer Geeignetheit und Erforderlichkeit der Ausländerklausel des Deutschen Tischtennisbundes zur Erfüllung der mit der Regelung verfolgten Ziele (Nachwuchsförderung und Bildung von Nationalmannschaften) ausging

Interessant ist in diesem Zusammenhang auch der Schlussantrag des Generalanwalts *Lenz*, der zwar eine Vereinsautonomie als aus der grundrechtlichen Vereinigungsfreiheit entspringend sieht. Eine einfache Abwägung mit der Arbeitnehmerfreizügigkeit sei jedoch abzulehnen. Stattdessen möchte er für eine Rechtfertigung der Einschränkung dieser Grundfreiheit nur ein „[…] überragend wichtiges Verbandsinteresse […]" im Sinne eines zwingenden Grundes des Allgemeininteresses gelten lassen.[99] Ein solch verstandener genereller Vorbehalt der Grundfreiheiten gegenüber den Gemeinschaftsgrundrechten ist nach heutiger Ansicht der Bedeutung der Grundrechte, insbesondere nach dem *Schmidberger*-Urteil[100], nicht mehr zu halten.[101]

(2) Deliège-Urteile

Anknüpfend an die Feststellungen des *Bosman*-Urteils hat der EuGH im Jahr 2000 in den verbundenen Rechtssachen *Deliège*[102] Auswahlkriterien nationaler Sportverbände, hier eines belgischen Judoverbandes, für die Teilnahme an internationalen Turnieren, an denen keine Länderauswahlteams teilnehmen, auf ihre Vereinbarkeit mit der Dienstleistungsfreiheit des Art. 56 AEUV (damals Art. 59 EGV a.F.) untersucht.[103] Hier kam der Gerichtshof zum Ergebnis, dass ein zur ordnungsgemäßen Organisation erforderliches sportliches Auswahlsystem nicht zu einer unzulässigen Beschränkung der Dienstleistungsfreiheit führen könne.[104] Vielmehr seien die Auswahlkriterien unausweichlich mit der ordnungsgemäßen Durchführung eines hochrangigen internationalen Wettkampfs verbunden und beträfen eine große Zahl unterschiedlicher Erwägungen, die nichts mit der persönlichen Lage eines Sportlers

---

und diese sportlichen Gründe als Rechtfertigung für eine Beschränkung der Arbeitnehmerfreizügigkeit ansah. Vgl. hierzu auch die zustimmende Anmerkung von *Kahlenberg*, SpuRt 1994, 129 ff., der allerdings davon ausgeht, das LG Frankfurt a.M. hätte bereits die Anwendbarkeit des Art. 48 EGV a.F. verneint. Die befasste Kammer des LG hat später unter Eindruck des *Bosman*-Urteils an seiner Feststellung ausdrücklich nicht mehr festgehalten, vgl. SpuRt 1998, 77, 78.

98 Die europäischen Gerichte sind derzeit mit einem erneuten Verfahren über die Rechtmäßigkeit von Beschränkungen der Zahl ausländischer Spieler im Fußball befasst. Der luxemburgische Verein F91 Diddeléng u.a. sind der Meinung, es lägen Verstöße gegen Art. 45 AEUV sowie Art. 101 AEUV vor, indem der luxemburgische Verband FLF ihnen die Teilnahme an Fußballspielen untersagt, wenn nicht im Spielblatt eines Vereins mindestens sieben Spieler aufgeführt sind, denen der erste Spielerpass in Luxemburg ausgestellt worden ist. Vgl. hierzu ABl. 2010 C 301/32 (Rs. T-341/10) und die Auffassung der Kommission, wonach keine Verstöße vorliegen würden, in der Pressemitteilung vom 03.06.2010 (IP/10/665).

99 Schlussantrag GA *Lenz* Rs. C-415/93 (*Bosman*), Slg. 1995, I-4921, Rn. 215.

100 EuGH Rs. C-112/00 (*Schmidberger*), Slg. 2003, I-5659, Rn. 65 ff.

101 So aber offenbar noch *Summerer* in: Praxishandbuch Sportrecht, S. 615.

102 EuGH Rs. C-51/96 und C-191/97 (*Deliège*), Slg. 2000, I-2549.

103 Auch hier soll die Frage der Eröffnung der wirtschaftlichen Grundfreiheiten auf sportverbandliche Sachverhalte an dieser Stelle nicht Teil der Erörterung sein.

104 EuGH Rs. C-51/96 und C-191/97 (*Deliège*), Slg. 2000, I-2549, Rn. 60 ff.

selbst zu tun hätten. Verschiedene Auswahlsysteme könnten daher nicht zu einer verbotenen Beschränkung der Dienstleistungsfreiheit führen. Dies führt der EuGH in der schon erwähnten Formel zusammen, dass es daher natürliche Aufgabe der betroffenen Stellen, z.B. der Sportverbände oder der Veranstalter von Sportereignissen, sei, hierfür geeignete Regeln aufzustellen und gemäß diesen Regeln eine Auswahl zu treffen.

In diesem Fall haben sich im Gegensatz zum *Bosman*-Urteil also die verbandsinternen Regeln, d.h. die Vereinsautonomie, gegenüber einer Grundfreiheit durchgesetzt.[105] Unklar bleibt nach den Ausführungen des EuGH dagegen erneut die dogmatische Grundlage dieser Erwägungen, insbesondere ob er schon eine Beeinträchtigung der Dienstleistungsfreiheit ablehnt oder eine Rechtfertigung in der sportverbandlichen Zielsetzung der Auswahlregeln sieht.[106]

(3) Lehtonen-Urteil

Ebenfalls im Frühjahr 2000 hatte der Gerichtshof in der Rechtssache *Lehtonen*[107] ein Urteil zu fällen, das sich mit Stichtagsregelungen eines Basketballverbandes für einen Vereinswechsel befasste. Der Weltbasketballverband FIBA hatte eine Regelung aufgestellt, wonach Spieler, die nach einem bestimmten Termin innerhalb der europäischen Zone verpflichtet wurden, nicht mehr spielberechtigt waren. Für Spielertransfers aus anderen Zonen galt dieser Stichtag dagegen nicht. Gerechtfertigt wurde diese Regelung seitens der FIBA und der nationalen Basketballverbände, für welche diese Regelung uneingeschränkt galt, damit, dass bei uneingeschränkten Transferfenstern Wettkämpfe verfälscht würden. Dies sei insbesondere dann der Fall, wenn Teams, die in den Play-Offs spielen, von bereits ausgeschiedenen Mannschaften Spieler verpflichten könnten.

Hier nahm der EuGH deutlicher als im Falle *Deliège* eine Prüfung der Rechtfertigung der Beeinträchtigung der Arbeitnehmerfreizügigkeit anhand der sportverbandlichen Regelungen vor.[108] Der Gerichtshof sah es als möglich an, dass Transferfristen den geordneten Spielablauf, insbesondere bei Meisterschaften mit Play-Off-System, sicherstellen und daher als rein sportliche Gründe eine Beeinträchti-

---

105 *Streinz*, ZEuP 2005, 340, 346, spricht daher von einer Stärkung der Vereinsautonomie durch den Gerichtshof; ähnlich: *Zinger*, Diskriminierungsverbote und Sportautonomie, S. 135 („Diese in dem Verfahren *Deliège* anklingende Tendenz, dem Selbstbestimmungsrecht der Verbände weitergehend Rechnung zu tragen […]“).

106 In Rn. 60 spricht er von einer Prüfung, ob die Auswahlregeln eine Beschränkung des freien Dienstleistungsverkehrs darstellten, um so dann nur noch von einer nicht gegebenen verbotenen Beschränkung zu sprechen, Rn. 64, 69, was letztlich eine Rechtfertigungsprüfung impliziert. Kritisch zu dieser dogmatischen Unklarheit auch *Streinz*, SpuRt 2000, 221, 225 und *Tyrolt*, Sportschiedsgerichtsbarkeit, S. 196.

107 EuGH Rs. C-176/96 (*Lehtonen*), Slg. 2000, I-2681.

108 EuGH Rs. C-176/96 (*Lehtonen*), Slg. 2000, I-2681, Rn. 51: „[…] ist schließlich zu prüfen, ob dieses Hindernis objektiv gerechtfertigt sein kann.“

gung der Grundfreiheit rechtfertigen können, wenn sich die Regelung im Rahmen dieses Zwecks und der Erforderlichkeit hält.[109] Hier wird in besonderem Maße die Kollisionslage zwischen dem freien Wirtschaftsverkehr und sportlich notwendigen bzw. sinnvollen Regelungen deutlich: Der umfassende Binnenmarkt müsste dazu führen, dass ein Arbeitgeberwechsel immer möglich ist. Dem stehen allerdings Aspekte gegenüber, nach denen der Spielbetrieb nicht durch Transfers während der Saison beeinträchtigt, insbesondere die Vergleichbarkeit der Teams nicht dadurch untergraben werden soll, dass diese während der Saison ihre Spieler austauschen und dadurch in ihrer Stärke variieren.[110] Maßgeblich ist im Bereich des Sports nämlich, dass sich der sportliche Wettkampf über eine gewisse Zeit, hier eine Saison, erstreckt, und innerhalb dieser Zeitspanne eine Vergleichbarkeit der Leistungen als existenzielle Voraussetzung der Leistungsbewertung bestehen muss. Der EuGH hat in dieser Kollisionslage mit einer Abwägungsentscheidung den im Ergebnis richtigen Weg beschritten.

(4) Bernard-Urteil

Besondere Ähnlichkeit zum *Bosman*-Urteil hat eine neue Entscheidung des Gerichtshofs aus dem Jahr 2010, in welcher erneut die Arbeitnehmerfreizügigkeit und sportverbandliche Regelungen zu Transfers aufeinandertrafen.[111] Auf dem Prüfstand stand eine Regelung des französischen Fußballverbands, wonach ein junger Spieler, der bei einem Verein ausgebildet worden war (sog. „Espoir"-Spieler[112]), auf Verlangen dieses Vereins dort seinen ersten Profivertrag abschließen musste. Soweit der Spieler seinen ersten Vertrag als Berufsspieler bei einem anderen Verein abschloss, konnte der auszubildende Verein auf Grundlage des französischen Arbeitsrechts von dem Spieler Schadensersatz verlangen. Gerechtfertigt wurde diese sportverbandliche Regelung mit der Erwägung, dass ein Verein nicht auf seinen Ausbildungskosten für junge Spieler sitzen bleiben solle, wenn dieser direkt nach seiner Ausbildung einen Profivertrag bei einem anderen Verein abschließe. Damit sollen Vereine dazu ermutigt werden, nach Talenten zu suchen und für die Ausbildung junger Spieler zu sorgen.

Der EuGH hat hier zunächst erneut eine Beeinträchtigung der Arbeitnehmerfreizügigkeit des Art. 45 AEUV angenommen und sodann das mit der Regelung verfolgte Ziel der Förderung der Ausbildung junger Spieler als Rechtfertigung für

109 EuGH Rs. C-176/96 (*Lehtonen*), Slg. 2000, I-2681, Rn. 53 ff. Die Frage, ob die kürzere Transferfrist für Spieler, die aus EU-Ländern wechseln im Vergleich zu jenen, die aus sonstigen Ländern wechseln, sich außerhalb dieser Erforderlichkeit bewegen, hat der EuGH der Beurteilung des vorlegenden nationalen Gerichts überlassen, vgl. Rn. 58 f.

110 *Dietrich*, CaS 2004, 249, 251.

111 EuGH Rs. C-325/08 (*Bernard*), Slg. 2010, I- 2177.

112 Solche Spieler der „Hoffnung" (so die deutsche Bedeutung des französischen Wortes „Espoir") sind Spieler im Alter zwischen 16 und 22 Jahren.

diese Beeinträchtigung herangezogen. Dieses Ziel sei als Besonderheit des Sports[113] im Allgemeinen und des Fußballs im Besonderen legitim und die Regelung des französischen Fußballverbandes zur Erreichung dieses Ziels geeignet, so dass eine Einschränkung der Arbeitnehmerfreizügigkeit aus diesem Grund grundsätzlich in Betracht komme.[114] Im vorliegenden Fall war die konkrete Regelung nach Ansicht des EuGH jedoch unverhältnismäßig, da die Höhe des Schadensersatzes von den tatsächlichen Ausbildungskosten des Vereins unabhängig war. Insoweit ging die Regelung in ihrem Zusammenspiel mit dem französischen Arbeitsrecht über das erforderliche Maß hinaus.[115]

In diesem Urteil hat der EuGH bereits mit Selbstverständlichkeit die Verbandsregelungen als Rechtfertigungsgründe einer Beeinträchtigung der Arbeitnehmerfreizügigkeit geprüft[116] und im konkreten Einzelfall eine Verhältnismäßigkeitsprüfung angestellt, an welcher die sportverbandliche Regelung in letzter Instanz hinsichtlich ihrer Vereinbarkeit mit dem Gemeinschaftsrecht gescheitert ist. Allerdings fehlt erneut die Verbindung zu den Gewährleistungen der grundrechtlichen Vereinigungsfreiheit.[117]

Dieser Entscheidung ist im Ergebnis zuzustimmen. Für die Verbände ist es von fundamentalem sportlichem Interesse, dass die Vereine nicht ohne Gegenwert in Form von sportlicher Leistung auf ihren Ausbildungskosten sitzen bleiben, um hierdurch nicht das System der Nachwuchsförderung und damit den Bestand der Sportart insgesamt zu gefährden. Dies gilt zumal die Erträge aus den Investitionen in die Ausbildung eines Spielers nur zufälligen Charakter haben, da gerade nicht vorhergesehen werden kann, welche Spieler nach ihrer Ausbildung beim ausbildenden Verein bleiben.[118] Insofern bedarf es Mechanismen, um diese Kosten anderweitig abzufedern und den Vereinen dadurch weiterhin Anreize zu Investitionen in die Nachwuchsförderung zu bieten. Solche Mechanismen sind entweder Ablösesummen oder aber Ersatzbestimmungen wie die streitgegenständliche Regelung. Dementsprechend bleibt aber klar, dass sich die Entschädigung für Ausbildungskosten im Rahmen dessen halten muss, was tatsächlich aufgewendet worden ist.[119] Hieran hat es vorliegend gefehlt, da die Verpflichtung zur Leistung von Schadensersatz

---

113 Zu diesem Begriff und der Bedeutung seiner Aufnahme in Art. 165 AEUV siehe in diesem Kapitel unter Punkt II. 2.

114 EuGH Rs. C-325/08 (*Bernard*), Slg. 2010, I- 2177, Rn. 39 ff.

115 EuGH Rs. C-325/08 (*Bernard*), Slg. 2010, I- 2177, Rn. 46 ff.

116 Zu den fehlenden Aussagen hinsichtlich der Anwendbarkeit der Grundfreiheiten vgl. 4. Kap. II. 3. b).

117 Kritisch hierzu ebenfalls *Eichel*, EuR 2010, 685, 693; Zur stattdessen vom EuGH erfolgten Argumentation über Art. 165 AEUV vgl. die Kritik in diesem Kapitel unter II. 2. e).

118 EuGH Rs. C-325/08 (*Bernard*), Slg. 2010, I- 2177, Rn. 42. Zustimmend auch *Eichel*, EuR 2010, 685, 692.

119 Ebenso zustimmend: *Eichel*, EuR 2010, 685, 692.

nach französischem Arbeitsrecht von den tatsächlichen Ausbildungskosten abgekoppelt war.[120]

(5) Weitere Urteile mit Vereinsbezug

Neben den Fällen der europäischen Grundfreiheiten gibt es in der Rechtsprechung des EuGH auch Urteile auf Basis bilateraler Abkommen mit Staaten, die nicht Mitgliedsstaaten der Europäischen Union sind oder zum damaligen Zeitpunkt waren. So wurden in den Fällen *Deutscher Handballbund*[121], *Simutenkov*[122] und *Kahveci*[123] Assoziierungsabkommen der Gemeinschaft mit den Ländern Slowakei[124], Russland und Türkei zum Anlass genommen, anhand der darin enthaltenen Freizügigkeitsregelungen für Arbeitnehmer dieser Länder, Regelungen nationaler Sportverbände, welche eine zahlenmäßige Beschränkung des Einsatzes von Spielern aus Nicht-EU- bzw. Nicht-EWR-Ländern vorsahen, als europarechtswidrig einzustufen. Diese Urteile basieren allesamt auf dem *Bosman*-Urteil, dessen Grundsätze zur Arbeitnehmerfreizügigkeit der Gerichtshof auf die Beurteilung im Außenrecht übernimmt, da insoweit für Angehörige dieser Staaten das gleiche Schutzniveau gelte.[125] Dementsprechend kommt der EuGH in allen diesen Fällen mit den Erwägungen aus dem *Bosman*-Urteil zu dem Ergebnis, dass eine Rechtfertigung der vorhandenen Diskriminierungen aus sportrechtlichen Gründen nicht gegeben sei, da die Regelungen für den verfolgten Zweck nicht geeignet seien.[126]

e) Folgerungen und Einbau in ein konsistentes System

Betrachtet man die oben dargestellte Rechtsprechung so fällt auf, dass der EuGH immer eine Abwägungsentscheidung im Einzelfall vornimmt, indem er die Belange der liberalen Wettbewerbsgrundsätze der Europäischen Union mit den Zielsetzungen der Regelungen der Sportverbände vergleicht. Freilich geschieht dies immer aus

120 EuGH Rs. C-325/08 (*Bernard*), Slg. 2010, I- 2177, Rn. 46 ff.

121 EuGH Rs. C-438/00 (*Deutscher Handballbund*), Slg. 2003, I-4135.

122 EuGH Rs. C-265/03 (*Simutenkov*), Slg. 2005, I-2579.

123 EuGH Rs. C-152/08 (*Kahveci*), Slg. 2008, I-6291.

124 Für die Slowakei stellt sich in der Praxis das Problem nicht mehr, da die Slowakei seit dem 01.05.2004 Mitglied in der Europäischen Union und daher das Gemeinschaftsrecht anzuwenden ist.

125 Vgl. maßgeblich die erste Entscheidung EuGH Rs. C-438/00 (*Deutscher Handballbund*), Slg. 2003, I-4135, Rn. 44 ff.; Zur hier nicht behandelten Frage der unmittelbaren Drittwirkung der Abkommen, vgl. z.B. *Weiß*, SpuRt 2003, 157 f. A.A. war zuvor bezüglich des inhaltsgleichen Art. 37 Abs. 1 des Abkommens mit Polen das LG Frankfurt a.M., SpuRt 1998, 77, 78, das meinte, dass sich hier die Vereinsautonomie des satzungsgebenden Verbandes durchsetze, da das Abkommen nicht den gleichen Rang wie die Bestimmung zur Arbeitnehmerfreizügigkeit aufweisen würde. Hiergegen *Zinger*, Diskriminierungsverbote und Sportautonomie, S. 139.

126 EuGH Rs. C-438/00 (*Deutscher Handballbund*), Slg. 2003, I-4135, Rn. 52 ff.; EuGH Rs. C-265/03 (*Simutenkov*), Slg. 2005, I-2579, Rn. 38 f.; EuGH Rs. C-152/08 (*Kahveci*), Slg. 2008, I-6291, Rn. 31.

der Warte der Einschränkung von wirtschaftlichen Grundfreiheiten und unter dem Dogma, dass den wirtschaftlichen Grundfreiheiten grundsätzlich der Vorrang einzuräumen sei.[127] Ganz eindeutig ist dies im Fall *Walrave* – damals freilich noch ohne eine sich immer bedeutsamer entwickelnde Grundrechtsdogmatik – in welchem die Ausweitung der Bindung an die Grundfreiheiten zulasten privater Verbände folgendermaßen begründet wurde:

> *„Denn die Beseitigung der Hindernisse für den freien Personen- und Dienstleistungsverkehr [...] wäre gefährdet, wenn die Beseitigung der staatlichen Schranken dadurch in ihren Wirkungen wieder aufgehoben würde, daß privatrechtliche Vereinigungen oder Einrichtungen kraft ihrer* **rechtlichen Autonomie** [Hervorhebung durch Verfasser] *derartige Hindernisse aufrichteten."*[128]

Hier wird die im Ausgangspunkt bestehende Angst des Gerichtshofs deutlich, dass private Normen zu einer Einschränkung des innergemeinschaftlichen Handels führen können. Aus der Sicht der europäischen Rechtsprechung würde es dies erforderlich machen, auch private Verbände an die Grundfreiheiten zu binden. Insoweit könne es aus Sicht der Wirkungen solcher Normen für die Betroffenen keinen Unterschied machen, ob sie vom Staat oder von privaten Verbänden aufgestellt werden.[129] Schlagwortartig kann man daher von der Vereinsautonomie als Gefahr für die Grundfreiheiten sprechen.

An dieser Stelle treffen sich die deutsche und die gemeinschaftsrechtliche Auffassung zur Etablierung der Kontrolle von Vereinstätigkeiten: Die Wirkungen, die vor allem von Regelwerken sozialmächtiger Vereine und Verbände ausgehen, sollen begrenzt werden und sich dem geltenden Recht unterstellen, mithin zu einer Begrenzung der Vereinsautonomie führen. Dementsprechend wird von der anderen Seite her betrachtet oftmals gefordert, die Grundfreiheiten nur auf Verbände mit faktischer oder rechtlicher Monopolstellung[130], mit marktbeherrschendem Einfluss, welcher zu staatsähnlicher Wirkung führt[131] oder mit derartiger wirtschaftlicher Mächtigkeit, dass dem Betroffenen ein Ausweichen nicht ohne erhebliche Nachteile möglich ist[132], zu beschränken.

---

127 In diesem Sinne ist auch die Entscheidung EuGH Rs. C-260/91 (*ERT*), Slg. 1991, I-2925, einzuordnen, in welcher der EuGH erstmals die Grundrechte zur Einschränkung von Befreiungsmöglichkeiten von Grundfreiheiten gebraucht hat, Rn. 43. Hier dienten die Grundrechte dazu, den Grundfreiheiten zu größerer Wirksamkeit zu verhelfen.

128 EuGH Rs. 36/74 (*Walrave*), Slg. 1974, 1405, Rn. 16 ff.

129 *Roth* in: FS für U. Everling (1995), 1231, 1246 f.

130 *Roth* in: FS für U. Everling (1995), 1231, 1247.

131 *Kainer*, JuS 2000, 431, 432.

132 *Röthel*, EuR 2001, 908, 912 mit dem richtigen Hinweis, dass insoweit die Wettbewerbsregeln einen Maßstab vorgeben, der auch für die Drittwirkung der Grundfreiheiten gelten muss.

Ähnlich wie im deutschen Recht mögen derartige Ansätze bei großen Verbänden auf den ersten Blick politisch, soziologisch und wirtschaftlich wünschenswert sein. Sie müssen sich aber dennoch wie jeder freiheitseinschränkende staatliche Eingriff im Rahmen der Einschränkbarkeit von Grundrechten halten, nachdem die Vereinsautonomie auch im europäischen Recht Teil der Gewährleistung der Vereinigungsfreiheit ist.

Dem EuGH ist insoweit zuzugeben, dass die Kollision zwischen Grundfreiheiten und Grundrechten eine gemeinschaftsrechtlich relativ neue Dimension ist, welche erst im Fall *Schmidberger*[133] erstmals eindeutig aufkam, als die Unionsgrundrechte als Rechtfertigungsmöglichkeiten der Beschränkung von Grundfreiheiten als zwingende Erfordernisse des Gemeinwohls im Sinne der *Cassis*-Rechtsprechung[134] anerkannt wurden.[135] Fügt man dieses „Puzzleteil" in die bisherige Rechtsprechung des Gerichtshofs ein – grundsätzliche Anerkennung der Vereinsautonomie, Abwägung der Ziele von verbandsrechtlichen Normen mit den Grundfreiheiten – so ist ein konsistentes Bild für die Zukunft zu erkennen: Die Vereinsautonomie kann im Rahmen grundrechtlicher Gewährleistung nicht nur als Gefahr für die wirtschaftlichen Betätigungsfreiheiten gesehen werden, sondern sie bedarf grundrechtlicher Anerkennung und damit des Schutzes durch das Unionsrecht. Es besteht somit eine Kollisionslage von normhierarisch auf gleicher Stufe stehenden Prinzipien[136], die im Wege praktischer Konkordanz aufgelöst werden muss.[137] Eine solche Abwä-

133 EuGH Rs. C-112/00 (*Schmidberger*), Slg. 2003, I-5659, Rn. 65 ff.

134 Erstmals für die Warenverkehrsfreiheit: EuGH Rs. 120/78 (*Rewe*), Slg. 1979, 649, Rn. 8; für die weiteren Grundfreiheiten: EuGH Rs. C-55/94 (*Gebhard*), Slg. 1995, I-4165, Rn. 35 ff.; EuGH Rs. 33/74 (*van Binsbergen*), Slg. 1974, 1299, Rn. 10 ff.

135 *Streinz*, Europarecht, Rn. 828 ff. Von einer unterentwickelten Dimension der Grundrechte als Schranke für die Grundfreiheiten sprechen daher *Ehlers* in: Ehlers, § 14 Rn. 13; *Schindler*, Die Kollision von Grundfreiheiten und Gemeinschaftsgrundrechten, S. 125 ff.

136 Vgl. *Schindler*, Die Kollision von Grundfreiheiten und Gemeinschaftsgrundrechten, S. 145 ff.; *Schultz*, Das Verhältnis von Gemeinschaftsgrundrechten und Grundfreiheiten des EGV, S. 48 f.; *Kronberg*, Bindung von Sportverbänden an die Europäischen Grundfreiheiten, S. 179; sowie nunmehr die ausdrückliche Zuordnung der Charta-Grundrechte zum Primärrecht, Art. 6 Abs. 1 UAbs. 1 Hs. 2 EUV.

137 Ebenso u.a.: *Steiner*, Die Autonomie des Sports, S. 37; *Scholz/Aulehner*, SpuRt, 1996, 44, 45; *Schroeder*, JZ 1996, 254, 256; *Gramlich*, DÖV 1996, 801, 810; *Battis/Ingold/Kuhnert*, EuR 2010, 3, 14; *Streinz*, SpuRt 2000, 221, 226; *Hobe/Tietje*, JuS 1996, 486, 490, zum *Bosman*-Urteil; *Persch*, NZA 2010, 986; *Schultz*, Das Verhältnis von Gemeinschaftsgrundrechten und Grundfreiheiten des EGV, S. 118; *Kronberg*, Bindung von Sportverbänden an die Europäischen Grundfreiheiten, S. 64. *Röthel* sieht den Begriff der praktischen Konkordanz in diesem Fall als wenig hilfreich an, möchte aber dennoch eine Abwägung vornehmen, *Vieweg/Röthel*, ZHR 166 (2002), 6, 27 f.; *dies.*, EuR 2001, 908, 916, ähnlich auch *Summerer*, SpuRt 2008, 234, 240. Aus der unterschiedlichen Schutzrichtung von Grundrechten als individuellem Prinzip und von Grundfreiheiten als institutionellem Prinzip ist ein Ausschluss des Prinzips der praktischen Konkordanz jedoch keine sachnotwendige Folge.

gung hat der EuGH im *Schmidberger*-Urteil erstmals ausdrücklich vorgenommen[138] und damit den Weg aufgezeigt. Freilich muss unter Geltung der Grundrechtecharta wegen Art. 52 Abs. 3 GRC der Katalog des Art. 11 Abs. 2 EMRK berücksichtigt werden, so dass sich Grundfreiheiten und Grundrechte im konkreten Einzelfall gegenseitig beeinflussen und eine Abwägung im Sinne praktischer Konkordanz nur dann geschehen kann, wenn sowohl Grundfreiheiten als auch die Vereinigungsfreiheit eingeschränkt werden können. Mithin ist also eine zweischichtige Prüfung vorzunehmen, ehe eine Abwägungsentscheidung getroffen werden kann.

Systematisch sind diese Kollisionslagen auf der Ebene der Rechtfertigung anzusiedeln, wobei dort die entsprechenden Zwecke gewürdigt und im Sinne einer Verhältnismäßigkeitsprüfung gegeneinander abgewogen werden müssen[139], die Vereinsautonomie ihren grundrechtlichen Stellenwert erhält und in ihrer Wesensgarantie – der Wahrung des Prinzips freier Assoziation und Selbstbestimmung[140] – nicht angetastet werden darf.[141]

Für den weiteren Fortgang der Untersuchung ist abermals zu konstatieren, dass der EuGH in der Sache dieselbe Abwägung durchführt, wenngleich er in der Begrifflichkeit und in der systematischen Einordnung bislang keine Grundrechtsprüfung vornimmt. Vielmehr werden die nichtwirtschaftlichen Ziele der Verbände in der Prüfung der Grundfreiheiten als zwingende Gründe des Allgemeininteresses eingestuft.[142] Die hieran aufgekommene Kritik, dass in der Rechtsprechung damit nur jene Verbandsinteressen berücksichtigt seien, die zugleich zwingende Interessen des Allgemeinwohls darstellen, so dass spezifische Vereinsinteressen ohne diesen Allgemeinwohlbezug nicht herangezogen werden könnten[143], erweist sich im Ergebnis als nicht stichhaltig. Denn der EuGH hat die bisher vor ihm in Streit stehenden Regelungen allesamt unter den Begriff der zwingenden Allgemeininteressen gefasst, obwohl man an einem solchen Bezug trotz der unzweifelhaft gegebenen besonderen Bedeutung des Sports in der Gesellschaft[144] hinsichtlich der einzelnen

---

138 EuGH Rs. C-112/00 (*Schmidberger*), Slg. 2003, I-5659, Rn. 81 ff.

139 Generell zu einer Abwägung als Lösung dieses Konflikts: *Schindler*, Die Kollision von Grundfreiheiten und Gemeinschaftsgrundrechten, S. 162 ff.

140 *Vieweg/Röthel*, ZHR 166 (2002), 6, 15; *Scholz/Aulehner*, SpuRt 1996, 44, 45. Vgl. zum deutschen Grundrecht des Art. 9 Abs. 1 GG: BVerfGE 50, 290, 355.

141 Ebenso *Röthel*, EuR 2001, 908, 916; *Vieweg/Röthel*, ZHR 166 (2002), 6, 26; *Tyrolt*, Sportschiedsgerichtsbarkeit, S. 196 f.

142 Vgl. grundlegend nochmals EuGH Rs. C-415/93 (*Bosman*), Slg. 1995, I-4921, Rn. 104, als auch die Ausführungen des GA Lenz zuvor, Rn. 251 a.E.

143 So z.B. *Pünder* in: Ehlers, § 16.2 Rn. 53; *Röthel*, EuR 2001, 908, 917; ähnlich *Streinz*, SpuRt 2000, 221, 227. Dem Ansatz dagegen offenbar zustimmend: *Schmidt*, Organisations- und Rechtsfragen als Folgen der Kommerzialisierung des Fußballsports, S. 185 ff.

144 So die Begründung des EuGH in den Rs. C-415/93 (*Bosman*), Slg. 1995, I-4921, Rn. 106 und Rs. C-325/08 (*Bernard*), Slg. 2010, I- 2177, Rn. 39 („[...]beträchtliche[n] soziale[n] Bedeutung[...]").

Regelungen durchaus zweifeln könnte.[145] Gleichwohl erscheint der Weg über die Vereinigungsfreiheit systematischer, da hier das Grundrecht als zwingendes Allgemeininteresse aufgefasst wird und dadurch alle Verbandszwecke und Einzelinteressen über dieses Bindeglied dem Begriff des zwingenden Allgemeininteresses zugeordnet werden.[146]

Bei allen dogmatischen Feinheiten bleibt als Ergebnis festzuhalten, dass sowohl nach der bisherigen Rechtsprechung als auch nach der hier und in weiten Teilen der Literatur vertretenen Einordnung eine Abwägung der Interessen stattzufinden hat und daher die Vereinsautonomie auch gemeinschaftsrechtlich auf der Ebene einer Grundrechtsprüfung sowohl ihren Gehalt als auch ihre Grenze findet. Insoweit ist eine Ähnlichkeit zur deutschen Rechtslage zu erkennen, wo die Vereinsautonomie ebenfalls grundrechtlich geschützt ist und mangels einfachrechtlicher Konkretisierungen des Gesetzgebers auf der Ebene des Verfassungsrechts eine Prüfung mit den Zielen der Einschränkungen der Vereinsautonomie stattzufinden hat.

2. Die besonderen Belange des Sports

Für die Tätigkeit von Sportvereinen und -verbänden hat der Vertrag von Lissabon einen neuen möglichen Anknüpfungspunkt zur Beachtung sportlich-ideeller Belange geschaffen. Der um einen Sporttatbestand erweiterte Kompetenztitel der gemeinschaftsrechtlichen Bildungspolitik, Art. 165 AEUV, statuiert in Absatz 1, Unterabsatz 2 nämlich:

> *„Die Union trägt zur Förderung der europäischen Dimension des Sports bei und berücksichtigt dabei dessen besondere Merkmale, dessen auf freiwilligem Engagement basierende Strukturen sowie dessen soziale und pädagogische Funktion.“*

Was die Vertragsstaaten unter der europäischen Dimension des Sports verstehen, ergibt sich aus Art. 165 Abs. 2, 7. Spiegelstrich AEUV. Dabei soll unter anderem die Zusammenarbeit mit den für den Sport zuständigen internationalen Organisationen gefördert werden.

---

145 Insoweit ebenfalls *Röthel*, EuR 2001, 908, 917, Fn. 69; *Eichel*, EuR 2010, 685, 692; *Schroeder*, JZ 1996, 254, 256.

146 Vgl. im Ansatz auch *Kronberg*, Bindung von Sportverbänden an die Europäischen Grundfreiheiten, S. 183 ff., die allerdings nur Grundinteressen des Sportverbandes im Sinne eines überragend wichtigen Verbandsinteresses gelten lassen möchte. Unabhängig davon, dass die Frage der Wichtigkeit der Regelung allerdings im Rahmen der Verhältnismäßigkeitsprüfung besser aufgehoben ist, fasst sie im Weiteren quasi alle aufgezeigten problematischen Regelungen unter diesen Begriff, so dass es sich allenfalls um terminologische Unterschiede handelt.

Die europäische Gemeinschaft hat damit den Sport und seine besonderen Auswirkungen in der Gesellschaft ausdrücklich in ihrem Vertragstext erwähnt und nimmt insoweit die Tradition vieler Verfassungen ihrer Mitgliedsstaaten auf.[147] Zu erörtern ist aber, ob sich aus dieser Einfügung des Sports in den Vertrag ein genereller Anknüpfungspunkt für die Beachtung vereinsautonomer Belange ergibt, wie insbesondere *Persch*[148] vertritt. Hierzu sollen die gängigen Auslegungsmethoden bemüht werden.

a) Wortlaut

aa) Art. 165 AEUV als Förderkompetenz der Gemeinschaft

Nach dem Wortlaut der Bestimmung des Art. 165 AEUV geht es vor allem darum, der Europäischen Union neben der Bildungspolitik einen weiteren Kompetenztitel zu geben, der Maßnahmen zur Förderung des Sports auf europäischer Ebene[149] ermöglicht. Damit ist das Prinzip der begrenzten Einzelermächtigung[150] angesprochen, das in Art. 5 Abs. 1 EUV verankert ist. Hiernach kann die Union nur tätig werden, wenn sie eine entsprechende Kompetenz von den Mitgliedstaaten zugewiesen bekommen hat. Mit der Erwähnung der Sportförderung ist nun eine solche Kompetenz ausdrücklich geschaffen worden. Die Streitpunkte um die rechtliche Grundlage von Sportfördermaßnahmen der Gemeinschaft können somit beigelegt werden.[151] Diese Fördermaßnahmen beschränken sich freilich auf Unterstützungs-, Koordinierungs- und Ergänzungsmaßnahmen, Art. 6 AEUV, so dass die Union auf diesem Gebiet nur ergänzend zu den verbleibenden Kompetenzen der Mitgliedsstaaten tätig werden kann. Dies entspricht auch der Beachtung des Subsidiaritätsprinzips des Art. 5 Abs. 2 EUV.[152]

bb) Berücksichtigung der besonderen Merkmale des Sports

Neben dieser Kompetenzschaffung listet Art. 165 Abs. 1 UAbs. 1 AEUV Punkte auf, welche die Union zu berücksichtigen hat. Erwähnt sind dabei die besonderen Merkmale des Sports sowie die Strukturen und die Funktionen des Sports in der Gesellschaft. Mit der Verwendung des Begriffs „berücksichtigen" wird klar, dass

---

147 Vgl. Auflistung bei *Fritzweiler/von Coelln* in: Praxishandbuch Sportrecht, S. 31 f.

148 *Persch*, NJW 2010, 1917, und NZA 2010, 986, 988; ähnlich auch *Battis/Ingold/Kuhnert*, EuR 2010, 3, 8 und *Brost*, SpuRt 2010, 178, 180; a.A. *Muresan*, CaS 2010, 99, 104.

149 Eine erste ausführliche Analyse zu Art. 165 AEUV machen *Persch*, NJW 2010, 1917, 1918 ff. und *Brost*, SpuRt 2010, 178 ff. Zu Art. III-182 des Verfassungsentwurfs des Konvents: *Grodde*, SpuRt 2005, 222, 225.

150 Hierzu ausführlich *Oppermann/Classen/Nettesheim*, Europarecht, § 11 Rn. 3 ff.; *Geiger* in: Geiger/Khan/Kotzur, EUV Art. 5 Rn. 3.

151 Vgl. zur Problematik der rechtlichen Grundlage für das inzwischen wieder eingestellte Sportförderprogramm EURATHLON *Grodde*, Der Einfluss des Europarechts auf die Vertragsfreiheit autonomer Sportverbände in Deutschland, S. 67 ff., *ders.*, SpuRt 2005, 222, 223; *Oppermann/Classen/Nettesheim*, Europarecht, § 34 Rn. 35.

152 Ebenso: *Persch*, NJW 2010, 1917; *Brost*, SpuRt 2010, 178, 179; *Muresan*, CaS 2010, 99, 101.

die gemeinschaftsweite Sportförderung neben der Achtung des Subsidiaritätsprinzips im Verhältnis zu den Mitgliedsstaaten auch aus diesen Gründen eingeschränkt sein soll. Zu klären ist daher, was sich hinter den Begriffen verbirgt. Dabei soll die Untersuchung auf den Begriff der besonderen Merkmale des Sports beschränkt werden.

In seiner Entstehung fand sich dieser Begriff im Entwurf des Verfassungskonvents nicht wieder, sondern ist erst im weiteren Verlauf der Beratungen über die gescheiterte Konzeption eines Verfassungsvertrages in den Text des Art. III-282 VVE aufgenommen worden[153] und fand hierüber den Weg in den Vertrag von Lissabon.

Eine offizielle Definition des Begriffs der besonderen Merkmale des Sports existiert nicht und muss aufgrund des Facettenreichtums des Sports, insbesondere der unterschiedlichen Sportarten, unterbleiben, möchte man nicht einen Begriff durch eine ebenso weite Definition ersetzen[154]. Was mögliche Anknüpfungspunkte für eine Annäherung an diesen schillernden Begriff[155] angeht, finden sich diese insbesondere auf europäischer Ebene: So leitete der EuGH zuletzt in seinem Urteil in der Rechtssache *Bernard* die Prüfung der Rechtfertigung einer Beschränkung der Arbeitnehmerfreizügigkeit damit ein, dass hierbei, wie zuvor schon von der Generalanwältin in ihren Schlussanträgen thematisiert[156], die Besonderheiten des Sports im Allgemeinen und des Fußballs im Besonderen zu prüfen seien und entschied im Weiteren, dass die Aussicht auf Erlangung von Ausbildungsentschädigungen zu diesen Besonderheiten gehören würde.[157] Auch in der *MOTOE*-Entscheidung[158] spielten die Belange des Sports im Rahmen der Schlussanträge der Generalanwältin *Kokott* eine Rolle.[159] Sie sah Sicherheitsaspekte bei der Durchführung von Sportveranstaltungen, den geordneten und fairen Ablauf von Wettkämpfen, einheitliche Regeln, einheitliche Zeitpläne und die Pyramidenstruktur der Sportverbände als derartige besondere Merkmale an.[160] Die Kommission erkannte finanzielle Umverteilungsmechanismen zur Aufrechterhaltung der Chancengleichheit im Wettbewerb in ihren Verfahren über die Zulässigkeit der Zentralvermarktung von Sportereignis-

153 Vgl. die Zitate der Normen Art. III-182 Abs. 1 und Art. III-282 Abs. 1 VVE bei *Grodde*, SpuRt 2005, 222, 224 f.

154 So wie die Umschreibung des Begriffs von *Ströbele*, Auswirkungen der Besonderheiten des Sports auf Verfahrensgrundsätze, S. 107, welcher zum Ergebnis kommt, dass die Besonderheiten des Sports die Eigenheiten des Sports in ihrer jeweiligen Wirkung auf andere Bereiche des Lebens beschreiben würden.

155 *Ströbele*, Auswirkungen der Besonderheiten des Sports auf Verfahrensgrundsätze, S. 103.

156 GA *Sharpston*, Rs. C-325/08 (*Bernard*), Slg. 2010, I-2177 Rn. 30.

157 EuGH Rs. C-325/08 (*Bernard*), Slg. 2010, I- 2177, Rn. 40 ff.

158 EuGH Rs. C-49/07 (*MOTOE*), Slg. 2008, I-4863.

159 Vgl. die Erwähnung in Rn. 88 und 91.

160 GA *Kokott* Rs. C-49/07 (*MOTOE*), Slg. 2008, I-4863, Rn. 91 ff.

sen[161] sowie das Verbot der Mehrheitsbeteiligungen an mehreren Klubs zur Beibehaltung eines unverfälschten sportlichen Wettbewerbs[162] als weitere besondere sportliche Belange an.

Auch die politischen Gremien der Gemeinschaft verwenden den Begriff: So ist in einer Erklärung zum Amsterdamer Vertrag bereits von den Belangen des Amateursports die Rede, ohne dass dieser Begriff jedoch konturiert worden wäre.[163] Im Weißbuch Sport der Kommission aus dem Jahr 2007 werden demgegenüber beispielhaft getrennte Wettkämpfe von Mann und Frau, die Begrenzung der Teilnehmerzahl zu Wettbewerben, die Gewährleistung der Chancengleichheit sowie die Besonderheiten der Sportstrukturen als besondere Belange des Sports genannt.[164]

Letztlich lassen sich unter den Begriff der besonderen Merkmale des Sports solche verbandsautonome Entscheidungen fassen, die dazu führen sollen, dass eine Sportart und ihre durchgeführten Wettbewerbe ordnungsgemäß ausgeübt werden können. Angesprochen sind damit Ausprägungen der Vereinsautonomie auf Sportebene. Dies verwundert in der Begrifflichkeit insoweit nicht, als dass der EuGH selbst nicht auf die Vereinsautonomie als Oberbegriff abstellt, sondern die dahinterstehenden Regelungen und Ziele, welche die besonderen Merkmale des Sports darstellen, auf ihre Vereinbarkeit mit dem Gemeinschaftsrecht überprüft. Mit dieser begrifflichen Unschärfe überrascht es daher nicht, dass teils in der Literatur die Autonomie der Sportvereine als Teil der besonderen Belange des Sports angesehen wird.[165] Dabei führen die autonome sportverbandliche Zwecksetzung der Durchführung einer Sportart und deren Wettkämpfe erst zu einer entsprechenden Regelgestaltung und Handhabung im Einzelfall. Die Maßnahmen der Sportverbände unterfallen also voll und ganz sowohl dem nationalen als auch dem gemeinschaftsrechtlichen Begriff der Vereinsautonomie und stellen daher sportspezifische Unterausprägungen dieser Autonomie dar.[166] Damit wird auch klar, warum eine Definition der besonderen Merkmale des Sports nicht so einfach geschehen kann. Ähnlich wie vereinsautonome Maßnahmen generell je nach Typ und Zielsetzung der Vereine verschieden sind, sind auch die sportspezifischen Ausprägungen von der Art des

161 Entscheidungen der Kommission v. 23.07.2003 (*UEFA Champions League*), ABl. 2003 L 291/25, Rn. 129 ff. Vgl. hierzu ausführlich im 5. Kap. I. 4.

162 Entscheidung der Kommission v. 25.06.2002 (*ENIC/UEFA*), COMP/37806, Rn. 34 ff. (unveröffentlicht, erhältlich unter: http://ec.europa.eu/competition/antitrust/cases/decisions/37806/en.pdf).

163 Erklärung Nr. 29 in der Schlussakte der Regierungskonferenz zu dem am 02.10.1997 unterzeichneten Vertrag von Amsterdam, ABl. 1997, C 340, S. 136.

164 Weißbuch Sport der Kommission, KOM (2007), S. 391 endg.

165 Vgl. z.B. *Persch*, NJW 2010, 1917, 1920. Die dort erwähnten Besonderheiten des sportlichen Wettkampfs, das Ein-Platz-Prinzip und die sportspezifischen Werte sind aber Ausprägungen der im gleichen Satz erwähnten Autonomie und autonomen Rechtsetzung.

166 Vgl. zur gleichen deutschen Rechtslage unter Art. 9 Abs. 1 GG: *Steiner*, DÖV 1983, 173, 174 f.; *ders.* in: HdStR IV (2006), § 87, Rn. 3; *Pfister* in: Praxishandbuch Sportrecht, S. 27.

Sports und der Wettkämpfe abhängig. Als Allgemeingut hierbei können jedoch zumindest den wohl allen Sportarten zugrundeliegenden Gedanken der Vergleichbarkeit der Leistungen, der Wahrung der Chancengleichheit, der Funktionsfähigkeit von Wettkämpfen, des Erhalts eines Wiedererkennungswertes der Sportart sowie der Förderung des Nachwuchses und des Breitensports zählen.[167] Dabei können die Ausprägungen dieser Oberbegriffe je nach Sportart divergieren.

Als Ergebnis kann daher festgestellt werden, dass die besonderen Merkmale des Sports sportspezifische Ausprägungen der Vereinsautonomie sind und daher im Ergebnis die Vereinsautonomie selbst als Begrenzung der Fördermaßnahmen im Sinne des Art. 165 Abs. 1 UAbs. 1 AEUV dient. Diese Begrenzung erscheint selbstverständlich, da die Vereinsautonomie vor Eingriffen seitens des Staates oder der Union selbst schützt. Wo die Vereine und Verbände selbst fördern können, sollen sie dies vorrangig tun. Dort müssen sich daher die Staaten und die Europäische Union zurückhalten. Dies ist gerade Ausprägung des mit der Vereinsautonomie zusammenhängenden Subsidiaritätsprinzips gesellschaftlicher Selbstverwaltung.[168]

b) Systematik

In systematischer Hinsicht ist ebenso zu beobachten, dass die Erwähnung des Sports im Vertragstext nur im Zusammenhang mit der Sportförderung intendiert ist. Dies ergibt sich durch die enge Verknüpfung mit der Bildungspolitik in ein und demselben Artikel. Die Kompetenzen der Union im Bereich der Bildung bestehen nämlich ebenfalls nur soweit, wie sie Fördermaßnahmen zur Erreichung einer qualitativ hochstehenden Bildung beinhalten[169]. Dabei sind nach Art. 165 Abs. 1 UAbs. 1 AEUV die Verantwortung der Mitgliedstaaten für die Lerninhalte und die Gestaltung des Bildungssystems sowie die Vielfalt der Kulturen und Sprachen zu beachten, welche insoweit eine Begrenzungsfunktion für das Tätigwerden der Gemeinschaft haben[170]. Auch wenn hier nur eine Kompetenzabgrenzung im Verhältnis zu den Mitgliedsstaaten angesprochen ist, kann die Systematik auch auf den Bereich des Sports übertragen werden: Der Europäischen Union werden Kompetenzen in diesen Bereichen gegeben, welche jedoch nicht in umfassender Weise, sondern nur eingeschränkt bestehen. Während im Bereich der Bildung nur die Kompetenzen der Mitgliedstaaten zu achten sind, gilt dies im Bereich der Sportför-

---

167 Vgl. auch *Hannamann*, Kartellverbot und Verhaltenskoordinationen im Sport, S. 375 f.; *Parrish/Miettinen*, The Sporting Exception in European Union Law, S. 2 ff.; *Heermann*, WuW 2009, 394, 402; *Klees*, EuZW 2008, 391, 393.

168 Ebenso: *Persch*, NJW 2010, 1917, 1918; Vgl. ebenfalls oben im 1. Kap. III. 2.

169 *Kotzur* in: Geiger/Khan/Kotzur, AEUV Art. 165 Rn. 5; Auflistung der Aktionsprogramme bei *Streinz*, Europarecht, Rn. 1106 und *Kotzur* in: Geiger/Khan/Kotzur, AEUV Art. 165 Rn. 20.

170 *Ruffert* in: Calliess/Ruffert, AEUV Art. 165 Rn. 2 ff.; *Kotzur* in: Geiger/Khan/Kotzur, AEUV Art. 165 Rn. 6.

derung auch hinsichtlich gesellschaftlicher Eigenverwaltung des Sports. Beiden Regelungsbereichen liegt damit die gleiche Systematik der Einräumung und Beschränkung von Kompetenzen zugrunde. Gleiches gilt auch für die eng verwandten Bereiche der beruflichen Bildung, Art. 166 AEUV, und der Kulturpolitik, Art. 167 AEUV.[171]

c) Historie und Wille der Vertragsstaaten

Für die historische Untersuchung ist als Ausgangspunkt festzuhalten, dass die Sportverbände früher nicht davon ausgegangen sind, dem wirtschaftlich geprägten europäischen Recht unterstellt zu sein. Das *Bosman*-Urteil stellte sich für diese insoweit als äußerst unangenehme Revidierung eines Irrtums dar. Die sodann für das europäische Recht geforderte Bereichsausnahme für den Sport[172], mit welcher die Anwendung des Gemeinschaftsrechts auf den Sportbereich im Vertragstext ausgeschlossen werden sollte, setzte sich politisch nicht durch. Weitere Ansätze für die Berücksichtigung der Belange der Sportverbände gab es über die Argumentation, die Belange des Sports als kulturelle Errungenschaften unter den Kulturvorbehalt des Art. 151 EGV a.F. (jetzt: Art. 167 AEUV) zu stellen und damit den besonderen Belangen des Sports gerecht zu werden.[173] Dieser Erwägung lag eine weite Ansicht des Kulturbegriffs zugrunde, in welchem der Sport Teil der kulturellen Gesellschaft ist, da er sich nur in Gemeinschaft mit anderen verwirklichen lässt.[174] Diese Auffassung blieb jedoch vereinzelt[175] und wurde, soweit ersichtlich, in der europäischen Rechtsprechung nicht angesprochen. Folglich wurde in einer weiteren Stufe die Aufnahme eines eigenen Artikels für den Sport nach Vorbild des Kulturartikels in die europäischen Verträge gefordert,[176] was sich insoweit erst jetzt mit Neufassung des Artikels zur Bildungspolitik mit Art. 165 AEUV verwirklicht hat.

Dennoch beschäftigte bereits früher die Bedeutung des Sports in der europäischen Gesellschaft die politischen Gremien der Europäischen Union. So wurde 1997 durch die Regierungskonferenz von Amsterdam eine rechtlich unverbindliche

---

171 Vgl. hierzu ausführlicher: *Ruffert* bzw. *Blanke* in: Calliess/Ruffert, AEUV Art. 166 Rn. 1 und AEUV Art. 167 Rn. 1, 6.

172 Vgl. *Emmerich*, Jus 2006, 1123, 1124, der die genannte Begründung hierfür, dass es im Sport nicht um Geld, sondern um nicht-wirtschaftliche Gründe gehe, „verlogen" nennt.

173 *Palme*, JZ 1996, 238, 240; *Scholz/Aulehner*, SpuRt 1996, 44, 47.

174 *Scholz/Aulehner*, SpuRt 1996, 44; *Palme*, JZ 1996, 238, 239. Den Sport nur zum weiten, soziologischen Kulturbegriff, nicht jedoch zum juristischen zählt *Steiner*, SpuRt 1994, 2. Weitere Gedanken zur Zugehörigkeit des Sports zum Kulturbegriff finden sich bei *Stender-Vorwachs*, SpuRt 2004, 201 ff.

175 Insbesondere wurde übersehen, dass die Regelungen zur Kulturpolitik in diesem Bereich auch nicht zu einer Bereichsausnahme führen könnten, da sie nur die Tätigkeit der Union von den Mitgliedstaaten abgrenzen. Vgl. ebenso *Schmidt*, Organisations- und Rechtsfragen als Folgen der Kommerzialisierung des Fußballsports, S. 174; *Mentzel*, Solidarität im professionellen Fußballsport versus europäisches Wettbewerbsrecht, S. 90.

176 So bereits 1994 durch deutsche Spitzenfunktionäre des Sports, vgl. SpuRt 1994, 229 f.

Erklärung zum Sport abgegeben, in der diese Bedeutung klargestellt und eine Anhörung der Sportverbände bei den sie betreffenden Fragen angedacht wurde.[177] Im Jahr 1999 erging der Helsinki-Bericht der Kommission zum Sport[178], mit welchem ein Aktionsprogramm zur Erhaltung und Stärkung der gesellschaftspolitischen und sozialen Funktionen des Sports auf Gemeinschaftsebene aufgestellt wurde. Den größten Schritt stellte jedoch das Weißbuch der Kommission zum Sport aus dem Jahr 2007 dar.[179] Auch dieses hebt die besondere Bedeutung des Sportes in der Gesellschaft und die Vorteile für das gesellschaftliche Zusammenleben heraus und knüpft mit dem sog. Aktionsplan „Pierre de Coubertin" eine Reihe von Maßnahmen der Europäischen Union zur Sportförderung hieran.[180] Zwar nimmt das Weißbuch auch den Begriff der Besonderheiten des Sports auf und erkennt die Autonomie der Sportorganisationen ausdrücklich an. Doch wird auch hier klar, dass sich die Kommission, was Neuerungen angeht, vornehmlich in der Rolle der Förderung des Sports sieht und darüber hinausgehend nur auf die bereits bestehenden Gewährleistungen und Grenzen der Autonomie durch das Unionsrecht hinweist.[181] Insoweit brachte auch das Weißbuch keine Neuerungen zu den Fragen der Vereinsautonomie und den hieraus abzuleitenden besonderen Merkmalen des Sports. In diesem Umfeld, zusammen mit dem Wunsch der Gemeinschaft, auf europäischer Ebene den Sport in seiner gesellschaftlichen Wichtigkeit für das Zusammenwachsen der Europäischen Union zu fördern[182], ist auch die Entstehung des Vertragstextes zu Art. 165 AEUV einzuordnen, dem insoweit keine grundlegenden Neuerungen hinsichtlich der Absicherung vereinsautonomer Bereiche im Sport zu entnehmen sind.

d) Telos

Die Bestimmung von Sinn und Zweck der Nennung der Belange des Sports in Art. 165 Abs. 1 UAbs. 1 AEUV hängt eng mit den vorangegangenen Auslegungsmethoden zusammen, da der Norm keine weitergehenden Regelungszwecke entnommen werden können.

---

177 Erklärung Nr. 29 in der Schlussakte der Regierungskonferenz zu dem am 02.10.1997 unterzeichneten Vertrag von Amsterdam, ABl. 1997, C 340, S. 136; ähnlich die „Erklärung über die im Rahmen der gemeinsamen Politiken zu berücksichtigenden besonderen Merkmale des Sports und seiner gesellschaftlichen Funktion in Europa" des Europäischen Rats in Nizza (07.–09.12.2000).

178 KOM (1999), S. 644 endg.

179 KOM (2007), S. 391 endg.

180 Dies interessanterweise noch unter dem Regime der Verträge von Nizza.

181 So zum Beispiel unter dem Punkt 4.1, wo davon die Rede ist, dass die Rechtsprechung des EuGH und die Beschlüsse der Kommission zeigen, dass die Besonderheiten des Sports bereits in der Vergangenheit anerkannt und berücksichtigt worden sind.

182 Vgl. die Ausführungen unter Punkt 2 des Weißbuchs Sport, KOM (2007), S. 391 endg.

e) Ergebnis

Alle Auslegungskriterien sprechen also dafür, dass die Vertragsstaaten mit der Aufnahme des Sports in Art. 165 AEUV nur eine neue Kompetenz zur Förderung des Sports[183] auf europäischer Ebene schaffen wollten.[184] Die Erwähnung der Belange des Sports beschränkt sich hierbei explizit auf eine nur begrenzende Funktion als Kodifizierung der Rechtsprechung des EuGH zu den Kollisionen sportverbandlicher Belange mit den Grundfreiheiten und dem Kartellrecht. Hieraus jedoch zu folgern, dass sich aus Art. 165 Abs. 1 UAbs. 1 AEUV für die grundsätzliche Anerkennung der Sportautonomie nichts ergäbe[185], würde der Bedeutung der Einfügung der Belange des Sports in den Vertragstext nicht gerecht. So kann aus der kodifizierten Begrenzung von Fördermaßnahmen im primären Gemeinschaftsrecht durchaus als allgemeiner Rechtsgedanke die besondere Bedeutung des Sports als Grenze für das generelle Handeln der Gemeinschaft in der Form des Subsidiaritätsprinzips gesellschaftlicher Selbstverwaltung geschlossen werden. Bemerkenswert ist hierbei die Entscheidung des EuGH in der Rechtssache *Bernard*, in welcher das Gericht die Beschränkung der Arbeitnehmerfreizügigkeit durch Besonderheiten des Sports annahm und hierbei ausdrücklich auf ihre Erwähnung in Art. 165 Abs. 1 UAbs. 1 verwies.[186] Daran anknüpfend geht *Persch* davon aus, dass sich Art. 165 AEUV als Auslegungshilfe auch an den EuGH wende und dieser daher künftig sportspezifische Ausnahmen vom gesamten allgemeinen Gemeinschaftsrecht zu ermöglichen habe.[187] Gleichwohl würde hiermit die Bedeutung der Regelung wiederrum überschätzt[188], denn der EuGH hat, wie dargestellt[189], bereits früher sportspezifische Gründe für zulässige Beeinträchtigungen der liberalen wirtschaftlichen Konzeption der Europäischen Union zumindest angesprochen und damit aner-

---

183 Zur Frage, ob Sportförderung sogar notwendig ist, um die Abhängigkeit des Sports von Geldgebern aus Wirtschaft und Medien abzuschwächen und damit die Autonomie zu stärken, vgl. *Steiner* in: HdStR IV (2006), § 87 Rn. 6 und *ders.*, Die Autonomie des Sports, S. 39 ff.

184 *Persch*, NJW 2010, 1917, bezeichnet Art. 165 AEUV als Aufgabennorm mit Legitimationsfunktion; *Ruffert* in: Calliess/Ruffert, AEUV Art. 165 Rn. 1.

185 In diese Richtung *Muresan*, CaS 2010, 99, 104, der in der Aufnahme des Merkmals der besonderen Belange des Sports in Art. 165 AEUV sogar die rechtliche Konsequenz sieht, dass die Belange des Sports nun nicht mehr verpflichtend in Sachbereichen außerhalb sportspezifischer Maßnahmen zu beachten seien. Freilich würde sich an der bisherigen Rechtspraxis rein faktisch nichts ändern. Sieht man dagegen wie hier die Belange des Sports als Ausprägungen der grundrechtlich geschützten Vereinsautonomie an, so ändert sich durch die Erwähnung jener Belange in Art. 165 AEUV auch rechtlich nichts.

186 EuGH Rs. C-325/08 (*Bernard*), Slg. 2010, I- 2177, Rn. 40.

187 *Persch*, NJW 2010, 1917. Er geht ohne weitere Begründung sogar davon aus, dass hiermit auch die „50+1"-Regel der DFL mit EU-Recht vereinbar wäre, S. 1920; *ders.* ebenso in NZA 2010, 986, 988 f., dort mit ungenauer Verknüpfung zu Art. 12 GRC.; ähnlich: *Battis/Ingold/Kuhnert*, EuR 2010, 3, 8.

188 Ebenso *Muresan*, CaS 2010, 99, 102.

189 Siehe die Darstellung der einschlägigen sportrechtlichen Urteile in diesem Kapitel unter II. 1. d).

kannt.[190] Auch ergibt sich aus Art. 12 GRC bereits die Berücksichtigung der Vereinsautonomie und damit der Besonderheiten des Sports.[191] Art. 165 Abs. 1 UAbs. 1 AEUV geht damit zumindest beim Begriff der besonderen Merkmale des Sports nicht über das hinaus, was sich nicht schon aus dem Grundrecht der Vereinigungsfreiheit ergibt. Gleichwohl kann die Erwähnung der Besonderheiten des Sports im Vertragstext als Stütze für die besondere Bedeutung der vereins- und verbandsinternen Tätigkeiten im Bereich des Sports angesehen werden.[192] Dass der EuGH in seinen neuen Entscheidungen aber offenbar eher dazu tendiert, die Belange des Sports normtechnisch auf den Artikel der Sportförderung zu stützen, statt die Anknüpfung der Autonomie und der damit verbundenen gesellschaftlichen Selbstorganisation an Art. 12 GRC vorzunehmen, ist freilich unter diesem Gesichtspunkt dennoch bedenklich.[193]

III. Zusammenfassung und Folgerung

Zusammenfassend ist zunächst festzuhalten, dass gemeinschaftsrechtlich betrachtet eine umgekehrte Entwicklung im Vergleich zum deutschen Recht festzustellen ist. Während man im nationalen Recht die beschriebene Entwicklung hat, dass eine vormals sehr weitgehende Vereinsautonomie sukzessive unter diversen Gesichtspunkten wieder eingeschränkt wurde, ging es im Unionsrecht darum, zunächst einen Anknüpfungspunkt für die Vereinsautonomie zu finden und deren Gehalt für die Frage der gewährleisteten Ausprägungen im gemeinschaftsrechtlichen Kontext zu etablieren. Diese Entwicklung ist noch nicht abgeschlossen, wie auch die gesamte Grundrechtsdogmatik noch im Fluss ist, da ein gemeinschaftsweiter Grundrechtsschutz zunächst nicht vorgesehen war und sich erst mit Ausweitung der Kompetenzen der Europäischen Gemeinschaften mit Wirkung auf den Einzelnen ergab[194]. Dies zeigt sich vor allem an der Rechtsprechung des EuGH, der die vereinsautonomen Regelungen zwar anerkennt und als Rechtfertigungsgründe für

---

190 Ebenso *Parrish/Miettinen*, The Sporting Exception in European Union Law, S. 39 (noch zum damaligen inhaltsgleichen Entwurf).

191 Diese Bedeutung des Art. 12 GRC hat *Persch* sogar als kompetenzbegrenzend im Rahmen der Fördermaßnahmen des Art. 165 AEUV gesehen, NJW 2010, 1917 f., und geht bei der Auslegung des Tatbestandsmerkmals der „besonderen Merkmale des Sports" zur Erklärung auch maßgeblich auf die Autonomie der Vereine ein, S. 1920; zweifelnd angesichts der bisherigen Rechtsprechung des EuGH dagegen: *Summerer* in: Praxishandbuch Sportrecht, S. 593.

192 Der EuGH hat Art. 165 Abs. 1 UAbs. 1 AEUV auch „nur" zur Verstärkung seiner Begründung herangezogen, vgl. „[...] spricht außerdem [...]", EuGH Rs. C-325/08 (*Bernard*), Slg. 2010, I- 2177, Rn. 40; ähnlich in diesem Punkt („[...] positivgesetzliche[n] Vorgabe des primären Gemeinschaftsrechts zur Stärkung der Autonomie des Sports"): *Persch*, NZA 2010, 986, 989.

193 Ebenfalls verwundert wegen des fehlenden Bezugs zu Art. 12 GRC ist *Eichel*, EuR 2010, 685, 693.

194 *Oppermann/Classen/Nettesheim*, Europarecht, § 17 Rn. 1.

wirtschaftliche Beschränkungen heranzieht, sie bisher jedoch nicht, zumindest nicht ausdrücklich, im Rahmen einer Grundrechteprüfung prüft.

Maßgeblich für die weitere Untersuchung ist jedoch, dass auch aus unionsrechtlicher Sicht die Vereinsautonomie als Teil des Grundrechts auf Vereinigungsfreiheit garantiert ist und daher Maßstab für das Handeln der Unionsorgane samt EuGH ist. Kollidieren also beispielsweise Regelungen von Sportverbänden mit den Grundfreiheiten, sind beide Positionen in einen Einklang zu bringen, wobei sich letztlich dogmatisch die Stufe der Verhältnismäßigkeitsprüfung anbietet, in welchen auch einzelne (Sonder-)Fälle genauer betrachtet und gegeneinander abgewogen werden können. Diese Probleme der Kollision von grundrechtlich zu beachtendem Vereinsinnenrecht und wirtschaftsrechtlichen Bezügen der Vereinsarbeit im Außenverhältnis sowie der Ausgleich dieser Positionen und die Einordnung in den Prüfungsaufbau werden sich auch nachfolgend bei der kartellrechtlichen Beurteilung stellen.

3. Kapitel: Vereinsautonomie und Außenverhältnis

Nachdem nunmehr geklärt ist, dass die Vereinsautonomie von den staatlichen Stellen und den Unionsorganen als eine grundrechtliche Rechtsposition zu beachten und zu schützen ist, soll nun für den weiteren Verlauf der Untersuchung der Frage nachgegangen werden, wann überhaupt die Vereinsautonomie im Einzelnen einschlägig ist. Betrachtet man die deutsche Rechtsprechung zu dieser Frage, so wird eines deutlich: die Vereinsautonomie kann nur unbeschränkt gelten, wenn keine weiteren Rechtssphären betroffen werden. Besonders eindeutig hat dies das Bundesverfassungsgericht zum Ausdruck gebracht, wenn es davon spricht, dass Art. 9 Abs. 1 GG im Rechtsverkehr nach außen keine Geltung beansprucht, da der Schutzgehalt im Vergleich zur allgemeinen Handlungsfreiheit nicht weiter als diese reichen kann, wenn der Verein wie jedermann am Rechtsverkehr teilnimmt.[1] Dem liegt der richtige Ansatz zugrunde, dass eine Vereinigung als solche keine weitergehenden Rechte aus Art. 9 Abs. 1 GG herleiten kann, nur weil es sich um eine Vereinigung und nicht um eine Privatperson handelt. Dies wird verständlich, wenn man aus der Sicht desjenigen argumentiert, der mit dem Verein in Berührung kommt. Für diesen wäre es nicht verständlich, gegebenenfalls weitergehende Einschränkungen hinnehmen zu müssen, nur weil es sich um eine Vereinigung und nicht um eine natürliche Person handelt. Ergebnis dieser Überlegungen war bereits oben, den Begriff der Vereinsautonomie für die Vereinigung nur bei Maßnahmen der Innenorganisation gelten zu lassen und ansonsten den auch für Vereine geltenden Grundsatz der Privatautonomie, der sich aus Art. 2 Abs. 1 GG speist, anzunehmen.[2]

Diese im Grunde einfache Grenzziehung – Vereinsautonomie nach Art. 9 Abs. 1 GG nach innen, Privatautonomie nach Art. 2 Abs. 1 GG (bzw. andere Spezialgrundrechte im Einzelfall) nach außen – wird jedoch dadurch in erheblichem Maße unklar, dass es selten Sachverhalte gibt, die dem einen oder dem anderen Bereich vollständig zugeordnet werden können. Vielmehr bestehen im Regelfall Grenzfälle, die sowohl den Binnenbereich als auch das Außenverhältnis betreffen. Dennoch müssen auch diese Fälle dem entsprechenden Regime untergeordnet werden, um die richtige Zuordnung der Rechtfertigung von Eingriffen anhand Art. 2 Abs. 1 GG oder Art. 9 Abs. 1 GG vorzunehmen.

I. Problemaufriss

Im Folgenden sollen zunächst einzelne Bereiche aufgezeigt werden, in welchen eine solch unklare Grenzziehung besteht. Klarzustellen ist, dass an dieser Stelle nicht jedwede Vereinstätigkeit dargestellt werden kann. Hierfür sind die Vereinstätigkei-

1 BVerfG NJW 2000, 1251; NJW 1986, 772; NJW 1996, 1203; *Jarass* in: Jarass/Pieroth, Art. 9 Rn. 9; *Bauer* in: Dreier, Art. 9 Rn. 45; *Kluth* in: Friauf/Höfling, Art. 9 Rn. 76 f.; vgl. auch *Pieroth/Schlink*, Grundrechte, Rn. 794.

2 Siehe 1. Kap. III. 3. c) aa).

ten zu variantenreich, so dass der Rahmen dieser Arbeit gesprengt werden würde. Insofern verbleiben einzelne Beispiele, die in zwei einzelne Kategorien aufgeteilt werden sollen: Rechtsbeziehungen des Vereins zu den Mitgliedern einerseits und Rechtsbeziehungen des Vereins nach außen andererseits.

1. Verhältnis des Verein zu seinen Mitgliedern

Betrachtet man das Verhältnis des Vereins zu seinen Mitgliedern, ist man auf den ersten Blick geneigt, die Vereinsautonomie unbesehen anzuwenden. Immerhin hat sich das Mitglied dem Verein und dessen Regelungen mit seinem Eintritt unterworfen. Dennoch kann auch aus Sicht des Mitglieds argumentiert werden: Jede Regelung eines Vereins schränkt den Einzelnen in seiner persönlichen Freiheitsausübung ein. Dies gilt zumindest dann, wenn das Mitglied mit der Vereinsregelung oder Vereinsentscheidung im Einzelfall nicht einverstanden ist.

Falsch wäre es, die Interessen des Mitglieds mit der Argumentation unbesehen zurück zu stellen, dass sich das Mitglied mit seinem Eintritt der Vereinsgewalt vollkommen unterworfen habe und damit auf die Ausübung und Beachtung seiner Freiheiten und Interessen verzichtet habe. Dies wäre im Ergebnis ein Gedanke, welcher im Rahmen der Grundrechtsdogmatik der überwundenen Theorie fehlender Grundrechtsbindung des Staates im Rahmen besonderer Gewaltverhältnisse[3] ähneln würde. Dass ein solcher Gedanke nicht richtig sein kann, ergibt sich aus dem heute herrschenden Gedanken der mittelbaren Grundrechtswirkung im Privatrechtsverhältnis zusammen mit dem dahinterstehenden Grundgedanken, dass die Grundrechte auch eine objektive Wertordnung darstellen. Insofern werden die Freiheitsgrundrechte des einzelnen Mitglieds auch gegenüber seinem Verein relevant. Denn dieser verliert beim Eintritt in einen Verein nicht seine Individualität, sondern steht diesem weiterhin als Einzelperson gegenüber.[4]

Im Ergebnis bedeutet dies, dass jedwede Vereinsmaßnahme, die ein Mitglied unmittelbar betrifft, zugleich dessen Freiheitsausübung und Interessen als Individuum berührt und daher mehr oder weniger Außenwirkung hat. Besonders deutlich wird dies in all jenen Fällen, die den Status als Mitglied betreffen; also die bereits angesprochenen Fälle der verweigerten Aufnahme oder des Vereinsausschlusses, in welchen die Grundrechtspositionen des Art. 9 Abs. 1 GG innerhalb dieses Artikels kollidieren. Aber auch andere Vereinsstrafen wie Geldbußen treffen als besonders einschneidende Maßnahmen nicht nur das Mitglied in seiner mitgliedschaftlichen Bindung zum Verein, sondern auch und gerade das Individuum in seiner persönli-

---

3 Vgl. *Starck* in: v. Mangoldt/Klein/Starck, Art. 1 Rn. 295 ff.; *Herdegen* in: Maunz/Dürig, Art. 1 Rn. 47; *Jarass* in: Jarass/Pieroth, Vorb. vor Art. 1 Rn. 39; *Dreier* in: Dreier, Vorb. Rn. 134; *Pieroth/Schlink*, Grundrechte, Rn. 1101; BVerfGE 33, 1, 9 ff.; 40, 276, 283; 58, 358, 366 f.

4 Vgl. *Meyer-Cording*, Die Vereinsstrafe, S. 3 f.; ebenso *Teubner*, Organisationsdemokratie, S. 312, der Mitgliederbeziehungen eines Verbandes immer auch als Umweltbeziehungen betrachtet.

chen Rechtsstellung. Auch die verweigerten Gewährungen mitgliedschaftlicher Vorteile im beruflichen oder sozialen Bereich haben schon alleine deshalb einen starken Bezug zur individuellen Rechtssphäre, weil eine Person typischerweise auch deshalb Mitglied eines Vereins wird, um in den Genuss von Vorteilen zu kommen, die sie ohne den Zusammenschluss nicht erhalten würde.

Dieser scheinbar extreme Gegensatz zwischen Vereins- und Mitgliedsinteressen nivelliert sich in seinen Extrempositionen, wenn man bedenkt, dass auch jede Freiheitsausübung natürlicher Personen immer Kollisionsgefahr mit den Freiheiten anderer mit sich bringt, sich insoweit also nichts inhaltlich Neues hinter dieser Position befindet. Zudem ist der Verein wegen seiner speziellen Funktion – Grundrechtsausübung in Gemeinschaft – per definitionem darauf ausgelegt, die Interessen seiner Mitglieder zu verfolgen[5], was einen extremen Gegensatz zu den Individualinteressen bereits als nicht so groß erscheinen lässt. Das Bild der großen freiheitsgefährdenden Verbände ist also nicht in allen Bereichen des Vereinslebens als tatsächlich richtig anzusehen.

Dennoch ist zu konstatieren, dass im Verhältnis Verein zu Mitglied nicht nur das Innenverhältnis betroffen ist, sondern auch das Mitglied als Individuum wie Jedermann zumindest in den Reflexwirkungen binnenorganisatorischer Entscheidungen betroffen werden kann.

Als konkretes Beispiel mag auch die Hundezüchterentscheidung aus der Einleitung dienen[6]. Die vereinsautonome Entscheidung, eine Verwässerung der Zuchtlinien zu vermeiden, ist als Vereinszweck des VDH und seiner angeschlossenen Vereine grundrechtlich durch die Vereinigungsfreiheit geschützt und stellt eine Innenentscheidung des Verbandssystems dar. Für die Mitglieder der einzelnen Hundezüchtervereine wirkt sich die streitgegenständliche Regelung jedoch in ihrer individuellen Rechtssphäre aus. Wird nämlich seitens eines Hundezüchtervereins die Herausgabe der Deckliste verweigert, so kann das Mitglied nicht mehr als Hundezüchter tätig werden und hat, sofern darin eine erwerbswirtschaftliche Tätigkeit auch nur geringen Umfangs liegt, Einnahmeverluste zu verkraften, die ihn in seiner Person und nicht bloß als Mitglied betreffen.

2. Verhältnis des Vereins nach außen

Überschneidungen zwischen Innenverhältnis und Außenverhältnis ergeben sich auch bei Vereinstätigkeiten mit Bezug auf Rechtssphären komplett außerhalb des Vereins. Angesprochen sind hier die Berührungspunkte mit Rechtssubjekten, die

5 Im Sport ist beispielsweise die Autonomie der Sportvereine und-verbände nicht im eigenen Interesse gewährt, sondern im Interesse der Gesamtheit der Sportler, die damit erst ihren Sport ausüben können. Ebenso: *Pfister* in: FS für W. Lorenz (1991), 171, 181; *Summerer* in: Praxishandbuch Sportrecht, S. 105.

6 Vgl. zum Sachverhalt die Einleitung und GRUR-RR 2009, 112 ff.

anders als das (potenzielle) Mitglied kein mitgliedschaftliches Band zum Verein haben. Hier kann zwar regelmäßig ein reines Außenverhältnis vorliegen, welches mit der Vereinsautonomie nichts zu tun hat. Dennoch bestehen auch in diesem Verhältnis Überschneidungsmöglichkeiten.

Als Beispiel zur Veranschaulichung mag die Einführung des einheitlichen Ligaballs in den Fußball-Bundesligen zur Saison 2010/2011 gelten. Nachdem es seit Gründung der Bundesliga im Jahr 1963 Sache der jeweils gastgebenden Mannschaft war, den Spielball zu bestimmen, hat die DFL[7] nunmehr mit adidas eine Kooperation abgeschlossen, wonach dieser Sportartikelhersteller für alle Spiele der 1. und 2. Fußball-Bundesliga einen einheitlichen Spielball zur Verfügung stellt.

Hinter der neuen Regelung steht zum einen der sportlich-ideell motivierte Gedanke der Wettbewerbs- und Chancengleichheit. Haben alle teilnehmenden Vereine mit dem gleichen Ball zu spielen, können sich alle auf den Ball und dessen besondere Flugeigenschaften einstellen. Dass dies sogar im Fußball offenbar nicht unerheblich ist, zeigen die vielfältigen Beschwerden der Spieler rund um den Ball der Fußball-Weltmeisterschaft 2010 „Jabulani" von adidas[8], welcher baugleich mit dem offiziellen Spielgerät „Torfabrik" der Fußball-Bundesligen ist. Seitens der Landesverbände, welche zur WM erstmals mit den Flugeigenschaften dieses Balls konfrontiert wurden, wurden sogar Vorwürfe der Wettbewerbsverzerrung laut, da insbesondere in Deutschland der Ball schon ein halbes Jahr vorher im Spielbetrieb war und sich die deutsche Nationalmannschaft besser auf den Ball hätte einstellen können.[9] Insofern ist es allenfalls verwunderlich, dass die DFL erst jetzt einen einheitlichen Spielball einführt, zumal es bereits seit 1970 einen einheitlichen Spielball von adidas für die Fußballweltmeisterschaften gibt[10]. Mit diesen Erwägungen, die sich direkt auf das Spiel und den Wettbewerb beziehen, sind jedenfalls besondere Belange des Sports und damit auch vereinsautonome Zwecksetzungen angesprochen.

---

7 Auch andere Sportverbände haben einheitliche Spielbälle, vgl. z.B. die Bestimmung eines offiziellen Spielballs der 1. und 2. Volleyball-Bundesliga durch den Deutschen Volleyball Liga (DVL) e.V., http://www.volleyball-bundesliga.de/htmlsite/index.php?menuid=430&topmenu=403 (zuletzt abgerufen am 21.11.2011).

8 Z.B. T-Online.de, Kritik an Jabulani wächst, http://wm-2010.t-online.de/wm-2010-kritik-an-wm-ball-jabulani-waechst/id_41864692/index (zuletzt abgerufen am 21.11.2011); tz-online, "Jabulani"-Jammer: Kritik am WM-Ball wächst, http://www.tz-online.de/ereignisse/fussball-weltmeisterschaft-2010/aktuell/jabulani-jammer-kritik-wm-ball-waechst-803541.html (zuletzt abgerufen am 21.11.2011).

9 Vgl. nur die Kritik Englands: spox.com, Carragher sieht „unfairen Vorteil" für DFB-Team, http://www.spox.com/de/sport/fussball/wm/wm2010/1006/News/jamie-carragher-sieht-unfairen-vorteil-fuer-deutschland-england-ball-jabulani.html (zuletzt abgerufen am 21.11.2011).

10 http://de.fifa.com/aboutfifa/organisation/marketing/fifapartners/adidas.html (zuletzt abgerufen am 21.11.2011).

Betrachtet man die Einführung des einheitlichen Spielballs weiter, so erkennt man, dass auch vielfältige wirtschaftliche Verknüpfungen damit einhergehen. So wird geschätzt, dass adidas pro Saison fünf Millionen Euro an die DFL bzw. die 36 Profivereine für den Zuschlag zahlen muss.[11] Umgekehrt bringt das Engagement adidas auch Vorteile: So kann das Unternehmen seine Vermarktungs- und Vertriebsaktivitäten durch den Hinweis, dass man den offiziellen Ligaball stelle[12], verbessern, von einem Image- und Bekanntheitsgewinn ganz zu schweigen. Mithin hat der Zuschlag zur Folge, dass das Unternehmen, das den Zuschlag erhält, gegenüber seinen Konkurrenten Wettbewerbsvorteile erhält. Dieser Punkt hat selbst bei einer weiten Ansicht mit dem Begriff der Vereinsautonomie nichts mehr zu tun. Vielmehr sind hier wirtschaftliche Interessen Dritter betroffen.[13]

Ähnliche Erwägungen gelten in dem in der Einleitung genannten Fall der Brieftaubenzüchter. Die Zielsetzung, mit einheitlichen, zugelassenen Geräten zur Zeiterfassung eine bundesweite Vergleichbarkeit der Leistungen der Brieftauben herzustellen, hat vereinsautonome Gesichtspunkte. Andererseits wirkt sich diese vereinsauvereinsautonome Zwecksetzung für die Hersteller von Messsystemen faktisch als Zulassungsschranke aus, da nur die Hersteller der zugelassenen Systeme eine Chance auf den Verkauf ihrer Geräte haben. Alle anderen Hersteller haben dagegen faktisch keinen Markt. Insoweit liegt mit der eigentlich genuin vereinsinternen Zwecksetzung ein Eingriff in wirtschaftliche Positionen vor, so dass aus Sicht der Hersteller von einer nicht unerheblichen Außenwirkung die Rede sein muss.

3. Konsequenzen

Für die Frage der Überprüfbarkeit des Vereinsrechts und der hierfür geltenden Voraussetzungen ist entscheidend, welche Sichtweise eingenommen wird: Geht man mehr von Innenrecht aus, stärkt man die Vereinsautonomie. Sieht man eher auf jene Personen, die mit dem Verein in Berührung kommen, ist man geneigt zu deren Schutz die Vereinsautonomie stärker einzuschränken. Hier trifft sich die Auffassung, die von einer Freiheitsausübung durch Sozialisierung ausgeht, mit jener, die in einem weiten Zugeständnis eigenständiger Vereinsentscheidungen eine Gefahr für Interessen individueller als auch gemeinschaftlicher Natur sieht.

---

11 T-Online.de, Eine „Torfabrik" für die Bundesliga, http://bundesliga.t-online.de/jabulani-bundesliga-bekommt-den-einheitsball/id_41977338/index (zuletzt abgerufen am 21.11.2011).

12 Solch eine Lizenzierung ist mit den meisten exklusiven Ausrüsterverträgen verbunden, vgl. *Buch*, WuW 2005, 266.

13 Ähnlich gelagert ist der Fall, den *Heermann*, CaS 2006, 345, 359 f., in diesem Zusammenhang vorbringt: Versagt die FIFA die Verwendung von Einteilern bei Fußballspielen, so sind davon nicht nur die Sportler und die Mitgliedsverbände betroffen. Vielmehr können damit auch wirtschaftliche Interessen des Sportartikelherstellers tangiert sein.

Problematisch erscheint jedenfalls, bei auch nur geringem Bezug von Vereinstätigkeiten nach außen, die Vereinsautonomie nicht als Maßstab anlegen zu wollen. Denn trotz der Außenbeziehung kann wie gezeigt dennoch eine vereinsautonome Zielsetzung dahinterstehen. Deren verfassungsrechtliche Absicherung kann aber nicht vollkommen verloren gehen, wenn Aktivitäten entfaltet werden, die auch wirtschaftlicher Natur sind.[14] Dies übersieht insbesondere die Rechtsprechung immer wieder und ist darin bestrebt, die Vereinsautonomie bei jedweder Auswirkung auf Dritte außen vor zu lassen. Als Beispiel mag die schon angesprochene Entscheidung des BGH aus dem Jahr 1999 dienen, mit welcher das Gericht Ausbildungsentschädigungen im Amateurfußball anlässlich eines Vereinswechsels als mit Art. 12 GG unvereinbar ansah.[15] Der Gesichtspunkt der vereinsautonomen ideellen Zwecksetzung dieser Regelung eines Fußballverbandes, mit welcher die Jugendarbeit durch die Vereine gefördert werden sollte, wurde als nicht einschlägig angesehen. Vielmehr würden hinter den Ausbildungsentschädigungen fiskalische und wirtschaftliche Interessen stehen, welche aber nicht durch Art. 9 Abs. 1 GG und den Grundsatz der Vereinsautonomie umfasst seien.[16]

Selbst wenn man die wirtschaftlichen Auswirkungen und die massive Außenwirkung der Regelung auf die Spieler, die in ihrer Berufsfreiheit eingeschränkt sind, als richtig annimmt, kommt man dennoch dazu, einen Sachverhalt auch mit Bezug zur Vereinsautonomie anzunehmen. Denn die Förderung und Aufrechterhaltung der Ausbildung neuer Fußballspieler ist als besonderer Belang des Sports und damit der autonomen Verbandsbestimmung grundrechtlich durch Art. 9 Abs. 1 GG ge-

---

14 So ebenfalls spezifisch für den Bereich des Sports: *Steiner*, Die Autonomie des Sports, S. 33 und *Summerer*, SpuRt 2008, 234, 235. Vgl. auch *v. Mutius*, Jura 1984, 193, 196.

15 BGH NJW 1999, 3552 f.; ebenso: BGH NJW 2000, 1028, 1030; LAG Berlin NJW 1979, 2582, 2583. Ähnlich auch das OLG Bremen, SpuRt 2010, 121, 122 f., das über die Rechtmäßigkeit von Ausbildungsentschädigungen bei Wechseln von Amateurhandballern zu entscheiden hatte. Hier stellte das Gericht, da es wegen des eindeutigen Charakters als Freizeitbeschäftigung nicht um die Berufsfreiheit ging, auf eine Verletzung von Art. 9 Abs. 1 GG hinsichtlich des Beitritts zu einem neuen Verein durch die Regelung der Spielordnung ab. Vgl. auch den Fall des LG Hannover, CaS 2008, 291, 293 f., in welchem das Gericht der Meinung war, dass das Verbot von Hosenwerbung – im Gegensatz zur konkreten Ausgestaltung von Form und Größe von Werbeflächen – nicht von der Vereinsautonomie umfasst sei und daher bloß eine Regelung einer wirtschaftlichen Tätigkeit vorliege, die über das Gebiet des Sports hinausgehe. Dabei wird allerdings im Ausgangspunkt übersehen, dass es durchaus innerhalb vereinsautonomer Zwecke liegen kann, eine Organisationsregelung aufzustellen, inwieweit Werbeflächen bei sportlichen Veranstaltungen zur Verfügung stehen sollen, vgl. *Heermann*, WRP 2009, 285, 288; *Hannamann*, Kartellverbot und Verhaltenskoordinationen im Sport, S. 411 f. Als Beispiel mögen die Olympischen Spiele dienen, die im Zusammenhang mit dem ursprünglich nichtkommerziellen Charakter der Veranstaltung ein Verbot jeglicher Werbung im Bereich der Sportstätten statuieren, vgl. hierzu auch *Rauste*, SpuRt 1998, 7, 9 f.

16 BGH NJW 1999, 3552, 3553.

schützt.[17] Auch die Hilfsbegründung, wonach sich die Vereine beim Transfer eines Spielers nur am allgemeinen Rechtsverkehr beteiligen würden, zeigt die Tendenz der Rechtsprechung alle Sachverhalte mit Außenbeziehung der Vereinsautonomie zu entziehen, vermag aber nicht zu überzeugen. Denn es liegt diesem Sachverhalt eine Verbandsregelung zugrunde, so dass sich die Vereine beim Transfer eines Spielers zwar als eigenständige Rechtssubjekte gegenüberstehen, jedoch beide Mitglieder des übergeordneten Verbandes sind, welcher die in Streit stehende Regelung erlassen hatte. Insoweit liegt zwischen den Vereinen auch eine verbandsrechtliche Beziehung vor. Würden sich natürliche Personen als Vereinsmitglieder über Vereinsinnenrecht streiten, käme man im Grundsatz auch nicht auf den Gedanken, diese als Streitigkeit zweier natürlicher Personen ohne vereinsrechtlichen Einschlag zu beurteilen. Allenfalls mit Blick auf die Berufsfreiheit der zu transferierenden Spieler kann in der Tat eine deutliche Außenbeziehung festgestellt werden. Aber hier treffen sodann, wie gezeigt, deren Berufsfreiheit und die Vereinsautonomie aufeinander. Keinesfalls kann von einem Sachverhalt gesprochen werden, der nicht zumindest auch die Vereins- bzw. Verbandsautonomie beträfe.[18] Diesen entscheidenden Punkt hat das OLG Frankfurt a. M. in einer Entscheidung über die Rechtmäßigkeit einer Regelung des DFB, die eine Änderung eines Vereinsnamens aus Werbezwecken untersagte, richtig erkannt: Mit dieser Regelung sei nämlich nicht eine Verhinderung des freien wirtschaftlichen Wettbewerbs, sondern die Durchsetzung ideeller Ziele – in diesem Fall die Verhinderung der Abhängigkeit von Wirtschaftsunternehmen – intendiert gewesen. Diese vereinsautonomen Gesichtspunkte rechtfertigten es, dass die ebenfalls vereinsautonome Entscheidung über die Wahl des Vereinsnamens und die wirtschaftlichen Vermarktungsmöglichkeiten eines Vereins begrenzt sind.[19]

In diesen Ausführungen zeigt sich, dass bei Vereinstätigkeiten oftmals eine Gemengelage von vereinsautonomen Zwecksetzungen und Außenwirkungen auf Vereinsfremde oder aber auf die persönliche Rechtssphäre der Vereinsmitglieder vorliegt. In vielerlei Hinsicht sind Vereine, gerade jene karitativer oder solidarischer Art, darauf angewiesen, neben Einnahmen aus Spenden und Mitgliedsbeiträgen nach außen wirtschaftlich tätig zu werden, um den Idealzweck des Verbandes überhaupt erfüllen zu können.[20] Dieser Befund macht es schwer, auf der einen Seite die Anwendbarkeit staatlicher Kontrolle und auf der anderen Seite die Zulässigkeit freier Vereinsmaßnahmen voneinander abzugrenzen. Mithin besteht ein nicht unerhebliches Spannungsverhältnis zwischen Vereinsautonomie und dem Eingriff in Rechtssphären außerhalb des Vereins.

---

17 Ebenso *Schulz*, Grundrechtskollisionen im Berufssport, S. 93.

18 Kritisch ob der defizitären Berücksichtigung der Verbandsautonomie durch den BGH auch: *Streinz*, ZEuP 2005, 340, 358.

19 OLG Frankfurt a.M. WuW/E OLG 3568, 3570 ff. (*Sportverein Jägermeister Braunschweig*).

20 Vgl. auch *Hemmerich*, Möglichkeiten und Grenzen wirtschaftlicher Betätigung von Idealvereinen, S. 85.

Dieses Spannungsverhältnis ist bereits im Bereich des Sportrechts erkannt worden und hat zu vielerlei Diskussionen um die richtige Abgrenzung geführt.[21] Dabei ist insbesondere heutzutage, wie auch die vorstehenden Erwägungen zeigen, einhellige Meinung, dass eine eindeutige Abgrenzung in rein sportliche Regeln einerseits und wirtschaftliche Regeln anderseits nicht möglich ist.[22] Dies hängt in erheblichem Maße mit der massiv gestiegenen Kommerzialisierung[23] des Sports und dem damit zu Tage tretenden Spannungsverhältnis zwischen Selbstregulierung und wirtschaftlicher Mächtigkeit zusammen[24]. Im Folgenden sollen einzelne Modelle zur Einordnung sportlicher Sachverhalte aus der Literatur dargestellt werden.

Zum einen ist vorgeschlagen worden, den Fokus auf die primäre Zielrichtung der Sportregeln zu setzen und dabei im Rahmen der Erforderlichkeit einer Regelung entstehende, allenfalls mittelbare wirtschaftliche Auswirkungen bis hin zu beträchtlichen wirtschaftlichen Auswirkungen für Berufssportler bei verweigertem Zugang zu Sportwettbewerben außer Acht zu lassen.[25] Ähnlich ist die Betrachtung im schweizerischen Recht, wo scharf zwischen Spielregeln als „Nichtrecht" und dem normal justiziablen Recht unterschieden wird und die Abgrenzung aus dem sportlichen Bereich heraus getroffen wird.[26] Dies hat zur Folge, dass auch Lizenzierungsbestimmungen und Transferperioden für die Zulassung von Spielern wegen ihres Zwecks der Wahrung der Integrität und Vergleichbarkeit des Wettbewerbs als nicht

21 Vgl. die Darstellungen bei: *Grätz*, Missbrauch der marktbeherrschenden Stellung durch Sportverbände, S. 96 ff.; *Tyrolt*, Sportschiedsgerichtsbarkeit, S. 200 ff.; *Hannamann*, Kartellverbot und Verhaltenskoordinationen im Sport, S. 238 ff.; *Heermann*, CaS 2006, 345 ff. *Pfister* in: FS für W. Lorenz (1991), 171, 174 ff.; *Schürnbrand*, ZWeR 2005, 396, 403 f.; *Kummer*, Spielregel und Rechtsregel, S. 31 ff. Zu Recht kritisch zum Ansatz von *Kummer*, dass Spielregeln auch deswegen keine Rechtsregeln seien, da sie keine Gläubiger und Schuldner von Ansprüchen voraussetzen würden (S. 35 f.): *Pfister*, SpuRt 1998, 221, 222.

22 So z.B. noch *Kummer*, Spielregel und Rechtsregel, S. 31 ff.; dagegen wie hier *Pfister* in: FS für W. Lorenz (1991), 171, 175 ff.; *Haas/Prokop*, JZ 1998, 45, 49 f.; *Heermann*, WuW 2009, 394, 399; *ders.*, CaS 2006, 345, 358; *Schürnbrand*, ZWeR 2005, 396, 398 ff.; *Schroeder*, SpuRt 2005, 23 bezeichnet diese Zweiteilung sogar als „künstlich".

23 Zur Geschichte der Kommerzialisierung des Fußballs vgl. *Schmidt*, Organisations- und Rechtsfragen als Folgen der Kommerzialisierung des Fußballsports, S. 7 ff. und 31 ff. und *Raupach*, SpuRt 2008, 241, 243.

24 *Hannamann*, Kartellverbot und Verhaltenskoordinationen im Sport, S. 238 f.; *Emmerich*, JuS 2006, 1123.

25 So *Schwarze/Hetzel*, EuR 2005, 581, 587, unter Hinweis auf die später vom EuGH revidierten Aussagen des EuG in der Rs. T-313/02 (*Meca-Medina*), Slg. 2004, II-3291, Rn. 53 ff. Zu diesem Urteil noch unten in diesem Kapitel unter II. 3. b).

26 Vgl. *Kummer*, Spielregel und Rechtsregel, S. 35 ff.; *Dietrich*, CaS 2004, 249, 253 f.; Ähnlich auch das EuG, das in der Rs. T-313/02 (*Meca-Medina*), Slg. 2004, II-3291, Rn. 41 von *rein sportlichen Regelungen* spricht, die mit der Organisation und der ordnungsgemäßen Durchführung des Wettkampfs untrennbar verbunden seien und daher nicht an dem unionsrechtlichen Wirtschaftsrecht gemessen werden könnten. Dies ist allerdings nach neuerer Rechtsprechung in dieser Pauschalität nicht Auffassung des EuGH, vgl. ausführlich 4. Kap. II. 3. c).

justiziable Spielregeln angesehen werden.[27] Eine solche primäre Beurteilung des Zwecks einer Regelung geht aber mit der eben dargestellten Problemstellung zu weit. Gerade Regeln der Zulassung bewirken eine Einengung des Marktes für Spieler und stellen daher Zulassungsbeschränkungen dar. Eine Grobeinteilung der Spielregeln als „Nichtrecht" überspielt die im Einzelfall bestehende Kollisionslage mit anderen Interessen beteiligter Sportler zugunsten der Sportregeln einseitig. Sie nimmt letztlich den Sportlern die Möglichkeit, Rechtsschutz vor staatlichen Gerichten vor sie in ihren Rechtssphären einengenden Vereinsmaßnahmen zu erhalten.[28]

Eine andere Theorie versucht, den Kernbereich der Vereinsautonomie als Grenze der Gestaltungsfreiheit der Vereine zu definieren.[29] Diese Weichenstellung wird noch als wichtiges Kriterium heranzuziehen sein. Jedoch wird in der bloßen Anwendung der Theorie übersehen, dass auch jenseits des Kernbereichs eine abgestufte Behandlung der Sachverhalte notwendig ist, je nachdem, wie sehr das Verhalten noch von der Vereinsautonomie im Verhältnis zur Außenwirkung motiviert ist.

Weiterführender ist die von *Pfister* im Bereich des Sportrechts entwickelte Theorie, wonach das Kriterium der Sporttypizität entscheidend für die Beurteilung sei, ob der Entscheidungsspielraum eines Verbandes weit oder eng gesteckt ist. Je sporttypischer eine Regel oder eine Verbandsmaßnahme nämlich sei, desto mehr sei der Sport dafür selbst verantwortlich. Sporttypische Regeln seien vor allem jene, welche die betreffende Sportart prägten, so dass eine Änderung die Sportart selbst sowie ihren typischen Reiz und ihre Attraktivität für die Aktiven und die Zuschauer verändern würde.[30] Je mehr die Regeln dagegen in den außersportlichen Bereich eingriffen, desto mehr sei staatliches Recht zu beachten.[31] Dies betreffe insbesondere all jene Maßnahmen, die auch die persönlichen Sphären eines Sportlers berühren, so z.B. Nominierungsentscheidungen oder Wettkampfsperren.[32]

---

27 So *Dietrich*, CaS 2004, 249, 255 f.

28 Ebenfalls kritisch *Pfister*, SpuRt 2007, 58, 59; *Steiner*, Die Autonomie des Sports, S. 15 f. und *Butte*, Das selbstgeschaffene Recht des Sports, S. 86.

29 *Tyrolt*, Sportschiedsgerichtsbarkeit, S. 200 f.

30 *Pfister* in: FS für W. Lorenz (1991), 171, 177; *ders.* in: Festgabe Zivilrechtslehrer, 457, 460.

31 *Pfister* in: FS für W. Lorenz (1991), 171, 179 f. Ihm folgend: *Summerer* in: Praxishandbuch Sportrecht, S. 106. Ähnlich auch: *Schürnbrand*, ZWeR 2005, 396, 407, der davon spricht, dass ein Gestaltungsraum von Verbänden umso größer sei, je mehr der „Kernbereich der sportlichen Betätigung" betroffen sei. Ebenso: *Bunte* in: Langen/Bunte, Deutsches Kartellrecht, Sonderbereich Sport, Rn. 21, und *Battis/Ingold/Kuhnert*, EuR 2010, 3, 17.

32 *Summerer* in: Praxishandbuch Sportrecht, S. 106. Maßgebend auf die Berührung von Interessen der Beteiligten, die zum Schutzbereich des staatlichen Rechtskreises gehören, abstellend und damit die Kernbereichsdogmatik ablehnend *Steiner*, Die Autonomie des Sports, S. 16.

An anderer Stelle versucht *Pfister* eine Präzision anhand des Parteiwillens vorzunehmen.[33] Demnach würde der mutmaßliche Parteiwille dahin gehen, dass Spielregeln, die den Ablauf des Wettkampfs betreffen und allenfalls mittelbare Auswirkungen auf Vermögenspositionen haben, keine Rechtsregeln seien, wohingegen jene Regeln, die über den Wettkampf hinausgehen und sich unmittelbar auf Vermögenspositionen auswirken, justiziable Rechtsregeln sein sollen.[34] Zuzugeben ist, dass die unmittelbare Auswirkung auf fremde Vermögenspositionen bzw. fremde Rechtssphären ein beachtenswertes Zuordnungskriterium ist. Allerdings enthält das von *Pfister* angegebene Beispiel, dass nach Ende der Saison der nationale Fußballmeister in die Champions League aufsteigt[35], genau genommen auch nur eine mittelbare Auswirkung auf die Vermögenssphäre des Vereins. Denn die Zulassung zur Champions League wird nicht unmittelbar der Vermögensposition eines Vereins zugeordnet. Sie ergibt sich vielmehr durch die erfolgreiche Teilnahme am Qualifikationswettbewerb.[36] Gleichwohl stellt diese Zulassung einen durchaus direkteren Bezug zur Vermögensposition des Vereins dar, als beispielsweise ein zu Unrecht nicht gegebenes Tor mitten in der Saison, das dazu führt, dass die sportliche Qualifikation nicht gegeben ist. Allerdings kommt eine solche Fehlentscheidung in der letzten Minute einer Saison von seinen Auswirkungen der Situation gleich, dass einem Verein trotz eigentlich sportlicher Qualifikation die Zulassung zur Champions League verweigert wird. Insoweit ist bei einer Bewertung vor allem auf die vereinsautonomen Zwecke, mithin auf die Belange des Sports abzustellen. Diese sind in ihrer zeitlichen Dimension zu sehen: Während das nicht gegebene Tor eine Tatsachenentscheidung darstellt, welche nicht durch staatliche Gerichtsverfahren in die Länge gezogen werden und damit den Sport unattraktiv machen soll, kann die nach der Saison und damit nach Beendigung des Wettkampfes in Gänze erfolgte Entscheidung keinen Einfluss auf das Erfordernis, dass das Ergebnis zeitnah feststehen muss, haben.[37]

33 Der Parteiwille ist für ihn vor allem deshalb maßgeblich, da die Parteien aufgrund der Privatautonomie im Rahmen des Sportwettbewerbs als Auslobung im Sinne der §§ 657 ff. BGB bestimmen könnten, welche Regeln vor den staatlichen Gerichten justiziabel sein sollen, *Pfister*, SpuRt 1998, 221, 222 ff. Insoweit scheint sich *Pfister* den Vertretern der Vertragstheorie anzuschließen.

34 *Pfister*, SpuRt 1998, 221, 224; *ders.* in: Festgabe Zivilrechtslehrer, 457, 467 f.

35 *Pfister*, SpuRt 1998, 221, 223.

36 Man stelle sich an dieser Stelle nur einmal eine weniger kommerzialisierte Sportart wie den Fußball vor. Hier kann bei der verweigerten Zulassung zu einem höherklassigen Wettbewerb trotz sportlicher Qualifikation kaum von einem unmittelbaren Vermögensnachteil gesprochen werden.

37 Dies sieht auch *Pfister* so, vgl. SpuRt 1998, 221, 223, so dass im Ergebnis Einigkeit besteht. Im Übrigen könnte man gleichwohl natürlich daran denken, dass im Hinblick auf das Erfordernis einer schnellen Entscheidung innerhalb eines Wettkampfes ein nicht gegebenes Tor, das im letzten Spiel der Saison für den Tabellenstand maßgeblich wird, ebenfalls gerichtlich überprüfbar sein könnte. Dennoch wird man die einheitliche Motivation der Tatsachenentscheidung nicht auseinanderreißen und abweichend von Fehlentscheidungen innerhalb der Saison anders entscheiden können.

Das dennoch im Ansatz richtige Modell *Pfisters* soll im Folgenden zu einem eigenen Lösungsansatz verfeinert werden und sodann auf das auch außerhalb des Sportbereichs auftretende Spannungsverhältnis von innerer Gestaltungsfreiheit und Beschränkungen im Außenverhältnis übertragen werden.

II. Eigener Lösungsansatz

1. Allgemeines

Um der beschriebenen Vermischung vereinsautonomer Sachverhalte mit Wirkungen nach außen eine rechtliche Handhabung zu geben, wird hier eine Stufenbetrachtung vorgeschlagen:

(1) Sachverhalte, welche nur die Vereinsautonomie betreffen und keine Außenwirkung haben (*vereinsautonome Sachverhalte im engeren Sinne*)

(2) Sachverhalte, die vereinsautonom motiviert sind, aber darüber hinaus einen Reflex auf Rechtssphären außerhalb des Vereins haben (*vereinsautonome Sachverhalte im weiteren Sinne*)

(3) Sachverhalte, welche zwar auch vereinsautonom mitbestimmt sind, aber vor allem Außenbeziehung haben (*Sachverhalte des allgemeinen Rechtsverkehrs mit vereinsautonomer Motivation*)

Darüber hinaus gibt es freilich noch Sachverhalte, welche keinen Bezug zur Vereinsautonomie aufweisen. Hier werden Vereine ausschließlich im allgemeinen Rechtsverkehr tätig. Als Beispiel dienen im Bereich des Berufssports viele arbeitsvertragliche Regelungen. So ist mit dem Arbeitsgericht Ulm zu konstatieren, dass einseitige Vertragsverlängerungsmöglichkeiten in Spielerverträgen gegen § 307 Abs. 1 S. 1 BGB verstoßen, da sie zu einer unzumutbaren einseitigen Belastung der Spieler führen.[38] Hier kann auch die Vereinsautonomie zu keiner anderweitigen Bewertung nötigen, da vereinsautonome Zwecke, die zu einer Notwendigkeit einseitiger Verlängerungsoptionen eines Vereins führen, nicht ersichtlich sind. Vielmehr ist hier eine Bewertung wie im allgemeinen Verhältnis zwischen Arbeitgeber und Arbeitnehmer vorzunehmen.[39] Auf gleicher Stufe sind rein wirtschaftliche Tätigkeiten, wie

38 ArbG Ulm, NZA-RR 2009, 298 ff.

39 Berufsmannschaftsportler sind als Arbeitnehmer einzustufen und typischerweise nicht per mitgliedschaftlichem Band mit den Vereinen verbunden. Siehe hierzu BAG NJW 1980, 470; BAG NJW 1971, 855 f.; *Reichert*, Vereins- und Verbandsrecht, Rn. 5794; *Zinger*, Diskriminierungsverbote und Sportautonomie, S. 33; *Butte*, Das selbstgeschaffene Recht des Sports, S. 102 f. Dies liegt vereinsrechtlich in der früheren Ausgestaltung der Mannschaften als gemeinnützige Vereine begründet. So dürfen diese keine Gewinnausschüttung an ihre Mitglieder vornehmen, wenn sie nicht ihren Status als Idealverein verlieren wollen, vgl. *Eggerstedt*, Probleme der Lizenz- und

der Verkauf von Eintrittskarten[40] oder Fanartikeln sowie die Zulassung von Hörfunkanbietern zu Fußballspielen unter der Voraussetzung der Zahlung eines Entgeltes[41] anzusiedeln.

Diese „vierte" Stufe soll im Folgenden nicht Teil der Betrachtungen sein, da sich diese Arbeit mit dem Spannungsverhältnis zwischen Vereinsautonomie und Kartellrecht beschäftigt. Freilich spielt diese Fallgruppe für Abgrenzungsfragen dennoch eine Rolle, auf welche sodann speziell hingewiesen werden soll.

2. Kriterien der Einordnung

Zu klären sind vor einer fallbezogenen Darstellung die Kriterien der Einteilung. Anknüpfend an die vorgestellten Erwägungen können hierbei die Punkte der Außenwirkung und der binnenrechtlichen Zwecksetzung herangezogen werden.[42] Dabei kann allerdings weder das eine noch das andere isoliert betrachtet werden.[43] So darf eine Vernachlässigung ideeller Zwecksetzung nicht dadurch geschehen, dass man bei jedweder Außenwirkung einen Sachverhalt des normalen Rechtsverkehrs annimmt. Andererseits muss auch eine Betrachtung scheitern, welche alleine die vereinsautonomen Zwecksetzungen betrachtet und bewertet. Dies würde zu einer zu großen Außerachtlassung möglicher Auswirkungen im Außenverhältnis und damit auf Dritte führen.[44] Zudem hätten es die Vereine in der Hand, zweifelhafte Vereinsmaßnahmen mit einem pauschalen Hinweis auf die Vereinsautonomie zu rechtfertigen. Dies ist vor allem dann problematisch, wenn eine staatliche Einsichtnahme in die Organisations- und Arbeitsweise eines Vereins nicht oder nur schwer möglich ist. Insofern ist es also nötig die beiden Gegensätze heranzuziehen, zu bewerten und im Wege einer Gesamtschau gegeneinander so abzuwägen, dass man entscheiden kann, welcher Aspekt im Einzelfall überwiegt.[45]

Schiedsgerichtsverträge im deutschen Berufsfußball, S. 123; *Westermann* in: FS für F. Rittner (1991), 771, 780.

40 Vgl. hierzu den Fall in BGH NJW 1987, 3007 ff. (*Gekoppelter Kartenverkauf*).

41 BGH NJW 2006, 377 ff. (*Hörfunkrechte*).

42 Ähnlich schon *Pfister* in: FS für W. Lorenz (1991), 171, 182 und *ders.*, SpuRt 2007, 58, 59.

43 Vgl. oben in diesem Kapitel unter I. 3.

44 So aber das EuG in der Rs. T-313/02 (*Meca-Medina*), Slg. 2004, II-3291, Rn. 53 ff., welches alleine auf die subjektiven Zielsetzungen von Dopingregeln abstellte und die wirtschaftlichen Auswirkungen vollkommen außer Acht ließ. Zu dieser Entscheidung noch weiter unten in diesem Kapitel unter II. 3. b). Kritisch daher zu Recht auch: *Pfister*, SpuRt 2007, 58, 59.

45 Letztlich werden also Kriterien relevant, die auch bei der Frage der Einordnung von Vereinen als Ideal- oder als wirtschaftliche Vereine von Vertretern der subjektiven Theorie bis hin zu Vertretern einer objektiven Theorie unterschiedlich gewichtet werden. Vgl. hierzu die Darstellungen bei: *Hadding* in: Soergel, §§ 21, 22 Rn. 20 ff.; *Heckelmann*, AcP 1979 (179), 1, 13 ff.; *Hemmerich*, Möglichkeiten und Grenzen wirtschaftlicher Betätigung von Idealvereinen, S. 39 ff.

Als konkretisierendes Kriterium kann dabei der Grad der Bindung des von der Vereinstätigkeit Betroffenen zum Verein herangezogen werden. So wird eine Maßnahme gegenüber einer Person, die in einer vereinsrechtlichen Beziehung zum Verein steht bzw. potenziell steht (Fälle der verweigerten Aufnahme), eher dem vereinsautonomen Innenverhältnis zuzuordnen sein. Sind dagegen Vereinsfremde betroffen, kann als Ansatzpunkt eher von einem überwiegend vom Typus eines normal rechtsgeschäftlich motivierten Handelns ausgegangen werden. Da dies, wie dargestellt, jedoch nicht zwangsläufig ist[46], bedarf dies freilich unter Gewichtung der oben genannten Punkte der Beurteilung im Einzelfall.

3. Die drei Stufen vereinsautonomer Berührungspunkte

Im Folgenden sollen nun die drei genannten Einstufungen mit vereinsautonomem Bezug näher dargestellt und eingeordnet werden.

a) Vereinsautonome Sachverhalte im engeren Sinn (Kernbereich)

Vereinsautonome Sachverhalte im engeren Sinn betreffen alle Vereinshandlungen und Vereinsregelungen, welche im Ansatzpunkt nur Auswirkungen im Innenverhältnis haben. Hierzu zählen vor allem die Entscheidung über den Vereinszweck sowie die Binnenorganisation des Vereins.

Als problematisch erweist sich dagegen schon die Zuordnung vielfältiger Berührungspunkte zwischen Verein und Mitglied. So ist trotz des engen vereinsrechtlichen Bandes zu beachten, dass selbst hier Mitglieder in ihrer persönlichen Rechtssphäre betroffen sein können[47]. Selbst die Erhebung von Mitgliedsbeiträgen hat Einfluss auf die Vermögenssituation des Mitglieds als Individuum. Auch der genuin vereinsautonome Sachverhalt der Namensgebung kann externe, nämlich namensrechtliche Wirkungen haben.

Ebenso problematisch ist die Situation bei den Sportverbänden und deren Regelwerken. Bloße Spielregeln, welche die Sportart definieren und die Durchführung eines Wettbewerbs überhaupt erst ermöglichen, sind früher vielfach als von staatlichen Rechtsregeln verschieden angesehen worden.[48] Dennoch sind auch diesen oftmals Außenwirkungen immanent. Exemplarisch mag das Beispiel der Auf- und Absteigerregelungen in den Ligabetrieben verschiedener Sportarten gelten. Beschließt ein fiktiver Ligaverband in einer Liga die Zahl der Absteiger aus der höchsten Liga um einen zu erhöhen, hat das für den Verein, der in der nächsten Saison auf diesem Platz landet, unmittelbare Auswirkungen: Er muss in der darauffolgenden Saison in der unteren Liga spielen und hat dadurch vor allem in kommerzialisierten Sportarten mit Einnahmeverlusten zu kämpfen, welche wiederrum dazu

---

46 Vgl. in diesem Kapitel I. 1. und 2.

47 Vgl. schon in diesem Kapitel unter I. 1.

48 So eingehend *Kummer*, Spielregel und Rechtsregel, S. 31 ff.

führen können, dass Spieler oder andere Vereinsangestellte nicht mehr benötigt werden oder bezahlt werden können. Auch eine Regelung, welche die Anzahl von Startern in internationalen Wettbewerben festsetzt, kann wirtschaftliche Auswirkungen haben. Dies gilt umso mehr bei der Verteilung der internationalen Startplätze an die einzelnen Mitgliedsverbände im Fußball durch die UEFA auf Basis der UEFA-Fünfjahreswertung[49], da mögliche Bewerber von den unbeeinflussbaren Leistungen der Vereine des gleichen Landesverbandes abhängig sind.[50] Geht man noch weiter, kann in einem Extremfall die Sperre des Toptorjägers im entscheidenden Spiel aufgrund einer (wegen des Grundsatzes der Tatsachenentscheidung im Spiel nicht mehr anfechtbaren Schiedsrichter-) Fehlentscheidung zu diesen Folgen führen.[51]

In dieser Hinsicht können sogar explizit sporttechnische Regularien eine Außenwirkung haben. Wenn beispielsweise wie im Fußball die Anzahl der Spieler auf elf und die Anzahl der maximal möglichen Auswechslungen auf drei beschränkt sind, hat dies für die Spieler eine Zugangsbeschränkung zu ihrem Beruf zur Folge. Denn die Vereine werden um ihres Budgets Willen nur so viele Spieler einstellen wie sie benötigen. Dürften statt elf beispielsweise 16 Spieler je Mannschaft mitspielen, müssten die Vereine mehr Spieler einkaufen, was eine Erweiterung des Spielermarktes zur Folge hätte. Gleiches gilt für eine Beschränkung der Mannschaften je Liga. Dürften mehr Mannschaften pro Liga mitspielen, würde sich gerade in kommerzialisierten Sportarten die Möglichkeit für die Sportler erhöhen, einen Arbeitsplatz zu finden.

Ähnlich sind gewisse Regeln einzuordnen, welche die Ausübung der bestimmten Sportart genauer bestimmen. Denn die eine oder andere Ausgestaltung der Regel bevorzugt bzw. benachteiligt einzelne Sportler je nach deren persönlichen Fähigkeiten. Beispielsweise führt das Erfordernis beim Skispringen einen Telemark beim Landen zu setzen[52] dazu, dass Skispringer, welche die Fähigkeit zu dieser Landung

---

49 Die UEFA-Fünfjahreswertung fasst die Leistungen der Vereine eines Landes pro Saison in einem Koeffizienten zusammen, der Summe über die letzten fünf Jahre eine Rangliste der Länder ergibt. Aufgrund der jeweiligen Platzierung werden die Plätze in den jeweiligen europäischen Fußballwettbewerben an die Länder vergeben. Erfolgreiche Länder, wie Spanien, erhalten mehr und bessere Startplätze, für die sich die Vereine über die nationalen Wettbewerbe qualifizieren können.

50 *Parrish/Miettinen*, The Sporting Exception in European Union Law, S. 216.

51 Zu möglichen Auswirkungen in sportlicher Hinsicht aufgrund der Dopingregeln: *Summerer* in Praxishandbuch Sportrecht, S. 107.

52 Andernfalls sind Punktabzüge der Haltungsnoten von mindestens 2,0 Punkten die Folge, vgl. Punkt 431.2.2 der Internationalen Skiwettkampfordnung – Band III (Skispringen) der Fédération Internationale de Ski (FIS). Dass es sich bei der FIS um einen Verein schweizerischen Rechts (Punkt 1.1 der Statuten der FIS) handelt, hat auf die Untersuchung keinen weiterreichenden Einfluss, da zumindest auch der Deutsche Skiverband e.V. (DSV) seine Wettkämpfe nach dem Reglement der FIS durchführt, vgl. z.B. Punkt 1 des

in besonderem Maße besitzen, gegenüber jenen einen Vorteil haben, die zwar genauso weit springen, aber etwa aufgrund von Verletzungen nicht mehr die physischen oder psychischen Voraussetzungen zu einer perfekten Ausführung dieser Landung haben. Ähnlich gilt dies seit dem Erlass des BMI-Reglements[53] 2004, welches nicht zuletzt dazu führte, dass sich ehemalige Weltklasse-Springer zunächst im hinteren Feld wiederfanden, da ihnen die neue Gewichts-/Skilängenregelung nicht entgegenkam. Im Beispiel des Fahrradsports sei auf die Ausgestaltung der Rundfahrten hinzuweisen. Wenn mehr sogenannte Bergetappen zu fahren sind, haben die Spezialisten für diese Etappen einen Vorteil, wohingegen bei einem Übermaß an Etappen der Einzelzeitfahrten Fahrer mit besonderen Fähigkeiten „im Kampf gegen die Uhr" bevorzugt sind. Die Erfolge wirken sich insbesondere bei internationalen oder hochkarätigen nationalen Wettkämpfen auf das Prestige sowie mittelbar und unmittelbar auf die Einkommenssituation der Profisportler aus.

Zugegebenermaßen sind diese Beispiele ins Extrem getrieben worden. Dass sie dennoch nicht realitätsfern sind, beweist eine Entscheidung des LG Chemnitz, das sich mit der Frage beschäftigen musste, ob ein im Elfmeterschießen eigentlich abgewehrter Elfmeter als erzieltes Tor gilt, weil der Ball aufgrund seiner Eigenrotation nach der Abwehr durch den Torwart doch noch ins Tor rollte. [54] Somit wird klar, dass vereinsinterne Regelungen oder sportliche Regularien, auch wenn man sie

---

Reglements für die Durchführung von Deutschen Meisterschaften im Skisprung und in der Nordischen Kombination 2009/10.

53 Vgl. die ausführliche Maßtabelle für Skilänge und Gewicht der FIS. Hiernach dürfen besonders leichte Skispringer, die einen BMI von unter 20,5 (mit Wettkampfausrüstung) haben, nur mit kleineren Sprungskiern springen, was einen Weitenverlust zur Folge hat. Zweck der Regelung ist es, den Magersuchtstendenzen im Skisprungsport Einhalt zu gebieten, da viele Skispringer mit Blick darauf, dass weniger Gewicht eine größere Weite bedeutet, hungern. Vgl. hierzu z.B.: FAZ.net v. 03.01.2010, http://www.faz.net/s/Rub987B0DA694D74356A1FA6C5C40084A07/Doc~E40DB5F82B7EB4B6D869FF2932541F02A~ATpl~Ecommon~Scontent.html (zuletzt abgerufen am 22.11.2011).

54 LG Chemnitz, SpuRt 1998, 41 f. Entscheidungserheblich waren dabei die „Bestimmungen über die Spielentscheidung im Elfmeterschießen" der Fußballregeln (auf dem Stand der Saison 1996/1997). Diese schrieben vor, dass der Ball unmittelbar nach dem Torschuss in das Tor zu gehen hat. Diese Unmittelbarkeit sah das LG Chemnitz im vorliegenden Fall als nicht gegeben an und wies eine Klage auf Neuansetzung des Spiels ab. Ein solcher Fall ließe sich ohne Weiteres auf das Finale der Champions League hochziehen. Die damit verbundenen Auswirkungen, auch wirtschaftlicher Art, brauchen nicht näher dargestellt werden. Dass dennoch gerade diese Entscheidung zu einem ungerechtfertigten Eingriff in die Vereinsautonomie und die Belange des Sports führt – was das OLG Dresden im Nachgang ebenso gesehen hat, vgl. OLG Dresden Entsch. v. 24.04.1997, Az.: 5 O 1750/97 (unveröffentlicht) – muss ebenfalls nicht näher erörtert werden. Dass das LG Chemnitz sich so intensiv mit einer Spielregel beschäftigt, hat *Pfister,* SpuRt 1998, 221, dazu bewogen, in ironischer Weise den weiteren Rechtszug darzustellen und die Bildung eines eigenen Senats für Sportfragen beim BGH anzuregen.

noch so sehr auf Innenrecht reduziert, oftmals Außenwirkung haben können[55] und dass jedweder Vereinsregelung das Potenzial einer Diskriminierung beiwohnt. Dieses zu erkennen, bedeutet aber auch rechtlich damit umgehen zu müssen: Manche Vereinsregelungen sind notwendig, um überhaupt den Verein aufzubauen bzw. die Vereinstätigkeit durchführen zu können.[56] Wenn sich diese Kernpunkte der Vereinsautonomie in allenfalls geringen Reflexwirkungen im Außenverhältnis erschöpfen, also von einem weit überwiegenden Anteil vereinsautonomer Gesichtspunkte auszugehen ist, wird man trotz der geringen Außenwirkungen davon sprechen müssen, dass der Kernpunkt der Vereinsautonomie berührt ist, so dass eine Einstufung in der hier besprochenen Stufe gerechtfertigt ist. Dem entspricht der Wesensgehalt der Vereinsautonomie, wonach die Funktionsfähigkeit der Vereinigung gewährleistet sowie das Prinzip freier Assoziation und Selbstbestimmung gewahrt bleiben muss.[57] Exemplarisch sind hierbei aus dem Bereich des Sports all jene Regeln zu nennen, welche die Durchführung der Sportart und eines Wettkampfes überhaupt erst ermöglichen (sog. Regelungen rein sportlicher Natur[58]), also der Sportart gerade im Vergleich zu anderen Sportarten immanent sind. [59] Freilich ist im Einzelfall zu prüfen, ob nicht eine größere Außenwirkung die Einordnung in eine der weiteren Stufen rechtfertigt.

Die erste Stufe der hier aufgestellten Drei-Stufen-Theorie umfasst also Fälle, in welchen tatsächlich nie von einer Außenwirkung gesprochen werden kann, als auch Fälle, in welchen dies aufgrund der Berührung mit dem Kernbereich der Vereinsautonomie wertungsmäßig der Fall ist, weil sie zentrale Aspekte der Vereinsarbeit betreffen.

b) Vereinsautonome Sachverhalte im weiteren Sinne

Auf der zweiten Stufe sind die vereinsautonomen Sachverhalte im weiteren Sinne darzustellen. Hier geht es um jene Vereinstätigkeiten oder -regelungen, welche eine Außenwirkung haben, dennoch aber zum größten Teil durch vereinsautonome Zwecke determiniert sind. In Abgrenzung zur ersten Stufe spielen hier also jene Sachverhalte eine Rolle, bei denen die Außenwirkung nicht nur in Ausnahmefällen gegeben ist oder die Zwecksetzungen im Verein weitaus überwiegen. Vielmehr sind

---

55 *Pfister* in: FS für W. Lorenz (1991), 171, 179.

56 Für den Bereich des Sports zählt *Pfister* in: FS für W. Lorenz (1991), 171, 177 hierzu u.a. jene Spielregeln, die so wesentlich sind, dass eine Änderung die Sportart selbst ändern würde oder welche die Attraktivität des Spiels nachhaltig beeinflussen können. Ebenfalls: *Kummer*, Spielregel und Rechtsregel, S. 25.

57 *Vieweg/Röthel*, ZHR 166 (2002), 6, 15; *Scholz/Aulehner*, SpuRt 1996, 44, 45.

58 Vgl. *Pfister* in: FS für W. Lorenz (1991), 171, 177; *ders.* in: Festgabe Zivilrechtslehrer, 457, 460; *Schwarze/Hetzel*, EuR 2005, 581, 586 f.; Dietrich, CaS 2004, 249; *Kummer*, Spielregel und Rechtsregel, S. 25

59 Eine ebenso wertungsmäßige Betrachtung nimmt *Tyrolt*, Sportschiedsgerichtsbarkeit, S. 201 und 202, für die Einordnung von Sportausübungsregeln im engeren Sinn vor.

hier im Wege einer Gesamtschau beachtliche Außenwirkungen gegeben, die allerdings der Tätigkeit noch nicht das Gesamtgepräge geben. Hier überwiegen im Gegenteil die ideellen Zwecksetzungen noch die Außenwirkungen.

Als ein Beispiel dienen die Vereinsstrafen. Diese können das Mitglied empfindlich in ihrer persönlichen Rechtssphäre treffen, wenn man an die Zahlung von Geldstrafen oder gar an den Vereinsausschluss denkt. Letzterer ist der ultimative Eingriff in den Status des Einzelnen als Vereinsangehöriger. Dennoch sind auch diese Wirkungen in die persönliche Rechtsphäre des Mitglieds hinein von gewichtigen vereinsautonomen Zwecksetzungen bestimmt: nämlich der im Grundsatz eigenverantwortlichen Entscheidung, welche Mitglieder für einen Verein tragbar sind und welche Verhaltensweisen innerhalb des Vereins mit Blick auf die Verfolgung des Zwecks toleriert werden können. Dieser Gesichtspunkt rechtfertigt eine Zuordnung zu dieser Stufe.

Ähnlich sind im Bereich der sportverbandlichen Regularien Nominierungskriterien einzustufen. Dass nicht jeder Athlet an jedem beliebigen Wettkampf, zumal an großen internationalen Wettkämpfen, teilnehmen kann, erscheint auf den ersten Blick einleuchtend. Andernfalls wären Wettkämpfe wegen ihrer damit verbundenen langen Dauer nicht sinnvoll durchführbar. Die Belange des Sports als vereinsautonome Zwecksetzungen zwingen daher zu solchen Nominierungsentscheidungen.[60] Dennoch sind mit den Zulassungsschranken zu finanziell lukrativen Wettbewerben erhebliche wirtschaftliche Einschränkungen für die Ausübung der Sportart als Beruf durch die einzelnen Sportler verbunden.[61] Hier ist insoweit eine Parallele zu den Ausführungen auf der ersten Stufe bezüglich der Beschränkungen der Anzahl der Spieler in Mannschaftssportarten zu erkennen und die Nominierungsentscheidungen hiervon abzugrenzen. Die Einstufung dieser Sachverhalte auf der Basis der zweiten Stufe rechtfertigt sich damit, dass es sich hierbei nicht um Regeln handelt, welche der Sportart immanent sind. Zur Ausübung einer Mannschaftssportart ist es gerade unumgänglich, die Anzahl der Spieler je Verein festzulegen, da andernfalls schon ein Wettkampf zwischen den beiden Teams nicht zustande kommt. Demgegenüber stehen sich bei Einzelsportarten, wie beispielhaft in der Leichtathletik, die Einzelpersonen im Wettkampf gegenüber, so dass es einer Bestimmung der Anzahl der Wettkampfsubjekte zur ordnungsgemäßen Durchführung der Sportart nicht bedarf. Hier treten mit anderen Worten nicht elf Sportler im Verbund gegen elf andere Sportler im Verbund an, sondern Einzelkämpfer. Nur der Gedanke der Durchführung des Wettbewerbs gebietet es, die Anzahl der Wettkämpfer zu begrenzen, während die Frage, wie der Wettkampf durchzuführen ist sowie wie und welche Leistungen die Sportler zu erbringen haben, eine Frage der ersten Stufe wäre.

---

60 Vgl. EuGH Rs. C-51/96 und C-191/97 (*Deliège*), Slg. 2000, I-2549, Rn. 60 ff. und die Darstellung der Urteile im 2. Kap. II. 1. d) (2).

61 *Pfister* in: FS für W. Lorenz (1991), 171, 175; *Tyrolt*, Sportschiedsgerichtsbarkeit, S. 202 f.

Ebenfalls auf dieser Stufe einzuordnen sind die Dopingregelungen der Verbände[62]. Hinter diesen Regelungen steht der dem Sport immanente Gedanke der Vergleichbarkeit und der Chancengleichheit zwischen den Sportlern[63], mithin also sportlich-ideelle Zwecksetzungen. Dennoch haben die mit den Dopingvergehen verbundenen Sanktionen bis hin zu Wettkampfsperren faktisch große Auswirkungen auf die Berufsausübungsmöglichkeiten der Sportler. Dies gilt umso mehr, als dass eine Profikarriere zeitlich beschränkt ist und eine Wettkampfsperre, selbst wenn diese nicht zum Karriereende führt, ein gewaltiger Einschnitt in die Verdienst- und Vermarktungsmöglichkeiten des Sportlers darstellt.[64] Insoweit ist zum einen der Auffassung des EuG entgegenzutreten, dass ein Dopingverbot eine rein sportliche Regelung sei[65], was zu einer Einordnung auf der ersten Stufe nötigen würde. Vielmehr sind ebenfalls die wirtschaftlichen Auswirkungen zu berücksichtigen[66], so dass eine Einordnung auf dieser Stufe zu erfolgen hat.[67]

Gleiches gilt auch für den anfangs geschilderten Fall des Brieftaubenzüchterverbandes. Hier steht hinter dem Zulassungserfordernis für Brieftaubenmesssysteme der vereinsautonome Gedanke der Vergleichbarkeit der Flugzeiten. Diese Zwecksetzung ist grundrechtlich durch die Vereinsautonomie geschützt. Jedoch sind die Außenwirkungen dieses Zulassungsbeschlusses nicht zu vernachlässigen, da sich die Hersteller der Messsysteme, welche nicht die erforderliche Zulassung erhalten, faktisch einer erheblichen Zugangssperre auf dem Markt der Brieftauben-

62 Zu den Grundlagen rund um Doping und Sport vgl. *Adolphsen*, Internationale Dopingstrafen, S. 25 ff.

63 EuG Rs. T-313/02 (*Meca-Medina*), Slg. 2004, II-3291, Rn. 44; *Adolphsen*, Internationale Dopingstrafen, S. 26; *Tyrolt*, Sportschiedsgerichtsbarkeit, S. 204; *Haas/Prokop*, JR 1998, 45, 47; *Fleischer*, WuW 1996, 473, 481; *Summerer* in: Praxishandbuch Sportrecht, S. 633.

64 OLG München, SpuRt 1996, 133, 138; *Hannamann*, Kartellverbot und Verhaltenskoordinationen im Sport, S. 239; *Zinger*, Diskriminierungsverbote und Sportautonomie, S. 78 (allgemein zu Teilnahmen an Sportwettbewerben); *Schroeder*, SpuRt 2005, 23 f.; *Emmerich*, JuS 2006, 1123, 1124; Hierzu und zu weiteren Außenwirkungen des Dopingverbots auch *Schürnbrand*, ZWeR 2005, 396, 400 f.

65 EuG Rs. T-313/02 (*Meca-Medina*), Slg. 2004, II-3291, Rn. 53 ff.

66 Ebenso EuGH Rs. C-519/04 P (*Meca-Medina*), Slg. 2006, I-6991, Rn. 28 ff.; *Schürnbrand*, ZWeR 2005, 396, 401, der solche Vorschriften, welche den Zugang zu Wettbewerben betreffen, richtigerweise als sowohl „sportlich" als auch „wirtschaftlich" bezeichnet.

67 Demgegenüber will *Tyrolt*, Sportschiedsgerichtsbarkeit, S. 203 f., danach zwischen dem Dopingverbot und der Dopingsanktion differenzieren. Das Dopingverbot sei Teil des Kernbereichs der Vereinsautonomie, während die Dopingsanktion darüber hinausgehende Außenwirkungen habe. Eine solche Trennung ist jedoch nicht sinnvoll, denn zum einen sind beide von der gleichen Motivation der Aufrechterhaltung der Chancengleichheit im Wettbewerb getragen und zum anderen lässt sich das Dopingverbot nur durch die Sanktion in effektiver Weise durchsetzen, so dass beide Komplexe ineinander spielen. Die Regelung des Dopingverbots hat daher grundsätzlich den rechtlichen Einordnungen der Dopingsanktion zu folgen.

Messsysteme gegenüber sehen.[68] Ohne die notwendige Zulassung durch den deutschen Dachverband der Brieftaubenzüchter erscheint es nämlich äußerst unwahrscheinlich, dass diese Messsysteme überhaupt nachgefragt werden. Mit diesen gewichtigen Aspekten der vereinsautonomen Zwecksetzung und der relativ starken Außenwirkung hat daher eine Einordnung auf der zweiten Stufe zu erfolgen. Ähnliches gilt auch für eine Zulassung von Minigolfbahnen als turniergerecht durch den Deutschen Bahnengolfverband.[69]

Mit den dargelegten Kriterien muss auch der zweite in der Einleitung genannte Fall der Verweigerung der Herausgabe eines Deckbuches durch einen Hundezüchterverein an einen ihm angehörigen Hundezüchter[70] beurteilt werden. Aufgrund des stark durch die Zielsetzung des übergeordneten Verbandes geprägten ideellen Gedankens des Schutzes der Zuchtlinie kommt, auch ohne die dritte Stufe bisher dargestellt zu haben, allenfalls eine Einordnung in die erste oder in die zweite Stufe in Betracht. Abgrenzungskriterium ist also die Qualität der Außenwirkung. Hierfür können verschiedene Merkmale ins Feld geführt werden. Zum einen ist das Verhältnis zwischen Verein und Mitglied mit einem Streit um eine alltägliche Vereinstätigkeit angesprochen, was eher für eine binnenrechtliche Streitigkeit auf der ersten Stufe spricht. Andererseits entsteht für das Mitglied durch die Verweigerung der Herausgabe des Deckbuches ein massiver Eingriff in seine Tätigkeit als Züchter bis hin zu einem Einnahmeausfall wegen fehlender Verkaufsmöglichkeit gezüchteter Welpen. Diesen Nachteilen kann der Züchter in Zukunft nur entgehen, wenn er aus dem anderen Verein austritt und damit sich der Satzung des Verbandes für das Deutsche Hundewesen (VDH) gemäß verhält. Er wird also letztlich auch in seiner Entscheidung, welchen Vereinen er angehören möchte, betroffen. Diese Punkte rechtfertigen es, die Wirkung als intensiver als im bloßen Innenverhältnis anzunehmen, so dass für diesen Sachverhalt ebenfalls die zweite Stufe einschlägig ist.

Dennoch dürfen diese Erwägungen nicht so verstanden werden, dass jede Verweigerung von Leistungen eines Vereins immer die zweite Stufe beträfe. Hätte zum Beispiel die Leistung nur einen ganz geringen Einfluss auf die persönliche Lebensstellung des Mitglieds und wäre als bloße Hilfestellung zu qualifizieren, so wäre grundsätzlich die erste Stufe einschlägig. Zu denken ist hierbei als Beispiel an den Verband Wohneigentum e.V.[71] Der auf Ortsebene unter den Mitgliedern erfolgende

---

68 So zu Recht auch das OLG Düsseldorf, Urteil vom 11.02.2009 (Az.: VI-U 13/08), JURIS-Rn. 45, das zudem darauf abstellt, dass die Zulassungspraxis auch den Sinn hat, den Umfang und die Intensität des Wettbewerbs zu steuern, um hiermit sachgerechte Preise für die benötigten Waren herzustellen. Somit läge zudem eine wirtschaftliche Zielsetzung vor.

69 Vgl. die Fallgestaltung, die sich aus dem Tätigkeitsbericht des *BKartA* von 1976, BT-Drucks. 8/704, S. 86, ergibt.

70 Vgl. zum Sachverhalt oben in der Einleitung.

71 Der bis 2006 als Deutscher Siedlerbund e.V. aufgetretene Verband ist ein Interessensverband zur Förderung des Baus, Erwerbs und Erhalts von selbstgenutztem Wohneigentum, vgl. § 2 der Satzung. Dem Bundesverband gehören insgesamt 16

Austausch unterschiedlicher Arbeitsgeräte zur Pflege des Gartens wäre als eine solche bloße Hilfestellung einzustufen. Zwar wird durch eine Verweigerung seitens des Verbandes bzw. seiner eigenständigen Ortsgemeinschaften auch die persönliche Stellung des Mitglieds betroffen. Denn immerhin kann dieses ohne das entsprechende Gerät seinen Garten zunächst nicht im gewünschten Maße pflegen. Dennoch bestünde die Möglichkeit, sich die benötigten Geräte zu kaufen oder aber sich diese anderweitig auszuleihen oder anzumieten. Eine Notwendigkeit der Vereinsmitgliedschaft und ein unabwendbares Bedürfnis hinsichtlich der Vereinsleistung sind daher in diesem Fall nicht gegeben. Dies ist der Unterschied zum eben dargestellten Hundezüchterfall: Dort ist die Herausgabe des Deckbuchs im Sinne einer Leistung des Vereins an das Mitglied für eine auch nur geringfügige erwerbswirtschaftliche Zuchttätigkeit notwendig.

Eine entsprechende Betrachtung wird zu den Fällen der verweigerten Aufnahme und des Vereinsausschlusses zu ziehen sein. Abzustellen ist dabei auf den Vorteil, den die Mitgliedschaft mit sich mitbringt. Ist dieser für die persönliche Stellung von erheblicher Bedeutung und kann er nicht auf andere Weise hergestellt werden – wie insbesondere bei beruflichen Vereinigungen[72] – so würde eine größere Außenwirkung vorliegen und daher eine Betrachtung auf der zweiten Stufe zu erfolgen haben. Bringt die Mitgliedschaft dagegen nur Vorteile, die als gering einzustufen sind und die auch auf andere Weise zumutbar zu erlangen wären, kann ohne das Vorliegen weiterer verschärfender Umstände eine Betrachtung auf der ersten Stufe geschehen.

Deutlich wird an dieser Stelle, dass die Merkmale, welche für die Beurteilung des Kriteriums der Qualität der Außenwirkung angestellt werden, oftmals dieselben sind, die auch im Rahmen der Beurteilung der Rechtfertigung von Vereinsmaßnahmen eine Rolle spielen.[73] Dies ist folgerichtig, wenn man bedenkt, dass die Frage der gerichtlichen Kontrolldichte immer in direktem Zusammenhang mit der Beurteilung der Zulässigkeit von Vereinstätigkeiten steht.[74]

c) Sachverhalte des allgemeinen Rechtsverkehrs mit vereinsautonomer Motivation

Zuletzt verbleibt die dritte Stufe der vereinsautonomen Sachverhalte mit großer Außenwirkung. Auf dieser Stufe stehen zwar weiterhin beachtenswerte vereinsautonome Zielsetzungen hinter den Handlungen der Vereine. Sie treten aber hinter

---

Landesverbände an, die sich wiederum in einzelne Bezirksverbände und in Siedlergemeinschaften auf Ortsebene aufteilen können. Insgesamt vertritt der bundesweite Dachverband nach eigenen Angaben die Interessen von rund 370.000 Mitgliedern, vgl. http://www.verband-wohneigentum.de/bv/on690 (zuletzt abgerufen am 23.11.2011).

72 Vgl. nur RGZ 107, 386, 388; BGHZ 93, 151, 152 f.; BGH NJW 1999, 1326.

73 Vgl. oben im 1. Kap. V. 2. a) – c).

74 So schon oben im 1. Kap. V. 2.

ihren großen Wirkungen im Außenverhältnis zurück, da in diesen Fällen die überwiegenden Außenwirkungen der Tätigkeit das Gepräge geben. Systematisch ist eine Verwandtschaft zu den hier nicht näher zu interessierenden Maßnahmen ohne Bezug zu einer Vereinsautonomie[75] zu beobachten. Dennoch ist auch auf dieser Stufe die vorhandene vereinsautonome Zwecksetzung mit zu beachten, so dass sich eine Beurteilung nur nach den Außenwirkungen verbietet.

Exemplarisch sind hier die verschiedenen Vermarktungstätigkeiten der Sportverbände und -vereine insbesondere im Bereich des Fußballs zu nennen. Die Vermarktung dient in vielerlei Hinsicht der Generierung von Geldmitteln.[76] Im Idealfall führen diese dazu, dass die Vereine bessere Spieler verpflichten können, um so mehr sportlichen Erfolg zu haben. Zum Marketing gehören vor allem der Verkauf von Übertragungsrechten[77], das Sponsoring[78] und das Merchandising mit Fanartikeln[79]. Gerade der Handel mit Übertragungsrechten und das Sponsoring haben sich

75 Vgl hierzu in diesem Kapitel unter Punkt II. 1.

76 Z.B. bildeten bereits 2008 Einnahmen aus der Vermarktung mit über 60 % prozentual die höchste Einnahmequelle der Vereine der Fußball-Bundesliga, vgl. *Raupach*, SpuRt 2008, 241, 244 f. Vgl. auch ausführlich die Darstellung unten im 4. Kap. II. 3. c). Zur Optimierung der Vermarktung durch Verwendung von Marken eingehend: *Neumann* in: Spektrum des Sportrechts, S. 295 ff.

77 Da Sportveranstaltungen im Gegensatz zu Theater- und Opernaufführungen keine Werke im Sinne des Urheberrechts sind, liegt die Grundlage der Vermarktung nach herkömmlicher Auffassung u.a. im Hausrecht, §§ 859, 903, 1004 BGB, und in den wirtschaftlichen Verwertungsrechten aus § 823 Abs. 1 BGB und §§ 3 f. UWG der Veranstalter von Sportwettbewerben vgl. BGHZ 110, 371, 383 f.; OLG Hamburg, ZUM 2003, 782, 784; *Hellmann* in: Frankfurter Kommentar, Sonderbereiche Sport, Rn. 8; *v. Westerholt*, ZIP 1996, 264 f.; *Raupach*, SpuRt 2008, 241, 245; *Rehbinder*, Urheberrecht, Rn. 812, *Hoeren*, JR 1998, 332 f. A.A. für Sportveranstaltungen, bei denen der Verband selbst die Herstellung der Bild- und Tonaufnahmen übernimmt und diese weitergibt, wie im Rahmen der Fußball-Bundesliga seit der Saison 2006/2007 *Baumann*, Die audiovisuelle Verwertung der Fußballbundesliga, S. 54 ff. Er zieht daraus die Konsequenz, dass der DFL ein verwandtes Schutzrecht nach § 94 UrhG an den produzierten Bildern zustehe, S. 101 ff. Zur Rechtsnatur auch *Mailänder* in: FS für K. Geiß (2000), 605, 608 ff., der kritisiert, dass es kein genuines Recht für ausübende Sportler gibt, was in der Konsequenz zu einer Reihe von Verlegenheitslösungen geführt habe.

78 Zu diesem Begriff *Raupach*, SpuRt 2008, 241, 245; *Schwarze/Hetzel*, EuR 2005, 581, 600; *Hannamann*, Kartellverbot und Verhaltenskoordinationen im Sport, S. 122 ff.; *Menzel*, Werbebeschränkungen im Sport, S. 6 f.; *Schmidt*, Organisations- und Rechtsfragen als Folgen der Kommerzialisierung des Fußballsports, S. 23 ff., *Parlasca*, Kartelle im Profisport, S. 31 ff.

79 Hierzu: *Schmidt*, Organisations- und Rechtsfragen als Folgen der Kommerzialisierung des Fußballsports, S. 25 ff.; *Hannamann*, Kartellverbot und Verhaltenskoordinationen im Sport, S. 147 f.; *Blask*, Die Anwendbarkeit der Single-Entity-Theorie im professionellen Fußball, S. 36.

im kommerzialisierten Sport zu einem großen Markt entwickelt.[80] Dabei ist vor allem die Vergabe von Übertragungsrechten durch die monopolistisch aufgebauten Sportverbände in das Fadenkreuz der Wettbewerbsbehörden[81] und damit möglicherweise in Konflikt mit staatlichem Recht geraten.

Abgesehen von der noch ausführlich zu erläuternden kartellrechtlichen Problematik der Vergabe von Übertragungsrechten[82] muss an dieser Stelle zunächst geklärt werden, welche Stufe vereinsautonomer Sachverhalte betroffen ist. Blickt man auf die Außenwirkung, so erkennt man, dass diese im Vergleich zu den Sachverhalten der ersten und zweiten Stufe um einiges höher anzusetzen ist. Speziell der Verkauf der Übertragungsrechte hat, wie die anderen Vermarktungsmaßnahmen auch, ausschließlich zum Ziel externe Gelder zu generieren und bezieht sich daher auf Geldgeber außerhalb des Verbandssystems. Zudem hat das monopolistisch geprägte System der Sportverbände zur Folge, dass potenzielle Geldgeber, also Nachfrager der angebotenen Leistungen der Sportverbände, nicht in ausreichendem Maß auf andere Veranstaltungen und Verbände ausweichen können.[83] Möchte beispielsweise ein Fernsehsender die deutschen Bundesligaspiele übertragen, so hat er nur die Chance, sich über die DFL die Fernsehrechte zu sichern. Erhält er den Zuschlag nicht, kann er nicht ohne Veränderung seiner Strategie auf andere Verbände ausweichen. Als Gegenpol zu dieser großen Außenwirkung sind jedoch auch bestimmte vereinsautonome Zwecksetzungen zu beobachten. Im Rahmen der Zentralvermarktung durch die Sportverbände wird beispielsweise eingewendet, dass nur die Zentralvermarktung eine gerechte Verteilung der Einnahmen gewährleiste und damit der Wettbewerb zwischen den Vereinen in möglichst großem Rahmen aufrecht erhalten bleibe. Dies stärke aufgrund der damit einhergehenden größeren

---

80 So hat beispielsweise die FC Bayern München AG insgesamt 26 Partner, die neben Hauptsponsor und Ausrüster in „Premium Partner", „Classic Partner" und „Food Partner" eingeteilt werden, vgl. die Aufstellung unter http://www.fcbayern.telekom.de/de/verein/ag/sponsoren/index.php (Stand: 23.08.2011). Insgesamt kassieren die 18 Bundesligisten in der Saison 2011/2012 rund 120 Mio. Euro aus dem Trikotsponsoring, siehe hierzu Handelsblatt, Leverkusen präsentiert neuen Trikotsponsor: http://www.handelsblatt.com/sport/fussball/nachrichten/leverkusen-praesentiert-neuen-trikotsponsor/4467718.html?p4467718=all (zuletzt abgerufen am 23.11.2011).

81 Vgl. die Entscheidungen der Kommission v. 23.07.2003 (*UEFA Champions League*), ABl. 2003 L 291/25; v. 19.01.2005 (*Bundesliga*), ABl. 2005 L 134/46 (Langfassung unter http./ec.europa.eu/comm/competition/antitrust/cases/decisions/37214/de.pdf); v. 22.03.2006 (*FA Premier League*), ABl. 2008 C 7/10 (Langfassung unter: http://ec.europa.eu/comm/competition/antitrust/cases/decisions/38173/decision_en.pdf); BKartA, Hintergrundpapier zur Pressekonferenz am 24.07.2008 zum Thema „Zentralvermarktung der Verwertungsrechte der Fußball Bundesliga ab dem 01.07.2009", S. 6 ff., erhältlich unter: http://www.bundeskartellamt.de/wDeutsch/download/pdf/080724_PK_Hintergrundpapier.pdf; BGHZ 137, 297 ff. (*Europapokalheimspiele*).

82 Hierzu 5. Kap. I. 4.

83 Dieser Gedanke wird bei der kartellrechtlichen Betrachtung im Rahmen der Substituierbarkeit der angebotenen Leistung noch relevant werden.

Unvorhersehbarkeit der Sieger des Wettbewerbs[84] wiederum die Attraktivität des Gesamtprodukts.[85] Dahinter steht die sportökonomische Erwägung, dass es beim sportlichen Wettbewerb im Gegensatz zum wirtschaftlichen Wettbewerb nicht entscheidend ist, andere Wettbewerber vom Markt zu verdrängen, sondern es vielmehr u. a. für die Vermarktung eines Wettkampfs maßgeblich ist, dass sich die Wettbewerber in ihrer Leistungsstärke nicht zu sehr unterscheiden.[86] Zwar kann ein kausaler Zusammenhang zwischen finanzieller Stärke und sportlichem Erfolg nicht in jedem Fall bewiesen werden.[87] Dennoch hat über kurz oder lang die ökonomische Ausstattung eines Vereins Einfluss hierauf, wie das Beispiel Bayern München in Deutschland[88] oder die Meisterschaften in Spanien, England oder Italien[89] belegen. Der Versuch, die ökonomischen Unterschiede mit der Verteilung der Einnahmen aus der Zentralvermarktung nicht zu groß werden zu lassen, ist als beach-

84 *Blask*, Die Anwendbarkeit der Single-Entity-Theorie im professionellen Fußball, S. 32 f. spricht in diesem Zusammenhang von drei wichtigen Komponenten: Der Unvorhersehbarkeit des einzelnen Ligaspiels, der Unvorhersehbarkeit in Bezug auf die Ligasaison, und die Unvorhersehbarkeit über mehrere Spielzeiten hinweg. Ähnlich auch *Bagger*, Die kartellrechtlichen Grenzen bei der Vergabe von Bundesligaübertragungsrechten, S. 104 ff., der noch die Unsicherheit über die Abschlussplatzierung des favorisierten Klubs nennt, jedoch dieser und der Unvorhersehbarkeit über die langfristige Platzierung der Klubs über mehrere Spielzeiten hinweg keinen Einfluss auf das Zuschauerinteresse zuweist.

85 *Hellmann* in: Frankfurter Kommentar, Sonderbereiche Sport, Rn. 4; *Heermann*, ZWeR 2009, 472, 475; *Schwarze/Hetzel*, EuR 2005, 581, 583; *Weihs*, Zentrale Vermarktung von Sportübertragungsrechten, S. 31; Vgl. hierzu auch mit dem plastischen Beispiel, dass sich keiner mehr für die Bundesliga interessiert, wenn der FC Bayern immer 10:0 gewinnt: *Schürnbrand*, ZWeR, 2005, 396, 404 und *Deselaers*, WuW 1998, 946, 947.

86 *Hannamann*, Kartellverbot und Verhaltenskoordinationen im Sport, S. 229; *Blask*, Die Anwendbarkeit der Single-Entity-Theorie im professionellen Fußball, S. 33; *Bagger*, Die kartellrechtlichen Grenzen bei der Vergabe von Bundesligaübertragungsrechten, S. 62 f.; *Mentzel*, Solidarität im professionellen Fußballsport versus europäisches Wettbewerbsrecht, S. 23; *Parrish/Miettinen*, The Sporting Exception in European Union Law, S. 3; *Heermann*, WuW 2009, 394, 397; *Fleischer*, WuW 1996, 473, 476; *Deselaers*, WuW 1998, 946, 947; *Dietrich*, CaS 2004, 249, 252; *Brost*, SpuRt 2010, 178, 182; *Springer*, WRP 1998, 477, 479; *Stopper*, ZWeR 2008, 412, 414; *Streinz*, SpuRt 1998, 89, 93. Ähnlich auch *Steiner*, Die Autonomie des Sports, S. 26.

87 Vgl. *Bagger*, Die kartellrechtlichen Grenzen bei der Vergabe von Bundesligaübertragungsrechten S. 117 ff.; *Parlasca*, Kartelle im Profisport, S. 150 f.; *Weihs*, Zentrale Vermarktung von Sportübertragungsrechten, S. 125 ff. Auch die Abwandlung des landläufigen Spruchs „Geld schießt Tore" in „Geld schießt (doch) keine Tore", wenn ein Favorit gegen einen vermeintlichen Außenseiter strauchelt, und umgekehrt wenn der Favorit seiner Stellung gerecht wird, zeigt dies.

88 Der FC Bayern gewann neun der letzten 15 Fußballmeisterschaften, während sich fünf Vereine die anderen sechs Meisterschaften teilten.

89 In den dortigen Ligen wurde die Meisterschaft in den letzten 15 Jahren zumeist an die gleichen Teams vergeben: in Spanien an den FC Barcelona (7x) oder Real Madrid (5x), in England ausnahmslos an Manchester United (9x), den Chelsea FC oder den Arsenal FC (je 3x), in Italien an Inter Mailand (5x), Juventus Turin (4x) oder den AC Mailand (3x).

tenswerte vereinsautonome Zwecksetzung zu qualifizieren, so dass ein bloßes Außenverhältnis ausscheidet.

Gewichtet man nun beide Pole, so erkennt man, dass die Außenwirkung gerade in den stark kommerzialisierten Verbänden die vereinsautonome Zielsetzung übersteigt. Dies ist der Unterschied zu den ersten beiden Stufen, wo hinter den Vereinstätigkeiten entweder fast vollständig eine autonome Zwecksetzung steht oder diese doch zumindest die Außenwirkung übersteigt. Diese Fälle der Vermarktung von Sportereignissen sind vielmehr einer bloßen wirtschaftlichen Tätigkeit ähnlich und daher der dritten Stufe zuzuordnen.

Einen Grenzfall bildet die sog. „50+1"-Regelung im deutschen Fußball. Diese Regelung zwingt Vereine dazu, an ihren zur Teilnahme am Spielbetrieb ausgegliederten Sportkapitalgesellschaften mindestens 50% plus einen Stimmrechtsanteil zu halten.[90] Sie weist damit eine Ähnlichkeit zu dem zuvor dargestellten Fall der Verwertung von Übertragungsrechten auf, da auch hier mit dem Verkauf von Anteilen Geld zur Verwendung im Spielbetrieb generiert werden kann. Zudem stellt sich ein solcher Verkauf als Tätigkeit wie im normalen Rechtsverkehr dar. Andererseits sind mit den verfolgten Zielen der Regelung beachtenswerte ideelle Aspekte verbunden. So sollen einerseits die Integrität des sportlichen Wettkampfs gesichert und andererseits die Gefahr vermieden werden, dass Investoren eine Mannschaft übernehmen, welche diese nicht nach sportlichen Gründen, sondern nach Aspekten der Renditesteigerung leiten.[91] In der Tat hätte die uneingeschränkte Zulassung von Investoren einen weitreichenden Einfluss auf das Bild und das Selbstverständnis des Fußballs. Dies zeigt sich z.B. in den Strukturen des englischen Fußballs, wo die Übernahme der Mehrheitsanteile an Manchester United durch den US-Amerikaner Malcolm Glazer zu Fanprotesten führte und in anderen Clubs die Fans mittels „Fantrusts" versuchen, Einfluss auf ihren Verein zu erhalten bzw. diesen auch in Zukunft sicherzustellen.[92] Diese beiden konträren Pole der Regelung stehen sich damit letztlich gleichgewichtig gegenüber. Für eine Einordnung in die dritte Stufe spricht jedoch, dass die „50+1"-Regelung nicht nur die wirtschaftliche Freiheit von Vereinen und Investoren beeinträchtigt, sondern darüber hinaus auch in die Organisationsfreiheit der Vereine hinsichtlich der Beteiligungszusammensetzung ihrer Kapitalgesellschaften eingreift.

4. Mögliche Kritik an dem Drei-Stufen-Modell

Das hier vorgeschlagene Modell ist freilich nicht frei von jeglicher Kritik. So wurde aus den Beispielen zur Einordnung verschiedener Vereinstätigkeiten in die entspre-

90 Vgl. § 8 Ziff. 2 Satzung Ligaverband e.V. und § 16c DFB-Satzung.

91 *Balzer*, ZIP 2001, 175, 176; *Ouart*, SpuRt 2010, 54, 55; *Stopper*, WRP 2009, 413, 417; *Summerer*, SpuRt 2008, 234, 236; *Deutscher*, SpuRt 2009, 98.

92 Vgl. Spiegel online, Die Fans mucken auf, http://www.spiegel.de/sport/fussball/0,1518,470673,00.html (zuletzt abgerufen am 25.11.2011).

chenden Stufen bereits klar, dass oftmals eine eindeutige Zuordnung nicht möglich ist. Vielmehr hängt dies von vielen verschiedenen Faktoren des Einzelfalls ab, was sich nachteilig auf die Bestimmtheit und die Rechtssicherheit auswirkt.

Eine eindeutige, rechtssichere schematische Anwendung kann es aber letztlich nicht geben, da sich die möglichen Lebenssachverhalte vor allem in den Extrempositionen einer eindeutigen Einordnung oftmals verweigern. Auch die bekannte Drei-Stufen-Theorie des Bundesverfassungsgerichts im Rahmen der Qualifizierung der Intensität der Eingriffe in die Berufsfreiheit des Art. 12 Abs. 1 GG[93] ist nicht mit letzter Konsequenz durchgehalten. So gibt es insbesondere die Figur der Berufsausübungsregelung mit Wirkung einer subjektiven oder objektiven Zulassungsschranke[94], also einer eigentlich auf der niedrigsten Stufe anzusetzenden Regelung, die aber im Rahmen der Rechtfertigungsprüfung wie ein Eingriff auf einer höheren Stufe anzusehen ist.[95] Dies gilt umso mehr, als dass man gelegentlich über die Einordnung einer Beeinträchtigung der Berufsfreiheit streiten kann.[96] Zudem sind innerhalb der einzelnen Stufen Feindifferenzierungen bei den einzelnen Eingriffen möglich.[97] Insofern stellen Korrekturen aufgrund von Wertungen auch bei relativ starren Stufenmodellen nichts Ungewöhnliches dar. Sie tragen vielmehr dazu bei, den Besonderheiten des Einzelfalls gerecht zu werden.

Eine Alternative wäre ein Modell, bei dem es keine Stufen gäbe und stattdessen alleine eine Schwerpunktbeurteilung maßgeblich wäre. Dies entspräche dem dargestellten Modell von *Pfister* aus dem Bereich des Sportrechts, wonach das Kriterium der Sporttypizität dazu führe, dass der Entscheidungsspielraum eines Verbandes

---

93 Grundlegend: BVerfGE 7, 377, 404 ff. (*Apothekenurteil*); BVerfGE 25, 1, 11 f.; *Jarass* in: Jarass/Pieroth, Art. 12, Rn. 33 ff.; *Pieroth/Schlink*, Grundrechte, Rn. 894 ff.; Ausführliche Beleuchtung der Theorie: *Breuer* in: HdStR VIII (2010), § 171, Rn. 14 ff.; *Scholz* in: Maunz/Dürig, Art. 12, Rn. 335 ff.

94 So wenn die Berufsausübungsregelung zur Berufsaufgabe zwingt, vgl. *Manssen* in: v. Mangoldt/Klein/Starck, Art. 12, Rn. 143. Gleichermaßen können die Unterschiede zwischen subjektiver und objektiver Berufswahlregelungen verschwimmen, vgl. *Pieroth/Schlink*, Grundrechte, Rn. 906.

95 BVerfGE 17, 269, 276; 25, 1, 12; 61, 291 ,311; *Breuer* in: HdStR VIII (2010), § 171, Rn. 19; *Scholz* in: Maunz/Dürig, Art. 12, Rn. 266; *Jarass* in: Jarass/Pieroth, Art. 12, Rn. 37 ff.

96 So wäre die zeitlich beschränkte Zulassung als Kassenarzt eine Wahlregelung, wenn man dies als eigenständigen Beruf und nicht nur als Modalität des Berufs des Arztes sehen würde, vgl. BVerfGE 11, 30, 41 f.; *Jarass* in: Jarass/Pieroth, Art. 12, Rn. 39.

97 Das Bundesverfassungsgericht formuliert z.B.: „Je einschneidender die Freiheit der Berufsausübung beengt wird, desto höher müssen die Anforderungen an die Dringlichkeit der öffentlichen Interessen sein, die zur Rechtfertigung solcher Beengung ins Feld geführt werden.“, BVerfGE 11, 30, 43. Dies kann im Einzelfall bis hin zu den Anforderungen gehen, die an eine Berufswahlregelung gestellt werden, BVerfGE 25, 1, 11 f.

weit oder eng gesteckt sei.[98] Letztendlich stecken hinter diesem Modell jedoch keine anderen Kriterien zur Erfassung vereinsautonomer Handlungen als hier vertreten. Eine rechtssichere Handhabung wäre hier ebenfalls nicht gesichert, sondern hinge vor allem in der Praxis erheblich von der Einschätzung der Richter ab.[99] Es bleibt aber vor allem zu konstatieren, dass eine genaue Einordnung der Vereinshandlungen mit all den Auswirkungen im Einzelfall nicht schematisch geschehen kann, da hierfür die Vereinstätigkeiten und ihre Auswirkungen zu vielfältig sind.[100] Insofern kann jedoch ein Stufenmodell dazu beitragen, Kategorien als Orientierung vorzugeben und daher eine Einordung anhand dieser Kategorien und deren Beispiele einfacher vornehmen zu können.[101] Dass im Einzelfall dennoch Korrekturen und Wertungen aufgrund spezifischer Anforderungen oder Auswirkungen vorgenommen werden müssen, steht dem nicht entgegen.

5. Rechtliche Folgerungen der Stufentheorie

Dieses dargestellte Stufenmodell soll im weiteren Verlauf der Untersuchung herangezogen werden, um die vielfältigen Probleme der Einschränkung der Vereinsautonomie durch das Kartellrecht beurteilen zu können. Deshalb soll an dieser Stelle mit der Zielsetzung der Arbeit eine genaue Betrachtung der Konsequenzen auf jedwede Einschränkung der Vereinsautonomie unterbleiben. Hier sollen vielmehr zunächst nur allgemeine rechtliche Folgerungen dargestellt werden. Insofern verbleibt es bei der allgemeinen Feststellung, dass im Rahmen der *ersten Stufe* die Belange der Vereinsautonomie stets voll in ihrem grundrechtlichen Gehalt zu beachten sind.[102] Dies ergibt sich aufgrund der bloßen Innenwirkung von selbst, da insoweit nur die Grundrechte der Vereinigungsfreiheit, sowohl national als auch gemeinschaftsrechtlich, einschlägig sein können. Welche zwangsläufige und den-

98 *Pfister* in: FS für W. Lorenz (1991), 171, 179 f.; *ders.*, SpuRt 1998, 221, 226; Ihm folgend: *Summerer* in: Praxishandbuch Sportrecht, S. 106. Siehe hierzu auch in diesem Kapitel unter II. 3.

99 Siehe auch die diesbezügliche Kritik an *Pfisters* Theorie von *Heß* in: Heß/Dressler, Aktuelle Rechtsfragen des Sports, 1, 22 f.

100 Ebenfalls hinsichtlich der Abgrenzung zwischen reinen Sportregeln und Rechtsregeln: *Pfister*, SpuRt 2007, 58.

101 Ähnlich bei der Drei-Stufen-Theorie des Bundesverfassungsgerichts im Rahmen des Art. 12 GG: *Tettinger*, NJW 1987, 294, 298, spricht davon, dass diese die Plastizität der Judikatur erhöht habe, *Breuer* in: HdStR VIII (2010), § 171, Rn. 16 von einem Struktuierungspotenzial und Koordinatensystem für die Rechtsanwendung und *Manssen* in: v. Mangoldt/Klein/Starck, Art. 12, Rn. 144 von einem Grobraster, das für notwendige Verfeinerungen und Differenzierungen offen sei.

102 Dem entspricht, beim Modell von *Pfister* in: FS für W. Lorenz (1991), 171, 179 f. die Einordnung einer Regel als *„sport-typisch“*, *Pfister* in: FS für W. Lorenz (1991), 171, 179. Ähnlich *Schürnbrand*, ZWeR 2005, 396, 404, der bei der Anwendung des Kartellrechts von der Zurückhaltung spricht, je mehr der „Kernbereich“ des sportlichen Wettkampfs selbst betroffen sei.

noch weitreichende Konsequenz dies für das Kartellrecht bedeutet, wird an späterer Stelle dargestellt.[103]

Klärungsbedürftig sind vor allem die anderen beiden Stufen, bei denen ein Konglomerat aus Verwirklichung der Vereinszwecksetzung und des Handelns im normalen Rechtsverkehr besteht. Als Basis darf die bereits mehrmals dargelegte Feststellung dienen, dass hier die Zielsetzung eines Vereins berücksichtigt werden muss – jedoch umso weniger, je mehr die vereinsautonomen Zwecksetzungen hinter die Außenwirkung zurücktreten. Insofern ist zu unterscheiden:

Auf der Ebene der *zweiten Stufe* ist die Beachtung der Vereinsautonomie und daher der grundrechtliche Gehalt der Vereinigungsfreiheit Maßstab der rechtlichen Beurteilung. Dies ergibt sich zum einen aus dem Überwiegen der Verfolgung ideeller Zwecke vor den Außenwirkungen der konkreten Tätigkeit. Zum anderen muss bemerkt werden, dass die Verwirklichung der Vereinszielsetzungen – welche ohne Zweifel von Art. 9 Abs. 1 GG bzw. Art. 12 GRC oder Art. 11 EMRK erfasst sind – oftmals nicht ohne Außenwirkung und ohne rechtsgeschäftliches Handeln vonstatten gehen können.[104] Um beim Fall des Brieftaubenzüchterverbandes[105] zu bleiben: Wie anders kann der Zweck eines Verbandes, die unterschiedlichen Vereine zu koordinieren und eine Vergleichbarkeit der Leistungen der Brieftauben unterschiedlicher Vereine untereinander zu gewährleisten, stattfinden, wenn es nicht gleichzeitig dem Verband erlaubt sein sollte, einheitliche Messsysteme vorzuschreiben? Insoweit wird klar, dass das rechtsgeschäftliche Handeln nach außen auf dieser Stufe eng mit der Verwirklichung des Vereinszwecks verknüpft ist, was eine Beurteilung anhand des grundrechtlichen Gehalts der Vereinigungsfreiheit neben anderen möglicherweise ebenfalls einschlägigen Grundrechten erfordert.[106] Freilich sind auch auf dieser Stufe die Zwecksetzungen ebenfalls abwägungsfähig.[107] Allerdings müssen diese gegenläufigen Interessen von einigem Gewicht sein, um nicht Gefahr zu laufen, die mit der Vereinsautonomie verbundene freie Wertsetzung der Vereine zu untergraben.

Anders sind dagegen die Sachverhalte der *dritten Stufe* zu beurteilen. Hier überwiegt das Außenverhältnis die Binnenzwecksetzung. Dieser Fall ist ähnlich wie ein bloßes

---

103 Siehe 4. Kap. II. 2.

104 Dieses Argument wird auch bei der Begründung des Nebenzweckprivilegs relevant. Vgl. hierzu *Hemmerich*, Möglichkeiten und Grenzen wirtschaftlicher Betätigung von Idealvereinen, S. 85, die dementsprechend u.a. aus Art. 9 Abs. 1 GG und dessen Garantie zur funktionsgerechten Betätigung der Idealvereine die Geltung des Nebenzweckprivilegs ableitet.

105 Vgl. GRUR-RR 2009, 397 und die Sachverhaltsdarstellung in der Einleitung.

106 A.A. *Bröhmer* in: Grote/Marauhn, Kap. 19 Rn. 57, der bei Tätigkeiten zur Verwirklichung des Vereinszwecks alleine das jeweilige spezifische Grundrecht einschlägig sieht.

107 Siehe insoweit bereits oben im 1. Kap. V. 2. Zu den kartellrechtlichen Anknüpfungspunkten hierzu im Rahmen der Anwendung des Kartellrechts, siehe 4. Kap. I.

Handeln im Rechtsverkehr einzuordnen. Hier sind alleine die für das konkrete Handeln einschlägigen Grundrechte, auf nationaler Ebene insbesondere Art. 12 Abs. 1, 14 oder subsidiär Art. 2 Abs. 1 GG, und ihre Wertungen Maßstab der rechtlichen Betrachtung. Nur hier wird die Aussage relevant, dass die Vereinstätigkeit nicht mehr durch Art. 9 Abs. 1 GG geschützt sein soll, wenn die Vereinigung wie jedermann am allgemeinen Rechtsverkehr teilnimmt[108]. Denn hier ist der Kernbereich der Vereinstätigkeit[109] jedenfalls im Ergebnis überschritten. Dennoch müssen die bei Idealvereinen nicht-wirtschaftlichen Zwecksetzungen bei der Frage der Rechtmäßigkeit in einem gewissen Maße mitberücksichtigt[110] werden.[111] Denn trotz der überwiegenden Außenwirkung des Vereinshandelns sind die ideellen Zielsetzungen immer noch existent. Dies stellt den Unterschied zu jenen Sachverhalten dar, die ausschließlich als Teilnahme am allgemeinen Rechtsverkehr zu beurteilen sind. Im Ergebnis läuft dies auf eine Abwägung mit Gewichtung der gegenläufigen Interessen hinaus.

III. Zusammenfassung der Ergebnisse

Vereinsrechtliche Sachverhalte können oftmals nicht eindeutig in Innenverhältnis und Außenverhältnis eingeordnet werden. Vielmehr vermischen sich vielfach vereinsautonome Zwecksetzungen mit den Wirkungen nach außen. Diese beiden Kategorien bestimmen, wie rechtlich damit umgegangen werden muss. Dies führt nach hier vertretener Auffassung zu einem Drei-Stufen-Modell: Ist ausschließlich die Vereinsautonomie angesprochen, ist der Sachverhalt auf der ersten Stufe einzuordnen. Besteht eine nicht zu vernachlässigende Außenwirkung, überwiegen aber

108 So BVerfG NJW 2000, 1251; NJW 1986, 772; NJW 1996, 1203; *Pieroth/Schlink*, Grundrechte, Rn. 794; *Jarass* in: Jarass/Pieroth, Art. 9, Rn. 9; *Bauer* in: Dreier, Art. 9, Rn. 45; *Kemper* in: v. Mangoldt/Klein/Starck, Art. 9, Rn. 55, welche jedoch dazu neigen, dies bei jeder Außenwirkung anzunehmen. Im Übrigen wird an dieser Stelle die im 1. Kap. unter I. 3. a) getroffene Aussage, wonach nicht bezweifelt wird, dass Kapitalgesellschaften durch das Kartellrecht in ihrer Tätigkeit beschränkt werden können, klar: Diese Gesellschaften als Handelsgesellschaften sind ihrer Zielsetzung nach auf wirtschaftliche Betätigung, mithin auf Teilnahme am allgemeinen Rechtsverkehr ausgerichtet, so dass der Anwendungsbereich der Vereinsautonomie dementsprechend gering ausfällt und demnach oft die Sachverhalte als auf der dritten Stufe oder komplett ohne vereinsautonomen Bezug anzusehen sind. Einschlägig ist dann in der Tat das jeweils bereichsspezifische Grundrecht, in der Regel also Art. 12 Abs. 1 GG.

109 So die Terminologie des Bundesverfassungsgerichts, vgl. BVerfGE 80, 244, 253.

110 Man könnte hier auch daran denken, formal die Vereinigungsfreiheit daneben einschlägig sein zu lassen, die Schranke jedoch den anderen einschlägigen Grundrechten mit der Begründung anzupassen, dass Art. 9 Abs. 1 GG in diesen Fällen nicht mehr Rechte einräumen kann, als dies für einzelne Individuen der Fall wäre. Vgl. zu diesem Gedankengang im Rahmen der Zusammenschlusskontrolle von Unternehmen und der Konkurrenz von Art. 9 GG zu Art. 12, 14 GG: *Scholz*, Entflechtung und Verfassung, S. 191 f.

111 Hierzu beispielsweise bei der Frage der Zentralvermarktung als Ebene der dritten Stufe im 5. Kap. I. 4.

dennoch die vereinsautonomen Zwecksetzungen, ist die zweite Stufe betroffen. Überwiegt umgekehrt die Außenwirkung und ist die Zielsetzung des Vereins gleichsam Beiwerk, ist der Sachverhalt auf der dritten Stufe zu beurteilen. Die bloße allgemeine Teilnahme am Rechtsverkehr bleibt aufgrund der Zielsetzung der Untersuchung außer Betracht, wäre im Übrigen aber als „vierte Stufe" zu betrachten.

Hieraus ist rechtlich zu folgern, dass auf der Ebene der ersten und zweiten Stufe die Vereinsautonomie und damit der grundrechtliche Gehalt der Vereinigungsfreiheit rechtlicher Maßstab für Beschränkungen ist. Dagegen ist die dritte Stufe ähnlich der bloßen Teilnahme am allgemeinen Rechtsverkehr einzustufen. Dies hat die Konsequenz, dass das jeweilige bereichsspezifische Grundrecht, nicht aber die Vereinigungsfreiheit maßgeblich ist. Dennoch müssen vereinsautonome Zwecke im Rahmen der rechtlichen Beurteilung in Form einer Abwägung oder einer Auslegung mit berücksichtigt werden.

4. Kapitel: Kartellrechtliche Beschränkungen der Vereinsautonomie

Nunmehr ist speziell auf die kartellrechtlichen Beschränkungen der Vereinsautonomie einzugehen. Hierbei ist insbesondere vorab die Frage zu klären, welche Auswirkungen der Gehalt der Vereinsautonomie hinsichtlich der Beschränkungsmöglichkeiten durch das Kartellrecht hat, sprich ob eine Beschränkung der Vereinsautonomie durch das Kartellrecht überhaupt möglich ist, und falls ja, welche Auswirkungen die Vereinsautonomie auf die Anwendbarkeit kartellrechtlicher Tatbestände hat. Dabei ist sowohl auf das deutsche als auch auf das europäische Kartellrecht einzugehen.

I. Kartellrecht als Beschränkungsmöglichkeit der Vereinsautonomie

Zu klären ist also zunächst, inwieweit das Kartellrecht auf verfassungsrechtlicher Ebene eine Beschränkungsmöglichkeit für die Vereinsautonomie darstellen kann. Diese Frage ist für die Untersuchung insoweit von Bedeutung, als dass eben gezeigt wurde, dass Tätigkeiten der *ersten und zweiten Stufe* dem Regelungsregime der Vereinigungsfreiheiten nationalen und europäischen Rechts unterfallen.

Auf nationaler Ebene ist dabei zu beachten, dass Art. 9 Abs. 1 GG dergestalt verstanden wird, dass die Vereinigungsfreiheit der gesetzlichen Ausgestaltung bedarf, welche die Vereinstätigkeit so einschränken kann, dass diese sich in die bestehende Rechtsordnung einfügt.[1] Dabei ist zwar zum Schutz der Vereinigungsfreiheit auf einen schonenden Ausgleich zu achten, der die zwingenden Voraussetzungen und Bedürfnisse freier Assoziation grundsätzlich wahrt.[2] Jedoch könnte somit auch das Kartellrecht eine dementsprechende Ausgestaltung der Vereinigungsfreiheit darstellen. Dies hätte zur Folge, dass die kartellrechtlichen Regelungen ohne weiteres jene Tätigkeit von Vereinen mit Bezug zur Verwirklichung der ideellen Zwecksetzung begrenzen könnten. Eine solche Auffassung würde allerdings erhebliche Bedenken wecken, da sie den grundrechtlichen Schutz der Vereinigungsfreiheit verkürzt. Denn problematisch an der Ausgestaltungsdoktrin ist generell, dass die Grenzen der Gewährleistung der Vereinigungsfreiheit unklar werden[3] und sich die Anforderungen an die Begrenzung des Grundrechts jenen des einfachen Gesetzesvorbehalts annähern[4]. Diese Auffassung kann daher nur dann uneingeschränkt gelten, wenn Regelungen erlassen werden, welche die Vereinigungsfreiheit erst ermöglichen. Hierzu gehören beispielsweise gesetzliche Konzeptionen von Vereinigungen. Für andere beschränkende Regelungen muss dagegen grundsätzlich die Wertung

1 BVerfGE 50, 290, 354 f.; 84, 372, 378; BVerfG GewArch 2003, 241, 243.

2 BVerfGE 50, 290, 355; 84, 372, 378 f.; BVerfG GewArch 2003, 241, 243.

3 *Bauer* in: Dreier, Art. 9 Rn. 52.

4 Kritisch ob der Verkürzung des Schutzbereichs der Vereinigungsfreiheit auch *Scholz*, Entflechtung und Verfassung, S. 106 f.

des Art. 9 GG gelten, so dass eine Beschränkung nur zum Schutz verfassungsrechtlich geschützter Rechtsgüter zulässig ist. Da das Kartellrecht nicht dazu führt, dass die Vereinigungsfreiheit erst ermöglicht wird, ist demnach für Sachverhalte innerhalb des Art. 9 GG zu prüfen, ob mit den kartellrechtlichen Bestimmungen ein Schutz derartiger Rechtsgüter verfolgt wird.

1. Schutzgut des Kartellrechts

Bevor der Frage nachgegangen werden kann, ob auf grundrechtlicher Ebene das Kartellrecht Beschränkungsmaßstab für die Vereinsautonomie sein kann, ist zunächst das Schutzgut des Kartellrechts zu bestimmen. Denn dieses ist gerade im Hinblick auf die Schranken-Schranken des Art. 9 GG und des Art. 11 Abs. 2 EMRK, welche keine Einschränkung zur Verfolgung jeder beliebigen Ziele zulassen, notwendig.

a) Schutz des Wettbewerbs vor Beschränkungen als Ziel des Kartellrechts

Das Kartellrecht wird in der deutschen Rechtsordnung als Gesetz gegen Wettbewerbsbeschränkungen (GWB) bezeichnet, was seinen Ansatz bereits aufzeigt: Bekämpfung von Beschränkungen des Wettbewerbs. Ähnlich ist die Konstellation im europäischen Recht, wo die Art. 101–109 AEUV mit „Wettbewerbsregeln" überschrieben sind. Damit ist das gemeinsame nationale und unionsrechtliche Schutzgut klar, nämlich der Schutz des freien Wettbewerbs vor Beschränkungen durch die an ihm teilnehmenden Unternehmen.[5] Dass dieser überhaupt eingeschränkt werden kann, liegt, außerhalb des Bereichs staatlicher Eingriffe, in der Privatautonomie der im Wettbewerb tätigen Personen, mithin an der unternehmerischen Freiheit. Denn die Vertragsfreiheit als Teil der Wettbewerbsfreiheit kann auch dazu verwendet werden, Vereinbarungen zu treffen, mit denen sich die Vertragsparteien in ihren unternehmerischen Gestaltungsmöglichkeiten beschränken und damit die Wettbewerbsfreiheit begrenzen.[6] Unter anderem an dieser Problemlage[7] knüpft das Kartellrecht an.

aa) Begriff des Wettbewerbs

Hieran anschließend stellt sich die Frage, was unter dem Begriff des Wettbewerbs zu verstehen ist, was also genau geschützt wird.[8] Eine Legaldefinition hierzu exis-

5 *Meessen* in: Loewenheim/Meessen/Riesenkampff, Einführung Rn. 5; *Bechtold* in: Bechtold, Einführung Rn. 47; *Lettl*, Kartellrecht, § 7 Rn. 5.

6 *Rittner/Dreher*, Europäisches und Deutsches Wirtschaftsrecht, § 14 Rn. 41; *Köhler* in: Köhler/Bornkamm, Einl UWG Rn. 1.33; *Merz* in: FS für F. Böhm (1965), 227, 228; *Schwier*, Wirtschaftsgrundrechte von Unternehmen in der Europäischen Grundrechtecharta, S. 116, spricht insoweit zu Recht von einer ambivalenten Wirkweise der Wettbewerbsfreiheit.

7 Daneben behandelt das Kartellrecht die missbräuchliche Ausnutzung beherrschender Marktstellungen sowie die Kontrolle über den Zusammenschluss von Unternehmen.

8 An dieser Stelle kann im Hinblick auf die Zielsetzung der Arbeit keine umfassende Untersuchung des Wettbewerbsbegriffs und der ökonomischen Wettbewerbstheorien

tiert nicht. Auch die Wissenschaft ist bis heute nicht zu einer einheitlichen Definition des Wettbewerbsbegriffs gekommen[9]. Dieser Befund mündet in die beinahe resignierend anmutende Feststellung, dass es keine allgemeingültige, abschließend positive Definition des Wettbewerbsbegriffs gibt[10]. Vielmehr ist in der Tat zu konstatieren, dass sich der Wettbewerb als Entdeckungsverfahren[11] darstellt. Darunter ist zu verstehen, dass der Wettbewerb aufgrund der Vielzahl von Akteuren, möglichen Handlungen, tatsächlichen Gegebenheiten und Entwicklungen, die sich einer allgemein gültigen Betrachtungsweise entziehen, ein ergebnisoffenes Geschehen ist.[12] Dass man alleine bei dieser Feststellung nicht stehenbleiben kann, liegt auf der Hand, denn das Kartellrecht als Teil der Wettbewerbspolitik muss eine Vorstellung davon haben, was es schützen soll[13], so dass eine Konkretisierung zu erfolgen hat.

Mit Blick auf die bereits angesprochene und noch genauer anzusprechende Tätigkeit von Sportvereinen und -verbänden ist an dieser Stelle bereits klarzustellen, dass es sich bei dem Wettbewerb des Kartellrechts nicht um den sportlichen Wettbewerb im Sinne eines Sport-Wettkampfes handelt. Erfasst wird vom Kartellrecht vielmehr nur der ökonomische Wettbewerb. Dennoch haben beide Wettbewerbsbegriffe gewisse Gemeinsamkeiten, was es rechtfertigt, in begrenztem Maße[14] Über-

---

stattfinden. Es findet daher eine Beschränkung auf die allgemeinen Grundlagen statt, welche für den Zweck der Untersuchung vollkommen ausreichend sind. Zu den ökonomischen Theorien vgl. die Darstellungen bei *Köhler* in: Köhler/Bornkamm, Einl UWG Rn. 1.11 ff; *Mestmäcker/Schweitzer*, Europäisches Wettbewerbsrecht, § 2 Rn. 75 ff.; *Schmidt*, Wettbewerbspolitik und Kartellrecht, S. 2 ff.; *Kling/Thomas*, Kartellrecht, § 1 Rn. 19 ff.; *Emmerich*, Kartellrecht, § 1 Rn. 13 ff.; *Baur*, ZHR 134 (1970), 97 ff.

9 Vgl. zu verschiedenen Definitionsversuchen und der Kritik hieran *Köhler* in: Bornkamm/Köhler, Einl UWG Rn. 1.6.

10 *Mestmäcker/Schweitzer*, Europäisches Wettbewerbsrecht, § 2 Rn. 75; *Rittner/Dreher*, Europäisches und deutsches Wirtschaftsrecht, § 15 Rn. 41; *Köhler* in: Bornkamm/Köhler, Einl UWG Rn. 1.6; *Kling/Thomas*, Kartellrecht, § 1 Rn. 16; *Herdzina*, Wettbewerbspolitik, S. 31; *Rittner* in: FS für A. Kraft (1998), 519, 525.

11 Begründet wurde diese Sicht durch *Friedrich August von Hayek*, vgl. u.a. *Hayek*, Recht, Gesetzgebung und Freiheit (Band 3), S. 96 ff.

12 Ebenso: *Meessen* in: Loewenheim/Meessen/Riesenkampff, Einführung Rn. 7; *Nordemann* in: Loewenheim/Meessen/Riesenkampff, § 1 GWB Rn. 79; *Schünemann* in: Harte-Bavendamm/Henning-Bodewig, § 1 Rn. 26 f.; *Mestmäcker/Schweitzer*, Europäisches Wettbewerbsrecht, § 2 Rn. 92; *Rittner/Dreher*, Europäisches und deutsches Wirtschaftsrecht, § 15 Rn. 41; *Wiedemann* in: Handbuch des Kartellrechts, § 1 Rn. 3.

13 *Schmidt*, Wettbewerbspolitik und Kartellrecht, S. 1.

14 Der sportliche Wettkampf ist in hohem Maße auf den Erlass und die Einhaltung von Regeln angewiesen und stellt insoweit einen organisierten Wettkampf dar, während der wirtschaftliche Wettbewerb sich durch eine Offenheit im Sinne der Entwicklung neuer Leistungen auszeichnet, vgl. hierzu und zu weiteren Unterschieden bei *Rittner* in: FS für R. Schmidt (1976), 221, 232; *ders.* in: FS für A. Kraft (1998), 519, 526 und 530 sowie *Schünemann* in: Harte-Bavendamm/Henning-Bodewig, § 1 Rn. 22 f. Diesen Unterschied kann man dadurch erklären, dass es beim sportlichen Wettkampf entscheidend auf die Vergleichbarkeit der Leistungen im Verhältnis zu anderen Sportlern ankommt, also eine

tragungen vorzunehmen.[15] So zeichnen sich beide Wettbewerbsformen durch das Vorhandensein anderer Teilnehmer an einem gewissen „Wettkampfort“, die Bewertung und den Vergleich mit diesen im Sinne von Aufeinandertreffen und Konkurrenz[16] sowie damit verbunden der Antrieb, besser als die Konkurrenz sein zu wollen, aus.[17]

Dementsprechend kann man den ökonomischen Wettbewerb über folgende Merkmale beschreiben: (1) Die Existenz von Märkten (im Sinne eines Ortes) mit (2) mindestens zwei Anbietern oder Nachfragern (Vorhandensein von Konkurrenten), die (3) versuchen ihre eigene Marktposition zur Erreichung eines gewissen Ziels zu Lasten anderer zu verbessern, sich also antagonistisch und nicht kooperativ verhalten (Konkurrenzgedanke).[18]

Letztlich definiert sich der Wettbewerb also zentral über die Interaktion von Individuen und deren damit ausgeübten individuellen Handlungsfreiheiten[19]; nämlich zum einen als Ort, auf dem mehrere individuelle wirtschaftliche Handlungsfreiheiten aufeinandertreffen und zugleich als Ergebnis der Ausübung der Summe dieser Individualfreiheiten. Jene lassen sich im freien Wettbewerb jedoch nicht immer maximal ausüben, sondern sind durch die individuellen Freiheiten anderer – sei es der Konkurrenten, sei es der Marktgegenseite – wechselseitig begrenzt und werden damit gelenkt.[20] Gerade dieses Konglomerat von Ausübung individueller Handlungsfreiheiten im Zusammenspiel mit sonstigen Gegebenheiten – z.B. Vorhandensein von Ressourcen, Verfahren zur Herstellung, Kapital – macht den Wettbewerb

---

gemeinsame Basis geschaffen werden muss, aufgrund derer die Leistungen verglichen werden können. Der wirtschaftliche Wettbewerb erschöpft sich aber nicht in der Vergleichbarkeit von Leistungen oder Marktpositionen. Diese sind vielmehr Basis um letztlich einen möglichst hohen individuellen Vorteil als Ziel wirtschaftlicher Betätigung zu erlangen.

15 Nach *Rittner/Kulka*, Kartellrecht, § 6 Rn. 34 und *Rittner/Dreher*, Europäisches und deutsches Wirtschaftsrecht, § 15 Rn. 42, setzt sich in der Kartellrechtswissenschaft sogar immer mehr die Erkenntnis durch, dass der wirtschaftliche Wettbewerb nur als Teil eines allgemeinen Wettbewerbs verstanden werden könne, der das gesamte soziale Leben als menschliches Urphänomen bestimme.

16 „Konkurrenz“ ist ein Synonym des eingedeutschten Wortes „Wettbewerb“, vgl. *Schmidt*, Wettbewerbspolitik und Kartellrecht, S. 1 und zur Herkunft *Köhler* in: Bornkamm/Köhler, Einl UWG Rn. 1.1.

17 Vgl. *Köhler* in: Bornkamm/Köhler, Einl UWG Rn. 1.1; *Kling/Thomas*, § 1, Fn. 53 zu Rn. 27.

18 *Schmidt*, Wettbewerbspolitik und Kartellrecht, S. 1 f.; *Kling/Thomas*, § 1 Rn. 17; *Adolphsen*, Internationale Dopingstrafen, S. 160; *Fleischer*, WuW 1996, 473, 476.

19 *Mestmäcker/Schweitzer*, Europäisches Wettbewerbsrecht, § 2 Rn. 73 f.; *Nordemann* in: Loewenheim/Meessen/Riesenkampff, § 1 GWB Rn. 79; *Rittner/Kulka*, Kartellrecht, § 6 Rn. 37; *Rittner* in: FS für R. Schmidt (1976), 221, 232; *Hoppmann*, Wirtschaftsordnung und Wettbewerb, S. 298 f.; *Herdzina*, Wettbewerbspolitik, S. 113 f.; *Emmerich*, Kartellrecht, § 1 Rn. 2 f.; *Immenga*, ZWeR 2006, 346, 356.

20 Das ist Ausdruck und Ergebnis des antagonistischen Verhaltens der Marktteilnehmer.

als ergebnisoffenes Entdeckungsverfahren aus. Es definiert den Wettbewerb darüber hinaus vorwiegend über die Freiheiten und damit über sein Adjektiv „frei".[21]

Gerade dieser Punkt ist auch Teil des Verständnisses, wie ihn im europäischen Recht der EuGH vom Begriff des Wettbewerbs hat, ohne dass dieser freilich einen Definitionsversuch unternommen hätte. Denn nach dem Gerichtshof ist das so genannte Selbstständigkeitspostulat grundlegend für die Erfassung der Wettbewerbsvorschriften und damit des Wettbewerbs selbst. Dieses besagt, dass jeder Unternehmer unabhängig von anderen „[…] selbstständig zu bestimmen hat, welche Politik er auf dem Gemeinsamen Markt betreiben und welche Bedingungen er seiner Kundschaft gewähren will."[22] Wer dies aber selbständig bestimmen soll und kann, der hat im Rahmen der Gegebenheiten maximale Handlungsfreiheit.

Das Kartellrecht hat dementsprechend die Aufgabe, diesen Status gleichsam nach unten abzusichern.[23] Zentral wird dabei auf die Begrenzung individueller Handlungsfreiheiten durch die Freiheiten anderer abgestellt. Wenn diese Begrenzung nicht mehr stattfinden kann, weil ein Marktteilnehmer eine so starke Position erworben hat, dass er sich der Kontrolle durch den Wettbewerb entziehen kann oder verschiedene Marktteilnehmer durch eine Vereinbarung eine solche Position anstreben, muss der Staat regelnd eingreifen und den Wettbewerb in seiner Struktur sichern. Von der anderen Seite her betrachtet kann eine solche Stellung einzelner oder mehrerer verbundener Unternehmen zu einer willkürlichen Einschränkung der Handlungsfreiheiten anderer Marktteilnehmer führen.[24] Das Kartellrecht stellt sich damit als rechtliches Ordnungsprinzip einer freiheitlichen Wirtschaftsverfassung[25] in dem Sinne dar, dass man statt Gebote für ein erwünschtes Marktverhalten

21 Eine solche Ansicht, welche die individuellen Wettbewerbsfreiheiten der Marktteilnehmer in den Vordergrund stellt, wird als *systemtheoretische Konzeption* bezeichnet, vgl. *Herdzina*, Wettbewerbspolitik, S. 108 ff., *Schünemann* in: Harte-Bavendamm/Henning-Bodewig, § 1 Rn. 32 ff. und *Immenga*, ZWeR 2006, 346, 356. Diese Konzeption geht in ihren Grundzügen zurück auf die liberalen Klassiker der Nationalökonomie wie *Smith* und *Ricardo*, welche die Wettbewerbsfreiheit auch und gerade als Freiheit des Bürgers vom Staat und damit als Gegenstück des Merkantilismus verstanden haben, vgl. *Schmidt*, Wirtschaftspolitik und Kartellrecht, S. 2, und wird als *neoklassisch* bezeichnet, vgl. *Schünemann* in: Harte-Bavendamm/Henning-Bodewig, § 1 Rn. 32; *Emmerich*, Kartellrecht, § 1 Rn. 29.

22 EuGH verb. Rs. 40/73 u.a. (*Suiker Unie*), Slg. 1975, 1663, Rn. 173/174; EuGH Rs. 172/80 (*Züchner/Bayerische Vereinsbank*), Slg. 1981, 2021, Rn. 13; EuGH Rs. C-8/08 (*T-Mobile Netherlands BV*), Slg. 2009, I-4529, Rn. 32 f.

23 *Rittner/Dreher*, Europäisches und deutsches Wirtschaftsrecht, § 14 Rn. 39 ff.; *Mestmäcker/Schweitzer*, Europäisches Wettbewerbsrecht, § 2 Rn. 94; *Herdzina*, Wettbewerbspolitik, S. 67.

24 *Emmerich*, Kartellrecht, § 1 Rn. 5.

25 *Mestmäcker/Schweitzer*, Europäisches Wettbewerbsrecht, § 2 Rn. 94; *Rittner/Dreher*, Europäisches und deutsches Wirtschaftsrecht, § 14 Rn. 39 ff.

positiv zu formulieren, gewisse Marktverhaltensweisen verbietet, von denen man annimmt, dass sie den Wettbewerb gefährden[26].

Abzulehnen sind daher jene Wettbewerbstheorien, die den Wettbewerb alleine über dessen Funktionen, insbesondere der Steigerung der Wohlfahrt einer Gesellschaft, definieren wollen, sog. wohlfahrtsökonomische Konzeptionen.[27] All jenen Theorien ist gemeinsam, dass sie den angenommenen gesamtgesellschaftlichen Vorteilen des Wettbewerbs[28] den Vorrang vor den individuellen Handlungsfreiheiten[29] einräumen. Dies ist zum einen insofern problematisch, als dass eine kausale Vorhersagbarkeit der Marktstrukturen über das Marktverhalten auf das Marktergebnis in der Realität auch mit den effizientesten mathematischen Modellrechnungen nur eingeschränkt möglich ist[30]. Zum anderen bergen solche Ansätze die Gefahr, dass der Staat den Wettbewerb zur Verfolgung gesamtökonomischer Zielvorstellungen instrumentalisiert und damit die Handlungsfreiheiten zulasten der Marktteilnehmer verkürzt.[31]

Wettbewerb ist sowohl im deutschen als auch im europäischen Recht jedoch nur geschützt, soweit es sich um rechtmäßigen, insbesondere um lauteren Wettbewerb handelt, denn das Kartellrecht kann richtigerweise nicht schützen, was rechtlich

26 *Herdzina*, Wettbewerbspolitik, S. 67; *Emmerich*, Kartellrecht, § 1 Rn. 5; *Rittner* in: FS für A. Kraft (1998), 519, 525.

27 Hierzu gehören vor allem die Vertreter der *Harvard School* (u.a. *Bain, Caves, Clark, Mason, Scherer*) und das *Konzept des funktionsfähigen Wettbewerbs*, das von *Kantzenbach* in seinem Werk „Die Funktionsfähigkeit des Wettbewerbs" in Deutschland entwickelt wurde, vgl. *Herdzina*, Wettbewerbspolitik, S. 110. Auch die Vertreter der *Chicago School* (u.a. *Stigler, Brozen, Bork, Demsetz, Friedmann, Posner*) gehen vom Ziel der ökonomischen Effizienz des Wettbewerbs aus und definieren diesen daher ebenfalls entscheidend über die Wohlfahrtsökonomie. Der zentrale Ansatz ist jedoch ein anderer als bei der *Harvard School*: Während Letztere ökonomische Effizienz durch Lenkung im Sinne eines Marktstruktur-Marktverhalten-Marktergebnis-Schemas herstellen wollen, geht die *Chicago School* davon aus, dass sich die effizienteste Marktstruktur grundsätzlich von alleine herausbildet, so dass staatliche Aktivitäten abgelehnt werden, vgl. *Herdzina*, Wettbewerbspolitik, S. 111 f.; *Schmidt*, Wettbewerbspolitik und Kartellrecht, S. 19 f.; *Kling/Thomas*, Kartellrecht, § 1 Rn. 20; *Emmerich*, Kartellrecht, § 1 Rn. 32. Sie lässt sich wegen des Bezugs zum freien Spiel der Kräfte nicht eindeutig in die wohlfahrtsökonomischen Konzeptionen eingliedern, ist aber wegen der Zielsetzung der ökonomischen Effizienz auch nicht der systemtheoretischen Konzeption zuzuordnen.

28 Hierzu sogleich im nächsten Gliederungspunkt.

29 Vgl. *Herdzina*, Wettbewerbspolitik, S. 106 ff.; *Schünemann* in: Harte-Bavendamm/Henning-Bodewig, § 1 Rn. 29 ff.

30 *Schünemann* in: Harte-Bavendamm/Henning-Bodewig, § 1 Rn. 29; *Mestmäcker/Schweitzer*, Europäisches Wettbewerbsrecht, § 2 Rn. 95; *Rittner/Dreher*, Europäisches und deutsches Wirtschaftsrecht, § 14 Rn. 37; *Herdzina*, Wettbewerbspolitik, S. 112 f.

31 Vgl. *Schünemann* in: Harte-Bavendamm/Henning-Bodewig, § 1 Rn. 31; *Rittner/Dreher*, Europäisches und deutsches Wirtschaftsrecht, § 14 Rn. 37.

nicht zulässig ist.[32] Dann jedoch ist sowohl der aktuelle wie auch der potenzielle Wettbewerb – also jener mit Unternehmen, deren Markteintritt in angemessener Zeit erwartet werden kann[33] – mit vom Schutz erfasst.[34]

bb) Schutzwürdigkeit des Wettbewerbs und der „more economic approach"

Nachdem die Merkmale des Wettbewerbs festgelegt sind und seine Schutzbedürftigkeit dargestellt wurde, soll es nunmehr noch um die Frage der Schutzwürdigkeit des Wettbewerbs gehen. Dies ist untrennbar mit den Vorteilen verbunden, deren Verwirklichung man sich aus dem Wettbewerb erhofft. Dabei soll an dieser Stelle, ähnlich wie bei der Definition des Wettbewerbsbegriffs auf detaillierte sozioökonomische Darstellungen verzichtet werden. Hier soll vielmehr genügen, dass der Wettbewerb in ökonomischer Sicht theoretisch fünf Funktionen erfüllt: effiziente Ressourcenallokation, Motivation zu Innovationen, Anpassungsflexibilität, leistungsgerechte Einkommens- und Vermögensverteilung sowie Konsumentensouveränität bei der Angebotszusammensetzung.[35] Wettbewerb soll damit die bestmögliche Versorgung der Verbraucher mit Waren und Dienstleistungen sicherstellen[36], was alles in allem als Endergebnis zu einer Erhöhung der Wohlfahrt einer Gesellschaft insgesamt führt.[37] Aus soziologischer Sicht soll der Wettbewerb der

32 Kommission v. 13.12.1989 (*Bayo-n-ox*), ABl. 1990 L 21/71 Rn. 40; BGHZ 36, 105, 111 (*Speditionswerbung*); BGH, NJW 1987, 954, 955 (*Aktion Rabattverstoß*); BGH NJW-RR 1991, 1067, 1068 (*Warenproben in Apotheken*); *Roth/Ackermann* in: Frankfurter Kommentar, Art. 81 Abs. 1 EG Rn. 278; *Lübbig* in: Handbuch des Kartellrechts, § 7 Rn. 18; *Mestmäcker/Schweitzer*, Europäisches Wettbewerbsrecht, § 10 Rn. 33; *Emmerich*, Kartellrecht, § 4 Rn. 50 und § 21 Rn. 29.

33 *Roth/Ackermann* in: Frankfurter Kommentar, Art. 81 Abs. 1 EG Rn. 263; *Lübbig* in: Handbuch des Kartellrechts, § 7 Rn. 16. Vgl. auch Kommission v. 13.07.1990 (*Elopak/Metal Box*), ABl. 1990 L 209/15 Rn. 25, das Urteil des EuG in den verb. Rs. T-374/94 u.a. *(European Night Services)* Slg. 1998, II-3146, Rn. 137 ff., insbes. Rn. 144 f., sowie die Mitteilung der Kommission zu den Leitlinien für vertikale Beschränkungen, ABl. 2000 C 291, Rn. 26.

34 *Roth/Ackermann* in: Frankfurter Kommentar, Art. 81 Abs. 1 EG Rn. 262; *Rittner/Dreher*, Europäisches Wirtschaftsrecht, § 15 Rn. 51; *Mestmäcker/Schweitzer*, Europäisches Wettbewerbsrecht, § 10 Rn. 47; *Lübbig* in: Handbuch des Kartellrechts, § 7 Rn. 16.

35 Vgl. *Schmidt*, Wettbewerbspolitik und Kartellrecht, S. 28; *Kantzenbach*, Die Funktionsfähigkeit des Wettbewerbs, S. 15 ff.; *Nordemann* in: Loewenheim/Meessen/Riesenkampff, § 1 Rn. 7; *Schünemann* in: Harte-Bavendamm/Henning-Bodewig, § 1 Rn. 32; *Wiedemann* in: Handbuch des Kartellrechts, § 1 Rn. 2; *Koenig/Loetz/Neumann*, Telekommunikationsrecht, S. 39; *Immenga*, ZWeR 2006, 346, 356.

36 So schon die Begründung des Regierungsentwurfs zum Erlass des GWB, BT-Drucks. (1952) 1/3462, S. 15.

37 *Gippini-Fournier/Mojzesowicz* in: Loewenheim/Meessen/Riesenkampff, Art. 81 Abs. 1 EGV Rn. 1 f.; *Meessen* in: Loewenheim/Meessen/Riesenkampff, Einführung Rn. 7; *Bechtold* in: Bechtold, Einführung Rn. 49 f.; *Wiedemann* in: Handbuch des Kartellrechts, § 1 Rn. 2 Zu ökonomischen Funktionen im Detail vgl. *Schmidt*, Wettbewerbspolitik und Kartellrecht, S. 28 ff. und *Herdzina*, Wettbewerbspolitik, S. 11 ff.

Bildung ökonomischer Mächte und damit der freiheitsbeschränkenden Abhängigkeiten Einzelner von anderen Privatrechtssubjekten vorbeugen.[38]

Mit der Frage nach der Schutzwürdigkeit des Wettbewerbs eng verbunden ist die Diskussion um einen *„more economic approach"* im Kartellrecht. Ausgangspunkt ist dabei die Frage, inwieweit man ökonomische Auswirkungen bei der Frage der Wettbewerbswidrigkeit berücksichtigen kann. Die klassische Auffassung verzichtet auf eine Beurteilung nach diesen Kriterien und geht davon aus, dass ökonomische Effizienz und Maximierung des gesellschaftlichen Nutzens mehr oder weniger zwangsläufige Effekte eines freien Wettbewerbs sind. Dies geht auf den klassisch liberalen Vertreter *Adam Smith* zurück, der mit seiner Theorie der unsichtbaren Hand („invisible hand")[39] postulierte, dass es automatisch zu einer gesamtgesellschaftlichen Wohlstandssteigerung komme, wenn jeder die Freiheit habe, nach seinem individuellen maximalen Nutzen zu handeln.[40] Diese Theorie wird auch noch heute im Grundsatz, vor allem von den neoklassischen Anhängern, vertreten.[41] Sie ist Ausdruck der sog. *Harmoniethese*, wonach es keinen kontradiktorischen Gegensatz zwischen Wettbewerbsfreiheit und ökonomisch effizienten Ergebnissen[42] gebe, jedenfalls die Wettbewerbsfreiheit vor noch unzureichenderen Ergebnissen schütze[43]. Hierfür ist allerdings nicht die Theorie des vollkommenen Wettbewerbs[44] zwangsläufiges Idealbild[45], welche zudem als auf unrealistischen

---

38 *Mestmäcker/Schweitzer*, Europäisches Wettbewerbsrecht, § 2 Rn. 99; *Emmerich*, Kartellrecht, § 1 Rn. 9; *Schmidt*, Wirtschaftspolitik und Kartellrecht, S. 31; *Böhm* in: Kartelle und Monopole im modernen Recht (Bd. I), 3 ff.: Er bezeichnet den Wettbewerb als das „großartigste und genialste Entmachtungsinstrument der Geschichte". (S. 22). Bisweilen wird auch die Sicherung eines gewissen Grades an Handlungsfreiheit für die Marktteilnehmer als explizite weitere gesellschaftliche Funktion des Wettbewerbs gesehen, vgl. *Herdzina*, Wettbewerbspolitik, S. 15 f.

39 *Smith*, An Enquiry into the Nature and Causes of the Wealth of Nations, Volume 2, S. 181 f. (Book 4, Chapter II).

40 Vgl. *Schmidt*, Wettbewerbspolitik und Kartellrecht, S. 2.

41 Vgl. *Meessen* in: Loewenheim/Meessen/Riesenkampff, Einführung Rn. 7; *Hoppmann*, Wirtschaftsordnung und Wettbewerb, S. 307; *Herdzina*, Wettbewerbspolitik, S. 44; *Schünemann* in: Harte-Bavendamm/Henning-Bodewig, § 1 Rn. 31 f.; *Hausmann*, BB 1994, 1089, 1095; *Immenga*, ZWeR 2006, 346, 356.

42 Die Gegenauffassung hierzu, die von solchen Zielkonflikten des Wettbewerbs ausgeht, wird als *Dilemmathese* – teils im Hinblick auf verschiedene Zielkonflikte auch innerhalb der ökonomischen Funktionen des Wettbewerbs aufgegliedert in mehrere Dilemmathesen – bezeichnet, vgl. *Schmidt*, Wettbewerbspolitik und Kartellrecht, S. 34 f. und S. 83 ff.; *Schünemann* in: Harte-Bavendamm/Henning-Bodewig, § 1 Rn. 31 f.

43 So *Hoppmann*, Wirtschaftsordnung und Wettbewerb, S. 215 f.

44 Im vollkommenen Wettbewerb sind – bei Eintreten gewisser Voraussetzungen, u.a. möglichst vieler Marktteilnehmer – alle Unternehmer im Hinblick auf die Preisbildung machtlos, da sich ein Gleichgewichtszustand eingestellt hat. Ausführlich: *Köhler* in: Bornkamm/Köhler, Einl UWG Rn. 1.12; *Mestmäcker/Schweitzer*, Europäisches Wettbewerbsrecht, § 2 Rn. 77; *Schmidt*, Wettbewerbspolitik und Kartellrecht, S. 5 ff.

Idealvoraussetzungen beruhend abzulehnen ist.[46] Vielmehr ist es ausreichend, Wettbewerb wie dargestellt als dynamischen Entdeckungsvorgang zu begreifen.

Demgegenüber sehen die Anhänger des „*more economic approach*", in ihrer Basis zurückgehend auf die wohlfahrtsökonomischen Konzeptionen des Wettbewerbs, die ökonomische Effizienz des Wettbewerbs bei der Beurteilung einer möglichen Wettbewerbsverfälschung im Vordergrund stehend. Damit geht eine zunehmende Betrachtung ökonomischer Auswirkungen unter Effizienz- und Verbraucherschutzgesichtspunkten einher. Soweit sich also eine Handlung, welche den Wettbewerb einschränkt, im Hinblick auf die ökonomischen Funktionen des Wettbewerbs als vorteilhaft erweist, kann diese trotz ihrer Wettbewerbseinschränkung zulässig sein.[47] Gerade im Bereich des Europäischen Kartellrechts hat eine solch stärkere ökonomische Betrachtung im letzten Jahrzehnt Einzug gefunden.[48] Bei allen positiven Aspekten, die damit einhergehen, ökonomische Auswirkungen auf

---

45 Vgl. *Hoppmann*, Wirtschaftsordnung und Wettbewerb, S. 204 ff. Dennoch haben sich insbesondere die Verfasser des GWB bei ihrer Konzeption von dem vollkommenen Wettbewerb als Idealbild leiten lassen, vgl. die Begründung des Regierungsentwurfs zum GWB, BT-Drucks. (1955) 2/1158, S. 22.

46 *Köhler* in: Bornkamm/Köhler, Einl UWG Rn. 1.12; *Kling/Thomas*, Kartellrecht, § 1 Rn. 19; *Rittner/Dreher*, Europäisches und deutsches Wirtschaftsrecht, § 14 Rn. 35; *Hayek*, Recht, Gesetzgebung und Freiheit (Band 3), S. 97 ff.; *Möschel*, Recht der Wettbewerbsbeschränkungen, Rn. 64.

47 Zu einzelnen Beispielen vgl. die Mitteilung der Kommission zu den Leitlinien für vertikale Beschränkungen, ABl. 2000 C 291, Rn. 115 ff.

48 Vgl. ausgehend von den Entscheidungen des EuG Rs. T-342/99 (*Airtours*), Slg. 2002, II-2585; Rs. T-310/01 (*Schneider/Legrand*), Slg. 2002, II-4071; Rs. T-5/02 (*Tetra/Sidel*), Slg. 2002, II-4381, in welcher fehlende ökonomische Erwägungen der Kommission bei der Fusionskontrolle bemängelt wurden, die Änderungen im Bereich der EU-Fusionskontrolle durch Einführung des SIEC-Tests statt der vorherigen alleinigen Prüfung auf Marktbeherrschung auch i.V.m. Erwägungsgrund Nr. 29 der Fusionskontrollverordnung EG 139/2004, sowie im Bereich der Verhaltenskoordination die Mitteilung der Kommission zu den Leitlinien für vertikale Beschränkungen, ABl. 2000 C 291, Rn. 7 und 115 ff. Auch die Freistellungstatbestände des Art. 101 Abs. 3 AEUV sind von ökonomischen Effizienzgedanken getragen, die zudem durch weitere Effizienzkriterien angereichert werden, vgl. die Bekanntmachung der Kommission zu den Leitlinien zur Anwendung von Art. 81 Abs. 3 EGV, ABl. 2004 C 101/97, Rn. 5. Zu nennen ist weiterhin die Entscheidung des EuGH in der Rs. C-95/04 P (*British Airways*), Slg. 2007, I-2331, in welcher in Rn. 86 die Verteidigung mit Gründen der ökonomischen Effizienz bzw. aufgrund von Verbrauchervorteilen zugelassen wird. Bei der vorgelagerten Frage des Vorliegens einer Wettbewerbsbeschränkung soll es allerdings ausreichen, wenn die Wettbewerbsstruktur beeinträchtigt wird, vgl. Rn. 106 des vorgenannten Urteils sowie EuGH Rs. C-8/08 (*T-Mobile Netherlands BV*), Slg. 2009, I-4529, Rn. 36 ff. und EuGH verb. Rs. C-501/06 P, C-513/06 P, C-515/06 P und C-519/06 P (*GlaxoSmithKline*), Slg. 2009, I-9291, Rn. 63 f.

Marktergebnisse stärker zu beachten und zu erforschen[49], gibt es aber auch Grund zur Kritik: Das Kartellrecht schützt nur den freien Wettbewerb und befasst sich grundsätzlich nicht mit den angenommenen Wirkungen desselben, hat also insbesondere nicht den Verbraucherschutz zum Ziel. Vielmehr setzt es als Annahme voraus, dass es mit einem freien Wettbewerb dann auch zu den entsprechenden positiven Effekten kommt.[50] Weiterhin können vielfach ökonomische Auswirkungen aufgrund der Vielgestaltigkeit des Wettbewerbsprozesses als Entdeckungsverfahren nicht exakt vorhergesagt werden, was zum einen eine Verbesserung der Beurteilungsweise fraglich macht und zum anderen der Rechtssicherheit abträglich ist.[51]

Für diese Arbeit ist eine genauere Diskussion des Ansatzpunktes der ökonomischen Effizienz an dieser Stelle nicht erforderlich, da bei dieser Untersuchung auf die Einzelheiten von Fällen im Grundsatz nicht einzugehen ist. Zudem beschäftigt sich diese Arbeit mit kartellrechtlichen Einschränkungsmöglichkeiten aufgrund ideeller Zwecksetzung und nicht aus ökonomischen Gründen. Soweit bei der Darstellung einzelner Beispiele im Folgenden dennoch Effizienzgesichtspunkte notwendig sind, soll trotz der geäußerten Kritik an einer wohlfahrtsoptimierenden Sichtweise die tatsächliche Handhabung der Kommission bei europarechtlichen Fallgestaltungen maßgebend sein.

b) Abgrenzungen zu anderen Regelungsmaterien

aa) Kartellrecht und Lauterkeitsrecht

Das Kartellrecht ist eine von mehreren Regelungsmaterien des Wettbewerbsrechts. So ist Teil hiervon unter anderem das Lauterkeitsrecht, das national im Gesetz gegen den unlauteren Wettbewerb (UWG) geregelt ist und das üblicherweise als Wettbewerbsrecht im engeren Sinne bezeichnet wird[52]. Das UWG verfolgt das Ziel, unlautere Verhaltensweisen im Wettbewerb zu vermeiden; es betrifft also die Lau-

49 Aus der Literatur für eine verstärkte ökonomischen Betrachtung u.a.: *Schmidtchen*, WuW 2006, 6 ff.; *Weizsäcker*, WuW 2007, 1078 ff.; *Koenig*, DVBl. 2009, 1082, 1086.

50 Zutreffend: *Gippini-Fournier/Mojzesowicz* in: Loewenheim/Meessen/Riesenkampff, Art. 81 Abs. 1 EGV Rn. 2; *Nordemann* in: Loewenheim/Meessen/Riesenkampff, § 1 GWB Rn. 79; *Kling/Thomas*, Kartellrecht, § 1 Rn. 40; *Mestmäcker*, WuW 2008, 6, 13.

51 Vgl. zur Kritik am „more economic approach" hierzu und generell: *Nordemann* in: Loewenheim/Meessen/Riesenkampff, § 1 Rn. 7 f.; *Mestmäcker/Schweitzer*, Europäisches Wettbewerbsrecht, § 2 Rn. 90 f.; *Kling/Thomas*, Kartellrecht, § 1 Rn. 32, 40; *Emmerich*, Kartellrecht, § 1 Rn. 34; *Basedow*, WuW 2007, 712 ff.; *Immenga*, ZWeR 2006, 346, 363 ff.; *Christiansen*, WuW 2005, 285, 289 ff.

52 *Emmerich*, Unlauterer Wettbewerb, § 1 Rn. 2; *Rittner/Kulka*, Wettbewerbs- und Kartellrecht, § 1 Rn. 1; *Kling/Thomas*, § 11 Rn. 7; *Meessen* in: Loewenheim/Meessen/Riesenkampff, Einführung Rn. 5.

terkeit des Marktverhaltens.[53] Demgegenüber geht es im Kartellrecht, wie dargestellt, um die Freiheit des Wettbewerbs. Das Kartellrecht soll also den Wettbewerb sicherstellen, auf dem dann das UWG regelt, welche Verhaltensweisen unlauter und damit unzulässig sind. Diese im Grundsatz scharfe Trennung wird dadurch jedoch verwischt, dass beide Regelungsmaterien an das Verhalten von Marktteilnehmern anknüpfen. Somit kommt es insbesondere in den Fällen der Behinderung und des Boykotts von Wettbewerbern zu Überschneidungen, da diese einerseits typisch unlauter[54], andererseits aber auch wettbewerbsbeschränkend sein können. Nach der Konvergenzthese kommt in diesen Fällen keinem der beiden Regelungsmaterien ein genereller Vorrang zu, so dass beide Gesetze gleichberechtigt anwendbar sind.[55] Die Nähe der beiden Rechtsmaterien wird auch dadurch deutlich, dass § 1 Abs. 2 UWG und § 1 GWB jeweils von einem „unverfälschten Wettbewerb"als Schutzziel sprechen.[56] Dennoch ist man sich heute zu Recht de facto darüber einig, dass bei Sachverhalten, welche wettbewerbsbeschränkend wirken, ein zusätzlicher Schutz durch das UWG nur möglich ist, wenn dies mit dem Sinn und Zweck des GWB vereinbar ist.[57] Insbesondere können Verstöße gegen das Kartellrecht nicht über §§ 3, 4 Nr. 11 UWG zusätzlich gemäß §§ 8, 9 UWG lauterkeitsrechtlich sanktioniert werden, da ansonsten die differenzierten zivilrechtlichen Folgen kartellrechtlich relevanten Verhaltens unterlaufen werden würden.[58] Unabhängig von dieser begrifflichen und inhaltlichen Überschneidung der beiden Regelungsmaterien ist

53 *Emmerich*, Unlauterer Wettbewerb, § 1 Rn. 2; *Rittner/Kulka*, Wettbewerbs- und Kartellrecht, § 1 Rn. 1. Vgl. auch BGH WRP 2000, 1116, 1117 (*Abgasemissionen*); BGH WRP 2002, 943, 944 (*Elektroarbeiten*); BGH WRP 2003, 262, 264 (*Altautoverwertung*).

54 *Köhler*, WRP 2005, 645, 646 f., geht sogar davon aus, dass sich letztlich alle kartellrechtlichen Verhaltensnormen auch unter lauterkeitsrechtliche Normen subsumieren lassen, weshalb das UWG das allgemeine und das GWB das besondere Wettbewerbsrecht darstellen würde.

55 Zum Ganzen vgl. *Emmerich*, Unlauterer Wettbewerb, § 5 Rn. 33 ff.; *Rittner/Kulka*, Wettbewerbs- und Kartellrecht, Einleitung Rn. 24; *Lettl*, Kartellrecht, § 7 Rn. 9; *Meessen* in: Loewenheim/Meessen/Riesenkampff, Einführung Rn. 133; BGH GRUR 2004, 602, 603 (*20 Minuten Köln*); BGH GRUR 2006, 773, 774 (*Probeabonnement*).

56 *Köhler* in: Köhler/Bornkamm„ Einl UWG Rn. 6.11, spricht sogar davon, dass beide Regelungsmaterien zwei Zweige innerhalb einer Gesamtordnung zum Schutz des Wettbewerbs darstellen. Zurückhaltend dagegen *Rittner/Kulka*, Wettbewerbs- und Kartellrecht, Einleitung Rn. 22. Diese Einordnung als einheitliches Ordnungssystem ist insoweit richtig, als dass beide Regelungsmaterien Verknüpfungen aufweisen, jedoch nur insoweit gerechtfertigt, als man mit *Köhler* bei einer Betrachtung die Verschiedenheit der Materien nicht außer Acht lassen darf.

57 BGH GRUR 2004, 602, 603 f. (*20 Minuten Köln*); ähnlich auch BGH GRUR 1999, 256, 258, wonach es nicht Aufgabe des Wettbewerbsrechts sei, festgelegte Marktstrukturen zu erhalten. *Emmerich*, Unlauterer Wettbewerb, § 5 Rn. 36; *Köhler*, WRP 2005, 645, 647. Dagegen die *Vorfeldthese*, deren Vertreter das UWG bereits im Vorfeld von §§ 19, 20 GWB als zusätzlichen Wettbewerbsschutz anwenden wollten, vgl. nur *Ulmer*, GRUR 1977, 565, 577 ff.

58 BGH GRUR 2006, 773, 774 (*Probeabonnement*); *Meessen* in: Loewenheim/Meessen/Riesenkampff, Einführung Rn. 133; *Lettl*, Kartellrecht, § 7 Rn. 9.

Teil dieser Arbeit nur das Kartellrecht, welches im GWB und in den Art. 101 ff. AEUV normiert ist. Soweit also im Folgenden von Wettbewerbsrecht die Rede sein sollte, ist hiermit alleine das Kartellrecht gemeint.

bb) Sektorale Regelungsbereiche

Abzugrenzen ist das allgemeine Kartellrecht noch von verschiedenen besonderen sektoralen Regelungsbereichen im Bereich der Netzwirtschaften. Als solche sind beispielsweise die Bereiche Post, Energie, Verkehr und Telekommunikation zu nennen. In all diesen Bereichen finden sich spezifisch wettbewerbsordnende Regelungen – vgl. §§ 16 ff. TKG, §§ 19 ff. PostG, §§ 20 ff. EnWG, §§14 ff. AEG i.V.m. der Eisenbahninfrastruktur-Benutzungsverordnung EIBV – welche teils die Regelungen des GWB verdrängen[59], oder zumindest parallel neben diesen anwendbar sind[60]. Die Spezialität dieser Bereiche ist zum einen bedingt durch ihren Zusammenhang mit der Daseinsvorsorge, für welche die öffentliche Gewalt selbst nach der Privatisierung dieser Bereiche grundgesetzlich[61] und europarechtlich[62] die Verantwortung trägt und daher entsprechende rechtliche Rahmenbedingungen schaffen muss.[63] Zum anderen war man wirtschaftspolitisch der Meinung, nach der vor allem europarechtlich motivierten[64] Öffnung der Märkte in diesen Bereichen und der damit verbundenen Abkehr vom Gedanken des notwendigen natürlichen Monopols[65] besondere Instrumente der Marktgestaltung[66] durch den Staat zu benö-

---

59 So insbesondere im Bereich der Energiewirtschaft nach § 111 Abs. 2 EnWG.

60 Vgl. zu einem Überblick über die Konkurrenzfragen *Kling/Thomas*, § 16 Rn. 10 ff. Insbesondere im Bereich des TKG ist das Verhältnis von TKG- und GWB-Vorschriften strittig, vgl. *Säcker* in: Berliner Kommentar zum TKG, Einl. I Rn. 36 ff und § 2 Rn. 16 ff.; *Möschel* in: Immenga/Mestmäcker, GWB, Anhang 1 TKG Rn. 19 ff. und *Emmerich*, Kartellrecht, § 38 Rn. 15 f. je m.w.N. Das europäische Kartellrecht hat gegenüber den nationalen sektorspezifischen Regelungsmaterien wegen des Prinzips des Anwendungsvorrangs immer die maßgebende Bedeutung und kann von diesen nicht eingeschränkt werden, vgl. exemplarisch zum TKG: *Schuster* in: Beck'scher TKG-Kommentar, § 2 Rn. 48; *Säcker* in: Berliner Kommentar zum TKG, § 2 Rn. 22; *Möschel* in: Immenga/Mestmäcker, GWB, Anhang 1 TKG Rn. 18.

61 Vgl. Art. 87e Abs. 4, 87f Abs. 1 GG.

62 Z.B. sind aus dem Telekommunikationssektor die Vorgaben der Universaldienstrichtlinie 2002/22/EG, zuletzt geändert durch Art. 1 der Richtlinie 2009/136/EG, zu nennen.

63 *Windthorst* in: Sachs, Art. 87e Rn. 58 ff. und Art. 87 f Rn. 14 ff.; *Koenig/Loetz/Neumann*, Telekommunikationsrecht, S. 104 f.; *Säcker* in: Berliner Kommentar zum TKG, § 2 Rn. 10. Vgl. zudem im Bereich des Telekommunikationsrechts das Regulierungsziel des § 2 Abs. 1 Nr. 5 TKG.

64 Vgl. exemplarisch zum Telekommunikationssektor die Entwicklungen seitens des Unionsrechts ausführlich bei *Grussmann* in: Beck'scher TKG-Kommentar, Einl B Rn. 1 ff. und *Koenig/Loetz/Neumann*, Telekommunikationsrecht, S. 54 ff. sowie zum Bereich der Energiewirtschaft die Darstellung bei *Meyer-Lindemann* in: Frankfurter Kommentar, Sonderbereiche Energiewirtschaft, Rn. 17 ff.

65 Unter einem natürlichen Monopol versteht man die Situation, dass ein einzelnes Unternehmen aufgrund der spezifischen Gegebenheiten eine Dienstleistung zu niedrigeren

tigen, die sich von der ex-post-Aufsicht der §§ 19, 20 GWB unterscheiden[67]. Insoweit ist nämlich zu berücksichtigen, dass nach Öffnung der Märkte und der spezifischen Gegebenheiten dieser Märkte der ehemalige Monopolist[68] einen massiven Startvorteil hatte, der eine Überführung der Märkte in einen freien Wettbewerb mit den insoweit limitierten Befugnissen des GWB schwer gemacht hätte.[69] Diese Gedanken durchziehen die sektorspezifischen Regulierungsmaterien, deren Vollzug in den Händen der Bundesnetzagentur liegt, vgl. § 116 TKG, § 44 PostG, § 54 Abs. 1 EnWG.

Alle jene Regelungen unterfielen als spezielle Marktordnungs- und damit Kartellgesetze zwar formal dem Bereich dieser Untersuchung, dennoch spielen sie tatsächlich keine Rolle. Tätigkeiten von Idealvereinen mit ihrem primär nichtwirtschaftlichen Zweck sind auf diesen Gebieten der Diensterbringung nämlich nicht vorstellbar.

c) Freier Wettbewerb und Wettbewerbsfreiheit

Aus den bisherigen Darstellungen wird deutlich, dass das Kartellrecht den freien Wettbewerb als Institution, gleichsam als objektive Ordnung schützt. Klärungsbedürftig ist, ob und inwieweit auch der Schutz von Individualinteressen, mithin ein Schutz einer subjektiv-rechtlichen Wettbewerbsfreiheit, durch das Kartellrecht intendiert ist.

Preisen erbringen kann als es mehrere Unternehmen in einem Wettbewerb könnten. Daraus schloss man früher, dass also das Monopol – insbesondere im Bereich der Daseinsvorsorge das staatliche – wirtschaftlich sinnvoller ist, als der freie Wettbewerb. Solche Gegebenheiten bestehen im Bereich der Netzwirtschaften, da hier eine Vervielfachung der Netzinfrastruktur volkswirtschaftlich unvertretbar wäre. Vgl. hierzu *Säcker* in: Berliner Kommentar zum TKG, Einl. I Rn. 9; *Schuster* in: Beck'scher TKG-Kommentar, Einl A Rn. 2; *Möschel* in: Immenga/Mestmäcker, GWB, Anhang 1 TKG Rn. 1; *Markert* in: Immenga/Mestmäcker, GWB, Anhang 2 EnWG Rn. 1; *Meyer-Lindemann* in: Frankfurter Kommentar, Sonderbereiche Energiewirtschaft, Rn. 9; *Rittner/Dreher*, Europäisches und deutsches Wirtschaftsrecht, § 34 Rn. 2; *Koenig/Loetz/Neumann*, Telekommunikationsrecht, S. 41.

66 Der Regulierung wohnt ein solcher marktgestaltender Mechanismus inne, vgl. *Schebstadt*, WuW 2005, 6, 8 f.

67 Vgl. hierzu insbesondere die *ex-ante-Mechanismen* der Entgeltregulierung, §§ 19 ff. PostG, §§ 30 ff. TKG, §§ 23a ff. EnWG.

68 Z.B. in den Bereichen der Telekommunikation die Deutsche Telekom AG und der Post die Deutsche Post AG als Nachfolgeunternehmen der Deutschen Bundespost, vgl. auch Art. 143b GG.

69 So die Begründung des Regierungsentwurfs zum TKG, BT-Drucks. 13/3609, S. 34; *Säcker* in: Berliner Kommentar zum TKG, Einl. I Rn. 1 und § 2 Rn. 5; *Schuster* in: Beck'scher TKG-Kommentar, § 2 Rn. 12; *Möschel* in: Immenga/Mestmäcker, GWB, Anhang 1 TKG Rn. 2 und Rn. 13 ff.; *Rittner/Dreher*, Europäisches und deutsches Wirtschaftsrecht, § 37 Rn. 3; *Emmerich*, Kartellrecht, § 38 Rn. 7.

Hierbei ist als Basis der Untersuchung festzustellen, dass sich vor allem der nationale kartellrechtliche Schutz primär in der Erhaltung der Markt- und Wettbewerbsstruktur erschöpft und daher grundsätzlich nur die Institution „freier Wettbewerb" geschützt ist. Dies ergibt sich bereits aus den Begründungen zur Schaffung des ersten GWB vom 27.07.1957, in welchen es heißt:

> *„Das Gesetz gegen Wettbewerbsbeschränkungen stellt eine der wichtigsten Grundlagen zur Förderung und Erhaltung der Marktwirtschaft dar. Es soll die Freiheit des Wettbewerbs sicherstellen und wirtschaftliche Macht da beseitigen, wo sie die Wirksamkeit des Wettbewerbs und die ihm innewohnenden Tendenzen zur Leistungssteigerung beeinträchtigt und die bestmögliche Versorgung der Verbraucher in Frage stellt."*[70]

Mit keinem Wort werden hier Interessen der Marktteilnehmer erwähnt. Dies lässt sich mit den ordo-liberalen Vorstellungen der Freiburger Schule[71], die für die Vorstellungen des GWB-Gesetzgebers von Bedeutung waren, erklären. Denn danach soll der Staat einen ordnungspolitischen Rahmen schaffen und den Wettbewerb zu einer „staatlichen Veranstaltung" machen, ohne aber planwirtschaftlich zu sein. Vielmehr sei sein marktwirtschaftliches System, das auf dem Schutz der Freiheit des Einzelnen vor Marktmacht beruht, zu gewährleisten.[72] Maßgeblich für dieses Verständnis ist, dass der Fokus der wirtschaftspolitischen Zwecksetzung auf der Wettbewerbsstruktur liegt. Dies hat bereits in den 1950er Jahren zur Ansicht geführt, dass das GWB den Schwerpunkt nicht auf individuelle Freiheiten lege, sich dagegen vielmehr mit einer wirtschaftspolitischen Konzeption des Wettbewerbs an sich beschäftige.[73]

Hieran anschließend hat auch der BGH als Zielsetzung des Gesetzes primär die Freiheit des Wettbewerbs verstanden.[74] Die Zielsetzung des Kartellrechts unter-

---

70 Begründung des Regierungsentwurfs BT-Drucks. (1952) 1/3462, S. 15.

71 Hierzu gehören u.a. *Franz Böhm*, *Leonhard Miksch* und *Walter Eucken*. Auch *Wilhelm Röpke* stand dieser Schule nahe.

72 Vgl. *Köhler* in: Köhler/Bornkamm, Einl UWG Rn. 1.47; *Rittner/Dreher*, Europäisches und deutsches Wirtschaftsrecht, § 14 Rn. 17. Dem entspricht die Feststellung von *Mestmäcker*, WuW 2008, 6, 14, dass sich das öffentliche Interesse nicht in den Interessen und Rechten der Wettbewerber erschöpfe, sondern auch die Chance zur Teilnahme am Wettbewerb für andere gebieten würde.

73 Vgl. *Würdinger*, WuW 1953, 721, 726; *Benisch*, WuW 1956, 480, 483; *Strickrodt*, WuW 1957, 75, 81.

74 Vgl. nur BGHZ 38, 90, 102 (*Grote-Revers*); BGH WuW-E 1299, 1300 (*Strompreisbezug*); WRP 1995, 624, 625 (*Hitlisten-Platten*). Es soll nicht verhehlt werden, dass die Rechtsprechung dennoch einigen Vorschriften des GWB auch einen Individualschutz zumaß. Hierzu sogleich.

scheidet sich damit auf den ersten Blick zentral von der das Lauterkeitsrecht prägenden Intention des deliktsrechtlichen Individualschutzes[75].

Dennoch kann und darf ein Institutionsschutz nicht ohne eine Betrachtung der auf dem freien Markt befindlichen Unternehmer stattfinden. Denn diese sind die Akteure, die auf dem freien Markt handeln und den freien Wettbewerb verwirklichen sollen, so dass ihre Stellung eng mit der Beurteilung, ob ein freier Wettbewerb stattfindet, zusammenhängt. Erst die Gewährleistung von Privatautonomie und unternehmerischen Freiheiten führt zu einem freien Wettbewerb zwischen unabhängigen Unternehmen. Freiheit des Wettbewerbs und individuelle Wettbewerbsfreiheit im Sinne von unternehmerischer Freiheit korrespondieren miteinander und bedingen einander. Die Institution freier Wettbewerb ist nicht möglich ohne die Freiheit der im Wettbewerb handelnden Personen. [76] Daher kann der Schutz des Wettbewerbs als Institution nur sinnvoll geschehen, wenn man den einzelnen am Wettbewerb teilnehmenden Unternehmen ihre freie unternehmerische Tätigkeit sichert. Mithin ist also diese Sicherung der Individualfreiheit auch Teil der kartellrechtlichen Zielsetzung.[77] Dies darf jedoch nicht dahin verstanden werden, dass der Schutz der Wettbewerber genuin Teil des Zwecks des Kartellrechts sei. Insoweit ist klarzustellen, dass das Kartellrecht primär auf den Erhalt der Struktur eines freien Marktes abstellt. Nachdem diese Zielsetzung aber nur dadurch erreicht werden kann, den Marktteilnehmern einen freien Raum ihrer unternehmerischen Tätigkeit zu schaffen, ist auch dieses Teil des Tätigkeitsfeldes des Kartellrechts; aber eben nur insoweit, als dadurch der freie Wettbewerb negativ vor Beschränkungen abgesichert wird.

Positiv-rechtlich findet diese Ansicht ihre Bestätigung in § 33 GWB. Diese Vorschrift gibt den Betroffenen von Kartellrechtsverstößen die Möglichkeit Beseitigung bzw. Unterlassung (Abs. 1) oder Schadensersatz (Abs. 3) von demjenigen zu verlangen, der kartellrechtswidrig handelt. Mit diesem privatrechtlichen Ausgleich bzw. der Verhinderung von Folgen kartellrechtswidriger Verhaltensweisen verbin-

---

75 Vgl. BGH WRP 2000, 1116, 1117 (*Abgasemissionen*); BGH WRP 2002, 943, 944 (*Elektroarbeiten*); *Köhler* in: Köhler/Bornkamm, Einl UWG Rn. 6.13.

76 *Nordemann* in: Loewenheim/Meessen/Riesenkampff, § 1 Rn. 7 und Rn. 79; *Zimmer* in: Immenga/Mestmäcker, GWB, § 1 Rn. 15; *Roth* in: Frankfurter Kommentar, § 33 Rn. 25; *Rittner/Dreher*, Europäisches und Deutsches Wirtschaftsrecht, § 14 Rn. 39; *Immenga* in: FS für G. Hirsch (2008), 241, 246; *Kling/Thomas*, Kartellrecht, § 1 Rn. 15; *Möschel*, Recht der Wettbewerbsbeschränkungen, Rn. 111; *Herdzina*, Wettbewerbspolitik, S. 15 und S. 82.

77 BGHZ 137, 297, 311 (*Europapokalheimspiele*); *Brüning* in: Harte-Bavendamm/Henning-Bodewig, Einl. F Rn. 112; *Roth* in: Frankfurter Kommentar, § 33 Rn. 25; Zu weit jedoch *Köhler* in: Köhler/Bornkamm, Einl UWG Rn. 6.1, und ihm folgend *Lettl*, Kartellrecht, § 7 Rn. 5, die im Kartellrecht eine gleichberechtigte gesellschaftspolitische Zielsetzung sehen, wonach die freiheitliche Wertordnung des Grundgesetzes auf das wirtschaftliche Gebiet erstreckt würde. Dies kann so nur den Wettbewerbsfunktionen zugeordnet werden, die aber, wie gezeigt, nicht selbst Ziele des Kartellrechts sind.

det sich notwendigerweise ein Schutz von individuellen Vermögensinteressen[78], auch wenn die Einrichtung zivilrechtlicher Sanktionssysteme mittelbar auch der Effektuierung öffentlicher Interessen dienen kann[79]. Die Frage, welche Normen des Kartellrechts über eine bloße Reflexwirkung hinaus individualschützenden Charakter haben, wurde vor allem vor der Fassung des § 33 GWB in der Form der 7. GWB-Novelle virulent, da § 33 S. 1 bzw. § 35 GWB a.F. einen zivilrechtlichen Anspruch nur dann anerkannten, wenn die verletzte Kartellrechtsnorm den Schutz eines anderen bezweckte. Hiermit wird aber gleichzeitig klar, dass auch unter alter Rechtslage ein Individualschutz einiger Kartellrechtsnormen anerkannt war.[80] Von dem Schutzgesetz-Erfordernis ist im aktuellen § 33 GWB nicht mehr die Rede, da nunmehr jeder Verstoß gegen deutsches oder europäisches Kartellrecht zivilrechtliche Folgen auslösen kann und damit mehr denn je ein individualschützender Hauch im GWB zu finden ist.

Diese Ausweitung im deutschen Recht geht vor allem auf das Urteil des EuGH in der Rechtssache *Courage*[81] zurück.[82] In dieser Entscheidung hat der Gerichtshof festgestellt, dass die Durchsetzungskraft der Wettbewerbsvorschriften beeinträchtigt wäre, wenn nicht jedermann Schadensersatz von demjenigen verlangen könnte, der sich kartellrechtswidrig verhalten hat.[83] Der Fokus, den dieser Satz auf den Individualschutz wirft, wird verständlich, wenn man sich vor Augen führt, dass die europäischen Wettbewerbsvorschriften, mit Ausnahme der Nichtigerklärung von verbotenen Verhaltensweisen gemäß Art. 101 Abs. 2 AEUV, keine ausdrücklichen zivilrechtlichen Sanktionen wettbewerbswidrigen Verhaltens statuieren. In den Ausführungen kommt hier noch ein Individualschutz zum Ausdruck, der im Dienste des Institutionsschutzes steht. Dies darf aber nicht darüber hinweg täuschen, dass vor allem der EuGH den Wettbewerbsregeln auch explizit den Schutz der

---

78 BGHZ 29, 344, 350 f. (*Sanfia*); BGH WuW/E 1299, 1300 f. (*Strompreisbezug*); *Mestmäcker/Schweitzer*, Europäisches Wettbewerbsrecht, § 4 Rn. 25; *Köhler*, WRP 2005, 645, 646; *Lettl*, Kartellrecht, § 7 Rn. 7.

79 *Rehbinder* in: Loewenheim/Meessen/Riesenkampff, § 33 Rn. 1; *Roth* in: Frankfurter Kommentar, § 33 Rn. 16; *Emmerich*, Kartellrecht, § 40 Rn. 1; *Palzer/Preisendanz*, EWS 2010, 215, 216. Vgl. auch die Begründung des Regierungsentwurfs zur 7. GWB-Novelle, BT-Drucks. 15/3640, S. 35.

80 Vgl. zu einzelnen Fragen der Schutzgesetzeigenschaft aus der Rechtsprechung z.B. die Ausführungen in BGHZ 28, 208, 222 (*Farina*); BGHZ 29, 344, 350 f. (*Sanfia*); BGH WuW/E 1299, 1300 f. (*Strompreisbezug*); BGH WuW/E 1361, 1364 (*Krankenhaus-Zusatzversicherung*); BGH WRP 1995, 624, 625 (*Hitlisten-Platten*) sowie die Darstellungen bei *Emmerich* in: Immenga/Mestmäcker, GWB, § 33 Rn. 12 ff. und, direkt noch zur Rechtslage unter § 33 GWB a.F., *Roth* in: Frankfurter Kommentar, § 33 Rn. 31 ff.

81 EuGH Rs. C-453/99 (*Courage*), Slg 2001, I-6297.

82 Begründung des Regierungsentwurfs zur 7. GWB-Novelle, BT-Drucks. 15/3640, S. 35; *Emmerich* in: Immenga/Mestmäcker, GWB, § 33 Rn. 8.

83 EuGH Rs. C-453/99 (*Courage*), Slg 2001, I-6297, Rn. 26 f. Bestätigt in: EuGH verb. Rs. C-295/04 – C-298-04 (*Manfredi*), Slg. 2006, I-6619, Rn. 60 f. und EuGH Rs. C-421/05 (*City Motors Groep*), Slg. 2007, I-653, Rn. 33.

Interessen Einzelner entnimmt und damit den Individualschutz aufwertet. Nichts anderes bringt der Gerichtshof zum Ausdruck, wenn er davon spricht, dass die Wettbewerbsregeln des Vertrags nicht nur dazu bestimmt seien, die Interessen einzelner Wettbewerber zu schützen, sondern auch die Struktur des Marktes und damit des Wettbewerbs als solchen.[84] Denn „nicht nur" bedeutet im Umkehrschluss, dass ein gewisser Schutzstandard auch hinsichtlich der einzelnen Wettbewerber vorhanden sein muss.[85]

Unabhängig vom Umfang und der Wertigkeit, welchen der Individualschutz im europäischen und im deutschen Recht im Einzelnen genießt, ist mit dem Gesagten alles in allem jedoch ein gewisser Schutz der individuellen Wettbewerbsfreiheit erstens notwendig und zweitens vom Gesetzgeber bzw. von den Vertragsparteien der europäischen Verträge und den europäischen Organen intendiert, um den Wettbewerb als Institution schützen zu können.

Im Folgenden muss für die verfassungsrechtliche und unionsgrundrechtliche Anknüpfung dennoch strikt zwischen dem primären Schutz des freien Wettbewerbs als Institution und dem sekundär damit verbundenen Schutz der Wettbewerbsfreiheit der am Markt beteiligten Personen unterschieden werden.

2. Die Zielsetzung des Kartellrechts als Schranke des Art. 9 Abs. 1 GG

Wie bereits dargestellt ist die Vereinsautonomie im deutschen Recht nach Art. 9 Abs. 1 GG grundrechtlich geschützt und kann nur über den Weg kollidierender verfassungsrechtlich geschützter Rechtsgüter zulässig eingeschränkt werden. Dies ist unter anderem auch bei der Anwendung von Verbotsgesetzen im Rahmen des § 134 BGB in Verbindung mit kartellrechtlichen Bestimmungen[86] zu beachten.[87]

---

84 EuGH Rs. C-8/08 (*T-Mobile Netherlands BV*), Slg. 2009, I-4529, Rn. 38; EuGH verb. Rs. C-501/06 P, C-513/06 P, C-515/06 P und C-519/06 P (*GlaxoSmithKline*), Slg. 2009, I-9291, Rn. 63.

85 Deutlicher, allerdings nur in Bezug auf die Verbraucherinteressen geäußert und damit dem Gedanken der Verbraucherwohlfahrt nahe stehend, im Beschluss des Gerichtshofs in den verb. Rs. 41/73 u.a. (*Générale Surière*), Slg. 1973, 1465, Rn. 7.

86 Nach dem Kartellrecht verbotene Verhaltensweisen nach den §§ 1 ff., 19 ff. GWB sind als Verbotsgesetze im Sinne des § 134 BGB zu qualifizieren, so dass entsprechende Vereinbarungen nichtig sind, vgl. die Regierungsbegründung zur 6. GWB-Novelle, BT-Drucks. 13/9720 S. 46; *Möschel* in: Immenga/Mestmäcker, GWB, § 19 Rn. 248; *Markert* in: Immenga/Mestmäcker, GWB, § 20 Rn. 229, § 21 Rn. 80; *Meessen* in: Loewenheim/Meessen/Riesenkampff, Einführung, Rn. 45; *Armbrüster* in: Münchener Kommentar, § 134 Rn. 64; *Kling/Thomas*, Kartellrecht, § 17 Rn. 203, § 18 Rn. 169, 291; *Emmerich*, Kartellrecht, §21 Rn. 68, § 28 Rn. 122 u. § 29, Rn. 102; *Rittner/Kulka*, Wettbewerbs- und Kartellrecht, § 14, Rn. 145. Aus der Rechtsprechung: BGH, GRUR 2010, 84, 85 (*Gratiszeitung Hallo*); OLG Düsseldorf, NJW 2009, 1087 ff.; OLG Düsseldorf, DB 2002, 943, 944; OLG Saarbrücken, NJW-RR 2007, 1414, 1415 m.w.N. Nach *Zimmer* in: Immenga/Mestmäcker, GWB, § 1 Rn. 212 soll sich dagegen die Nichtigkeitsfolge

Ein allgemeiner Hinweis auf den in seiner Zielsetzung in heutiger Zeit[88] wirtschaftspolitisch notwendigen Schutz des freien Wettbewerbs vor Kartellen[89] kann also für sich genommen nicht genügen. Vielmehr muss sich aus der Verfassung dieser Schutz ableiten lassen, so dass man von einem verfassungsrechtlich geschützten Rechtsgut sprechen kann. Dies gilt jedenfalls insoweit, als dass die Vereinsautonomie und daher die Vereinigungsfreiheit des Art. 9 Abs. 1 GG verfassungsmäßiger Maßstab ist, was nach obiger Betrachtung auf Sachverhalte der *ersten und zweiten Stufe* zutrifft.[90] Für die *dritte Stufe* ist dagegen, wie dargelegt, das jeweilige bereichsspezifische Grundrecht maßgeblich, so dass sich die Beschränkungsmöglichkeit durch das Kartellrecht nicht anders beurteilt, als bei sonstigen wirtschaftlichen Tätigkeiten auch.[91]

---

zumindest beim Verstoß gegen § 1 GWB unmittelbar aus § 1 GWB ergeben, da § 134 BGB bei ausländischem Vertragsstatut trotz § 130 Abs. 2 GWB nicht herangezogen werden könne (dagegen: *Kling/Thomas*, Kartellrecht, § 17 Rn. 203, mit Verweis darauf, dass wegen § 130 Abs. 2 GWB bei kartellrechtlich nicht gestattetem Verhalten gleichzeitig immer auch § 134 BGB erfüllt sei).

87 Siehe hierzu 1. Kap. III. und V.

88 Noch bis vor weniger als 100 Jahren sah man in Deutschland die Bildung von Kartellen nicht als generell bedenklich für die Wirtschaft, sondern im Einzelfall sogar als wirtschaftsfördernd an. Hierin ist auch die kartellfreundliche Rechtsprechung des Reichsgerichts, vgl. z.B. grundlegend RGZ 38, 155, 156 ff. (*Sächsisches Holzstoffkartell*), einzuordnen. Insoweit zu Recht *Köhler*, WRP 2005, 645, 646, der die zentrale Frage, was als wettbewerbsschädlich anzusehen ist, als von den jeweiligen dahinter stehenden herrschenden gesellschafts- und wirtschaftspolitischen Anschauungen abhängig bezeichnet. Zur geschichtlichen Entwicklung des deutschen Kartellrechts allgemein: *Kling/Thomas*, Kartellrecht, § 10 Rn. 1 ff.; *Emmerich*, Kartellrecht, § 2 Rn. 5 ff.; *Möschel*, Recht der Wettbewerbsbeschränkungen, Rn. 19 ff.; *Rittner/Dreher*, Europäisches und Deutsches Wirtschaftsrecht, § 14 Rn. 11 ff.

89 Zur Zielsetzung des Kartellrechts siehe in diesem Kapitel unter II. 2.

90 Hierzu ausführlich oben 3. Kap. II. Insoweit ist der Auffassung, dass der Schutzbereich der Vereinigungsfreiheit bei Beschränkungen durch das Kartellrecht nicht verletzt sei, so z.B. *Kemper* in: v. Mangoldt/Klein/Starck, Art. 9 Rn. 55, in dieser Generalität nicht zutreffend.

91 Aufgrund des fehlenden vereinsautonomen Bezugs wird auf die generelle Vereinbarkeit des Kartellrechts mit den Wirtschaftsgrundrechten nicht eingegangen, diese aber im Übrigen auch nicht in Zweifel gezogen. Hierzu z.B. *Scholz* in: Maunz/Dürig, Art. 12, Rn. 88; *Breuer* in: HdStR VIII (2010), § 171 Rn. 34 und 37; *Depenheuer* in: v. Mangoldt/Klein/Starck, Art. 14, Rn. 365. Vgl. zu den Diskussionen über die Zulässigkeit der Schaffung eines Kartellgesetzes in den 1950er Jahren z.B. *Giese*, NJW 1950, 336; *Dürig*, NJW 1955, 729 ff., je m.w.N., die beide hinsichtlich der Beurteilung der Verfassungsmäßigkeit generell vom Maßstab des Art. 9 GG ausgehen – eine Betrachtung, die sich nach heutiger Interpretation der wirtschaftlichen Grundrechte bisweilen verschoben hat. Kritisch zum Fall der wettbewerbsbeschränkenden Absprachen insbesondere schon: *Rupp* in: Mestmäcker, Wettbewerb als Aufgabe, 187, 205 ff.

a) Der freie Wettbewerb als verfassungsrechtlich geschütztes Gut?

Garantien für einen freien wirtschaftlichen Wettbewerb kann man in der Verfassung einem Zusammenspiel von Art. 2 Abs. 1, Art. 9, Art. 12 und Art. 14 GG entnehmen.[92] Dies betrifft jedoch in erster Linie die Wettbewerbsfreiheit der am Markt tätigen Personen im Sinne subjektiver Gewährleistungen.[93] Das Grundgesetz gibt darüber hinaus keine institutionelle wirtschaftliche Verfassung vor,[94] auch wenn aus der Wirkung der freiheitsrechtlichen Grundrechte der Art. 2, 9, 12 Abs.1, 14 GG zu Recht geschlossen wird, dass das Grundgesetz generell freie Wettbewerbsstrukturen begünstigt[95], zumindest jedoch der Gesetzgeber die sich aus diesen Freiheitsrechten ergebenden Grenzen bei seiner Wirtschaftspolitik beachten muss[96]. Dennoch ist der freie Wettbewerb als Institution nicht in der Verfassung genannt, so dass der institutionelle Schutz des Wettbewerbs für sich genommen keine zulässige Einschränkungsmöglichkeit im Rahmen des Art. 9 Abs. 2 GG ist. Dennoch hängt der primär durch das Kartellrecht beabsichtigte Schutz der Wettbewerbsstruktur wie gezeigt[97] eng mit der Gewährleistung einer subjektiven Wettbewerbsfreiheit zusammen. Diese Wettbewerbsfreiheit ist aber den genannten grundrechtlichen Freiheiten in ihrem Zusammenspiel zu entnehmen. Dies betrifft zwar zunächst in erster Linie die Funktion der Grundrechte als Abwehrrechte gegenüber dem Staat, was aber nicht Teil des nur private Wettbewerbsbeschränkungen regelnden Kartellrechts ist. Heute ist jedoch anerkannt, dass die Grundrechte ferner eine objektiv-rechtliche Dimension im Sinne objektiver Wertvorgaben für das Gemeinwesen und für die komplette Rechtsordnung besitzen.[98] Dem entspringt eine Schutzgewährleistungsverpflichtung durch den Staat zur Abwehr von Bedrohungen von Grundrechtspositionen Einzelner. Diese verhilft unter anderem zu einem Freiheitsschutz des Einzelnen gegenüber gesellschaftlichen und wirtschaftlichen Machtpositionen, welche die Freiheit Einzelner, mithin auch die Wettbewerbsfreiheit, in ihrem Wesensgehalt ähnlich stark einschränken und gefährden können wie

---

92 *Scholz* in: Maunz/Dürig, Art. 9, Rn. 152; *ders.*, Konzentrationskontrolle und Grundgesetz, S. 39 ff.; *Bauer* in: Dreier, Art. 9, Rn. 62; *Köhler* in: Köhler/Bornkamm, Einleitung Rn. 1.45. In welchem Grundrecht die Wettbewerbsfreiheit genau verankert ist, ist nicht abschließend geklärt, ist aber im Ergebnis irrelevant und hängt immer von Einzelfällen ab. Vgl. hierzu mit weiteren Nachweisen: *Di Fabio* in: Maunz/Dürig, Art. 2 Abs. 1 GG, Rn. 116; *Manssen* in: v. Mangoldt/Klein/Starck, Art. 12, Rn. 71.

93 Vgl. BVerfGE 32, 311, 317; *Pieroth/Schlink*, Grundrechte, Rn. 883.

94 BVerfGE 4, 7, 17 f.; 12, 354, 363; 14, 263, 275; 50, 290, 336 f.; *Di Fabio* in: Maunz/Dürig, Art. 2 Abs. 1, Rn. 76; *Breuer* in: HdStR VIII (2010), § 170 Rn. 38.

95 *Scholz* in: Maunz/Dürig, Art. 12, Rn. 88; *Di Fabio* in: Maunz/Dürig, Art. 2 Abs. 1, Rn. 76; *Möschel*, Recht der Wettbewerbsbeschränkungen, Rn. 7.

96 *Breuer* in: HdStR VIII (2010), § 170 Rn. 39.

97 Vgl. in diesem Kapitel unter I. 1. c).

98 Grundlegend BVerfGE 7, 198, 205; *Sachs* in: Sachs, Vor Art. 1, Rn. 27 ff.; *Starck* in: v. Mangoldt/Klein/Starck, Art. 1 Rn. 170, Vgl. auch *Pieroth/Schlink*, Grundrechte, Rn. 91 ff.

staatliche Maßnahmen.[99] Somit ist aber der Schutz der Institution des Wettbewerbs[100] zumindest mittelbar ebenfalls eine Ausprägung des Schutzes der Wettbewerbsfreiheit der einzelnen am Markt beteiligten Akteure.[101] Denn Wettbewerb entsteht entscheidend durch die konkurrierende Ausübung der grundrechtlichen Wirtschaftsfreiheiten der Marktbeteiligten.[102] Mithin ist die Wettbewerbsfreiheit also sowohl individuell als auch hierüber mittelbar institutionell verfassungsrechtlich gewährleistet und damit eine verfassungsimmanente Schranke der Vereinigungsfreiheit. Das Kartellrecht stellt daher eine verfassungsrechtlich zulässige Beschränkungsmöglichkeit der Vereinsautonomie dar[103], womit auch Sachverhalte der *ersten und zweiten Stufe* am Kartellrecht gemessen werden können.

b) Keine Anwendung auf unionsrechtliche Sachverhalte

Zu beachten ist, dass diese Ausführungen nur für die originär national erlassenen Rechtsnormen des Kartellrechts gelten. Denn für europarechtlich motivierte Regelungen zum Schutz des Wettbewerbs gelten die deutschen Grundrechte nicht als Maßstab. Dies ist Ausfluss der *Solange*-Rechtsprechung[104] des Bundesverfassungsge-

---

99 BVerfGE 81, 242, 254 f.; *Wieland* in: Dreier, Art. 12, Rn. 151; *Di Fabio* in Maunz/Dürig, Art. 2 Abs. 1, Rn. 124 ff.; *Breuer* in: HdStR VIII (2010), § 170 Rn. 55 (Wirtschaftslenkung als Korrektiv wirtschaftlicher Konzentrationsentwicklungen); *Rupp* in: Mestmäcker, Wettbewerb als Aufgabe, 187, 190, 200. Ähnlich: *Nipperdey* in: Bettermann/Nipperdey, Die Grundrechte IV/2, S. 749, zu Art. 2 Abs. 1 GG, der in der ähnlichen Gefährdungslage aber mit einen Grund für die unmittelbare Wirkung der Grundrechte im Privatrechtsverhältnis sieht.

100 Die Institution des freien Wettbewerbs wird bisweilen sogar eigenständig als von Art. 2 Abs. 1 GG geschützt angesehen, vgl. *Di Fabio* in: Maunz/Dürig, Art. 2 Abs. 1, Rn. 116.

101 Ebenso *Scholz* in: Maunz/Dürig, Art. 12 Rn. 88; *Stern* in: Stern, Staatsrecht IV/1, § 104 III 4 b); *Schmidt* in: HbStR IV (2006), § 92, Rn. 23; *Rittner/Kulka*, Wettbewerbs- und Kartellrecht, § 5 Rn. 31, sprechen in diesem Zusammenhang davon, dass Wettbewerb und Privatautonomie sich gegenseitig bedingen und ergänzen.

102 Siehe schon oben in diesem Kapitel unter I. 1. c) sowie bei *Scholz*, Konzentrationskontrolle und Grundgesetz, S. 44; ähnlich: *Nordemann* in: Loewenheim/Meessen/Riesenkampff, Kartellrecht, § 1 GWB, Rn. 7.

103 Ebenso: *Bauer* in: Dreier, Art. 9, Rn. 62; *Dietlein* in: Stern, Staatsrecht IV/1, § 112 III 4 c) (zu §§ 36 und 41 GWB); *Scholz* in: Maunz/Dürig, Art. 9, Rn. 152, der die Beschränkungen durch das GWB daher zutreffend als *kollisionslösende Ordnung* beschreibt. *Di Fabio* in Maunz/Dürig, Art. 2 Abs. 1, Rn. 117, geht sogar davon aus, dass einfachgesetzliche Kartellverbote als institutioneller Schutz der Wettbewerbsfreiheit verfassungsrechtlich geboten seien. Ebenso spricht *Nipperdey* in: Bettermann/Nipperdey, Die Grundrechte IV/2, S. 903 ff. von einer verfassungsrechtlichen Notwendigkeit des Kartellverbots, da jeder im Kartell die Freiheit des anderen auf freien Wettbewerb einschränke und so das sich auch aus den Grundrechten ergebende grundsätzliche verfassungsmäßige Ordnungsprinzip der Wettbewerbsfreiheit beeinträchtige. Ähnlich auch *Merz* in: FS für F. Böhm (1965), 227, 230 ff.

104 Vgl. zunächst BVerfGE 37, 271, 279 ff. und später BVerfGE 73, 339, 375 ff.; *Oppermann/Classen/Nettesheim*, Europarecht, § 10 Rn. 20 f.; *Streinz*, Europarecht, Rn. 247; *Herdegen*, Europarecht, § 10 Rn. 29.

richts: Solange gemeinschaftsrechtlich ein Grundrechtsschutz vorhanden ist, der dem vom Grundgesetz als unabdingbar gebotenen Grundrechtsschutz im Wesentlichen gleichkommt, prüft das Bundesverfassungsgericht die abgeleiteten Akte der Gemeinschaft nicht an deutschen Grundrechten.[105] Dies gilt auch für Umsetzungsakte, die zwingend aus dem Unionsrecht folgen.[106] Das Bundesverfassungsgericht sieht sich daher in einem Kooperationsverhältnis mit dem EuGH, indem es nicht mehr im Einzelfall eine Prüfung einer Grundrechtsverletzung vornimmt, sondern nur noch prüft, ob ein genereller unabdingbarer Grundrechtsschutz in der Gemeinschaft besteht.[107] Ein solcher Grundrechtsstandard wurde bereits in Zeiten des ungeschriebenen Grundrechtekatalogs angenommen[108] und muss nach der Rechtsverbindlichkeit der EU-Grundrechtecharta umso mehr gelten.

Die Konsequenz ist also, dass alle EU-Verordnungen sowie alle Vollziehungsakte betreffend das Kartellrecht als Sekundärrecht nicht am Maßstab des deutschen Art. 9 Abs. 1 GG gemessen werden können. Gleiches gilt im Ergebnis für die Art. 101 ff. AEUV, da diese Bestimmungen als Primärrecht mit dem Prinzip des Vorrangs des Unionsrechts gegenüber dem staatlichen Recht[109] nur im Rahmen der Prüfung der deutschen Zustimmungsgesetze anhand der Integrationsermächtigung des Art. 23 Abs. 1 GG überprüfbar sind[110]. Demnach muss unter anderem ein dem Grundgesetz im Wesentlichen vergleichbarer Grundrechtsschutz vorhanden sein, was nach dem oben Gesagten der Fall ist. Somit entziehen sich die europarechtlichen Kartellvorschriften und insbesondere ihre Anwendung der nationalen Grundrechtsbindung im Einzelfall.

c) Rechtslage nach der Harmonisierung im Rahmen der 7. GWB-Novelle

Besonderer Prüfung bedürfen mit dem vorstehend Gesagten die neuen Regelungen nach der 7. GWB-Novelle aus dem Jahr 2005[111]. Denn die damit verbundenen großen Änderungen des Gesetzes gegen Wettbewerbsbeschränkungen waren vor allem europarechtlich motiviert, indem sie eine Harmonisierung mit den unionsrechtlichen Regelungen im Besonderen im Bereich der Verhaltenskontrolle be-

---

105 BVerfGE 73, 339, 387; bestätigt in BVerfGE 89, 155, 174 f.; 118, 79, 95.

106 BVerfGE 118, 79, 95 ff.; *Oppermann/Classen/Nettesheim*, Europarecht, § 10 Rn. 24; *Pieroth/Schlink*, Grundrechte, Rn. 208.

107 BVerfGE 89, 155, 175.

108 BVerfGE 73, 339, 378 ff.

109 Grundlegend zur absoluten Vorrangwirkung des Unionsrechts: EuGH Rs. 6/64 (*Costa/ENEL*), Slg. 1964, 1251, 1269 ff.; EuGH Rs. 14/68 (*Walt Wilhelm*), Slg. 1969, 1, Rn. 6; *Weiß* in: Calliess/Ruffert, AEUV Art. 101, Rn. 16; *Herdegen*, Europarecht, § 10 Rn. 1 ff.; *Immenga/Mestmäcker* in: Immenga/Mestmäcker, Europäisches Kartellrecht, Einleitung, Rn. 71.

110 So die Konzeption aus Sicht des deutschen Rechts, vgl. BVerfGE 89, 155, 182 ff.; 123, 267, 339 ff.; *Streinz*, Europarecht, Rn. 233 ff.; *Herdegen*, Europarecht, § 10 Rn. 19 ff.

111 BGBl. I 2005, S. 1954.

zweckten.[112] Maßgeblicher Ausgangspunkt hierfür war die Regelung des Art. 3 Abs. 2 der VO 1/03[113], der im Bereich der Union bei zwischenstaatlichem Bezug von kartellrechtlich relevanten Verhaltensabsprachen im Ergebnis eine Beurteilung anhand des Art. 101 AEUV vorschrieb. Dies gilt auch und gerade dann, wenn daneben noch anwendbare nationale Vorschriften eine strengere Regelung vorsehen würden.[114] Dem entspricht die klarstellende[115] Vorschrift des § 22 Abs. 1 und 2 GWB.

Zwar ist damit eine andere, auch strengere Regelung bei rein nationalen Sachverhalten gerade nicht ausgeschlossen[116], jedoch hatte sich der nationale Gesetzgeber auch hier zu einer Anpassung der §§ 1–18 GWB a.F. an die unionsrechtliche Beurteilung entschlossen[117] und diese so umgesetzt, dass der materielle Gehalt der §§ 1 f. GWB nunmehr den unionsrechtlichen Regelungen entspricht[118]. Diese Angleichung hatte zum Teil ihre Begründung in der nicht gewollten Benachteiligung kleinerer nationaler Unternehmen als auch der Vermeidung von Rechtsunsicherheiten in der Auslegung und Anwendung der Zwischenstaatlichkeitsklausel[119], was bisweilen dazu

112 Begründung des Regierungsentwurfs zur 7. GWB-Novelle, BT Drucks. 15/3640, S. 21; *Immenga*, ZWeR 2008, 3, 10.

113 Verordnung (EG) Nr. 1/2003 des Rates vom 16. Dezember 2002 zur Durchführung der in den Artikeln 81 und 82 des Vertrags niedergelegten Wettbewerbsregeln (Kartellverfahrensverordnung), ABl. 2003 L 1/1.

114 *Zuber* in: Loewenheim/Meessen/Riesenkampff, Art. 3 VerfVO, Rn. 2.

115 *Loewenheim* in: Loewenheim/Meessen/Riesenkampff, § 22 GWB, Rn. 1; *Rehbinder* in: Immenga/Mestmäcker, GWB, § 22 Rn. 1; *Böge/Bardong* in: Münchener Kommentar GWB, § 22, Rn. 1.

116 *Emmerich*, Kartellrecht, § 2 Rn. 11; *Kahlenberg/Haellmigk*, BB 2004, 389.

117 Vgl. zum Ziel einer möglichst großen Identität von deutschem und europäischem Kartellrecht den ursprünglich geplanten § 23 GWB, welcher eine europaorientierte Auslegung und Anwendung der §§ 1, 2, 19 GWB vorschreiben sollte. Hierzu: *Kahlenberg/Haellmigk*, BB 2004, 389, 391. Diese Norm ist nach diversen Diskussionen um ihren Regelungsgehalt und Sinn nicht umgesetzt worden, vgl. *Bechtold* in: Bechtold, Einführung, Rn. 20; *Dreher*, WuW 2005, 251; *Fuchs*, WRP 2005, 1384, 1387. Eine solche unionsrechtliche Orientierung ergibt sich letztlich bereits aus dem weitgehend identischen Wortlaut der §§ 1, 2 GWB im Vergleich zu Art. 101 AEUV und der gesetzgeberischen Intention der Novelle. Vgl. ausführlich zu den Grenzen der europarechtskonformen Auslegung: *Immenga/Mestmäcker* in: Immenga/Mestmäcker, GWB, Einleitung, Rn. 81 ff.

118 *Bechtold* in: Bechtold, Einführung, Rn. 20; *Emmerich*, Kartellrecht, § 2 Rn. 11; Nationale Besonderheit bleibt vor allem der § 3 GWB für Mittelstandskartelle; Zu den Änderungen des 1. Abschnitts des GWB durch die 7. GWB-Novelle vgl. *Nordemann* in: Loewenheim/Meessen/Riesenkampff, Vor §§ 1–3 GWB, Rn. 4 ff.; *Bechtold* in: Bechtold, Einführung, Rn. 19 ff.; *Fuchs*, WRP 2005, 1384, 1386 ff.

119 Vgl. Begründung Regierungsentwurf zur 7. GWB-Novelle, BT Drucks. 15/3640, S. 21; *Nordemann* in: Loewenheim/Meessen/Riesenkampff, Vor §§ 1–3 GWB, Rn. 2; *Emmerich*, Kartellrecht, § 2 Rn. 11; *Fuchs*, WRP 2005, 1384, 1387; Zu einer verfassungsrechtlichen Problematik der Bestimmtheit der Zwischenstaatlichkeitsklausel bei Anwendung deutscher Sonderregeln: *Meessen*, WuW 2004, 733, 734 ff.

führte, dass von einer faktischen Notwendigkeit zur Angleichung[120] gesprochen wurde.

Insoweit könnte mit dem zum Verhältnis von Grundgesetz und Europarecht Gesagtem daran gedacht werden, die Harmonisierung dem Maßstab des Grundgesetzes zu entziehen. Dem ist jedoch nicht zuzustimmen. Denn anders als bei Richtlinien, die den staatlichen Gesetzgeber zu einer Umsetzung verpflichten, Art. 288 UAbs. 3 AEUV, und bei welcher sodann die Grundrechte nur außerhalb der zwingenden unionsrechtlichen Vorgaben Maßstab sind[121], hat sich der nationale Gesetzgeber hier freiwillig zu einer Angleichung an die unionsrechtlichen Erfordernisse entschieden.[122] Die Änderungen nach der 7. GWB-Novelle unterliegen damit für rein nationale Sachverhalte trotz der Angleichung an die europarechtlichen Bestimmungen genauso wie das übrige GWB dem Maßstab des Grundgesetzes[123], mithin auch jenen des Art. 9 Abs. 1 GG.

Etwas anderes kann nur bei der Anwendung des GWB mit zwischenstaatlichem Bezug gelten. Zwar ist insoweit eine strengere Regelung seitens des nationalen Gesetzgebers noch möglich und anwendbar, jedoch entsprechen die Beurteilungskriterien im Ergebnis jenen des europäischen Rechts, so dass insoweit in Art. 3 Abs. 2 VO 1/03 ein Zwang zur Übernahme unionsrechtlicher Beurteilungsgrundsätze zu sehen ist.

3. Die Zielsetzung des Kartellrechts als Schranke des Art. 12 GRC

Für die europarechtlichen Fälle verbleibt es nach dem Dargestellten also allenfalls bei einer Prüfung der Kartellvorschriften anhand des europäischen Grundrechts der Vereinigungsfreiheit, wie sich dieses zum einen als allgemeiner Rechtsgrundsatz des Gemeinschaftsrechts als auch inzwischen aus Art. 12 GRC ergibt.[124]

Der EuGH hat sich, soweit ersichtlich, noch nicht aus der Warte der Grundrechte mit diesem Kollisionsverhältnis befasst. Die Ausführungen in den Rechtssachen *Montecatini*[125]und *Meca-Medina*[126] sind aus Sicht des Wettbewerbsrechts getroffen worden und haben daher für die grundsätzliche Kollisionslage keine Bedeutung.

---

120 *Bechtold* in: Bechtold, Einführung, Rn. 17; *Säcker* in: Münchener Kommentar GWB, Einleitung, Rn. 34.

121 BVerfGE 118, 79, 95 ff.; *Herdegen*, Europarecht, § 10 Rn. 29; *Oppermann/Classen/Nettesheim*, Europarecht, § 10 Rn. 24.

122 *Immenga* in: FS für G. Hirsch (2008), 241, 243.

123 Ebenso ohne nähere Begründung: *Meessen*, WuW 2004, 733, 734.

124 Vgl. die Ausführungen im 2. Kap. II. 1.

125 EuGH Rs. C-235/92 P (*Montecatini*), Slg. 1999, I-4539, Rn. 135 ff.

126 EuGH Rs. C-519/04 P (*Meca-Medina*) Slg. 2006, I-6991, Rn. 42 ff.

Auch hier sei darauf hingewiesen, dass für die Frage der Einschränkung der Vereinigungsfreiheit nur Sachverhalte der *ersten und zweiten* Stufe relevant werden. Sachverhalte der *dritten* Stufe unterfallen aufgrund des überwiegenden Charakters allgemeiner wirtschaftlicher Tätigkeit den jeweiligen bereichsspezifischen Grundrechten.[127]

a) Einschränkungen nach der Grundrechtecharta

Hinsichtlich der Einschränkungsmöglichkeiten der unionsrechtlichen Vereinigungsfreiheit sind im Rahmen der Geltung des Art. 12 GRC wegen dessen inhaltlich beabsichtigter Entsprechung[128] zu Art. 11 Abs. 1 EMRK über die Verweisungsnorm des Art. 52 Abs. 3 S. 1 GRC die Rechtfertigungsanforderungen des Art. 11 Abs. 2 EMRK anzuwenden.[129] Dabei ist es irrelevant, ob man Art. 52 Abs. 3 GRC als lex specialis zu Art. 52 Abs. 1 GRC sieht[130] oder nicht[131]. Auch kommt es nicht entscheidend darauf an, ob man Art. 52 Abs. 3 GRC nur als Hinweis auf die EMRK als Rechtserkenntnisquelle[132] oder als inhaltliche Inkorporation der EMRK[133] versteht. Denn trotz aller inhaltlichen Divergenzen ist klar, dass der durch die Charta gewährte Schutz im Ergebnis nie geringer ausfallen darf, als der durch die EMRK gewährleistete Schutzstandard[134]. Maßgeblich sind an dieser Stelle der Untersuchung daher entscheidend die zulässigen Ziele der Einschränkungen. Denn wenn diese nach der EMRK nicht gegeben wären, könnte selbst bei einer Einstufung der EMRK als bloße Rechtserkenntnisquelle der Schutz durch die Europäischen Grundrechte nicht von mindestens gleicher Intensität sein. Kartellrechtliche Beschränkungsmöglichkeiten müssen sich also unter den Katalog des Art. 11 Abs. 2 EMRK subsumieren lassen. Dies erscheint bereits auf den ersten Blick nicht einfach, da der Schutz des freien Wettbewerbs nicht ausdrücklich ge-

---

127 Vgl. zum nationalen Recht oben in diesem Kapitel unter I. 2.

128 Zum Begriff des „Entsprechens" vgl. ausführlich *Eisner*, Die Schrankenregelung der Grundrechtecharta der Europäischen Union, S. 122 ff.

129 *Jarass*, GRC, Art. 12 Rn. 30; *Pünder* in: Ehlers, § 16.2, Rn. 50; *Bernsdorff* in: Meyer, Art. 12 Rn. 19; *Rengeling/Szczekalla*, Rn. 734. Vgl. auch die Erläuterungen des Präsidiums des Konvents zu Art. 12 GRC, ABl. 2007 C 303/22.

130 *Borowsky* in: Meyer, Art. 52, Rn. 29; *Uerpmann-Wittzack*, DÖV 2005, 152, 156; *Pünder* in: Ehlers, § 16.2 Rn. 50.

131 *Jarass*, GRC, Art. 52 Rn. 25; *Kingreen* in: Calliess/Ruffert, GRCh Art. 52 Rn. 38; *Eisner*, Die Schrankenregelung der Grundrechtecharta der Europäischen Union, S. 150 ff.

132 So insbesondere *Kingreen* in: Calliess/Ruffert, GRCh Art. 52, Rn. 37 und *Jarass*, GRC, Art. 12 Rn. 64.

133 *Borowsky* in: Meyer, Art. 52 Rn. 30; *Streinz* in: Streinz, Art. 52 GR-Charta Rn. 7; *von Danwitz* in: Tettinger/Stern, Art. 52 Rn. 51. Ähnlich auch *Naumann*, EuR 2008, 424, 427 ff., der von der EMRK als *indirekter* Rechtsquelle des Unionsrechts spricht.

134 *Jarass*, GRC, Art. 52 Rn. 63; *Ehlers* in: Ehlers, § 14 Rn. 15; Vgl. auch die Erläuterungen des Präsidiums des Konvents zu Art. 12 GRC, ABl. 2007 C 303/22. *Schmitz*, EuR 2004, 691, 710, geht darüber hinaus sogar davon aus, dass die entsprechenden Freiheiten denjenigen der EMRK vollständigen entsprächen und daher die Rechte der Grundrechtecharta trotz Art. 52 Abs. 3 S. 1 GRC niemals einen höheren Schutzstand aufweisen würden.

nannt ist. Mit Blick auf die kartellrechtliche Zielsetzung kommen jedoch zwei Wege in Betracht, die nachfolgend dargestellt und bewertet werden sollen.

aa) Schutz des freien Wettbewerbs als Institution

Erstens stellt sich die Frage, ob der vom Kartellrecht intendierte Schutz des Wettbewerbs als Institution im Rahmen einer – ggf. erweiternden – Auslegung dem Katalog des Art. 11 Abs. 2 EMRK entnommen werden kann. Ein erster Anknüpfungspunkt hierfür könnte darin zu sehen sein, dass sich die zulässigen Einschränkungsgründe des Art. 11 Abs. 2 EMRK in erster Linie an Staaten wenden, jedoch die Europäische Union (noch) kein Staat im Sinne der EMRK ist, insbesondere da die Union nur eingeschränkte Kompetenzen zum Handeln hat. Die Ziele des Art. 11 Abs. 2 EMRK sind daher entsprechend den Zielen und der Struktur, die in der Union angelegt sind, auszulegen.[135] Argumentiert man in diese Richtung, könnte man behaupten, dies gelte nicht nur im Bereich der Anpassung des Wortlautes[136], sondern gehe um der Autonomie der Union willen auch darüber hinaus[137]. Hierbei spielt dann eine Rolle, dass sich die Europäischen Grundrechte und die Regelungen des Wettbewerbsrechts auf gleicher Ebene als Primärrecht der Union gegenüberstehen, vgl. Art. 6 Abs. 1 EUV. Diese Gleichrangigkeit führt im Normalfall bei einer Kollision denknotwendig zu einer Abwägung der widerstreitenden Ziele im Wege praktischer Konkordanz.[138] Daran ändert auch die Tatsache nichts, dass die Zielsetzung des unverfälschten Wettbewerbs anders als noch in Art. 3 Abs.1 lit. g) EGV a.F. expressis verbis nicht mehr im Vertrag von Lissabon genannt ist. Dies ergibt sich zum einen daraus, dass die Union gemäß Art. 3 Abs. 3 UAbs. 1 S. 2

---

135 *Rixen* in: Tettinger/Stern, Art. 12 Rn. 15; *Pünder* in: Ehlers, § 16.2 Rn. 50; *Bernsdorff* in: Meyer, Art. 12 Rn. 19 und Art. 7 Rn. 18; *Weber*, DVBl. 2003, 220, 224.

136 Z.B. kann im Rahmen des Rechtfertigungsgrundes „nationale Sicherheit“ im Rahmen der EU nicht von „national“ gesprochen werden. Der Wortlaut muss entsprechend angepasst werden, was letztlich aber eine Korrektur kosmetischer Natur ist, vgl. hierzu mit weiteren Beispielen *Borowsky* in: Meyer, Art. 52 Rn. 38.

137 In diese Richtung, allerdings zu den ungeschriebenen Gemeinschaftsgrundrechten, *Kingreen*, JuS 2000, 857, 860: Die EMRK biete nur den dogmatischen Aufhänger, der durch primärrechtliche Schutzgüter angereichert werden müsse. Ähnlich *ders.* in Calliess/Ruffert, GRCh, Art. 52 Rn. 37, wonach sich Bedeutung und Tragweite der Grundrechte nicht abschließend nach der EMRK bemessen würden, womit die EMRK nur ein Auslegungsaspekt neben anderen wäre. In die gleiche Richtung geht auch die Erwägung, dass bei einem zukünftigen Beitritt der Union zur EMRK die Besonderheiten der Union beachtet werden sollen, vgl. Schlussakte zum Vertrag über eine Verfassung für Europa, ABl. 2004 C 310/420. Zum Problem der Aufrechterhaltung der Autonomie des Unionsrechts bei einer möglichst großen Beachtung der Wertungen der EMRK siehe auch *Rengeling/Szczekalla*, Rn. 475 ff.

138 Für den ungleich häufiger diskutierten Fall der Kollision von Gemeinschaftsgrundrechten mit den Grundfreiheiten: *Scholz/Aulehner*, SpuRt, 1996, 44, 45; *Schroeder*, JZ 1996, 254, 256; *Gramlich*, DÖV 1996, 801, 810; *Streinz*, SpuRt 2000, 221, 226; *Hobe/Tietje*, JuS 1996, 486, 490, je zum *Bosman*-Urteil; zudem: *Persch*, NZA 2010, 986; *Schultz*, Das Verhältnis von Gemeinschaftsgrundrechten und Grundfreiheiten des EGV, S. 118.

EUV auf eine wettbewerbsfähige soziale Marktwirtschaft, mithin auf eine offene Marktwirtschaft mit freiem Wettbewerb[139], hinwirken soll. Zum anderen ergibt sich aus dem Protokoll Nr. 27[140], das gemäß Art. 51 EUV den gleichen Status wie die Verträge selbst hat, dass der Binnenmarkt ein System umfasst, das den Wettbewerb vor Verfälschungen schützt.[141] Drittens sind die materiell-rechtlichen Vorschriften der Art. 101 ff. AEUV im Primärrecht verblieben und werden zu Recht für das Funktionieren des Binnenmarktes als unverzichtbar angesehen[142].

Der Wettbewerb dient keinem Selbstzweck, sondern ist unter anderem Mittel zur Verwirklichung der Ziele des Art. 3 EUV[143], wozu sozialer Fortschritt und Wohlergehen der Völker der Union gehören. Mit diesen letztlich auf das Gemeinwohl ausgerichteten Aspekten der Wirtschaftspolitik könnte es zudem bei entsprechender erweiternder Auslegung des Art. 11 Abs. 2 EMRK möglich sein, die Ziele, welche die Wettbewerbsaufsicht der Europäischen Union fördert, mit den Zielen des Art. 11 Abs. 2 EMRK in Übereinstimmung zu bringen[144]; dies obwohl diese Vorschrift anders als Art. 8 Abs. 2 EMRK nicht das wirtschaftliche Wohl eines Landes[145] als Rechtfertigungsmöglichkeit nennt. Dass diese Begründung mit Blick auf die Schrankenregelung des Art. 52 Abs. 1 GRC nicht völlig widerspruchsfrei ist, müsste bei dieser Auslegung hingenommen werden. Es könnte dabei argumentiert werden, dass dies Folge der Problematik ist, dass die Vereinigungsfreiheit primär eine kommunikationsrechtliche Bedeutung hat, daneben aber auch für wirtschaftliche Vereinigungen und daher auch für wirtschaftliche Fragestellungen zumindest als Annex gilt, der Text aber keine dementsprechenden Rechtfertigungsmöglichkei-

139 So Art. 119 Abs. 1 AEUV. Das Europäische Primärrecht gibt also anders als die deutsche Verfassung eine bestimmte Wirtschaftsordnung vor.

140 Protokoll (Nr. 27) über den Binnenmarkt und den Wettbewerb, ABl. 2010 C 83/309.

141 Ebenso: *Streinz*, Europarecht, Rn. 971a; *Herdegen*, Europarecht, § 13 Rn. 1; *Weitbrecht/Mühle*, EuZW 2010, 327; *Grill* in: Lenz/Borchardt, Vorbem. Art. 101-106 AEUV, Rn. 2 ff., der dennoch eine Rangminderung des Wettbewerbs durch den Vertrag von Lissabon sieht.

142 EuGH Rs. 6/72 (*Continental Can*), Slg. 1973, 215, Rn. 23 f.; EuGH Rs. C-126/97 (*Eco Swiss*), Slg. 1999, I-3055, Rn. 36.

143 *Grill* in: Lenz/Borchardt, Vorbem. Art. 101-106 AEUV, Rn. 6; ähnlich: *Gippini-Fournier/Mojzesowicz* in: Loewenheim/Meessen/Riesenkampff, Art. 81 Abs. 1 EGV Rn. 1 f. Vgl. zu den Funktionen des Wettbewerbs bereits oben in diesem Kapitel unter I. 1. a) bb).

144 So auch *Weber*, DVBl. 2003, 220, 224 f.

145 Unter anderem hierauf können nach Ansicht des EGMR Durchsuchungen von Geschäftsräumen in einem kartellrechtlichen Nachprüfungsverfahren gestützt werden, vgl. EGMR, Urt. v. 16.04.2002 (*Colas Est*), Rn. 44. Dass Geschäftsräume als Wohnung im Sinne des Art. 8 EMRK und des inhaltsähnlichen Art. 7 GRC und damit überhaupt Schutzgut sein können, wird demgegenüber in der Rechtsprechung des EuGH allenfalls langsam anerkannt, vgl. EuGH verb. Rs. 46/87 und 227/87 (*Hoechst*), Slg. 1989, 2859, Rn. 17 f. und EuGH Rs. C-94/00 (*Roquette Frères*), Slg. 2002, I-9011, Rn. 29. Zu Divergenzen beim Grundrechtsschutz im Kartellverfahren zwischen dem EuGH und dem EGMR insgesamt *Schwarze*, NJW 2005, 3459, 3461 f.

ten vorsieht.[146] Abgemildert wird dieser Widerspruch auch dadurch, dass der EGMR, dessen Rechtsprechung ebenfalls zumindest bei der Auslegung relevant ist[147], die Schranken weit versteht und den Staaten einen nicht unerheblichen Beurteilungsspielraum zugesteht[148], was letztlich auch ein Teil des Verständnisses der EMRK als „living instrument“[149] ist. Gerade bei komplexen wirtschaftlichen Fragestellungen scheint der EGMR den Staaten einen besonders hohen Beurteilungsspielraum einzuräumen; dies natürlich vor allem dann, wenn die zu beurteilende Tätigkeit im Schutzbereich des Freiheitsrechts selbst wirtschaftlichen Einschlag hat[150], was für den Untersuchungsgegenstand bei den vereinsautonomen Tätigkeiten der 2. Stufe relevant wird. Auch hat der EuGH, damals jedoch noch nicht unter der rechtsverbindlichen Geltung der Grundrechtecharta, in den Ausführungen zu Art. 11 Abs. 2 EMRK klargemacht, dass der Ausübung dieser Rechte Beschränkungen unterworfen werden können, sofern diese dem Gemeinwohl dienenden Zielen der Gemeinschaft entsprechen.[151] Außerdem ist die Bedeutung und Dogmatik der Schrankenverweisungsregel des Art. 52 Abs. 3 GRC selbst noch im Fluss.[152]

---

146 Dass sich die EMRK zu Anfang mit wirtschaftlichen Menschenrechten schwer tat, sieht man zum einen daran, dass die Eigentumsgarantie nicht im ursprünglichen Text zu finden ist, sondern seine Aufnahme in den Menschenrechtskatalog dem 1. Zusatzprotokoll zu verdanken hat. Andere wirtschaftliche Menschenrechte sind der EMRK zudem nicht explizit zu entnehmen, so dass wirtschaftsrechtliche Bezüge wie z.B. die Berufsfreiheit immer anderen Menschenrechten entnommen werden müssen, vgl. *Grabenwarter*, EMRK, § 25 Rn. 25 ff.; *Ehlers* in: Ehlers, § 2 Rn. 22.

147 *Jarass*, GRC, Art. 52 Rn. 65; *Streinz* in: Streinz, Art. 52 GR-Charta Rn. 3; *von Danwitz* in: Tettinger/Stern, Art. 52 Rn. 57; *Naumann*, EuR 2008, 424.

148 *Schilling*, Internationaler Menschenrechtsschutz, Rn. 68; *Frowein* in: Frowein/Peukert, Art. 10 Rn. 38; *Jarass*, GRC, Art. 52 Rn. 34. *Grabenwarter*, EMRK, § 18 Rn. 13. So wurde selbst eine britische Gefängnisordnung als Ordnung im Sinne der Konvention angesehen, vgl. EKMR Entsch. v. 20.12.1974, DR 1, 41, 42. Dies führt unter anderem zur Einschätzung von *Jarass*, GRC, Art. 12 Rn. 13 und Art. 52 Rn. 24, dass sich aus Art. 53 Abs. 3 S. 1 GRC kaum Einschränkungen gegenüber Art. 53 Abs. 1 GRC ergeben würden.

149 EGMR, Urt v. 25.04.1978 (*Tyrer*), NJW 1979, 1089, 1090, Rn. 31; Urt. v. 07.07.1989 (*Soering*), NJW 1990, 2183, 2186, Rn. 102; Urt. v. 08.07.2004 (*Vo*), NJW 2005, 727, 730, Rn. 82.; *Meyer-Ladewig*, Einleitung Rn 37; *Frowein* in: Frowein/Peukert, Einführung Rn. 8; *Schilling*, Internationaler Menschenrechtsschutz, Rn. 38 f.

150 *Grabenwarter*, EMRK, § 25 Rn. 30; *Meyer-Ladewig*, Art. 10, Rn. 64; *Macdonald* in: Macdonald/Matscher/Petzold, S. 93 ff. EGMR, Urt. v. 16.04.2002 (*Colas Est*), Rn. 44 ff.; Urt. v. 20.11.1989 (*markt intern*), EuGRZ 1996, 302, Rn. 33, 37 f.; Urt. v. 23.06.1994 (*Jacubowski*), EuGRZ 1996, 306, Rn. 26.; Urt. v. 11.12.2003 (*Krone Verlag*), Rn. 30 ff.; Zum Beurteilungsspielraum insgesamt und speziell bei wirtschaftlichen Betätigungen: *Calliess*, EuGRZ 1996, 293 ff. Dies alles unter dem Blickwinkel des Art. 10 EMRK.

151 EuGH Rs. C-112/00 (*Schmidberger*), Slg. 2003, I-5659, Rn. 79 f.

152 Vgl. z.B. zur Frage, welche Rechte sich in Bedeutung und Tragweite überschneiden die Ausführungen bei *Borowsky* in: Mayer, Art. 52 Rn. 31 ff., der mit Blick auf die Erläuterungen des Präsidiums des Konvents bei Art. 12 Abs. 1 GRC von einer größeren Tragweite ausgeht, da der Anwendungsbereich der Norm auf die Union ausgedehnt sei. Dies würde nach Rn. 33 dazu führen, dass bei nationalen Vereinigungen Art. 52 Abs. 3

Dennoch erscheinen die Wege über eine unionsrechtliche Autonomie und dem Versuch einer entsprechenden Auslegung des Art. 11 Abs. 2 EMRK nur schwer gangbar. Zum einen fügt er sich in die Schrankensystematik der Grundrechtecharta nicht ein, die gerade in Art. 52 Abs. 1 GRC mit einem allgemeinen Schrankenvorbehalt und in Art. 52 Abs. 3 GRC mit den speziellen Schranken differenziert. Die eben dargelegten Erwägungen würden jedoch dazu führen, dass de facto die Schranke des Art. 52 Abs. 1 GRC Anwendung fände. Damit würden sie die Regelung des Art. 52 Abs. 3 GRC außer Acht lassen. Ebenfalls ein gewichtiges Argument gegen diesen Weg ist die vom Grundrechtekonvent beabsichtigte Wahrung eines Mindestschutzniveaus, welches die EMRK vorgibt, und welches sich gerade in der Regelung des Art. 52 Abs. 3 GRC niedergeschlagen hat.[153] Was jetzt noch eine mehr oder weniger freiwillige Entscheidung der Europäischen Union ist, wird ab dem Zeitpunkt zwingend, zu dem der Beitritt der Union zur EMRK erfolgt ist, und damit die Standards der EMRK auch für die EU rechtsverbindlich werden. Insoweit ist der Regelung des Art. 52 Abs. 3 GRC eine gewisse Angleichungsfunktion in der Tat nicht abzusprechen.[154] Wenn aber die EMRK trotz des weiten Beurteilungsspielraums keine Einschränkungsmöglichkeiten aufgrund wirtschaftspolitischer Erwägungen zulässt, kann dies unter der Grundrechtecharta ebenfalls nicht gelten. Andernfalls wäre das Schutzniveau der Grundrechtecharta als geringer zu qualifizieren, was dem genannten Zweck des Art. 52 Abs. 3 GRC widerspräche. Auch können bloße binnenmarktpolitische Erwägungen als ungeschriebene Rechtfertigung von Eingriffen in Grundrechtspositionen mit Blick auf die zunehmende Politisierung der Union über den anfänglichen über allem stehenden wirtschaftlichen Integrationsgedanken nicht (mehr) überzeugen, da eine umfassende Regelungsbefugnis der Union mit einem umfassenden Grundrechtsschutz einhergehen muss.[155] Das Schutzgut des Wettbewerbs als Institution vermag also selbst im Wege einer erweiternden Auslegung alleine nicht als legitimes Ziel im Rahmen des Art. 11 Abs. 2 EMRK zu dienen.

EMRK, aber bei transnationalen Vereinigungen Art. 52 Abs. 1 EMRK anwendbar wäre – eine kaum sinnvoll hinzunehmende Differenzierung, zumal es wahrscheinlich ist, dass auch transnationale Vereinigungen unter den persönlichen Schutzbereich des Art. 11 Abs. 1 EMRK fallen. Harsche Kritik an Art. 52 Abs. 3 GRC im Hinblick auf die Unübersichtlichkeit und die Gefährdung einer eigenständigen unionsrechtlichen Grundrechtsdogmatik üben *Pache*, EuR 2001, 475, 489 f. und *Schmitz*, EuR 2004, 691, 710 f. Siehe auch *Uerpmann-Wittzack*, DÖV 2005, 152, 157.

153 Präsidium des Europäischen Konvents, Charta-Erläuterungen, ABl. 2007 C 303/17 S. 33.

154 Insbesondere *Borowsky* in: Meyer, Art. 52 Rn. 34 spricht sogar von einem erfolgten „materiellen Beitritt zur EMRK“, dem noch ein formeller Beitritt folgen könne.

155 Vgl. *Szczekalla*, Schutzpflichten, S. 553 ff. Anders noch früher bei der Entwicklung des Grundrechtekatalogs durch den EuGH, der zunächst maßgeblich vom Gedanken beherrscht war, dass die Grundrechte dem Integrationsprozess dienlich sein könnten, vgl. *Kingreen*, EuR 2010, 338, 351.

bb) Schutz der Wettbewerbsfreiheit

Unabhängig von der Frage, ob die eben dargestellte erweiternde Auslegung der Art. 52 Abs. 3 S. 1 GRC und Art. 11 Abs. 2 EMRK zu überzeugen vermag, ist ein zweiter Anknüpfungspunkt im Rahmen von Art. 11 Abs. 2 EMRK der Begriff des „Schutzes der Rechte anderer". Zwar ist der Zweck des Kartellrechts nicht genuin der Schutz der Wettbewerber. Dennoch hängt der Schutz des Wettbewerbs als Institution eng mit der Wettbewerbsfreiheit der auf dem Markt tätigen Personen zusammen, so dass also der Schutz der Wettbewerbsfreiheiten Einzelner um des Schutzes des freien Wettbewerbs willen auch Teil des kartellrechtlichen Schutzgehalts ist.[156] Damit sind durch das Kartellrecht „Rechte anderer" mitgeschützt. Zu klären ist jedoch, wie der Schutz dieser Rechte verankert ist, mit anderen Worten: woraus sich diese Wettbewerbsfreiheit in der Rechtsordnung der Union ergibt.

(1) Die Grundfreiheiten als „Rechte anderer"

Hinsichtlich der Ausgestaltung der Wettbewerbsfreiheit Einzelner ist zum einen an die wirtschaftlichen Grundfreiheiten zu denken, die gerade auch für die am Markt tätigen Unternehmen unmittelbar gelten und damit dem Schutz ihrer unternehmerischen Tätigkeit dienen. Dieser Schutz besteht jedoch nur insoweit, wie es um die Schaffung eines freien Binnenmarktes geht[157], was zu der Einschätzung führt, dass die Grundfreiheiten die Stützpfeiler der EU-Wirtschaftsverfassung sind[158]. Diese institutionelle Funktion mindert jedoch ihre Einstufung als subjektive Rechte[159] nicht, da die Einräumung einer subjektiven Rechtsmacht gegenüber dem Staat nur zu einer Effektuierung führen kann. Die Grundfreiheiten werden daher oftmals als grundrechtsähnlich bezeichnet.[160] Erweitert wurde der Charakter als subjektives Recht dadurch, dass die Mitgliedstaaten im Wege einer Schutzgewährleistung nach Rechtsprechung des EuGH dazu verpflichtet sein können, für eine optimale Möglichkeit der Ausübung der Grundfreiheiten und damit zur Gewährleistung eines

---

156 Vgl. schon in diesem Kapitel unter I. 1. c).

157 *Ehlers* in: Ehlers, § 14 Rn. 13; *Gebauer*, Die Grundfreiheiten des EG-Vertrags als Gemeinschaftsgrundrechte, S. 346 ff.

158 *Ehlers* in: Ehlers, § 7 Rn. 1; *Schroeder* in: Streinz, Art. 28 EGV Rn. 1.

159 Vgl. grundlegend: EuGH Rs. 1/25 (*van Gend & Loos*), Slg. 1963, S. 1, 24 ff., *Kingreen*, Struktur der Grundfreiheiten des Europäischen Gemeinschaftsrechts, S. 23 ff.; *ders.* in: Calliess/Ruffert, AEUV Art. 34–36 Rn. 9; *Ehlers* in: Ehlers, § 7 Rn. 10; *Streinz*, Europarecht, Rn. 835.

160 *Ehlers* in: Ehlers, § 7 Rn. 29, bezeichnet sie sogar als Grundrechte. So wohl auch *Szczekalla*, Schutzpflichten, S. 642 f.; Vgl. auch die Übersicht m.w.N. bei *Rengeling/Szczekalla*, Rn. 142; Auch der EuGH spricht bei Grundfreiheiten bisweilen von Grundrechten, so z.B. bei der Arbeitnehmerfreizügigkeit als Grundrecht auf freien Zugang zur Beschäftigung, vgl. EuGH Rs. 222/86 (*Unectef/Heylens*), Slg. 1987, 4097, Rn. 14 f.; Rs. C-415/93 (*Bosman*), Slg. 1995, I-4921, Rn. 129. Entschieden gegen die Einordnung als Grundrechte dagegen zu Recht: *Gebauer*, Die Grundfreiheiten des EG-Vertrags als Gemeinschaftsgrundrechte, S. 346 ff.

freien Binnenmarktes zu sorgen.[161] Denkt man nun den Gedanken des subjektiv-rechtlichen Einschlags zu Ende, dass sich, gerade mit Blick auf den Ausbau der Grundfreiheiten als Beschränkungsverbote, aus den Grundfreiheiten auch der Schutz vor Wettbewerbsbeschränkungen von Privaten ergibt, die staatlichen Beschränkungen gleichkommen, so wird hieraus allerdings ein Zirkelschluss sichtbar: Wenn sich aus der Schutzpflichtendimension der Grundfreiheiten bereits der Schutz des freien Wettbewerbs ergibt, bräuchte man die Art. 101 ff. AEUV im Grundsatz nicht.[162] Dieses Ergebnis verwundert nicht, da die Grundfreiheiten und das europäische Kartellrecht trotz struktureller Unterschiede auf der gleichen Basis stehen: Der Schaffung eines freien marktwirtschaftlichen Binnenmarktes. Aus der subjektiven Dimension der Grundfreiheiten können und dürfen daher keine weitergehenden „Rechte anderer" entnommen werden, da ansonsten letztlich auf den intendierten Schutz des Kartellrechts und mithin auf dessen Einräumung von Rechten abgestellt wird.

(2) Die grundrechtliche wirtschaftliche Betätigungsfreiheit

Benötigt wird also eine andere Rechtsquelle, aus der sich der Schutz der Wettbewerbsfreiheit ergibt. In Betracht kommen dabei die Unionsgrundrechte.[163] Die dabei entstehende Frage, ob die Unionsgrundrechte auf wirtschaftlichem Gebiet[164] subsidiär hinter den subjektiven Gewährleistungen der Grundfreiheiten zurücktreten[165], muss mit dem eben Gesagten verneint werden, da es aufgrund der Funktionsverschiedenheit keine Überschneidungen gibt[166], bedarf jedoch mit Blick auf den Fortgang der Untersuchung zudem keiner genaueren Entscheidung.

---

161 EuGH Rs. C-112/00 (*Schmidberger*), Slg. 2003, I-5659, Rn. 57 ff.; EuGH Rs. C-265/95 (*Kommission/Frankreich*), Slg. 1997, I-6959, Rn. 30 ff.; *Ehlers* in: Ehlers, § 7 Rn. 35; *Streinz*, Europarecht, Rn. 839 ff.; *Kingreen* in: Calliess/Ruffert, AEUV Art. 34–36 Rn. 12 ff.; *Szczekalla*, Schutzpflichten, S. 634 ff.

162 Auch hier zeigt sich, dass mit der Ausdehnung der Grundfreiheiten im Privatrechtsverhältnis die unterschiedlichen Funktionen der Grundfreiheiten und der kartellrechtlichen Vorschriften verwischt sind. Vgl. zur Annahme einer Spezialität der Wettbewerbsregeln vor den Grundfreiheiten auch *Kluth*, AöR 122 (1997), 557, 573.

163 Eine ähnliche Vorgehensweise unternimmt *Gebauer*, Die Grundfreiheiten des EG-Vertrags als Gemeinschaftsgrundrechte, S. 357 ff., der die Grundfreiheiten von einem ihnen innewohnenden gemeinschaftsgrundrechtlichen Kern zu trennen versucht. Hierauf kommt es aber mit Blick auf die bestehenden Wirtschaftsgrundrechte der Grundrechtecharta nicht entscheidend an.

164 Insoweit besteht hinsichtlich der subjektiv-rechtlichen Gewährleistungen eine Überschneidung mit den Grundfreiheiten, vgl. auch *Schwarze*, EuZW 2001, 517, 518 f. Generell zu Recht kritisch zu der Tatsache, dass die Grundfreiheiten mehr und mehr die Funktion von Grundrechten übernehmen ist *Kingreen*, EuR 2010, 338, 356, unter dem Blickwinkel, dass dadurch auch die nationalen Grundrechte mit unionsrechtlichen Grundrechtsgehalten konkurrieren.

165 Z.B. *Ehlers* in: Ehlers, § 14 Rn. 13; *Ruffert* in: Ehlers, § 16.3 Rn. 21 f. Tendenziell ebenfalls in diese Richtung: *Rengeling/Szczekalla*, Rn. 784.

166 Vgl. *Kingreen* in: Calliess/Ruffert, AEUV Art. 34–36 Rn. 5 ff.

Hinsichtlich eines wirtschaftlichen Unionsgrundrechts kann an die unternehmerische Freiheit des Art. 16 GRC angeknüpft werden. Diese schützt die Freiheit eine Wirtschafts- oder Geschäftstätigkeit auszuüben, die der EuGH bereits zu den ungeschriebenen Grundrechten als besondere Ausformung der Berufsfreiheit entwickelt hatte[167]. Sie bildet zusammen mit der Berufsfreiheit des Art. 15 GRC und der Eigentumsgarantie des Art. 17 GRC die zentralen Wirtschaftsgrundrechte[168]. In Abgrenzung zur Berufsfreiheit erfasst Art. 16 GRC nur die wirtschaftliche Tätigkeit von Selbstständigen.[169]

Sachlich ist dem Grundrecht die Freiheit der Geschäftsausübung, umfassend sowohl den Zugang als auch die Durchführung einer unternehmerischen Tätigkeit, und die Vertragsfreiheit zweifelsfrei zuzuordnen.[170] Nach den Erläuterungen des Präsidiums des Konvents soll Art. 16 GRC als Ausprägung zudem die Wettbewerbsfreiheit beinhalten.[171] Das Grundrecht weise somit einen Bezug zum objektiven Grundsatz des freien Wettbewerbs aus Art. 119 Abs. 1 AEUV auf.[172] Mit diesem objektiv-rechtlichen Bezug zur Wettbewerbsordnung in der Europäischen Union und einer fehlenden Aussage des EuGH zur subjektiven Wettbewerbsfreiheit, wird zum Teil bezweifelt, dass die Wettbewerbsfreiheit auch subjektivrechtliche Komponenten aufweise.[173] Dies ist dennoch zu bejahen. Zum einen hat der EuGH in der Rechtssache *Deutschland/Rat* die Wettbewerbsstellung als Teilas-

---

167 Z.B. EuGH Rs. 4/73 (*Nold*), Slg. 1974, 491, Rn. 14; Rs. 230/78 (*S.p.A. Eridania*), Slg. 1979, 2749, Rn. 20; verb. Rs. 143/88 und C-92/89 (*Zuckerfabrik Süderdithmarschen*), Slg. 1991, I-415, Rn. 76; Rs. C-280/93 (*Deutschland/Rat*), Slg. 1994, I-4973, Rn. 81; Rs. 317/00 (*Invest*), Slg. 2000, I-9541, Rn. 57. Vgl. hierzu auch den Rechtsprechungsüberblick mit Analyse bei *Schwier*, Wirtschaftsgrundrechte von Unternehmen in der Europäischen Grundrechtecharta, S. 91 ff. Zur früheren Herleitung eines Grundrechts auf umfassende wirtschaftliche Betätigung im Rahmen des Grundrechts auf Berufsfreiheit vgl. ferner *Schwarze*, EuZW 2001, 517, 518; *Ruffert* in: Calliess/Ruffert, GRCh Art. 16 Rn. 2; *Bernsdorff* in: Meyer, Art. 16 Rn. 10; *Nowak* in: Heselhaus/Nowak, § 31 Rn. 2.

168 *Jarass*, GRC, Art. 16, Rn. 2; *Bernsdorff* in: Meyer, Art. 16 Rn. 9.

169 *Ruffert* in: Calliess/Ruffert, GRCh Art. 16 Rn. 1; *Rengeling/Szczekalla*, Rn. 798.

170 *Jarass*, GRC, Art. 16 Rn. 9; *Nowak* in: Heselhaus/Nowak, § 31 Rn. 30 ff.; *Bernsdorff* in: Meyer, Art. 16 Rn. 11 f.; *Ruffert* in: Ehlers, § 16.3 Rn. 12; *Große Wentrup*, Die Europäische Grundrechtecharta im Spannungsfeld der Kompetenzverteilung zwischen Europäischer Union und Mitgliedstaaten, S. 87.

171 Vgl. Präsidium des Europäischen Konvents, Charta-Erläuterungen, ABl. 2007 C 303/17 S. 23.

172 *Jarass*, GRC, Art. 16, Rn. 2; *Rengeling/Szczekalla*, Rn. 801.

173 *Bernsdorff* in Meyer, Art. 16 Rn. 14; *Mayer* in: Grabitz/Hilf/Nettesheim, nach Art. 6 EUV, Rn. 196; *Streinz* in: Streinz, Art. 16 GR-Charta Rn. 6. Ebenso: *Rengeling/Szczekalla*, Rn. 801 ff., die aber nicht ausschließen, dass sich eine subjektiv-rechtliche Komponente noch entwickeln könne, und *Schwier*, Wirtschaftsgrundrechte von Unternehmen in der Europäischen Grundrechtecharta, S. 120 ff., der zwar eine subjektiv-rechtliche Komponente verneint, aber wegen einer grundrechtlichen Institutsgarantie der Wettbewerbsfreiheit für den Binnenmarkt zu einer „quasi subjektiv-rechtlichen Wirkung" der Wettbewerbsfreiheit kommt.

pekt des damals noch ungeschriebenen Grundrechts der Berufsfreiheit ausdrücklich erfasst.[174] Wenn aber schon ein Eingriff in die Wettbewerbsstellung als rechtfertigungsbedürftige Beeinträchtigung subjektiver Rechte angesehen wird, dann muss dies auch insgesamt für die Wettbewerbsfreiheit gelten, da die Wettbewerbsstellung als Ergebnis des Wettbewerbsprozesses Ausprägung der Wettbewerbsfreiheit ist.[175] Zum anderen ist eine subjektiv verstandene Wettbewerbsfreiheit für eine umfassende unternehmerische Freiheit genauso unabdingbar wie die Vertragsfreiheit. Denn nur mit dieser kann ein Unternehmer selbstbestimmt und frei am Markt auftreten und damit überhaupt seine unternehmerische Freiheit wahrnehmen.[176] Mithin muss man also die Wettbewerbsfreiheit als subjektiv-rechtliche Gewährleistung sehen, die als Teilaspekt mit von Art. 16 GRC umfasst ist.[177]

Auch hier besteht jedoch nachfolgend das Problem, dass die Unionsgrundrechte primär Abwehrrechte gegenüber dem Staat sind, jedoch hoheitliche Wettbewerbseinschränkungen nicht vom Kartellrecht erfasst sind. Ähnlich wie im nationalen Recht können die Unionsgrundrechte aber auch eine objektive Dimension entfalten und Schutzverpflichtungen der Union und ihrer Mitgliedsstaaten hervorrufen. Zwar hat sich der Konvent der Grundrechtecharta über die Frage einer Schutzpflichtendimension der Grundrechte nicht äußern wollen, sondern diese Frage der Unionsgerichtsbarkeit überlassen[178]. Diese hat sich zu dieser Frage bisher auch noch nicht eindeutig festgelegt.[179] Eine Art Schutzpflichtendimension der Unionsgrundrechte kann aber mit allgemeinen Erwägungen angenommen wer-

---

174 EuGH Rs. C-280/93 (*Deutschland/Rat*), Slg. 1994, I-4973, Rn. 81.

175 Ebenso: *Nowak* in: Nowak/Heselhaus, § 31 Rn. 34.

176 Ebenso: *Blanke* in: Tettinger/Stern, Art. 16 Rn. 11; *Große Wentrup*, Die Europäische Grundrechtecharta im Spannungsfeld der Kompetenzverteilung zwischen Europäischer Union und Mitgliedstaaten, S. 76 f. Auch hier zeigt sich die enge Verknüpfung zwischen dem freien Wettbewerb als Institution und den individuellen Wettbewerbsfreiheiten.

177 *Ruffert* in: Calliess/Ruffert, GRCh Art. 16 Rn. 2; *ders.* in: Ehlers, § 16.3, Rn. 12; *Blanke* in: Tettinger/Stern, Art. 16 Rn. 11; *Penski/Elsner*, DÖV 2001, 265, 271; *Schwarze*, EuZW 2001, 517, 518. Zurückhaltender ist *Jarass*, GRC, Art. 16 Rn. 9, der in Anlehnung an das Urteil des EuGH in der Rechtssache *Deutschland/Rat* nur die Wettbewerbsstellung eines Wirtschaftsteilnehmers als geschützt ansieht, was im Ergebnis aber auf das gleiche hinaus läuft, da die Wettbewerbsstellung Ausprägung der Wettbewerbsfreiheit ist.

178 Vgl. *Borowsky* in: Meyer, Art. 51 Rn. 31.

179 In der Entscheidung des EuGH in der Rs. C-2/92 (*Bostock*), Slg. 1994, I-955, Rn. 18 ff., musste der Gerichtshof im Hinblick eine etwaige Schutzpflicht diesbezüglich keine Entscheidung treffen. In den Urteilen in den Rs. C-288/89 (*Gouda*), Slg. 1991, I-4007, Rn. 23 und Rs. C-368/ 95 (*Familiapress*), Slg. 1997, I-3689, Rn. 25 f. ließ der EuGH eine Rechtfertigung von Beschränkungen von Grundfreiheiten grundsätzlich zu, wenn diese seitens eines Mitgliedsstaates in Ausübung eines Schutzes von Grundrechten erfolgen. Ob hieraus der Schluss zu ziehen ist, dass der EuGH damit die Existenz einer unionsrechtlichen Schutzpflicht anerkennt, ist zweifelhaft und strittig, vgl. nur einerseits *Kingreen* in: Calliess/Ruffert, GRCh Art. 51 Rn. 25 und andererseits *Schindler*, Die Kollision von Grundfreiheiten und Gemeinschaftsgrundrechten, S. 152 ff.

den.[180] Zum einen hat der EGMR, dessen Auslegung wegen der Nähe von EMRK und Grundrechtecharta auch für den Unionsgrundrechtsschutz eine wichtige Rolle spielt, in einer Reihe von Grundrechten eine Schutzpflichtendimension hergeleitet. [181] Damit muss den Grundrechten der EU-Grundrechtecharta auch eine Schutzpflichtendimension zuerkannt werden, will man nicht hinter dem Schutzniveau der EMRK zurückbleiben.[182] Zum anderen kann eine solche Grundrechtsfunktion auch der Charta selbst entnommen werden. Dafür spricht, dass Art. 51 Abs. 1 S. 2 GRC zum Ausdruck bringt, dass die Union und ihre Mitgliedsstaaten die Rechte nicht nur achten, sondern in ihrer Anwendung auch fördern sollen, was letztlich auf eine Optimierung der Grundrechtsgewährleistungen abzielt.[183] Denn gerade in den Bereichen, in welchen die Union die ihr übertragenen Kompetenzen ausübt und die Mitgliedsstaaten aufgrund des Integrationsgedankens daran gehindert sind dies auf nationaler Ebene zu durchbrechen, muss der Union die Aufgabe positiver Gewährleistungen zufallen.[184] Ähnliches ergibt sich durch die Öffnung der Märkte und der

---

180 *Ehlers* in: Ehlers, § 14 Rn. 35. *Kingreen* in: Calliess/Ruffert, GRCh Art. 51 Rn. 23 ff.; *Rengeling/Szczekalla*, Rn. 408 ff.; *Schindler*, Die Kollision von Grundfreiheiten und Gemeinschaftsgrundrechten, S. 152 ff. Vgl. eingehend zum Bedürfnis nach Schutzpflichten auf der Ebene der Union: *Szczekalla*, Schutzpflichten, S. 551 ff. Natürlich hat die Schutzpflichtendimension nicht zur Folge, dass die Kompetenzen der Union erweitert würden. Ein Handeln in Ausübung der Schutzpflicht und daher eine Schutzpflichtendimension kann nur in dem Rahmen angenommen werden, in welchem die Union bereits eine Kompetenz besitzt, vgl. *Kingreen* in: Calliess/Ruffert, GRCh Art. 51, Rn. 22; *Ehlers* in: Ehlers, § 14 Rn. 35; *Winkler*, Die Grundrechte der Europäischen Union, S. 212 f.; *Szczekalla*, Schutzpflichten, S. 601 f.

181 *Borowsky* in: Meyer, Art. 51 Rn. 31; *Kingreen* in: Calliess/Ruffert, GRCh, Art. 51 Rn. 25; *Winkler*, Die Grundrechte der Europäischen Union, S. 214; *Jarass*, GRC, Art. 51 Rn. 52; Vgl. auch zur Schutzpflichtendogmatik in der EMRK insgesamt: *Grabenwarter*, EMRK, § 19 Rn. 7 ff.; *Szczekalla*, Schutzpflichten, S. 712 ff. Vgl. aus der Rechtsprechung nur EGMR, Urt. v. 13.06.1979 (*Marckx*), EuGRZ 1979, 454, Rn. 31; Urt. v. 21.06.1988 (*Ärzte für das Leben*), EuGRZ 1989, 522, Rn. 31 ff.; Urt. v. 26.05.1994 (*Keegan*), EuGRZ 1995, 113, Rn. 49. Dass darüber hinaus die Schutzpflichtendogmatik kein deutscher Sonderweg ist, sondern sich auch in anderen europäischen Ländern findet, versucht *Szczekalla*, Schutzpflichten, S. 909 ff. anhand von Beispielen darzulegen.

182 Zurückhaltender *Winkler*, Die Grundrechte der Europäischen Union, S. 209, der offenbar von einer weitgehenden Autonomie der Auslegung und Anwendung der Unionsgrundrechte ausgeht.

183 Ebenso: *Borowsky* in: Meyer, Art. 51 Rn. 31 f.; *Kingreen* in: Calliess/Ruffert, GRCh Art. 51, Rn. 22; *Ladenburger* in: Tettinger/Stern, Art. 51 Rn. 17. f.; *Jarass*, GRC, Art. 51 Rn. 49 ff; *Ehlers* in: Ehlers, § 14 Rn. 35. *Winkler*, Die Grundrechte der Europäischen Union, S. 209 f., sieht zwar dagegen kein klares Konzept von positiven Gewährleistungen in der Grundrechtecharta, geht aber auch nicht auf die Regelung des Art. 51 Abs. 1 S. 2 GRC ein.

184 Vgl. *Szczekalla*, Schutzpflichten, S. 591 ff. Ähnlich *Winkler*, Die Grundrechte der Europäischen Union, S. 215, unter der Prämisse, dass Schutzpflichten der Union einen akzessorischen Charakter zu ihrer Abwehrfunktion haben, da die Union erst einmal *handeln* müsse, um ihre Kompetenzen wahrzunehmen und dieses Handeln bereits in die klassischen Abwehrfunktion der Grundrechte eingeordnet werden könne. Ein ähnlicher Ansatz hierzu findet sich bei *Szczekalla*, Schutzpflichten, S. 404 ff., 561 und 1056 ff.

damit einhergehenden Internationalisierung von Sachverhalten und Problemlagen, bei welcher die Staaten alleine schon faktisch an einem umfassenden Schutz gehindert sind und sich ein solcher nur in der Gemeinschaft mit anderen Staaten, wie eben in der Union, verwirklichen lässt.[185] Mit anderen Worten: Je mehr sich der einzelne Staat in eine Gemeinschaft mit anderen Staaten begibt und seine Grenzen öffnet, umso mehr ist die Gemeinschaft dazu verpflichtet, den Schutz Einzelner (mit) zu übernehmen. Dies bedeutet hinsichtlich der Wettbewerbspolitik der Union: Wenn die Union einen grenzüberschreitenden Wettbewerb einführt und fördert, muss sie auch darauf achten, dass es dadurch nicht zu Gefährdungslagen für den Einzelnen kommt. Mithin muss also auch die unternehmerische Freiheit von der Union und ihren Mitgliedsstaaten vor dem freiheitsgefährdenden Handeln von Privaten gewährleistet werden.[186, 187] Es sei jedoch auch an dieser Stelle nochmals klargestellt, dass sich dies im Rahmen des Kartellrechts nur um des Wettbewerbs als Institution willen ergibt.[188] Da aber dennoch beides – freier Wettbewerb und subjektive Wettbewerbsfreiheit im Sinne von unternehmerischer Betätigungsfreiheit – wie dargestellt[189] untrennbar zusammengehört, spricht das Kartellrecht notwendigerweise auch die individuelle unternehmerische Freiheit an. Damit ist mit der kartellrechtlichen Schutzintention gerichtet auf den Wettbewerb als Institution immer auch der „Schutz der Rechte anderer" verbunden.[190] Damit sind die Regelungen des Kartellrechts also generell betrachtet zulässige Einschränkungsziele im Rahmen des Art. 11 Abs. 2 EMRK. Damit kann auch auf europäischer Ebene unter Geltung der Grundrechtecharta das Kartellrecht der Vereinsautonomie unter dem Vorbehalt der Verhältnismäßigkeit und des fehlenden Eingriffs in den Wesensgehalt der Vereinigungsfreiheit Grenzen setzen.

---

185 Vgl. *Szczekalla*, Schutzpflichten, S. 573 ff.

186 Im Ergebnis ebenso: *Schwier*, Wirtschaftsgrundrechte von Unternehmen in der Europäischen Grundrechtecharta, S. 124, der aber eine solche Schutzpflicht nur aus einer „quasi-subjektiv-rechtlichen" Wirkung der Wettbewerbsfreiheit herleitet.

187 Insoweit bestehen Parallelen zum deutschen Recht. Vgl. hierzu die Ausführungen in diesem Kapitel unter I. 1. a). Ebenfalls besteht hier aber keine Schutzpflicht dahingehend, dass die Hoheitsträger Unternehmen vor dem freien Wettbewerb notwendig angehörenden unternehmerischen Risiken vollständig bewahren. Dies ist gerade Teil des freien Marktes, auf dem Unternehmen in Konkurrenz stehen. Ebenso: *Schwier*, Wirtschaftsgrundrechte von Unternehmen in der Europäischen Grundrechtecharta, S. 103. In diese Richtung auch EuGH Rs. 4/73 (*Nold*), Slg. 1974, 491, Rn. 14 f.

188 Für *Schwier*, Wirtschaftsgrundrechte von Unternehmen in der Europäischen Grundrechtecharta, S. 121 ff., ergibt sich aus einer Institutsgarantie der objektiven freien Wettbewerbsordnung überhaupt erst eine subjektive Wirkung der Wettbewerbsfreiheit.

189 Vgl. oben in diesem Kapitel unter I. 1. c).

190 Vgl. auch *Rengeling/Szczekalla*, Rn. 801: Die objektiv-rechtliche Wettbewerbsfreiheit hat auch grundrechts*fördernde* Wirkungen.

b) Einschränkungen nach den ungeschriebenen Unionsgrundrechten

Einfacher ist die Begründung zum ungeschriebenen Unionsgrundrecht der Vereinigungsfreiheit als allgemeinem Rechtsgrundsatz des Unionsrechts. Dieses Grundrecht wird nämlich wie jedes ungeschriebene Unionsgrundrecht nicht schrankenlos gewährleistet, sondern findet seine Grenze in den dem Gemeinwohl dienenden Zielen der Union, welche zudem verhältnismäßig sein müssen und das Grundrecht nicht in ihrem Wesensgehalt antasten dürfen.[191] Als ein solches Gemeinwohlziel wird auch der im Primärrecht verankerte Wettbewerbsschutz als Mittel zum Aufbau und zur Sicherung eines freien gemeinsamen Marktes angesehen.[192] Die Vereinigungsfreiheit und damit die Vereinsautonomie kann daher im Regime der ungeschriebenen Grundrechte durch den Schutz des Wettbewerbs als Institution im Rahmen einer Verhältnismäßigkeitsprüfung unter Wahrung des Wesensgehalts der Vereinigungsfreiheit eingeschränkt werden. Damit ergibt sich aus dem ungeschriebenen Grundrecht der Vereinigungsfreiheit kein weitergehender Schutz als nach der Grundrechtecharta.

4. Ergebnis

Als Ergebnis der Prüfung bleibt festzuhalten, dass die Vereinsautonomie sowohl unter dem deutschen Grundgesetz als auch auf der Ebene der europäischen Grundrechte durch den Wettbewerbsschutz und damit durch das Kartellrecht grundsätzlich einschränkbar ist. Diese Grenzen müssen sich natürlich wiederrum an den Schranken-Schranken des Grundrechts messen lassen, also insbesondere den Wesensgehalt beachten und verhältnismäßig sein. Damit kommt im Rahmen einer Abwägung mit dem Prinzip der praktischen Konkordanz der Verhältnismäßigkeitsprüfung der entscheidende Aspekt zu. Dabei ist als Maßstab darauf zu achten, dass sich vereinsautonome Belange zunächst innerhalb der kartellrechtlichen Regelungen einpassen lassen müssen, da die maßgeblichen Verhaltensanforderungen sich hieraus ergeben. Erst in einem zweiten Schritt, wenn eine Anpassung nicht möglich ist, darf mit den dargestellten Erwägungen eine Ausnahme von den allgemeinen kartellrechtlichen Regelungen gemacht werden. Auf diese Basis gründen sich die nachfolgenden Betrachtungen zur kartellrechtlichen Bewertung von Vereinsmaßnahmen.

---

191 Vgl. EuGH Rs 44/79 (*Hauer*), Slg. 1979, 3727, Rn. 19, 20 und 32; Rs. 5/88 (*Wachauf*), Slg. 1989, 2609, Rn. 18, Rs. C-280/93 (*Deutschland/Rat*), Slg. 1994, I-4973, Rn. 78; Rs. C-84/95 (*Bosphorus*), Slg. 1996, I-3953, Rn. 21; *Streinz*, Europarecht, Rn. 771.

192 EuGH verb. Rs. 46/87 und 227/87 (*Hoechst*), Slg. 1989, 2859, Rn. 25; *Borowsky* in: Meyer, Art. 52 Rn. 21a; *Wolffgang* in: Lenz/Borchardt, Anh. zu Art. 6 EUV, Rn. 18; *Pünder* in: Ehlers, § 16.2 Rn. 52; *Mayer* in: Grabitz/Hilf/Nettesheim, nach Art. 6 EUV Rn. 72; *Kingreen*, JuS 2000, 857, 862. Generell zur Reichweite des Begriffs des Gemeinwohls: *van Danwitz* in: Tettinger/Stern, Art. 52 Rn. 37.

II. Anwendbarkeit des Kartellrechts auf Vereine

Nach positiver Klärung der Frage, ob das Kartellrecht generell Grenze und Schranke für die Vereinsautonomie sein kann, soll nunmehr auf spezifische kartellrechtliche Problematiken im Zusammenspiel des Wettbewerbsschutzes und der grundrechtlichen Vereinsautonomie eingegangen werden. Den Anfang machen Ausführungen zur Anwendbarkeit des Kartellrechts auf die untersuchungsgegenständlichen Idealvereine.

1. Die räumliche Anwendbarkeit des deutschen und europäischen Kartellrechts und deren Verhältnis zueinander

Mit zwei relevanten Regelungsmaterien des Kartellrechts ist es zunächst notwendig abzugrenzen, wann die europarechtlichen Vorschriften und wann die deutschen Regelungen des GWB anzuwenden und daher der Untersuchung zugrunde zu legen sind. Dazu ist in einem ersten Schritt darzustellen, wann die jeweiligen Kartellrechtsbestimmungen in ihrem internationalen und räumlichen Anwendungsbereich einschlägig sind, und sodann wie sich im Kollisionsfall das Vorrangverhältnis gestaltet.

a) Die generellen Regelungen zur räumlichen Anwendbarkeit

Für das GWB ergibt sich die räumliche Anwendbarkeit aus der ausdrücklichen Regelung des § 130 Abs. 2 GWB, wonach das GWB Anwendung auf alle Wettbewerbsbeschränkungen findet, die sich im Geltungsbereich dieses Gesetzes auswirken, unabhängig davon, ob diese Beschränkungen innerhalb oder außerhalb des Geltungsbereichs veranlasst wurden. Damit hat sich der deutsche Gesetzgeber für das so genannte Auswirkungsprinzip entschieden. Dies bedeutet einerseits, dass deutsches Kartellrecht auf Wettbewerbsbeschränkungen Anwendung findet, die von ausländischen Unternehmen vom Ausland aus begangen werden, sich jedoch im Inland auswirken.[193] Andererseits wird dadurch die Anwendbarkeit ausgeschlossen, soweit inländische Unternehmen vom Inland aus wettbewerbsbeschränkende Handlungen begehen, die sich jedoch nicht im Inland, sondern nur im Ausland auswirken.[194]

Dem europäischen Kartellrecht fehlt mit Ausnahme von Art. 1 der Fusionskontrollverordnung (FKVO) im Bereich der Fusionskontrolle eine ausdrückliche Rege-

---

193 Zu den damit verbundenen völkerrechtlichen Problemen und Grenzen vgl. *Emmerich/Rehbinder/Markert* in: Immenga/Mestmäcker, GWB, § 130 Rn. 137 ff.; *Stockmann* in: Loewenheim/Meessen/Riesenkampff, § 130 GWB, Rn. 47 ff.; *Lindemann* in: Frankfurter Kommentar, Räumlicher Anwendungsbereich, Rn. 7 ff.

194 Vgl. zur inhaltlich übereinstimmenden Vorgängernorm des § 98 Abs. 2 GWB: BGH WuW/E 1276, 1277 (*Ölfeldrohre*). Außerdem: *Emmerich/Rehbinder/Markert* in: Immenga/Mestmäcker, GWB, § 130 Rn. 127; *Rittner/Dreher*, Europäisches und deutsches Wirtschaftsrecht, § 15 Rn. 88.

lung zum internationalen Anwendungsbereich. Mit Blick auf die Regelung der Art. 101 f. AEUV, die eine Eignung zur Beeinträchtigung des Handels zwischen Mitgliedstaaten voraussetzen, geht der EuGH im Verhältnis zu Sachverhalten mit Drittstaatenbezug davon aus, dass es maßgeblich sei, ob die Wettbewerbsbeschränkung, unabhängig vom tatsächlichen Sitz der beteiligten Unternehmen, innerhalb des Gemeinsamen Marktes der Union durchgeführt werde.[195] Auch wenn der Gerichtshof das Merkmal der Durchführung im Gemeinsamen Markt der Union statt des Auswirkungsprinzips benutzt, ist damit dennoch im Ergebnis das im Bereich des Kartellrechts allgemein zu Recht als sinnvoll empfundene[196] Auswirkungsprinzip angesprochen.[197]

Im hier allein interessierenden Verhältnis zu den einzelnen Mitgliedsstaaten ist die Zwischenstaatlichkeitsklausel entscheidend.[198] Diese knüpft ebenfalls an die Wendung der 101 f. AEUV an, wonach eine Wettbewerbsbeschränkung den Handel zwischen den Mitgliedsstaaten zu beeinträchtigen geeignet sein muss. Eine solche Beeinträchtigungseignung ist nach Rechtsprechung des EuGH dann anzunehmen,

195 Vgl. EuGH verb. Rs. C-89/85 u.a. (*Ahlström*), Slg. 1988, 5193, Rn. 11 ff.; ähnl. EuGH, Rs. C-48/69 (*ICI*), Slg. 1972, 619, Rn. 125 ff., wo von „zu Tage treten" und „verwirklichen" der wettbewerbsbeschränkenden Verhaltensweisen innerhalb des Gemeinsamen Marktes die Rede ist; EuG verb. Rs. T-25/95 u.a. (*Cimenteries*), Slg. 2000, II-508, Rn. 4240 ff. Das EuG lehnte sich in der Entscheidung in der Rs. T-102/96 (*Gencor*), Slg. 1999, II-753, Rn. 90 bei der Prüfung einer Zusammenschlusskontrolle noch deutlicher an das Auswirkungsprinzip an.

196 *Emmerich/Rehbinder/Markert* in: Immenga/Mestmäcker, GWB, § 130 Rn. 137; *Rehbinder* in: Immenga/Mestmäcker, Europäisches Kartellrecht, Internationaler Anwendungsbereich, Rn. 26; *Lindemann* in: Frankfurter Kommentar, Räumlicher Anwendungsbereich, Rn. 7; *Mestmäcker/Schweitzer*, Europäisches Wettbewerbsrecht, § 6 Rn. 34; *Rittner/Dreher*, Europäisches und deutsches Wirtschaftsrecht, § 15 Rn. 89.

197 *Lindemann* in: Frankfurter Kommentar, Räumlicher Anwendungsbereich, Rn. 12; *Rehbinder* in: Immenga/Mestmäcker, Europäisches Kartellrecht, Internationaler Anwendungsbereich, Rn. 8; *Rittner/Dreher*, Europäisches und deutsches Kartellrecht, § 15 Rn. 87; *Kling/Thomas*, § 3 Rn. 43 f.; *Emmerich*, Kartellrecht, § 3 Rn. 17. Die Kommission lässt sich deutlicher vom Auswirkungsprinzip leiten, vgl. z.B. die Entscheidungen v. 24.07.1969 (*Farbstoffe*), ABl. 1969 L 195/11; v. 21.11.1988 (*PVC*), ABl. 1989 L 74/1, Rn. 40; 21.12.1988 (*LDPE*), ABl. 1989 L 74/21, Rn. 47; v. 07.06.2000 (*Aminosäuren*), ABl. 2001 L 152/24, Rn. 182.

198 Dabei ist umstritten, ob es sich hierbei zumindest auch formal um eine Kollisionsvorschrift handelt, vgl. je m.w.N.: *Roth/Ackermann* in: Frankfurter Kommentar, Grundfragen Art. 81 Abs. 1 EG, Rn. 422; *Rehbinder* in: Immenga/Mestmäcker, Europäisches Kartellrecht, Art. 81 Abs. 1 EGV, Rn. 262; *Mestmäcker/Schweitzer*, Europäisches Wettbewerbsrecht, § 4 Rn. 10; *Rittner/Dreher*, Europäisches und deutsches Wirtschaftsrecht, § 15 Rn. 92. Dies ist im Ergebnis irrelevant, da der Zwischenstaatlichkeitsklausel zumindest die Abgrenzungsfunktion für den Anwendungsbereich des europäischen Kartellrechts zukommt, vgl. Bekanntmachung der Kommission über die Leitlinien über den Begriff der Beeinträchtigung des zwischenstaatlichen Handels in den Artikeln 81 und 82 des Vertrags, ABl. 2004 C 101/82, Rn. 12 mit Verweis auf die Rechtsprechung des EuGH u.a. in den verb. Rs. 56/64 u.a. (*Consten und Grundig*), Slg. 1966, 322, S. 389.

wenn sich anhand einer Gesamtheit von objektiven rechtlichen oder tatsächlichen Umständen mit hinreichender Wahrscheinlichkeit voraussehen lässt, dass ein kartellrechtlich relevantes Verhalten den Warenverkehr zwischen Mitgliedsstaaten unmittelbar oder mittelbar, tatsächlich oder potenziell in einem der Erreichung der Ziele eines einheitlichen zwischenstaatlichen Marktes nachteiligen Sinn beeinflussen kann, insbesondere indem nationale Märkte abgeschottet oder die Wettbewerbsstruktur im Gemeinsamen Markt verändert wird.[199] Das Zwischenstaatlichkeitserfordernis wird mit dem Ziel, die Wettbewerbsregeln des Unionsrechts möglichst umfassend abzusichern, weit ausgelegt.[200] So sind insbesondere Verhaltensweisen, die sich zwar auf das Gebiet eines Mitgliedstaats beschränken, dort aber von überregionaler Bedeutung sind, wegen der damit verbundenen Abschottungswirkung des nationalen Marktes von unionsrechtlicher Relevanz.[201] Eine solche besteht natürlich regelmäßig erst recht, wenn die beteiligten Unternehmen Sitze in verschiedenen EU-Mitgliedstaaten haben und über das Gebiet eines Mitgliedstaates hinaus operieren.[202] Eingeschränkt wird die Annahme einer Beeinträchtigung des Handels zwischen den Mitgliedstaaten durch das ungeschriebene Tatbestandsmerkmal der Spürbarkeit. Damit werden allenfalls geringfügige Beeinträchtigungen des Binnenmarkthandels aus dem Anwendungsbereich des Unionskartellrechts herausgenommen.[203] Nach der „NAAT[204]-Regel" in den Leitli-

199 Vgl. EuGH Rs. 56/65 (*Maschinenbau Ulm*), Slg. 1966, 282, S. 303; EuGH verb. Rs. 56/64 u.a. (*Consten und Grundig*), Slg. 1966, 322, S. 389; EuGH Rs. C-22/78 (*Hugin*), Slg. 1979, 1869, Rn. 17; EuGH Rs. C-475/99 (*Ambulanz Glöckner*), Slg. 2001, I-8089, Rn. 48; EuGH verb. Rs. C-295/04 u.a. (*Manfredi*), Slg. 2006, I-6619, Rn. 41 f.; *Gippini-Fournier/Mojzesowicz* in: Loewenheim/Meessen/Riesenkampff, Art. 81 Abs. 1 EG, Rn. 179; *Rittner/Dreher*, Europäisches und deutsches Kartellrecht, § 15 Rn. 93; *Emmerich*, Kartellrecht, § 3 Rn. 20; *Kling/Thomas*, Kartellrecht, § 3 Rn. 24 ff.

200 *Bechtold* in: Bechtold, Einführung, Rn. 65; *Emmerich*, Kartellrecht, § 3 Rn. 19; *Kling/Thomas*, Kartellrecht, § 3 Rn. 21. Einzelheiten ergeben sich aus der Bekanntmachung der Kommission über die Leitlinien über den Begriff der Beeinträchtigung des zwischenstaatlichen Handels in den Artikeln 81 und 82 des Vertrags, ABl. 2004 C 101/82. Diese Leitlinien binden jedoch weder die Europäische Gerichtsbarkeit noch die nationalen Behörden und Gerichte, welche insoweit abweichende Entscheidungen treffen können.

201 EuGH Rs. 8/72 (*Cementhandelaren*), Slg. 1972, 977, Rn. 28/30; EuGH verb. Rs. C-295/04 u.a. (*Manfredi*), Slg. 2006, I-6619, Rn. 45; *Rehbinder* in: Immenga/Mestmäcker, Europäisches Kartellrecht, Art. 81 Abs. 1 EGV, Rn. 288; *Kling/Thomas*, Kartellrecht, § 3 Rn. 22.

202 *Bechtold* in: Bechtold, Einführung, Rn. 65; *Rehbinder* in: Immenga/Mestmäcker, Europäisches Kartellrecht, Art. 81 Abs. 1 EGV, Rn. 285; Dagegen ist es alleine nicht hinreichend, wenn an einem nur nationalen Kartell auch Unternehmen anderer Mitgliedstaaten beteiligt sind, vgl. EuGH verb. Rs. C-295/04 u.a. (*Manfredi*), Slg. 2006, I-6619, Rn. 44.

203 Vgl. EuGH Rs. 19/77 (*Miller*), Slg. 1978, 131, S. 149 ff.; EuGH Rs. C-306/96 (*Javico*). Slg. 1998, 1983, Rn. 16; EuGH verb. Rs. C-215/96 u.a. (*Bagnasco*), Slg. 1999, I-135, Rn. 46 ff.; EuGH Rs. C-475/99 (*Ambulanz Glöckner*), Slg. 2001, I-8089, Rn. 48; EuGH verb. Rs. C-295/04 u.a. (*Manfredi*), Slg. 2006, I-6619, Rn. 42; *Roth/Ackermann* in: Frankfurter Kommentar, Grundfragen Art. 81 Abs. 1 EG, Rn. 437 ff.; *Rehbinder* in: Immenga/Mestmäcker, Europäisches Kartellrecht, Art. 81 Abs. 1 EGV, Rn. 276; *Bunte* in:

nien der Kommission soll im Rahmen einer Negativvermutung eine Spürbarkeit nicht gegeben sein, wenn kumulativ der gemeinsame Marktanteil der Unternehmen auf keinem der betroffenen Märkte fünf Prozent überschreitet und kein Jahresumsatz von mehr als 40 Mio. € vorliegt.[205]

b) Folgerungen für die Anwendbarkeit des Kartellrechts auf Tätigkeiten deutscher Idealvereine

Hinsichtlich der räumlichen Anwendungsbereiche für die untersuchungsgegenständlichen Idealvereine deutschen Rechts bedeuten vorstehende Darstellungen daher folgendes: Im Rahmen des deutschen Kartellrechts unter Geltung des § 130 Abs. 2 GWB wird die räumliche Anwendbarkeit des deutschen Kartellrechts im Regelfall zu bejahen sein. Ein Verhalten, das sich kartellrechtlich nicht in Deutschland, sondern in anderen Staaten auswirkt, erscheint zwar vorstellbar, dürfte in der Realität bei Idealvereinen dagegen aber kaum vorliegen.

Als interessanter erweist sich dagegen die Frage nach der Anwendbarkeit des europäischen Kartellrechts. Hier kann eine allgemeingültige Betrachtung aufgrund der Vielzahl unterschiedlicher Fallgestaltungen naturgemäß nicht erfolgen. Allerdings dürfte regelmäßig bei kleinen Vereinen eine Beeinträchtigung des Handels innerhalb des Gemeinsamen Marktes ausscheiden. So wird die eingangs dargestellte Entscheidung des Hundezüchtervereins, einem Mitglied die Herausgabe einer Deckliste zu verweigern, für sich genommen keine solche Handelsbeeinträchtigung hervorrufen, da kein Handeln über den Bereich des Gebiets der Bundesrepublik Deutschland hinaus vorliegt. Ein anderes könnte sich allenfalls daraus ergeben, dass die entsprechende Satzungsregelung durch die Mitgliedschaft im nationalen Verband VDH vorgegeben wurde. Dieser wiederum erhält entsprechende Vorgaben durch den internationalen Verband FCI, der über das Gebiet eines Mitgliedstaates hinaus tätig ist. Allerdings muss selbst bei derartigen Satzungsvergaben auf den im Einzelfall tätig werdenden Verein abgestellt werden. Eine mögliche Handelsbeeinträchtigung innerhalb der Union geschieht jedoch nicht durch die Tätigkeit eines solchen Vereins isoliert, sondern allenfalls durch die Kumulation gleichförmiger Tätigkeiten vieler regionaler Vereine unter dem Dach eines Verbandes. Zudem hat sich der regionale Verein freiwillig dem Satzungsregime durch den Beitritt zum Verband unterworfen, so dass ein eigenständiger Willensentschluss des Verbandes zur Anwendung der Satzungsbestimmung besteht, ganz so, als würde die Satzungsregelung der Idee des Vereins selbst entsprungen sein. Die Internationalität von

---

Langen/Bunte, Europäisches Kartellrecht, Art. 81 Rn. 151 ff.; *Zuber* in: Loewenheim/Meessen/Riesenkampff, Art. 3 VerfVO, Rn. 9 ff.; *Kling/Thomas*, Kartellrecht, § 3 Rn. 29 ff.

204 NAAT steht für no appreciable affectation of trade.

205 Bekanntmachung der Kommission zu den Leitlinien über den Begriff der Beeinträchtigung des zwischenstaatlichen Handels in den Artikeln 81 und 82 des Vertrags, ABl. 2004 C 101/82, Rn. 52.

Satzungsvorgaben reicht also nicht aus, um einen regionalen Verein den Vorgaben des Unionskartellrechts zu unterwerfen. Freilich kann dieser Aspekt dazu führen, dass auch der internationale Verband daneben selbst Adressat des europäischen Kartellrechts ist.

Dennoch kann die Anwendbarkeit europäischen Kartellrechts auf deutsche Vereine nicht generell ausgeschlossen werden. Vielmehr sind Sachverhalte mit gemeinschaftsweiter Tragweite denkbar und in der Praxis auch aufgetreten. Als Beispiel mag hier der Handel mit den Vermarktungsrechten seitens der großen Sportverbände dienen. Dabei ist auf der einen Seite klar, dass sich die Vermarktungstätigkeit der internationalen Verbände ausländischen Rechts, wie der UEFA, der FIFA oder der FIA, in einem internationalen Rahmen bewegt und daher den Handel mit Verwertungsrechten über die Grenzen eines Mitgliedstaates hinaus betrifft, so dass diese der Anwendbarkeit unionsrechtlichem Kartellrechts im Regelfall unterfällt.[206]

Ähnliches gilt jedoch auch für die nationalen Verbände, wie die Vermarktungstätigkeit der DFL als Zusammenschluss der 36 Vereine der 1. und 2. Fußball-Bundesliga zeigt. Zwar werden die räumlich relevanten Märkte der Fernsehrechte wegen der Sprachbarrieren und der unterschiedlichen kulturellen Hintergründe vorwiegend national abgegrenzt.[207] Dies bedeutet jedoch nicht, dass eine Vermarktung im Ausland nicht stattfinden würde. Die Fernsehrechte der großen europäischen Fußballligen, zu denen die Fußball-Bundesliga gehört, werden vielmehr nicht nur national, sondern auch im europäischen Ausland und sogar international darüber hinaus und damit auf verschiedenen geografischen Märkten nachgefragt und vergeben.[208] Selbst an den Rechten für die Übertragung der Fußball-Bundesliga

---

206 Vgl. die Ausführungen der Kommission zur zentralen Vermarktung der Fernsehrechte an der UEFA Champions League, Entscheidung v. 23.07.2003 (*UEFA Champions League*), ABl. 2003 L 291/25, Rn. 134. Zudem: *Hellmann* in: Frankfurter Kommentar, Sonderbereiche Sport, Rn. 63; *Glinke*, Paragraph 31 GWB, S. 101; *Tyrolt*, Sportschiedsgerichtsbarkeit, S. 194; *Schroeder*, SpuRt 2006, 1, 4; *Schwarze/Hetzel*, EuR 2005, 581, 591.

207 Entscheidungen der Kommission v. 28.05.1998 (*Bertelsmann/Kirch/Premiere*), ABl. 1999 L 53/1, Rn. 22; v. 23.07.2003 (*UEFA Champions League*), ABl. 2003 L 291/25, Rn. 88; v. 19.01.2005 (*Bundesliga*), ABl. 2005 L 134/46, Rn. 19 (Langfassung unter http.//ec.europa.eu/comm/competition/antitrust/cases/decisions/37214/de.pdf); v. 22.03.2006 (*FA Premier League*), ABl. 2008 C 7/10, Rn. 23 (Langfassung unter http://ec.europa.eu/comm/competition/antitrust/cases/decisions/38173/decision_en.pdf); *Hellmann* in: Frankfurter Kommentar, Sonderbereiche Sport, Rn. 33.

208 *Hellmann* in: Frankfurter Kommentar, Sonderbereiche Sport, Rn. 63; *Nordemann* in: Loewenheim/Meessen/Riesenkampff, § 1 GWB, Rn. 242; *Hannamann*, Kartellverbot und Verhaltenskoordinationen im Sport, S. 329; *Mentzel*, Solidarität im professionellen Fußballsport versus europäisches Wettbewerbsrecht, S. 77; *Tyrolt*, Sportschiedsgerichtsbarkeit, S. 195; *Heermann*, RabelsZ 67 (2003), 106, 129; *Springer*, WRP 1998, 477, 485; *Wertenbruch*, ZIP 1996, 1417, 1418 f. Die DFL vermarktet das Produkt Bundesliga sogar explizit durch Vergabe einzelner Auslands-Rechtspakte, vgl. nur die Pressemittelung der DFL vom 24.06.2011: „DFL Sports Enterprises schließt internationale

innerhalb Deutschlands können ausländische Rechtehändler und Medien interessiert sein und damit zu einer Europäisierung dieser geografischen Märkte führen.[209] Die Regelung einer Zentralvermarktung, statt einer Vermarktung durch die einzelnen Vereine führt mit hoher Wahrscheinlichkeit zudem zu einer Veränderung der binnenmarktlichen Handelsströme für Fernsehrechte[210], da sich die Abnehmer der Fernsehrechte bei einer dezentralen Vermarktung mehr für die attraktiven und erfolgreichen Vereine, als für die kleineren Vereine interessieren würden. Dies gilt umso mehr beim Verkauf von Fernsehrechten im europäischen Bereich, wo der FC Bayern München höhere Bekanntheit genießt als beispielsweise der FC Augsburg und damit höhere Einschaltquoten und Refinanzierungsmöglichkeiten durch die Vergabe von Werbeplätzen garantiert. Die Marktstrukturen würden sich daher bei einer dezentralen Vermarktung signifikant anders darstellen. Damit ist die Spürbarkeit einer solchen Zentralvermarktung angesichts der Summen, welche die Vergabe von Fernsehrechten heutzutage regelmäßig erlöst und mit Blick auf die Umsätze der Fußballvereine regelmäßig ebenfalls gegeben.[211] Der zwischenstaatliche Effekt einer Vermarktung nationaler Sportereignisse ist in solchen Fällen also zu bejahen.[212]

Ähnliches gilt beispielsweise auch für die so genannte „50+1"-Regelung der DFL, wonach die Muttervereine mindestens 50 Prozent plus einen Stimmrechtsanteil an den am Ligabetrieb teilnehmenden, ausgegliederten Kapitalgesellschaften haben müssen.[213] Hier kann das Interesse europäischer Investoren an Beteiligungen an deutschen Fußball-Kapitalgesellschaften und die spürbare Handelsbeeinträchtigung des Binnenmarktes kaum zweifelhaft sein.[214] Das europäische Kartellrecht darf also im Rahmen dieser Arbeit nicht außer Betracht gelassen werden, sondern muss vielmehr bei entsprechenden Fallgestaltungen miteinbezogen werden.

TV-Rechte Ausschreibung erfolgreich ab", erhältlich unter: http://www.bundesliga.de/de/medien/presse/index.php?f=0000186679.php.

209 *Hellmann* in: Frankfurter Kommentar, Sonderbereiche Sport, Rn. 63; *Schroeder*, SpuRt 2006, 1, 4.

210 Entscheidungen der Kommission v. 23.07.2003 (*UEFA Champions League*), ABl. 2003 L 291/25, Rn. 134.

211 *Schwarze/Hetzel*, EuR 2005, 581, 591.

212 Kommission v. 19.01.2005 (*Bundesliga*), ABl. 2005 L 134/46, Rn. 19 (Langfassung unter http://ec.europa.eu/comm/competition/antitrust/cases/decisions/37214/de.pdf); v. 22.03.2006 (*FA Premier League*), ABl. 2008 C 7/10, Rn. 31 (Langfassung unter http://ec.europa.eu/comm/competition/antitrust/cases/decisions/38173/decision_en.pdf).

213 Vgl. § 8 Ziff. 2 Satzung Ligaverband e.V. und § 16c DFB-Satzung und oben unter Punkt B. I. 3. b) m.w.N. zur kartellrechtlichen Betrachtung dieser Regelung.

214 *Deutscher*, SpuRt 2009, 97, 99; *Heermann*, WRP 2003, 724, 730.

c) Regelungen zur Kollision von europäischem und nationalem Kartellrecht

Soweit nach den dargestellten Grundsätzen eine Anwendbarkeit sowohl des unionsrechtlichen wie auch des nationalen Kartellrechts in Betracht kommt, muss sodann geklärt werden, welches Kartellrecht in diesem Kollisionsfall zur Anwendung kommt bzw. materiell-rechtlich den Vorrang genießt. Während es früher keine ausdrückliche Regelung hierzu gab und das Urteil des Gerichtshofs in der Rechtssache *Walt Wilhelm*[215] als Basis für den grundsätzlichen Vorrang der Wertungen des europäischen Kartellrechts anzusehen war[216], regelt heute Art. 3 der VO 1/2003[217] das Verhältnis von nationalem und europäischem Recht unter Ausschluss der Zusammenschlusskontrolle. Danach muss auch von den nationalen Kartellbehörden europäisches Recht angewendet werden, sobald ein Sachverhalt die Zwischenstaatlichkeitsklausel erfüllt, Art. 3 Abs. 1 VO 1/2003. Nationales Kartellrecht darf daneben angewendet werden, § 22 Abs. 1 S. 1 GWB. Im Falle eines Wertungskonfliktes gilt aber im Bereich der Regelung des Kartellverbots, dass nach den nationalen Vorschriften nichts verboten werden darf, was europarechtlich erlaubt ist, vgl. Art. 3 Abs. 2 S. 1 VO 1/2003 sowie die deutsche Entsprechung in § 22 Abs. 2 S. 1 GWB. Im umgekehrten Fall soll sich der Vorrang des insoweit dann strengeren Unionsrechts gemäß § 22 Abs. 2 S. 3 GWB aus den dazu maßgeblichen Grundsätzen des europäischen Rechts nach der *Walt-Wilhelm*-Doktrin ergeben.[218] Etwas anders gestalten sich die Fälle im Rahmen der Missbrauchskontrolle. Dort muss zwar bei Erfüllung der Zwischenstaatlichkeitsklausel Art. 102 AEUV zwingend angewendet werden, jedoch darf das in manchen Sachverhaltskonstellationen strengere deutsche Recht der §§ 19 ff. GWB[219] weiterhin angewendet werden, vgl. Art. 3 Abs. 2 S. 2 VO 1/2003[220] und § 22 Abs. 3 S. 3 GWB.

---

215 EuGH Rs. C-14/68 (*Walt Wilhelm*), Slg. 1969, 1, Rn. 2 ff.

216 Vgl. zur früheren Rechtslage z.B. *Bechtold* in: Bechtold, Einführung, Rn. 68 f.; *Sura* in: Langen/Bunte, Europäisches Kartellrecht, Art. 3 VO Nr. 1/2003 Rn. 2 ff.; *Mestmäcker/Schweitzer*, Europäisches Wettbewerbsrecht, § 6 Rn. 4 ff.; *Emmerich*, Kartellrecht, § 3 Rn. 63 ff.

217 Verordnung (EG) Nr. 1/2003 des Rates vom 16. Dezember 2002 zur Durchführung der in den Artikeln 81 und 82 des Vertrags niedergelegten Wettbewerbsregeln, ABl. 2003 L 1/1. Diese findet ihre Grundlage in Art. 103 Abs. 2 lit. e AEUV.

218 *Bechtold* in: Bechtold, § 22 Rn. 9; *Jaeger* in: Frankfurter Kommentar, § 22 GWB, Rn. 19; *Loewenheim* in: Loewenheim/Meessen/Riesenkampff, § 22 Rn. 11; *Rittner/Dreher*, Europäisches und deutsches Wirtschaftsrecht, § 15 Rn. 100.

219 *Sura* in: Langen/Bunte, Europäisches Kartellrecht, Art. 3 VO Nr. 1/2003 Rn. 20; *Zuber* in: Loewenheim/Meessen/Riesenkampff, Art. 3 VerfVO Rn. 15; *Emmerich*, Kartellrecht, § 3 Rn. 77; *Lettl*, Kartellrecht, § 7 Rn. 2.

220 Im Einzelnen ist noch unklar, worauf sich der Ausdruck „einseitige Handlungen" im Rahmen des Art. 3 Abs. 2 S. 2 VO 1/2003 bezieht und welche Sachverhalte in Grenzfällen davon erfasst sind. Jedenfalls sollen alle Verhaltensweisen, die Art. 101 Abs. 1 AEUV erfüllen, nicht hierunter fallen. Vgl. je m.w.N. *Sura* in: Langen/Bunte, Europäisches Kartellrecht, Art. 3 VO Nr. 1/2003 Rn. 22 ff.; *Jaeger* in: Frankfurter Kommentar, Art. 3 VO 1/2003, Rn. 18 ff; *Zuber* in: Loewenheim/Meessen/Riesenkampff, Art. 3 VerfVO, Rn. 5 f.; *Rittner/Dreher*, Europäisches und deutsches Wirtschaftsrecht, § 15 Rn. 101.

2. Die sachlich-persönliche Anwendbarkeit: Vereine als Unternehmen im Sinne des Kartellrechts

Maßgeblich für die sachlich-persönliche Anwendbarkeit des Kartellrechts ist das Vorliegen eines Unternehmens oder einer Unternehmensvereinigung. Soll also das Kartellrecht auf Vereine angewendet werden, so müssen die Vereine und Verbände als Unternehmen bzw. Unternehmensvereinigungen im Sinne des Kartellrechts angesehen werden. Da dieser Anknüpfungspunkt sowohl im nationalen Recht, vgl. §§ 1, 19 ff. GWB, als auch im europäischen Recht, vgl. Art. 101 Abs. 1, 102 AEUV, gilt, sind beide Rechtsordnungen zu beleuchten. Trotz der quantitativ höheren Relevanz deutscher kartellrechtlicher Anforderungen an deutsche Idealvereine, soll an dieser Stelle aufgrund des weitgehenden Einflusses und der im Kollisionsfall bestehenden Vorrangwirkung der unionsrechtlichen Bestimmungen im Rahmen des Kartellverbotes mit den Betrachtungen hierzu begonnen werden.

a) Ausgangslage im Unionsrecht

Unter einem Unternehmen wird im Unionsrecht mangels einer Legaldefinition[221] nach ständiger Rechtsprechung der europäischen Gerichte jede eine wirtschaftliche Tätigkeit ausübende Einheit, unabhängig von ihrer Rechtsform und Finanzierung, verstanden[222]. Dieser Unternehmensbegriff, der entscheidend auf die Tätigkeit statt auf die Rechtsform einer bestimmten Organisation abstellt, wird als funktionaler Unternehmensbegriff bezeichnet.[223] Diese Herangehensweise stellt gleichzeitig eine autonome Definitionsbestimmung des Unternehmensbegriffes im Bereich des Wettbewerbsrechts unabhängig von Definitionen in anderen Regelungsbereichen dar.

---

221 Allenfalls in Art. 1 des Protokolls Nr. 22 zum EWR-Abkommen findet sich eine Definition des Unternehmensbegriffs. Danach ist ein Unternehmen jedes Rechtssubjekt, das eine kommerzielle oder wirtschaftliche Tätigkeit ausübt. Auch wenn die mit dem Protokoll Nr. 22 in Bezug genommenen Art. 53 ff. des EWR-Abkommens Wettbewerbsregeln für den EWR-Raum enthalten, lässt diese Definition allenfalls Rückschlüsse auf den Begriff in den verwandten Art. 101 ff. AEUV zu.

222 EuGH Rs. C-41/90 (*Höfner und Elser*), Slg. 1991, I-1979, Rn. 21; EuGH verb. Rs. C-159/91 und C-160/91 (*Poucet et Pistre*), Slg. 1993, I-637, Rn. 17; EuGH Rs. C-364/92 (*SAT Fluggesellschaft mbH*), Slg. 1994, I-43, Rn. 18; EuGH Rs. C-55/96 (*Job Centre coop. Arl)* Slg. 1997, I-7119, Rn. 21; EuGH Rs. C-67/96 (*Albany International*), Slg. 1999, I-5751, Rn. 77; EuGH Rs. C-219/97 (*Maatschappij Drijvende Bokken*), Slg. 1999, I-6121, Rn. 67; EuGH Rs. C-49/07 (*MOTOE*), Slg. 2008, I-486, Rn. 21.

223 *Bunte* in: Langen/Bunte, Europäisches Kartellrecht, Art. 81 Rn. 5; *Mestmäcker/Schweitzer*, Europäisches Wettbewerbsrecht, § 8 Rn. 5; *Rittner/Dreher*, Europäisches und deutsches Wirtschaftsrecht, § 15 Rn. 7; *Wiedemann* in: Handbuch des Kartellrechts, § 4 Rn. 1; *Emmerich*, Kartellrecht, § 3 Rn. 25; *Bornkamm* in: FS für G. Hirsch (2008), 231, 232 f.

Der Fokus liegt also bei der Frage nach dem Vorliegen einer wirtschaftlichen Tätigkeit.[224] Dieser Begriff erfährt eine weite Auslegung, um den Wettbewerbsregeln eine möglichst große Anwendbarkeit zu sichern, und wird üblicherweise als jede Tätigkeit, die darin besteht, Güter oder Dienstleistungen auf einem bestimmten Markt anzubieten, verstanden.[225] Ein entscheidender Mehrwert bei der Konturierung kommt der negativen Begrenzung zu, also jenen Tätigkeiten, die nicht als wirtschaftliche Tätigkeiten anzusehen sind.[226] Hierzu gehören einerseits hoheitliche Tätigkeiten[227], andererseits Vereinbarungen von Tarifvertragsparteien[228] sowie unselbständige Tätigkeiten von Arbeitnehmern, da diese mit Blick auf die Förderung der wirtschaftlichen Interessen des Unternehmens tätig werden[229, 230]. Ebenfalls nicht erfasst sind nachfragende Tätigkeiten aus der rein privaten Sphäre, da diese keine für den Wettbewerb gefährdenden Wirkungen besitzen.[231] Für den Anwen-

---

224 Zur hier wegen der Tatsache, dass es sich bei Idealvereinen um juristische Personen handelt, nicht weiter interessierenden Frage, ob die Wirtschaftseinheit auch einer Rechtssubjektivität bedarf, vgl. je m.w.N. *Emmerich* in: Immenga/Mestmäcker, Europäisches Kartellrecht, Art. 81 Abs. 1 EGV Rn. 14 ff.; Bunte in: Langen/Bunte, Europäisches Kartellrecht, Art. 81 Rn. 5; *Kling/Thomas*, Kartellrecht, § 4 Rn. 4.

225 EuGH Rs. C-49/07 (*MOTOE*), Slg. 2008, I-486, Rn. 22; EuGH Rs. C-113/07 P (*SELEX*), Slg. 2009, I-2207, Rn. 69.

226 *Bornkamm* in: FS für G. Hirsch (2008), 231, 233.

227 EuGH Rs. C-364/92 (*SAT Fluggesellschaft mbH*), Slg. 1994, I-43, Rn. 30; EuGH Rs. C-113/07 P (*SELEX*), Slg. 2009, I-2207, Rn. 70 ff. In Abgrenzung hierzu können wirtschaftliche Tätigkeiten der öffentlichen Hand in Form öffentlicher Unternehmen dem Kartellrecht unterfallen, vgl. auch Art. 106 AEUV. Zur Abgrenzung vgl.: *Rittner/Dreher*, Europäisches und deutsches Wirtschaftsrecht, § 15 Rn. 21 ff.; *Emmerich* in: Immenga/Mestmäcker, Europäisches Kartellrecht, Art. 81 Abs. 1 EGV Rn. 36 ff.

228 EuGH Rs. C-22/98 (*Becu*), Slg. 1999, I-5665, Rn. 26; EuGH Rs. C-67/96 (*Albany International BV*), Slg. 1999, I-5751, Rn. 59 f.; *Emmerich* in: Immenga/Mestmäcker, Europäisches Kartellrecht, Art. 81 Rn. 25; *Gippini-Fournier/Mojzesowicz* in: Loewenheim/Messen/Riesenkampff, Art. 81 Abs. 1 EGV, Rn. 27 f.; *Rittner/Dreher*, Europäisches und deutsches Wirtschaftsrecht, § 15 Rn. 6.

229 Dieses kann jedoch nicht generell gelten. Nur für die Tätigkeit des Arbeitnehmers zugunsten der dahinterstehenden wirtschaftlichen Einheit vermag diese Einschränkung zu greifen, nicht jedoch für das Verhältnis der Arbeitnehmer zum Arbeitgeber außerhalb des Tarifvertragsrechts, da hier der Arbeitnehmer im Verhältnis zu anderen Bewerbern seine Arbeitsleistung als wirtschaftlich relevante Tätigkeit anbietet. Ebenso: *Roth/Ackermann* in: Frankfurter Kommentar, Grundfragen Art. 81 Abs. 1 EG, Rn. 53.

230 Ähnlich ist die Argumentation des EuGH in den Fällen der Absatzmittler, d.h. der Handelsvertreter im deutschen Sinne. Diese seien kein Unternehmen, wenn sie vollständig in die Organisation des Prinzipals eingegliedert sind und keine wirtschaftlichen Risiken tragen, vgl. zuletzt EuGH Rs. C-217/05 (*CEPSA*), Slg. 2006, I-11987, Rn. 42. Siehe hierzu auch: *Gippini-Fournier/Mojzesowicz* in: Loewenheim/Messen/Riesenkampff, Art. 81 Abs. 1 EGV, Rn. 59. *Emmerich* in: Immenga/Mestmäcker, Europäisches Kartellrecht, Art. 81 Abs. 1 EGV Rn. 251 ff.

231 *Roth/Ackermann* in: Frankfurter Kommentar, Grundfragen Art. 81 Abs. 1 EG, Rn. 43; *Emmerich* in: Immenga/Mestmäcker, Europäisches Kartellrecht, Art. 81 Abs. 1 EGV

dungsbereich des europäischen Kartellrechts hat der Gerichtshof zudem entschieden, dass jede Tätigkeit sozialer Einrichtungen, die sich in der Nachfrage nach Gütern erschöpft, nicht als wirtschaftliche Tätigkeit anzusehen sei.[232] Dies wurde neuerdings auch auf Tätigkeiten nichtsozialer Einrichtungen erweitert[233] und damit begründet, dass der Kauf eines Erzeugnisses nicht von dessen späterem Verwendungszweck getrennt werden könne, so dass der wirtschaftliche oder nichtwirtschaftliche Charakter der späteren Verwendung zwangsläufig den Charakter der Einkaufstätigkeit bestimme.[234] Diese Entscheidung ist mit Blick darauf, dass nunmehr Einkaufsgemeinschaften insbesondere der marktmächtigen öffentlichen Hand nicht mehr von den Wettbewerbsregeln erfasst sind, der Nachfragemarkt aber genauso schützenswert ist wie der Angebotsmarkt, zu Recht in der deutschen Literatur kritisiert worden.[235] Auf die Auswirkungen der dennoch bestehenden und daher zu beachtenden Entscheidung wird noch genauer zurückzukommen sein.

Unter einer Unternehmensvereinigung versteht man einen Zusammenschluss mehrerer Unternehmen, dessen Zweck unter anderem darin besteht, die Interessen seiner Mitglieder wahrzunehmen.[236] Die Unternehmensvereinigung muss selbst nicht wirtschaftlich tätig werden. Handelt sie dennoch wirtschaftlich, ist sie als Unternehmen einzustufen.[237] Dem Sinn und Zweck der Wettbewerbsregeln entsprechend und zur Vermeidung von Umgehungen stehen Zusammenschlüsse von Unternehmensvereinigungen den Unternehmensvereinigungen gleich.[238]

Rn. 24; *Bunte* in: Langen/Bunte, Europäisches Kartellrecht, Art. 81 Rn. 9; *Mestmäcker/Schweitzer*, Europäisches Wettbewerbsrecht, § 8 Rn. 23.

232 EuGH Rs. C-205/03 P (*FENIN*), Slg. 2006, I-6295, Rn. 26.

233 EuG Rs. T-155/04 (*SELEX*), Slg. 2006, II-4797, Rn. 65 ff.; EuGH Rs. C-113/07 P (*SELEX*), Slg. 2009, I-2207, Rn. 102 f.

234 EuGH Rs. C-205/03 P (*FENIN*), Slg. 2006, I-6295, Rn. 26; EuG Rs. T-155/04 (*SELEX*), Slg. 2006, II-4797, Rn. 65 ff.; EuGH Rs. C-113/07 P (*SELEX*), Slg. 2009, I-2207, Rn. 102 f.

235 Vgl. nur *Roth/Ackermann* in: Frankfurter Kommentar, Grundfragen Art. 81 Abs. 1 EG, Rn. 45 f.; *Emmerich* in: Immenga/Mestmäcker, Europäisches Kartellrecht, Art. 81 Abs. 1 EGV Rn. 23; *Bunte* in: Langen/Bunte, Europäisches Kartellrecht, Art. 81 Rn. 5; *Bornkamm* in: FS für G. Hirsch (2008), 231, 237 f.; *Kling/Thomas*, Kartellrecht, § 4 Rn. 17; *Kersting/Faust*, WuW 2011, 6, 9 f. Dem EuGH dagegen zustimmend: *Säcker/Hermann* in: Münchener Kommentar zum Europäischen Wettbewerbsrecht, Einl. Rn. 1631.

236 *Roth/Ackermann* in: Frankfurter Kommentar, Grundfragen, Art. 81 Abs. 1 EG, Rn. 130; *Emmerich* in: Immenga/Mestmäcker, Europäisches Kartellrecht, Art. 81 Abs. 1 EGV Rn. 42; *Kling/Thomas*, Kartellrecht, § 4 Rn. 29.

237 Kommission v. 27.10.1992 (*Fußball-Weltmeisterschaft 1990*), ABl. 1992 L 326/31, Rn. 43 ff.; *Roth/Ackermann* in: Frankfurter Kommentar, Grundfragen Art. 81 Abs. 1 EG Rn. 132; *Bunte* in: Langen/Bunte, Europäisches Kartellrecht, Art. 81 Rn. 15; *Rittner/Dreher*, Europäisches und deutsches Wirtschaftsrecht, § 15 Rn. 37.

238 EuG verb. Rs. T-217/03 und T-245/03 (*FNCBV*), Slg. 2006, II-4987, Rn. 49; Kommission v. 30.11.1994 (*Zement*), ABl. 1994 L 343/1 Rn. 44; *Roth/Ackermann* in: Frankfurter Kommentar, Grundfragen Art. 81 Abs. 1 EG Rn. 134; *Bunte* in: Langen/Bunte, Europäisches Kartellrecht, Art. 81 Rn. 15.

b) Ausgangslage im deutschen Recht

aa) Herkömmlicher Unternehmensbegriff des GWB

Auch der Unternehmensbegriff des GWB unterscheidet sich von den anderen Unternehmensbegriffen des deutschen Wirtschaftsrechts, wie z.B. des Gesellschaftsrechts oder des Steuerrechts, und ist mit Blick auf den Zweck des Gesetzes autonom zu bestimmen.[239] Hierbei gilt wie im Unionsrecht der sog. funktionale Unternehmensbegriff. Dementsprechend hat der BGH in steter Rechtsprechung jedwede Tätigkeit im geschäftlichen Verkehr als unternehmerische Tätigkeit angesehen.[240] Die damit schon angezeigte weite Auslegung wird dadurch unterstützt, dass es für die Frage nach der geschäftlichen Tätigkeit nicht auf eine bestimmte Rechts- oder Organisationsform ankommt und nur jene Tätigkeiten ausgeklammert sind, die entweder hoheitlich sind, sich in privater Nachfrage erschöpfen oder sich als nicht-selbständige Tätigkeit darstellen.[241]

Unter einer Unternehmensvereinigung versteht man wie im europäischen Recht einen rechtsformunabhängigen Zusammenschluss von Unternehmen, welche zumindest auch die Interessen ihrer Mitglieder wahrnehmen und auf deren wirtschaftliche Betätigung Einfluss nehmen.[242] Sie können daneben selbst als Unternehmen zu qualifizieren sein, wenn sie eigenständig wirtschaftlich tätig werden.[243]

bb) Einfluss des europäischen Rechts auf den Unternehmensbegriff des GWB?

Die deutsche Definition des Unternehmensbegriffs zeigt bereits auf den ersten Blick eine nahe Verwandtschaft zur Definition des europäischen Kartellrechts, was den berechtigten Schluss zulässt, dass sich europäischer und deutscher Unternehmensbegriff inhaltlich weitgehend decken.[244] Unterschiede gibt es jedoch vor allem für den Fall der bloßen Nachfragetätigkeit insbesondere der öffentlichen Hand

239 BGHZ 36, 91, 103 (*Gummistrümpfe*); *Nordemann* in: Loewenheim/Meessen/Riesenkampff, § 1 GWB, Rn. 18; *Kling/Thomas*, Kartellrecht, § 14 Rn. 3; *Bornkamm* in: FS für G. Hirsch (2008), 231, 233.

240 BGHZ 36, 91, 103 (*Gummistrümpfe*); BGHZ 67, 81, 84 (*Auto-Analyzer*); BGHZ 110, 371, 380 (*Sportübertragungen*); BGHZ 137, 297, 304 (*Europapokalheimspiele*); BGH WuW/E DE-R 289, 291 (*Lottospielgemeinschaft*).

241 *Zimmer* in: Immenga/Mestmäcker, GWB, § 1 Rn. 28 ff.; *Rittner/Dreher*, Europäisches und deutsches Wirtschaftsrecht, § 15 Rn. 6; *Wiedemann* in: Handbuch des Kartellrechts, § 4 Rn. 9; *Emmerich*, Kartellrecht, § 20 Rn. 5 f.; *Klees*, EWS, 1, 4; *Steinbeck*, WuW 1996, 91, 95; BKartA WuW/E BKartA 357, 359 (*Berufsboxer*); KG WuW/E OLG 1429, 1431 (*Deutscher Fußball-Bund*).

242 BGHZ 137, 297, 305 (*Europapokalheimspiele*); *Nordemann* in: Loewenheim/Meessen/Riesenkampff, § 1 GWB, Rn. 37 ff.; *Zimmer* in: Immenga/Mestmäcker, GWB, § 1 Rn. 75; *Kling/Thomas*, Kartellrecht, § 14 Rn. 21.

243 *Zimmer* in: Immenga/Mestmäcker, GWB, § 1 Rn. 72; *Kling/Thomas*, Kartellrecht, § 14 Rn. 24.

244 *Nordemann* in: Loewenheim/Meessen/Riesenkampff, § 1 GWB, Rn. 19; *Wiedemann* in: Handbuch des Kartellrechts, § 4 Rn. 9; *Emmerich*, Kartellrecht, § 20 Rn. 5.

oder der gesetzlichen Sozialversicherungen, bei denen der Erwerb der Güter nicht zu einer späteren wirtschaftlichen Tätigkeit führt. Nach der bereits angesprochenen Rechtsprechung des EuGH sollen solche bloßen Nachfragetätigkeiten dann keine wirtschaftlichen Tätigkeiten sein, da ihr Charakter mit dem Charakter der späteren Verwendung akzessorisch sei.[245] Der BGH hat eine solche Tätigkeit insbesondere der öffentlichen Hand dagegen immer als eine wirtschaftliche Tätigkeit und damit in solchen Fällen die öffentliche Hand als Unternehmen eingestuft.[246]

Dieser Widerspruch in der Auslegung des Unternehmensbegriffs[247] wird bisweilen dadurch versucht zu vereinheitlichen, dass angenommen wird, zumindest für den Anwendungsbereich von § 1 GWB gelte der unionsrechtliche Unternehmensbegriff. Denn zum einen gebiete oberhalb der Zwischenstaatlichkeitsklausel bereits Art. 3 Abs. 2 S. 1 VO 1/2003 die Anwendung des europäischen Unternehmensbegriffs.[248] Zudem habe sich der deutsche Gesetzgeber im Bereich des Kartellverbots dazu entschlossen, das GWB inhaltlich an das europäische Kartellrecht anzupassen und insbesondere in § 2 Abs. 2 GWB einen Verweis auf die europäischen Gruppenfreistellungsverordnungen aufzunehmen, so dass das europäische Recht auch unterhalb der Zwischenstaatlichkeitsschwelle prägend sei.[249]

Dem ist im Ergebnis zuzustimmen, wenn auch in der Begründung nicht auf unionsrechtliche Vorgaben zurückgegriffen werden kann. Denn bereits dem Wortlaut des Art. 3 Abs. 2 S. 1 VO 1/2003 ist zu entnehmen, dass dieser die Fallkonstellation, dass das Unionskartellrecht eine Einheit nicht als Unternehmen betrachtet, gar nicht erfasst. Liegt der Normadressat für das Unionskartellrecht nicht vor, weil es sich nach dem europäischen Kartellrecht nicht um ein Unternehmen handelt, kann die nationale Behörde Art. 101 AEUV nicht anwenden. Somit kommt es gar nicht zu einem Wertungskonflikt auf Ebene der Beurteilung einer Wettbewerbsbe-

---

245 EuG Rs. T-319/99 (*FENIN*), Slg. 2003, II-357, Rn. 36 f.; EuGH Rs. C-205/03 P (*FENIN*), Slg. 2006, I-6295, Rn. 26; EuG Rs. T-155/04 (*SELEX*), Slg. 2006, II-4797, Rn. 65 ff.; EuGH Rs. C-113/07 P (*SELEX*), Slg. 2009, I-2207, Rn. 102 f.

246 BGHZ 36, 91, 103 (*Gummistrümpfe*); BGHZ 152, 347, 351 f. (*Feuerlöschzüge*).

247 *Bornkamm* in: FS für G. Hirsch (2008), 231, 238.

248 So vor allem *Bechtold* in: Bechtold, § 1 Rn. 4 u. 7; *ders.*, NJW 2007, 3761, 3762; *Nordemann* in: Loewenheim/Meessen/Riesenkampff, § 1 GWB, Rn. 35. In diese Richtung ebenfalls: *Bornkamm* in: FS für G. Hirsch (2008), 231, 238 sowie *Zimmer* in: Immenga/Mestmäcker, GWB § 1 Rn. 31, welcher daraus jedoch den Schluss zieht, dass bei Nichtvorliegen der Voraussetzung der Beeinträchtigung des zwischenstaatlichen Handels der bisherige deutsche Unternehmensbegriff zur Anwendung kommen könne. Somit läge also innerhalb von § 1 GWB ein gespaltener Unternehmensbegriff vor. Das lässt sich mit der Absicht des Gesetzgebers mit der Neufassung von § 1 GWB die deutsche Rechtslage zur Vermeidung von Rechtsunsicherheiten unabhängig von der Beeinträchtigung des Binnenmarkthandels an die unionsrechtliche Rechtslage anzupassen, allerdings nicht vereinbaren.

249 *Bechtold* in: Bechtold, § 1 Rn. 7; *Roth/Ackermann* in: Frankfurter Kommentar, § 1 GWB, Rn. 57 f.; *Klees*, EWS 2010, 1, 6 f.

schränkung.[250] Vielmehr wurden in diesen Fällen schon die Unternehmenseigenschaft und damit die Anwendbarkeit des Kartellrechts überwiegend aus anderen als aus wettbewerbsrechtlichen Gründen abgelehnt, wie z.B. einer sozialen Motivation der Nachfragetätigkeit. Dass dann die Wettbewerbsregeln der nationalen Staaten ebenfalls nicht anwendbar sein sollen, kann aber der Wertung von Art. 3 Abs. 2 S. 1 VO 1/2003 gerade nicht entnommen werden.

Maßgeblich ist vielmehr die autonome Entscheidung des deutschen Gesetzgebers, die Vorschriften des GWB-Kartellverbots unabhängig von der Bejahung der Beeinträchtigung des zwischenstaatlichen Handels im Einzelfall weitestgehend den Vorschriften des Unionskartellrechts anzugleichen.[251] Dies kann nur geschehen, wenn nicht nur der Wortlaut von § 1 GWB dem unionsrechtlichen Pendant entspricht, sondern darüber hinaus auch eine gleiche Auslegung der Tatbestandsmerkmale einschließlich seines sachlich-persönlichen Anwendungsbereichs erfolgt.[252]

Die Einebnung dieses Widerspruchs zwischen europäischer und nationaler Ebene führt jedoch zwangsläufig zur Frage, ob der Unternehmensbegriff innerhalb des deutschen Kartellrechts, also im Besonderen im Verhältnis von § 1 GWB zu den §§ 19 ff. GWB, noch einheitlich zu verstehen ist. Es ist kaum sinnvoll zu begründen, warum eine Nachfragetätigkeit der öffentlichen Hand und gemeinnütziger Organisationen ohne nachfolgende wirtschaftliche Verwendung des erworbenen Gutes – unabhängig von der möglichen Anwendbarkeit vergaberechtlicher Vorschriften – zu einer Anwendung der §§ 19 ff. GWB, nicht aber des § 1 GWB führen soll.[253] Insoweit wird vertreten, dass auch der Unternehmensbegriff im Rahmen der §§ 19 ff GWB zur Wahrung des einheitlichen Unternehmensbegriffs dem

250 *Roth/Ackermann* in: Frankfurter Kommentar, § 1 Rn. 24 f.; *Jaeger* in: Frankfurter Kommentar, § 22 GWB Rn. 14; *Schneider* in: Langen/Bunte, Deutsches Kartellrecht, § 22 Rn. 19; *Hoffmann*, WuW 2011, 472, 475; *Scheffler*, EuZW 2006, 601, 602; *Klees*, EWS 2010, 1, 5.

251 Regierungsbegründung zur 7. GWB-Novelle, BT-Drucks. 15/3460, S. 23. *Roth/Ackermann* in: Frankfurter Kommentar, § 1 GWB, Rn. 57 iVm. 27 ff., sehen mit dem Verweis auf die unionsrechtlichen Gruppenfreistellungverordnungen nach § 2 Abs. 2 GWB sogar eine zumindest unbewusste Selbstbindung des Gesetzgebers an die unionsrechtlichen Begrifflichkeiten. Durch die Inkorporierung der Gruppenfreistellungsverordnungen wäre es dem deutschen Recht wegen des unionsrechtlichen Distanzierungsgebots verwehrt, unionsrechtliche Begrifflichkeiten in anderer Weise zu deuten. Dies ist mit Blick darauf, dass auf die Inhalte der Gruppenfreistellungverordnungen nur „entsprechend" verwiesen wird, sowie aufgrund der Tatsache, dass die Befreiungsvorschrift des § 2 GWB kaum den grundsätzlichen Anwendungsbereich des § 1 GWB beeinflussen kann, nicht zwingend. Sie sind jedoch ein Indiz für den Willen des Gesetzgebers zur Angleichung.

252 *Säcker* in: Münchener Kommentar GWB, § 130 Rn. 3; *Klees*, EWS 2010, 1, 6; Für Sachverhalte unterhalb der Zwischenstaatlichkeitsschwelle auch: *Nordemann* in: Loewenheim/Meessen/Riesenkampff, § 1 GWB, Rn. 35; a.A. dagegen offenbar *Zimmer* in: Immenga/Mestmäcker, GWB, § 1 Rn. 31. Kritisch auch: *Hoffmann*, WuW 2011, 472, 480 f.

253 *Bornkamm* in: FS für G. Hirsch (2008), 231, 238 f.

europäischen Begriff entsprechen solle.[254] Eine solche Auslegung erscheint nicht von vornherein abwegig, dürfte aber ohne Stellungnahme des Gesetzgebers nur schwer gangbar sein.[255] Gerade für die kartellrechtliche Beurteilung einseitiger Verhaltensweisen hat sich maßgeblich Deutschland für die in Art. 3 Abs. 2 S. 2 VO 1/2003 beschriebene Ausnahme vom generellen Vorrang des Unionskartellrechts stark gemacht, um die strengeren und ausdifferenzierten Regelungen der §§ 19 ff. GWB weiterhin Anwendung finden zu lassen.[256] Dementsprechend wurden die Vorschriften zur Missbrauchskontrolle im Rahmen der 7. GWB-Novelle 2005 nicht weiter dem europarechtlichen Pendant angeglichen.[257] Dass zwar diese Regelungen einen eigenen nationalen Charakter haben, aber der Unternehmensbegriff und damit der Anwendungsbereich vom Unionsrecht vorgegeben sein sollen, ist daher kaum sinnvoll zu begründen. Von einem Willen zur Übernahme unionsrechtlicher Wertungen und Begrifflichkeiten kann in diesem Bereich nicht ohne weiteres ausgegangen werden. Dagegen spricht auch nicht die ursprünglich in § 23 GWB statuierte und in der endgültigen Fassung als überflüssig angesehene europarechtsfreundliche Anwendung des deutschen Kartellrechts. Denn diese umfasst nur die Grundsätze des europäischen Wettbewerbsrechts, schreibt aber nicht deren unbesehene Übernahme vor.[258] Daher ist davon auszugehen, dass die Regelungen der Missbrauchskontrolle weiterhin den bisherigen deutschen Unternehmensbegriff voraussetzen.[259] Dieses Ergebnis der unterschiedlichen Unternehmensbegriffe innerhalb des GWB ist zwar misslich, angesichts der starken Verflechtung von unionsrechtlichem und nationalem Kartellrecht jedoch kaum anders auflösbar. Dies zeigt sich auch an den dargestellten vielseitig vertretenen Lösungsvorschlägen in der Literatur.

c) Einordnung der Idealvereine als Unternehmen im Sinne des Kartellrechts

Nach Darstellung der wesentlichen Elemente des sachlich-persönlichen Anwendungsbereichs der kartellrechtlichen Regelungen, soll nunmehr gezeigt werden, ob und wann auf die untersuchungsgegenständlichen Idealvereine das Kartellrecht nach den bisher dargestellten Grundsätzen anwendbar ist.

---

254 *Klees*, EWS 2010, 1, 5.

255 Der BGH hat sich zuletzt einer Stellungnahme entzogen, ob die *FENIN*-Rechtsprechung des EuGH auf den Unternehmensbegriff des GWB, im vorliegenden Fall § 20 Abs. 1 GWB, Einfluss hat, vgl. BGH WuW/E DE-R 2161, 2163 (*Tariftreueerklärung III*).

256 Vgl. Regierungsbegründung zur 7. GWB-Novelle, BT-Drucks. 15/3460, S. 29.

257 Vgl. die Begründung des Regierungsentwurfs zur 7. GWB-Novelle, BT-Drucks. 15/3640, S. 21.

258 Unklar hierzu insoweit die Regierungsbegründung zu § 23 GWB-E, BT-Drucks. 15/3640, S. 32. So soll einerseits die Anwendung deutschen Rechts in vergleichbaren Sachverhalten zu gleichen Ergebnissen wie im europäischen Recht führen. Andererseits sollen ggf. nationale Besonderheiten berücksichtigt werden.

259 Ebenso: *Bechtold* in: Bechtold, § 1 Rn. 7; *ders.*, NJW 2007, 3761, 3762.

aa) Die Grundsätze

Unter dem geltenden funktionalen Unternehmensbegriff fallen Idealvereine als nicht auf wirtschaftliche Erwerbszwecke gerichtete Vereinigungen nicht automatisch aus dem Anwendungsbereich des Kartellrechts heraus, wie dies bei einem institutionellen Verständnis des Unternehmensbegriffs der Fall gewesen wäre. Vielmehr ist unter den herkömmlichen Definitionen eine Unternehmenseigenschaft auch von Idealvereinen dann zu bejahen, sobald diese wirtschaftlich bzw. geschäftlich tätig werden.[260] Dies gilt sowohl in der unionsrechtlichen als auch in der deutschen Rechtssphäre zumindest uneingeschränkt dann, wenn die Vereine Waren oder Dienstleistungen auf einem Markt anbieten.

So ist es folgerichtig, dass professionelle Sportvereine, z.B. die Fußballvereine der Fußball-Bundesliga, als Unternehmen angesehen werden, da sie in vielfältiger Weise anbietend wirtschaftlich tätig werden, sei es beispielsweise durch die Vermarktung von Fernsehrechten, dem Handel mit Fanartikeln oder dem Verkauf von Eintrittskarten.[261] Ebenfalls Unternehmen sind die nationalen und internationalen Sportverbände, wenn sie selbst wirtschaftlich tätig werden, wie im Rahmen der Vermarktung der von ihnen veranstalteten Sportereignisse.[262] Ähnliches gilt für den eingangs angesprochenen Hundezüchterverein, soweit man in der Bereitstellung des Deck-

260 BGH WuW/E BGH 1142, 1143 (*Hamburger Volksbühne*); BGH WuW/E BGH 1726 (*Deutscher Landseer-Club*); OLG Düsseldorf, WuW/E OLG 2071, 2072 (*Düsseldorfer Volksbühne*); *Bunte* in: Langen/Bunte, Deutsches Kartellrecht, § 1 Rn. 26.

261 BGH NJW 1987, 3007, 3008 (*Gekoppelter Kartenverkauf*); BGHZ 137, 297, 304 (*Europapokalheimspiele*); BGH NJW 2006, 377, 379 (*Hörfunkrechte*); OLG Frankfurt a.M., WuW/E OLG 3568, 3569 (*Sportverein Jägermeister Braunschweig*); LG Frankfurt, NJW 1983, 761, 763; EuG Rs. T-193/02 (*Piau*), Slg. 2005, II-209, Rn. 69; Kommission v. 20.07.1999 (*Fußball-Weltmeisterschaft 1998*), ABl. 2000 L 5/55, Rn. 65; Kommission v. 23.07.2003 (*UEFA Champions League*), ABl. 2003 L 291/25, Rn. 106; v. 19.01.2005 (*Bundesliga*), ABl. 2005 L 134/46, Rn. 21 (Langfassung unter http://ec.europa.eu/comm/competition/antitrust/cases/decisions/37214/de.pdf); *Hellmann* in: Frankfurter Kommentar, Sonderbereiche Sport, Rn. 18; *Bagger*, Die kartellrechtlichen Grenzen bei der Vergabe von Bundesligaübertragungsrechten, S. 168; *Weihs*, Zentrale Vermarktung von Sportübertragungsrechten, S. 42; *Zinger*, Diskriminierungsverbote und Sportautonomie, S. 73; *Bergmann*, SpuRt 2009, 102, 103; *Hausmann*, BB 1994, 1089, 1092; *Heermann*, WuW 2009, 394, 401; *Hellmann/Bruder*, EuZW 2006, 359, 361; *Herrmann*, WuW 1979, 149, 151 f.; *Springer*, WRP 1998, 477,479; *Steinbeck*, WuW 1996, 91, 96; *Streinz*, SpuRt 1998, 89, 92.

262 EuG Rs. T-193/02 (*Piau*), Slg. 2005, II-209, Rn. 72; Kommission v. 27.10.1992 (*Fußball-Weltmeisterschaft 1990*), ABl. 1992 L 326/31, Rn. 47 ff.; v. 23.07.2003 (*UEFA Champions League*), ABl. 2003 L 291/25, Rn. 106; KG WuW/E OLG 1429, 1431 (*Deutscher Fußball-Bund*); KG WuW/E OLG 4267, 4269 (*Sportübertragungen*); *Hellmann* in: Frankfurter Kommentar, Sonderbereiche Sport, Rn. 19; *Hannamann*, Verhaltenskoordinationen und Kartellverbot im Sport, S. 300; *Weihs*, Zentrale Vermarktung von Sportübertragungsrechten, S. 251; *Deselaers*, WuW 1998, 946, 947; *Giebel*, WRP 2006, 857, 860; *Streinz*, SpuRt 1998, 89, 92. Vgl. zur Auffassung noch in den 1970er Jahren, wonach Sportverbände keine Unternehmen seien: *Rinck* in: FS für F. Wieacker (1978), 476, 480.

buches für Hunde eine wirtschaftlich verwertbare Dienstleistung sieht.[263] Dies kann damit begründet werden, dass die reinrassige Züchtung, welche nur mit einem Deckbuch gewährleistet werden kann, zu einem erhöhten Ertrag für die Hundezüchter bei einem Verkauf der gezüchteten Hunde führt. Der damit unmittelbare Einfluss auf den Wert der gezüchteten Welpen lässt auch die Herausgabe des Deckbuches als mit einem wirtschaftlichen Wert verbundene Dienstleistung ansehen, so dass eine geschäftliche Tätigkeit vorliegt.[264] In diesem Fall wird aber zugleich klar, dass die besondere Beziehung zwischen Mitglied und Verein nicht automatisch zu einer Ausnahme von den Vorschriften des Kartellrechts führt. Vielmehr steht der grundsätzliche Anwendungsbereich zunächst offen, soweit Vereine nur eine irgendwie geartete wirtschaftliche Tätigkeit erbringen. Dies wird aus kartellrechtlicher Sicht besonders verständlich, wenn Vereine ihre Dienstleistungen genauso gut Nichtmitgliedern auf dem Markt, ggf. gegen Entgelt, anbieten könnten.[265] Freilich ist dies eine Konsequenz, die auf den ersten Blick gerade deshalb besonders misslich ist, weil Vereine aufgrund ihrer zumeist bestehenden regionalen Monopolstellung leicht eine marktbeherrschende Stellung innehaben können.[266]

bb) Das Problem rein nachfragender Tätigkeiten

Für rein nachfragende Tätigkeiten besteht nach der bisherigen Ansicht des deutschen Kartellrechts wie gezeigt keine Veranlassung, diese aus den kartellrechtlichen Anforderungen auszuklammern, auch wenn die nachgefragten Waren oder Dienstleistungen selbst nicht anbietend auf dem Markt eingesetzt werden. Anders ist dies auf Basis der abzulehnenden *FENIN*-Rechtsprechung des EuGH im europäischen Recht und nach hier vertretener Meinung bei § 1 GWB.[267] Gerade im Rahmen von Vereinstätigkeiten lassen sich vielerlei Fallgestaltungen denken, in denen Vereine Waren oder Dienstleistungen einkaufen, um diese dann ohne geschäftliche Tätigkeit zur Verwirklichung des Vereinszwecks zu nutzen. Hier sei insbesondere an die

263 Freilich fehlen hierzu genauere Darlegungen im Urteil des OLG Karlsruhe, warum die bloße Bereitstellung eines Deckbuches eine wirtschaftlich relevante Leistung sein soll (vgl. ebenso OLG Frankfurt, Urt. v. 13.11.2007, Az. 11 U 23/07, zur Versagung einer Aufnahme eines Hundes in ein Deckbuch). Verfehlt sind jedenfalls die Ausführungen des OLG dahingehend, dass eine Unternehmenseigenschaft des Vereines deshalb vorläge, weil dieser geschäftliche Handlungen wie die Ausstellung von Papieren oder die Vermittlung von Welpen vornähme, siehe GRUR-RR 2009, 112 f. Diese Handlungen sind im Rahmen des funktionellen Unternehmensbegriffs irrelevant, da es vorliegend nur auf die Tätigkeit der Herausgabe des Deckbuches und deren kartellrechtliche Qualifizierung ankam.

264 Vgl. hierzu auch BGH WuW/E BGH 1726 (*Deutscher Landseer-Club*).

265 Man denke hier nur an Vereine, die Märkte veranstalten, auf denen Waren verkauft werden.

266 Vgl. hierzu und zu der damit einhergehenden Konsequenz der Missbrauchskontrolle im 5. Kap. II.

267 EuGH Rs. C-205/03 P (*FENIN*), Slg. 2006, I-6295, Rn. 26; EuGH Rs. C-113/07 P (*SELEX*), Slg. 2009, I-2207, Rn. 102 f. Vgl. hierzu schon oben in diesem Kapitel unter II. 2. a) und b) bb).

Beschaffung von Ausrüstungsgegenständen zu denken. Ein Fußballspiel ist z.B. ohne die Beschaffung von Ball, Tor samt Tornetzen oder Sportkleidung nicht möglich. Ein Brieftaubenwettkampf kann ohne einheitliche Zeiterfassung ebenso wenig von Statten gehen. Ein fiktiver Verein, der seinen Mitgliedern unentgeltlich Gartenwerkzeug zur Verfügung stellt, muss dieses ebenfalls vorher anschaffen. In all diesen Fällen stellt sich die Frage, ob diese Tätigkeiten nach der Rechtsprechung des Gerichtshofs noch wirtschaftlicher Natur sind. Dies richtet sich nach der Qualifizierung der mit dem Erwerb verbundenen Tätigkeit als wirtschaftliche oder nicht-wirtschaftliche Tätigkeit.

Beim Fußballspiel ist eine wirtschaftliche Tätigkeit bei der Fassung exklusiver Ausrüsterverträge – wie z.B. die Vergabe eines Ligaballes durch die DFL zur Bundesliga-Saison 2010/2011 – anzunehmen. Dies ergibt sich bereits daraus, dass im Rahmen dieser exklusiven Ausrüsterverträge typischerweise dem Hersteller zugleich eine Lizenz zur Nutzung des Verbandslogos erteilt und ihm die Vermarktung als offizielles Sportgerät erlaubt wird.[268] Dass eine solche Vermarktung eine nicht gerade unwesentliche wirtschaftliche Relevanz hat, wird unter anderem dadurch deutlich, wenn man sich vor Augen führt, dass adidas dem Vernehmen nach bis zu fünf Millionen Euro dafür zahlte, den offiziellen Bundesliga-Ball zu stellen.[269] Die Vergabe dieser Lizenz steht in einem so engen Verhältnis zur Beschaffungstätigkeit des Verbandes DFL mit einem Spielgerät, dass sich beide Komplexe nicht voneinander trennen lassen und daher die Beschaffungstätigkeit auch nach der Auffassung des EuGH als wirtschaftliche Tätigkeit einzustufen ist.

Anders ist der Fall eines regionalen Gartenvereins zu bewerten, der Gartenwerkzeuge ankauft, um sie seinen Mitgliedern unentgeltlich zur Verfügung zu stellen. Nach der bisherigen deutschen Ansicht kann ein Einkaufszusammenschluss von privaten Endverbrauchern, der sich in der vorliegenden Art in einem Idealverein organisiert, richtigerweise nur dann als Unternehmen angesehen werden, wenn dieser Zusammenschluss als mächtiger Nachfrager am Markt auftritt.[270] Ist dies nicht der Fall, sind private Einkaufszusammenschlüsse wie einzelne private Nachfrager zu behandeln und daher nicht als Unternehmen einzustufen.[271] Nach Ansicht des Gerichtshofs dürfte diese Unterscheidung auf unionsrechtlicher Ebene und nach der hier vertretenen Meinung auch bei § 1 GWB nicht mehr notwendig sein,

268 *Buch*, WuW 2005, 266.

269 T-Online.de, Eine "Torfabrik" für die Bundesliga, http://bundesliga.t-online.de/jabulani-bundesliga-bekommt-den-einheitsball/id_41977338/index (zuletzt abgerufen am 24.11.2011).

270 BGH WuW/E BGH 1142, 1143 (*Hamburger Volksbühne*); OLG Düsseldorf, WuW/E OLG 2071, 2072 (*Düsseldorfer Volksbühne*); *Bunte* in: Langen/Bunte, Deutsches Kartellrecht, § 1 Rn. 25; *Emmerich* in: Immenga/Mestmäcker, Europäisches Kartellrecht, Art. 81 Abs. 1 EGV, Rn. 24; *ders.*, Kartellrecht, § 3 Rn. 30.

271 *Bunte* in: Langen/Bunte, Deutsches Kartellrecht, § 1 Rn. 24; *Rittner/Dreher*, Europäisches und deutsches Wirtschaftsrecht, § 15 Rn. 12; *Kling/Thomas*, Kartellrecht, § 14 Rn. 10.

da die bloße Nachfragetätigkeit ohne damit verknüpfte anbietende Tätigkeit bereits nicht als wirtschaftliches Handeln anzusehen ist. Dass der fiktive Gartenverein seinen Mitgliedern die Gartenwerkzeuge zur Verfügung stellt, ist demgegenüber keine marktwirtschaftlich anbietende Tätigkeit, da das unentgeltliche, zeitweilige Zur-Verfügung-Stellen keine wirtschaftliche Relevanz hat, sich vielmehr innerhalb der Grenzen eines privaten Austausches hält.

Fraglich ist, welche dieser Erwägungen sich auf den Fall des Brieftaubenzüchterverbandes übernehmen lassen. Die nachfragesteuernde Zulassung von bestimmten Konstatiergeräten steht im Zusammenhang mit der Veranstaltung von Brieftaubenwettkämpfen. Eine Veranstaltung sportlicher Wettkämpfe ist nach Ansicht des Gerichtshofs richtigerweise dann eine wirtschaftliche Tätigkeit, wenn diese kommerziell genutzt wird, insbesondere durch den Abschluss von Sponsoren-, Werbe- und Versicherungsverträgen.[272] Auch das Verlangen eines Eintrittspreises kann schon ausreichen, um eine gewerbliche Veranstaltereigenschaft zu begründen.[273] Eine so gesehene kommerzielle Nutzung der Brieftaubenwettbewerbe erscheint mit einer im Vergleich zu anderen sportlichen Wettbewerben geringeren Aufmerksamkeit der Öffentlichkeit fraglich. Indes kommt es hierauf nicht an. Denn durch die Veranstaltung der Wettbewerbe und insbesondere der Preisvergabe besteht ein enger Zusammenhang mit der Wertentwicklung der Zuchttauben. Erhält eine Zuchttaube verbandliche Auszeichnungen steigt ihr Verkaufswert.[274] Die Ausgestaltung der Wettkampfbedingungen hat daher Einfluss auf den Wert einer Taube. Somit sind, und dies nicht nur reflexartig, wirtschaftliche Interessen der Mitglieder berührt, was zu einer Bejahung der Unternehmenseigenschaft auch nach dem Verständnis des EuGH führen würde. Im Rahmen des früheren deutschen Verständnisses, welches nach hier vertretener Meinung noch im Rahmen der Missbrauchskontrolle gilt, wäre die Unternehmenseigenschaft unproblematisch anzunehmen. Zu Recht hat insoweit der Kartellsenat des OLG Düsseldorf darauf abgestellt, dass der Brieftaubenzüchterverband die Nachfrage nach den Konstatiergeräten steuert und damit in den Wettbewerb eingreift.[275]

cc) Die Abgrenzung von rein ideellen Zwecken

Generell können Idealvereine also nur dann nicht den Regelungen des Kartellrechts unterfallen, wenn sie ausschließlich ideelle Zwecke verfolgen.[276] Freilich kann gerade die Beurteilung, wann eine nichtwirtschaftliche Tätigkeit vorliegt, im Einzelfall Schwierigkeiten bereiten. So nahm die Kommission im Fall *Mouscron* an, eine Rege-

272 EuGH Rs. C-49/07 (*MOTOE*), Slg. 2008, I-4863, Rn. 23.

273 OLG Hamburg, WuW/E OLG 2775, 2776 (*Hauptverband für Traberzucht und –rennen*).

274 Vgl. OLG Düsseldorf, SpuRt 2007, 26.

275 OLG Düsseldorf, Urteil vom 11.02.2009 (Az.: VI-U 13/08), JURIS-Rn. 45.

276 *Nordemann* in: Loewenheim/Meessen/Riesenkampff, § 1 GWB, Rn. 23; *Bunte* in: Langen/Bunte, Deutsches Kartellrecht, § 1 Rn. 27; *Bechtold* in: Bechtold, § 1 Rn. 8; OLG Frankfurt, WuW/E OLG 3752, 3753 (*Aikido-Bund II*).

lung, die besagt, dass jeder Verein sein Heimspiel grundsätzlich im eigenen Stadion auszutragen hat – sog. "Heim- und Auswärtsregel" – sei eine rein sportliche Regel, auf die die Wettbewerbsvorschriften des Vertrags nicht anwendbar seien.[277] Problematisch ist dabei nur, dass die Regelung auch wirtschaftliche Interessen eines Vereins betrifft, wenn ihm verboten wird, z.B. in ein größeres Stadion umzuziehen und dadurch unter anderem höhere Einnahmen aus dem Eintrittskartenverkauf zu generieren.[278] Auch den vermietenden Stellen – also anderen Vereinen als auch Städten – werden Einnahmemöglichkeiten verwehrt. Insofern wäre eine Einschätzung, dass das Kartellrecht auf eine solche Regelung Anwendung findet, die richtige gewesen. Dass es ideelle, sportliche Gründe für eine solche Regelung gibt[279], ist bei der strikten wirtschaftlichen Ausrichtung des kartellrechtlichen Unternehmensbegriffs irrelevant, sondern wird erst bei der Frage, ob ein kartellrechtswidriges Verhalten vorliegt, bedeutsam.

dd) Vereinsmitglieder als Unternehmen

Auch einzelne Vereinsmitglieder können Unternehmen im Sinne des Kartellrechts sein, soweit sie nur selbst wirtschaftlich tätig sind. Derartige Konstellationen gibt es oftmals bei einer Vereinigung von Angehörigen der freien Berufe.[280] Aber z.B. auch Profisportler fallen unter den dargestellten Unternehmensbegriff. Dies betrifft jedenfalls Individualsportler, die unabhängig in der Gestaltung ihrer Wettkämpfe und ihrer wirtschaftlichen Tätigkeit sind.[281] Für Mannschaftssportler kann dies nur gelten, soweit die wirtschaftliche Tätigkeit nicht im Zusammenhang mit ihrem Arbeitsverhältnis zum Verein steht. Eine Unternehmenseigenschaft kann daher nur dann bejaht werden, wenn es beispielweise um die eigenständige Vermarktung

277 Kommission, unveröffentlichte Entscheidung v. 09.12.1999, Pressemitteilung IP/99/965.

278 Dies ist gerade im Bereich der DFB-Pokalspiele immer wieder entscheidende Motivation von gastgebenden Amateurvereinen, die für Spiele vor allem gegen publikumswirksame Bundesligisten regelmäßig in ein größeres Stadion umziehen. Zur ökonomischen Ineffizienz von einschränkenden Regelungen zum Heimspielstandort vgl. *Parlasca*, Kartelle im Profisport, S. 110.

279 So dienen Standortrestriktionen dazu, dass Wechsel von Vereinen in attraktivere Gegenden mit größerem Sponsoringpotenzial oder größerem Fanpotenzial, und damit verbunden ein wirtschaftlicher Wettbewerb der Regionen, zu Lasten des sportlichen Wettbewerbs unterbunden werden, vgl. hierzu *Hannamann*, Kartellverbot und Verhaltenskoordinationen im Sport, S. 391 f.

280 BGH WuW/E BGH 1474, 1476 f. (*Architektengebühren*); EuGH verb. Rs. C-180/98 bis C-184/98 (*Pavlov*), Slg. 2000, I-6497, Rn. 83 ff.; *Emmerich* in: Immenga/Mestmäcker, Europäisches Kartellrecht, Art. 81 Abs. 1 EGV, Rn. 43; *Bunte* in: Langen/Bunte, Deutsches Kartellrecht, § 1 Rn. 38; *Lübbig* in: Handbuch des Kartellrechts, § 7 Rn. 8; *Emmerich*, Kartellrecht, § 20 Rn. 9; *Kling/Thomas*, Kartellrecht, § 14 Rn. 23; *Lutz*, WRP 2002, 47, 48.

281 Vgl. BKartA WuW/E BKartA 357, 359 (*Berufsboxer*); OLG München SpuRt 2003, 1999, 201; LG Köln SpuRt 2007, 31, 33; *Zinger*, Diskriminierungsverbote und Sportautonomie, S. 73; *Heß* in Heß/Dressler, Aktuelle Rechtsfragen des Sports, 1, 27.

geht.[282] Im Hundezüchterfall ist das klagende Vereinsmitglied unter diesen Maßstäben zu Recht als Unternehmen qualifiziert worden, da es die Welpen aus der Zucht zum Verkauf anbietet und die Erlöse aus einem Wurf die Sphäre bloßer privater Tätigkeit überschreiten.[283]

ee) Verbände als Unternehmensvereinigungen oder Unternehmen

Soweit Vereine und vor allem Verbände selbst nicht anbietend oder nachfragend wirtschaftlich tätig werden, können sie als Unternehmensvereinigungen dem Kartellrecht unterfallen.[284] Ob beim Erlass von Organisationsregelungen eine Eigenschaft als Unternehmensvereinigung oder sogar als Unternehmen vorliegt, ist gerade bei Sportverbänden oftmals auf den ersten Blick nicht eindeutig bestimmbar. Dieses Problem wirkt sich auf die Anwendbarkeit des Kartellverbotes zwar nicht aus, hat jedoch Bedeutung im Rahmen der Missbrauchsvorschriften, die sich nur an Unternehmen als Adressaten richten, vgl. Art. 102 AEUV und §§ 19, 20 GWB. An den Organisationsregelungen ist problematisch, dass sie den Zugang zu Vereinsleistungen beschränken können. Hierfür seien nur die Zulassungsregelungen bei Dopingverstößen genannt. Kann sich ein Sportler nicht mehr sportlich betätigen, weil er wegen Dopingverstoßes gesperrt ist, hat er keine Möglichkeit mehr, auf dem Markt der Sportleistungen selbst tätig zu werden und Einnahmen zu erzielen. Dies macht es deutlich, dass die Zulassung zu vermarktbaren Wettkämpfen das Kriterium der wirtschaftlichen Tätigkeit bereits erfüllen kann[285], da Sport-

282 *Hellmann* in: Frankfurter Kommentar, Sonderbereiche Sport, Rn. 17; *Gippini-Fournier/Mojzesowicz* in: Loewenheim/Meessen/Riesenkampff, Art. 81 Abs. 1 EGV, Rn. 53; *Nordemann* in: Loewenheim/Meessen/Riesenkampff, § 1 GWB, Rn. 23. Kritisch hinsichtlich der Arbeitnehmereigenschaft von Spitzensportler mit dem Argument wirtschaftlich fehlender Fremdbestimmtheit und Abhängigkeit: *Fischer*, SpuRt 2004, 251, 252. Ebenso bei angestellten Berufsspringreitern, wenn diese im Hinblick auf ihre eigene Person selbst vermarktend tätig werden, LG Dortmund, WuW/E DE-R 2610, 2611.

283 Vgl. OLG Karlsruhe, GRUR-RR 2009, 112, 113.

284 EuG Rs. T-193/02 (*Piau*), Slg. 2005, II-209, Rn. 69, 72; Entscheidung der Kommission v. 25.06.2002 (*ENIC/UEFA*), COMP/37806, Rn. 25 (unveröffentlicht, erhältlich unter: http://ec.europa.eu/competition/antitrust/cases/decisions/37806/en.pdf); BGHZ 137, 297, 304 (*Europapokalheimspiele*); *Hellmann* in: Frankfurter Kommentar, Sonderbereiche Sport, Rn. 19; *Zimmer* in: Immenga/Mestmäcker, GWB, § 1 Rn. 76; *Hausmann*, BB 1994, 1089, 1092; *Hellmann/Bruder*, EuZW 2006, 359, 361.

285 OLG München, SpuRt 2003, 199, 201, hinsichtlich der Verhängung einer Dopingsperre durch den Weltbasketballverband FIBA; OLG Frankfurt, WuW/E OLG 3015, 3016, zur Entziehung einer Lizenz eines Berufsmotorradfahrers; LG Frankfurt, NJW 1983, 761, 763, hinsichtlich der Zulassung eines Vereins zur Fußball-Bundesliga im Rahmen des Lizenzierungsverfahrens des DFB; LG Dortmund, WuW/E DE-R 2610, 2611, zur Versagung einer Jahresturnierlizenz für Springreiter; LG Köln zu Testverfahren bei Dopingkontrollen, SpuRt 2007, 31, 33; Kommission v. 13.10.2009 (*Guillermo Cañas*), COMP/39471, Rn. 25, hinsichtlich einer Dopingsperre. *Tyrolt*, Sportschiedsgerichtsbarkeit, S. 192; *Herrmann*, WuW 1979, 149, 153, bezeichnet dies als gewerbliche Organisationsleistung. Ähnlich *Adolphsen*, Internationale Dopingstrafen, S. 178, der jegliche

verbände hinsichtlich der Plätze für wirtschaftlich relevante Wettbewerbe des Profisports zumindest dann anbietend tätig werden, wenn sie selbst die Sportereignisse veranstalten (Zulassungsmarkt).[286] Daneben können gerade auch Dopingregelungen zugleich[287] als Beschlüsse einer Unternehmensvereinigung[288] angesehen werden. Denn sowohl die Dopingregelung als auch die Einzelfallentscheidung, bestimmte Personen nicht zu Veranstaltungen zuzulassen, sind für alle Verbandsangehörigen im Regelfall bindend. Dies wird beispielsweise dann relevant, wenn Vereine oder untergeordnete Verbände eigene Veranstaltungen unter dem Label der Dachorganisation anbieten. Die Abgrenzung, wann ein Verband selbst (auch) als Unternehmen tätig wird, ist dabei im Einzelfall nicht einfach zu treffen. So engen z.B. Regelungen zu einem Verbot der Hosenwerbung[289] oder zu gewissen Qualifikationen für die Anerkennung als Spielervermittler[290] den Markt ein und wirken daher ebenso als Zulassungsschranke für wirtschaftliche Betätigungen. Dennoch wird man hier einen engen Bezug des Verbandes zur Veranstaltungsdurchführung nicht bejahen können. Denn die Fragen, welche Werbung zugelassen ist sowie wann und welche Spielervermittler eingeschaltet werden, betrifft die Durchführung einer Sportveranstaltung, anders als bei der Frage, welche Sportler zugelassen sind, nicht direkt.[291] Die Abgrenzung hat hierbei immer aufgrund wertender Kriterien im Einzelfall zu erfolgen. Dabei haben die Aspekte, welchen Bezug die Regelung zur Veranstaltung selbst hat und ob der Verband zumindest auch

---

Organisation des jeweiligen Fachsports als unternehmerisch qualifiziert, sofern der Sport Grundlage unternehmerischer Tätigkeit der Sportler ist. Für *Hannamann*, Kartellverbot und Verhaltenskoordinationen im Sport, S. 240 ff. ist dies bei Sportorganisationsleistungen nur der Fall, wenn diese Leistungen kommerzialisiert seien, also eine Bereitschaft zur Entgeltzahlung bestehe, was allerdings in Sportarten, die Vermarktungsmöglichkeiten bieten, weithin der Fall sei.

286 A.A. *Schlosser* in: FS für A. Zeuner (1994), 467, 472 mit dem Argument fehlendem wirtschaftlichen Gewinnstreben seitens der Verbände. Die bloße ideelle Zweckmotivierung reicht allerdings für die Ablehnung der Anwendbarkeit des Kartellrechts nicht aus, wie sich sogleich noch zeigen wird.

287 Eine Unternehmensvereinigung muss nur zumindest *auch* die Interessen ihrer Mitglieder wahrnehmen. Soweit sie darüber hinaus auch für eigene Zwecke wirtschaftlich tätig wird, ist dies unschädlich, führt aber dazu, dass sie sowohl Unternehmensvereinigung als auch Unternehmen im Sinne des Kartellrechts ist. Vgl. *Emmerich* in: Immenga/Mestmäcker, Europäisches Kartellrecht, Art. 81 Abs. 1 EGV Rn. 43; *Mestmäcker/Schweitzer*, Europäisches Wettbewerbsrecht, § 8 Rn. 30; *Tyrolt*, Sportschiedsgerichtsbarkeit, S. 192. Vgl. auch EuG Rs. T-61/89 (*Dansk Pelsdyravlerforening*), Slg. 1992, II-1931 Rn. 50. Ebenso *Adolphsen*, Internationale Dopingstrafen, der sowohl eine Prüfung anhand des Kartellverbots wegen Beschlusses einer Unternehmensvereinigung als auch eine im Rahmen der Missbrauchskontrolle, wofür eine Unternehmensvereinigung nicht mehr ausreicht, ohne Ausführung zu diesem Phänomen vornimmt, vgl. S. 178 ff. und S. 188 ff.

288 Genauer zur Einordnung von Verbandsentscheidungen als Beschlüsse von Unternehmensvereinigungen im 5. Kap. unter I. 1. a) bb) und dd).

289 LG Hannover, CaS 2008, 291 ff.

290 EuG Rs. T-193/02 (*Piau*), Slg. 2005, II-209.

291 Zu weit daher *Menzel*, Werbebeschränkungen im Sport, S. 121.

Veranstalter ist, im Vordergrund zu stehen. So ist freilich ein Verband, der Werbebeschränkungen erlässt und dabei Sportveranstaltungen selbst werblich vermarktet, diesbezüglich als Unternehmen anzusehen.[292]

3. Bereichsausnahmen zugunsten der Vereinsautonomie?

Nachdem gezeigt wurde, dass das Kartellrecht sowohl auf nationaler als auch auf europäischer Ebene tatbestandlich auf Idealvereine anwendbar ist, soweit sie in irgendeiner Form wirtschaftlich tätig sind, stellt sich die Frage, ob diese Anwendbarkeit in jeglicher Form sachgerecht erscheint oder ob es mit anderen Worten nicht Bereichsausnahmen für die ihrer Zwecksetzung nach nicht wirtschaftlich ausgerichteten Idealvereine geben muss.

a) Problemstellung

Ausgangspunkt ist die Tatsache, dass nach dem Universalitätsprinzip die Vorschriften des Kartellrechts für Unternehmen und Unternehmensvereinigungen aus allen Wirtschaftsbereichen gelten.[293] Ausnahmen ergeben sich grundsätzlich nur dort, wo diese ausdrücklich statuiert sind. Eine ausdrückliche Ausnahme für die Tätigkeit von Idealvereinen besteht jedoch nicht. Diese könnten sich daher allenfalls ungeschrieben aus der grundrechtlich abgesicherten Vereinsautonomie, oder – teils damit verknüpft – aus der Übernahme von Begründungen zu ähnlichen kartellrechtlichen Ausnahmebereichen ergeben. Das Problem wird in der juristischen Literatur insbesondere im Bereich des Sports diskutiert und soll sonach an diesem einleitend dargestellt werden.

Im Bereich des Sports, der selbst eng mit dem Begriff des Wettbewerbs – höher, schneller, weiter – verknüpft ist[294], wurde aufgrund seiner Mehrdimensionalität im Vergleich zum normalen wirtschaftlichen Leben lange Zeit eine – mangels einer ausdrücklich geregelten Ausnahme[295] – ungeschriebene Bereichsausnahme im Rahmen der Anwendbarkeit des Kartellrechts gefordert.[296] Denn dem Sport kommen in erster Linie positive Auswirkungen gesundheitsfördernder, erzieherischer, sozialer

---

292 *Menzel*, Werbebeschränkungen im Sport, S. 120.

293 *Mestmäcker/Schweitzer*, Europäisches Wettbewerbsrecht, § 1 Rn. 43; *Wiedemann* in: Handbuch des Kartellrechts, § 4 Rn. 8; *Emmerich*, Kartellrecht, § 3 Rn. 52; *Kling/Thomas*, Kartellrecht, § 3, Rn.10.

294 *Schwarze/Hetzel*, EuR 2005, 581.

295 Die Forderung nach Schaffung einer Bereichsausnahme für den Sport im Unionsrecht ist ergebnislos verhallt. Insbesondere ergibt sich auch aus der Schaffung des Art. 165 Abs. 1 AEUV keine Bereichsausnahme, auch nicht hinsichtlich des Kartellrechts. Vgl. hierzu 2. Kap. II. 2. und bei *Grätz*, Missbrauch der marktbeherrschenden Stellung durch Sportverbände, S. 98.

296 Vgl. das Vorbringen der UEFA und der deutschen Bundesregierung im *Bosman*-Verfahren, wiedergegeben in EuGH Rs. C-415/93 (*Bosman*), Slg. 1995, I-4921, Rn. 71 f.

und kultureller Art zu[297], die mit einer normalen wirtschaftlichen Tätigkeit wenig zu tun haben. Diese positiven Aspekte können gefährdet sein, wenn der Sport in erheblichem Maße den Anforderungen staatlichen Wettbewerbsrechts unterstellt wird und Regelungen, die auf ideellen-sportlichem Gebiet sinnvoll und notwendig erscheinen, für unzulässig erklärt werden. Wirtschaftspolitische Bestimmungen für eine bestimmte Form wirtschaftlichen Wettbewerbs müssen sich aber auf den wirtschaftlichen Bereich beschränken und dürfen gerade nicht den rein sportlichen Wettbewerb und seine sozialen Funktionen regulieren wollen.[298] Dies ist im Ergebnis auch die Folge der Forderung, welche aus der grundrechtlich geschützten Vereinsautonomie resultiert. Zudem werden auch wirtschaftliche Betätigungen der Sportvereine zumeist unter dem Blickwinkel eines größeren sportlichen Erfolgs zu sehen sein: Größere Einnahmen führen vereinfacht ausgedrückt dazu, dass sich ein Verein bessere Spieler leisten kann und dies wiederum führt – freilich im Idealfall – zu größerem sportlichen Erfolg.[299] Letztlich ist daher der ideelle Charakter des Sports auch bei aller Kommerzialisierung immer noch als Basis vorhanden.[300]

In ähnlichem Maße kann dieser Gedankengang generell auf jedwede Art von Vereinstätigkeiten übertragen werden. Mit Blick auf die vielfältigen sozialen Funktionen der Tätigkeiten von primär nicht wirtschaftlich operierenden Idealvereinen ist ein solch entsprechender Gedankengang sogar naheliegend. Denn auch diese Vereine müssen oftmals wirtschaftlich tätig werden, um ihre ideellen Zielsetzungen erfüllen zu können, so dass sich das in dieser Untersuchung schon oft dargestellte Spannungsverhältnis zwischen vereinsinterner, auf gesellschaftlicher Ebene liegender Zweckverwirklichung und wirtschaftsrechtlich relevantem Außenverhalten erneut als entscheidend stellt.

Die Frage, die im Folgenden beantwortet werden soll, ist also, ob sich die im Bereich der Anwendbarkeit des Kartellrechts zugrunde liegende funktionale Wertung, zur umfassenden Sicherung des Wettbewerbs grundsätzlich jegliche wirtschaftliche Tätigkeit den Anforderungen des Kartellrechts zu unterstellen, durchsetzt, oder aber ob die Vereinsautonomie mit ihrer Zielrichtung freier gesellschaftlicher Sphären das entscheidende Kriterium ist.

---

297 Weißbuch Sport der Kommission, KOM (2007), S. 391 endg.; *Hellmann* in: Frankfurter Kommentar, Sonderbereiche Sport, Rn. 4; *Schwarze/Hetzel*, EuR 2005, 581, 583.

298 So zu Recht *Adolphsen*, Internationale Dopingstrafen, S. 161 f.

299 Vgl. auch *Bunte* in: Langen/Bunte, Deutsches Kartellrecht, Sonderbereich Sport, Rn. 2; *Heermann*, WRP 2011, 36, 37. Dies gilt nur im sporttypischen Idealfall, dass die Einnahmen für den größeren sportlichen Erfolg refinanziert werden. Soweit Investoren an Sportvereinen ihre Beteiligung als Anlage sehen mit der Absicht, dass persönlicher Gewinn erwirtschaftet und aus dem Verein abgezogen werden soll, kann dieser Gedankengang natürlich nicht gelten.

300 *Haas/Prokop*, JR 1998, 45, 47; *Scholz/Aulehner*, SpuRt 1996, 44.

b) Vergleich mit anderen Tätigkeiten, die nicht den Wettbewerbsregeln unterfallen

Um die Frage nach einer Bereichsausnahme für Tätigkeiten von Idealvereinen zuverlässig beantworten zu können, ist ein Vergleich mit der Systematik und der Begründung einiger anderer kartellrechtlicher Ausnahmebereiche anzustellen. Wie bereits dargelegt, unterliegt im Grundsatz jegliches wirtschaftliche Verhalten den Anforderungen des Kartellrechts, so dass die Annahme von Ausnahmebereichen immer einer Begründung bedarf, die sich in der Besonderheit des jeweiligen Wirtschaftsbereiches finden lässt. Nach Herausarbeitung der Gründe ist sodann zu bewerten, ob eine Übernahme auf die Ebene der Tätigkeit von Idealvereinen geschehen kann.

aa) Landwirtschaft

Im Unionsrecht existiert nur ein ausdrücklicher Ausnahmebereich: die Landwirtschaft. Diese Sonderstellung ergibt sich aus Art. 42 AEUV, wonach für die Produktion und den Handel mit landwirtschaftlichen Erzeugnissen das Wettbewerbsrecht Anwendung findet, soweit Rat und Europäisches Parlament dies bestimmen. Eine solche Bestimmung ist mit der VO 1184/2006[301] erfolgt, wonach vorbehaltlich dessen Art. 2 die Wettbewerbsregeln auch auf landwirtschaftliche Produkte anwendbar sind, vgl. Art. 1 VO 1184/2006. Dies betrifft insbesondere die Anwendbarkeit von Art. 102 AEUV, welcher in Art. 2 VO 1184/2006 nicht genannt ist. Eine echte Bereichsausnahme existiert daher allenfalls im Bereich von Art. 101 AEUV. Eine ähnliche Regelung gilt im Bereich der Gemeinsamen Marktordnung[302], die positiv den Agrarmarkt zu ordnen versucht. Beides wurde früher vor allem mit der Schaffung eines gemeinsamen Agrarmarktes begründet.[303] Heute stehen vor allem die Besonderheiten des landwirtschaftlichen Produktionsbetriebes, die Bedeutung der Landwirtschaft für die Sicherstellung der Ernährung der Bevölkerung und die Verwirklichung der Ziele des Art. 39 AEUV im Vordergrund.[304]

301 Verordnung zur Anwendung bestimmter Wettbewerbsregeln auf die Produktion landwirtschaftlicher Erzeugnisse und den Handel mit diesen Erzeugnissen 1184/2006, ABl. 2006 L 214/7.

302 Maßgeblich zu nennen ist hierbei die Verordnung (EG) Nr. 1234/2007 des Rates vom 22.10.2007 über eine gemeinsame Organisation der Agrarmärkte und mit Sondervorschriften für bestimmte landwirtschaftliche Erzeugnisse (Verordnung über die einheitliche GMO), ABl. 2007 L 299/1. Vgl. zum Verhältnis zum unionsrechtlichen Wettbewerbsrecht vor allem Art. 175 ff. dieser VO.

303 *Schweizer* in: Immenga/Mestmäcker, Europäisches Kartellrecht, Landwirtschaft B, Rn. 2; *Mestmäcker/Schweitzer*, Europäisches Wettbewerbsrecht, § 1 Rn. 46; *Kling/Thomas*, Kartellrecht, § 3 Rn. 15.

304 *Nägele* in: Frankfurter Kommentar, Sonderbereiche Landwirtschaft, Rn. 2 f. u. Rn. 11; *Buth* in: Loewenheim/Meesen/Riesenkampff, Landwirtschaft, Rn. 5; *de Bronett* in: Handbuch des Kartellrechts, § 32 Rn. 11.

Eine ähnliche Ausnahme auf dem Gebiet der Landwirtschaft enthält auf nationaler Ebene § 28 GWB. Auch hier wird der weitgehende Ausschluss der Anwendbarkeit von § 1 GWB mit der Begründung gerechtfertigt, dass sich die Landwirtschaft aufgrund ihrer besonderen Produktionsbedingungen, wie der geringen Anpassungs- und Ausweichfähigkeit oder der Abhängigkeit von der Witterung, nur vermindert an das allgemeine Marktgeschehen anpassen kann und daher die schematische Anwendung des Wettbewerbsrechts nicht sinnvoll ist.[305]

bb) Preisbindung bei Zeitungen und Zeitschriften

Aus den ehemals sehr weitgehenden und vielzähligen Ausnahmebereichen des GWB ist neben der gerade erwähnten Landwirtschaft nur noch die Preisbindung bei Zeitungen und Zeitschriften vom Kartellverbot des § 1 GWB ausdrücklich freigestellt, vgl. § 30 GWB.[306] Diese Ausnahme wird damit begründet, dass man die Rolle der Verlagserzeugnisse als Kulturgut und Kulturmedium fördern und erhalten sowie zum Schutz der Pressefreiheit, Art. 5 Abs. 1 S. 2 GG, die Überallerhältlichkeit von Presseprodukten im Hinblick auf deren eigentümliche Dispositions- und Remissionsrechte sicherstellen möchte.[307]

cc) Tarifverträge

Eine Art ungeschriebene Ausnahme von den Vorschriften des Kartellrechts existiert im Bereich des Abschlusses von Tarifverträgen. Dies wird freilich nur dann virulent, soweit man den Tarifparteien eine Unternehmenseigenschaft zugesteht. Fraglich und streitig ist dies vor allem bei den Gewerkschaften, soweit diese alleine Interessen ihrer Mitglieder vertreten. Denn dann können sie allenfalls als Unternehmensvereinigungen angesehen werden, mit der Folge, dass die Arbeitnehmer als Gewerkschaftsmitglieder Unternehmen im Sinne des Kartellrechts sein müssten. Dies wird großteils mit dem Argument bestritten, dass Arbeitnehmer abhängig beschäftige Personen und damit das Gegenstück eines selbständig handelnden Unternehmens seien.[308] Jedoch kann diese Erwägung nur gelten, wenn Arbeitneh-

---

305 *Nägele* in: Frankfurter Kommentar, § 28 GWB Rn. 1; *Schweizer* in: Immenga/Mestmäcker, GWB, § 28 Rn. 11; *Jestaedt* in: Langen/Bunte, Deutsches Kartellrecht, § 28 Rn. 1; *Buth* in: Loewenheim/Meesen/Riesenkampff, § 28 GWB, Rn. 1; *Brück* in: Münchener Kommentar GWB, § 28 Rn. 2; *Kling/Thomas*, Kartellrecht, § 16 Rn. 6.

306 Daneben besteht noch die zwingend festgeschriebene Buchpreisbindung, die sich aus §§ 3 iVm. 5 Buchpreisbindungsgesetz ergibt.

307 Vgl. Begründung zur Änderung des § 15 GWB a.F., BT-Drucks. 14/8854, S. 12; *Emmerich* in: Immenga/Mestmäcker, GWB, § 30 Rn. 17; *Bahr* in: Langen/Bunte, Deutsches Kartellrecht, § 30 Rn. 8; *Nordemann* in: Loewenheim/Meessen/Riesenkampff, § 30 GWB Rn. 3 ff.; *Bremer/Martini* in: Münchener Kommentar GWB, § 30 Rn. 2.

308 *Emmerich* in: Immenga/Mestmäcker, Europäisches Kartellrecht, Art. 81 Abs. 1 EG Rn. 25; *Bunte* in: Langen/Bunte, Europäisches Kartellrecht, Art. 81 Rn. 9; *Gippini-Fournier/Mojzesowicz* in: Loewenheim/Meessen/Riesenkampff, Art. 81 Abs. 1 EG Rn. 57; *Nordemann* in: Loewenheim/Meessen/Riesenkampff, §1 GWB Rn. 26; *Rittner/Dreher*, Europäisches und deutsches Wirtschaftsrecht, § 15 Rn. 6; *Reichold*, Gegenmachtprinzip und

mer als bereits abhängig Beschäftigte für den Arbeitgeber auf dem Markt handeln, nicht aber, wenn Arbeitnehmer in Bezug auf ihr Arbeitsverhältnis zu den Arbeitgebern tätig werden. Insoweit bieten sie ihre Dienste auf dem Markt an, was nach herkömmlicher Definition eine wirtschaftliche Tätigkeit darstellt.[309] Auch soweit man diese Ansicht nicht teilt, kommt man aus rein kartellrechtlicher Sichtweise zu einer grundsätzlichen Bejahung der Anwendbarkeit auf tarifvertragliche Regelungen. Dies hat seinen Grund zum einen darin, dass man Gewerkschaften als Unternehmen qualifizieren kann, weil diese eine eigene wirtschaftliche Tätigkeit durch ihren Einfluss auf die wirtschaftliche Tätigkeit von Vertragspartnern ausüben.[310] Zum anderen kann auch die Übernahme des Verhandlungsergebnisses auf Arbeitgeberseite durch Arbeitgebervereinigungen einen kartellrechtlich relevanten Beschluss darstellen.[311] Beides erscheint jedoch im Vergleich zur Annahme des Unternehmensstatus von Arbeitnehmern im Verhältnis zu den Arbeitgebern gekünstelt.

Der EuGH lässt diese Frage offen und geht im Rahmen der kartellrechtlichen Beurteilung von Tarifverträgen in ständiger Rechtsprechung davon aus, dass es mit dem Abschluss von Tarifverträgen zwar notwendig zu gewissen den Wettbewerb beschränkenden Wirkungen komme. Jedoch können die Wettbewerbsregeln auf Vereinbarungen in Tarifverträgen keine Anwendung finden, wenn man nicht die primärvertraglichen sozialpolitischen Zielsetzungen (vgl. heute die Art. 151 ff. AEUV) gefährden wolle.[312] Dieser kartellrechtliche Ausnahmebereich kann jedoch

---

arbeitsrechtliche Kartellgarantie aus Art. 9 Abs. 3 GG in: Kartellrecht und Arbeitsmarkt, S. 55, 61; *GA Jacobs* in seinen Schlussanträgen in der Rs. C-67/96 (*Albany*), Slg. 1999, I-5751, Rn. 211 ff.

309 Ebenso: *Roth/Ackermann* in: Frankfurter Kommentar, Grundfragen Art. 81 Abs. 1 EG, Rn. 53 ff. und ausführlich *Kordel*, Arbeitsmarkt und Europäisches Kartellrecht, S. 32 ff.

310 *Bunte* in: Langen/Bunte, Europäisches Kartellrecht, Art. 81 Rn. 9; *Säcker/Herrmann* in: Münchener Kommentar zum Europäischen Wettbewerbsrecht, Einl. Rn. 1611; *Roth*, Tarifverträge aus kartellrechtlicher Sicht, in: Tarifautonomie und Kartellrecht, S. 7, 13 f. Dazu auch: *Roth/Ackermann* in: Frankfurter Kommentar, Grundfragen Art. 81 Abs. 1 EG, Rn. 57.

311 *Reichold*, Gegenmachtprinzip und arbeitsrechtliche Kartellgarantie aus Art. 9 Abs. 3 GG in: Kartellrecht und Arbeitsmarkt, S. 55, 64; *GA Jacobs* in seinen Schlussanträgen in der Rs. C-67/96 (*Albany*), Slg. 1999, I-5751, Rn. 237 ff.; *Nacken*, WuW 1988, 475, 484. Dies hätte die merkwürdige Folge, dass nur Tarifverträge, die mit mehreren Arbeitgebern abgeschlossen wurden, kartellrechtlich relevant wären, Haustarifverträge dagegen herausfallen würden. Gegen diese Konstruktion insgesamt *Bechtold*, RdA 1983, 99 mit dem Argument, dass der Tarifvertrag ein wirksamer Folgevertrag sei.

312 Vgl. grundlegend EuGH Rs. C-67/96 (*Albany*), Slg. 1999, I-5751, Rn. 54 ff. sowie EuGH verb. Rs. C-115/97 bis C-117/97 (*Brentjens*), Slg. 1999, I-6025, Rn. 51 ff.; EuGH Rs. C-219/97 (*Drijvende Bokken*), Slg. 1999, I-6121, Rn. 41 ff.; EuGH Rs. C-222/98 (*van de Woude*), Slg. 2000, I-7111, Rn. 22 ff.; EuGH Rs. C-437/09 (*AG2R Prévoyance*), WuW 2011, 529 ff., Rn. 29 (Dies gilt nach diesem Urteil sogar, wenn eine tarifvertraglich festgelegte Pflichtversicherung keine Befreiungsmöglichkeit vorsieht, vgl. Rn. 33 ff.). Auf die tarifvertragliche Problematik ging die Kommission in ihrer Entscheidung über tarifvertraglich festgelegte Öffnungszeiten irischer Banken 1986 noch nicht ein. Stattdessen

nur soweit gelten, als diese sozialpolitischen Zwecke in den Tarifverträgen tatsächlich verfolgt werden und die konkreten Vereinbarungen zur Erreichung dieser Zwecke erforderlich sind. Vereinbarungen, die außerhalb des Zwecks liegen, sind damit im Rahmen der Wettbewerbsregeln überprüfbar.[313] Dies wird teilweise in der Literatur dahingehend beurteilt, dass die mit dem Abschluss von Tarifverträgen verbundene Tarifautonomie eine tatbestandsimmanente Schranke des Kartellrechts sei.[314] Dies ist jedoch aus deutscher Sicht mit dem in der Beurteilung der Grundlagen und Grenzen der Tarifautonomie alles überragenden Art. 9 Abs. 3 GG insoweit missverständlich, als dass der Gerichtshof die fehlende Anwendbarkeit der Kartellrechtsregeln nicht mit einer grundrechtlichen Tarifautonomie begründet und auch die unionsgrundrechtlich geschützte Tarifautonomie aus Art. 12 Abs. 1, 28 GRC im Rahmen der bestehenden Schranken-Schranken durchaus einschränkbar ist. Dennoch geht es im Ergebnis natürlich um die Wahrung eines Bereichs, in dem die Tarifvertragsparteien Tarifverträge frei von einer Einmischung des Staates schließen können, was letztlich Inhalt des Begriffs „Tarifautonomie" ist.

Dass es einen solchen auch von wirtschaftsrechtlichen Anforderungen freien Bereich des Tarifrechts sinnvollerweise geben muss, ist auch im deutschen Kartellrecht einhelliges Ergebnis.[315] Andernfalls wäre die Tarifautonomie eine zumindest partiell leere Hülle. Über die Begründung dieses Ergebnisses ist dagegen vor allem in früherer Zeit gestritten worden. Während das Bundesarbeitsgericht wegen der grundrechtlichen Tarifautonomie eine deutliche Trennlinie zwischen Tarifverträgen

---

sei keine spürbare Wettbewerbsbeeinträchtigung gegeben, vgl. Entscheidung v. 18.10.1986, ABl. 1986 L 295/28 (*Irish Banks' Standing Committee*), Rn. 16.

313 Vgl. ähnlich auch schon *GA Jacobs* in seinen Schlussanträgen in der Rs. C-67/96 (*Albany*), Slg. 1999, I-5751, Rn. 190 ff.; *Mestmäcker/Schweitzer*, Europäisches Wettbewerbsrecht, § 8 Rn. 35. Der EuGH hat sich diesbezüglich noch nicht eindeutig geäußert, sondern hat im Gegenteil die differenzierten Ausführungen des *GA Jacobs* nicht übernommen, vgl. die Urteile des EuGH in den Rs. C-67/96 (*Albany*), Slg. 1999, I-5751, Rn. 60; verb. Rs. C-115/97 bis C-117/97 (*Brentjens*), Slg. 1999, I-6025, Rn. 57; Rs. C-219/97 (*Drijvende Bokken*), Slg. 1999, I-6121, Rn. 47. Dennoch kann wohl kaum Zweifel daran bestehen, dass auch der EuGH von einer kartellrechtlichen Überprüfbarkeit von Tarifvereinbarungen ausgeht, die nicht zumindest im Kern sozialpolitisch motiviert sind. Dies hat der EuGH in den ihm vorliegenden Fallgestaltungen jeweils bejaht. Ähnlich *Berg*, EuZW 2000, 170, der sogar davon ausgeht, dass der EuGH die Ausführungen des GA Jacobs konkretisiert habe. Kritisch ob der Weite der Ausführungen dennoch *Emmerich* in: Immenga/Mestmäcker, Europäisches Kartellrecht, Art. 81 Abs. 1 EGV Rn. 26.

314 *Roth/Ackermann* in: Frankfurter Kommentar, Art. 81 Abs. 1 EGV Rn. 59; *Säcker/Herrmann* in: Münchener Kommentar zum Europäischen Wettbewerbsrecht, Einl. Rn. 1610; *Kling/Thomas*, Kartellrecht, § 4 Rn. 13. Ebenso in diese Richtung plädierend: *Fischer*, EuZW 2002, 97.

315 Vgl. *Bunte* in: Langen/Bunte, Deutsches Kartellrecht, § 1 Rn. 35, sowie die Nachweise in den folgenden Fußnoten.

und den kartellrechtlichen Anforderungen des § 1 GWB zieht[316], ist vor allem das KG in der Beurteilung eines ähnlichen Sachverhalts der Begründung des Gerichtshofs nahe[317]. Die Literatur war dagegen vor allem früher – neben der Frage, ob der Arbeitsmarkt überhaupt vom damaligen Wortlaut des Gesetzes und der Intention des Gesetzgebers erfasst sei – von dem Streit beeinflusst, ob die Tarifvertragsbestimmungen generell aus dem Anwendungsbereich des Kartellrechts herausfallen[318], oder ob es zu einer Abwägung zwischen der tarifvertraglich sozialen Ziel- und der kartellrechtlichen Zwecksetzung in Fällen von Tarifverträgen mit marktbezogenen Regelungen kommen soll[319]. Vor allem die neuere Lehre scheint sich in der Begründung damit zu begnügen, dass das Tarifvertragsrecht den freien Abschluss von Tarifverträgen erlaube, und daher über das deutsche Kartellrecht auf den Inhalt kein Einfluss genommen werden kann[320], also letztlich eine Konfliktregelung auf Ebene des einfachen Rechts stattfindet.

Unabhängig von einzelnen Begründungssträngen ist es an dieser Stelle ausreichend festzustellen, dass letztlich alle Begründungen eines kartellrechtlichen Ausnahmebereichs für Tarifverträge im Zugeständnis eines von wirtschaftsrechtlichen Zwängen freien Bereichs zur Förderungen der Arbeits- und Wirtschaftsbedingungen liegen. Damit wird aber zugleich klar, dass eine solche kartellrechtsfreie Zone nur dort zugestanden werden kann, wo die Koalitionen tatsächlich in diesem Sinne handeln.[321] Als entscheidend erweist sich daher, wo man die Grenze zieht, ab welcher die Tarifvertragsparteien nicht mehr zumindest im Kern sozialpolitisch tätig sind, sondern vielmehr auf das Marktgeschehen unmittelbar, und dann kartellrechtlich

---

316 Vgl. BAG NZA 1989, 969, 972 f. Ebenso ArbG Frankfurt a.M. WuW/E VG 345 f. mit dem Hinweis, dass der Arbeitsmarkt in sozialpolitischer Hinsicht nur funktioniere, wenn zumindest auf Arbeitnehmerseite eine Vereinigung auftritt (vgl. hierzu auch *Roth*, Tarifverträge aus kartellrechtlicher Sicht, in: Tarifautonomie und Kartellrecht, S. 7, 9 f.), und ArbG Berlin, WuW/E VG 346.

317 Vgl. KG NZA 1991, 24 f.

318 *Nordemann* in: Loewenheim/Meessen/Riesenkampff, §1 GWB Rn. 27 und Rn. 193; *Bechtold*, RdA 1983, 99, 100; *Reichold*, Gegenmachtprinzip und arbeitsrechtliche Kartellgarantie aus Art. 9 Abs. 3 GG in: Kartellrecht und Arbeitsmarkt, S. 55, 69 ff.; *Roth*, Tarifverträge aus kartellrechtlicher Sicht, in: Tarifautonomie und Kartellrecht, S. 7, 9 f., 19; Ebenso im Ansatz *Scholz* in: FS für F. Rittner (1991), 629, 631 f., der aber im weiteren Verlauf auf Ebene des Verfassungsrechts von einer Abwägungsentscheidung zwischen Tarifautonomie und Wettbewerbsfreiheit ausgeht, vgl. S. 644 ff.

319 *Immenga*, Grenzen des kartellrechtlichen Ausnahmebereichs Arbeitsmarkt, S. 18 ff., insbes. S. 27; *Hendriks*, ZHR 141 (1977), 1, 11 ff.; *Kulka*, RdA 1988, 336, 343; *Nacken*, WuW 1988, 475, 486.

320 *Zimmer* in: Immenga/Mestmäcker, GWB, § 1 Rn. 193; *Nordemann* in: Loewenheim/Meessen/Riesenkampff, §1 GWB Rn. 193; *Säcker* in: Münchener Kommentar GWB, § 1 Rn. 40.

321 KG NZA 1991, 24, 25; *Bunte* in: Langen/Bunte, Deutsches Kartellrecht, § 1 Rn. 35; *Säcker/Herrmann* in: Münchener Kommentar zum Europäischen Wettbewerbsrecht, Einl. Rn. 1610 f.; *Bechtold*, RdA 1983, 99, 100; *Fleischer*, DB 2000, 821, 824.

relevant, Einfluss nehmen. Dies ist aufgrund der Janusköpfigkeit einzelner tarifvertraglicher Regelungen[322] oftmals eine Abwägungsfrage, in welche auch die Zwecke des Tarifvertrags- und des Kartellrechts mit einzubeziehen sind.[323] Insoweit relativiert sich die für das nationale Recht dargestellte Streitfrage insofern, als sie sich letztlich als Frage der Sphärenabgrenzung von Kernbereichen der Tarifautonomie einerseits und marktbezogenen Regelungen mit den Anforderungen des allgemeinen Wirtschafts- und Wettbewerbsrechts andererseits erweist.

dd) Tätigkeiten auf sozialem Gebiet

Eine Bereichsausnahme kann auch für Tätigkeiten mit primär sozialem Charakter in Betracht kommen. Gerade auf diesem Gebiet hat sich zwischen der deutschen Rechtsprechung und dem EuGH eine vermeintliche Divergenz aufgetan. Der EuGH geht in seiner Rechtsprechung davon aus, dass Sozialversicherungsträger dann keine Unternehmen im Sinne des Kartellrechts seien, wenn diese Tätigkeiten aufgrund bloßer Gesetzesanwendung ausführen, die auf dem Grundsatz eines Solidarausgleiches ohne Gewinnerzielungsabsicht beruhen und ausschließlich sozialer Natur sind.[324] Dementsprechend wurden die deutschen Krankenkassen bei der Festlegung von Arzneimittelfestpreisen nicht als Unternehmen im Sinne des Kartellrechts angesehen. Entscheidend sei, ob die Tätigkeit einen ausschließlichen Zweck innerhalb des sozialen Systems habe, oder ob es sich um eine Tätigkeit mit wirtschaftlichem Zweck handle. Letzteres wurde vom EuGH in Bezug auf die in Frage stehende Tätigkeit der Krankenkassen verneint.[325]

Wichtig ist in diesem Zusammenhang die Erkenntnis, dass die Begründung eines solchen Ausnahmebereichs nicht auf der bloßen Verfolgung sozialer Zwecke fußt. [326] So hat auch der Gerichtshof Versicherungssysteme, die einem sozialen Zweck

322 *Kulka*, RdA 1988, 336, 343 f.; *Nacken*, WuW 1988, 475, 479 f.

323 *Immenga*, Grenzen des kartellrechtlichen Ausnahmebereichs Arbeitsmarkt, S. 30; Vgl. zu einzelnen Aspekten auch *Hendriks*, ZHR 141 (1977), 1, 11 ff. (Streikhilfeabkommen) und *Kulka*, RdA 1988, 336, 345 (tägliche Arbeitszeit).

324 Grundlegend: EuGH verb. Rs. C-159/91 und C-160/91 (*Poucet und Pistre*), Slg. 1993, I-637, Rn. 15 und 18; Bestätigt u.a. durch EuGH Rs. C-218/00 (*Cisal*), Slg. 2000, I-691, Rn. 38 ff.; EuGH Rs. C-350/07 (*Kattner Stahlbau*), Slg. 2009, I-1513, Rn. 43; EuGH Rs. C-437/09 (*AG2R Prévoyance*), WuW 2011, 529 ff., Rn. 47 ff. Dem Gerichtshof folgend: LG Mannheim, WuW/E DE-R 2988, 2996 f.

325 EuGH verb. Rs. C-264/01 u.a. (*AOK-Bundesverband*), Slg. 2004, I-2493, Rn. 45 ff., insbes. Rn. 58 ff. Davor bereits unter Anwendung der Grundsätze der bis dahin entschiedenen Rechtssachen: *Neumann*, NZS 2002, 561, 565. Ebenfalls zustimmend: *Nordemann* in: Loewenheim/Meessen/Riesenkampff, § 1 GWB Rn. 35. Zu kritischen Anmerkungen siehe unten in Fn. 333.

326 So ausdrücklich EuGH Rs. C-218/00 (*Cisal*), Slg. 2000, I-691, Rn. 37; EuGH Rs. C-350/07 (*Kattner Stahlbau*), Slg. 2009, I-1513, Rn. 42; EuGH Rs. C-437/09 (*AG2R Prévoyance*), WuW 2011, 529 ff., Rn. 45; Ebenso *GA Jacobs* ausführlich in seinen Schlussanträgen in der Rs. C-67/96 (*Albany*), Slg. 1999, I-5751, Rn. 120 ff., sowie in seinen Schlussanträgen in der Rs. C-

dienen, als Unternehmen im Sinne des Kartellrechts eingestuft. Dies gilt zum einen für einen Rentenfonds mit Zwangsmitgliedschaft durch Angehörige freier Berufe zur Sicherung eines gewissen Rentenniveaus.[327] Gleichermaßen sind auf Betriebsrentenfonds mit Zwangsmitgliedschaft von Arbeitnehmern als Zusatz zu niedrigen Zahlungen der gesetzlichen Rente die Wettbewerbsregeln anwendbar[328] ebenso wie für auf Freiwilligkeit beruhende Rentenzusatzsysteme[329]. Ebenfalls als wirtschaftliche Tätigkeiten wurden Kranken- und Notfallfahrten eingestuft, so dass ihre Erbringer als Unternehmen anzusehen sind.[330]

Fraglich bleibt natürlich, worin dann die Begründung für die Herausnahme von Tätigkeiten mit sozialem Charakter besteht, wie sie der EuGH in der Rechtssache *Poucet und Pistre* vorgenommen hat. Entscheidend ist für den Gerichtshof insoweit, ob die Versicherungssysteme ihre Beiträge und Leistungen selber festsetzen und nach dem Kapitalisierungsprinzip wirtschaften, also die Höhe der Leistungen maßgeblich von der Höhe der Einzahlungen des Versicherten abhängen. Dann liegt eine wirtschaftliche Tätigkeit vor.[331] Anders liegt der Fall, wenn die Höhe der Beiträge und der Leistungen gesetzlich vorgeschrieben ist und das Solidarprinzip im Sinne einer Umverteilung der Beiträge auf die Leistungen der Versicherungen eingehalten wird. Dann liegt nach Auffassung des EuGH eine ausschließlich soziale Zweckverfolgung vor, so dass das Kartellrecht keine Anwendung findet.[332] Es zeigt sich also, dass der Ausnahmebereich der sozialen Tätigkeiten auch nach der Rechtsprechung des Gerichtshofs überaus klein ist und auf der besonderen Lage von Einzelfällen beruht. Im Übrigen kann statt des Merkmals sozialer Tätigkeit entscheidend auch alleine auf das Erfordernis der Tätigkeiten bloßer Gesetzesanwendung abgestellt werden. Eine Ausnahme vom Kartellrecht ergibt sich dann schon daraus, dass die Sozialversicherer keine oder kaum Freiheiten zur eigenständigen Marktätigkeit haben und stattdessen die Erfordernisse, die der Gesetzgeber aufstellt, bloß erfüllen und bei der Verwaltung der öffentlichen Aufgabe der sozialen

---

218/00 (*Cisal*), Slg. 2000, I-691, Rn. 46; *Roth/Ackermann* in: Frankfurter Kommentar, Grundfragen Art. 81 Abs. 1 EG Rn. 99; *Hänlein/Kruse*, NZS 2000, 165, 167.

327 EuGH verb. Rs. C-180/98 bis C-184/98 (*Pavlov*), Slg. 2000, I-6497, Rn. 70.

328 EuGH in den Rs. C-67/96 (*Albany*), Slg. 1999, I-5751, Rn. 84; verb. Rs. C-115/97 bis C-117/97 (*Brentjens*), Slg. 1999, I-6025, Rn. 84; Rs. C-219/97 (*Drijvende Bokken*), Slg. 1999, I-6121, Rn. 74.

329 EuGH Rs. C-244/94 (*Fédération française des sociétés d'assurance),* Slg. 1995, I-4013, Rn. 22.

330 EuGH Rs. C-475/99 (*Ambulanz Glöckner*), Slg. 2001, I-8089, Rn. 20 ff.

331 EuGH in den Rs. C-244/94 (*Fédération française des sociétés d'assurance),* Slg. 1995, I-4013, Rn. 17 ff.; Rs. C-67/96 (*Albany*), Slg. 1999, I-5751, Rn. 80 ff.; verb. Rs. C-115/97 bis C-117/97 (*Brentjens*), Slg. 1999, I-6025, Rn. 81 ff.; Rs. C-219/97 (*Drijvende Bokken*), Slg. 1999, I-6121, Rn. 71 ff.

332 EuGH verb. Rs. C-159/91 und C-160/91 (*Poucet und Pistre*), Slg. 1993, I-637, Rn. 19 f.; EuGH Rs. C-218/00 (*Cisal*), Slg. 2000, I-691, Rn. 38 ff.; EuG Rs. T-319/99 (*FENIN*), Slg. 2003, II-357, Rn. 39; EuGH verb. Rs. C-264/01 (*AOK-Bundesverband*), Slg. 2004, I-2493, Rn. 51 ff.; EuGH Rs. C-350/07 (*Kattner Stahlbau*), Slg. 2009, I-1513, Rn. 43; EuGH Rs. C-437/09 (*AG2R Prévoyance*), WuW 2011, 529 ff., Rn. 47 ff.

Sicherheit mitwirken.[333] Dies stellt letztlich keine freien, sondern – mit sozialen Gründen motivierten und dementsprechend solidarisch ausgestalteten – staatlich reglementierten Märkte dar, auf welchen das Wettbewerbsrecht keinen Wettbewerbsschutz gewähren kann. Nur auf diesen reglementierten Märkten lässt sich auch das Solidarprinzip sinnvoll durchführen.[334] Zudem wird hierdurch die auch

---

333 So ausdrücklich EuGH verb. Rs. C-159/91 und C-160/91 (*Poucet und Pistre*), Slg. 1993, I-637, Rn. 15 und 18; EuGH Rs. C-218/00 (*Cisal*), Slg. 2000, I-691, Rn. 43 f. Ebenso EuGH verb. Rs. C-264/01 u.a. (*AOK-Bundesverband*), Slg. 2004, I-2493, Rn. 51 ff. und Rn. 61 ff. Dass hier die eingeräumten Spielräume für die Krankenkassen – die konkrete Festlegung der Festbeiträge gemäß § 35 SGB V, die Festsetzung des inzwischen gesetzlich festgelegten Krankenbeitragssatzes sowie der Leistungen oberhalb des vorgeschriebenen Mindeststandards – auch nicht zu Wettbewerbssituationen führen sollen, erscheint dagegen durchaus zweifelhaft. So hat vorausgehend das OLG Düsseldorf eine wirtschaftliche Tätigkeit in der Festsetzung der Arzneimittelfestpreise bejaht, vgl. EuZW 1999, 188, 189 ff. Andererseits kann es auch nicht richtig sein, den Versicherern jeglichen Handlungsspielraum zu nehmen. So aber offenbar *Axer*, NZS 2002, 57, 62. Richtig erscheint die Zwischenstellung, die *GA Jacobs* in seinen Schlussanträgen einnimmt, indem er in Rn. 84 darauf abstellt, ob die Krankenkassen bei der Festlegung der Preise den ihnen gesetzlich eingeräumten Ermessenspielraum überschritten haben. Halten sie sich innerhalb dieses Spielraums, tragen in der Tat die Erwägungen des Gerichtshofs, wonach die Festlegung von Festpreisen zur Sicherstellung des Systems der sozialen Sicherheit vom Gesetzgeber vorgeschrieben ist, vgl. in diese Richtung auch EuGH Rs. C-350/07 (*Kattner Stahlbau*), Slg. 2009, I-1513, Rn. 61 ff. Ähnlich hinsichtlich des Abstellens auf Handlungsspielräume auch *Kersting/Faust*, WuW 2011, 6, 8 f. Dass die deutschen Krankenkassen generell keine Unternehmen darstellen sollen, kann dennoch angesichts der unterschiedlichen Leistungsangebote und der unterschiedlichen Höhe des Zusatzbeitrages bezweifelt werden, vgl. auch *Emmerich* in: Immenga/Mestmäcker, Europäisches Kartellrecht, Art. 81 Abs. 1 EGV, Rn. 28; *Hänlein/Kruse*, NZS 2000, 165, 168; *Gassner*, WuW 2004, 1028, 1032 f.; *Kersting/Faust*, WuW 2011, 6, 8 f. sowie die Ausführungen des *GA Jacobs* in Rn. 40 ff. Dies hängt aber maßgeblich davon ab, ob man wie der Gerichtshof auf das im Grundsatz solidarisch ausgerichtete Gesamtsystem, für das ein gewisser Wettbewerbsdruck zur effizienten Gestaltung der Sozialversicherung durchaus sinnvoll erscheint, vgl. auch BVerfG, NVwZ 2006, 559, 569 und BSG, NZS 2003, 537, 543 f., oder aber ob man auf die tatsächliche Konkurrenzsituation der Krankenkassen untereinander abstellt. Generell kann eine Einführung weiterer Wettbewerbselemente dazu führen, dass der Unternehmensbegriff wegen der damit verbundenen größeren Spielräume der Krankenkassen auch nach der Rechtsprechung des Gerichtshofs bejaht werden kann, vgl. auch *Koenig/Engelmann*, EuZW 2004, 682, 685.

334 Vgl. auch die Ausführungen des *GA Jacobs* in seinen Schlussanträgen in der Rs. C-218/00 (*Cisal*), Slg. 2000, I-691, Rn. 56, 62, 67 sowie in den verb. Rs. C-264/01 u.a. (*AOK-Bundesverband*), Slg. 2004, I-2493, Rn. 32 ff. Er zieht daraus den Schluss, dass kein Unternehmen vorliege, wenn das entsprechende Versicherungssystem so nicht von privaten Versicherern betrieben werden könne. Der EuGH sieht die Erfordernisse eines Solidarsystems und der staatlichen Aufsicht dagegen als gleichwertige kumulative Voraussetzungen an, vgl. EuGH Rs. C-218/00 (*Cisal*), Slg. 2000, I-691, Rn. 38 ff. und 43 ff.; EuGH Rs. C-350/07 (*Kattner Stahlbau*), Slg. 2009, I-1513, Rn. 43; EuGH Rs. C-437/09 (*AG2R Prévoyance*), WuW 2011, 529 ff., Rn. 46.

vom EuGH ins Feld geworfene[335], den Mitgliedstaaten zustehende Befugnis zur Ausgestaltung der sozialen Sicherungssysteme gewährleistet.

Unter dieser Prämisse erweist sich der Graben zwischen EuGH und BGH in diesem Punkt als nicht so tief. Denn auch der BGH und ihm folgend die deutsche Rechtsprechung geht nicht von einer generellen Bereichsausnahme für sozial motivierte Wirtschaftstätigkeiten aus. Dies gilt zum einen im Bereich der Daseinsvorsorge öffentlich-rechtlicher Gebietskörperschaften[336] und des öffentlichen Versorgungsauftrages von Krankenhäusern[337] als auch für die Tätigkeit von Sozialversicherungsträgern zumindest soweit sie privatrechtliche Verträge abschließen[338]. Werden sie dagegen in Erfüllung schlicht öffentlich-rechtlicher Aufgaben tätig, stellen sie nicht Unternehmen im Sinne des Kartellrechts dar.[339] Insofern liegt die Leitlinie der deutschen Rechtsprechung grundsätzlich auf einer Linie mit jener des EuGH, wenngleich es natürlich aufgrund der Zwitterstellung[340] der Sozialversicherungsträger zu argumentativen Abweichungen im Einzelfall kommt. Für die Krankenkassen hat sich die Problemstellung seit Einführung des § 69 Abs. 2 S. 1 SGB V n.F. (§ 69 S. 2 SGB V a.F.) zudem verlagert. Demnach sind insbesondere die §§ 1–3[341] und 19–21 GWB auf die Rechtsverhältnisse zwischen Krankenkassen

---

335 Grundlegend: EuGH Rs. C 238/82 (*Duphar*), Slg. 1984, 523, Rn. 16 sowie EuGH Rs. C-218/00 (*Cisal*), Slg. 2000, I-691, Rn. 31; EuGH Rs. C-350/07 (*Kattner Stahlbau*), Slg. 2009, I-1513, Rn. 37, je m.w.N.

336 BGH WuW/E BGH 1661, 1663 (*Berliner Musikschule*); BGHZ 152, 347, 351 f. (*Feuerlöschzüge*).

337 BGHZ 175, 333, 337 f. (*Kreiskrankenhaus Bad Neustadt*) und vorgehend OLG Düsseldorf, WuW/E DE-R 1958, 1962 ff.

338 BGHZ 36, 91, 102 f. (*Gummistrümpfe*); BGHZ 64, 232, 234 f. (*Krankenzusatzversicherung*); BGHZ 66, 229, 237; BGH NJW 1976, 2302, 2303 (*Augenoptiker*); BGHZ 101, 72 , 80 f. (*Krankentransporte*); BGHZ 114, 218, 230 (*Einzelkostenerstattung*); BGH WuW/E BGH 2603, 2605 (*Neugeborenentransporte*); BGH WuW/E BGH 2919, 2921 (*Orthopädisches Schuhwerk*); BGH, GRUR 1991, 938, 939 (*Physikalische therapeutische Behandlung*); OLG Stuttgart, WuW/E OLG 1740, 1741; OLG München WuW/E OLG 1823 f.; OLG Dresden, JR 2002, 282, 283 f. Diese Entscheidungen betreffen zumeist nachfragende Tätigkeiten der Sozialversicherungsträger, deren kartellrechtliche Betrachtung sich unter dem Eindruck des *FENIN*-Urteils des EuGH verschiebt, wenn man dessen Beurteilung zu Nachfragetätigkeiten übernimmt, vgl. hierzu schon oben in diesem Kapitel unter II. 2. b) bb).

339 BGH NJW 1964, 2208, 2209 (*Eu-med*); BGHZ 36, 91, 101 (*Gummistrümpfe*); *Emmerich/Rehbinder/Markert* in: Immenga/Mestmäcker, GWB, § 130 Rn. 33; Vgl. auch *Gaßner/Eggert*, NZS 2011, 249, 253, zur Beurteilung der gemeinsamen Ankündigung mehrerer Krankenkassen, Zusatzbeiträge erheben zu wollen.

340 *Emmerich/Rehbinder/Markert* in: Immenga/Mestmäcker, GWB, § 130 Rn. 22; *Emmerich*, JuS 2004, 712, 713. Vgl. auch GmS-OBG BGHZ 97, 312, 314 ff.

341 Der Verweis auf die §§ 1–3 GWB ist erst durch das Arzneimittelmarktneuordnungsgesetz, BGBl. 2010 I-2262, mit Wirkung zum 01.01.2011 in § 69 Abs. 2 S. 1 SGB V aufgenommen worden. Zudem wurden zu diesem Zeitpunkt auch die aus § 69 SGB V resultierenden

und den Leistungserbringern sowie den Krankenhäusern nur noch „entsprechend anwendbar". Ansonsten ist gemäß § 69 Abs. 1 SGB V ausschließlich das Sozialrecht für diese Rechtsbeziehungen maßgeblich. Dies wird, vor allem auch unter dem Eindruck der Begründung der Schaffung der Norm[342], dahingehend interpretiert, dass hiermit klargestellt sei, dass die Krankenkassen nicht als Unternehmen im Sinne des Kartellrechts anzusehen seien.[343] Dennoch kann in der über die Jahre immer weiter gefassten Anordnung einer entsprechenden Anwendung kartellrechtlicher Verhaltensanforderungen bis zum jetzigen Stand, in dem kein Minus zu einer direkten Anwendung des GWB mehr besteht[344], der Gedanke gesehen werden, dass die soziale Motivation der Tätigkeit nicht zu einer Ausnahme von kartellrechtlichen Anforderungen führen soll. Dies ist gerade deshalb sinnvoll, weil die gesetzlichen Krankenkassen mit einer erheblichen Marktmacht ausgestattet sind.[345] Ausnahmen gelten ausweislich § 69 Abs. 2 S. 2 und 3 SGB V dann, wenn die Vereinbarungen, Beschlüsse oder dergleichen in der Erfüllung einer gesetzlichen Pflicht bestehen, namentlich also im Gesetzesvollzug, womit auch im deutschen Recht für die Begründung des Ausnahmefalls an die gesetzliche Konzeption der Sozialversicherung angeknüpft wird.

Zusammenfassend ist daher festzustellen, dass weder das europäische noch das deutsche Kartellrecht eine Bereichsausnahme für sozialmotivierte wirtschaftliche Tätigkeiten allein aufgrund der sozialpolitischen Motivation der Tätigkeiten kennen, sondern sich vielmehr die Frage eines Ausnahmebereichs um die gesetzgeberische Ausgestaltung und Vorgabe von Sozialversicherungskonzepten dreht.

Streitigkeiten aufgrund kartellrechtlicher Verfahren den Zivilgerichten zugewiesen, vgl. § 51 Abs. 3 SGG.

342 BT-Drucks. 14/1245, S. 68: „Die Krankenkassen und ihre Verbände erfüllen in diesen Rechtsbeziehungen ihren öffentlich-rechtlichen Versorgungsauftrag und handeln deshalb nicht als Unternehmen im Sinne des Privatrechts, einschließlich des Wettbewerbs- und Kartellrechts."

343 *Roth/Ackermann* in: Frankfurter Kommentar, § 1 GWB Rn. 59 ff.; *Diekmann/Wildberger*, NZS 2004, 15 f. und 18 f.; a.A.: *Emmerich/Rehbinder/Markert* in: Immenga/Mestmäcker, GWB, § 130 Rn. 30 ff. Vgl. zu den damaligen Streitigkeiten über das richtige Verständnis von § 69 SGB V in der Fassung von 2000 die Darstellungen von *Emmerich/Rehbinder/Markert* in: Immenga/Mestmäcker, GWB, § 130 Rn. 28 ff.; *Stadler* in: Langen/Bunte, Deutsches Kartellrecht, § 130 Rn. 52, *Hoffmann*, WuW 2011, 472, 479.

344 *Hoffmann*, WuW 2011, 472, 481.

345 Begründung des Regierungsentwurfs zum Arzneimittelmarktneuordnungsgesetz, BT-Drucks. 17/2413, S. 26 f. Mit gleicher Motivation forderte bereits das Bundeskartellamt anlässlich des Gesetzes zur Weiterentwicklung der Organisationsstrukturen in der gesetzlichen Krankenversicherung die Streichung des § 69 SGB V, vgl. die Stellungnahme des Bundeskartellamts, abrufbar unter http://www.bundeskartellamt.de/wDeutsch/download/pdf/Stellungnahmen/080919_Stellungnahme_Bundeskartellamt_GKV-OrgWG_endg.pdf.

ee) Folgerungen

Aus dem Vorstehenden wird ersichtlich, dass vielfach bereits auf der Ebene der sachlichen Anwendbarkeit verschiedene Ausnahmen gemacht werden, die teils mit sozialen, teils mit privaten Gesichtspunkten begründet werden. All jenen Ausnahmen ist gemein, dass sie typisch wirtschaftliche Tätigkeiten aus zumeist wirtschaftsfremden Gründen aus dem Anwendungsbereich des Kartellrechts herausnehmen. Diese Gründe müssen freilich überragend sein, um der generellen Ausnahme eines Wirtschaftsbereichs aus dem Gebiet des Kartellrechts Genüge tun zu können. Denn das Kartellrecht hat die Aufgabe den Wettbewerb umfassend zu schützen, so dass grobmaschige Einschränkungen des Unternehmensbegriffs zu unerwünschten Lücken und Bereichsausnahmen bei der Anwendung des Kartellrechts führen können.[346] Eine allenfalls als Lösung mögliche feinmaschigere Fassung des Unternehmensbegriffs, in welchen die unterschiedlichen Ziele bereits bei der Anwendbarkeit gegeneinander abgewogen werden, begegnet Bedenken, da hierbei die Gefahr besteht, dass fast alle Fragen der Kartellrechtskonformität ineinander vermischt werden. Insofern ist einer Konzeption der Vorzug zu geben, die den Situationen des Einzelfalls erst auf Ebene einer Rechtfertigung eines Kartellrechtsverstoßes im Sinne einer Feinsteuerung gerecht wird.[347] Aus den dargestellten Fallgruppen ist dabei insbesondere der Ausnahmebereich der Tätigkeit im Rahmen von Sozialversicherungssystemen[348] in die Diskussion geraten, indem vielfach zu Recht vertreten wird, dass eine entsprechend weite Auslegung des Art. 106 Abs. 2 AEUV (entspricht Art. 86 Abs. 2 EGV a.F.) der bessere Weg gewesen wäre, den Besonderheiten in diesem Bereich Rechnung zu tragen.[349]

Fraglich ist aber dennoch, ob die Begründungen der genannten Ausnahmebereiche auf die Annahme einer Bereichsausnahme für Tätigkeiten von Idealvereinen übertragbar sind. Die speziellen Situationen der landwirtschaftlichen Produktion und des Zeitungs- und Verlagswesens sind dabei bereits auf den ersten Blick für eine generelle Übertragung nicht geeignet. Dagegen können die allgemeinen Rechtsgedanken, die hinter den anderen beiden angesprochenen Ausnahmebereichen stehen, für die Beurteilung eines Ausnahmebereichs Idealverein durchaus von Bedeutung sein. Diesen Bereichen ist nämlich gemein, dass ihre Handelnden unter den

---

346 *Bornkamm* in: FS für G. Hirsch (2008), 231.

347 Vgl. auch EuGH Rs. 45/85 (*Verband der Sachversicherer*), Slg. 1987, 405, Rn. 15.

348 Vgl. oben in diesem Kapitel unter II. 3. b) dd).

349 *Roth/Ackermann* in: Frankfurter Kommentar, Grundfragen Art. 81 Abs. 1 EG Rn. 102; *Kling/Thomas*, Kartellrecht, § 4 Fn. 37 zu Rn. 22; *Axer*, NZS 2002, 57, 61 ff.; *Hänlein/Kruse*, NZS 2000, 165, 172; *Gassner*, WuW 2004, 1028, 1038; *Kersting/Faust*, WuW 2011, 6, 9. So auch der EuGH in den Fällen, in denen er eine wirtschaftliche Tätigkeit von sozialpolitisch motivierten Handlungen und damit die Unternehmenseigenschaft im Einzelfall bejaht hat, vgl. z.B. EuGH Rs. C-67/96 (*Albany*), Slg. 1999, I-5751, Rn. 98 ff.; EuGH Rs. C-475/99 (*Ambulanz Glöckner*), Slg. 2001, I-8089, Rn. 51 ff.; EuGH Rs. C-437/09 (*AG2R Prévoyance*), WuW 2011, 529 ff., Rn. 73 ff.

Begriff der relativen Unternehmen gefasst werden können. Unter den relativen Unternehmen versteht man all jene Teilnehmer am Wirtschaftsverkehr, die im Gegensatz zu den absoluten Unternehmen neben wirtschaftlichen Tätigkeiten auch andere Akitivitäten nicht wirtschaftlicher Art ausüben.[350] Dabei können sich beide Tätigkeitsbereiche im Gesamtbild überschneiden. Der Vergleich mit dem Typus des hier zu untersuchenden Idealvereins liegt dann nicht mehr fern. Denn diese Vereine verfolgen typischerweise andere als wirtschaftliche Zwecke; sie sind vielmehr in einem sozialen und kulturellen Umfeld tätig. Dennoch ist damit oftmals ein wirtschaftlicher Annex verbunden. Die entscheidende Frage ist analog den dargestellten Fällen, wie man diesen Annex wertet: Führt er zur Anwendung der Wettbewerbsregeln, weil damit Vereine als Unternehmen angesehen werden? Oder aber setzt man den Schwerpunkt auf die eigentliche Tätigkeit der Vereine und lässt den wirtschaftlichen Aspekt außer Acht? Zur Beantwortung sind zwei Aspekte maßgeblich zu berücksichtigen.

(1) Zum einen ist zu prüfen, ob es eine übergeordnete rechtliche Verpflichtung gibt, Idealvereine nicht als Unternehmen anzusehen, auch wenn sie wirtschaftlich tätig werden. Eine solche könnte sich allenfalls aus dem Aspekt der grundrechtlich geschützten Vereinsautonomie ergeben. Hierzu lässt der Bereich der Tarifautonomie eine enge Verwandtschaft erkennen. Dies liegt nicht zuletzt daran, dass dieser Regelungsbereich zusammen mit der Vereinigungsfreiheit in Art. 9 GG bzw. Art. 11 EMRK und Art. 12 GRC angesprochen wird und Teil der allgemeinen Vereinigungsfreiheit ist. Zudem wird hier wie da der Begriff „Autonomie" verwendet und damit inhaltlich ein von staatlichen Einflüssen und Einschränkungen freier Spielraum zur eigenverantwortlichen Regelungsfindung garantiert.[351] Dieser Raum ist wie gezeigt jedoch beschränkt: Nicht jede Vereinbarung, die im Rahmen von Tarifverträgen ausgehandelt wird, ist vom Kartellrecht ausgenommen.[352] Insoweit ist der Ausnahmebereich für Tarifverträge auf einen Kernbereich der Tarifautonomie begrenzt. Innerhalb dieses Kernbereiches besteht zudem ein Unterschied zur allgemeinen Vereinsautonomie, der eine unbefangene Übernahme eines kartellrechtsfreien Raumes ausschließt. Die Tarifautonomie ist stark zweckgebunden auf Tätigkeiten zur Wahrung und Verbesserung der Wirtschafts- und Arbeitsbedingungen[353], Art. 9 Abs. 3 S. 1 GG, und erhält damit neben der Freiheitsfunktion eine

350 *Möschel*, Recht der Wettbewerbsbeschränkungen, Rn. 101 ff.; *Rittner/Dreher*, Europäisches und deutsches Wirtschaftsrecht, § 15 Rn. 8 ff.; *Kling/Thomas*, Kartellrecht, § 14 Rn. 6 f.

351 BVerfGE 44, 322, 340 f.; 50, 290, 367; 64, 208, 215; *Höfling* in: Sachs, Art. 9 Rn. 84; *Dieterich* in: Erfurter Kommentar, Art. 9 GG Rn. 51.

352 Vgl. hierzu z.B. die oben in diesem Kapitel unter II. 3. b) cc) angerissene Frage, inwieweit Vereinbarungen über Ladenöffnungszeiten unter die Anforderungen des Kartellrechts fallen.

353 BVerfGE 88, 103, 114; 103, 293, 304; *Jarass* in: Jarass/Pieroth, Art. 9 Rn. 38; *Pieroth/Schlink*, Grundrechte, Rn. 799 f.

sozialpolitische Prägung.[354] Die Erreichung dieses sozialpolitischen Zwecks kann aber weitestgehend nur mit der Bildung von Kartellen erreicht werden. Zum einen müssen sich Arbeitnehmer zur Erreichung einer den Arbeitgebern gleichwertigen Verhandlungsstärke zusammenschließen[355], was insofern umgekehrt auch für die Arbeitgeber gilt. Zum anderen sind die aus den Verhandlungen resultierenden Vereinbarungen Folge dieser Zusammenschlüsse und, soweit sie der Wahrung und Förderung Arbeits- und Wirtschaftsbedingungen dienen, grundgesetzlich sogar gewollt. Diese spezielle Situation lässt sich auf die allgemein gehaltene Vereinsautonomie nicht generell übertragen.

Über diese grundrechtlich abgesicherte, sozialpolitisch motivierte Begründung hinaus existiert zudem keine allgemeine generelle grundrechtliche Verpflichtung, Tätigkeiten mit Bezug zur Vereinsautonomie von den Anforderungen des Kartellrechts zu befreien.[356] Denn die Vereinsautonomie stellt keine absolut vor dem Kartellrecht geschützte Sphäre dar[357], so dass selbst auf Ebene der *ersten und zweiten Stufe* vereinsautonomer Sachverhaltskonstellationen keine generelle Bereichsausnahme durch die Vereinsautonomie zu fordern ist. Natürlich ist die allgemeine Schranken-Schranke der Wahrung des Wesensgehalts, Art. 19 Abs. 2 GG bzw. Art. 52 Abs. 1 GRC, zu beachten, in den das Kartellrecht nicht eingreifen darf. Diese Fälle betreffen den Kernbereich der Vereinsautonomie im Sinne der oben genannten ersten Stufe der hier vertretenen Stufen-Theorie. Auf deren kartellrechtliche Einordnung wird noch zurückzukommen sein.

(2) Kommt man nicht zu einer dem Kartellrecht generellen übergeordneten rechtlichen Verpflichtung, eine Bereichsausnahme zu schaffen, sind teleologische Gesichtspunkte als zweiter Aspekt heranzuziehen. Dabei ist wie gezeigt bei der Annahme von Bereichsausnahmen Zurückhaltung geboten, um die Zielsetzung des Wettbewerbsrechts nicht zu gefährden. Wenn aber selbst die soziale Motivation einer wirtschaftlichen Tätigkeit für sich gesehen nicht zu einem Ausnahmetatbestand führen kann, muss dies erst recht generell für die Tätigkeiten von Idealvereinen gelten. Denn die Bereiche mit sozialer Motivation sind durch einen gesamtgesellschaftlichen Nutzen geprägt, während die Tätigkeit von Idealvereinen jedoch oftmals nur zu einem Kollektivnutzen führt; ein Nutzen, der primär nicht über die Mitglieder von Vereinen und Verbänden hinausgeht und daher eher der Fallgruppe des privaten Handelns, wenn auch in kollektiver Form, ähnlich ist. Dem entspricht

---

354 *Scholz* in: HbStR VIII (2010), § 175, Rn. 11, 27; *ders.* in: Maunz/Dürig, Art. 9 Rn. 155, 158; *Dieterich* in: Erfurter Kommentar, Art. 9 GG Rn. 53.

355 BVerfGE 84, 212, 229; *Jarass* in: Jarass/Pieroth, Art. 9 Rn. 39; *Dieterich* in: Erfurter Kommentar, Art. 9 GG Rn. 19.

356 *Hannamann*, Kartellverbot und Verhaltenskoordinationen im Sport, S. 349; *Heermann*, ZWeR 2009, 472, 477; Ähnlich auch *Buch*, WuW 2005, 266, 267, der allerdings zu weitgehend jegliche vereinsrechtliche Normen den Anforderungen der allgemeinen Gesetze unterstellen will.

357 Vgl. hierzu ausführlich oben in diesem Kapitel unter Punkt I.

der Charakter der Vereinigungsfreiheit als zweckunabhängige Persönlichkeitsentfaltung im Kollektiv.[358] Für die freilich ebenfalls existierenden diversen gesellschaftlichen, kulturellen und auch sozialen vereinsspezifischen Tätigkeiten gilt, dass auch diese mit den dargelegten Erwägungen nicht alleine wegen ihrer der Gesamtgesellschaft zugutekommenden Motivation pauschal vom Kartellrecht ausgenommen sein können.

c) Diskussionen um eine generelle Bereichsausnahme für den Sport

Wie bereits erwähnt[359], besteht der Konflikt zwischen Selbstverwaltung auf gesellschaftlicher Basis und wirtschaftsrechtlichen Anforderungen gerade im Bereich des Sports und wird daher maßgeblich in diesem Teilbereich der Tätigkeit von Idealvereinen diskutiert. Deshalb soll an dieser Stelle der Bereich des Sports näher dargestellt werden.[360]

So ist für den Sport vorgetragen worden, dass sich dieser in erster Linie mit anderen als wirtschaftlichen Aspekten befasse und es selbst bei wirtschaftsrechtlichen Berührungspunkten nicht möglich sei, diese von den rein sportlichen Aspekten zu trennen.[361] Dass Sportligen tatsächlich vom Kartellrecht freigestellt sein können, wird rechtsvergleichend durch eine Entscheidung des Supreme Court der USA aus dem Jahr 1922 deutlich. Der Supreme Court stellte in diesem Verfahren den professionellen Baseballsport von den zentralen kartellrechtlichen Vorschriften frei. Allerdings geschah dies nicht mit einer Begründung aus sportlichen Aspekten, sondern aufgrund der Ansicht, dass es sich bei Baseballspielen um reine „*state affairs*" handle, auf die der Sherman Antitrust Act tatbestandlich keine Anwendung finde.[362] Selbst auf dieser Grundlage wurde diese Entscheidung jedoch zu Recht als zweifelhaft und in heutiger Zeit anachronistisch angesehen.[363]

Eine einseitige Konzentration auf die sportliche Zielsetzung der Tätigkeit von Sportvereinen und -verbänden wäre jedoch auch verfehlt. Denn für die Anwendbarkeit des Kartellrechts kann es nicht auf eine möglicherweise fehlende wirtschaft-

---

358 *Scholz* in: Maunz/Dürig, Art. 9 Rn. 34; *Bernsdorff* in: Meyer, Art. 12 Rn. 1.

359 Vgl. oben in der Einleitung sowie in diesem Kapitel unter II. 3. a).

360 Zum speziellen Fall des § 31 GWB a.F. siehe sogleich in diesem Kapitel unter II. 3. d).

361 So neben den Versuchen eine Parallele zu den Kulturbestimmungen aufzubauen und auf die Vereinigungsfreiheit abzustellen das Vorbringen vor allem der deutschen Regierung und der UEFA in der Rechtssache *Bosman*, vgl. EuGH Rs. C-415/93 (*Bosman*), Slg. 1995, I-4921, Rn. 71 f.

362 Federal Baseball Club of Baltimore v. National League of Professional Baseball Clubs, 259 U.S. 200 (1922).

363 *Hannamann*, Kartellverbot und Verhaltenskoordinationen im Sport, S. 356; *Blask*, Die Anwendbarkeit der Single-Entity-Theorie im professionellen Fußball, S. 66; *Fleischer*, WuW 1996, 473, 474; Selbst der Supreme Court selbst wollte in seiner Entscheidung *Flood v. Kuhn*, 407 U.S. 258 (1972), 282 ff., den Baseballsport dem Anti Trust-Recht unterstellen, sah sich aber aufgrund der Präjudizienbindung hieran gehindert.

liche Absicht der Vereine und Verbände im Gesamtkontext der sportlichen Betätigung ankommen, sondern alleine auf die wirtschaftlichen Auswirkungen.[364] Dass aber gerade großen Sportereignissen eine erhebliche wirtschaftliche Bedeutung zukommt, braucht heutzutage nicht mehr allzu ausführlich dargelegt werden.[365] Nur einige Zahlen zur Unterstreichung: Das Internationale Olympische Komitee, welches die Olympischen Spiele organisiert, hat seine Einnahmen von 2,63 Mrd. US-Dollar in der Olympia-Periode 1993–1996 beinahe verdoppelt auf 5,45 Mrd. US-Dollar im Zeitraum von 2005–2008. Je knapp zur Hälfte stammten die Einnahmen aus den Erlösen der Vergabe der Fernsehübertragungsrechte für die jeweils in diese Perioden fallenden Spiele.[366] Die Einnahmen des Weltfußballverbandes FIFA zur Fußball-Weltmeisterschaft 2006 in Deutschland betrugen 2,858 Mrd. CHF (entsprach zum damaligen Zeitpunkt rund 1,8 Mrd. €), davon entfielen fast 60 % auf Einnahmen durch die Vergabe der Fernsehrechte (1,66 Mrd. CHF, was zum damaligen Zeitpunkt rund 1 Mrd. € entsprach.).[367] Für die FIFA-Weltmeisterschaft 2010 ergaben sich sogar Einnahmen von über 3,6 Mrd. US-Dollar, verbunden mit einem Anstieg des Erlöses aus der Vergabe von Fernsehrechten auf ca. 2,4 Mrd. US-Dollar.[368] Im Hinblick auf die wirtschaftliche Bedeutung der Fußball-Bundesliga ergibt sich ein ähnliches Bild: Der Gesamtumsatz der 36 Profivereine in der Saison 2009/2010 lag bei über 2 Mrd. €. Alleine die Einnahmen der 1. Bundesliga aus der medialen Verwertung betrugen über 505 Mio. €, noch knapp übertroffen von den Erlösen aus Werbeeinnahmen mit fast 512 Mio. €. Selbst der Staat kann von den erheblichen wirtschaftlichen Tätigkeiten profitieren, denn die Lizenzvereine führten über 700 Mio. € an Steuern und Abgaben ab. Zudem erzeugt der Fußball in Deutschland laut einer Studie aus dem Jahr 2010 eine wirtschaftliche Wertschöpfung von 5,1 Mrd. €.[369] Bundesligamitglied und Rekordmeister FC Bayern München erwirtschaftete mit seiner in eine Aktiengesellschaft ausgegliederten Lizenzspielerabteilung im gleichen Zeitraum einen Umsatz von 312 Mio. €, wovon alleine 82,6 Mio. € auf Einnahmen aus Sponsoring und Vermarktung sowie 38,5 Mio. €

---

364 *Eichel*, EuR 2010, 685, 689.

365 Zur historischen Entwicklung der Sportvermarktung vgl. *Hannamann*, Kartellverbot und Verhaltenskoordinationen im Sport, S. 108 ff. m.w.N.

366 Zahlen aus dem IOC Marketing Fact File 2010, S. 6; erhältlich unter: http://www.olympic.org/Documents/IOC_Marketing/IOC_Marketing_Fact_File_2010r.pdf.

367 Zahlen aus dem FIFA Finanzbericht 2006, S. 19 f.; erhältlich unter: http://de.fifa.com/mm/document/affederation/administration/51/52/65/2006_fifa_ar_de_1768.pdf.

368 Zahlen aus dem FIFA Finanzbericht 2010, S. 37.; erhältlich unter: http://de.fifa.com/mm/document/affederation/administration/01/39/20/45/web%5ffifa%5ffr2010%5fger.pdf.

369 Alle Zahlen aus dem DFL Report 2011; erhältlich unter: http://static.bundesliga.de/media/native/autosync/dfl_bl_report_2011_fin_150dpi_deutsch.pdf.

aus TV- und Hörfunkvermarktung entfielen.[370] Insgesamt erwirtschaftete der Sport nach einer im März 2006 veröffentlichten Studie im Auftrag des österreichischen Bundeskanzleramts im Jahr 2003 einen Mehrwert von 407 Mrd. €, was damals 3,65 % der Wirtschaftskraft der Europäischen Union entsprach.[371] Schon diese Zahlen legen es nahe, welchen Einfluss der Sport auf die Wirtschaftsordnung hat, so dass die Rechtsordnung den Sport nicht ohne weiteres als wirtschaftsrechtlichen Freiraum ansehen kann[372].

Die Feststellung, dass Sportvereine in kommerzialisierten Wettbewerben und Sportarten eine wirtschaftliche Tätigkeit ausüben, hat das europäische Recht bereits seit den 1970er Jahren beschäftigt. Prägend hierfür sind die Ausführungen des EuGH aus dem Urteil in der Rechtssache *Walrave und Koch*. Hiernach unterfallen sportliche Betätigungen den wirtschaftsrechtlichen Anforderungen des Gemeinschaftsrechts – im Fall waren dies die Grundfreiheiten der Arbeitnehmerfreizügigkeit und der Dienstleistungsfreiheit – „[...] als sie einen Teil des Wirtschaftslebens im Sinne von Artikel 2 des Vertrages ausmachen." [373] Dem stellte das Gericht scharf die Aspekte rein sportlichen Interesses gegenüber, die nichts mit wirtschaftlicher Betätigung zu tun haben sollen.[374] Diese Unterscheidung ist übertragen auf das Kartellrecht der Sache nach dem funktionalen Unternehmensbegriff ähnlich. In der Rechtssache *Donà* verlässt der Gerichtshof jedoch diese im Grundsatz einfache Trennung bereits wieder, wenn er davon spricht, dass der Geltungsbereich der Grundfreiheiten durch Gründe beschränkt sei, die ausschließlich den Sport als solchen betreffen, wozu Regelungen der Nationalität bei Spielen von National-

---

370 Zahlen aus dem Jahresschlussbericht 2009/2010 der FC Bayern München AG; erhältlich unter: http://www.fcbayern.telekom.de/media/native/pressemitteilungen/finanzzahlen_2009_10.pdf. In der Saison 2010/2011 kam die FC Bayern München AG auf einen Gesamtumsatz von 290,9 Mio. €. Die Einnahmen aus den Punkten Sponsoring und Vermarktung sowie TV- und Hörfunkvermarktung blieben allerdings fast unverändert. Vgl. http://www.fcbayern.telekom.de/media/native/pressemitteilungen/finanzzahlen_2010_11.pdf. Der Umsatzrückgang ist damit maßgeblich auf die weniger gute sportliche Saison zurückzuführen.

371 Vgl. *Dimitrov/Helmenstein/Kleissner/Moser/Schindler*: Die makroökonomischen Effekte des Sports in Europa, Studie im Auftrag des Bundeskanzleramts, Sektion Sport; erhältlich unter: http://www.sportministerium.at/files/doc/Studien/MakroeffektedesSportsinEU_Finalkorrektur.pdf.

372 *Pfister* in: FS für W. Lorenz (1991), 171, 175; *Fritzweiler*, SpuRt 2011, 1; *Streinz*, SpuRt 1998, 89, 96, bezeichnet daher zu Recht die Verrechtlichung des Sports als Kehrseite seiner Kommerzialisierung.

373 EuGH Rs. 36/74 (*Walrave und Koch*), Slg. 1974, 1405, Rn. 4/10. Bestätigt u.a. in Rs. 13/76 (*Dona*), Slg. 1976, 1333, Rn. 12/13; Rs. C-415/93 (*Bosman*), Slg. 1995, I-4921, Rn. 73; Rs. C-51/96 und C-191/97 (*Deliège*), Slg. 2000, I-2549, Rn. 41 und Rs. C-176/96 (*Lehtonen*), Slg. 2000, I-2681, Rn. 32. Ebenso die Kommission, Entscheidungen v. 27.10.1992 (*Fußball-Weltmeisterschaft 1990*), ABl. 1992 L 326/31, Rn. 43; v. 23.07.2003 (*UEFA Champions League*), ABl. 2003 L 291/25, Rn. 105 ff.

374 EuGH Rs. 36/74 (*Walrave und Koch*), Slg. 1974, 1405, Rn. 4/10.

mannschaften gelten sollen.[375] Dabei dürfe die Einschränkung allerdings nicht weitergehen, als ihr sportlicher Zweck dies erfordere[376], was der Sache nach einer Verhältnismäßigkeitsprüfung im Rahmen der Anwendbarkeit gleichkommt.[377] Diese zuerst auf die Grundfreiheiten entwickelte Prüfung wurde später zunächst vom EuG[378] und danach im Ausgangspunkt vom Gerichtshof[379] für die Frage der Anwendbarkeit kartellrechtlicher Bestimmungen auf sportliche Regelungen übernommen.

Demgegenüber scheint der EuGH in neuerer Zeit eine solche Unterscheidung nicht mehr im Bereich der Anwendbarkeit des europäischen Wirtschaftsrechts treffen zu wollen. Bemerkenswert ist insoweit eine Aussage in der Entscheidung *Meca-Medina*, welche die weitere Entwicklung eingeleitet hat:

> „*Nach alledem führt der bloße Umstand, dass eine Regelung rein sportlichen Charakters ist, nicht dazu, dass derjenige, der die dieser Regelung unterliegende sportliche Tätigkeit ausübt, oder die Institution, die diese Regelung erlassen hat, nicht in den Geltungsbereich des EG-Vertrages* [jetzt Vertrag über die Arbeitsweise der Europäischen Union (AEUV); Anm. des Verfassers] *fällt.*“[380]

Der EuGH stellt damit nicht mehr auf die rein sportliche oder nicht sportliche Wirkung der Regelung, sondern auf den generellen wirtschaftlichen Charakter der fraglichen sportlichen Tätigkeit ab.[381] Damit scheint der Gerichtshof nunmehr von einer Ausweitung des Anwendungsbereichs hin zu einer generellen und damit normalen Anwendung des Wirtschaftsrechts auf den Bereich des Sports auszugehen.[382] Ganz besonders deutlich wird dies in der Entscheidung *MOTOE*, in welcher

---

375 EuGH Rs. 13/76 (*Donà*), Slg. 1976, 1333, Rn. 14/16.

376 EuGH Rs. 13/76 (*Donà*), Slg. 1976, 1333, Rn. 14/16; EuGH Rs. C-415/93 (*Bosman*), Slg. 1995, I-4921, Rn. 76; EuGH Rs. C-51/96 und C-191/97 (*Deliège*), Slg. 2000, I-2549, Rn. 43; EuGH Rs. C-176/96 (*Lehtonen*), Slg. 2000, I-2681, Rn. 34.

377 *Grätz*, Missbrauch der marktbeherrschenden Stellung durch Sportverbände, S. 61 ff.

378 Ausdrücklich: EuG Rs. T-313/02 (*Meca-Medina*), Slg. 2004, II-3291, Rn. 42. Außerdem: EuG Rs. T-193/02 (*Piau*), Slg. 2005, II-209, Rn. 73.

379 EuGH Rs. C-519/04 P (*Meca-Medina*) Slg. 2006, I-6991, Rn. 26; EuGH Rs. C-49/07 (*MOTOE*), Slg. 2008, I-4863, Rn. 22. Demgegenüber musste der Gerichtshof in den vorhergehenden sportbezogen Urteilen zur Anwendbarkeit des Kartellrechts keine weiteren Ausführungen machen, da die Entscheidungen entweder auf Basis der Grundfreiheiten vollständig getroffen werden konnten, vgl. EuGH Rs. C-415/93 (*Bosman*), Slg. 1995, I-4921, Rn. 138, oder die Anrufung des Gerichtshofs bezüglich der Wettbewerbsregeln schon unzulässig war, EuGH Rs. C-51/96 und C-191/97 (*Deliège*), Slg. 2000, I-2549, Rn. 36; EuGH Rs. C-176/96 (*Lehtonen*), Slg. 2000, I-2681, Rn. 28.

380 EuGH Rs. C-519/04 P (*Meca-Medina*) Slg. 2006, I-6991, Rn. 27.

381 EuGH Rs. C-519/04 P (*Meca-Medina*) Slg. 2006, I-6991, Rn. 28.

382 So deuten auch *Grätz*, Missbrauch der marktbeherrschenden Stellung durch Sportverbände, S. 75; *Heermann*, WuW 2009, 394, 399 (anders noch *ders.* in CaS 2006, 345, 356 ff., wo *Heermann* unter dem Eindruck des *Meca-Medina*-Urteils mögliche Bereichsausnahmen rein

der Gerichtshof konstatiert, dass die Verbindung einer wirtschaftlichen Tätigkeit zum Sport nicht der Anwendung der Wettbewerbsregeln des Vertrages entgegenstehe.[383] Die in den Entscheidungen *Walrave und Koch* sowie *Dona* angesprochenen Ausnahmen im Bereich der Wettbewerbe von Nationalmannschaften sind daher nach der neuesten Auffassung des EuGH wohl – wenn auch nicht im Ergebnis[384], sondern nur im Bereich der Anwendbarkeit des Wirtschaftsrechts – anders zu beurteilen, da auch Wettbewerben von Nationalmannschaften generell enormes wirtschaftliches Potenzial innewohnt. Man denke in diesem Zusammenhang nur an die vielfältigen Vermarktungstätigkeiten der FIFA im Rahmen der Fußballweltmeisterschaften mit den soeben aufgezeigten Erlösen sowie an die Einflüsse der sportlichen Leistungen in diesen Spielen auf die individuellen Marktwerte und Vermarktungsmöglichkeiten der Spieler[385].

Mit der genannten Kehrtwende ist auch zu verstehen, warum der EuGH in der Entscheidung *Bernard*[386] auf eine Einordnung der streitgegenständlichen *Espoir*-Regel des französischen Fußballverbandes in eine Regel rein sportlichen Charakters oder eine solche mit wirtschaftlichen Auswirkungen unterlässt und sich vielmehr auf die Rechtfertigung[387] konzentriert.[388]

---

sportlicher Regelungen u.a. unter Verhältnismäßigkeitsgesichtspunkten sieht); *Emmerich*, JuS 2006, 1123, 1124 f. und *Eichel*, EuR 2010, 685, 688 die diesbezüglichen Ausführungen des Gerichtshofs.

383 EuGH Rs. C-49/07 (*MOTOE*), Slg. 2008, I-4863, Rn. 22.

384 Denn neben der Frage der Anwendbarkeit des Wirtschaftsrechts ergibt sich in der weiteren Prüfung noch die Frage der Rechtfertigung, in welcher die Vereinszwecksetzungen berücksichtigt werden können. So hat auch der EuGH in der Rs. C-519/04 P (*Meca-Medina*) Slg. 2006, I-6991, Rn. 45 f. die in Frage gestandenen Dopingregeln mit Blick auf die Zwecksetzung des Dopingverbots nicht weiter geprüft. Vgl. auch *Streinz*, SpuRt 1998, 89, 91, der die *Donà*-Kriterien bereits als Rechtfertigungsgrund bezeichnet.

385 Ebenso *Forsthoff* in: Grabitz/Hilf/Nettesheim, Art. 45 AEUV Rn. 88; *Mentzel*, Solidarität im professionellen Fußballsport versus europäisches Wettbewerbsrecht, S. 97; *Schürnbrand*, ZWeR 2005, 396, 399 f.; *Eichel*, EuR 2010, 685, 689; *Giebel*, WRP 2006, 857, 859. Vgl. auch Kommission, Entscheidung v. 27.10.1992 (*Fußball-Weltmeisterschaft 1990*), ABl. 1992 L 326/31, Rn. 44 ff. Vgl. nur die Einnahmen aus der FIFA-Weltmeisterschaft 2010 in Südafrika mit über 3,6 Mrd. US-Dollar, wovon 2,4 Mrd. US-Dollar aus der Vergabe von Fernsehrechten erlöst wurden, FIFA Finanzbericht 2010, S. 37.; erhältlich unter: http://de.fifa.com/mm/document/affederation/administration/01/39/20/45/web_fifa_fr2010_ger.pdf. A.A. dagegen *Kronberg*, Bindung von Sportverbänden an die Europäischen Grundfreiheiten, S. 33, mit dem bestreitbaren wertungsmäßigen Argument, dass hier der repräsentative Charakter dem wirtschaftlichen überwiegen solle.

386 EuGH Rs. C-325/08 (*Bernard*), Slg. 2010, I- 2177.

387 EuGH Rs. C-325/08 (*Bernard*), Slg. 2010, I- 2177, Rn. 38 ff.

388 *Eichel*, EuR 2010, 685, 688 f. deutet diese Entscheidung ebenso. Allenfalls könnte man daran denken, dass der EuGH die Frage der Anwendbarkeit deshalb weggelassen hat, da er sie als unproblematisch gegeben ansah. Dies wäre allerdings im Hinblick auf die Anforderungen an Urteilsbegründungen in rechtsstaatlicher Hinsicht bedenklich. Damit ist auch die von *Grätz*, Missbrauch der marktbeherrschenden Stellung durch Sportverbände, S:

Diese systematische Neueinordnung ist sinnvoll, wenn man bedenkt, dass bei der Frage der Anwendbarkeit des staatlichen wie auch des Gemeinschaftsrechts auf Vereinsmaßnahmen eine ähnliche Abwägungsentscheidung zu treffen ist, wie im Rahmen der Beurteilung der Rechtmäßigkeit von Vereinsmaßnahmen. In beiden Fällen geht es darum, mit Blick auf die grundrechtlich geschützte Vereinsautonomie nicht jede staatliche Wertvorstellung an die Stelle der Wertvorstellungen der Vereine zu setzen. Hierfür ist aber das feinjustierende Instrument der Rechtfertigungsebene der richtige Platz[389]. Daher ist hinsichtlich der jeweiligen Fragen der Anwendbarkeit der staatlichen Regelungen grundsätzlich von den allgemein geltenden Grundsätzen auszugehen. Dies bedeutet im Rahmen des Kartellrechts, dass die Begriffe des Unternehmens und der Unternehmensvereinigung auch im Bereich des Sports die dafür entscheidende Weichenstellung darstellen, ob eine sportliche Tätigkeit dem Wettbewerbsrecht unterfällt.

In der deutschen Rechtsprechung vollzog sich die Beurteilung der kartellrechtlichen Anwendbarkeit auf Sportvereine und -verbände in ganz ähnlicher Weise. Auch hier wurde seit jeher vor allem auf das Vorliegen des kartellrechtlichen Unternehmensbegriffs und damit des Vorliegens einer geschäftlichen Tätigkeit abgestellt.[390] Dies wird vor allem aus einer der ersten Entscheidungen des Bundeskartellamts im Bereich des Sports deutlich, in welcher dieses nur das Vorliegen der Unternehmenseigenschaft prüfte, ohne in irgendeiner Weise eine Ausnahme wegen sportlich-ideeller Tätigkeit auch nur anzusprechen.[391] Ist also eine wirtschaftliche Tätigkeit gegeben, kommt demgegenüber eine Beschränkung der Anwendbarkeit des Kartellrechts aus sportpolitischen Gründen nicht in Frage, wie auch der BGH mit Blick auf die Zielsetzung des Kartellrechts in seinem Beschluss zur Zentralvermarktung von Europapokalheimspielen überzeugend ausführt:

> *„Andernfalls würde das Ziel des Gesetzes weitgehend verfehlt werden, das darin besteht zu verhindern, daß die Marktverhältnisse durch Wettbewerbsbeschränkungen beeinflußt werden. Wenn es also in erster Linie um den Schutz des Wettbewerbs als Institution geht und mittelbar darum, die Handlungsfreiheit anderer Marktteilnehmer zu sichern […], kann die Verletzung dieser Ziele nicht dadurch gerechtfertigt werden, daß mit den auf diese Weise auf Kosten von*

---

74 und *Heermann*, WuW 2009, 394, 300, nach dem Urteil in der Rs. *Meca-Medina* festgestellte Aufgabe der *Konvergenzthese* in der Beurteilung im Rahmen der Grundfreiheiten und des Kartellrechts hinfällig, da beide Regelungsbereiche nunmehr wieder parallel laufen.

389 Zustimmend insbesondere *Eichel*, EuR 2010, 685, 689 und *Röthel*, EuZW 2000, 379.

390 BGH NJW 1987, 3007, 3008 (*Gekoppelter Kartenverkauf*); BGHZ 137, 297, 304 f. (*Europapokalheimspiele*); OLG München, SpuRt 2003, 199, 201; LG Dortmund, WuW/E DE-R 2610, 2611; LG Hannover, CaS 2008, 291, 293 f.

391 Vgl. BKartA WuW/E BKartA 357, 359 (*Berufsboxer*). Ebenso im Verfahren um die Ausrüstung der Fußballnationalmannschaft ausschließlich mit Schuhen der Marke adidas: KG WuW/E OLG 1429, 1431 (*Deutscher Fußball-Bund*).

Marktteilnehmern erzielten höheren Gewinnen sozial erwünschte Verhaltensweisen finanziert werden.'[692]

Im Ergebnis bleibt daher an dieser Stelle festzuhalten, dass eine ungeschriebene generelle Bereichsausnahme für den Sport aufgrund seiner großen wirtschaftlichen Auswirkungen weder für das nationale noch für das europäische Wettbewerbsrecht in Betracht kommt.[393]

d) Die Regelung des § 31 GWB a.F.

Die vorstehenden Erwägungen beschränken den Gesetzgeber freilich nicht darin, dem Sport einen eigenen ausdrücklich geregelten Ausnahmebereich zuzugestehen. So trat am 01.01.1999 mit § 31 GWB a.F. eine Regelung in Kraft, mit welcher die zentrale Vermarktung von Fernsehrechten bei satzungsgemäß durchgeführten Wettbewerben durch Sportverbände vom Verbot des § 1 GWB freigestellt wurde.[394] Die Einführung dieser teilweisen Bereichsausnahme war eine Reaktion auf den Beschluss des BGH, mit welchem die zentrale Fernsehrechtevermarktung von Heimspielen deutscher Fußballvereine im Europapokal durch den DFB als kartellrechtswidrig eingestuft wurde.[395] Da eine Übertragung dieser Grundsätze auf die

392 BGHZ 137, 297, 311 (*Europapokalheimspiele*).

393 Dies ist heute fast einhellige Ansicht, vgl. statt aller: *Roth/Ackermann* in: Frankfurter Kommentar, Sonderbereiche Sport, Rn. 5; *Bunte* in: Langen/Bunte, Deutsches Kartellrecht, Sonderbereich Sport, Rn. 3; *Hannamann*, Kartellverbot und Verhaltenskoordinationen im Sport, S 348 f.; *Blask*, Die Anwendbarkeit der Single-Entity-Theorie im professionellen Fußball, S. 60; *Mentzel*, Solidarität im professionellen Fußballsport versus europäisches Wettbewerbsrecht, S. 91; *Weihs*, Zentrale Vermarktung von Sportübertragungsrechten, S. 35 ff.; *Heß* in Heß/Dressler, Aktuelle Rechtsfragen des Sports, 1, 27; *Menzel*, Werbebeschränkungen im Sport, S. 105 f.; *Bergmann*, SpuRt 2009, 102, 103; *Fleischer*, WuW 1996, 473, 474; *Heermann*, WRP 2009, 285, 287; *Hellmann/Bruder*, EuZW 2006, 359, 360 f.; *Schwarze/Hetzel*, EuR 2005, 581, 586; *Schroeder*, WRP 2006, 1327, 1330; *Schürnbrand*, ZWeR 2005, 396, 397; *Streinz*, SpuRt 1998, 89, 92. Dagegen halten *Battis/Ingold/Kuhnert*, EuR 2010, 3, 22 f. eine Bereichsausnahme wegen angeblich unklarer europäischer Rechtsprechung weiterhin für möglich. A.A. zudem *Scholz/Aulehner*, SpuRt 1996, 44 f. und, zumindest für Zulassungsentscheidungen zu Sportveranstaltungen, *Schlosser* in: FS für A. Zeuner (1994), 467, 472.

394 In rechtsvergleichender Sicht ist zu bemerken, dass 1961 in den USA eine ähnliche Ausnahmeregelung mit dem *Sports Broadcasting Act*, 15 U.S.C. §§ 1291–1295, eingeführt wurde. Danach ist der gemeinschaftliche TV-Rechte-Verkauf durch die vier großen Profiligen American Football, Baseball, Basketball und Eishockey von den Anforderungen des Kartellrechts befreit. Dies gilt allerdings nur für das frei empfangbare Fernsehen sowie mit der Einschränkung, dass die Vereine bei der Vermarktung für Live-Übertragungen ihrer Spiele auf dem lokalen Markt selbst tätig werden dürfen, vgl. hierzu: *Heermann*, RabelsZ 67 (2003), 106, 118 f. m.w.N., *Mentzel*, Solidarität im professionellen Fußballsport versus europäisches Wettbewerbsrecht, S. 62 ff.; und *Tumbrägel*, Die Zentralvermarktung von Sportübertragungsrechten, S. 118 f.

395 BGHZ 137, 297 ff. (*Europapokalheimspiele*); Dem BGH zustimmend: *Heermann*, SpuRt 1999, 11, 12 f.; *Hoeren*, JR 1998, 332; *Waldhauser*, ZUM 1998, 129, 130.

Zentralvermarktung der Fernsehrechte der Fußball-Bundesliga befürchtet wurde, setzte sich der DFB für deren Herausnahme aus dem Regime des Kartellrechts ein, was der deutsche Gesetzgeber mit Einführung des § 31 GWB im Rahmen der 6. GWB-Novelle übernahm.[396] Begründet wurde dieses Vorgehen mit der sportpolitischen Funktion der Zentralvermarktung, einen Finanzausgleich zwischen erfolgreicheren und finanziell schwächeren Vereinen zur Erhaltung der sportlichen Chancengleichheit zu gewährleisten. Zudem sei damit die gesellschaftspolitische und soziale Funktion der Förderung des Amateur- und Jugendsports sichergestellt.[397] Angesprochen sind damit die besonderen Belange des Sports als sportspezifische Ausprägungen der Vereinsautonomie.

Diese sportspezifische Ausnahmeregelung wurde aber bereits im Zuge der 7. GWB-Novelle 2005 wieder gestrichen. Der Grund hierfür lag nicht etwa in einer veränderten Haltung zu sportpolitischen Ausnahmebereichen. Vielmehr erkannte man, dass unter Geltung von Art. 3 Abs. 2 S. 1 VO 1/2003 ein nationaler Alleingang nicht mehr möglich war, da das europäische Recht eine sportspezifische Ausnahme nicht kennt.[398] Denn die Vermarktung von Fernsehrechten publikumsattraktiver Sportwettbewerbe hat regelmäßig zwischenstaatliche Effekte, so dass die Anwendbarkeit europäischen Rechts grundsätzlich gegeben ist.[399] In der Literatur wurde deswegen schon seit Bekanntwerden der Pläne zur Schaffung des § 31 GWB a.F. die Vereinbarkeit mit Unionsrecht angezweifelt[400] und auf die wegen des Vorrangs des Europarechts bestehende Wirkungslosigkeit der Regelung hingewiesen[401]. Zudem wurde auch die Systemwidrigkeit der Norm in Zeiten schwindender Ausnahmebereiche angemahnt[402]. Bisweilen wird die Streichung des § 31 GWB a.F. mit

396 Vgl. *Bunte* in: Langen/Bunte, Deutsches Kartellrecht, Sonderbereich Sport, Rn. 8; *Glinke*, Paragraph 31 GWB, S. 22 ff.; *Weihs*, Zentrale Vermarktung von Sportübertragungsrechten, S. 194 ff.; *Heermann*, RabelsZ 67 (2003), 106, 127; *Schwarze/Hetzel*, EuR 2005, 581, 584 f.

397 Vgl. schon den Antrag des Landes Rheinland-Pfalz zur Einführung des Ausnahmebereichs, BR-Drucks. 852/2/97, und die Stellungnahme der Bundesregierung in der Begründung des Gesetzentwurfes zur 6. GWB-Novelle, BT-Drucks. 13/9720, S. 81.

398 Regierungsbegründung zur 7. GWB-Novelle, BT-Drucks. 15/3640, S. 32 f.

399 Vgl. hierzu schon unter E. II. 1. und *Bunte* in Langen/Bunte, Deutsches Kartellrecht, Sonderbereich Sport, Rn. 11.

400 So hat insbesondere die EU-Kommission erhebliche Bedenken an der Unionskonformität von § 31 GWB a.F. geäußert, vgl. hierzu die Ausführung der Monopolkommission im 12. Hauptgutachten, Rn. 101, BT-Drucks. 13/11291, S. 62; ebenso: *Schwarze/Hetzel*, EuR 2005, 581, 585 f.; *Mailänder* in: FS für K. Geiß (2000), 605, 611.

401 *Bunte* in: Langen/Bunte, Deutsches Kartellrecht, Sonderbereich Sport, Rn. 9; *Hannamann*, Kartellverbot und Verhaltenskoordinationen im Sport, S. 458 f.; *Blask*, Die Anwendbarkeit der Single-Entity-Theorie im professionellen Fußball, S. 98; *Mentzel*, Solidarität im professionellen Fußballsport versus europäisches Wettbewerbsrecht, S. 117; *Emmerich*, Kartellrecht, § 37 Rn. 17; *Heermann*, WuW 2009, 394, 405; *Jänich*, GRUR 1998, 438, 444; *Schroeder*, SpuRt 2006, 1; *Schürnbrand*, ZWeR 2005, 396, 411.

402 *Heermann*, SpuRt 1999, 11, 14; *Dreher* in: Schwerpunkte des Kartellrechts 1998, 111, 118; *Springer*, WRP 1998, 477, 486; *Hannamann*, Kartellverbot und Verhaltenskoordinationen im

Blick auf die in ihm enthaltenen gesellschafts-, sozial- und medienpolitischen Aspekte jedoch auch bedauert.[403]

Unabhängig von der berechtigten Kritik an diesem ehemaligen Ausnahmebereich ist die gesetzgeberische Tätigkeit, einen sportspezifischen Teilaspekt der Vereinsautonomie ausdrücklich aus dem Wettbewerbsrecht auszuklammern, aufgrund ihrer Einzigartigkeit bemerkenswert. Natürlich darf bezweifelt werden, dass der Gesetzgeber diese Begründung bei der Schaffung der Norm im Hinterkopf hatte. Vielmehr ist § 31 GWB a.F. auf die Lobbyarbeit insbesondere des DFB zurückzuführen.[404] Auch darf man guten Gewissens eine solche generelle Bereichsausnahme aus wirtschaftspolitischen Gründen als kritisch ansehen. Wie bereits aufgezeigt, hat sich der Sport zu einem nicht unerheblichen Wirtschaftsfaktor entwickelt, der es nicht per se erlaubt, ihn aus dem Geltungsbereich des Wettbewerbsrechts herauszunehmen. Vielmehr gibt es andere Wege, den Belangen des Sports und jenen des Wettbewerbsrechts gleichmäßig Geltung zu tragen.[405] Dies haben die späteren Verfahren vor der Kommission und dem Bundeskartellamt zur Zentralvermarktung gezeigt.[406]

Hier zeigt sich also erneut, dass eine Bereichsausnahme ein zu grobes Raster zur Beachtung der Besonderheiten des Sports im Besonderen und der Vereinsautonomie im Allgemeinen ist. Vielmehr muss auf einem anderen Weg eine Kollisionslösung gefunden werden.

e) Übertragung auf alle Idealvereine und Einbau der Drei-Stufen-Theorie

Nunmehr sind die vorgenannten Darlegungen zu möglichen Ausnahmebereichen im Rahmen des Kartellrechts auf die Tätigkeiten aller Idealvereine zu übernehmen. Dabei ist auch ein Einbau der hier vertretenen Drei-Stufen-Theorie vorzunehmen.

Eine generelle Bereichsausnahme für Idealvereine aufgrund der Verfolgung eines ideellen Zwecks wird in der Rechtsprechung nicht angenommen, ja, soweit ersichtlich, nicht einmal diskutiert. Dies erstaunt, wenn man bedenkt, dass im Bereich des

---

Sport, S. 456; *Weihs*, Zentrale Vermarktung von Sportübertragungsrechten, S. 202; *Immenga*, ZWeR 2008, 3, 17. Ebenso die Monopolkommission im 12. Hauptgutachten, Rn. 101, BT-Drucks. 13/11291, S. 62.

403 So *Kahlenberg/Haellmigk*, BB 2004, 389, 393, welche davon ausgehen, dass die Beibehaltung von § 31 GWB eine Signalwirkung für Fälle ohne Zwischenstaatlichkeitsbezug gewesen wäre. Freilich sind solche unionsrechtlich nicht relevanten Fallgestaltungen bei der Vermarktung von Sportereignissen sehr selten.

404 *Bechtold*, NJW 1998, 2769, 2770, beklagt das Versagen der Politik gegenüber den Einflussnahmen der Sportlobby und bezeichnet § 31 GWB a.F. als „Sündenfall Sport". Vgl. auch: *Heermann*, RabelsZ 67 (2003), 106, 127 f., *Mailänder* in: FS für K. Geiß (2000), 605, 617; *Schürnbrand*, ZWeR 2005, 396, 411.

405 So schon die Kritik der Monopolkommission im 12. Hauptgutachten, Rn. 101, BT-Drucks. 13/11291, S. 62.

406 Hierzu noch genauer sogleich im 5. Kapitel.

Sports die Diskussion einer sportlich-ideellen Zwecksetzung als Ausnahme vom allgemeinen Kartellrecht erst dann an Fahrt aufnahm, als der Sport in vielfacher Weise bereits kommerzialisiert und damit verwirtschaftlicht war; mit anderen Worten: der Einwand einer Ausnahme vom Kartellrecht gar nicht mehr erfolgreich sein konnte. Demgegenüber liegt der Einwand eines freien Bereichs der Entscheidungsfindung bei den sonstigen noch stärker ideell motivierten Vereinen eigentlich näher. Dennoch werden vielmehr die allgemeinen kartellrechtlichen Tatbestandsvoraussetzungen herangezogen:[407] Wenn eine wie auch immer geartete wirtschaftliche Tätigkeit vorliegt, können auch fehlende Gewinnerzielungsabsicht bzw. Gemeinnützigkeit[408] nichts an der Bejahung des Unternehmensbegriffs ändern, ebenso wenig wie die wirtschaftliche Verwertung wissenschaftlicher oder künstlerischer Tätigkeiten[409]. Dementsprechend wird die Anwendbarkeit des Kartellrechts nur dann verneint, wenn anerkannte kartellrechtliche Gründe hierfür bestehen. Beschränkt sich beispielsweise ein Verein auf die Wahrnehmung von Interessen von Verbrauchern, wird auch der Verein selbst nicht wirtschaftlich tätig und stellt damit kein Unternehmen im Sinne des Kartellrechts dar.[410]

---

407 *Rittner/Dreher*, Europäisches und deutsches Wirtschaftsrecht, § 15 Rn. 12; BGH WuW/E BGH 1726 (*Deutscher Landseer-Club*); OLG Frankfurt, Urteil v. 13.11.2007, Az.: 11 U 23/07, JURIS-Rn. 5.

408 EuGH Rs. C-41/90 (*Höfner und Elser*), Slg. 1991, I-1979, Rn. 21; EuGH verb. Rs. 209/78 u.a. (*van Landewyck*) Slg. 1980, 3125, Rn. 88; BGH WuW/E BGH 1142, 1143 (*Hamburger Volksbühne*); BGH WuW/E BGH 1726 (*Deutscher Landseer-Club*); OLG Düsseldorf, WuW/E OLG 2071, 2072 (*Düsseldorfer Volksbühne*); *Bunte* in: Langen/Bunte, Deutsches Kartellrecht, § 1 Rn. 26. So auch bereits die Kommission in der Entscheidung v. 29.10.1981 (*GVL*), ABl. 1981 L 370/49, Rn. 44; *Roth/Ackermann* in: Frankfurter Kommentar, Grundfragen Art. 81 Abs. 1 EG Rn. 40; *Zimmer* in: Immenga/Mestmäcker, GWB, § 1 Rn. 56; *Mestmäcker/Schweitzer*, Europäisches Wettbewerbsrecht, § 8 Rn. 16; *Emmerich*, Kartellrecht, § 20 Rn. 6; Vgl. auch *Jänich*, GRUR 1998, 438, 439, mit dem zutreffenden Hinweis, dass Gemeinnützigkeit von Verbänden keinen Ausnahmebereich vom Kartellrecht begründen kann, wenn schon die öffentliche Hand im Rahmen der Daseinsvorsorge dem GWB unterworfen ist.

409 EuGH Rs. 127/73 (*BRT II*), Slg. 1974, 313, Rn. 6/8 EuGH Rs. C-35/96 (*Kommission/Italien*), Slg. 1998, I-3851, Rn. 38; Entscheidung der Kommission v. 02.06.1971 (*Gema*), ABl. 1971 L 134/15, S. 21; BGH WuW/E BGH 1142, 1142 f. (*Hamburger Volksbühne*); BGH NJW-RR 1988, 1187, 1188; *Emmerich* in: Immenga/Mestmäcker, Europäisches Kartellrecht, Art. 81 Abs. 1 EGV Rn. 33; *Zimmer* in: Immenga/Mestmäcker, GWB, § 1 Rn. 68 ff.; *Bunte* in: Langen/Bunte, Deutsches Kartellrecht, § 1 Rn. 32; *Nordemann* in: Loewenheim/Meessen/Riesenkampff, § 1 GWB Rn. 30 ff.; *Mestmäcker/Schweitzer*, Europäisches Wettbewerbsrecht, § 8 Rn. 21; *Rittner/Dreher*, Europäisches und Deutsches Wirtschaftsrecht, § 15 Rn. 18; *Wiedemann* in: Handbuch des Kartellrechts, § 4 Rn. 9.

410 BGH WuW/E BGH 1919, 1923 (*Preisvergleich*); Gegengelagerte Fälle: BGH WuW/E BGH 1142, 1143 (*Hamburger Volksbühne*); OLG Frankfurt, Urteil v. 13.11.2007, Az.: 11 U 23/07, JURIS-Rn. 5; Vgl. auch *Nordemann* in: Loewenheim/Meessen/Riesenkampff, § 1 GWB, Rn. 23; *Bunte* in: Langen/Bunte, Deutsches Kartellrecht, § 1 Rn. 27; *Bechtold* in: Bechtold, § 1 Rn. 8.

Ansatzpunkt ist und bleibt der tätigkeitsbezogene Ansatzpunkt des funktionellen Unternehmensbegriffs des Kartellrechts sowohl im deutschen als auch im europäischen Recht. Daher ist auch die Unternehmenseigenschaft von Idealvereinen nicht generell, sondern immer bezogen auf die konkrete Tätigkeit festzustellen.[411] Dementsprechend erweist sich die bisweilen getroffene Aussage, dass der Amateursport dem Kartellrecht grundsätzlich nicht unterfallen würde[412], in dieser Pauschalität als irreführend. Zwar ist der organisierte Amateursport dem Typus der sonstigen Idealvereine näher als der kommerzialisierte Sport. Dennoch kann dies, wie bei den anderen Idealvereinen auch, nicht zu einer kartellrechtsfreien Zone führen, wenn Amateursportvereine sich im Einzelfall wirtschaftlich betätigen und damit den Unternehmensbegriff erfüllen.[413] Dies gilt umso mehr, als Sportverbände über den Begriff des Amateursports selbst disponieren können.[414]

Diese Beurteilung ist vor allem wegen des Zwecks des Kartellrechts, jegliche wirtschaftliche Betätigungsfelder zu erfassen, auch sachgerecht. Die Annahme von Bereichsausnahmen würde diesem Zweck zuwiderlaufen. Überdies würde der Unternehmensbegriff überfrachtet, wenn man in weiten Bereichen außerwirtschaftliche Gründe einfließen ließe und insbesondere die ideelle Zwecksetzung in jedem Einzelfall in ein Verhältnis zu einer wirtschaftlichen Betätigung setzen würde. Dies gilt umso mehr, als dass die Vereinsautonomie innerhalb der Grenzen der grundrechtlichen Wesensgehaltsgarantie verfassungsrechtlich zu keiner Bereichsausnahme nötigt. Kartellrechtliche Zielsetzungen haben sich vielmehr als zulässige Beschränkungsmöglichkeiten der Vereinigungsfreiheit dargestellt.[415]

Dies steht auch im Einklang mit den hier getroffenen Grundaussagen der Verhältnisse zwischen Vereinsautonomie und Außenverhältnis. Alleine die ideelle Zwecksetzung kann nicht dazu verwendet werden, nicht oder nur eingeschränkt justiziab-

---

411 *Tyrolt*, Sportschiedsgerichtsbarkeit, S. 186 f.

412 *Emmerich*, Kartellrecht, § 20 Rn. 8; *Forsthoff* in: Grabitz/Hilf/Nettesheim, Art. 45 AEUV Rn. 87.

413 So auch zu Recht: *Roth/Ackermann* in: Frankfurter Kommentar, Grundfragen Art. 81 Abs. 1 EG Rn. 68; *Zimmer* in: Immenga/Mestmäcker, GWB, § 1 Rn. 56; *Zinger*, Diskriminierungsverbote und Sportautonomie, S. 74 f.; *Gramlich*, Zum Aufnahmezwang nach § 20 Abs. 6 GWB, S. 103 f.; *Steinbeck*, WuW 1996, 91, 96. Dagegen nahm das OLG Frankfurt in zwei Entscheidungen, WuW/E OLG 2784 (*Aikido-Verband*) sowie WuW/E OLG 3752, 3753 (*Aikido-Bund II*), an, bei Amateursportverbänden stünde die Interessensvertretung im sportlichen Bereich im Vordergrund. Diese Aussage ist jedoch in dieser Pauschalität nicht richtig, indem sie die Voraussetzungen des funktionalen Unternehmensbegriffs, der auf die konkrete Tätigkeit bei relativen Unternehmen abstellt, verkennt.

414 EuGH verb. Rs. C-51/96 und C-191/97 (*Deliège*), Slg. 2000, I-2616, Rn. 46; *Grätz*, Missbrauch der marktbeherrschenden Stellung durch Sportverbände, S: 72; *Streinz*, SpuRt 2000, 221, 223.

415 Vgl. oben in diesem Kapitel unter I. 2. und 3.

le Rechtsbereiche zu begründen.[416] Vielmehr müssen in gleichem Maße die Außenwirkungen, wie kartellrechtlich die wirtschaftlichen Aspekte, mit berücksichtigt werden. Beispielhaft hierfür ist eine Entscheidung des Bundeskartellamtes, das im Jahr 1976 einen Fall zu beurteilen hatte, in welchem sich der Deutsche Bahnengolfverband weigerte, die Minigolfbahnen eines Unternehmens als turniergerecht anzuerkennen. Das Bundeskartellamt erkannte zwar sportlich-ideelle Aspekte im Erfordernis der Bahnzulassung, nahm aber eine gewerbliche Tätigkeit an, weil die Zulassung im Regelfall nur gegen Zahlung eines Entgelts erfolgte. Der Deutsche Bahnengolfverband wurde daher zu Recht als Unternehmen im Sinne des Kartellrechts angesehen.[417]

Für Vereinstätigkeiten auf der *ersten Stufe* der hier vorgeschlagenen Drei-Stufen-Theorie[418] gilt im Ergebnis dennoch, dass sie von den kartellrechtlichen Anforderungen ausgenommen sind. Dies ergibt sich allerdings nicht aus einer wertend aufgestellten ungeschriebenen Bereichsausnahme, sondern aufgrund tatbestandlicher Betrachtung des Unternehmensbegriffs. Mit Blick auf den Charakter der Tätigkeiten auf der ersten Stufe ist nämlich zu konstatieren, dass diese Vereinsmaßnahmen sich generell auf das vereinsinterne Innenverhältnis beschränken und daher keine wirtschaftlichen Auswirkungen im Außenverhältnis hervorrufen können.[419] Problematisch ist auf dieser Stufe allenfalls, ob auch jene Fälle erfasst werden, bei denen man in Extremfällen durchaus an eine irgendwie geartete wirtschaftliche Außenwirkung denken kann.[420] Einen Ansatz zur Lösung dieser Art Fälle bietet zum einen die Auffassung des Gerichtshofs, wonach Tätigkeiten mit wirtschaftlichem Bezug den unionsrechtlichen Regeln des Wirtschaftsrechts dann nicht unterstellt sind, wenn sie sich als völlig untergeordnet und unwesentlich darstellen.[421] Dahinter steht der richtige Gedanke, dass nicht jeder sich nur in Extremfällen gering wirtschaftlich auswirkender Sachverhalt den Anforderungen des Wirtschaftsrechts unterstellt sein soll. Hierunter fallen zumeist die Regelungen, die in der Diktion des Gerichtshofs im Bereich des Sports nur rein sportlichen Charakter

---

416 Siehe im 3. Kap. I. 3. und II. 2. Ebenso kritisch hinsichtlich des bloßen Abstellens auf subjektive Zwecksetzungen: *Grätz*, Missbrauch der marktbeherrschenden Stellung durch Sportverbände, S. 106.

417 Vgl. *BKartA*, Tätigkeitsbericht 1976, BT-Drucks. 8/704, S. 86. Freilich könnte man hier zur Begründung der Unternehmenseigenschaft ebenso wie im Fall des Brieftaubenzüchterverbandes darauf abstellen, dass die Zulassung einer Bahn als turniergerecht im Regelfall wirtschaftliche Vorteile des Bahninhabers bzw. -herstellers mit sich bringen wird und insoweit das Zulassungserfordernis zu Beschränkungen der wirtschaftlichen Entfaltungsmöglichkeiten des Herstellers und des Inhabers führen kann.

418 Vgl. hierzu ausführlich 3. Kap. II.

419 So auch *Schürnbrand*, ZWeR 2005, 396, 403, für Spielregeln im Sport wie Abseitsregel oder Spieldauer.

420 Vgl. hierzu die Ausführungen oben im 3. Kap. II. 3. a).

421 EuGH Rs. 53/81 (*Levin*), Slg. 1982, 1035, Rn. 17; EuGH Rs. 196/87 (*Steymann*), Slg. 1988, 6159, Rn. 13; EuGH verb. Rs. C-51/96 und C-191/97 (*Deliège*), Slg. 2000, I-2616, Rn. 54.

haben, wie Auf-/Abstiegsregelungen oder Fragen der Ausübung sportlicher Betätigung. Zu letzteren gehören auch Regeln, die z.B. bestimmen, dass nur eine bestimmte Anzahl an Spieler an einem Mannschaftssport pro Team teilnehmen kann. Zwar stellen sie eine Zugangsbeschränkung zum Spielermarkt dar. Allerdings muss berücksichtigt werden, dass die Einstufung in die erste Stufe sich hier dadurch rechtfertigt, dass es sich um einen Kernbereich der Vereinsautonomie handelt, da ein sportlicher Wettkampf ohne eine Regel, die bestimmt aus wie vielen Spielern eine Mannschaft besteht, nicht möglich ist. Diese und ähnliche Tätigkeiten erweisen sich daher als unabdingbar für die Zweckverwirklichung. Jenseits aller kartellrechtlichen Regelungen ist darin schon begrifflich keine wirtschaftliche Tätigkeit zu sehen. Es erscheint absurd, Regelungen, die alleine den Zweck haben, dass eine Sportart überhaupt ausgeübt werden kann, wie z.B. die Dauer des Wettkampfes, als Ausübung wirtschaftlicher Tätigkeit zu begreifen. Dem steht auch die kartellrechtliche Zielsetzung nicht entgegen. Denn ebenso wenig, wie es Aufgabe des Kartellrechts ist, jeden Vertragsschluss als Beschränkung der Wettbewerbsfreiheit zulasten der Privatautonomie zu überprüfen[422], kann es auch nicht Aufgabe des Kartellrechts sein, für die Vereinigungsfreiheit existenziell notwendige Satzungsbestimmungen den Anforderungen einer Kartellrechtsprüfung zu unterstellen. Das Kartellrecht muss sich auf seinen Zweck der Kontrolle des wirtschaftlichen Wettbewerbs beschränken[423] und darf nicht auf Sachverhalte überdehnt werden, die in geringfügigster Weise wirtschaftliche Auswirkungen haben, aber im Grunde Kernbereich der Ausübung ideeller Zwecksetzung sind. Die überkommene Frage nach der Beurteilung rein sportlicher Regelungen im Sinne der Schaffung einer Bereichsausnahme[424] erweist sich nach der hier vertretenen Auffassung daher im Grundsatz als normale kartellrechtliche Fragestellung.

Damit ist zugleich gesagt, dass die vereinsautonomen Sachverhalte der *zweiten und dritten Stufe* aufgrund ihrer Außenwirkung dem Anwendungsbereich des Kartellrechts unterfallen. Eine Beachtung von vereinsspezifischen Besonderheiten wird mit den dargelegten Gründen nicht auf Ebene der Anwendbarkeit, sondern auf anderen, feinmaschigeren Ebenen mit entsprechenden Abwägungsmöglichkeiten stattzufinden haben. Dies wird sogleich dargestellt werden.

4. Zusammenfassung

Zusammenfassend kann folgendes festgehalten werden: Vereine unterfallen dem Kartellrecht, soweit sie als Unternehmen im Sinne des Kartellrechts qualifiziert werden können, d.h. eine wirtschaftliche Betätigung ausüben. Insofern gelten keine

422 *Rittner/Dreher*, Europäisches und deutsches Wirtschaftsrecht, § 16 Rn. 60; *Fritzsche*, ZHR 160 (1996), 31, 55.

423 Vgl. auch *Adolphsen*, Internationale Dopingstrafen, S. 161 f., der für den sportlichen Wettbewerb konstatiert, dass die Regeln des wirtschaftlichen Wettbewerbs nicht dazu dienen dürften, den rein sportlichen Wettbewerb zu regulieren.

424 Vgl. *Heermann*, WuW 2009, 394, 399.

anderen Anforderungen wie bei anderen Rechtssubjekten, insbesondere bei anderen relativen Unternehmen im Rahmen des geltenden funktionalen Unternehmensbegriffs, auch. Dennoch führen bloße ideelle, kulturelle, soziale oder sportliche Betätigungen ohne wirtschaftlichen Aspekt (vereinsautonome Sachverhalte der *ersten Stufe*) nicht zu einer Einordnung als Unternehmen. Dies ergibt sich allerdings nicht aus der Schaffung einer Bereichsausnahme, sondern aus der Subsumtion unter den kartellrechtlichen Begriff des Unternehmens in Verbindung mit der Qualifizierung der Vereinstätigkeit als solche mit bloßer Innenwirkung. Diese kann tatsächlich bestehen oder aber mit Blick auf den Kernbereich der Vereinsautonomie normativ gegeben sein. Bei Sachverhalten mit wirtschaftlichen Aspekten (vereinsautonome Sachverhalte der *zweiten und dritten Stufe*) sind Vereine wegen ihrer wirtschaftlichen Tätigkeit dagegen als Unternehmen im Sinne des Kartellrechts anzusehen. Eine Bereichsausnahme für Sachverhalte, die im Rahmen der Stufentheorie auf der *zweiten Stufe* anzusiedeln sind, ist abzulehnen, da die grundrechtlich geschützte Vereinsautonomie nicht zu derartigen Einschränkungen des Kartellrechts per se zwingt und Bereichsausnahmen im Kartellrecht aufgrund der damit einhergehenden Schaffung grobmaschiger Beurteilungslücken problematisch sind. Dies zeigen auch die bestehenden Bereichsausnahmen, die sich auf Spezialfälle beschränken und daher in ihrer Begründung nicht auf ideelle Tätigkeiten übernommen werden können. Für Tätigkeiten der *dritten Stufe* ergibt sich dies neben diesem Gesichtspunkt auch daraus, dass hier die Vereinsautonomie nicht den primären Maßstab des Vereinshandelns darstellt.[425]

425 Vgl. 3. Kap. II. 5.

5. Kapitel: Die einzelnen Kartellrechtstatbestände im Lichte der Vereinsautonomie

Nachdem aufgezeigt wurde, dass das Kartellrecht mit Ausnahme der Vereinstätigkeiten der *ersten Stufe* auf das Handeln der Idealvereine anwendbar ist und eine Bereichsausnahme aus vereinsautonomen, ideellen Gründen nicht in Betracht kommt, sollen nunmehr einzelne Kartellrechtstatbestände auf ihre Sachgerechtigkeit mit Vereinstätigkeiten der *zweiten und dritten Stufe* der hier vertretenen Theorie untersucht werden.

I. Fallgruppe des Kartellverbots, Art. 101 AEUV und § 1 GWB

Erster Maßstab hierfür sind die Kartellverbote der Art. 101 AEUV und § 1 GWB. Da § 1 GWB seit der 7. GWB-Novelle nach europarechtlichem Muster ausgeformt ist[1], soll an dieser Stelle vor allem eine Darstellung anhand europarechtlicher Maßstäbe stattfinden, ohne dabei freilich spezifische nationale Besonderheiten des deutschen Kartellrechts im Einzelfall zu vernachlässigen.

1. Der Tatbestand des Kartellverbots

Das europäische sowie das nationale Kartellverbot verbieten erstens Vereinbarungen zwischen Unternehmen (oder Unternehmensvereinigungen[2]), zweitens Beschlüsse von Unternehmensvereinigungen sowie drittens aufeinander abgestimmte Verhaltensweisen, welche je eine Verhinderung, Einschränkung oder Verfälschung des Wettbewerbs bezwecken oder bewirken. Nachfolgend soll zunächst untersucht werden, ob und in wieweit Vereinstätigkeiten die einzelnen Tatbestandsmerkmale erfüllen können.

---

1 Vgl. die Begründung des Regierungsentwurfs zur 7. GWB-Novelle, BT Drucks. 15/3640, S. 44; *Bechtold* in: Bechtold, Einführung, Rn. 20; *Roth/Ackermann* in: Frankfurter Kommentar, § 1 GWB Rn. 1 f.; *Rittner/Dreher*, Europäisches und deutsches Wirtschaftsrecht, § 16 Rn. 1; *Emmerich*, Kartellrecht, § 2 Rn. 11; *Kling/Thomas*, Kartellrecht, § 17 Rn. 7; *Immenga*, ZWeR 2008, 3, 11.

2 Dass über den Wortlaut hinaus auch Vereinbarungen von Unternehmensvereinigungen erfasst sind, wurde bereits früh in der Rechtsprechung der europäischen Gerichte zu Recht festgestellt, vgl. EuGH Rs. 71/74 (*FRUBO*), Slg. 1975, 563, Rn. 30/31; EuGH Rs. 123/83 (*BNIC*), Slg. 1985, 391, Rn. 20. Vgl. auch *Roth/Ackermann* in: Frankfurter Kommentar, Grundfragen Art. 81 Abs. 1 EG, Rn. 137; *Lübbig* in: Handbuch des Kartellrechts, § 7 Rn. 8; *Emmerich*, Kartellrecht, § 4 Rn. 3. § 1 GWB enthielt in seiner Fassung bis zur 6. GWB-Novelle sogar noch ausdrücklich die Unternehmensvereinigungen auch in dieser Variante. Die Änderung bis hin zur jetzigen Fassung ist der Angleichung an den Wortlaut des Unionsrechts geschuldet, ohne dass damit eine inhaltliche Änderung einhergegangen wäre, vgl. auch *Rittner/Dreher*, Europäisches und deutsches Wirtschaftsrecht, § 16 Rn. 1 mit Fn. 2; *Kling/Thomas*, Kartellrecht, § 17 Rn. 32.

a) Die Maßnahmen der Wettbewerbsbeschränkung

aa) Vereinbarungen zwischen Unternehmen

Der Begriff der Vereinbarung ähnelt dem Vertragsbegriff aus den zivilrechtlichen Rechtsordnungen der Mitgliedstaaten und setzt daher in Abgrenzung zu einseitigen Verhaltensweisen[3] eine Willensübereinstimmung der beteiligten Unternehmen zu einem bestimmten Marktverhalten voraus.[4] Eine Rechtsverbindlichkeit der Vereinbarung im Sinne eines wirksamen Vertrags ist dabei angesichts der Tatsache, dass der kartellrechtswidrigen Vereinbarung sowieso gemäß Art. 101 Abs. 2 AEUV bzw. § 134 BGB die rechtliche Verbindlichkeit versagt wird, richtiger Weise nicht notwendig, so dass auch sog. gentlemen's agreements unter den Begriff der Vereinbarung fallen.[5] Die damit einhergehende Abgrenzungsfrage zu den sogleich noch anzusprechenden aufeinander abgestimmten Verhaltensweisen wird dadurch zwar verkompliziert[6], bedarf jedoch wegen der gleichen Rechtsfolge keiner trennscharfen Abgrenzung für jeden Einzelfall. Erfasst werden sowohl Vereinbarungen auf horizontaler Ebene, also zwischen Unternehmen auf gleicher Wirtschaftsstufe, wie

3 Vgl. nur EuGH Rs. C-2/01 P und C-3/01 P (*Adalat*), Slg. 2004, I-23, Rn. 101 f., sowie *Roth/Ackermann* in: Frankfurter Kommentar, Grundfragen Art. 81 Abs. 1 EG Rn. 172 ff., *Mestmäcker/Schweitzer*, Europäisches Wettbewerbsrecht, § 9 Rn. 6 ff. und *Kling/Thomas*, Kartellrecht, § 4 Rn. 41 ff.

4 EuGH Rs. 41/69 (*ACF Chemiefarma*), Slg. 1970, 661, Rn. 110/114; EuGH verb. Rs. 209/78 u.a. (*van Landewyck*), Slg. 1980, 3125, Rn. 86; EuG Rs. T-41/96 (*Bayer*), Slg. 2000, II-3383, Rn. 67; EuG Rs. T-208/01 (*Volkswagen*), Slg. 2003, II-5141, Rn. 30 ff.; *Roth/Ackermann* in: Frankfurter Kommentar, Grundfragen Art. 81 Abs. 1 EG, Rn. 151; *Bunte* in: Langen/Bunte, Europäisches Kartellrecht, Art. 81 Rn. 19; *Rittner/Dreher*, Europäisches und deutsches Wirtschaftsrecht, § 16 Rn. 29.

5 Vgl. schon die Auffassung der Kommission in der Rs. C-277/87 (*Sandoz*), Slg. 1990, I-45 Rn. 2; EuG Rs. T-41/96 (*Bayer*), Slg. 2000, II-3383, Rn. 68. Ebenso *Bunte* in: Langen/Bunte, Europäisches Kartellrecht, Art. 81 Rn. 22; *Mestmäcker/Schweitzer*, Europäisches Wettbewerbsrecht, § 9 Rn. 3; *Rittner/Dreher*, Europäisches und deutsches Wirtschaftsrecht, § 16 Rn. 29; *Kling/Thomas*, Kartellrecht, § 4 Rn. 39. Aus dem nationalen Recht siehe OLG Celle WuW/E OLG 772, 775 (*Naturstein*); KG WuW/E OLG 1015, 1018 (*Teerfarben*); *Bunte* in: Langen/Bunte, Deutsches Kartellrecht, § 1 Rn. 45 ff.; *Zimmer* in: Immenga/Mestmäcker, GWB, § 1 Rn. 85.

6 Bisweilen wird deshalb die Auffassung vertreten, eine rechtlich unverbindliche Vereinbarung könne nur dann den Vereinbarungsbegriff erfüllen, wenn damit zumindest eine faktische Bindungswirkung im Sinne von moralischen, gesellschaftlichen oder wirtschaftlichen Sanktionen bei einer Verletzung der Übereinkünfte verbunden sei, vgl. z.B. *Bunte* in: Langen/Bunte, Europäisches Kartellrecht, Art. 81 Rn. 23; *Emmerich* in: Immenga/Mestmäcker, Europäisches Kartellrecht, Art. 81 Abs. 1 EGV Rn. 76; *Paschke* in: Münchener Kommentar zum Europäischen Wettbewerbsrecht, Art. 81 EG Rn. 17; *Weiß* in: Calliess/Ruffert, Art. 101 AEUV Rn. 53. Dagegen *Roth/Ackermann*, Grundfragen Art. 81 Abs. 1 EG Rn. 157 und *Aicher/Schuhmacher/Stockenhuber/Schroeder* in: Grabitz/Hilf, Art. 81 EGV, Rn. 99 mit Hinweis auf die Unschärfe der Begriffe bei der Rechtsanwendung. Vgl. auch EuG Rs. T-347/94 (*Mayr-Melnhof*), Slg. 1998, II-1751, Rn. 65, der ausdrücklich die Prüfung einer faktischen Bindungswirkung ablehnt.

auch auf vertikaler Ebene.[7] Dies gilt seit der 7. GWB-Novelle unter dem Regime von § 1 GWB auch für das deutsche Recht.[8]

bb) Beschlüsse von Unternehmensvereinigungen

Neben Vereinbarungen zwischen Unternehmen kann wettbewerbsbeschränkendes Verhalten auch durch Koordination innerhalb einer Organisationsstruktur erreicht werden. Kennzeichnend hierfür ist der organisatorische Zusammenschluss verschiedener Unternehmen, welche damit auf die Koordination ihres Verhaltens mittels Einzelvereinbarung verzichten können und stattdessen auf die Mittel der Vereinigung abstellen. Prägend einerseits für die Aufnahme dieser Variante einer wettbewerbsbeschränkenden Maßnahme sowie andererseits in Bezug auf ihre Auslegung, ist die für das Ergebnis funktionale Austauschbarkeit von Vereinbarung und Beschluss.[9] Dementsprechend wird unter einem Beschluss jeder Akt verstanden, mit dem eine Vereinigung seinen Gesamtwillen bildet.[10] Hierunter fallen neben Einzelentscheidungen auch Satzungen, Gesellschaftsverträge oder der Erlass von Ordnungen.[11] Stets müssen diese allerdings Fälle regeln, deren Folgen das Kartellverbot gerade verhindern will, also das Marktverhalten der beteiligten Unternehmen koordinieren. [12] Liegt eine solche Marktkoordination vor, ist es mit Blick auf eine effektive Wahrnehmung der Wettbewerbskontrolle unerheblich, welches

7 EuGH Rs. 56 und 58/64 (*Consten und Grundig*), Slg. 1966, 321, 387 f.; *Bunte* in: Langen/Bunte, Europäisches Kartellrecht, Art. 81 Rn. 25; *Kling/Thomas*, Kartellrecht, § 4 Rn. 35;

8 BGH WuW/E DE-R 2554, 2557 (*Subunternehmervertrag II*); *Bunte* in: Langen/Bunte, Deutsches Kartellrecht, § 1 Rn. 7; *Zimmer* in: Immenga/Mestmäcker, GWB, § 1 Rn. 4; *Kirchhoff* in: Handbuch des Kartellrechts, § 9 Rn. 30.

9 *Roth/Ackermann* in: Frankfurter Kommentar, Grundfragen Art. 81 Abs. 1 EG Rn. 140; *Bunte* in: Langen/Bunte, Europäisches Kartellrecht, Art. 81 Rn. 33; *Paschke* in: Münchener Kommentar zum Europäischen Wettbewerbsrecht, Art. 81 EG Rn. 47; *Kling/Thomas*, Kartellrecht, § 4 Rn. 45.

10 *Roth/Ackermann* in: Frankfurter Kommentar, Grundfragen Art. 81 Abs. 1 EG Rn. 141; *Emmerich* in: Immenga/Mestmäcker, Europäisches Kartellrecht, Art. 81 Abs. 1 EGV Rn. 89; *Paschke* in: Münchener Kommentar zum Europäischen Wettbewerbsrecht, Art. 81 EG Rn. 51; *Mestmäcker/Schweitzer*, Europäisches Wettbewerbsrecht, § 9 Rn. 10.

11 Vgl. EuGH Rs. C-309/99 (*Wouters*), Slg. 2002, I-1577, Rn. 71; BGH WuW/E BGH 2697, 2700 f. (*Golden Toast*); *Roth/Ackermann* in: Frankfurter Kommentar, Grundfragen Art. 81 Abs. 1 EG Rn. 146 m.w.N. zu Kommissionsentscheidungen; *Emmerich* in: Immenga/Mestmäcker, Europäisches Kartellrecht, Art. 81 Abs. 1 EGV Rn. 89; *Paschke* in: Münchener Kommentar zum Europäischen Wettbewerbsrecht, Art. 81 EG Rn. 51; *Kling/Thomas*, Kartellrecht, § 4 Rn. 47.

12 EuGH verb. Rs. 209/78 u.a. (*van Landewyck*), Slg. 1980, 3125, Rn. 86; EuGH Rs. C-45/85 (*Verband der Sachversicherer*), Slg. 1987, 405, Rn. 32; BGH WuW/E DE-R 2408, 2413 (*Lottoblock*); *Roth/Ackermann* in: Frankfurter Kommentar, Grundfragen Art. 81 Abs. 1 EG Rn. 141; *Mestmäcker/Schweitzer*, Europäisches Wettbewerbsrecht, § 9 Rn. 10.

Organ in welchem Verfahren den Beschluss erlassen hat[13] und ob der Beschluss für die Mitglieder der Unternehmensvereinigung rechtsverbindlich ist oder nur eine Empfehlung darstellt[14].

cc) Abgestimmte Verhaltensweisen

Die Fallgruppe der abgestimmten Verhaltensweisen dient als Auffangtatbestand für jene Fälle, in denen keine Vereinbarung oder kein Beschluss nachgewiesen werden kann.[15] Diese Fallgestaltungen zeichnen sich dadurch aus, dass eine Verständigung der beteiligten Unternehmen oder Unternehmensvereinigungen ohne eine Vereinbarung oder einen Beschluss stattfindet.[16] Das Merkmal der Verständigung bietet dabei ein Abgrenzungsmerkmal zum erlaubten Parallelverhalten von Unternehmen, welches ein bloßes Anpassen an das konkret stattfindende Marktgeschehen darstellt. Diese bloße Anpassung an die Marktverhältnisse ist eine freie Entscheidung des jeweiligen Marktteilnehmers, so dass das entscheidende Merkmal des Selbständigkeitspostulats – d.h. dass jeder Unternehmer ohne mittelbare oder unmittelbare Fühlungnahme eines Konkurrenten selbständig zu bestimmen hat, welche Politik er auf dem Markt zu betreiben gedenkt [17] – in dieser Variante immer noch gegeben ist.[18] Entscheidend ist, dass durch das abgestimmte Verhalten die Unsicherheit über

---

13 EuG verb. Rs. T-25/95 u.a. (*Cimenteries*), Slg. 2000, II-491, Rn. 928; *Emmerich* in: Immenga/Mestmäcker, Europäisches Kartellrecht, Art. 81 Abs. 1 EGV Rn. 89 f.; *Roth/Ackermann* in: Frankfurter Kommentar, Grundfragen Art. 81 Abs. 1 EG Rn. 141.

14 EuGH verb. Rs. 209/78 u.a. (*van Landewyck*), Slg. 1980, 3125, Rn. 88; EuGH verb. Rs. 96 bis 102/82 u.a. (*IAZ*), Slg. 1983, 3369, Rn. 20; EuGH Rs. C-45/85 (*Verband der Sachversicherer*), Slg. 1987, 405, Rn. 32; BGH WuW/E DE-R 2408, 2413 (*Lottoblock*); *Roth/Ackermann* in: Frankfurter Kommentar, Grundfragen Art. 81 Abs. 1 EG Rn. 145; *Lübbig* in: Handbuch des Kartellrechts, § 7 Rn. 11; *Mestmäcker/Schweitzer*, Europäisches Wettbewerbsrecht, § 9 Rn. 10; *Rittner/Dreher*, Europäisches und deutsches Wirtschaftsrecht, § 16 Rn. 29. Auch hier bestehen bei den genannten Autoren teilweise Differenzierungen hinsichtlich der Qualität der Empfehlung.

15 *Bunte* in: Langen/Bunte, Europäisches Kartellrecht, Art. 81 Rn. 35; *Mestmäcker/Schweitzer*, Europäisches Wettbewerbsrecht, § 9 Rn. 18; *Lübbig* in: Handbuch des Kartellrechts, § 7 Rn. 12; *Kling/Thomas*, Kartellrecht, § 17 Rn. 39.

16 EuGH Rs. 48/69 (*ICI*), Slg. 1972, 619, Rn. 64/67; EuGH verb. Rs. 40 bis 48/73 u.a. (*Suiker Unie*), Slg. 1975, 1663, Rn. 26/28; EuGH Rs. 172/80 (*Züchner*), Slg. 1981, 2021, Rn. 12; EuGH Rs. C-7/95 (*Deere*), Slg. 1998, I-3111, Rn. 86 f.; *Roth/Ackermann* in: Frankfurter Kommentar, Grundfragen Art. 81 Abs. 1 EG Rn. 186; *Kling/Thomas*, Kartellrecht, § 4 Rn. 50. Vgl. auch KG WuW/E OLG 2369, 2372 f.; OLG Stuttgart WuW/E OLG 3332, 3333; OLG Frankfurt WuW/E OLG 4944, 4946.

17 Grundlegend: EuGH verb. Rs. 40 bis 48/73 u.a. (*Suiker Unie*), Slg. 1975, 1663, Rn. 173/174; EuGH Rs. 172/80 (*Züchner*), Slg. 1981, 2021, Rn. 13 f.

18 *Bunte* in Langen/Bunte, Europäisches Kartellrecht, Art. 81 Rn. 37; *Kling/Thomas*, Kartellrecht, § 17 Rn. 40. Vgl. auch EuGH verb. Rs. 40 bis 48/73 u.a. (*Suiker Unie*), Slg. 1975, 1663, Rn. 173/174: „Es ist zwar richtig, daß dieses Selbständigkeitspostulat nicht das Recht der Unternehmen beseitigt, sich dem festgestellten oder erwarteten Verhalten ihrer Mitbewerber mit wachem Sinn anzupassen […]".

das Marktgeschehen vermindert wird[19] und das eigene Marktverhalten dementsprechend angepasst werden kann[20].

dd) Anwendung auf Vereinstätigkeiten

Bei einer Subsumtion von Vereinstätigkeiten unter die drei verbotenen Verhaltensweisen des Kartellverbots ist zunächst festzustellen, dass alle drei Alternativen, wie bei allen anderen Unternehmen im Sinne des Kartellrechts auch, theoretisch in Betracht kommen. Rein faktisch liegen dagegen zumindest auf horizontaler Ebene vor allem Beschlüsse von Unternehmensvereinigungen vor. Dies liegt nicht zuletzt an der korporativen Struktur, denen Vereinstätigkeiten zugrunde liegen: Es liegt auf der Hand, dass mit der Gründung von Vereinen und Verbänden eine Koordination des Verhaltens der Mitglieder vorwiegend gerade auf körperschaftlicher und nicht auf der Ebene einer Vereinbarung stattfinden soll.[21] Daneben können freilich Ver-

---

19 EuGH verb. Rs. C-89/85 u.a. (*Ahlström*), Slg. 1993, I-1307, Rn. 63; *Roth/Ackermann* in: Frankfurter Kommentar, Grundfragen Art. 81 Abs. 1 EG Rn. 190; *Kling/Thomas*, Kartellrecht, § 4 Rn. 51.

20 EuGH Rs. C-235/92 P (*Montecatini*), Slg. 1999, I-4539, Rn. 125; EuGH Rs. C-49/92 P (*Anic Partecipacioni SpA*), Slg. 1999, I-4125, Rn. 118. Zur vor allem früher bestehenden Streitfrage, ob die Abstimmung auch kausal zu seinem bestimmten Marktverhalten führen muss, vgl. vor allem die Darstellung bei *Roth/Ackermann* in: Frankfurter Kommentar, Grundfragen Art. 81 Abs. 1 EG Rn. 193 ff. Als besonders problematisch erweist sich die Beurteilung von Marktinformationssystemen, vgl. hierzu EuGH Rs. C-7/95 (*Deere*), Slg. 1998, I-3111, Rn. 88 ff.; *Mestmäcker/Schweitzer*, Europäisches Wettbewerbsrecht, § 9 Rn. 36 ff.

21 *GA Lenz* geht in der Rs. C-415/93 (*Bosman*), Slg. 1995, I-4921, Rn. 282 i.V.m. Rn. 258, in Übereinstimmung mit der Auffassung der Kommission und des belgischen Fußballverbandes URBSFA dagegen offenbar davon aus, dass es sich bei den Transferregelungen um Vereinbarungen zwischen den einzelnen Fußballvereinen handle, da die Regelungen nicht dem Diktat der Verbände, sondern dem Willen der Vereine entsprächen. Dieser Argumentation ist entgegenzuhalten, dass Beschlüsse von Unternehmensvereinigungen auch immer den Willen, je nach Ausgestaltung, zumindest der Mehrheit seiner Mitglieder abbilden und daher ebenfalls kein Diktat sind. Dies stellt gerade den Grund dar, weshalb der Beschluss einer Unternehmensvereinigung im Kartellverbot neben dem Tatbestandsmerkmal der Vereinbarung steht. Freilich basiert die Gründung bzw. der Beitritt zu einem Verein zunächst auf einem Vertrag, mithin auf einer Vereinbarung. Gleiches gilt insbesondere bei einzelnen Sportwettkämpfen hinsichtlich der Zulassung, denke man nur an den Lizenzvertrag zwischen dem Ligaverband und den Profivereinen der 1. und 2. Fußball-Bundesliga. Insoweit könnte man an die Figur eines Sternvertrages und damit an die Figur der Vereinbarung, auf dem alle weiteren Schritte beruhen, denken, vgl. *Jänich,* GRUR 1998, 438. Dies würde aber die korporationsrechtlichen Beziehungen, die hierdurch entstehen, übersehen und die Tatbestandsvariante des Beschlusses einer Unternehmensvereinigung überflüssig machen. So stellt auch der Lizenzvertrag des Ligaverbandes im Ergebnis nicht mehr als eine Art vereinsrechtliche Beitrittsvereinbarung dar, vgl. *Eggerstedt*, Probleme der Lizenz- und Schiedsgerichtsverträge im deutschen Berufsfußball, S. 31. Vgl. zu Nachweisen für die Einordnung als Beschluss einer Unternehmensvereinigung in Fn. 24 Im Ergebnis bleibt die

einbarungen z.B. zwischen eigentlich wesensfremden Vereinen[22] oder aber Einzelvereinbarungen neben dem Korporationsverhältnis im Einzelfall relevant werden. Dies betrifft dann aber wegen der Möglichkeit organisierter Willensbildung tendenziell Ausnahmefälle. Den allgemeinen Fall stellt der Beschluss einer Unternehmensvereinigung dar.

Dieser Beschluss kann sich rechtstatsächlich auf zweierlei Weise äußern: Einmal indem (Dach-)Verbände regelnd tätig werden und insoweit eine Koordination des Handelns verschiedener Vereine stattfindet. So werden demgemäß Satzungen und Beschlüsse von Sportverbänden, wie der UEFA oder dem DFB samt seiner Landesverbände, ohne große weitere Argumentation zu Recht als Beschlüsse von Unternehmensvereinigungen eingestuft.[23] Gleiches gilt ohne weiteres auch für die sonstigen Idealvereine. Zweitens kann eine Koordinierungsleistung auch innerhalb des einfachen Vereins hinsichtlich seiner Mitglieder erfolgen. Für eine Einstufung als Beschluss einer Unternehmensvereinigung ist dann aber erforderlich, dass die Mitglieder Unternehmen darstellen und der Verein die wirtschaftlichen Beziehungen seiner Mitglieder koordiniert. Damit stehen die Vereine wie auch die Verbände im erst genannten Fall zwar einer Wirtschaftsvereinigung nahe, deren Tätigkeiten sich allerdings im Rahmen des Nebenzweckprivilegs[24] halten.

Fasst man Satzungsbestimmungen generell als Beschlüsse einer Unternehmensvereinigung auf, so fällt auf, dass diese grundsätzlich im Rahmen des Kartellverbots – vorbehaltlich der Erfüllung der weiteren Voraussetzungen – auf ihre Vereinbarkeit mit dem Wettbewerbsrecht überprüft werden können. Somit kommt neben einer

---

Einordnung für den allgemeinen Kartellverbotstatbestand wegen der gleichen Rechtsfolgen freilich unerheblich.

22 Denkbar wäre z.B. eine Absprache zwischen FIA und UEFA über die Verteilung von Fernsehrechten an verschiedene Fernsehsender.

23 EuG Rs. T-193/02 (*Piau*), Slg. 2005, II-209, Rn. 75; BGHZ 137, 297, 302 f. (*Europapokalheimspiele*); Entscheidung der Kommission v. 23.07.2003 (*UEFA Champions League*), ABl. 2003 L 291/25, Rn. 109; Entscheidung der Kommission v. 25.06.2002 (*ENIC/UEFA*), COMP/37806, Rn. 26 (unveröffentlicht, erhältlich unter: http http://ec.europa.eu/competition/antitrust/cases/dec_docs/37806/37806_7_3.pdf); LG Hannover, CaS 2008, 291, 294; *Bunte* in: Langen/Bunte, Sonderbereich Sport, Rn. 19; *Adolphsen*, Internationale Dopingstrafen, S. 187; *Tyrolt*, Sportschiedsgerichtsbarkeit, S. 191 f.; *Menzel*, Werbebeschränkungen im Sport, S. 63 (für Werbebeschränkungen durch den DFB); *Mentzel*, Solidarität im professionellen Fußballsport versus europäisches Wettbewerbsrecht, S. 72 u. 131 (zur Zentralvermarktung); *Bagger*, Die kartellrechtlichen Grenzen bei der Vergabe von Bundesligaübertragungsrechten, S. 169 (zur Zentralvermarktung); *Deutscher*, SpuRt 2009, 97, 99 (zur 50+1-Regelung des DFB); *Hausmann*, BB 1994, 1089, 1093; *Heermann*, WuW 2009, 394, 402; *Streinz*, SpuRt 1998, 89, 92; *Schroeder*, SpuRt 2006, 1, 3; *Schürnbrand*, ZWeR 2005, 396, 405; *Schwarze/Hetzel*, EuR 2005, 581, 591. Hiervon scheint stillschweigend auch der EuGH in der Rs. C-519/04 P (*Meca-Medina*) Slg. 2006, I-6991, auszugehen.

24 Zu diesem Begriff siehe 1. Kap. I. 3. b).

möglichen Kartellrechtswidrigkeit aufgrund Missbrauchsverbots[25] im Einzelfall auch dieser Anknüpfungspunkt zum Tragen.[26] Möglich ist dies immer dann, wenn ein Verband oder Verein zugleich Unternehmensvereinigung als auch marktbeherrschendes Unternehmen ist, was z.B. im Bereich des Sports bei Zulassungsvorschriften wie Dopingregelungen in Betracht kommt.[27] Auch der eingangs erwähnte Fall des Hundezuchtvereins hätte somit im Rahmen von § 1 GWB angesprochen werden können. So stellt der Hundezuchtverein im Rahmen der Hundezüchtung nicht nur ein Unternehmen, sondern auch eine Unternehmensvereinigung dar, da die einzelnen Hundezüchter hinsichtlich der Züchtung als Unternehmer im Sinne des Kartellrechts anzusehen sind. Die Übernahme der entsprechenden Satzungsvorgabe des VDH in die eigene Satzung ist dann der entsprechende Beschluss dieser Unternehmensvereinigung.[28]

b) Die Wettbewerbsbeschränkung und ihre Spürbarkeit

Die relevanten Verhaltensweisen müssen weiterhin zu einer Beschränkung des Wettbewerbs im Sinne einer Verhinderung, Einschränkung oder Verfälschung führen oder eine solche bezwecken. Gemeinhin wird unter „Verhinderung" die völlige und unter „Einschränkung" die teilweise Beseitigung des Wettbewerbs verstanden, wohingegen „Verfälschung" als Oberbegriff jede künstliche Veränderung der Marktverhältnisse meint.[29] In der Praxis sowie in der Wissenschaft wird dagegen auf die im Wortlaut angelegte Unterteilung verzichtet und stattdessen zumeist nur von einer Wettbewerbsbeschränkung gesprochen.[30] Was hierunter genau zu verstehen ist, ist Gegenstand kontroverser Diskussionen und mit den jeweiligen herrschenden wettbewerbspolitischen Leitbildern ständigem Wandel unterworfen.[31] Im Kern geht es bei der Wettbewerbsbeschränkung um die Begren-

25 Hierzu ausführlich in diesem Kapitel unter Punkt II.

26 Zwischen Art. 101 und 102 AEUV einerseits und §§ 1 und 19 ff. GWB andererseits herrscht Idealkonkurrenz, vgl. *Eilmansberger* in: Münchener Kommentar zum Europäischen Wettbewerbsrecht, Art. 82 EG Rn. 27; *Nordemann* in: Loewenheim/Meessen/Riesenkampff, § 1 GWB Rn. 266; *Mestmäcker/Schweitzer*, Europäisches Wettbewerbsrecht, § 15 Rn. 16 ff.; *Rittner/Dreher*, Europäisches und Deutsches Wirtschaftsrecht, § 19 Rn. 16; *de Bronett* in: Handbuch des Kartellrechts, § 22 Rn. 108; *Tyrolt*, Sportschiedsgerichtsbarkeit, S. 207; *Schroeder*, SpuRt 2006, 1, 6.

27 Vgl. hierzu mit Nachweisen 4. Kap. II. 2. c) ee).

28 Freilich bliebe dann die noch sogleich genauer zu erörternde Frage der Wettbewerbsbeeinträchtigung und ihrer Spürbarkeit zu klären.

29 Vgl. *Bunte* in: Langen/Bunte, Europäisches Kartellrecht, Art. 81 Rn. 79; *Mestmäcker/Schweitzer*, Europäisches Wettbewerbsrecht, § 10 Rn. 1 ff.

30 *Roth/Ackermann* in: Frankfurter Kommentar, Grundfragen Art. 81 Abs. 1 EG Rn. 235; *Wollmann/Schedl* in: Münchener Kommentar zum Europäischen Wettbewerbsrecht, Art. 81 EG Fn. 7 zu Rn. 83; *Rittner/Dreher*, Europäisches und deutsches Wirtschaftsrecht, § 16 Rn. 37. Zurückhaltend dagegen *Emmerich* in: Immenga/Mestmäcker, Europäisches Kartellrecht, Art, 81 Abs. 1 EGV Rn. 152, bei der Frage, ob auch die Verfälschung des Wettbewerbs eine Wettbewerbsbeschränkung darstellt.

31 *Emmerich*, Kartellrecht, § 4 Rn. 32. Vgl. hierzu auch die Darstellung im 4. Kap. I. 1. a).

zung von Handlungsfreiheiten der Beteiligten[32], aus welchen der Wettbewerb maßgeblich besteht[33]. Ob es darüber hinaus oder zumindest in Ausnahmefällen sogar ausschließlich negative Auswirkungen auf die Marktverhältnisse geben muss, ist dagegen umstritten[34], bedarf jedoch an dieser Stelle keiner abschließenden Beurteilung. Es kann zwar nicht ausgeschlossen werden, dass sich die Verfolgung ideeller Zwecke auch nicht negativ auf die Marktstruktur auswirkt, mithin wettbewerblich förderliche Auswirkungen hat, jedoch stellt dies ökonomische Gründe einer Ausnahme dar. Um diese soll es in dieser Arbeit aber nicht primär gehen. Vielmehr soll eine generelle Möglichkeit der Berücksichtigung vereinsautonomer Zwecksetzung gefunden werden. Positive wirtschaftliche Auswirkungen im Einzelfall stellen hier aber nur Reflexe dar.

Ein Ansatzpunkt für diese Berücksichtigung der ideellen Zwecksetzung besteht auch nicht darin, dass sowohl Art. 101 Abs. 1 AEUV als auch § 1 GWB von dem Bezwecken der Wettbewerbsbeschränkung sprechen. Zwar würde die ideelle als Gegensatz zur wirtschaftlichen Zwecksetzung das Tatbestandsmerkmal nicht erfüllen, soweit nicht neben ideellen Zielen auch wirtschaftliche, wettbewerbsbeschränkende mit hinzu treten[35], was im Regelfall bei der Koordinierung von Vereinstätigkeiten zur Verfolgung des ideellen Vereinszwecks nicht der Fall sein dürfte. Allerdings sind unter dem Begriff des „Bezweckens" nicht nur subjektive Zwecksetzungen zu berücksichtigen. Vielmehr ist das Tatbestandsmerkmal objektiviert zu verstehen, so dass danach zu fragen ist, ob das angegriffene Verhalten das Potenzial hat, negative Auswirkungen auf den Wettbewerb zu entfalten. Es muss also seiner Natur nach konkret geeignet sein, zu einer Wettbewerbsbeschränkung zu führen,

---

32 Vgl. das Selbständigkeitspostulat des EuGH, das in diesem Bereich relevant wird: EuGH verb. Rs. 40 bis 48/73 u.a. (*Suiker Unie*), Slg. 1975, 1663, Rn. 173/174; EuGH Rs. 172/80 (*Züchner*), Slg. 1981, 2021, Rn. 13 f.; EuGH Rs. C-7/95 (*Deere*), Slg. 1998, I-3111, Rn. 86. Ebenso der BGH: WuW/E BGH 1337, 1342 (*Aluminium-Halbzeug*); WuW/E BGH 3115, 3117 (*Druckgussteile*).

33 Vgl. oben 4. Kap. I. 1. a) aa).

34 Vgl. hierzu ausführlich: *Emmerich* in: Immenga/Mestmäcker, Europäisches Kartellrecht, Art. 81 Abs. 1 EGV Rn. 129 ff.; *Roth/Ackermann* in: Frankfurter Kommentar, Grundfragen Art. 81 Abs. 1 EG Rn. 236 ff., mit Darstellung der Positionen von Rechtsprechung; *Bunte* in: Langen/Bunte, Deutsches Kartellrecht, § 1 Rn. 111 ff.; *Zimmer* in: Immenga/Mestmäcker, GWB, § 1 Rn. 151 f.; *Rittner/Dreher*, Europäisches und deutsches Wirtschaftsrecht, § 16 Rn. 42 ff.

35 Die Wettbewerbsbeschränkung muss nicht der einzige Zweck sein und braucht nicht einmal den Hauptzweck der angegriffenen Verhaltensweise darstellen, vgl. EuGH Rs. C 209/07 (*Beef Industry Development Society*), Slg. 2008, 8637 Rn. 21; EuGH Rs. C 551/03 P (*General Motors*), Slg. 2006, I-3173, Rn. 64; *Bunte* in: Langen/Bunte, Europäisches Kartellrecht, Art. 81 Rn. 120; *Kling/Thomas*, Kartellrecht, § 4 Rn. 74. Zu den zulässigen Zwecken, die eine Annahme der Wettbewerbsbeschränkung im Ausnahmefall ausschließen, vgl. ausführlich sogleich in diesem Kapitel unter I. 2.

ohne dass diese jedoch eingetreten sein muss.[36] Selbst wenn dies nicht der Fall ist, reicht es alternativ aus, wenn die Wettbewerbsbeschränkung nur bewirkt ist.[37]

Als ungeschriebenes[38] Tatbestandsmerkmal tritt neben der bloßen Wettbewerbsbeschränkung noch deren Spürbarkeit. Damit sollen jene wettbewerbsbeschränkenden Maßnahmen aus dem Kartellverbot herausgefiltert werden, die allenfalls geringfügige Auswirkung auf den Markt haben.[39] Abzustellen ist dabei auf die Gesamtwürdigung der Verhältnisse, wobei in der Praxis die Grenze oft anhand von Marktanteilen oder dem Vorliegen von sog. Kernbereichsbeschränkungen gezogen wird.[40]

Hinsichtlich der Beurteilung des Vorliegens einer Wettbewerbsbeschränkung lassen sich in Bezug auf die Tätigkeit von Idealvereinen keine generellen Aussagen treffen, da dieses Tatbestandsmerkmal eine Sachverhaltsfrage des Einzelfalls darstellt. Besonderheiten für diese Unternehmen bzw. Unternehmensvereinigungen bestehen bei der bloßen Subsumtion nicht.[41] Gleiches gilt für das Erfordernis der Spürbarkeit, das jedoch insbesondere bei kleinen, regional operierenden Vereinen je

---

36 EuGH Rs. 8/08 (*T-Mobile Netherlands*), Slg. 2009, I-4529 Rn. 31; EuGH Rs. C 209/07 (*Beef Industry Development Society*), Slg. 2008, 8637 Rn. 16 f.; EuGH verb. Rs. C-403/08 und C-429/08 (*FA Premier League*), Urt. v. 04.10.2011 Rn. 136; *Roth/Ackermann* in: Frankfurter Kommentar, Art. 81 Abs. 1 EG Rn. 312; *Emmerich* in: Immenga/Mestmäcker, Europäisches Kartellrecht, Art. 81 Abs. 1 EGV Rn. 227; *Mestmäcker/Schweitzer*, Europäisches Wettbewerbsrecht, § 10 Rn. 61; *Kling/Thomas*, Kartellrecht, § 4 Rn. 73.

37 EuGH Rs. 56/65 (*Maschinenbau Ulm*), Slg. 1966, 282, 303; EuGH Rs. 8/08 (*T-Mobile Netherlands*), Slg. 2009, I-4529 Rn. 28; EuGH Rs. C 209/07 (*Beef Industry Development Society*), Slg. 2008, 8637 Rn. 16; EuGH verb. Rs. C-403/08 und C-429/08 (*FA Premier League*), Urt. v. 04.10.2011, Rn. 135; *Roth/Ackermann* in: Frankfurter Kommentar, Art. 81 Abs. 1 EG Rn. 310; *Emmerich* in: Immenga/Mestmäcker, Europäisches Kartellrecht, Art. 81 Abs. 1 EGV Rn. 224; *Bunte* in: Langen/Bunte, Europäisches Kartellrecht, Art. 81 Rn. 119.

38 Vgl. zur Ableitung aus der bis zur 6. GWB-Novelle im deutschen Kartellrecht noch bestehenden Formulierung hinsichtlich der Beeinflussung der Marktverhältnisse: BGH WuW/E BGH 1458, 1462 (*Fertigbeton*); *Zimmer* in: Immenga/Mestmäcker, GWB, § 1 Rn. 167; *Bunte* in: Langen/Bunte, Deutsches Kartellrecht, § 1 Rn. 234.

39 EuGH Rs. 56/65 (*Maschinenbau Ulm*), Slg. 1966, 281, 303 f.; EuGH Rs. 5/69 (*Völk*), Slg. 1969, 295, Rn. 7; BGH WuW/E BGH 1458, 1462 (*Fertigbeton*); BGH WuW/E DE-R 189; 295 (*Lottospielgemeinschaft*); *Bunte* in: Langen/Bunte, Europäisches Kartellrecht, Art. 81 Rn. 124; *Heermann*, WuW 2009, 394, 405.

40 So insbesondere die Kommissionspraxis im Rahmen der De-minimis-Bekanntmachung der Kommission vom 22.12.2001, ABl. 2001 C 368/13. Vgl. je weiteren Nachweisen aus der Praxis auch die Darstellungen bei *Emmerich* in: Immenga/Mestmäcker, Europäisches Kartellrecht, Art. 81 Abs. 1 EGV Rn. 188 ff.; *Roth/Ackermann* in: Frankfurter Kommentar, Grundfragen Art. 81 Abs. 1 EG Rn. 401 ff.; *Bunte* in: Langen/Bunte, Europäisches Kartellrecht, Art. 81 Rn. 125 ff.; *Rittner/Dreher*, Europäisches und deutsches Wirtschaftsrecht, § 16 Rn. 56 ff.

41 Zur Frage der teleologischen Einschränkung aufgrund der Vereinsautonomie siehe sogleich in diesem Kapitel unter I. 2.

nach Markt und Marktabgrenzung schnell relevant werden kann. Erfüllt ist das Erfordernis jedenfalls bei landesweit tätigen Verbänden, die für Wettkampfzwecke Zulassungsanforderungen hinsichtlich der zu verwendenden Geräte aufstellen, wie im Fall des Brieftaubenverbandes. Als weiteres Beispiel für die Spürbarkeit mag die Zentralvermarktung von großen Sportereignissen dienen.[42]

2. Tatbestandsrestriktionen oder Rechtfertigung aufgrund der Vereinsautonomie?

a) Allgemeines

Die vorstehenden Darstellungen des Kartellrechts zeichnen die Problemlage für Idealvereine vor: Sind sie aufgrund auch nur geringer wirtschaftlicher Auswirkungen ihrer Tätigkeiten als Unternehmen einzustufen, so stellt die interne Koordination, die einem Idealverein wesensnotwendig zugrunde liegt, regelmäßig einen Beschluss einer Unternehmensvereinigung dar. Diese hat dann, vorbehaltlich des Prüfungspunkts der Spürbarkeit, wegen der Koordinierungsfunktion zumeist eine Wettbewerbsbeschränkung zur Folge. Die Tatbestandsmerkmale des Kartellverbots geben unter bloßer Subsumtion keine Möglichkeit, ideelle, vereinsautonome Zwecksetzungen zu berücksichtigen, die zu einer im Einzelfall möglicherweise sachgerechten Nichtanwendung des Kartellverbots führen könnten. Deswegen kann der Gefahr einer Überspielung ideeller Zwecke durch Anwendung des an sich systemwidrigen, weil wirtschaftlich motivierten Kartellrechts[43], in erster Linie nur durch Einschränkungen aus teleologischen Gesichtspunkten heraus begegnet werden. Eine solche Begrenzung des Tatbestandes ist in der Anwendung des Kartellverbotes nichts Ungewöhnliches, da das Kartellverbot bei strikter Anwendung seines Wortlautes auch im normalen wirtschaftlichen Verkehr zu einer extremen Kontrolle der Privatautonomie und der unternehmerischen Freiheit führen würde.[44] Insoweit sind diverse Methoden zur Tatbestandsrestriktion entwickelt worden, die im Rahmen des Merkmals der Wettbewerbsbeschränkung angesiedelt sind. Nachfolgend sollen diese dargestellt und auf ihre Übernahme hinsichtlich Tätigkeiten mit ideeller Zwecksetzung überprüft werden.

b) Die sog. rule of reason

Unter dem Begriff der sog. *rule of reason* werden Beschränkungen des Tatbestandes aufgrund wettbewerbsfördernder Auswirkungen des kartellrechtsrelevanten Verhaltens diskutiert. Diese Rechtsfigur in seinem engen Verständnis[45] entstammt dem

42 Vgl. Entscheidung der Kommission v. 23.07.2003 (*UEFA Champions League*), ABl. 2003 L 291/25, Rn. 132.

43 So mit Blick auf den sportlichen Wettbewerb *Adolphsen*, Internationale Dopingstrafen, S. 162.

44 *Rittner/Dreher*, Europäisches und deutsches Wirtschaftsrecht, § 16 Rn. 60.

45 Der Begriff *rule of reason* wird in unterschiedlichen Fallkonstellationen benutzt. Gerade in neuerer Zeit wird oft davon ausgegangen, dass hierunter alle Gründe – auch

US-amerikanischen Anti-Trust-Recht. Dort wurde von der Rechtsprechung eine Tatbestandsreduktion dahingehend vorgenommen, dass dem Kartellverbot nur jene wettbewerbsbeschränkende Vereinbarungen unterfallen, die „unreasonable restraints of trade“ darstellen.[46] Infolgedessen werden hierbei wettbewerbsbeschränkende und wettbewerbsfördernde Aspekte einer kartellrechtsrelevanten Vereinbarung bereits auf Ebene des Tatbestandes gegenüber gestellt und anhand des Ergebnisses die Beurteilung des Vorliegens einer Wettbewerbsbeschränkung vorgenommen.[47] Im europäischen Recht ist eine *rule of reason* engen Verständnisses dagegen abgelehnt worden. Zu Recht weisen Rechtsprechung[48], Kommission[49] und die überwiegende Literatur[50] darauf hin, dass wettbewerbsfördernde Umstände in der Systematik des AEU-Vertrags nur im Rahmen des Rechtfertigungstatbestands Art. 101 Abs. 3 AEUV beachtet werden können. Darüber hinaus würde eine so verstandene *rule of reason* selbst bei ihrer Anerkennung für die Frage der Beachtung ideeller Zwecksetzungen von Idealvereinen keinen Mehrwert haben. Für die Abwä-

---

außerwettbewerbliche – zu fassen seien, mit welchen der Tatbestand des Kartellverbots wertungsmäßig eingeschränkt werden könnte, vgl. z.B. *Emmerich* in: Immenga/Mestmäcker, Europäisches Kartellrecht, Art. 81 Abs. 1 EGV Rn. 246 ff. Diese *rule of reason* im weiteren Sinn hat mit der *rule of reason* amerikanischen Vorbilds nur noch in einigen Punkten etwas gemein, vgl. zur terminologischen Unschärfe *Roth/Ackermann* in: Frankfurter Kommentar, Grundfragen Art. 81 Abs. 1 EG Rn. 352; *Mestmäcker/Schweitzer*, Europäisches Wettbewerbsrecht, § 7 Rn. 56 f.; *Kling/Thomas*, Kartellrecht, § 4 Rn. 140 f. Sie wird daher zur Abgrenzung auch als „europarechtliche“ oder „european-style“ *rule of reason* bezeichnet, vgl. *Pohlmann* in: Frankfurter Kommentar, Grundfragen Art. 81 Abs. 3 EG Rn. 100 f.

46 Vgl. *Pohlmann* in: Frankfurter Kommentar, Grundfragen Art. 81 Abs. 3 EG Rn. 103; *Säcker/Molle* in: Münchener Kommentar zum Europäischen Wettbewerbsrecht, Art. 81 EG Rn. 481 f.; *Heermann,* RabelsZ 67 (2003), 106, 116.

47 *Pohlmann* in: Frankfurter Kommentar, Grundfragen Art. 81 Abs. 3 EG Rn. 102; *Bunte* in: Langen/Bunte, Europäisches Kartellrecht, Art. 81 Rn. 60; *Diaz* in: Loewenheim/Meessen/Riesenkampff, Art. 81 Abs. 1 EGV, Rn. 135; *Säcker/Molle* in: Münchener Kommentar zum Europäischen Wettbewerbsrecht, Art. 81 EG Rn. 480; *Rittner/Dreher*, Europäisches und deutsches Wirtschaftsrecht, § 16 Rn. 48; *Kling/Thomas*, Kartellrecht, § 4 Rn. 140; *Blask*, Die Anwendbarkeit der Single-Entity-Theorie im professionellen Fußball, S. 66; *Hannamann*, Kartellverbot und Verhaltenskoordinationen im Sport, S. 367; *Parrish/Miettinen*, The Sporting Exception in European Union Law, S. 109; *Heermann*, RabelsZ 67 (2003), 106, 112.

48 EuG Rs. T-112/99 (*M6*), Slg. 2001, II-2459 Rn. 72 ff.; EuG Rs. T-65/98 (*Van den Bergh Foods*), Slg. 2003, II-4653 Rn. 106 f.; EuG Rs. T-328/03 (*O2 Germany*), Slg. 2006, II- 1231, Rn. 69; offengelassen noch EuGH Rs. C-235/92 P (*Montecatini*), Slg. 1999, I- 4539 Rn. 133.

49 Vgl. die Leitlinien der Kommission zur Anwendung von Art. 81 Abs. 3 EG-Vertrag, ABl. 2004 C 101/97, Rn. 30.

50 Siehe z.B. *Bunte* in: Langen/Bunte, Europäisches Kartellrecht, Art. 81 Rn. 60; *Mestmäcker/Schweitzer*, Europäisches Wettbewerbsrecht, § 7 Rn. 62; *Kling/Thomas*, Kartellrecht, § 4 Rn. 140; *Hannamann*, Kartellverbot und Verhaltenskoordinationen im Sport, S. 368; *Mentzel*, Solidarität im professionellen Fußballsport versus europäisches Wettbewerbsrecht, S. 95; *Bagger*, Die kartellrechtlichen Grenzen bei der Vergabe von Bundesligaübertragungsrechten, S. 180; *Schaub/Dohms*, WuW 1999, 1055, 1057; *Schwarze/Hetzel*, EuR 2005, 581, 593.

gung ökonomischer Effekte haben die ideellen Zwecksetzungen nämlich allenfalls reflexartige Auswirkungen.

c) Mögliche Übertragung der Gedanken der konzerninternen Beschränkungen und der Arbeitsgemeinschaften

Dem Kartellrecht sind weiterhin Ausnahmen vom Kartellverbot bekannt, die spezifisch an der koordinierten Zusammenarbeit von rechtlich unabhängigen Unternehmen ansetzen. Fraglich ist, ob sich hieraus Aspekte für die Berücksichtigung vereinsautonomer Belange ableiten lassen.

Der erste Fall ist innerhalb konzernrechtlicher Strukturen zu finden. So soll das Kartellrecht zwischen rechtlich selbständigen Tochterunternehmen sowie im Verhältnis zum Mutterunternehmen unter gewissen Voraussetzungen keine Anwendung finden. Begründet wird dies damit, dass zum einen den Tochterunternehmen im Verhältnis zum Mutterunternehmen die Autonomie zum freien Marktverhalten fehlt, sowie dass zwischen den Tochterunternehmen innerhalb des Konzerns ohnehin kein Wettbewerb besteht, sog. Konzernprivileg.[51] Maßgeblich für das Vorliegen dieser Ausnahmefälle ist die Frage, ob zwischen den Unternehmen, wenn nicht eine rechtliche Einheit, so doch eine wirtschaftliche Einheit vorliegt.[52] In diesem Fall erweisen sich die Vereinbarungen nicht als wettbewerbsbeschränkend, sondern als Teil einer internen Aufgabenzuweisung.[53]

Zum anderen sind die Grundsätze für die Beurteilung von Arbeitsgemeinschaften zu nennen. Solche für einzelne Projekte bestehenden Zusammenschlüsse sind dann von den Anforderungen des Kartellrechts befreit, wenn die Wettbewerber aufgrund

51 *Emmerich* in: Immenga/Mestmäcker, Europäisches Wettbewerbsrecht, Art. 81 Abs. 1 EGV Rn. 54 f.; *Bunte* in: Langen/Bunte, Deutsches Kartellrecht, § 1 Rn. 123; *Nordemann* in: Loewenheim/Meessen/Riesenkampff, § 1 GWB Rn. 94; *Mestmäcker/Schweitzer*, Europäisches Wettbewerbsrecht, § 8 Rn. 46; *Schroeder* in: Handbuch des Kartellrechts, § 8 Rn. 3; *Kling/Thomas*, Kartellrecht, § 4 Rn. 131; *Hannamann*, Kartellverbot und Verhaltenskoordinationen im Sport, S. 359; *Jänich*, GRUR 1998, 438, 440. Ebenso im Ergebnis *Roth/Ackermann* in: Frankfurter Kommentar, Grundfragen Art. 81 Abs. 1 EG Rn. 128, 295, welche die Frage allerdings dogmatisch am Unternehmensbegriff aufhängen.

52 EuGH Rs. 16/74 (*Centrafarm*), Slg. 1974, 1183 Rn. 32; EuGH Rs. 170/83 (*Hydrotherm*), Slg. 1984, 2999, Rn. 11 f.; EuGH Rs. C-73/95 P (*Viho*), Slg. 1996, 5457, Rn. 16 f.; OLG Stuttgart WuW/E OLG 2352, 2355; OLG Frankfurt WuW/E OLG 3600, 3601.

53 Das Merkmal der internen Aufgabenverteilung war früher für die Annahme des Konzernprivilegs notwendig. Nach neuerer Auffassung ist dies jedoch nicht mehr erforderlich, vgl. EuGH Rs. C-73/95 P (*Viho*), Slg. 1996, 5457, Rn. 13 ff.; *Bunte* in: Langen/Bunte, Europäisches Kartellrecht, Art. 81 Rn. 86; *Schroeder* in: Handbuch des Kartellrechts, § 8 Rn. 8; *Kling/Thomas*, Kartellrecht, § 17 Rn. 83; *Stopper*, ZWeR 2008, 412, 420 f.

kaufmännischer Überlegungen alleine nicht tätig geworden wären.[54] Es handelt sich daher in der Zusammenarbeit um eine Möglichkeit für das weitere Hinzutreten von Mitbewerbern, mithin um eine Form des „Mehr an Wettbewerb“ statt einer Wettbewerbsbeschränkung.[55]

Bezogen auf die untersuchungsgegenständlichen Idealvereine, vermag der letztgenannte Gedanke der Arbeitsgemeinschafts bereits auf den ersten Blick nicht generell zu greifen. Abgesehen von dem Umstand, dass der Arbeitsgemeinschaftsgedanke ökonomisch motiviert ist, wird eine Wettbewerbseröffnung im Hinblick auf die Tätigkeiten von Idealvereinen und damit eine Verbesserung der Wettbewerbsbedingungen regelmäßig ausscheiden und nur im Einzelfall, wie bei anderen Unternehmen des Kartellrechts auch, durchgreifen.[56] Ebenso kann der Gedanke des Konzernprivilegs im Ergebnis nicht übertragen werden. Zwar besteht aufgrund der vielfach bestehenden Verbandsorganisation mit vorgegebenen Satzungsstrukturen einerseits sowie aufgrund der Koordination innerhalb eines Vereins andererseits, eine zu einem Konzern mit seiner geschützten Konzerninnenorganisationssphäre[57] vergleichbare Situation.[58] Jedoch haben im Regelfall die einzelnen Mitglieder der Vereine und Verbände noch vielfache selbständige Möglichkeiten in ihrer wirtschaftlichen Betätigung. Dies zeigt sich sogar in dem am stärksten kommerzialisierten Bereich des Profisports.[59] Gleichwohl z.B. im Bereich der Fußball-Bundesligen eine zentrale Fernsehvermarktung stattfindet, sind die einzelnen Vereine außerhalb dieser Koordination in der Generierung ihrer Einnahmen, bestehend auch aus

---

54 BGH WuW/E BGH 2050, 2051 (*Bauvorhaben Schramberg*); *Emmerich* in: Immenga/Mestmäcker, Europäisches Wettbewerbsrecht, Art. 81 Abs. 1 EGV Rn. 159; *Nordemann* in: Loewenheim/Meessen/Riesenkampff, § 1 GWB Rn. 184; *Rittner/Dreher*, Europäisches und deutsches Wirtschaftsrecht, § 16 Rn. 68; *Heermann*, ZWeR 2009, 472, 485. Vgl. auch die Leitlinien der Kommission zur Anwendbarkeit von Artikel 81 EG-Vertrag auf Vereinbarungen über horizontale Zusammenarbeit, ABl. 2001 C 3/2, Rn. 24, 143.

55 Systematisch gesehen handelt es sich bei dieser Figur daher um den Grundgedanken und einen Teilaspekt der *rule of reason*.

56 Vgl. hierzu auch die zur Diskussion gebrachte Situation bei der Vermarktung von Fernsehrechten großer Sportveranstaltungen. Hierzu z.B. die Darstellung bei *Heermann*, ZWeR 2009, 472, 484 f. sowie unten in diesem Kapitel unter I. 4.

57 So *Schroeder* in: Handbuch des Kartellrechts, § 8 Rn. 6.

58 Dabei kann angesichts des Ergebnisses dahinstehen, ob es sich der Struktur nach im Einzelfall eher um Gleichordnungs- oder um Überordnungskonzerne, eventuell gar in der Form von Gemeinschaftsunternehmen handelt, und inwieweit das Konzernprivileg in diesen Strukturen überhaupt anwendbar ist. Vgl. zu Fragen der Zentralvermarktung der Fußball-Bundesliga nur *Heermann*, ZWeR 2009, 472, 490 ff.

59 A.A. *Blask*, Die Anwendbarkeit der Single-Entity-Theorie im professionellen Fußball, S. 186 ff., 198 ff., der von einer weitgehenden Leitungsmacht der DFL bei der Festlegung der Rahmenbedingungen und der Lizenzierung ausgeht. Handlungsspielräume seien einer dahingehenden Entscheidung der Verbände nach Effizienzgesichtspunkten geschuldet.

anderen Formen der Vermarktungsaktivitäten, frei.[60] Zu Recht spricht *Grätz* daher davon, dass die Sportverbände und ihre Mitglieder wirtschaftlich voneinander unabhängig seien.[61] Es besteht also allenfalls eine partielle wirtschaftliche Verhaltenskoordination, ohne jedoch gänzlich alle Freiheiten der Mitglieder einzuschränken. Dies ist im Übrigen weder im Interesse der Mitglieder noch der Vereine und entspräche nicht der Verbandsstruktur, wonach sich die Willensbildung von unten nach oben und nicht umgekehrt vollziehen soll. Eine solche Koordination ist allerdings der typische Fall eines verbotenen Kartells durch Vorgaben von Unternehmensvereinigungen.[62] Zudem fehlt die typische strukturelle Verflechtung zwischen Vereinen und Verbänden, zumal die Mitgliedschaft regelmäßig jederzeit ohne weitere rechtliche Beschränkungen wieder beendet werden kann.[63] Im Übrigen zeigt sich auch hier der wirtschaftliche Charakter dieses Ausnahmetatbestands, dem die Wahrung vereinsautonomer Belange allenfalls als Reflex beiwohnt – nämlich genau dann, wenn die wirtschaftliche Betätigung auch der Verfolgung des Vereinszwecks dient.

d) Die Beachtung außerwettbewerblicher Zielsetzungen im Kartellrecht

Die bisherigen Mittel der Tatbestandsreduktionen haben gemeinsam, dass sie das Kartellverbot aufgrund wirtschaftlicher Erwägungen, sei es wegen der Neutralität oder sogar Vorteilhaftigkeit der Handlungen für den Wettbewerb, einschränken. Die ideellen Zwecksetzungen der Vereine betreffen jedoch außerwettbewerbliche Aspekte. Zu deren Berücksichtigung bieten sich zwei generelle dogmatische Ansatzpunkte an: zum einen durch entsprechende teleologische Reduktion des Verbotstatbestandes und zum anderen durch Rechtfertigung einer eigentlich kartellrechtswidrigen Verhaltensweise. Beide Möglichkeiten sollen nachfolgend dargestellt werden. Davor muss jedoch geklärt werden, ob das Kartellrecht überhaupt die Beachtung außerwettbewerblicher Gründe ermöglicht.

---

60 Die mediale Verwertung der Bundesliga macht gerade einmal knapp 30 % der Gesamteinnahmen der 18 Bundesligisten aus, vgl. DFL Report 2011; erhältlich unter: http://static.bundesliga.de/media/native/autosync/dfl_bl_report_2011_fin_150dpi_deutsch.pdf; S. 26. Hierunter sind jedoch auch Einnahmen aus dem DFB-Pokal und den internationalen Wettbewerben mit verzeichnet. Vgl. zu den konzernrechtlich vorgetragenen Gründen einer Ausnahme der Zentralvermarktung vom Kartellverbot in diesem Kapitel unter I. 4. b) aa).

61 *Grätz*, Missbrauch der marktbeherrschenden Stellung durch Sportverbände, S. 146. Ebenso auch *Menzel*, Werbebeschränkungen im Sport, S. 89.

62 Zu Recht weist *Hannamann*, Kartellverbot und Verhaltenskoordinationen im Sport, S. 362, darauf hin, dass bei Annahme des Konzentrationsprivilegs für Verbände die tatbestandliche Erfassung des Merkmals Beschluss einer Unternehmensvereinigung ad absurdum geführt werde.

63 Vgl. auch *Hannamann*, Kartellverbot und Verhaltenskoordinationen im Sport, S. 361 und 366 f.

aa) Die Zulässigkeit der Geltendmachung außerwettbewerblicher Gründe

Eine ausdrückliche Möglichkeit zur Beachtung außerwettbewerblicher Gründe kennt weder der europäische noch der deutsche Kartellverbotstatbestand. Deshalb kann sich eine Zulässigkeit einer solchen Beachtung nur aus ungeschriebenen Grundsätzen heraus ergeben. Hierbei ist allerdings, parallel zur Frage der Bereichsausnahmen, darauf zu achten, dass die Wertungen des Kartellrechts nicht auf den Kopf gestellt werden. Mit anderen Worten: Außerwettbewerbliche Gründe dürfen nur bei Vorliegen zwingender Gründe im Rahmen ihrer Notwendigkeit zugelassen werden. Eine allgemeine Rechtsgüterabwägung – als umfangreiche *rule of reason* verstanden – ist daher abzulehnen.[64] Die Rechtspraxis hat dennoch die Wettbewerbsregeln weitgehend vor allem für Sicherheits- und Umweltaspekte sowie zur Förderung von Arbeitsplätzen geöffnet.[65] Ungeachtet der Frage, wo für diese Aspekte im Einzelnen die Grenze liegen mag, ergibt sich jedenfalls für die vereinsautonomen Zwecksetzungen eine Beachtungspflicht aus ihrer grundrechtlichen Verbürgung, so dass diese im Rahmen des kartellrechtlich relevanten Verhaltens von Idealvereinen sowohl auf nationaler wie auch auf unionsrechtlicher Ebene berücksichtigt werden müssen.

Der BGH ist seinem Beschluss zur Zentralvermarktung der UEFA-Cup-Spiele durch den DFB daher einen Schritt zu weit gegangen, indem er die sportpolitischen Aspekte der Zentralvermarktung ohne weitere Abwägung mit dem Argument vom Tisch gewischt hat, dass andernfalls das Ziel des Kartellrechts weitgehend verfehlt werden würde[66]. So richtig der Ansatz ist, eine generelle Ausnahme für ideelle Zwecksetzungen abzulehnen[67], so falsch ist jedoch auch deren komplette Nichtberücksichtigung. Diese Ansicht ist angesichts der Entscheidungspraxis der Unionsorgane und des Einflusses auf die §§ 1 f. GWB jedoch in heutiger Zeit als überholt anzusehen. So hat der EuGH in der Rechtssache *Wouters* entschieden, dass bei der Anwendung des Kartellverbots im Einzelfall der Gesamtzusammenhang des Zu-

---

64 *Nordemann* in: Loewenheim/Meessen/Riesenkampff, § 1 GWB Rn. 246; *Zimmer* in: Immenga/Mestmäcker, GWB, § 1 Rn. 201; *Roth/Ackermann* in: Frankfurter Kommentar, Grundfragen Art. 81 Abs. 1 EG Rn. 360; *Kling/Thomas*, Kartellrecht, § 17 Rn. 199. Der von *Fuchs*, ZWeR 2007, 369, 384, vorgebrachte Einwand, dass der EuGH mit der Rs. *Meca-Medina* nunmehr jeden legitimen außerwettbewerblichen Grund zur Rechtfertigung gelten lassen möchte, ist also mit so einer einschränkenden Betrachtung entschärft. Ebenso *Weihs*, Zentrale Vermarktung von Sportübertragungsrechten, S. 191 ff., die dies auch auf den Sportbereich ausdehnt, ohne dabei allerdings auf die grundrechtlich geschützte Vereinsautonomie einzugehen.

65 Vgl. z.B. Kommission v. 27.10.1992 (*Fußball-Weltmeisterschaft 1990*), ABl. 1992 L 326/31, Rn. 109 ff.; v. 08.12.1983 (*Carbon Gas Technologie*), ABl. 1983 L 376/17, 19; v. 23.12.1992 (*Ford/Volkswagen*), ABl. 1993 L 20/14, Rn. 36; EuGH Rs. 42/84 (*Remia*), Slg. 1985, 2545, Rn. 42; EuGH Rs. 26/76 (*Metro I*), Slg. 1977, 1875, Rn. 43. BKartA WuW/E BKartA 145, 149 ff. (*Doppelstecker*), BKartA WuW/E BKartA 370 ff. (*Handfeuerlöscher*).

66 BGHZ 137, 297, 304 f. (*Europapokalheimspiele*).

67 Hierzu schon im 4. Kap. II. 3. c).

standekommens, die Wirkungen und insbesondere die Zielsetzung mit zu würdigen sind.[68] Dies wurde konsequenterweise in der Rechtssache *Meca-Medina* auch auf sportpolitische Belange bei der Dopingbekämpfung angewandt.[69] Auch die Kommission würdigte ökonomische Belange des Sports bei der Beurteilung der Zentralvermarktung der UEFA Champions League, versuchte dies allerdings dogmatisch nicht über eine Reduktion des Tatbestandes, sondern über eine Anwendung von Art. 81 Abs. 3 EGV (entspricht heute Art. 101 Abs. 3 AEUV).[70] Diese Entscheidungspraxis ist mit Blick auf den Gehalt der Vereinsautonomie folgerichtig. Denn eine Ausblendung der vereinsautonomen Belange zugunsten wettbewerbspolitischer Aspekte kann genauso wenig durchgreifen, wie eine Beachtung der Vereinsautonomie unter Nichtbeachtung der Anforderungen des Kartellrechts[71]. Zielsetzung für die weiteren Ausführungen ist also ein Ausgleich dieser beiden oftmals widerstrebenden Zielsetzungen.[72]

Der von *Fuchs* vorgebrachte Einwand, mit der Beachtung außerwettbewerblicher Gesichtspunkte maße sich der EuGH eine Prüfungskompetenz auch in jenen Bereichen zu, in denen ihm unionsrechtlich die Sachkompetenz fehle[73], vermag demgegenüber nicht zu überzeugen. Der Sache nach geht es nämlich nicht um eine Beurteilung der außerwettbewerblichen Zielsetzungen, sondern um eine Begrenzung der Vorschriften des Kartellrechts. Dies hat bisweilen sogar den Effekt, dass außerwettbewerbliche Sachbereiche nicht durch eine zu weite Anwendung des eigentlich sachfremden Kartellrechts überstülpt werden.

bb) Tatbestandsrestriktion aufgrund des Immanenzgedankens

Der Immanenzgedanke – ein Begriff der vorwiegend im deutschen Recht genutzt wird, aber europarechtlich in der Sache genauso zum Tragen kommt[74] – beschreibt die Praxis, wettbewerbsbeschränkende Verhaltensweisen mit der Begründung aus

---

68 EuGH Rs. C-309/99 (*Wouters*), Slg. 2002, I-1577, Rn. 97.

69 EuGH Rs. C-519/04 P (*Meca-Medina*) Slg. 2006, I-6991, Rn. 42 ff.

70 Entscheidung der Kommission v. 23.07.2003 (*UEFA Champions League*), ABl. 2003 L 291/25, Rn. 131. Ebenso die Entscheidung der Kommission der Sache *Piau*, wiedergegeben im Urteil des EuG Rs. T-193/02 (*Piau*), Slg. 2005, II-209, Rn. 22, welche vom EuG bestätigt wurde, vgl. Rn. 100 ff.; Demgegenüber rechtfertigte die Kommission das Verbot der „Multiple Ownership" von Sportvereinen in UEFA-Klubwettbewerben nach den *Wouters*-Kriterien auf Basis des Art. 81 Abs. 1 EGV (nunmehr Art. 101 Abs. 1 AEUV), vgl. Entscheidung der Kommission v. 25.06.2002 (*ENIC/UEFA*), COMP/37806, Rn. 31 ff. (unveröffentlicht, erhältlich unter: http://ec.europa.eu/competition/antitrust/cases/dec_docs/37806/37806_7_3.pdf).

71 So die Befürchtung von *Fuchs*, ZWeR 2007, 369, 383 f.

72 Ebenso: *Heermann*, ZWeR 2009, 472, 481.

73 *Fuchs*, ZWeR 2007, 369, 384.

74 Terminologisch ist dabei freilich vieles unklar, was darin begründet liegt, dass versucht wird, verschiedene Aspekte von Tatbestandsrestriktionen unter einheitliche Begriffe zu fassen.

dem Verbotstatbestand des Kartellverbots herauszunehmen, dass sie zur Durchführung einer an sich kartellrechtsneutralen Vereinbarung erforderlich sind.[75] Ausgangspunkt hierfür ist in der unionsrechtlichen Betrachtung die Figur der *ancillary restraints*. In seinem engen Verständnis umfasst der Begriff wettbewerbsbeschränkende Nebenabreden zu schuldrechtlichen Verträgen, ohne welche die kartellrechtsneutrale Vereinbarung nicht durchgeführt werden kann. So sind vor allem angemessene Wettbewerbsverbote in Austauschverträgen, z.B. bei Unternehmensveräußerungsverträgen, als nicht dem Kartellverbot unterfallend angesehen worden.[76] Ähnliches gilt für selektive Vertriebssysteme in Franchiseverträgen[77] sowie im Rahmen des sog. Genossenschaftsprivilegs.[78] Diese Beispiele zeigen, dass es sich bei der Immanenztheorie vor allem darum handelt, wirtschaftlich erwünschten Handelsaustausch, und insoweit wettbewerbsfördernde Wirkungen, nicht mit einer rigiden und deshalb sinnlosen Anwendung des Kartellrechts zu unterbinden.[79] Dogmatisch steht die Immanenztheorie bzw. die Lehre von den *ancillary restraints* damit der *rule of reason* nahe.[80]

Dennoch lässt sich dieser primär wirtschaftliche Gedanke seiner Struktur nach auch auf außerwettbewerbliche Zielsetzungen übertragen. Voraussetzungen dafür sind:

---

75 EuG Rs. T-112/99 (*M6*), Slg. 2001, II-2459, Rn. 104; BGH WuW/E 2285, 2288 (*Spielkarten*); BGH WuW/E BGH 3115, 3118 (*Druckgußteile*); BGH WuW/E BGH 2285, 2288 (*Spielkarten*); BGH WuW/E BGH 3121, 3125 (*Bedside-Testkarten*); BGH WuW/E DE-R 131, 133 (*Subunternehmervertrag*); Leitlinien der Kommission zur Anwendung von Artikel 81 Absatz 3 EG-Vertrag, ABl. 2004 C 101/97, Rn. 29; *Pohlmann* in: Frankfurter Kommentar, Grundfragen Art. 81 Abs. 3 EG Rn. 118; *Mestmäcker/Schweitzer*, Europäisches Wettbewerbsrecht, § 7 Rn. 58; *Emmerich*, Kartellrecht, § 4 Rn. 53.

76 EuGH Rs. 42/85 (*Remia*), Slg. 1985, 2545, Rn. 19 f.; *Bunte* in: Langen/Bunte, Europäisches Kartellrecht, Art. 81 Rn. 175 ff.; *Emmerich* in: Immenga/Mestmäcker, Europäisches Wettbewerbsrecht, Art. 81 Abs. 1 EGV Rn. 182; *Kling/Thomas*, Kartellrecht, § 4 Rn. 143; *Lettl*, Kartellrecht, § 2 Rn. 115.

77 EuGH Rs. 161/84 (*Pronuptia*), Slg. 1986, 353, Rn. 16 ff.; Leitlinien der Kommission zur Anwendung von Artikel 81 Absatz 3 EG-Vertrag, ABl. 2004 C 101/97, Rn. 31; *Lettl*, Kartellrecht, § 2 Rn. 116.

78 EuGH Rs. C-250/92 (*Gøttrup-Klim*), Slg. 1994, I-5641, Rn. 31 ff.; BGH WuW/E BGH 2271, 2273 (*Taxigenossenschaft*); *Bunte* in: Langen/Bunte, Europäisches Kartellrecht, Art. 81 Rn. 178.

79 *Zimmer* in: Immenga/Mestmäcker, GWB, § 1 Rn. 176; *Möschel*, Recht der Wettbewerbsbeschränkungen, Rn. 204; *Fritzsche*, ZHR 160 (1996), 31, 56 f.

80 Gleichwohl gehen EuG und Kommission davon aus, dass insbesondere die Beurteilung von Nebenabreden scharf von der Abwägung wettbewerbsfördernder und wettbewerbsbeschränkender Aspekte im Rahmen des Art. 101 Abs. 3 AEUV zu trennen ist, vgl. EuG Rs. T-112/99 (*M6*), Slg. 2001, II-2459, Rn. 107; Leitlinien der Kommission zur Anwendung von Artikel 81 Absatz 3 EG-Vertrag, ABl. 2004 C 101/97, Rn. 30.

(1) Die außerwettbewerbliche Zielsetzung muss kartellrechtsneutral sein. Diese Voraussetzung ist angesichts des außerwettbewerblichen Charakters regelmäßig erfüllt.

(2) Die kartellrechtlich zweifelhafte Verhaltensweise ist zur Erfüllung des außerwettbewerblichen Zwecks geeignet und zwingend erforderlich.

(3) Die Verhaltensweise ist auch im Einzelfall angemessen.

Dies sind die regelmäßig drei Schritte, die der Immanenztheorie entnommen werden können. Dazu kommt für außerwettbewerbliche Zielsetzungen noch deren Notwendigkeit, diese im Rahmen des Kartellrechts aufgrund vorrangiger oder zumindest gleichrangiger Erwägungen zu beachten. Diese Prüfung muss den drei Prüfungsschritten vorausgeschaltet sein.

Der Sache nach hat der EuGH mit den *Wouters*-Kriterien eine derartige Prüfung etabliert, wenn er von der Würdigung der Zielsetzung sowie der Notwendigkeit der wettbewerbsbeschränkenden Handlung zur Verfolgung dieses Ziels spricht[81], und diese in der Rechtssache *Meca-Medina* weiter präzisiert.[82] Hinsichtlich der Prüfungspunkte Erforderlichkeit und Angemessenheit ist dabei den Vereinen ein gewisser Beurteilungsspielraum zuzugestehen.[83]

Eine solche Struktur wird in der Tat den Bedürfnissen sowohl des Kartellrechts als auch der ideellen Zwecksetzungen gerecht, da der Ausgleich, der auf abstrakter Ebene zwischen beiden Gebieten gefordert wird[84], im konkreten Einzelfall sachgerecht umgesetzt wird. Eine Beurteilung, die sich anhand der Punkte Zielsetzung, Geeignetheit, Erforderlichkeit und Verhältnismäßigkeit orientiert, hat sich zudem auch bei der Kollision mit den Grundfreiheiten als richtig und als vom Gerichtshof im Ergebnis betriebene Praxis herausgestellt.[85]

---

81 EuGH Rs. C-309/99 (*Wouters*), Slg. 2002, I-1577, Rn. 97.

82 Vgl. zudem die Entscheidung der Kommission v. 25.06.2002 (*ENIC/UEFA*), COMP/37806, Rn. 31 ff. (unveröffentlicht, erhältlich unter: http://ec.europa.eu/competition/antitrust/cases/dec_docs/37806/37806_7_3.pdf), in welcher die Kommission das Verbot der „Multiple Ownership" in den UEFA-Klubwettbewerben ebenfalls anhand der Wouters-Kriterien rechtfertigt.

83 *Hannamann*, Kartellverbot und Verhaltenskoordinationen im Sport, S. 375 und 376 f.; *Schürnbrand*, ZWeR 2005, 396, 407, will den Umfang des Gestaltungsspielraums abhängig davon beurteilen, inwieweit der Kernbereich der Vereinsautonomie betroffen ist. Zu den Auswirkungen im Hinblick auf die hier vertretene Stufen-Theorie vgl. in diesem Kapitel unter I. 2. d) ee).

84 Vgl. 4. Kap. I.

85 Siehe oben im 2. Kap. unter II. 1. d) und e).

cc) Der Freistellungstatbestand

Art. 101 Abs. 3 AEUV und der inhaltsgleiche § 2 Abs. 1 GWB[86] vervollständigen das System des Kartellverbotes mit Legalausnahme. Sofern die Voraussetzungen erfüllt sind, unterfallen die an sich kartellrechtlich verbotenen Maßnahmen nach Art. 101 Abs. 1 AEUV bzw. § 1 GWB nicht dem Kartellverbot, ohne dass es eine entsprechende Freistellung im Einzelfall durch die Kartellbehörden bedurfte. Dies ist im nationalen Gesetz in § 2 Abs. 1 GWB („[…] freigestellt sind […]") ausdrücklich geregelt. Im Unionsrecht ergibt sich dies trotz des Wortlautes von Art. 101 Abs. 3 AEUV („ […] können für nicht anwendbar erklärt werden […]") aus Art. 1 Abs. 2 VO 1/2003, wonach es für die Freistellung vom Verbot keiner vorherigen Entscheidung bedarf.[87]

Ansatzpunkt für die Freistellung ist die Überlegung, dass wettbewerbsbeschränkende Verhaltensweisen im Einzelfall volkswirtschaftliche Vorteile haben können.[88] Sofern diese Effizienzgewinne der Marktgegenseite angemessen zur Verfügung gestellt werden, die Beschränkungen für die Zielverwirklichung unerlässlich sind sowie nicht den Wettbewerb ausschalten, sollen sie kartellrechtlich unbedenklich sein.

Der Sache nach ähnelt der Freistellungstatbestand damit der Prüfung nach den Grundsätzen des Immanenzgedankens nach den *Wouters*-Kriterien.[89] Auch hier werden wettbewerbsbeschränkende Maßnahmen wegen ihrer gesamtwirtschaftlichen Vorteilhaftigkeit aus dem Kartellverbot herausgenommen, was die entsprechende Zielsetzung darstellt. Das Erfordernis der Unerlässlichkeit spricht sodann den Verhältnismäßigkeitsgrundsatz an und stellt die Frage, ob zur Erreichung der Vorteile weniger wettbewerbsbeschränkende Lösungen zur Verfügung stehen.[90] Als

---

86 *Bunte* in: Langen/Bunte, Deutsches Kartellrecht, § 2 Rn. 2; *Fuchs* in: Immenga/Mestmäcker, GWB, § 2 Rn. 1; *Emmerich*, Kartellrecht, § 22 Rn. 5.

87 Die Rechtmäßigkeit des Übergangs zur Legalausnahme durch Rechtsakt der Kommission, der sich insoweit prima facie über den Wortlaut des Art. 101 Abs. 3 AEUV hinwegsetzt ist zweifelhaft, vgl. hierzu eingehend einerseits *Mestmäcker/Schweitzer*, Europäisches Wettbewerbsrecht, § 13 Rn. 10 ff. und andererseits *Pohlmann* in: Frankfurter Kommentar, Grundfragen Art. 81 Abs. 3 EG Rn. 79 ff.

88 *Pohlmann* in: Frankfurter Kommentar, Grundfragen Art. 81 Abs. 3 EG Rn. 34; *Fuchs* in: Immenga/Mestmäcker, GWB, § 2 Rn. 4; *Bunte* in: Langen/Bunte, Deutsches Kartellrecht, § 2 Rn. 26; *Lettl*, Kartellrecht, § 2 Rn. 175. Leitlinien der Kommission zur Anwendung von Artikel 81 Absatz 3 EG-Vertrag, ABl. 2004 C 101/97, Rn. 33.

89 Zu Recht stellt *Heermann*, WuW 2009, 394, 407, daher fest, dass einzelne Tatbestandsmerkmale des Art. 81 Abs. 3 EGV (entspricht jetzt 101 Abs. 3 AEUV), teilweise in modifizierter Form und teilweise unmittelbar, in den auf den *Wouters*-Kriterien beruhenden *Meca-Medina*-Test eingeflossen sind.

90 *Bunte* in: Langen/Bunte, Deutsches Kartellrecht, § 2 Rn. 46; *Mestmäcker/Schweitzer*, Europäisches Wettbewerbsrecht, § 13 Rn. 63; *Kling/Thomas*, Kartellrecht, § 4 Rn. 188; *Emmerich*, Kartellrecht, § 8 Rn. 23; *Lettl*, Kartellrecht, § 2 Rn. 186.

absolute Schranke gibt der Freistellungstatbestand vor, dass trotz der Einschränkung ein funktionsfähiger Wettbewerb bestehen bleiben muss.[91]

Den Wettbewerbsbehörden verbleibt also innerhalb der gegebenen Grenzen eine Möglichkeit, an sich wettbewerbsbeschränkende Vereinbarungen wegen ihrer ökonomischen Vorteilhaftigkeit als unbedenklich anzusehen. Damit ist allerdings zugleich die Grenze aufgezeigt: Der geschriebene Freistellungstatbestand ist ausschließlich wettbewerbsbezogen zu verstehen. Für die Berücksichtigung außerwettbewerblicher Gründe verbleibt, zumal nach dem Übergang zum Legalausnahmesystem, grundsätzlich kein Platz.[92] Somit können vereinsautonome Gesichtspunkte dem Wortlaut nach allenfalls dann berücksichtigt werden, wenn sie selbst zu ökonomischen Vorteilen führen.[93] Zu klären ist im Folgenden jedoch, ob nicht dem Rechtfertigungstatbestand ein verallgemeinerungsfähiger Rechtsgedanke einer allgemeinen Rechtfertigung zu entnehmen ist.

dd) Die Vorzüge einer Rechtfertigungslösung

Der EuGH geht auf Basis der eben angesprochenen *Wouters*-Kriterien davon aus, dass für Regelungen der Sportverbände eine Beachtung der Zielsetzung des Beschlusses auf Ebene des Tatbestandes bei der Frage der Wettbewerbsbeschränkung stattzufinden hat.[94] Die Formulierung des Gerichtshofs in Anlehnung an die Rechtssache *Wouters*, wonach der Gesamtzusammenhang, in dem der Beschluss zustande gekommen ist, und insbesondere seine Zielsetzung zu würdigen sei, sodann die Notwendigkeit zur Verfolgung der Ziele und hiernach die Verhältnismäßigkeit der Maßnahme zu prüfen sei, wird als dreistufiger Test bezeichnet[95]: Legitime Zielsetzung, Notwendigkeit und Verhältnismäßigkeit des Beschlusses. Auch in der Literatur wird überwiegend vertreten, dass im Bereich des Sports dessen besondere Belange – welche wie gezeigt sportspezifische Ausprägungen der allgemeinen Vereinsautonomie sind, so dass sich die Erwägungen hierzu auf die Vereinsau-

---

91 EuGH Rs. 26/76 (*Metro/Saba I*), Slg. 1977, 1875, Rn. 20; *Emmerich*, Kartellrecht, § 8 Rn. 25.

92 *Schwarze/Weitbrecht*, Grundzüge des europäischen Kartellverfahrensrechts, § 2 Rn. 19; *Schürnbrand*, ZWeR 2005, 396, 407; *Schwarze/Hetzel*, EuR 2005, 581, 594; *Fuchs*, ZWeR 2007, 369, 384. A.A. *Tyrolt*, Sportschiedsgerichtsbarkeit, S. 198, der der Meinung ist, sportspezifische Rechtfertigungsgründe ließen sich zwanglos als schutzwürdige Zwecke in Art. 81 Abs. 3 EGV (= Art. 101 Abs. 3 AEUV) einordnen. Schon rein sprachlich wird man aber rein sportspezifische Gründe nur schwer unter die Merkmale der Verbesserung der Warenerzeugung oder der Förderung des technischen oder wirtschaftlichen Fortschritts subsumieren können.

93 Dies kommt bei der Zentralvermarktung von Fernsehereignissen in Betracht, vgl. hierzu in diesem Kapitel unter I. 4. c) cc).

94 Vgl. EuGH Rs. C-519/04 P (*Meca-Medina*) Slg. 2006, I-6991, Rn. 42. Siehe auch Kommission v. 13.10.2009 (*Guillermo Cañas*), COMP/39471, Rn. 32.

95 *Heermann*, WuW 2009, 394, 402 f.; *ders.* auch in ZWeR 2009, 472, 479 f. und WRP 2009, 285, 288; *Bagger*, Die kartellrechtlichen Grenzen bei der Vergabe von Bundesligaübertragungsrechten, S. 203.

tonomie insgesamt übertragen lassen – mittels der Immanenztheorie zu beachten sind.[96]

Gegen eine Beachtung der Belange auf der Tatbestandsebene ist allerdings vorzubringen, dass eine solche die Systematik zwischen Tatbestand und Rechtfertigung verwischt.[97] Dies wird besonders anschaulich, wenn in diesem Zusammenhang von einem tatbestandsimmanenten Rechtfertigungsgrund gesprochen wird.[98] Eine Tatbestandsrestriktion auf Basis einer normativen Betrachtung des Merkmals der Wettbewerbsbeschränkung kann allenfalls in Ausnahmefällen zulässig sein, wie schon die Existenz der Freistellungstatbestände zeigt. Ein solcher Fall können Verhaltensweisen sein, die wettbewerbsbeschränkend sind, allerdings der an sich erwünschten wirtschaftlichen Tätigkeit notwendig immanent sind. Außerwettbewerbliche Gründe fallen hierunter nicht.

Die Kommission versucht dagegen die Gründe für eine Zentralvermarktung von Sportfernsehrechten im Rechtfertigungstatbestand des Art. 101 Abs. 3 AEUV zu berücksichtigen.[99] Für eine direkte Anwendung einer Beachtung der vereinsautonomen Belange erscheint diese Konstruktion allerdings nicht generell geeignet, da sie die Gefahr der Überdehnung des an ökonomischen Rechtfertigungsgründen anknüpfenden Wortlauts mit sich bringt.[100] Gerade die Einstufung einer zeitnahen Ausstrahlung der Zusammenfassung der Bundesliga-Spiele als angemessene Beteiligung der Verbraucher am Gewinn des wirtschaftlichen Fortschritts erscheint in diesem Zusammenhang zweifelhaft.[101] Der geschriebene Freistellungstatbestand kann also nur da greifen, wo es um sportökonomische Besonderheiten[102] geht, also vereinsautonome Belange positive wirtschaftliche Auswirkungen haben. Hierzu

96 Siehe nur *Nordemann* in: Loewenheim/Meessen/Riesenkampff, § 1 GWB Rn. 241; *Hannamann*, Kartellverbot und Verhaltenskoordinationen im Sport, S. 373; *Adolphsen*, Internationale Dopingsperren, S. 185 ff. (für Dopingregelungen im Sport); *Mentzel*, Solidarität im professionellen Fußballsport versus europäisches Wettbewerbsrecht, S. 96; *Buch*, WuW 2005, 266, 267; *Deutscher*, SpuRt 2009, 97, 99 f.; *Fleischer*, WuW 1996, 473, 480 ff.; *Schürnbrand*, ZWeR 2005, 396, 406; *Wertenbruch*, ZIP 1996, 1417, 1421 ff.; Ähnlich *Bunte* in: Langen/Bunte, Deutsches Kartellrecht, Sonderbereich Sport, Rn. 19 ff., der die Kriterien zwar im Rahmen der Tatbestandsprüfung anwenden möchte, hierbei aber dogmatisch nicht auf den Immanenzgedanken zurückgreift.

97 Ebenso kritisch: *Klees*, EuZW 2008, 391, 393, der allerdings im Ergebnis aus pragmatischen Gründen für eine Tatbestandsrestriktion dieser Art ist.

98 *Heermann*, ZWeR 2009, 472, 479; *Tyrolt*, Sportschiedsgerichtsbarkeit, S. 198; *Bagger*, Die kartellrechtlichen Grenzen bei der Vergabe von Bundesligaübertragungsrechten, S. 201.

99 Vgl. hierzu ausführlich die Darstellung in diesem Kapitel unter Punkt I. 4. c) cc).

100 Kritisch auch *Heermann*, WuW 2009, 394, 406 und *Bagger*, Die kartellrechtlichen Grenzen bei der Vergabe von Bundesligaübertragungsrechten, S. 206 (je zum Bereich des Sports).

101 Vgl. die Entscheidungen des BKartA zur zeitnahen Aussendung der Bundesligazusammenfassung 2008 und 20. Juni 2011; Kritisch auch: *Stopper*, ZWeR 2008, 412, 418 f.; *Bunte* in: Langen/Bunte, Deutsches Kartellrecht, Sonderbereich Sport, Rn. 39.

102 Vgl zu diesem Begriff *Heermann*, ZWeR 2009, 472, 474 ff.

kann die Zentralvermarktung der Übertragungsrechte zur Erschaffung eines marktfähigen Produkts Gesamtwettbewerb gehören, wenn die Steigerung der Attraktivität der Spiele als wirtschaftlicher Fortschritt angesehen wird.[103]

Problematisch ist also, dass für eine Beachtung außerwettbewerblicher Zielsetzungen an sich die Rechtfertigungsebene der richtige Platz ist, die geschriebenen Rechtfertigungsgründe allerdings von ihrem Wortlaut her nicht auf solche Fallgestaltungen passen. Anknüpfend an den Gedanken einer zweistufigen Prüfung soll hier das Konzept eines ungeschriebenen Rechtfertigungstatbestands[104] als Lösung dargestellt werden, der dann greift, wenn das Kartellrecht selbst keine Lösung zur Beachtung außerwettbewerblicher, aber notwendig zu beachtender Zielsetzungen schafft. Damit sind zugleich die beiden restriktiven Anwendungsvoraussetzungen dargestellt: Erstens ist der Rechtfertigungstatbestand subsidiär gegenüber den Instrumenten des Kartellrechts. Und zweitens darf der Rechtfertigungstatbestand nicht in einer Weise verstanden werden, dass er Ergebnisse des Kartellrechts in jeder Beziehung konterkarieren und einer normativen Kontrolle unterwerfen soll. Vielmehr können ausschließlich Gründe berücksichtigt werden, deren Beachtung zwingend vorgeschrieben ist, wie beispielsweise die grundrechtlich geschützte Vereinsautonomie zur Wahrung freier Entscheidungssphären innerhalb von Verbänden und Vereinen.

Hinsichtlich des Rechtfertigungstatbestandes gelten die Voraussetzungen, die im Rahmen des geschriebenen Rechtfertigungstatbestandes und der Immanenztheorie ihrem grundsätzlichen Rechtsgedanken nach aufgezeigt wurden: Legitime Zielsetzung (also vereinsautonome Zielsetzung), Notwendigkeit der Maßnahme zur Erfüllung der Zielsetzung und Verhältnismäßigkeit der Maßnahme im Sinne eines Ausgleichs zwischen Vereinsautonomie und den wettbewerbspolitischen Zwecksetzungen des Kartellrechts, ganz im Sinne der Figur der praktischen Konkordanz. Dabei ist dem der Vereinsautonomie innewohnenden Gestaltungsspielraum der Vereine ein entsprechendes Gewicht beizumessen, ohne dass damit gesagt wäre, dass diese sich immer gegen die wirtschaftlichen Regelungen des Kartellrechts durchzusetzen hätten.[105]

Dies sind exakt die Kriterien des *Meca-Medina*-Tests auf Rechtfertigungsebene. Dass dieser auf dieser Ebene durchgeführt wird, hat seinen Grund darin, dass eine dogmatisch unterschiedliche Beurteilung, je nachdem, ob es sportökonomische Grün-

---

103 *Hellmann* in: Frankfurter Kommentar, Sonderbereiche Sport Rn. 76; *Schürnbrand*, ZWeR 2005, 396, 410; *Wertenbruch*, ZIP 1996, 1417, 1424.

104 Von einem ungeschriebenen Rechtfertigungsgrund sprechen auch *Wiedemann* in: Handbuch des Kartellrechts, § 2 Rn. 3a und *Schroeder*, SpuRt 2005, 23, 24. Beide meinen jedoch damit eine Einschränkung des Tatbestandsmerkmals der Wettbewerbsbeschränkung, also eine Tatbestandsrestriktion.

105 *Heermann*, WuW 2009, 394, 404. Vgl. auch sogleich in diesem Kapitel unter I. 2. d) ee).

de für die Anwendung des Art. 101 Abs. 3 AEUV bzw. § 2 Abs. 1 GWB gibt oder nicht, kaum praktikabel erscheint. Zudem besteht das Paradoxon, dass man erst auf die Rechtfertigungstatbestände abstellen müsste, um sodann, wenn hierüber keine Rechtfertigung möglich ist, für die Beachtung der vereinsautonomen Belange wieder auf die Ebene des Tatbestandes für eine mögliche Restriktion zurückspringen zu müssen. Eine Rechtfertigungslösung hätte im Übrigen den Vorteil eines Gleichklangs mit der Kollisionslösung im Rahmen der Grundfreiheiten zur Folge.[106] Wie gezeigt, werden dort nämlich die Belange des Sports, also vereinsautonome Zwecksetzungen, im Rahmen der Rechtfertigungsprüfung beachtet, wobei vor allem hinsichtlich des grundrechtlichen Gehalts der Vereinsautonomie an das Merkmal der zwingenden Erfordernisse des Gemeinwohls im Sinne der *Cassis*-Rechtsprechung des EuGH angeknüpft werden kann. Eine Rechtfertigung im Rahmen zwingender Gründe des Allgemeinwohls stellt hier auch einen ungeschriebenen Rechtfertigungstatbestand dar, der unter Wahrung des Verhältnismäßigkeitsprinzips zu einer Einschränkung der Grundfreiheiten führen kann.[107] Das Modell eines ungeschriebenen Rechtfertigungsgrundes ist daher nach Einführung des Legalausnahmesystems im Rahmen von Art. 101 Abs. 3 AEUV der bis dahin notwendigen normativen Tatbestandsrestriktion zur Beachtung und Rechtfertigung legitimer wettbewerblicher und außerwettbewerblicher Gründe vorzuziehen.

e) Einbau der Drei-Stufen-Theorie in den Abwägungsvorgang

Für die hier vorgeschlagene Einordnung von Vereinstätigkeiten in Stufen bedeuten die soeben dargelegten Befunde folgendes:

Für die vereinsautonomen Tätigkeiten der *ersten Stufe* muss eine Rechtfertigungslösung nicht bemüht werden, da diese bereits keine wirtschaftliche Tätigkeiten darstellen und daher tatbestandlich die Anwendbarkeit des Kartellrechts scheitert.

Anders ist der Fall für die Tätigkeiten der *zweiten und dritten Stufe*. Hier findet das Kartellrecht prinzipiell Anwendung, so dass für die Berücksichtigung der Belange allenfalls eine Rechtfertigung aufgrund Verfolgung eines kartellrechtsfreien Zwecks stattfinden kann. Hierbei sind zunächst die bekannten ökonomisch motivierten Möglichkeiten der Tatbestandsrestriktionen und der Rechtfertigung nach Art. 101 Abs. 3 AEUV bzw. § 2 Abs. 1 GWB zu durchlaufen. Erst danach kann eine Rechtfertigung aufgrund vereinsautonomer ideeller Zwecksetzung im Rahmen eines ungeschriebenen Rechtfertigungstatbestands geschehen. Dabei sind vor allem den Merkmalen der Notwendigkeit sowie der Verhältnismäßigkeit besondere Bedeu-

106 Vgl. auch *Wiedemann* in: Handbuch des Kartellrecht, § 2 Rn. 3a.

107 Vgl. hierzu ausführlich oben 2. Kap. I. 1. d) und e). Die Verwandtschaft der *Meca-Medina*-Kriterien zu den *Donà*-Kriterien, welche der Sache nach Rechtfertigungskriterien entsprechen, hat auch *Grätz*, Missbrauch der marktbeherrschenden Stellung durch Sportverbände, S. 76, herausgearbeitet. Siehe hierzu auch *Streinz*, SpuRt 1998, 89, 90.

tungen beizumessen, da sich zumeist hier die entscheidenden Abwägungsaspekte finden lassen werden.

Hierbei ist sodann zwischen der zweiten und dritten Stufe der Vereinstätigkeiten zu unterscheiden. Im Rahmen der Tätigkeiten der *zweiten Stufe* ist den Vereinen nämlich wegen des überwiegenden Maßstabs der Vereinsautonomie im Rahmen der Prüfung der Notwendigkeit ein Beurteilungsspielraum zuzubilligen[108], der dem Gehalt freier Entscheidungsfindung zur Verwirklichung des Vereinszwecks[109] entspricht. Bei der anschließenden Verhältnismäßigkeitsprüfung ist zudem im Zweifelsfall der Vereinsautonomie das höhere Gewicht beizumessen, so dass regelmäßig nur besonders massive Wettbewerbsbeschränkungen eine Einschränkung der Vereinsautonomie zu begründen vermögen.

Demgegenüber ist bei den Tätigkeiten der *dritten Stufe* der weniger starke Gehalt der Vereinsautonomie zu beachten. Hier müssen sich die Ergebnisse regelmäßig mit den normalen kartellrechtlichen Beurteilungen der Tätigkeit decken, da auf dieser Stufe die entsprechenden Grundrechte den Maßstab vorgeben. Dies bedeutet zum einen, dass der Beurteilungsspielraum im Rahmen der Erforderlichkeitsprüfung eingeschränkt ist, und zum anderen, dass sich bei der Abwägung zumeist die kartellrechtliche Zielsetzung durchsetzen muss. Gerade für die Tätigkeiten der dritten Stufe können allerdings ideelle Zwecksetzungen auch zu Vorteilen für den Wettbewerb führen. Sofern dann der Freistellungstatbestand einschlägig ist, erübrigt sich eine weitere Prüfung im Hinblick auf die Vereinsautonomie.

Die vorstehenden Erwägungen sollen nachfolgend in zwei Beispielen aus dem Bereich des Sports veranschaulicht werden.

3. Die Regelungen zu Dopingvergehen im Sport

In besonderem Maße bedeutend ist die rechtliche Beurteilung von Regelungen zu Sperren aufgrund Dopingvergehens eines Sportlers. Da Regelungen zum Verbot der Einnahme leistungssteigernder Substanzen samt Sanktionsmöglichkeiten für die Integrität der Wettbewerbe und im Hinblick auf den Profisport auch für die Vermarktungsfähigkeit einerseits notwendig sind[110], aber andererseits einen großen Eingriff in die sportliche und für einen Profisportler auch wirtschaftliche Betäti-

---

108 Vgl. zum Gestaltungsraum auch *Hannamann*, Kartellverbot und Verhaltenskoordinationen im Sport, S. 375; *Schürnbrand*, ZWeR 2005, 396, 407.

109 Vgl. zum grundrechtlichen Schutz dieser Gewährleistung *Steiner*, Die Autonomie des Sports, S. 30 und vorstehend 1. Kap. III. 3. b).

110 EuG Rs. T-313/02 (*Meca-Medina*), Slg. 2004, II-3291, Rn. 44; LG Köln, SpuRt 2007, 30, 37; *Adolphsen*, Internationale Dopingstrafen, S. 26; *Tyrolt*, Sportschiedsgerichtsbarkeit, S. 204; *Haas/Prokop*, JR 1998, 45, 47; *Fleischer*, WuW 1996, 473, 481; *Menzel*, WRP 2002, 810, 813; *Summerer* in: Praxishandbuch Sportrecht, S. 633.

gungsfreiheit darstellen, sind diese Regelungen nach der hier aufgestellten Stufentheorie auf der zweiten Stufe einzuordnen.[111]

Damit ist freilich noch nichts darüber gesagt, ob der Verbotstatbestand des Art. 101 Abs. 1 AEUV bzw. § 1 GWB tatbestandlich erfüllt ist. Allerdings ist gerade mit Blick auf das mit einer Dopingsperre zusammenhängende faktische Berufsverbot für die Sportler, die in Ausübung ihrer Sportart wirtschaftlich tätig werden und daher als Unternehmen angesehen werden müssen, der wirtschaftliche Charakter der Regelung als Zugangsbeschränkung offensichtlich.[112] Der Erlass der Dopingregelungen stellt somit einen Beschluss der internationalen Sportverbände als Unternehmensvereinigungen bzw. wenn man darauf abstellt, dass Mitglieder in den internationalen Verbänden nur nationale Verbände sein können, jedenfalls als Vereinigungen von Unternehmensvereinigungen dar.[113] Darüber hinaus könnten die internationalen Sportverbände auch gleichzeitig Unternehmen sein. Dies gilt jedenfalls dann, wenn diese selbst Wettkämpfe veranstalten und vermarkten.[114] Für eine Anwendung des Art. 101 Abs. 1 AEUV bleibt dann aber die Frage der Vereinbarung schwierig zu beantworten. Denn selbst wenn man mit Blick auf die Mitgliedschaft nationaler Verbände in internationalen Verbänden auf eine Vereinbarung zwischen Unternehmensvereinigungen abstellt, dürfte die Annahme einer Vereinbarung regelmäßig ausscheiden, wenn es sich rechtstatsächlich um Beschlüsse, oftmals sogar um Mehrheitsbeschlüsse, innerhalb von Gremien handelt. Die mögliche Bejahung des Unternehmensbegriffs hat aber auf die Frage der Eigenschaft als Unternehmensvereinigung keinen Einfluss, da beide gleichzeitig nebeneinander

111 Siehe dazu 3. Kap. II. 3. b).

112 A.A. mit dem Argument, es würde sich um eine rein sportliche Regelung handeln: *Bergmann*, SpuRt 2009, 102, 107; *Infantino*, SpuRt 2007, 12, 14 f.; *Schlosser* in: FS für A. Zeuner (1994), 467, 472. Hiergegen mit dem gleichen Argument wie hier, dass Rechtspositionen Dritter in nicht unerheblicher Weise betroffen sind, zu Recht: *Pfister*, SpuRt 2007, 58, 59.

113 *Adolphsen*, Internationale Dopingstrafen, S. 180 f. stellt für die Bejahung der Eigenschaft der internationalen Verbände als Vereinigung einer Unternehmensvereinigung maßgeblich auf die nationalen Verbände als Unternehmen ab, die im Rahmen der Verpflichtung von Sportlern für ihren Wettkampf in einem Wettbewerbsverhältnis stehen würden. Auch dieser Veranstaltermarkt ist von den Dopingregelungen mit betroffen, wenngleich im Einzelfall geklärt werden muss, wer für den sportlichen Wettkampf tatsächlich Veranstalter ist.

114 Vgl. schon 4. Kap. II. 2. c) ee). *Tyrolt*, Sportschiedsgerichtsbarkeit, S. 188, möchte entscheidend nur auf die Vermarktungsmöglichkeiten der Sportvereinigungen abstellen. Dopingregelungen dienen der Erhaltung der Chancengleichheit, weswegen mit der damit verbundenen Attraktivitätssteigerung die Vermarktungschancen der Sportverbände erhöht werden würden. Dies ist im Ansatz sicherlich richtig, dürfte allerdings nicht im Vordergrund der Dopingregelungen stehen. Darüber hinaus kann man mit Blick auf das in Deutschland nach der Aufdeckung von Dopingskandalen schwindende Interesse am Radsport und insbesondere an der Tour de France die Steigerung der Vermarktungschancen einer Sportart durchaus bezweifeln.

vorliegen können[115], so dass letztlich jedenfalls von einem kartellrechtsrelevanten Beschluss einer Unternehmensvereinigung auszugehen ist.

Die Wettbewerbsbeschränkung der Dopingregelungen ergibt sich aus zwei Punkten. Zum einen sind die Profisportler daran gehindert, alle Hilfsmittel einzusetzen, die zur Erreichung möglichst guter Platzierungen dienlich sind.[116] Zum anderen beschränkt die Sanktion bei einer Verletzung des Dopingverbots den Zugang der Profisportler zu den Wettkämpfen und stellt daher ein faktisches Berufsverbot dar. Beide Punkte lassen sich nicht voneinander trennen und ergeben in ihrem Zusammenspiel die Wettbewerbsbeschränkung.[117]

Eine Rechtfertigung anhand von Art. 101 Abs. 3 AEUV scheidet wegen der sportspezifischen und damit außerwettbewerblichen Motivation der Regelungen aus, so dass sich die Frage der Zulässigkeit von Dopingregelungen nach den *Meca-Medina*-Kriterien auf Rechtfertigungsebene beurteilt. Die beachtenswerten vereinsautonomen Zielsetzungen sind dabei die Gewährleistung der Chancengleichheit zwischen den Athleten und die Aufrechterhaltung der Integrität des sportlichen Wettbewerbs.[118] Das Verbot des Dopings ist im Hinblick auf diese Zielsetzung auch erforderlich und wird zudem hinsichtlich ihrer effektiven Durchsetzung durch Sanktionsmöglichkeiten notwendigerweise flankiert.[119] Bei der abschließenden Verhältnismäßigkeitsprüfung ist der, wegen der Einordnung des Sachverhalts auf der zweiten Stufe, große Beurteilungsspielraum der Verbände zu beachten. Diese können daher im Grundsatz selbst entscheiden, welche Mittel unter welchen Voraussetzungen verboten sind[120] und welche Strafe ein Zuwiderhandeln nach sich

---

115 Eine Unternehmensvereinigung muss nur zumindest auch die Interessen ihrer Mitglieder wahrnehmen. Soweit sie darüber hinaus auch für eigene Zwecke wirtschaftlich tätig wird, ist dies unschädlich, führt aber dazu, dass sie sowohl Unternehmensvereinigung als auch Unternehmen im Sinne des Kartellrechts ist. Vgl. *Emmerich* in: Immenga/Mestmäcker, Europäisches Kartellrecht, Art. 81 Abs. 1 EGV Rn. 43; *Mestmäcker/Schweitzer*, Europäisches Wettbewerbsrecht, § 8 Rn. 30; *Tyrolt*, Sportschiedsgerichtsbarkeit, S. 192. Vgl. auch EuG Rs. T-61/89 (*Dansk Pelsdyravlerforening*), Slg. 1992, II-1931 Rn. 50. Ebenso *Adolphsen*, Internationale Dopingstrafen, der sowohl eine Prüfung anhand des Kartellverbots wegen Beschlusses einer Unternehmensvereinigung als auch eine im Rahmen der Missbrauchskontrolle, wofür eine Unternehmensvereinigung nicht mehr ausreicht, ohne Ausführung zu diesem Phänomen vornimmt, vgl. S. 178 ff. und S. 188 ff.

116 *Schürnbrand*, ZWeR 2005, 396, 401.

117 Der EuGH hat die Frage der Wettbewerbsbeschränkung durch Dopingregelungen dagegen offengelassen, vgl. EuGH Rs. C-519/04 P (*Meca-Medina*) Slg. 2006, I-6991, Rn. 45, siehe aber auch Rn. 47.

118 EuGH Rs. C-519/04 P (*Meca-Medina*) Slg. 2006, I-6991, Rn. 43; *Adolphsen*, Internationale Dopingstrafen, S. 26; *Tyrolt*, Sportschiedsgerichtsbarkeit, S. 204; *Haas/Prokop*, JR 1998, 45, 47; *Fleischer*, WuW 1996, 473, 481; *Summerer* in: Praxishandbuch Sportrecht, S. 633.

119 EuGH Rs. C-519/04 P (*Meca-Medina*) Slg. 2006, I-6991, Rn. 44; *Adolphsen*, Internationale Dopingstrafen, S. 194.

120 Vgl. Entscheidung der Kommission v. 13.10.2009 (*Guillermo Cañas*), COMP/39471, Rn. 36.

zieht. Dabei dürfen allerdings die Grenzen dieses Spielraums nicht überschritten werden, so dass vor allem im Hinblick auf den einschneidenden Charakter einer Wettkampfsperre Einschränkungen gelten. Diese betreffen sowohl das Verfahren der Verhängung von Dopingsanktionen, als auch und insbesondere die Höhe des Strafmaßes, die im Hinblick auf das verfolgte Ziel nicht willkürlich sein darf.[121] Als Kriterien für die Beurteilung kommen dabei z.B. die Schwere des Dopingverstoßes oder die Frage, ob es sich um einen wiederholten Dopingverstoß handelt[122], in Betracht. Als kritisch ist die sog. „strict liability" zu sehen, welche die Frage außer Acht lässt, ob der Sportler die Existenz von verbotenen Mitteln im Körper verschuldet hat.[123] Insoweit sind rechtsstaatliche Grundsätze zu fordern, wonach eine Zurechenbarkeit zu erfolgen hat. Ausnahmen sind nur dort zulässig, wo es um die Suspendierung von einem Wettkampf für die Zeit der Existenz der verbotenen Mittel im Körper geht. Für die Fälle der Verhängung einer Wettkampfsperre ist ein Verschulden zu fordern, wobei wegen der fehlenden Möglichkeit einen Dopingfall umfassend aufzuklären, ein Anscheinsbeweis mittels eines positiven Dopingtests richtigerweise ausreichend ist[124].

Im Fall *Meca-Medina* nahm der EuGH – für einige überraschend[125] – die Grenzen der Schwellenwerte der verbotenen Substanz, auf welche die FINA die Sperre für die zwei Langstreckenschwimmer stützte, genauer unter die Lupe. Dabei prüfte der Gerichtshof jedoch nur, ob der Schwellenwert zu niedrig angesetzt wurde. Könnte nämlich der Wert auch auf natürliche Weise überschritten werden, hätte dies die Gefahr einer unrechtmäßigen Dopingsperre zur Folge.[126] Diese Überprüfung war also alleine auf die Einhaltung der Grenze für den Beurteilungsspielraum des Verbandes gerichtet, bei deren Überschreiten eine Dopingsperre nicht mehr verhältnismäßig wäre. Dagegen hat das Gericht nicht etwa einen eigenen Schwellenwert angesetzt und seine Vorstellungen an jene des Verbandes gesetzt. Es hat daher

121 Ebenso: *Tyrolt*, Sportschiedsgerichtsbarkeit, S. 204; *Fleischer*, WuW 1996, 473, 481; *Menzel*, WRP 2002, 810, 814 f.; *Schroeder*, SpuRt 2005, 23, 24; *Summerer* in: Praxishandbuch Sportrecht, S. 633.

122 Vgl. OLG München, SpuRt 1996, 133, 138, wonach Sperren von über zwei Jahren wegen der nachteiligen Auswirkungen langer Wettkampfpausen allenfalls bei Wiederholungstaten zulässig seien. Zustimmend: *Nolte/Polzin*, NZG 2001, 838, 840.

123 Vgl. zum Nachfolgenden: *Grätz*, Missbrauch der marktbeherrschenden Stellung durch Sportverbände, S. 312 ff.; *Schürnbrand*, ZWeR 2005, 396, 414; *Menzel*, WRP 2002, 810, 815.

124 OLG Frankfurt, NJW-RR 2000, 1117, 1121; LG Stuttgart, SpuRt 2000, 245, 249; OLG München, SpuRt 2003, 199, 202; *Grätz*, Missbrauch der marktbeherrschenden Stellung durch Sportverbände, S. 316; *Menzel*, WRP 2002, 810, 815. Vgl. im Einzelfall auch OLG München, SpuRt 1996, 133, 135.

125 So schließt *Orth*, Spurt 2006, 198 f., aus den Ausführungen des EuGH, dass dieser den Verbänden keinen Bewertungs- und Ermessensspielraum bei Doping- und bei Sportregeln insgesamt zugestehe. Ebenso diesbezüglich kritisch: *Infantino*, SpuRt 2007, 12, 15.

126 EuGH Rs. C-519/04 P (*Meca-Medina*) Slg. 2006, I-6991, Rn. 52 ff.

ganz den Regeln der hier aufgestellten Theorie für die zweite Stufe von Vereinstätigkeiten entsprochen.

4. Die zentrale Vermarktung von Fernsehrechten im Sport

Besondere Aufmerksamkeit hat im Bereich des Kartellverbots auch die Zulässigkeit der zentralen Vermarktung von Fernsehrechten im Bereich des Sports erfahren. Da dieser Bereich besonders anschaulich verschiedenste komplexe Problemlagen im Zusammenspiel von Vereinsautonomie, ökonomischen Besonderheiten des Sports sowie Kartellrecht aufweist, soll dieser hier etwas näher dargestellt werden. Angesichts der überaus großen Aufmerksamkeit, welche die Zentralvermarktung in der kartellrechtlichen Literatur in den letzten Jahren erfahren hat[127], und mit Blick auf Zielsetzung der Arbeit, sollen jedoch nur einzelne Problemlagen angeschnitten und dargestellt werden. Dabei ist zudem zu beachten, dass sich die Vergabe von Übertragungsrechten auf der *dritten Stufe* der hier vertretenen Stufen-Theorie einordnet[128] und daher die allgemeinen kartellrechtlichen Maßstäbe grundsätzlich vorrangig Anwendung finden, ohne dass dabei allerdings die verbandlichen Zwecksetzungen vollkommen außer Acht gelassen werden dürften[129].

a) Die Ausgangslage

Übertragungsrechte an Sportveranstaltungen stellen gerade bei publikumsattraktiven Sportarten eine enorme Einnahmequelle für die Sportvereine und -verbände dar. Alleine die 36 Profivereine der Fußball-Bundesligen erhalten derzeit 412 Mio. € pro Saison.[130] Umso erbitterter wird bei der Verteilung der Einnahmen aus den Übertragungsrechten gekämpft, da gute wirtschaftliche Voraussetzungen jedenfalls langfristig gesehen eine große Wahrscheinlichkeit auch für sportliche Erfolge mit sich bringen. Aber auch für die Übertragungsanstalten ist die Ausstrahlung hoch-

---

127 Vgl. nur *Hannamann*, Kartellverbot und Verhaltenskoordinationen im Sport, passim; *Mentzel*, Solidarität im professionellen Fußballsport versus europäisches Wettbewerbsrecht, S. 121 ff; *Bagger*, Die kartellrechtlichen Grenzen bei der Vergabe von Bundesligaübertragungsrechten, passim; *Tumbrägel*, Die Zentralvermarktung von Sportübertragungsrechten am Beispiel von Fußball und Formel 1, passim; *Weihs*, Zentrale Vermarktung von Sportübertragungsrechten, passim; *Heermann*, ZWeR 2009, 472 ff.; *Hellmann/Bruder*, EuZW 2006, 359 ff.; *ders.* WRP 2011, 36 ff.; *Stopper*, ZWeR 2008, 412 ff.; *Wertenbruch*, ZIP 1996, 1417 ff.

128 Vgl. oben 3. Kap. II. 3. c).

129 Hierzu soeben in diesem Kapitel unter I. 2. d) ee).

130 Focus Online, Kartellamt winkt Bundesliga-Fernsehvertrag durch, http://www.focus.de/sport/fussball/dfl-kartellamt-winkt-bundesliga-fernsehvertrag-durch_aid_355427.html (zuletzt abgerufen am 26.11.2011). Aus historischer Sicht ist bemerkenswert, dass die Fußballvereine bis zur Gründung der Bundesliga für die Liveübertragung von Spielen Geld an die TV-Anstalten zahlen mussten, vgl. *Bagger*, Die kartellrechtlichen Grenzen bei der Vergabe von Bundesligaübertragungsrechten, S. 46.

wertiger Sportereignisse wichtig, da gerade Großereignisse zu hohen Einschaltquoten führen und daher z.B. für die Platzierung von Werbekunden attraktiv sind.[131]

Von ihrer Rechtsnatur her werden die Übertragungsrechte herkömmlich als Ausprägungen diverser Abwehrrechte, wie insbesondere des Hausrechts der Veranstalter aus §§ 859, 903, 1004 BGB sowie zudem auf den §§ 823 Abs. 1 (eingerichteter und ausgeübter Gewerbebetrieb), 826 BGB und, bei Vorliegen eines Wettbewerbsverhältnisses, auf den §§ 3, 4 Nr. 9 UWG[132] basierend, angesehen, so dass die Erlaubnis zur Übertragung rechtstechnisch keine Übertragung von Rechten, sondern eine Einwilligung in Eingriffe darstellt.[133]

Eine Zentralvermarktung dieser Rechte liegt dann vor, wenn nicht die einzelnen Vereine ihr Vermarktungsrecht, sofern ihnen dieses (mit)zusteht, ausüben, sondern ein übergeordneter Verband zur ausschließlichen Verwertung des Gesamtwettbewerbs berechtigt ist, so dass den Vereinen selbst keine wirtschaftliche Verwertungsmöglichkeit bleibt.[134]

---

131 Entscheidung der Kommission v. 23.07.2003 (*UEFA Champions League*), ABl. 2003 L 291/25, Rn. 57; v. 11.06.1993 (*EBU*), ABl. 1993 L 179/23 Rn. 14; *Bagger*, Die kartellrechtlichen Grenzen bei der Vergabe von Bundesligaübertragungsrechten, S. 76 f.; *Mestmäcker* in: FS für O. Sandrock (2000), 689; *Schimke* in: Sport in der Europäischen Union, 31 f.; *Beckmann/Müller* in: Handbuch Multimedia-Recht, Teil 10 Rn. 221; *Hellmann/Bruder*, EuZW 2006, 359.

132 BGH GRUR 1958, 549, 551 (*Box-Programmheft*); BGH GRUR 1963, 575, 576 (*Vortragsabend*); BGH GRUR 1971, 46 f. (*Bubi Scholz*); LG Frankfurt, WRP 1997, 1108, 1111; OLG Frankfurt SpuRt 1999, 200, 201. Vgl. für Profi-Fußballspiele zentral auf das UWG abstellend: *Stopper*, SpuRt 1999, 188, 190.

133 BGHZ 110, 371, 383 f.; LG Frankfurt, WRP 1997, 1108, 1111; OLG Hamburg, ZUM 2003, 782, 784; *Hellmann* in: Frankfurter Kommentar, Sonderbereiche Sport, Rn. 8; *Hannamann*, Kartellverbot und Verhaltenskoordinationen im Sport, S. 175 ff. (vor allem abstellend auf § 1 UWG a.F.); *Weihs*, Zentrale Vermarktung von Sportübertragungsrechten, S. 63; *Mentzel*, Solidarität im professionellen Fußballsport versus europäisches Wettbewerbsrecht, S. 125; *v. Westerholt*, ZIP 1996, 264 f.; *Raupach*, SpuRt 2008, 241, 245; *Rehbinder*, Urheberrecht, Rn. 812; *Hoeren*, JR 1998, 332 f.; *Hausmann*, BB 1994, 1089, 1091; *Jänich*, GRUR 1998, 438, 439. A.A. für Sportveranstaltungen, bei denen der Verband selbst die Herstellung der Bild- und Tonaufnahmen übernimmt und diese weitergibt, wie im Rahmen der Fußball-Bundesliga seit der Saison 2006/2007 *Baumann*, Die audiovisuelle Verwertung der Fußballbundesliga, S. 54 ff. Er zieht daraus die Konsequenz, dass der DFL ein verwandtes Schutzrecht nach § 94 UrhG an den produzierten Bildern zustehe, S. 101 ff. *Krebs/Becker/Dück*, GRUR 2011, 391 ff., befürworten ein eigenständiges Veranstalterrecht, das im Wege richterlicher Rechtsfortbildung errichtet und anhand der Berücksichtigung verschiedenster Interessen ausgestaltet sein soll.

134 Vgl. auch *Nordemann* in: Loewenheim/Meessen/Riesenkampff, § 1 GWB Rn. 242; *Hellmann* in: Frankfurter Kommentar, Sonderbereiche Sport, Rn. 11; *ders./Bruder*, EuZW 2006, 359, 360; *Mentzel*, Solidarität im professionellen Fußballsport versus europäisches Wettbewerbsrecht, S. 122; *Schürnbrand*, ZWeR 2005, 396, 408 f.; *Schwarze/Hetzel*, EuR 2005, 581, 590; *Bagger*, Die kartellrechtlichen Grenzen bei der Vergabe von Bundesligaübertragungsrechten,

b) Die Frage des Rechteinhabers und die Folgerung für das Vorliegen einer Wettbewerbsbeschränkung

Die erste zentrale Weichenstellung kommt der Frage des Inhabers der Fernsehrechte zu. Sind nämlich die Veranstalter des gesamten Wettbewerbs, z.B. die Sportverbände oder ein Ligaverband wie die DFL, statt der einzelnen Vereine Rechteinhaber, so kann bereits begrifflich keine Wettbewerbsbeschränkung durch die Zentralvermarktung eintreten.[135] Denn die Vereine könnten ihre Spiele dann schon mangels Inhaberschaft nicht selbst vermarkten und daher nicht untereinander in Wettbewerb treten. Umgekehrt muss die Beurteilung im Grundsatz ausfallen, wenn alleine den Vereinen die Übertragungsrechte originär zustehen würden.

aa) Die Inhaberschaft an den Übertragungsrechten

Im deutschen Recht wird für die Frage der Inhaberschaft der Übertragungsrechte entscheidend an den Begriff des Veranstalters angeknüpft. Nach der Rechtsprechung des BGH ist dabei derjenige als Veranstalter anzusehen, der die wesentlichen organisatorischen und wirtschaftlichen Leistungen erbringt und das unternehmerische Risiko trägt.[136] Wegen der organisatorischen Arbeiten rund um die Spielstätte und den unternehmerischen Risikoaspekten wie den Verkauf der Eintrittskarten und der Bewerbung der Veranstaltung sowie wegen der Bereitstellung der Spieler, werden üblicherweise zu Recht die Vereine als Veranstalter angesehen.[137]

Fraglich ist jedoch, ob daneben die Sportverbände Mitveranstalter sind. Dies wird zuweilen mit dem Argument des fehlenden unternehmerischen Risikos in Bezug auf die Durchführung eines Einzelwettkampfes abgelehnt.[138] Diese Auffassung

---

S. 80. Kritisch zur Frage der juristischen Konstruktion der Übertragung von Übertragungsrechten allerdings: *Hoeren*, JR 1998, 332, 333 f.

135 Vgl. die Entscheidung der Kommission v. 23.07.2003 (*UEFA Champions League*), ABl. 2003 L 291/25, Rn. 122; *Mestmäcker* in: FS für O. Sandrock (2000), 689, 692; *Hannamann*, Verhaltenskoordinationen und Kartellverbot im Sport, S. 308; *Springer*, WRP 1998, 477, 481.

136 BGHZ 137, 297, 306 f. (*Europapokalheimspiele*); BGH GRUR 1958, 549, 551 (*Box-Programmheft*); BGH GRUR 1963, 575, 576 (*Vortragsabend*); BGH GRUR 1971, 46 f. (*Bubi Scholz*); OLG Frankfurt SpuRt 1999, 200, 201.

137 BGHZ 137, 297, 306 f. (*Europapokalheimspiele*); BGH NJW 2006, 377, 379 (*Hörfunkrechte*); BGH NJW 1987, 3007, 3008 (*Gekoppelter Kartenverkauf*); OLG Stuttgart MMR 2009, 395, 396 (*hartplatzhelden.de*); *Bunte* in: Langen/Bunte, Deutsches Kartellrecht, Sonderbereich Sport, Rn. 34; *Beckmann/Müller* in: Handbuch Multimedia-Recht, Teil 10 Rn. 222; *Mentzel*, Solidarität im professionellen Fußballsport versus europäisches Wettbewerbsrecht, S. 129 f.; *Fleischer*, WuW 1996, 473, 482; *Hellmann/Bruder*, EuZW 2006, 359, 361; *Springer*, WRP 1998, 477, 481; *Wertenbruch*, ZIP 1996, 1417, 1420 f.; *Hausmann*, BB 1994, 1089, 1091.

138 *Weihs*, Zentrale Vermarktung von Sportübertragungsrechten, S. 82, *Hausmann*, BB 1994, 1089, 1091, *Schmittmann/Lehmann*, AfP 1996, 255, 257, *Schmidt*, Organisations- und Rechtsfragen als Folgen der Kommerzialisierung des Fußballsports, S. 159, und damals noch *Heermann*, SpuRt 1999, 11, 13 f.

erscheint aber aus zweierlei Gründen nicht sachgerecht: Zum einen hat es selbst der BGH in seiner Entscheidung zur Zentralvermarktung der Europapokalheimspiele für möglich erachtet, dass Verbände aufgrund seiner Organisationsleistung selbst Mitveranstalter sind.[139] Die Veranstaltereigenschaft eines Verbandes hängt damit von der Qualität und Quantität der Organisationsleistung ab. Sicher ist, dass nicht jedwede organisatorische Leistung bei der Veranstaltung ausreicht, den Aspekt des wirtschaftlichen Risikos qualitativ auszugleichen. Vielmehr muss man zu Recht fordern, dass wesentliche organisatorische Beiträge zur Vermarktbarkeit des Gutes existieren.[140] Bei Spielen, die in einen Gesamtwettbewerb eingebettet sind, wird man sodann richtigerweise zu einer Mitveranstaltereigenschaft der Verbände kommen müssen. Denn letztlich hängt die Attraktivität der Spiele entscheidend von der Einbettung in den Wettbewerb ab.[141] So hat z.B. ein Spiel ohne Wettbewerbscharakter – d.h. ein Freundschaftsspiel – zwischen dem FC Bayern München gegen Borussia Dortmund aus Sicht der Marktgegenseite nicht die gleiche Wertigkeit, wie wenn es sich um ein Spiel im Rahmen der Fußball-Bundesliga oder des DFB-Pokals handelt. Dies gilt im Besonderen dann, wenn es sich um ein für den Wettbewerb entscheidendes Spiel handelt.[142] Die entscheidende Mehrwertschöpfung resultiert also aus der Organisation und Einbettung des einzelnen Spiels in den Gesamtwettbewerb. Zum anderen tragen die Verbände heutzutage auch unternehmerische Risiken im Bereich der Veranstaltung des Gesamtwettbewerbs. Darauf deuten schon Bemühungen um die Schaffung einer eigenen Marke für den Wettbewerb hin[143], z.B. durch die Festlegung einer Ligahymne oder eines -logos.

139 BGHZ 137, 297, 308 (*Europapokalheimspiele*).

140 *Hannamann*, Verhaltenskoordinationen und Kartellverbot im Sport, S. 186.

141 Vgl. ausführlich *Bagger*, Die kartellrechtlichen Grenzen bei der Vergabe von Bundesligaübertragungsrechten, S. 63 ff.; Zu Recht auch: *Heermann*, WRP 2011, 36, 37; *Hellmann/Bruder*, EuZW 2006, 359, 361; *Jänich*, GRUR 1998, 438, 439; *Stopper*, SpuRt 1999, 188, 191; *Hannamann*, Verhaltenskoordinationen und Kartellverbot im Sport, S. 194; *Blask*, Die Anwendbarkeit der Single-Entity-Theorie im professionellen Fußball, S. 34; *Parlasca*, Kartelle im Profisport, S. 45 f.; *Summerer* in: Praxishandbuch Sportrecht, S. 360 ff.; *Jungheim*, SpuRt 2008, 89, 91. Ebenso für Tennisturniere und Motorsportrennen *Zinger*, Diskriminierungsverbote und Sportautonomie, S. 42 f.; Dagegen aber: *Waldhauser*, ZUM 1998, 129, 131; *Wertenbruch*, ZIP 1996, 1417, 1420 f., der stärker auf die tatsächliche Organisationsleistung beim einzelnen Spiel abstellt und daher nur beim DFB-Pokal-Endspiel, das auf neutralem Boden stattfindet, zur Veranstaltereigenschaft des DFB kommt.

142 Das Spitzenspiel in der Hinrunde der Saison 2011/2012 zwischen dem Tabellenführer Bayern München und dem amtierenden Deutschen Meister Borussia Dortmund stieß auf reges Interesse der Medienunternehmen. So wurde erstmals ein Bundesligaspiel in 200 Ländern live übertragen, vgl. Welt online, Duell um die Vormachtstellung im deutschen Fußball, http://www.welt.de/sport/fussball/bundesliga/fc-bayern-muenchen/article13724165/Duell-um-die-Vormachtstellung-im-deutschen-Fussball.html (zuletzt abgerufen am 26.11.2011).

143 *Hellmann* in: Frankfurter Kommentar, Sonderbereiche Sport, Rn. 51 f.; *Jungheim*, SpuRt 2008, 89, 91; *Mestmäcker* in: FS für O. Sandrock (2000), 689, 695 f., 698.

Auch die Vermarktung des Gesamtwettbewerbs mit Ligasponsoren – explizit sei die Überlegung der DFL genannt, wonach ein Sponsor die Namensrechte der Bundesliga erhalten sollte[144] – kann nicht anders gedeutet werden, als dass auch die Verbände unternehmerisch tätig werden und daher für den Gesamtwettbewerb diesbezüglich unternehmerisches Risiko tragen. Der Veranstalter des Gesamtwettbewerbs ist also auf die einzelnen Vereine, welche die Einzelspiele durchführen, angewiesen, die Vereine aber andererseits auch auf die Organisationsleistung für den Gesamtwettbewerb, was auf eine insgesamt gemeinschaftliche Organisation hinausläuft.[145] Dies ist allerdings immer im Einzelfall genau festzustellen. Denn während für die Zentralvermarktung von Autorennen durch den Weltautomobilverband FIA die gleichen Grundsätze gelten müssen, soweit die Rennen maßgeblich durch diese mitorganisiert werden, kann dies bei Autorennen, die alleine durch die FIA autorisiert sind und zu denen die FIA nicht mehr als nur Beobachter schickt, nicht gelten.[146]

Im europäischen Recht richtet sich die Frage nach dem Inhaber der Übertragungsrechte nach den Rechtsordnungen der Mitgliedstaaten[147], so dass die obigen Ausführungen für den Bereich deutscher Sportveranstaltungen entsprechend gelten. Für internationale Spiele wie der UEFA-Champions League, hat die Kommission eine „Miteigentümerschaft"[148] von Vereinen und UEFA gesehen[149], was zum gleichen Ergebnis wie im nationalen Recht führt.

---

144 Vgl. Stern online, Bundesliga wird nicht zur „T-Com-Liga", http://www.stern.de/sport/fussball/namensrechte-bundesliga-wird-nicht-zur-t-com-liga-582703.html (zuletzt abgerufen am 26.11.2011).

145 OLG Stuttgart MMR 2009, 395, 396 (*hartplatzhelden.de*); *Bunte* in: Langen/Bunte, Deutsches Kartellrecht, Sonderbereich Sport, Rn. 34; *Mestmäcker* in: FS für O. Sandrock (2000), 689, 696.

146 *Hellmann* in: Frankfurter Kommentar, Sonderbereiche Sport, Rn. 59; LG Frankfurt, WRP 1997, 1108, 1112 f. Vgl. aber auch die Erwägungen des LG Frankfurt, SpuRt 1998, 195, 196 und des OLG Frankfurt, SpuRt 1999, 200, 201 f.

147 Entscheidung der Kommission v. 23.07.2003 (*UEFA Champions League*), ABl. 2003 L 291/25, Rn. 122; *Hellmann* in: Frankfurter Kommentar, Sonderbereiche Sport, Rn. 38; *ders./Bruder*, EuZW 2006, 359, 361; *Hannamann*, Verhaltenskoordinationen und Kartellverbot im Sport, S. 308; *Springer*, WRP 1998, 477, 485. Vgl. auch die Darstellung hinsichtlich der unterschiedlichen Rechtslage in den Staaten des EWR: Entscheidung der Kommission v. 23.07.2003 (*UEFA Champions League*), ABl. 2003 L 291/25, Rn. 121, Fn. 60.

148 Die Kommission verwendet den Begriff des Eigentums um die Inhaberschaft an den Rechten der Spielpaarungen darzustellen, vgl. Kommission v. 23.07.2003 (*UEFA Champions League*), ABl. 2003 L 291/25, Rn. 118 ff. Der deutschen Rechtslage im Zivilrecht nach bezieht sich der Begriff „Eigentum" allerdings nur auf Sachen im Sinne des § 90 BGB, vgl. *Bassenge* in: Palandt, Überbl. v. § 903 Rn. 1. Soweit von unkörperlichen Gegenständen wie Rechten die Rede ist, wird der Begriff der Inhaberschaft gebraucht, siehe *Fritzsche* in: Bamberger/Roth, § 903 Rn. 4 und z.B. die gesetzgeberische Formulierung in § 7 Markengesetz. Nachfolgend soll daher der Begriff „Inhaberschaft" verwendet

bb) Die Folgerungen aus der gemeinsamen Inhaberschaft

Klärungsbedürftig ist, was aus dieser „Mitinhaberschaft" der Übertragungsrechte folgt. Wenn nämlich diese notwendig zu einer zentralen Vermarktung führt, liegt erneut keine Wettbewerbsbeschränkung vor. Die Fundamentalität dieses Punktes äußert sich darin, dass die rechtliche Beurteilung umstritten ist und verschiedene Konstruktionen vertreten werden.

Die Kommission ist der Ansicht, dass die Mitinhaberschaft trotzdem zu einer Wettbewerbsbeschränkung führen würde. Entscheidend scheint sie darauf abzustellen, dass durch die Regelung auch der Wettbewerb zwischen Verband und Vereinen beeinträchtigt sei.[150] Dies ist auch die Ansicht von Teilen des Schrifttums[151].

Dagegen werden in der Literatur verschiedene Modelle vertreten, wonach wegen der Einbettung des Einzelspiels in den Gesamtwettbewerb keine Wettbewerbsbeschränkung vorliege:

(1) Die Single-Entity-Theorie und die Frage des Konzernprivilegs

Zum einen wird der Gedanke der Single-Entity-Theorie ins Spiel gebracht.[152] Die Single-Entity-Theorie entspringt dem US-amerikanischen Antitrust-Recht und wird dort insbesondere für die Sportligen diskutiert.[153] Zentraler Anknüpfungspunkt dieser Theorie ist der Gedanke, dass nicht der ligaangehörige Einzelverein, sondern vielmehr die Sportliga insgesamt als wirtschaftliche Einheit und daher als Unternehmen im Sinne des Kartellrechts anzusehen sei. Denn die einzelnen Vereine

---

werden, ohne dass damit eine sachliche Unterscheidung zur Kommissionsentscheidung beabsichtigt ist.

149 Entscheidung der Kommission v. 23.07.2003 (*UEFA Champions League*), ABl. 2003 L 291/25, Rn. 123.

150 Vgl. Entscheidung der Kommission v. 23.07.2003 (*UEFA Champions League*), ABl. 2003 L 291/25, Rn. 116 und 124. Eine eindeutige dogmatische Begründung gibt die Kommission nicht. Kritisch dazu auch: *Hellmann/Bruder*, EuZW 2006, 359, 362.

151 *Springer*, WRP 1998, 477, 482.

152 Vgl. z.B. *Blask*, Die Anwendbarkeit der Single-Entity-Theorie im professionellen Fußball, S. 177 ff.; *Stopper*, ZWeR 2008, 412, 423.

153 Ausführlich zur Herkunft, Begründung und zum Inhalt der Single-Entity-Theorie *Blask*, Die Anwendbarkeit der Single-Entity-Theorie im professionellen Fußball, S. 138 ff. Siehe auch *Heermann*, WRP 2011, 36, 37 ff. mit Darstellung der Entscheidung des US Supreme Courts im Fall 130 S. Ct. 2201 U.S. 2010 (*Amercian Needle Inc. V. National Football League*), welcher es abgelehnt hat, die Vermarktungstätigkeit der NFL bzw. der NFLP mit dem Argument einer Single Entity der Anwendung des Anti Trust-Rechts zu entziehen. Vgl. zudem *Hannamann*, Kartellverbot und Verhaltenskoordinationen im Sport, S. 350 ff.; *Weihs*, Zentrale Vermarktung von Sportübertragungsrechten, S. 326 ff.; *Fleischer*, WuW 1996, 473, 477; *Springer*, WRP 1998, 477, 479 f.; *Heermann*, RabelsZ 67 (2003), 106, 112 ff.; *Jänich*, GRUR 1998, 438, 442; *Stopper*, ZWeR 2008, 412, 422 f.

könnten den Gesamtwettbewerb nur dann möglichst gewinnbringend vermarkten, wenn der Gesamtwettbewerb attraktiv sei, was voraussetzt, dass es eine möglichst große Zahl an gleich starken Vereinen gebe. Die Sportvereine sind daher im Gegensatz zum rein wirtschaftlichen Wettbewerb nicht an einem Verdrängungswettbewerb sondern an einer gewissen Anzahl gleichstarker Teams interessiert.[154]

Im deutschen und europäischen Kartellrecht entspricht dieser Ansatzpunkt am ehesten dem Gedanken des Konzernprivilegs[155]. Wenngleich dieser Ansatzpunkt im Rahmen der Beurteilung der Zentralvermarktung bisweilen vertreten wurde[156], vermag er jedoch nicht zu überzeugen. Die Rechtfertigung für das Konzernprivileg liegt nämlich in der Ausschaltung jeglicher Autonomie der wirtschaftlichen Entscheidungsfindung innerhalb des Konzerns. Zwischen den einzelnen Konzernmitgliedern findet somit gar kein Wettbewerb statt.[157] Eine derart enge Verknüpfung zwischen den einzelnen Sportvereinen ist in der deutschen und europäischen Sportwirklichkeit jedoch nicht zu finden.[158] So haben die Vereine außerhalb der Zentralvermarktung der Übertragungsrechte zahlreiche Möglichkeiten der Einzelvermarktung, sei es durch den Verkauf von Eintrittskarten oder die Vermarktung von Sponsorenplätzen.[159] Deren wirtschaftlicher Marktwert hängt genauso mit dem Erfolg des Gesamtprodukts zusammen.

---

154 Dies ist eine allgemein angenommene sportökonomische Besonderheit, vgl. nur: *Hellmann* in: Frankfurter Kommentar, Sonderbereiche Sport, Rn. 4; *Fleischer*, WuW 1996, 473, 476; *Heermann*, ZWeR 2009, 472, 475; *Schwarze/Hetzel*, EuR 2005, 581, 583; *Schürnbrand*, ZWeR, 2005, 396, 404; *Deselaers*, WuW 1998, 946, 947; *Springer*, WRP 1998, 477, 479.

155 Vgl. hierzu schon oben in diesem Kapitel unter I. 2. c).

156 *Blask*, Die Anwendbarkeit der Single-Entity-Theorie im professionellen Fußball, S. 186 f., 201 (allerdings nur für den nationalen Bereich, anders für die UEFA Championsleague, vgl. S. 202 f.). Vgl. zunächst *Heermann*, ZHR 161 (1997), 665, 682 ff., der nunmehr diesen Standpunkt nicht mehr vertritt, vgl. *Heermann*, ZWeR 2009, 472, 493 f.

157 *Emmerich* in: Immenga/Mestmäcker, Europäisches Kartellrecht, Art. 81 Abs. 1 EGV Rn. 54 f.; *Roth/Ackermann* in: Frankfurter Kommentar, Grundfragen Art. 81 Abs. 1 EG Rn. 128, 295; *Bunte* in: Langen/Bunte, Deutsches Kartellrecht, § 1 Rn. 123; *Nordemann* in: Loewenheim/Meessen/Riesenkampff, § 1 GWB Rn. 94; *Mestmäcker/Schweitzer*, Europäisches Wettbewerbsrecht, § 8 Rn. 46; *Schroeder* in: Handbuch des Kartellrechts, § 8 Rn. 3; *Kling/Thomas*, Kartellrecht, § 4 Rn. 131.

158 So auch: *Hellmann* in: Frankfurter Kommentar, Sonderbereiche Sport, Rn. 66 und 68; *Hannamann*, Kartellverbot und Verhaltenskoordinationen im Sport, S. 354; *Tumbrägel*, Die Zentralvermarktung von Sportübertragungsrechten, S. 171; *Weihs*, Zentrale Vermarktung von Sportübertragungsrechten, S. 96; *Fleischer*, WuW 1996, 473, 477; *Heermann*, WRP 2011, 36, 43; *Jänich*, GRUR 1998, 438, 442; *Schwarze/Hetzel*, EuR 2005, 581, 593; *Springer*, WRP 1998, 477, 480; *Stopper*, ZWeR 2008, 412, 421.

159 Ebenso: *Hannamann*, Kartellverbot und Verhaltenskoordinationen im Sport, S. 358; *Bagger*, Die kartellrechtlichen Grenzen bei der Vergabe von Bundesligaübertragungsrechten, S. 176 f.; *Heermann*, ZWeR 2009, 472, 493 f.; *Schürnbrand*, ZWeR 2005, 396, 405; *Schmidt*, Organisations- und Rechtsfragen als Folgen der Kommerzialisierung des Fußballsports, S 164 f.; *Mentzel*, Solidarität im professionellen Fußballsport versus europäisches Wettbewerbsrecht, S. 92.

Anders wäre dies allenfalls dann zu beurteilen, wenn eine Liga wie die US-amerikanische Major League Soccer (MLS) strukturiert ist. Im Gegensatz zu den europäischen Fußballligen haben hier die hinter den einzelnen Vereinen stehenden Investoren einen gesellschaftsrechtlichen Anteil an der MLS, der dazu führt, dass die Liga die weitaus meisten Entscheidungen selbst trifft. So schließt die Liga Verträge mit den Spielern ab und verteilt diese auf die einzelnen Vereine, welche grundsätzlich nicht selbst vertragliche Bindungen mit den Spielern eingehen. Die MLS trägt zudem weitgehend die finanzielle Verantwortlichkeit für den Ligabetrieb und teilt sich die Gewinne sowie die Verluste gemäß dem Gesellschaftsvertrag mit ihren Gesellschaftern. Hier zeigt sich, dass die Vereine bzw. die dahinterstehenden Gesellschafter kaum eigene unternehmerische Freiheiten besitzen.[160] Während hier die Single-Entity-Defense möglicherweise zu greifen vermag[161], kann dies wegen des fundamental anderen Aufbaus europäischer Fußballligen im europäischen wie nationalen Kartellrecht nicht gelten.[162]

(2) Das Vorliegen einer BGB-Gesellschaft

Von den Reihen der Sportverbände wird auch ins Feld geführt, dass die Vereine und der Verband Mitgesellschafter einer BGB-Gesellschaft seien. Deren Zweck sei auf die Veranstaltung des Gesamtwettbewerbs ausgerichtet, so dass die Rechte originär der Gesellschaft zustünden.[163] Dem ist von Seiten des BGH allerdings zu Recht mit dem Argument entgegengetreten worden, dass für die Annahme einer Gesellschaft aufgrund der vereinsrechtlichen Beziehungen zwischen Verband und Vereinen ohne dahingehende eindeutige Anhaltspunkte keine vernünftigen Gründe bestehen.[164] Innerhalb eines Verbandes dürfte aber regelmäßig kein rechtsgeschäftlicher Wille zur Schaffung auch einer Gesellschaft bestehen.[165] Selbst wenn die Vereine und der Verband aber dennoch eine Verwertungsgesellschaft gründen

---

160 Vgl. zum vorstehenden und zur Struktur der MLS generell: *Blask*, Die Anwendbarkeit der Single-Entity-Theorie im professionellen Fußball, S. 23 ff., 47 f.; *Heermann*, RabelsZ 67 (2003), 106, 130 ff.; *Mentzel*, Solidarität im professionellen Fußballsport versus europäisches Wettbewerbsrecht, S. 46 ff.

161 So hat im Fall *Fraser v. MLS* das erstinstanzliche Gericht eine Single-Entity hinsichtlich der MLS angenommen, während der Court of Appeal dies bezweifelt, siehe *Heermann*, RabelsZ 67 (2003), 106, 132 ff.

162 Ebenso: *Heermann*, ZWeR 2009, 472, 489. Dagegen zumindest hinsichtlich der „50+1"-Regelung der DFL die Annahme einer Single Entity bzw. eines konzerninternen Wettbewerbs prinzipiell bejahend: *Summerer*, SpuRt 2008, 234, 239, der allerdings vor allem mit den organisatorischen Gegebenheiten des Ligaverbandes argumentiert und die umfangreichen unternehmerischen Freiheiten der Vereine außer Acht lässt.

163 So die Argumentation des DFB im Rahmen des Verfahrens zur Zentralvermarktung der UEFA-Pokal-Heimspiele durch den DFB, vgl. BGHZ 137, 297, 309 (*Europapokalheimspiele*).

164 BGHZ 137, 297, 309 (*Europapokalheimspiele*); *Hannamann*, Verhaltenskoordinationen und Kartellverbot im Sport, S. 204; *Heermann*, ZWeR 2009, 472, 484; *Wertenbruch*, ZIP 1996, 1417, 1420.

165 *Stopper*, SpuRt 1999, 188, 191; *Heermann*, ZWeR 2009, 472, 484; *Bagger*, Die kartellrechtlichen Grenzen bei der Vergabe von Bundesligaübertragungsrechten, S. 175.

würden, würde dies an der originären Veranstaltereigenschaft der Vereine nichts ändern. Eine Übertragung der Verwertungsrechte zur kommerziellen Verwendung würde daher wieder die gleichen Probleme hervorrufen.[166]

(3) Die Annahme einer Bruchteilsgemeinschaft

Deutlich tragfähiger scheint dagegen auf den ersten Blick die Ansicht zu sein, dass die Mitinhaberschaft zu einer Bruchteilsgemeinschaft führe, deren Wirkung gemäß § 747 S. 2 BGB die notwendige gemeinschaftliche Verwertung sei.[167] Hierin ist der richtige Gedanke verankert, dass das Einzelspiel nur im Zusammenspiel zwischen den Organisationsleistungen der Vereine und des Verbands die Wertigkeit erhält, mit welcher eine wirtschaftliche Verwertung heutiger Prägung möglich ist. Dies gilt jedoch zunächst allenfalls für dieses Einzelspiel. Dagegen ist damit hinsichtlich der Zentralvermarktung aller Spiele des kompletten Wettbewerbs im Sinne einer Rechtsgemeinschaft von Verband und den teilnehmenden Vereinen noch nichts gesagt. Diese könnte man nur annehmen, wenn man die Miteigentumsrechte des Verbandes wegen seiner Organisationsleistung in seiner Hand gebündelt ansieht. Mit dieser Begründung müsste man allerdings nicht den Weg über Miteigentumsrechte gehen, sondern könnte die Zentralvermarktung entgegen aller Stimmen unter Außerachtlassung der Veranstalteranteile der einzelnen Vereine mit der Veranstaltereigenschaft des Verbandes hinsichtlich des Gesamtwettbewerbs begründen. Oder man argumentiert, dass der Verband und die teilnehmenden Vereine alle Miteigentumsanteile an allen Spielen hätten und diese Miteigentumsanteile notwendig miteinander verknüpft seien. Dies hätte dann aber die paradoxe Konsequenz, dass alle Vereine hinsichtlich aller Spiele als Mitrechtsinhaber angesehen werden könnten. Dass aber beispielsweise der FC Bayern München keineswegs Rechtsinhaber der Übertragungsrechte eines Spiels z.B. zwischen dem Hamburger SV und dem SV Werder Bremen sein kann, versteht sich von selbst und würde die eigentliche dogmatische Basis dieser Auffassung, den Veranstalterbegriff, vollkommen entleeren und in sein Gegenteil verkehren. In Wirklichkeit ist also durch die Annahme einer Bruchteilsgemeinschaft gerade nicht erklärt, warum eine Zentralvermarktung des Gesamtwettbewerbs rechtlich notwendig ist.[168]

---

166 *Heermann*, ZWeR 2009, 472, 484 und 490 ff.; *Springer*, WRP 1998, 477, 482; *Waldhauser*, ZUM 1998, 129, 131; *Wertenbruch*, ZIP 1996, 1417, 1420.

167 *Hellmann* in: Frankfurter Kommentar, Sonderbereiche Sport, Rn. 55 f.; *Hannamann*, Verhaltenskoordinationen und Kartellverbot im Sport, S. 209; *Summerer* in: Praxishandbuch Sportrecht, S. 362; *Mestmäcker* in: FS für O. Sandrock (2000), 689, 699 f.; *Jänich*, GRUR 1998, 438, 441; *Stopper*, SpuRt 1999, 188, 191; *Hellmann/Bruder*, EuZW 2006, 359, 362.

168 A.A. *Stopper*, ZWeR 2008, 412, 419 f., unter dem Hinweis, dass die einzelnen Spiele natürliche, nicht zu trennende Bestandteile des Gesamtwettbewerbs seien. Damit ist aber noch nichts über deren Verwertung gesagt. Die von ihm aufgeworfene Frage, warum ausgerechnet die Vereine die Vermarktung übernehmen sollen, wenn auch der Verband eine Organisationsleistung bringt, kann natürlich auch umgedreht werden: Warum – wie bislang – nur der Verband und nicht zumindest auch die Vereine? Eine Lösung des Entweder-Oder-Prinzips könnte der Begriff des Mitveranstalters bringen. So könnten die

(4) Ergebnis

Somit ist im Ergebnis festzuhalten, dass die Mitveranstaltereigenschaft des Verbandes und das notwendige Zusammenwirken verschiedener Akteure hinsichtlich der Organisation des Gesamtwettbewerbs nicht dazu führt, dass notwendigerweise eine gemeinsame Vermarktung aller Spiele eines Wettbewerbs unter Ausschluss der Einzelvermarktung durch die Vereine stattfinden müsste.[169] Vielmehr hat jedes einzelne Spiel einen wirtschaftlichen Wert, der durch die Einzelvermarktung realisiert werden könnte.[170] Dies zeigt sich außerhalb der Übertragungsrechte an den vielfältigen Sponsoringaktivitäten. Hierzu gehört beispielsweise die Vergabe von Plätzen der Bandenwerbung durch die Vereine, für die aber hinsichtlich ihrer wirtschaftlichen Verwertbarkeit die gleichen Aspekte wie für die Vergabe der Übertragungsrechte gelten.[171] Auch war die Einzelvermarktung im Rahmen europäischer und ausländischer Wettbewerbe in der Vergangenheit und teilweise auch bis heute an der Tagesordnung.[172]

c) Die Frage der Wettbewerbsbeschränkung und ihre Rechtfertigung

aa) Die Wettbewerbsbeschränkung und die Definition der relevanten Märkte

Geht man davon aus, dass die Vereine originäre Mitrechtsinhaber an den Einzelspielen sind und die Vermarktung von Einzelspielen rechtlich möglich ist, so hat die Zentralvergabe der Übertragungsrechte wettbewerbsbeschränkende Effekte.[173] Dies ergibt sich schon daraus, dass als Anbieter statt einer Vielzahl von Vereinen nur noch eine zentrale Stelle zur Verfügung steht, was in Verbindung mit der Einräumung exklusiver Rechte[174] im Ergebnis zu einer Verknappung des Angebots

---

Vereine ihre Einzelspiele selbständig vermarkten und der Verband daneben entweder den Gesamtwettbewerb oder mit den Vereinen die Einzelspiele. Hierüber könnten dann auch Gedanken des solidarischen Ausgleichs bei der Verteilung der Einnahmen des Verbandes mit einfließen.

169 So aber *Stopper*, ZWeR 2008, 412, 424 f.; *ders.*, SpuRt 2003, 48, 51.

170 Entscheidung der Kommission v. 23.07.2003 (*UEFA Champions League*), ABl. 2003 L 291/25, Rn. 124; *Nordemann* in: Loewenheim/Meessen/Riesenkampff, § 1 GWB Rn. 242; *Hannamann*, Kartellverbot und Verhaltenskoordinationen im Sport, S. 354.

171 Diesen Einwand lässt *Stopper*, ZWeR 2008, 412, 424, jedoch nicht gelten, sondern bezeichnet dies als Ausfluss einer autonomen Entscheidung der Rechtsgemeinschaft. Im Ergebnis zeigt dies jedoch, dass die gemeinschaftliche Produktion des Ligasports nicht zwangsläufig eine gemeinsame Vermarktung zur Folge hat, sondern die Einzelvermarktung der Spiele dennoch möglich ist. Die Begründung der Gesamtvermarktung des kompletten Wettbewerbs liegt dann in anderen Gründen.

172 Vgl. *Heermann*, ZWeR 2009, 472, 477 f.

173 Vgl. schon *Hausmann*, BB 1994, 1089, 1093 f.

174 Ähnliche wettbewerbliche Problemlagen ergeben sich bei den hier nicht interessierenden Fällen, dass es durch Käuferverhalten, z.B. durch Zusammenschlüsse, im Zusammenspiel mit der Einräumung von Exklusivrechten zu einer Monopolisierung des Marktes und zu Marktzutrittsschranken kommt. Vgl. hierzu z.B. die Entscheidungen der Kommission v. 11.06.1993 (*EBU/Eurovisions-System*), ABl. 1993 L 179/23; v. 10.05.2000 (*Eurovision*), ABl.

führt.[175, 176] Die Bündelung von TV-Rechten hat zudem zur Folge, dass diese teurer als z.B. Einzelrechte an Spielen weniger renommierter Vereine sind, so dass weniger finanzstarke Medienunternehmen zudem von vornherein ausgeschlossen sind. Mit der Zentralvermarktung ist daher eine Marktzutrittsschranke verbunden.[177] Wettbewerbsrechtlich kritisch ist zudem das Festsetzen von Mindestpreisen für einzelne Rechtepakte, was in ein sog. Preiskartell mündet.[178] Betroffen ist weiterhin der Angebotswettbewerb unter den Vereinen, die –zumindest was die begehrten Vereine angeht[179] – höhere Einnahmen erzielen könnten, wenn sie ihre Rechte

---

2000 L 151/18; EuG verb. Rs. T-528/93 u.a. (*Eurovision I*); Slg. 1996, II-649; EuG verb. Rs. T-185/00 u.a. (*Eurovision II*); Slg. 2002, II-3805; sowie zu einem Fall der Zusammenschlusskontrolle: Kommission v. 02.04.2003 (*Newscorp/Telepiu*), ABl. 2004 L 110/73. In einem neuen Urteil des EuGH wurde es außerdem als wettbewerbswidrig angesehen, dass die exklusive Einräumung von Rechten an Sportübertragungen mit der Verpflichtung seitens der englischen Fußballliga FA Premier League mit dem Verbot der Zugangsgewährung zu Decordereinrichtungen außerhalb des jeweiligen Landes verbunden wurde, siehe EuGH verb. Rs. C-403/08 und C-429/08 (*FA Premier League*), Urt. v. 04.10.2011, Rn. 137 ff.

175 Entscheidung der Kommission v. 23.07.2003 (*UEFA Champions League*), ABl. 2003 L 291/25, Rn. 114; BKartA, Hintergrundpapier zur Pressekonferenz am 24.07.2008 zum Thema „Zentralvermarktung der Verwertungsrechte der Fußball Bundesliga ab dem 01.07.2009“, S. 4, erhältlich unter: http://www.bundeskartellamt.de/wDeutsch/download/pdf/080724_PK_Hintergrundpapier.pdf; LG Frankfurt, WRP 1997, 1108, 1112; *Schürnbrand*, ZWeR 2005, 396, 409; *Hannamann*, Kartellverbot und Verhaltenskoordinationen im Sport, S. 332 f.; *Schmidt*, Organisations- und Rechtsfragen als Folgen der Kommerzialisierung des Fußballsports, S. 152.

176 Zumindest dieser Gesichtspunkt hat früher ökonomisch nicht zu überhöhten Preisen geführt, da unter dem Monopol der öffentlich-rechtlichen Rundfunkanstalten, die nicht um die Rechte konkurrierten, dem Anbietermonopol auch ein Nachfragemonopol gegenüberstand, vgl. *Parlasca*, Kartelle im Profisport, S. 141.

177 Entscheidung der Kommission v. 22.03.2006 (*FA Premier League*), ABl. 2008 C 7/10, Rn. 25 ff. (Langfassung unter: http://ec.europa.eu/comm/competition/antitrust/cases/decisions/38173/decision_en.pdf); *Bagger*, Die kartellrechtlichen Grenzen bei der Vergabe von Bundesligaübertragungsrechten, S. 155; *Schürnbrand*, ZWeR 2005, 396, 409; *Heermann*, SpuRt 1999, 11, 14.

178 BKartA, Hintergrundpapier zur Pressekonferenz am 24.07.2008 zum Thema „Zentralvermarktung der Verwertungsrechte der Fußball Bundesliga ab dem 01.07.2009“, S. 4, erhältlich unter: http://www.bundeskartellamt.de/wDeutsch/download/pdf/080724_PK_Hintergrundpapier.pdf.

179 So schätzte der Vorstandsvorsitzende der FC Bayern München AG, Karl-Heinz Rummenigge, bereits im Jahr 2008, dass eine Einzelvermarktung dazu führen würde, dass der FC Bayern Mehreinnahmen in Höhe von rund 75 Mio. € generieren könnte, vgl. Spiegel Online vom 11.03.2008, Zentralvermarktung als Erfolgsmodell, http://www.spiegel.de/sport/fussball/0,1518,540569,00.html (zuletzt abgerufen am 26.11.2011). Vgl. auch *Springer*, WRP 1998, 477, 478 f.

selbst vermarkten dürfen. Somit führt die Zentralvermarktung zur Festlegung von Einheitspreisen.[180]

Die Wettbewerbsbeschränkung wird umso intensiver, wenn man wie die Kommission, einzelne, kleine Märkte für die Übertragungsrechte definiert. So gibt es zum einen sachlich den vorgelagerten Programmbeschaffungsmarkt (sog. „upstream-Markt"), der die Produktion und Beschaffung der Medieninhalte betrifft, und andererseits den damit zusammenhängenden Programmverwertungsmarkt (sog. „downstream-Markt"), der die Weiterleitung der Inhalte an die Konsumenten betrifft.[181] Die beiden Märkte lassen sich wiederum aufteilen. Dabei ist allerdings streitig, ob nur Sportveranstaltungen generell gegenüber anderen Genres[182] oder aber auch hochklassige Sportveranstaltungen gegenüber anderen Sportveranstaltungen einen eigenen Markt bilden. Aufgrund der aus Sicht der Zuschauer fehlenden Austauschbarkeit großer Sportveranstaltungen untereinander, kann man dies nur sinnvoll mit letzterer Ansicht beantworten.[183] Im Bereich des Fußballs unter-

180 Entscheidungen der Kommission v. 23.07.2003 (*UEFA Champions League*), ABl. 2003 L 291/25, Rn. 114; v. 19.01.2005 (*Bundesliga*), ABl. 2005 L 134/46, Rn. 22 (Langfassung unter http.//ec.europa.eu/comm/competition/antitrust/cases/decisions/37214/de.pdf); *Hellmann* in: Frankfurter Kommentar, Sonderbereiche Sport, Rn. 60; *Schwarze/Hetzel*, EuR 2005, 581, 591.

181 Vgl. die Entscheidungen der Kommission v. 22.03.2006 (*FA Premier League*), ABl. 2008 C 7/10, Rn. 21 f. (Langfassung unter: http://ec.europa.eu/comm/competition/antitrust/cases/decisions/38173/decision_en.pdf); v. 23.07.2003 (*UEFA Champions League*), ABl. 2003 L 291/25, Rn. 56.

182 So KG WuW/E OLG 4267, 4274 (*Sportübertragungen*); *Blask*, Die Anwendbarkeit der Single-Entity-Theorie im professionellen Fußball, S. 117 f. Dies begründet er damit, dass die besondere Stellung z.B. des Ligafußballs von dessen Qualität abhänge, Qualität aber nachlassen könne und die Zuschauer dann andere Formen der Unterhaltung bevorzugen. M.E. kann aber die herausgehobene, konstante Stellung einzelner Sportarten und -veranstaltungen durchaus zur Annahme eines eigenen Markts führen, der sich freilich in Zukunft, wie jeder andere Markt, in seinem Bestand verändern kann. Ähnlich wie *Blask* auch *Hannamann*, Kartellverbot und Verhaltenskoordinationen im Sport, S. 317 f., die z.B. bei Großereignissen, wie Olympischen Spielen, Fußballweltmeisterschaften und Formel 1-Rennen eine Substituierbarkeit für die nachfragenden TV-Sender sieht, da diese Veranstaltungen im Hinblick auf Einschaltquoten, Werbemöglichkeiten und Sendezeiten austauschbar seien.

183 Entscheidung der Kommission v. 20.06.2000 (*Eurovision*), ABl. 2000 L 151/18, Rn. 39 ff.; *Hellmann/Bruder*, EuZW 2006, 359, 360; *Hausmann*, BB 1994, 1089, 1093; *Deselaers*, WuW 1998, 946, 952; *Weihs*, Zentrale Vermarktung von Sportübertragungsrechten, S. 164 f.; *Mentzel*, Solidarität im professionellen Fußballsport versus europäisches Wettbewerbsrecht, S. 134. Ebenso hinsichtlich der Fußball-Bundesliga: BGH NJW 2006, 377, 379 (*Hörfunkrechte*). Zur Frage, ob auch internationale Motorsportveranstaltungen einen separaten Markt bilden vgl. LG Frankfurt, WRP 1997, 1108, 1113 und OLG Frankfurt, SpuRt 1999, 200, 202 (dort offengelassen), sowie generell zu anderen Sportveranstaltungen die Entscheidung der Kommission v. 02.04.2003 (*Newscorp/Telepiù*), ABl. 2004 L 110/73, Rn. 69 ff.

scheidet die Kommission zu Recht zudem zwischen den ganzjährig stattfindenden Vereinswettbewerben und den nicht regelmäßig stattfindenden Wettbewerben z.B. der Nationalmannschaften.[184] Auf dem Programmverwertungsmarkt wird insbesondere in Märkte zwischen Live- und zeitversetzten Übertragungen, Erst- und Nachverwertungsrechten, Free- und Pay-TV-Rechten sowie zwischen Rechten hinsichtlich herkömmlicher Übertragungswege und jener der Neuen Medien unterschieden.[185] In räumlicher Hinsicht geht die Kommission zudem davon aus, dass die Rechte aufgrund des geltenden Rechts und sprachlicher sowie kultureller Unterschiede regelmäßig auf das Gebiet eines Staates begrenzt sind.[186]

bb) Modelle zur Einschränkbarkeit der Annahme einer Wettbewerbsbeschränkung

Nach der Bejahung einer tatbestandsmäßigen Wettbewerbsbeschränkung stellt sich sonach die Frage, ob und inwieweit die besonderen (ökonomischen) Belange des Sports zu einer Tatbestandsrestriktion im Rahmen des Kartellverbots führen können.

Hierbei wird insbesondere der Arbeitsgemeinschaftsgedanke ins Feld geführt. Dieser kann allerdings allenfalls bei der Schaffung des Produkts „Einzelspiel im Gesamtwettbewerb“ greifen, jedoch nicht bei der Vermarktung des Einzelspiels, da hierfür das Zusammenwirken zur Schaffung einer Möglichkeit zur Fernsehausstrahlung des Spiels nicht notwendig ist.[187] Vielmehr sind die Einzelspiele gerade

---

184 Vgl. die Entscheidungen der Kommission v. 23.07.2003 (*UEFA Champions League*), ABl. 2003 L 291/25, Rn. 57 ff.; v. 02.04.2003 (*Newscorp/Telepiù*), ABl. 2004 L 110/73, Rn. 64 ff.; v. 22.03.2006 (*FA Premier League*), ABl. 2008 C 7/10, Rn. 22 (Langfassung unter: http://ec.europa.eu/comm/competition/antitrust/cases/decisions/38173/decision_en.pdf); *Waldhauser*, ZUM 1998, 129, 130; *Springer*, WRP 1998, 477, 484, geht sogar davon aus, dass jede einzelne Liga innerhalb einer Sportart ein eigenständiger Markt sei. Dies hält auch *Jänich*, GRUR 1998, 438, 442, für möglich.

185 Vgl. die Entscheidung der Kommission v. 23.07.2003 (*UEFA Champions League*), ABl. 2003 L 291/25, Rn. 56; *Hellmann/Bruder*, EuZW 2006, 359, 360; *Schmidt*, Organisations- und Rechtsfragen als Folgen der Kommerzialisierung des Fußballsports, S. 161; *Mentzel*, Solidarität im professionellen Fußballsport versus europäisches Wettbewerbsrecht, S. 134. Vgl. zum Ganzen ausführlich: *Hellmann* in: Frankfurter Kommentar, Sonderbereiche Sport, Rn. 20 ff.

186 Entscheidungen der Kommission v. 28.05.1998 (*Bertelsmann/Kirch/Premiere*), ABl. 1999 L 53/1, Rn. 23; v. 23.07.2003 (*UEFA Champions League*), ABl. 2003 L 291/25, Rn. 88; v. 19.01.2005 (*Bundesliga*), ABl. 2005 L 134/46, Rn. 19 (Langfassung unter http.//ec.europa.eu/comm/competition/antitrust/cases/decisions/37214/de.pdf); v. 22.03.2006 (*FA Premier League*), ABl. 2008 C 7/10, Rn. 23 (Langfassung unter http://ec.europa.eu/comm/competition/antitrust/cases/decisions/38173/decision_en.pdf); *Hellmann* in: Frankfurter Kommentar, Sonderbereiche Sport, Rn. 33.

187 *Heermann*, ZWeR 2009, 472, 485; *Springer*, WRP 1998, 477, 483; *Hannamann*, Kartellverbot und Verhaltenskoordinationen im Sport, S. 319 (dort innerhalb der Marktabgrenzung); *Bagger*, Die kartellrechtlichen Grenzen bei der Vergabe von Bundesligaübertragungsrechten,

auch selbst marktfähige Produkte. Eine bessere Vermarktung mit höheren Erlösen kann zudem nicht zu einer Begründung herangezogen werden, da höherer Erlös Grundmotivation jeglicher Kartellvereinbarungen ist. Der Arbeitsgemeinschaftsgedanke vermag daher allenfalls bei weniger publikumsattraktiven Sportarten zu tragen, bei welchen eine Zentralvermarktung überhaupt erst dazu führt, dass diese Sportarten im Fernsehen übertragen werden können, weil für Einzelspiele keine Nachfrage besteht.[188]

Als weitere Einschränkungsmöglichkeit wird zudem die Immanenztheorie ins Spiel gebracht[189]. Dabei ist die unbestrittene Annahme eines möglichst ausgeglichenen Wettbewerbs und der Gewährleistung eines attraktiven Wettbewerbs im Sinne vereinsautonomer Zielsetzung die sportökonomische Grundbasis dieser Überlegung.[190] Auch wenn nach hier vertretener Auffassung derartige Gründe Teil eines eigenen Rechtfertigungstatbestandes wären[191], soll dennoch die inhaltsgleiche Diskussion an dieser Stelle dargestellt werden. Besondere Bedeutung kommt dabei vor allem der Frage der Notwendigkeit der Zentralvermarktung zu. Hier wird wohl überwiegend bezweifelt, dass die Umverteilungsfunktion durch eine Zentralvermarktung zwingend erforderlich sei. So wird einerseits darauf abgestellt, dass der Wegfall einer Zentralvermarktung nicht zu einer Bedrohung der Existenz des Ligasports führe, wie Einzelvermarktungsmöglichkeiten in anderen Ligen gezeigt haben.[192] Zudem wird immer wieder die Einführung eines Solidarfonds als mildere Alternative erwogen.[193] Andererseits wird aber auch vertreten, dass die Zentralver-

---

S. 150 f.; *Schmittmann/Lehmann*, AfP 1996, 255, 258; A.A. *Blask*, Die Anwendbarkeit der Single-Entitiy-Theorie im professionellen Fußball, S. 194.

188 *Hellmann* in: Frankfurter Kommentar, Sonderbereiche Sport, Rn. 67; *Hannamann*, Kartellverbot und Verhaltenskoordinationen im Sport, S. 409; *Weihs*, Zentrale Vermarktung von Sportübertragungsrechten, S. 112 f.; *Springer*, WRP 1998, 477, 478.

189 *Wertenbruch*, ZIP 1996, 1417, 1421 ff.; *Fleischer*, WuW 1996, 473, 480.

190 Vgl. hierzu schon 3. Kap. II. 3. c).

191 Siehe in diesem Kapitel unter I. 2. d) dd).

192 *Hellmann* in: Frankfurter Kommentar, Sonderbereiche Sport, Rn. 64; *Nordemann* in: Loewenheim/Meessen/Riesenkampff, § 1 GWB Rn. 242; *Fleischer*, WuW 1996, 473, 482. *Hausmann*, BB 1994, 1089, 1094, weist zudem darauf hin, dass durch Eintrittsgelder, Banden- und Trikotsponsoring sowie durch Transfererlöse sowieso kein gleiches Einnahmeniveau erreicht werden kann. Im Ergebnis ebenfalls gegen eine Rechtfertigung aufgrund des Immanenzgedankens sind *Schwarze/Hetzel*, EuR 2005, 581, 593.

193 *Deselaers*, WuW 1998, 946, 951; *Springer*, WRP 1998, 477, 484; *Schwarze/Hetzel*, EuR 2005, 581, 594 (diese im Rahmen einer Prüfung nach Art. 81 Abs. 3 EGV a.F.); *Nordemann* in: Loewenheim/Meessen/Riesenkampff, § 1 GWB Rn. 242; *Hannamann*, Kartellverbot und Verhaltenskoordinationen im Sport, S. 398 ff.; *Mentzel*, Solidarität im professionellen Fußballsport versus europäisches Wettbewerbsrecht, S. 140; *Tumbrägel*, Die Zentralvermarktung von Sportübertragungsrechten, S. 174 f.; *Weihs*, Zentrale Vermarktung von Sportübertragungsrechten, S. 132 ff.; *Schmittmann/Lehmann*, AfP 1996, 255, 258; mit Verweis auf die schwierige Durchsetzung und Kontrolle einer freiwilligen Lösung sind dagegen: *Hellmann* in: Frankfurter Kommentar, Sonderbereiche Sport Rn. 80; *ders./Bruder*,

marktung eine unerlässliche Maßnahme zur Herstellung der Chancengleichheit zwischen den Vereinen sei.[194] Problematisch an der Beurteilung der Notwendigkeit ist die Tatsache, dass sich verlässliche Prognosen in diesem Bereich kaum treffen lassen. Ob ein Solidarfonds z.B. genauso effektiv wäre, lässt sich kaum zuverlässig vorhersagen. Insoweit könnte der vereinsautonome Beurteilungsspielraum dazu führen, dass man die abschließende Beurteilung den Verbänden überlassen muss. Allerdings ist zu beachten, dass die Zentralvermarktung nach der hier vertretenen Stufentheorie auf der dritten Stufe steht, da es sich um eine Verbandstätigkeit mit Charakter eines überwiegend normalen rechtsgeschäftlichen Handelns – der wirtschaftlichen Verwertung von Übertragungsrechten – handelt. Hier ist der Beurteilungsspielraum der Vereine eingeschränkt.[195] Die Vereine müssten sich insoweit auch vorhalten lassen, dass früher die Einzelvermarktung weit verbreitet war und teilweise heute noch ist. Zudem haben die Vereine außerhalb der Übertragungsrechte vielfache einzelne Vermarktungsmöglichkeiten, ohne dass es dort zu einer solidarischen Umverteilung kommt.[196] Die Folge ist, dass bereits ohne die Zentralvermarktung der Übertragungsrechte massive finanzielle Unterschiede zwischen den Vereinen bestehen. Dies spricht dafür, in der Tat die Zentralvermarktung als nicht notwendig zur Herstellung der Chancengleichheit zu betrachten.

cc) Die Lösung über Art. 101 Abs. 3 AEUV bzw. § 2 Abs. 1 GWB

Vor allem in der Praxis konzentriert sich die Frage nach der Zulässigkeit von Zentralvermarktungssystemen auf das Vorliegen des Freistellungstatbestands gemäß Art. 101 Abs. 3 AEUV bzw. § 2 Abs. 1 GWB.[197] Denn neben den dargestellten

---

EuZW 2006, 359, 362 und *Stopper*, SpuRt 2003, 48, 51. Hiergegen *Hannamann*, Kartellverbot und Verhaltenskoordinationen im Sport, S. 399 f. und, unter den neueren Strukturen des Ligaverbandes in Deutschland, *Heermann*, ZweR 2009, 472, 482. Vgl. auch ausführlich *Bagger*, Die kartellrechtlichen Grenzen bei der Vergabe von Bundesligaübertragungsrechten, S. 234 ff.

194 *Bagger*, Die kartellrechtlichen Grenzen bei der Vergabe von Bundesligaübertragungsrechten, S. 255; *Stopper*, SpuRt 2003, 48, 51; *Wertenbruch*, ZIP 1996, 1417, 1422 f., der allerdings bei Livespielen auf den Schutz vor Parallelveranstaltungen abstellt, was in heutiger Zeit, in der alle Bundesliga- und DFB-Pokalspiele im Pay-TV live zu sehen sind, überholt ist.

195 Vgl. oben in diesem Kapitel unter I. 2. d) ee), sowie auf Basis der Kerntheorie Schürnbrand, ZWeR 2005, 396, 409. Nach der hier vertretenen Auffassung sind diese Überlegungen zwar eine Frage eines ungeschriebenen Rechtfertigungstatbestandes. Dadurch ändert sich allerdings aufgrund der insoweit gleichen Prüfungsstruktur nichts.

196 *Hannamann*, Kartellverbot und Verhaltenskoordinationen im Sport, S. 398.

197 Entscheidungen der Kommission v. 23.07.2003 (*UEFA Champions League*), ABl. 2003 L 291/25, Rn. 136 ff.; v. 19.01.2005 (*Bundesliga*), ABl. 2005 L 134/46, Rn. 24 ff. (Langfassung unter http.//ec.europa.eu/comm/competition/antitrust/cases/decisions/37214/de.pdf); v. 22.03.2006 (*FA Premier League*), ABl. 2008 C 7/10, Rn. 30 (Langfassung unter: http://ec.europa.eu/comm/competition/antitrust/cases/decisions/38173/decision_en.pdf); BKartA, Hintergrundpapier zur Pressekonferenz am 24.07.2008 zum Thema „Zentralvermarktung der Verwertungsrechte der Fußball Bundesliga ab dem 01.07.2009“,

vereinsautonomen Zwecken hat die Zentralvermarktung auch Auswirkungen ökonomischer Art auf die Marktgegenseite sowie die Verbraucher. Die Effizienzgewinne als erste Tatbestandsvoraussetzung können dabei vielfältig sein: Schaffung und Aufrechterhaltung eines einheitlichen, hochwertigen Markenprodukts wie der UEFA Champions League oder der Bundesliga[198], Einsparungen für die einzelnen Vereine bei der Vermarktung ihrer Rechte[199], Schaffung einer zentralen Anlaufstelle für die Nachfrager nach den Übertragungsrechten („One-Stop-Shop-Prinzip") oder Planungssicherheit für die Medienanbieter hinsichtlich der Übertragung des kompletten Wettbewerbs und damit eine höhere Chance der Amortisierung getätigter Investitionen.[200] Die Kommission kommt daher nach Abwägung aller wettbewerblichen Vor- und Nachteile dazu, dass die Zentralvermarktung zu Effizienzgewinnen führt.[201] Dabei spielen die Gedanken der Umverteilung nur eine untergeordnete Rolle[202], was die Konzentration auf die ökonomischen Auswirkungen unterstreicht.[203]

S. 6 ff., erhältlich unter: http://www.bundeskartellamt.de/wDeutsch/download/pdf/080724_PK_Hintergrundpapier.pdf. Ebenso: *Wertenbruch*, ZIP 1996, 1417, 1423 f.

198 Vgl. hierzu auch *Bagger*, Die kartellrechtlichen Grenzen bei der Vergabe von Bundesligaübertragungsrechten, S. 208 ff.

199 *Jänich*, GRUR 1998, 438, 443; *Tumbrägel*, Die Zentralvermarktung von Sportübertragungsrechten, S. 183.

200 Alle diese Punkte hat die Kommission in ihrer Entscheidung v. 23.07.2003 (*UEFA Champions League*), ABl. 2003 L 291/25, in Erwägung gezogen, vgl. Rn. 139 ff. Vgl. auch BKartA, Hintergrundpapier zur Pressekonferenz am 24.07.2008 zum Thema „Zentralvermarktung der Verwertungsrechte der Fußball Bundesliga ab dem 01.07.2009", S. 4 , erhältlich unter: http://www.bundeskartellamt.de/wDeutsch/download/pdf/080724_PK_Hintergrundpapier.pdf. Vgl. auch *Schürnbrand*, ZWeR 2005, 396, 409 f.; *Parrish/Miettinen*, The Sporting Exception in European Union Law, S. 147 f.

201 So in der Entscheidung der Kommission v. 23.07.2003 (*UEFA Champions League*), ABl. 2003 L 291/25, Rn. 168. Anders war die Situation bei der ursprünglich von der DFL angemeldeten Regelung der Zentralvermarktung zur Fußball-Bundesliga, vgl. Entscheidung v. 19.01.2005 (*Bundesliga*), ABl. 2005 L 134/46, Rn. 24 (Langfassung unter http.//ec.europa.eu/comm/competition/antitrust/cases/decisions/37214/de.pdf); Vgl. auch *Stopper*, SpuRt 2008, 177, 178. A.A. dagegen *Hannamann*, Kartellverbot und Verhaltenskoordinationen im Sport, S. 437.

202 Entscheidung der Kommission v. 23.07.2003 (*UEFA Champions League*), ABl. 2003 L 291/25, Rn. 165 ff. Eine Freistellung würde bereits an diesem Punkt scheitern, wenn keine Förderung positiver wettbewerblicher Zwecke, sondern bloße Wettbewerbsausschaltung bestünde, vgl. zur FIA-Zentralvermarktung: LG Frankfurt, WRP 1997, 1008, 1112 f., mit zustimmender Anmerkung von *Hohmann*, WRP 1997, 1011, 1014.

203 Die ökonomischen Auswirkungen eines dadurch spannenderen und attraktiveren Wettbewerbs, welche die Kommission auch anerkennt, vgl. Entscheidung der Kommission v. 23.07.2003 (*UEFA Champions League*), ABl. 2003 L 291/25, Rn. 165, hätten freilich zumindest noch unterstützend eingeflochten werden können, ohne die Prüfungsstruktur zu verwässern. Siehe auch *Hellmann* in: Frankfurter Kommentar, Sonderbereiche Sport Rn. 76; *Tumbrägel*, Die Zentralvermarktung von Sportübertragungsrechten, S. 182; *Schürnbrand*, ZWeR 2005, 396, 410; *Wertenbruch*, ZIP 1996, 1417, 1424. Dagegen allerdings wohl *Schwarze/Hetzel*, EuR 2005, 581, 594, welche sich allerdings in ihrer Betrachtung

Diese Effizienzgewinne kommen auch den Verbrauchern zugute, da die Zentralvermarktung den Zugang für die Medienunternehmen zu den Inhalten verbessert und diese Vorteile direkt auf die Zuschauer durchschlagen. Denn diese kommen in den Genuss qualitativ hochwertiger Übertragungen und werden zudem unabhängig vom Abschneiden eines Vereins umfassend über den Gesamtwettbewerb informiert.[204] Besonders attraktive Sendeformate, wie die Highlight-Berichterstattung, als auch die Live-Konferenz werden erst mit einer Zentralvermarktung effektiv möglich.[205] Das Bundeskartellamt stellt unmittelbar auf die Zuschauer ab und prüft zusätzlich, ob eine angemessene Highlight-Berichterstattung im Free-TV besteht, welche einer Preisfestsetzungsmacht der Pay-TV-Anbieter entgegensteht. Dieser im Ansatz nachvollziehbare Punkt wird mit Blick auf die rein wettbewerbspolitische Zielsetzung des Kartellrechts aber bedenklich, wenn das Bundeskartellamt eine Berichterstattung nach 22 Uhr als zu spät ansieht, eine zu große Aufteilung des Spieltags auf verschiedene Tage des Wochenendes anprangert und auf die entgegenstehenden Sehgewohnheiten der Zuschauer hinweist.[206] Es bemisst damit diesen Aspekten eine wettbewerbspolitische Bedeutung, die ihnen nicht zukommt. [207]

---

ausschließlich auf außerwettbewerbliche Rechtfertigungsmöglichkeiten konzentrierten und die ökonomischen Vorteile der Zentralvermarktung im Rahmen der Betrachtung nach Art. 81 Abs. 3 EGV a.F. gänzlich außer Acht lassen. Wie die Verpflichtungszusage dann eine Lösungsmöglichkeit sein soll, bleibt hiernach fraglich.

204 Entscheidung der Kommission v. 23.07.2003 (*UEFA Champions League*), ABl. 2003 L 291/25, Rn. 169 ff. Vgl. auch *Tumbrägel*, Die Zentralvermarktung von Sportübertragungsrechten, S. 182. A.A. auch für diesen Punkt *Hannamann*, Kartellverbot und Verhaltenskoordinationen im Sport, S. 437 f., die in der Angebotsverknappung durch die Zentralvermarktung das entscheidende Argument sieht, welches die etwaigen Vorteile überwiege (ähnl. auch *Weihs*, Zentrale Vermarktung von Sportübertragungsrechten, S. 300). Allenfalls für den Verkauf von Spielzusammenfassungen könne wegen der einheitlichen Präsentation, die eine aufwendige Suche auf allen Kanälen erspare, eine Freistellung angenommen werden, vgl. S. 440 ff. Allerdings lassen sich beide Bereiche kaum trennen. So erwartet der Zuschauer heute in einem Livespiel auch Informationen zu anderen Spielen oder sonstigen Geschehnissen in der Liga bzw. in der Sportart.

205 *Bagger*, Die kartellrechtlichen Grenzen bei der Vergabe von Bundesligaübertragungsrechten, S. 219 ff.

206 BKartA, Hintergrundpapier zur Pressekonferenz am 24.07.2008 zum Thema „Zentralvermarktung der Verwertungsrechte der Fußball Bundesliga ab dem 01.07.2009", S. 6 f., erhältlich unter: http://www.bundeskartellamt.de/wDeutsch/download/pdf/080724_PK_Hintergrundpapier.pdf.

207 Ebenso kritisch: *Nordemann* in: Loewenheim/Meessen/Riesenkampff, § 1 GWB Rn. 242; *Bagger*, Die kartellrechtlichen Grenzen bei der Vergabe von Bundesligaübertragungsrechten, S. 230 f.; *Stopper*, SpuRt 2008, 177, 179. Dagegen kann der in diesem Zusammenhang ebenfalls gebrachte Einwand von *Stopper*, die Zuschauer als Endverbraucher des Produkts Sportübertragung seien nicht in den Verbraucherbegriff des Art. 81 Abs. 3 EGV a.F. einbezogen, nicht überzeugen. Nach Art. 101 Abs. 3 AEUV fallen wie bei seiner Vorgängernorm alle, die gegenüber den beteiligten Unternehmen auf der Marktgegenseite mittelbar oder unmittelbar bis hinunter auf die Stufe des Endverbrauchers als Abnehmer auftreten unter den Verbraucherbegriff, vgl. *Ellger* in: Immenga/Mestmäcker, Europäisches

Letztlich führte dies dazu, dass die DFL umplanen musste und damit einem Vermarktungsmodell den Vorzug geben musste, bei dem die Einnahmen geringer als geplant ausfielen.[208, 209]

Mit Blick auf diese grundsätzlich positiven ökonomischen Punkte kommt die Kommission zum Ergebnis, dass die Zentralvermarktung grundsätzlich auch unerlässlich ist.[210] Hier zeigt sich, dass, anders als auf Basis des Umverteilungsmechanismus[211], der Blick auf die Marktgegenseite und die Verbraucher dazu führt, dass eine zentrale Vergabestelle der Medienprodukte über die Erforderlichkeitsschwelle gehoben werden kann. Ähnlich wie für die vierte Voraussetzung, der fehlenden Ausschaltung des Wettbewerbs, gelten aber hier Einschränkungen: So darf beispielsweise den Vereinen nicht verboten werden, Spiele einzeln zu vermarkten, wenn der Verband die Fernsehrechte mangels Nachfrage nicht selbst vermarkten kann.[212] Außerdem müssen mehrere verschiedene Rechtepakte geschnürt und zeitlich beschränkt in einem transparenten Vergabeverfahren vergeben werden.[213]

Kartellrecht, Art. 81 Abs. 3 EG Rn. 232 f.; *Meessen* in: Loewenheim/Meessen/Riesenkampff, Art. 81 Abs. 3 EGV Rn. 39; *Bagger*, Die kartellrechtlichen Grenzen bei der Vergabe von Bundesligaübertragungsrechten, S. 211.

208 Statt 500 Mio. € pro Saison mit dem abgelehnten Modell kassiert die DFL bis 2013 im Schnitt nur 412 Mio. € pro Saison, vgl. Welt Online vom 21.06.2011, Scharfes Schwert gegen die „Sportschau", http://www.welt.de/print/die_welt/sport/article13441266/Scharfes-Schwert-gegen-die-Sportschau.html (zuletzt abgerufen am 26.11.2011).

209 Für die Vermarktung ab 2013 hat dagegen das Bundeskartellamt eine grundsätzliche Zustimmung zu den Plänen der DFL signalisiert, die Highlight-Berichterstattung im Free-TV erst ab 21:45 Uhr anzubieten. Stattdessen soll es eine derartige Berichterstattung ab 19:00 Uhr über das Internet geben, vgl. BKartA, Pressemeldung vom 20.06.2011, Bundeskartellamt signalisiert Zustimmung zu den Vermarktungsplänen der DFL ab der Spielzeit 2013/2014 erhältlich unter: http://www.bundeskartellamt.de/wDeutsch/download/pdf/Presse/2011/2011-06-20_PM_DFL_Fruehjahr.pdf (zuletzt abgerufen am 26.11.2011).

210 Entscheidung der Kommission v. 23.07.2003 (*UEFA Champions League*), ABl. 2003 L 291/25, Rn. 174 ff. A.A. *Tumbrägel*, Die Zentralvermarktung von Sportübertragungsrechten, S. 189, der allerdings außer Acht lässt, dass die Schaffung einer einheitlichen, qualitativ hochwertigen Marke über andere Mechanismen, wie die Fondslösung, nicht oder nur wesentlich schwerer erreicht werden kann. Ebenso würden bei einer Einzelvermarktung die Vorteile unter anderem einer einzelnen Anlaufstelle für die Medienunternehmen und die Gewährleistung einer Berichterstattung über den Gesamtwettbewerb wegfallen.

211 Vgl. in diesem Kapitel unter I. 4. c) bb).

212 Entscheidung der Kommission v. 23.07.2003 (*UEFA Champions League*), ABl. 2003 L 291/25, Rn. 186 ff.

213 Entscheidung der Kommission v. 23.07.2003 (*UEFA Champions League*), ABl. 2003 L 291/25, Rn. 193 ff. Erst nach Veränderung der Zentralvermarktung durch die DFL in diese Richtung im Rahmen einer Verpflichtungszusage gemäß Art. 9 VO 1/2003 ist die Bundesligazentralvermarktung durch die Kommission als unbedenklich angesehen worden, vgl. Entscheidung v. 19.01.2005 (*Bundesliga*), ABl. 2005 L 134/46, Rn. 41. (Langfassung

Damit soll innerhalb des Vermarktungsmonopols ein gewisser Wettbewerb um Rechte gewährleistet werden, so dass gerade nicht von einer kompletten Ausschaltung des Wettbewerbs die Rede sein kann. Hieraus sind verschiedene Ausgestaltungen der Zentralvermarktungssysteme entstanden.[214]

Die dargestellten Entscheidungsgrundsätze verdienen Zustimmung. Die Rechtfertigung der Zentralvermarktung liegt nicht primär in sportlichen Gründen, sondern in der besseren wirtschaftlichen Vermarktungsmöglichkeit des Gesamtprodukts. Dies zeigt sich nicht zuletzt in den in letzter Zeit immer weitergehenden Schärfungen der einzelnen Marken der Verbände.[215] So wurde gerade mit der Schaffung der UEFA Europa League und ihrem im Gegensatz zu ihrem Vorgänger UEFA-Cup einheitlichen Auftreten hinsichtlich Sponsoren, Präsentation, Spielball und eben der Zentralvermarktung ab der Gruppenphase, die Erwartung einer besseren Fernsehpräsenz und erhöhten Einnahmen verbunden.[216] Solche ökonomischen Erwägungen einer Wettbewerbsbeschränkung können aber nur im Rahmen der Rechtfertigungstatbestände erörtert werden, wobei auf die jeweiligen Umstände des Einzelfalls einzugehen ist.

dd) Der ungeschriebene Rechtfertigungsgrund aufgrund der Vereinsautonomie

Für den hier vorgeschlagenen ungeschriebenen Rechtfertigungsgrund aufgrund Verfolgung vereinsautonomer Zielsetzungen verbleibt wegen dessen Subsidiarität sodann kein Anwendungsbereich. Im Übrigen würde sich die Beurteilung mit jener auf Ebene der Immanenztheorie decken, so dass auch hier die Notwendigkeit der Zentralvermarktung zur Sicherung eines gewissen Grades an Chancengleichheit fraglich erscheint.[217]

---

unter http.//ec.europa.eu/comm/competition/antitrust/cases/decisions/37214/de.pdf). Ebenso musste die Vermarktungsgesellschaft der englischen Premier League nachbessern, vgl. v. 22.03.2006 (*FA Premier League*), ABl. 2008 C 7/10, Rn. 38 ff. (Langfassung unter: http://ec.europa.eu/comm/competition/antitrust/cases/decisions/38173/decision_en.pdf). Vgl. auch *Schürnbrand*, ZWeR 2005, 396, 410.

214 Vgl. hierzu die Darstellungen bei *Hellmann* in: Frankfurter Kommentar, Sonderbereiche Sport, Rn. 84 ff.; *ders./Bruder*, EuZW 2006, 359, 362 f.

215 Hinzuweisen ist auf den Rechtsstreit zwischen der FIFA und Ferrero über die Verwendung der Bezeichnung „WM", vgl. BGH WRP 2010, 764 ff., sowie auf die Meldung, dass die DFL in Zukunft die kommerzielle Nutzung des Bundesliga-Spielplans von ihrer urheberrechtlichen Erlaubnis abhängig machen will, vgl. http://www.bundesliga.de/de/liga/news/2010/index.php?f=0000186549.php.

216 Welt-Online vom 01.07.2009, Die Europa League will keine Müllkippe sein, http://www.welt.de/sport/fussball/article4028832/Die-Europa-League-will-keine-Muellkippe-sein.html (zuletzt abgerufen am 26.11.2011). Ähnliches gilt für die geplante Zentralvermarktung der Qualifikation für die UEFA Europameisterschaften, vgl. die Meldung „DFB erwartet durch TV-Zentralvermarktung mehr Geld" vom 01.12.2010 unter http://www.weltfussball.de/news/europa-league/_m53755_dfb-erwartet-durch-tv-zentralvermarktung-mehr-geld/ (zuletzt abgerufen am 26.11.2011).

217 Vgl. hierzu oben in diesem Kapitel unter I. 4. c) bb).

5. Zusammenfassung

Der Wortlaut des Tatbestandes von Art. 101 Abs. 1 AEUV bzw. § 1 GWB gibt keinen Anhaltspunkt für die Berücksichtigungsfähigkeit ideeller Zwecksetzungen von Vereinen. Im Gegenteil: Vereine und Verbände unterfallen – sofern sie nicht auf Ebene der *ersten Stufe*, also außerhalb wirtschaftlicher Tätigkeit handeln – oftmals zumindest vom Wortlaut her dem Kartellverbot. So ist regelmäßig im Rahmen von Satzungen als auch bei der Anwendung im Einzelfall das Merkmal des Beschlusses einer Unternehmensvereinigung einschlägig. Die Frage, ob dieser zu einer Wettbewerbsbeschränkung führt, ist im Einzelfall zu entscheiden; sie wird aber gerade im Bereich des Profisports regelmäßig vorliegen, wie die Beispiele Dopingregelungen und Zentralvermarktung von Sportereignissen zeigen. Für kleine Vereine und Verbände außerhalb des Profisports kann dagegen vor allem das begrenzende Merkmal der Spürbarkeit der Wettbewerbsbeschränkung relevant werden.

Entscheidend für die Berücksichtigung von ideellen Zwecksetzungen im Rahmen der Vereinsautonomie sind daher die Ansätze der Tatbestandsrestriktion und der Rechtfertigung. Dabei wird deutlich, dass die meisten der bislang im Kartellrecht entwickelten Einschränkungen des weiten Kartellverbotstatbestands sowie auch die geschriebenen Rechtfertigungstatbestände der Art. 101 Abs. 3 AEUV bzw. § 2 Abs. 1 GWB eine wirtschaftliche Motivation haben. Diese können zwar für Vereinstätigkeiten bei wirtschaftlich positiven Auswirkungen ebenfalls relevant werden, wie das Beispiel Zentralvermarktung von Sportereignissen zeigt. Für die generelle Beachtung ideeller Zwecke hat dagegen allenfalls der Immanenzgedanke eine Antwort parat. Dies gilt vor allem, wenn man die *Wouters*-Kriterien des EuGH mit heranzieht. Nach hier vertretener Ansicht sollten dagegen vor allem nach dem Übergang zum Legalausnahmesystem für Art. 101 Abs. 3 AEUV Tatbestandsrestriktionen die Ausnahme bleiben, und aus dogmatischen Gründen eine Rechtfertigung auf Rechtfertigungsebene stattfinden. Dazu sind die Grundsätze heranzuziehen, die insgesamt für den Immanenzgedanken nach Ausgestaltung in den Rechtsachen *Wouters* und *Meca-Medina* unter Berücksichtigung der geschriebenen Rechtfertigungsgründe gelten: Die Zielsetzung der Vereinstätigkeit muss auf die Vereinsautonomie zurückzuführen sein, die Maßnahme muss für die Zielsetzung erforderlich sein und darf darüber hinaus im Ausgleich mit den Zielsetzungen des Kartellrechts diese auch nicht unverhältnismäßig einschränken.

Für die Tätigkeiten der *zweiten und dritten Stufe* sind dabei unterschiedliche Maßstäbe anzulegen. Während die Vereinsmaßnahmen der *zweiten Stufe*, z.B. Dopingregelungen, von einem großen Beurteilungsspielraum der Vereine geprägt sind, welcher gerichtlich nur auf die Einhaltung äußerer Grenzen überprüft werden kann, ist für Vereinstätigkeiten der dritten Stufe, z.B. die Zentralvermarktung von Sportereignissen, dagegen regelmäßig der Beurteilungsspielraum eingeschränkt. Dabei darf jedoch auch auf *dritter Stufe*, selbst wenn sich die Ergebnisse dort im Endeffekt an den Ergebnissen für normale kartellrechtliche Sachverhalte zu orientieren haben, die ideelle Zwecksetzung, die aus der Vereinsautonomie entspringt, nicht vollkommen übersehen werden.

II. Fallgruppe der Missbrauchskontrolle

Neben dem Kartellverbotstatbestand ist auch die Missbrauchskontrolle für die Vereine und Verbände von Bedeutung. Rechtliche Brisanz birgt diese kartellrechtliche Verhaltensanforderung vor allem daraus, dass Vereins- und Verbandsstrukturen aufgrund des ihr innewohnenden Koordinierungszwecks zu jedenfalls sozialen Monopolstellungen führen können, die wiederum im Falle unternehmerischer Tätigkeit leicht als wirtschaftliche Machtstellungen qualifiziert werden können. Auf die hierfür notwendige Marktabgrenzung wird noch genauer zurückzukommen sein.[218] Daraus resultiert die Gefahr, dass ideelle Wertvorstellungen aufgrund ihrer Kombination mit wirtschaftlichen Tätigkeiten nach kartellrechtlichen Verhaltensanforderungen beurteilt werden und die aus der Vereinsautonomie folgende grundsätzliche freie Zwecksetzung der Vereine überspielt wird.[219] Also muss auch hier die Balance zwischen Wettbewerbsschutz und Wahrung eines Raums, in welchem die Vereinsautonomie zugunsten der Vereine wirken kann, gefunden werden.

1. Der Regelungszweck und die Tatbestände der Missbrauchskontrolle

Regelungen zur Missbrauchskontrolle finden sich im europäischen Recht in Art. 102 AEUV und im deutschen Recht in den §§ 19–21 GWB. Anders als beim Kartellverbot sind die nationalen und die unionsrechtlichen Regelungen hier nicht vollständig vereinheitlicht. Art. 3 Abs. 2 S. 2 VO 1/2003 lässt es explizit zu, dass im Falle einseitiger Handlungen auch strengere Regelungen auf nationaler Ebene aufgestellt werden können. Materiell-rechtlich ergeben sich jedoch in der Regel, vor allem zwischen § 19 GWB und Art. 102 AEUV, kaum Wertungsunterschiede.[220] Dies rechtfertigt es, erneut beide Normenkomplexe gemeinsam zu behandeln und auf spezielle Unterschiede im Einzelnen einzugehen.

Das Ziel der Missbrauchskontrolle, die neben dem Kartellverbot und der Fusionskontrolle als weiterer essentieller Bestandteil eines Systems eines freien, unverfälschten Wettbewerbs angesehen wird[221], besteht darin, einseitige Handlungen

---

218 Siehe sogleich in diesem Kapitel unter II. 1. a) bb).

219 Vgl. auch: *Haas/Prokop*, JR 1998, 45, 47 zu § 26 Abs. 2 GWB a.F. (entspricht § 20 Abs. 1 GWB n.F.); *Grätz*, Missbrauch der marktbeherrschenden Stellung durch Sportverbände, S. 58.

220 *Weyer* in: Frankfurter Kommentar, § 19 GWB Rn. 817 f.; *Nothdurft* in: Langen/Bunte, Deutsches Kartellrecht, § 19 Rn. 3; *Götting* in: Loewenheim/Meessen/Riesenkampff, § 19 GWB Rn. 112; *Wiedemann* in: Handbuch des Kartellrechts, § 23 Rn. 93.

221 *Wessely* in: Frankfurter Kommentar, Anwendungsgrundsätze Art. 82 EG Rn. 1; *Möschel* in: Immenga/Mestmäcker, Europäisches Kartellrecht, Art. 82 EGV Rn. 1; *Götting* in: Loewenheim/Meessen/Riesenkampff, § 19 GWB Rn. 1; *Rittner/Dreher*, Europäisches und

marktbeherrschender Unternehmen zu unterbinden, die dazu führen, dass die Wettbewerbsverhältnisse auf dem Markt nachteilig verändert werden.[222] Es sollen also jene Verhaltensweisen verboten sein, die dadurch entstehen, dass ein Unternehmen durch seine Marktmächtigkeit nicht mehr hinreichend durch den freien Wettbewerb kontrolliert wird und damit seine Marktmacht missbräuchlich einsetzen kann. Neben diesem wettbewerblichen Institutionsschutz zielen die Regelungen zur Missbrauchskontrolle hierfür auch auf den Schutz der Mitbewerber[223] sowie hinsichtlich Art. 102 AEUV[224] und § 19 GWB[225] sogar auf den Schutz der Marktgegenseite ab.

Hinsichtlich der Tatbestandsvoraussetzungen ist vor allem auf zwei Punkte einzugehen: Zum einen ist die Frage nach der Marktmacht und damit die Marktabgrenzung zu erörtern, und zum anderen ist zu beantworten, wann eine missbräuchliche Ausnutzung jener Marktmacht vorliegt.

a) Marktmacht und Marktabgrenzungen

aa) Allgemeines

Ausgangspunkt für die meisten[226] Regelungen zur Missbrauchsaufsicht ist das Vorliegen einer marktbeherrschenden Stellung eines Unternehmens[227]. Die Beurteilung hierfür erfolgt nach den allgemeinen Grundsätzen. So ist zunächst der relevante Markt nach den Regeln des Bedarfsmarktkonzepts, also beim Angebotsmarkt nach der Beurteilung der Substituierbarkeit der angebotenen Güter und Dienstleistungen

---

deutsches Wirtschaftsrecht, § 19 Rn. 1; *Wiedemann* in: Handbuch des Kartellrechts, § 23 Rn. 1; *Emmerich*, Kartellrecht, § 9 Rn. 1; *Kling/Thomas*, Kartellrecht, § 18 Rn. 1.

222 *Paschke* in: Frankfurter Kommentar, § 19 GWB Rn. 9; *Wessely* in: Frankfurter Kommentar, Anwendungsgrundsätze Art. 82 EG Rn. 5; *Lettl*, Kartellrecht, § 3 Rn. 3.

223 *Paschke* in: Frankfurter Kommentar, § 19 GWB Rn. 9; *Möschel* in: Immenga/Mestmäcker, Europäisches Kartellrecht, Art. 82 EGV Rn. 5; *Nothdurft* in: Langen/Bunte, Deutsches Kartellrecht, § 20 Rn. 1; *Mestmäcker/Schweitzer*, Europäisches Wettbewerbsrecht, § 15 Rn. 5; *Kling/Thomas*, Kartellrecht, § 5 Rn. 4. Vgl. auch EuGH Rs. 27/76 (*United Brands*), Slg. 1978, 207, Rn. 184/194.

224 Kommission v. 20.07.1999 (*Fußball-Weltmeisterschaft 1998*), ABl. 2000 L 5/55, Rn. 100; *Wessely* in: Frankfurter Kommentar, Anwendungsgrundsätze Art. 82 EG Rn. 62 f.; *Möschel* in: Immenga/Mestmäcker, Europäisches Kartellrecht, Art. 82 EGV Rn. 5; *Mestmäcker/Schweitzer*, Europäisches Wettbewerbsrecht, § 15 Rn. 5; *Rittner/Dreher*, Europäisches und deutsches Wirtschaftsrecht, § 19 Rn. 6; *Lettl*, Kartellrecht, § 3 Rn. 3; *Kling/Thomas*, Kartellrecht, § 5 Rn. 4.

225 *Paschke* in: Frankfurter Kommentar, § 19 GWB Rn. 9; *Nothdurft* in: Langen/Bunte, Deutsches Kartellrecht,§ 19 Rn. 1; *Kling/Thomas*, Kartellrecht, § 18 Rn. 87.

226 Ausnahmen sind die Regelungen in § 20 Abs. 2 und § 20 Abs. 4 GWB, vgl. neben dem Wortlaut der Normen die Übersichtstabellen bei *Rittner/Dreher*, Europäisches und deutsches Wirtschaftsrecht, § 20 Rn. 3 und *Kling/Thomas*, Kartellrecht, § 18 Rn. 19.

227 Zum Vorliegen des Unternehmensbegriffs bei der Tätigkeit von Idealvereinen vgl. bereits ausführlich oben im 4. Kap. unter II. 2. und 3.

aus Sicht der Nachfrager, sowohl in sachlicher als auch in räumlicher und zeitlicher Hinsicht zu bestimmen.[228] Gerade der zeitlichen Komponente kommt bei sportlichen, kulturellen oder sozialen Veranstaltungen, die zeitlich begrenzt sind, eine gewisse Bedeutung zu[229], da solche vor allem von Vereinen und Verbänden abgehalten werden. Anschließend ist zu bestimmen, ob das Unternehmen auf dem so ermittelten Markt eine entsprechende Marktmacht hat. Eine solche liegt ganz allgemein dann vor, wenn ein Unternehmen eine solche wirtschaftliche Machtstellung erlangt hat, mit welcher es die Aufrechterhaltung eines wirksamen Wettbewerbs auf dem relevanten Markt verhindern und sich seinen Wettbewerbern, seinen Abnehmern und den Verbrauchern gegenüber in einem wesentlichen Umfang unabhängig verhalten kann.[230] Die allgemeinen Kriterien, insbesondere die Marktstruktur, die Unternehmensstruktur, Marktverhalten des Unternehmens und die Marktergebnisse[231] gelten auch hier. Im nationalen Recht gibt § 19 Abs. 2 GWB diese und weitere Beurteilungskriterien vor. Besonderes Gewicht kommt bei dieser Gesamtschau[232]

---

228 Vgl. hierzu ausführlich *Wessely* in: Frankfurter Kommentar, Normadressaten Art. 82 EG Rn. 37 ff.; *Möschel* in: Immenga/Mestmäcker, GWB, § 19 Rn. 23 ff.; *Ruppelt* in: Langen/Bunte, Deutsches Kartellrecht, § 19 Rn. 20 ff.; *Bergmann* in: Loewenheim/Meessen/Riesenkampff, Art. 82 EGV Rn. 25 ff.; *Mestmäcker/Schweitzer*, Europäisches Wettbewerbsrecht, § 15 Rn. 10 ff.; *Kling/Thomas*, Kartellrecht, § 5 Rn. 12 ff. Vgl. auch die Bekanntmachung der Kommission über die Definition des relevanten Marktes im Sinne des Wettbewerbsrechts der Gemeinschaft, ABl. 1997 C 372/5 sowie EuGH Rs. 31/80 (*L'Oréal*), Slg. 1980, 3775, Rn. 25; EuGH Rs. C-49/07 (*MOTOE*), Slg. 2008, I-4863, Rn. 32 ff. und aus nationaler Sicht KG WuW/E OLG 995 f. (*Handpreisauszeichner*); BGH WuW/E BGH 2150, 2153 (*Edelstahlbestecke*); BGH WuW/E BGH 3026, 3028 (*Backofenmarkt*); BGH WuW/E BGH 3058, 3062 (*Pay-TV-Durchleitung*).

229 *Ruppelt* in: Langen/Bunte, Deutsches Kartellrecht, § 19 Rn. 42; *Bergmann* in: Loewenheim/Meessen/Riesenkampff, Art. 82 EGV Rn. 89; *Mentzel*, Solidarität im professionellen Fußballsport versus europäisches Wettbewerbsrecht, S. 136; *Rittner/Dreher*, Europäisches und deutsches Wirtschaftsrecht, § 19 Rn. 20; *Kling/Thomas*, Kartellrecht, § 5 Rn. 29; *Heermann*, WuW 2009, 489, 493. Vgl. auch BGH NJW 1987, 3007, 3008 (*Gekoppelter Kartenverkauf*). Dagegen die zeitliche Komponente als Teil der sachlichen Marktabgrenzung ansehend: *Paschke* in: Frankfurter Kommentar, § 19 GWB Rn. 147. Offengelassen: *Rittner/Dreher*, Europäisches und deutsches Wirtschaftsrecht, § 19 Rn. 20.

230 EuGH Rs. 27/76 (*United Brands*), Slg. 1978, 207, Rn. 63/66; EuGH Rs. 85/76 (*Hoffmann-LaRoche*), Slg. 1979, 461, Rn. 38; EuGH Rs. 322/81 (*Michelin*), Slg. 1983, 3461, Rn. 30; *Kling/Thomas*, Kartellrecht, § 5 Rn. 36. Vgl. zur Entstehung dieser Definition und ihre Interpretation im Einzelnen ausführlich: *Wessely* in: Frankfurter Kommentar, Normadressaten Art. 82 EG Rn. 81 ff.

231 EuGH Rs. 27/76 (*United Brands*), Slg. 1978, 207, Rn. 67/68; *Mestmäcker/Schweitzer*, Europäisches Wettbewerbsrecht, § 16 Rn. 25. Vgl. ausführlich *Wessely* in: Frankfurter Kommentar, Normadressaten Art. 82 EG Rn. 81 ff.; *Möschel* in: Immenga/Mestmäcker, Europäisches Kartellrecht, Art. 82 EGV Rn. 73 ff.; *Bunte* in: Langen/Bunte, Europäisches Kartellrecht, Art. 82 Rn. 44 ff.

232 EuGH Rs. 85/76 (*Hoffmann-LaRoche*), Slg. 1979, 461, Rn. 39; EuG Rs. T-30/89 (*Hilti*), Slg. 1991, II-1439, Rn. 90; *Wessely* in: Frankfurter Kommentar, Normadressaten Art. 82 EG Rn. 105; *Bulst* in: Langen/Bunte, Europäisches Kartellrecht, Art. 82 Rn. 43;

allerdings den Marktanteilen[233] zu. Für das deutsche Recht gibt § 19 Abs. 3 S. 1 GWB eine Vermutungsregel vor, dass eine Marktbeherrschung bei einem Einzelunternehmen dann zu vermuten ist, wenn das Unternehmen einen Marktanteil von mindestens einem Drittel hat. Im Unionsrecht gibt es keine solche starre Vermutungsregel. Dennoch haben die Unionsgerichte Richtwerte vorgegeben. So ist ab einem Marktanteil von etwa 50 % eine Marktbeherrschung regelmäßig zu vermuten[234], zwischen 25 % und 50 % nur mit einem entsprechenden Abstand zum nächstliegenden Wettbewerber und einer größeren Marktfragmentierung je geringer der Marktanteil ist[235]. Unter 25 % ist eine Marktbeherrschung regelmäßig nicht anzunehmen.[236]

bb) Besonderheiten der Verbandsstrukturen

Diese rein wirtschaftliche Betrachtungsweise der Marktbeherrschung bedeutet, dass für die Beachtung vereinsautonomer ideeller Zwecksetzungen kein Raum bleibt. Darüber hinaus lassen sich wegen der vielfältigen Umstände des Einzelfalls mit der generalisierenden Zielsetzung dieser Untersuchung keine allgemein gültigen Maßstäbe liefern. Dennoch sei an dieser Stelle auf einige Besonderheiten der Marktbeurteilung bei Idealvereinen hingewiesen. Diese Besonderheiten liegen in der überwiegend bestehenden Verbandsstruktur, innerhalb derer Vereine zusammengefasst sind. Besonders virulent ist dies im Sportbereich geworden, weshalb es sich rechtfertigt, zunächst auf die dortigen Verhältnisse einzugehen.

Im Sportbereich ist der bereits angesprochene pyramidenartige Aufbau mit dem Ein-Platz-Prinzip kennzeichnend. Das Ein-Platz-Prinzip beschreibt jene Ausgestaltung der Sportverbände, wonach für jede Sportart auf nationaler und internationa-

---

Mestmäcker/Schweitzer, Europäisches Wettbewerbsrecht, § 16 Rn. 25; *Rittner/Dreher*, Europäisches und deutsches Wirtschaftsrecht, § 19 Rn. 23.

233 Vgl. auch die Vermutungsregelung in § 19 Abs. 3 GWB, wonach u.a. ein Unternehmen als marktbeherrschend angesehen wird, wenn es einen Marktanteil von mindestens einem Drittel hat.

234 So genannte *AKZO*-Rechtsprechung, vgl. EuGH Rs. 62/86 (*AKZO*), Slg. 1991, I-3359, Rn. 60. Kritisch: *Möschel* in: Immenga/Mestmäcker, Europäisches Kartellrecht, Art. 82 EGV Rn. 82; *Wessely* in: Frankfurter Kommentar, Normadressaten Art. 82 EG Rn. 110. Daran ist richtig, dass andere Bewertungskriterien an Wichtigkeit gewinnen, je geringer der Marktanteil des Unternehmens ist. Im Ergebnis ist eine Beurteilung des konkreten Falles immer nur mittels der Umstände des Einzelfalls zu treffen.

235 Zumeist wird diesbezüglich eine Grenze bei 40 % gezogen, unter welcher die Annahme einer Marktbeherrschung nur bei entsprechenden Marktkonstellationen gegeben sein soll. Vgl. hierzu die in Fn. 233 dargestellten Literaturstellen.

236 Vgl. im Einzelnen je mit Nachweisen und Überlegungen zur Rechtsprechung des EuGH *Kling/Thomas*, Kartellrecht, § 5 Rn. 45; *Bunte* in: Langen/Bunte, Europäisches Kartellrecht, Art. 82 Rn. 52 ff.; *Wessely* in: Frankfurter Kommentar, Normadressaten Art. 82 EG Rn. 106 ff.; *Möschel* in: Immenga/Mestmäcker, Europäisches Kartellrecht, Art. 82 EGV Rn. 82 ff.; *Bergmann* in: Loewenheim/Meessen/Riesenkampff, Art. 82 EGV Rn. 96 ff.; *Mestmäcker/Schweitzer*, Europäisches Wettbewerbsrecht, § 16 Rn. 30 ff.

ler Ebene nur ein Sportverband zuständig ist.[237] Es besteht mit anderen Worten für jede Sportart ein sportliches Monopol.[238] Dieses führt jedoch nicht zwangsläufig auch zu einem wirtschaftlichen Monopol[239], so dass für sich genommen das Ein-Platz-Prinzip nicht ausreichend ist, um die Anwendbarkeit der Regelungen über die Missbrauchsaufsicht anzunehmen.[240] Dies gilt nur bei der Behandlung sportartspezifischer Sachen, die regelmäßig zu einer Monopolstellung des entsprechenden Verbandes führen. Dabei ist allerdings immer auf die jeweilige Tätigkeit, die angegriffen wird, abzustellen. So kann die Zulassung zu Sportarten, wie Lizenzerteilung oder -verweigerung oder Wettkampfsperren aufgrund Dopingvergehens, als auch die Nachfrage nach Sportleistungen eine entsprechende Marktstellung hervorrufen, da ein Ausweichen auf eine andere Sportart aus Sicht des Sportlers und das Ausweichen auf andere Sportler aus Sicht des Sportverbandes nicht, zumindest jedoch nicht so einfach möglich ist.[241] Gleiches gilt für die Vermarktung von Sportereignissen, soweit das Recht hierzu den Verbänden zusteht.[242] Im Übrigen zeichnet sich der Sportsektor durch eine weitgehende Heterogenität an verschiedensten sachlichen Märkten aus, was nicht zuletzt zu einem großen Teil der Unterscheidung zwischen den einzelnen Sportveranstaltungen als auch der Unterscheidung zwi-

237 *Adolphsen*, Internationale Dopingstrafen, S. 189; *Grätz*, Missbrauch der marktbeherrschenden Stellung durch Sportverbände, S. 22 f.; *Hannamann*, Kartellverbot und Verhaltenskoordinationen im Sport, S. 54 ff.; *Zinger*, Diskriminierungsverbote und Sportautonomie, S. 27; *Hauptmann/Theissen*, SpuRt 2011, 181; *Heermann*, WuW 2009, 489, 494; *Schroeder*, WRP 2006, 1327, 1328; *Mournianakis*, WRP 2009, 562, 563; *Vieweg*, Faszination Sportrecht, S. 8 (http://www.irut.de/Forschung/Veroeffentlichungen/OnlineVersionFaszinationSportrechtFaszinationSportrecht.pdf – Stand: 01.09.2010).

238 *Adolphsen*, Internationale Dopingstrafen, S. 189; *Zinger*, Diskriminierungsverbote und Sportautonomie, S. 27; *Vieweg*, Faszination Sportrecht, S. 8 (http://www.irut.de/Forschung/Veroeffentlichungen/OnlineVersionFaszinationSportrecht/FaszinationSportrecht.pdf – Stand: 01.09.2010).

239 *Adolphsen*, Internationale Dopingstrafen, S. 189; *Heermann*, WuW 2009, 489, 494; *ders.*, WRP 2009, 285, 290.

240 So aber z.B. *Menzel*, Werbebeschränkungen im Sport, S. 120; *ders.*, WRP 2002, 810, 812; *Mentzel*, Solidarität im professionellen Fußballsport versus europäisches Wettbewerbsrecht, S. 81; *Schürnbrand*, ZWeR 2005, 396, 408; *Zinger*, Diskriminierungsverbote und Sportautonomie, S. 77 f.

241 So auch *Adolphsen*, Internationale Dopingstrafen, S. 190 f.; LG Köln, SpuRt 2007, 30, 33, je für Dopingstrafen; *Herrmann*, WuW 1979, 149, 156, für die Lizenzierung von Fußballvereinen; *Giebel*, WRP 2006, 857, 859, für die Nachfrage der Verbände nach Spielern zur Durchführung von Länderspielen. Siehe auch: LG Hannover, CaS 2008, 291, 293.

242 Kommission v. 22.07.1993 (*EBU*), ABl. 1993 L 179/23, Rn.23; KG WuW/E OLG 1429, 1431 ff. (*Deutscher Fußball-Bund*); *Tyrolt*, Sportschiedsgerichtsbarkeit, S. 209; *Tumbrägel*, Die Zentralvermarktung von Sportübertragungsrechten, S. 193; *Schwarze/Hetzel*, EuR 2005, 581, 602; Vgl. zur Ermittlung von Sportsponsoringmärkten auch *Menzel*, Werbebeschränkungen im Sport, S. 67 f.; *Bergmann*, SpuRt 2009, 102, 105 f. und vor allem *Heermann*, WRP 2009, 285, 291 f.

schen Sportveranstaltung und Vermarktung derselben geschuldet ist.[243] Insoweit kommt man gerade innerhalb des Sports oftmals zu engen Marktabgrenzungen, die dementsprechend schnell zu marktbeherrschenden Stellungen führen. Als Beispiel mögen die Märkte für Eintrittskarten gelten, da eine Sportveranstaltung, z.B. ein konkretes Fußballspiel in gewissen besonderen Konstellationen, wie dem Vorliegen eines Spitzenspiels oder einer Finalbegegnung, aus Sicht der Zuschauer nicht mit anderen gleichartigen Sportveranstaltungen substituierbar ist.[244] Zu Recht stellen daher große Wettkampfveranstaltungen mangels Austauschbarkeit für Sportler einen eigenen Markt dar.[245]

Zu klären ist allerdings, inwieweit eine marktbeherrschende Stellung anzunehmen ist, wenn nur die einzelnen Vereine, nicht aber die Verbände auf den jeweiligen Märkten tätig werden. Dies ist insbesondere dann der Fall, wenn Verbände nur als Normsetzer fungieren, ohne dass hierin eine gewerbliche Organisationsleistung z.B. in der Durchführung von oder der Zulassung zu gewerblich genutzten Wettkämpfen vorliegt. Denn dann fehlt den Verbänden die für die Regelungen der Missbrauchsaufsicht grundsätzlich notwendige Unternehmenseigenschaft. Insoweit könnte man die Überlegung anstellen, dass die Vereine als Unternehmen innerhalb eines Verbandes Normadressaten sind. Dies hätte zur Folge, dass sich die Marktanteile je nach regionalen Abgrenzungsnotwendigkeiten[246] bis zu dem Punkt reduzieren, an dem keine Marktmacht mehr vorliegt. Nicht sachgerecht erscheint dies allerdings dann, wenn alle Vereine aufgrund Verbandsbestimmung in entsprechendem Sinne handeln müssen. Eine Marktbeherrschung kann dann jedoch über die Figur der kollektiven Marktbeherrschung angenommen werden. Von dieser ist dann zu sprechen, wenn verschiedene Unternehmen im Sinne des Kartellrechts aufgrund bestimmter rechtlicher, wirtschaftlicher oder tatsächlicher Umstände derart verbunden sind, dass ihr Handeln nach außen als gemeinsames Handeln

243 Vgl. für eine Systematisierung nur *Hannamann*, Kartellverbot und Verhaltenskoordinationen im Sport, S. 233 ff. *Heermann*, WuW 2009, 489, 492 f., sowie hinsichtlich zur Frage der Austauschbarkeit von Sportveranstaltungen untereinander bei der Fernsehvermarktung oben in diesem Kapitel unter I. 4. c) aa).

244 Nach BGH NJW 1987, 3007, 3008 (*Gekoppelter Kartenverkauf*) gibt es z.B. einen Markt für Eintrittskarten zu bestimmten Spitzenspielen in europäischen Wettbewerben, da das Publikum diese Spiele aufgrund der Wettbewerbsstruktur im Pokalmodus und der damit verbundenen Ausnahme wirklicher Spitzenspiele – im Fall das Viertelfinal-UEFA-Pokalspiel zwischen dem einzig verbliebenen deutschen Vertreter 1.FC Köln und Inter Mailand – nicht als austauschbar mit Serienspielen der Bundesliga ansähe. Siehe auch *Blask*, Die Anwendbarkeit der Single-Entity-Theorie im professionellen Fußball, S. 116; *Hannamann*, Verhaltenskoordinationen und Kartellverbot im Sport, S. 312. Vgl. zu Eintrittskarten bei einer WM-Endrunde auch die Entscheidung der Kommission v. 20.07.1999 (*Fußball-Weltmeisterschaft 1998*), ABl. 2000 L 5/55, Rn. 68.

245 *Rauste*, SpuRt 1998, 7, 8.

246 In diesem Zusammenhang denke man nur daran, dass für ein (potenzielles) Vereinsmitglied ab einer bestimmten Entfernung zu einem anderen Verein dergleichen Art ein Vereinswechsel bzw. der Beitritt zum Konkurrenzverein nicht mehr in Betracht kommt.

anzusehen ist.[247] Für eine kollektiv beherrschende Stellung müssen nach im Einzelnen noch nicht genau bestimmter Rechtsprechung der europäischen Gerichte drei Voraussetzungen zusammen erfüllt sein: Erstens muss jedes Mitglied des Oligopols das Verhalten der anderen Mitglieder in Erfahrung bringen können. Zweitens muss der Zustand der stillschweigenden Koordinierung auf Dauer in dem Sinne aufrechterhalten werden können, dass es einen Anreiz gibt, nicht vom gemeinsamen Vorgehen auf dem Markt abzuweichen. Und schließlich darf die voraussichtliche Reaktion der tatsächlichen und potenziellen Konkurrenten sowie der Verbraucher nicht die erwarteten Ergebnisse des gemeinsamen Vorgehens in Frage stellen.[248] Das deutsche Recht geht in § 19 Abs. 2 S. 2 GWB davon aus, dass eine gemeinsame Marktbeherrschung dann gegeben ist, wenn zwischen den Unternehmen hinsichtlich gewisser Geschäftsbereiche kein wesentlicher Wettbewerb besteht und die Unternehmen in ihrer Gesamtheit eine marktbeherrschende Stellung im Sinne von § 19 Abs. 2 S. 1 GWB einnehmen.[249] Dies entspricht zwar nicht in allen Ausprägungen den europäischen Begriffsbestimmungen, jedoch steckt hinter beiden Regelungsmaterien die gleiche Grundidee.

Sowohl nach den einschlägigen unionsrechtlichen Begriffsbestimmungen als auch nach der nationalen Rechtslage sind Vereine, die sich in übergeordneten Verbänden organisieren, in entsprechenden Fällen als gemeinsame Marktbeherrscher anzusehen. Dies ergibt sich aus der starken internen Koordinierung der Vereinstätigkeiten durch Vorgaben von den Verbänden, die es wegen der Bindung an diese Vorgaben in diesen Fällen praktisch unmöglich machen eigenständig zu handeln, wollen sie sich nicht dem Risiko von Sanktionen aussetzen. Eine ausreichende interne Koordinierung, die jedoch nicht so stark ist, dass sie zur Annahme eines Konzerns führt[250], ist daher gegeben. So wurden die Fußballvereine, die das Spielervermittler-

---

247 Vgl. EuGH verb. Rechtssachen C-395/96 P und C-396/96 P (*Compagnie maritime belge transports*), Slg. 2000, I-1365, Rn. 44; *Möschel* in: Immenga/Mestmäcker, Europäisches Kartellrecht, Art. 82 EGV Rn. 82; *Bergmann* in: Loewenheim/Meessen/Riesenkampff, Art. 82 EGV Rn. 121; *Mestmäcker/Schweitzer*, Europäisches Wettbewerbsrecht, § 16 Rn. 38.

248 EuG Rs. T-342/99 (*Airtours*), Slg. 2002, II-2585, Rn. 62; EuG Rs. T-193/02 (*Piau*), Slg. 2005, II-209, Rn. 111.

249 Vgl. zu dem im Wesentlichen dem Unionsrecht inhaltlich gleichen Tatbestand mit entsprechenden Nachweisen aus der Rechtspraxis: *Götting* in: Loewenheim/Meessen/Riesenkampff, § 19 GWB, Rn. 41 ff.; *Möschel* in: Immenga/Mestmäcker, GWB, § 19 Rn. 78 ff.; *Wiedemann* in: Handbuch des Kartellrechts, § 23 Rn. 26 f.; *Kling/Thomas*, Kartellrecht, Rn. 55 ff.

250 Dann wäre nicht von einer gemeinsamen Marktbeherrschung auszugehen, da die Annahme einer wirtschaftlichen Einheit dazu führt, dass nur ein Unternehmen und gerade nicht eine Gesamtheit von Unternehmen vorliegt, vgl. EuGH verb. Rechtssachen C-395/96 P und C-396/96 P (*Compagnie maritime belge transports*), Slg. 2000, I-1365, Rn. 35 f.; *Möschel* in: Immenga/Mestmäcker, Europäisches Kartellrecht, Art. 82 EGV Rn. 106; *Bergmann* in: Loewenheim/Meessen/Riesenkampff, Art. 82 EGV Rn. 121; *Mestmäcker/Schweitzer*, Europäisches Wettbewerbsrecht, § 16 Rn. 37; *de Bronett* in: Handbuch des Kartellrechts, § 22 Rn. 26; *Rittner/Dreher*, Europäisches und deutsches Wirtschaftsrecht, § 19 Rn. 27. Dass

reglement der FIFA zu beachten hatten, zu Recht vom EuG als gemeinsame Marktbeherrscher angesehen.[251]

Fraglich ist allerdings, ob auch die FIFA und generell die Verbände in diesen Fällen kollektiver Marktbeherrschung selbst Adressaten des Missbrauchsverbotes, also selbst Marktbeherrscher im Kollektiv sind. Dagegen spricht, dass die Verbände in solch gelagerten Fällen nicht selbst unternehmerisch tätig sind und die Regelungen zur Missbrauchsaufsicht sich gerade nicht an Unternehmensvereinigungen wenden.[252] Dies erscheint jedoch nicht sachgerecht. Wenn auf einem oligopolistischen Markt schon eine Koordination ausreicht, die auf einem bewusst gleichförmigen Gruppenverhalten beruht[253], um eine kollektive Marktbeherrschung zu begründen, kann erst recht nichts anderes gelten, wenn die Koordinierung mit der Schaffung einer Struktur so stark ist, dass das geschaffene Organ den Markt regelt. Dabei ist zu Recht davon auszugehen, dass im Regelfall Verbände durch die Vereine geschaffen wurden und daher einerseits die Vereine durch die Verbände und andererseits die Verbände durch die Vereine handeln. Die Verbände sind daher trotz fehlenden eigenen wirtschaftlichen Handelns selbst als kollektive Marktbeherrscher Adressat der Missbrauchsregelungen.[254]

Klarzustellen ist jedoch, dass jedenfalls eine nur soziale Machtstellung für sich genommen nicht ausreicht, um hieraus auf eine wirtschaftliche Machtstellung zu schließen. Auch wenn das Kartellrecht die Verhinderung der Entstehung gesellschaftlicher Macht durch wirtschaftliche Macht mit zum Ziel hat[255], kann es nicht Aufgabe des Kartellrechts sein, rein gesellschaftlich missbilligte Machtverhältnisse zu kontrollieren oder zu korrigieren. Stets ist also eine wirtschaftliche Betrachtungsweise als Grundlage der Bewertung einzunehmen.

---

eine wirtschaftliche Einheit bei Vereinen regelmäßig nicht gegeben ist, wurde bereits in diesem Kapitel unter Punkt F. I. 2. c) dargestellt.

251 EuG Rs. T-193/02 (*Piau*), Slg. 2005, II-209, Rn. 113 f.; *Heermann*, WuW 2009, 489, 495; *Schürnbrand*, ZWeR 2005, 396, 408.

252 So *Tyrolt*, Sportschiedsgerichtsbarkeit, S. 213, der nur bei einem wirtschaftlichen Eigeninteresse des Verbandes auf einem anderen, aber verbundenen Markt über die Figur des Missbrauchstransfers zur Unternehmenseigenschaft des Verbandes kommt. Ebenso *Battis/Ingold/Kuhnert*, EuR 2010, 3, 26 f.

253 EuG Rs. T-342/99 (*Airtours*), Slg. 2002, II-2585, Rn. 60 f.; KG WuW/E OLG 2053, 2059 (*Valium*); *Möschel* in: Immenga/Mestmäcker, Europäisches Kartellrecht, Art. 82 EGV Rn. 110; *Götting* in: Loewenheim/Meessen/Riesenkampff, § 19 GWB Rn. 42; *Mestmäcker/Schweitzer*, Europäisches Wettbewerbsrecht, § 16 Rn. 40.

254 EuG Rs. T-193/02 (*Piau*), Slg. 2005, II-209, Rn. 115; *Heermann*, CaS 2008, 111, 112 f.; *Giebel*, WRP 2006, 857, 860; *Vetter*, SpuRt 2005, 233, 235 f. Zu Sportsponsoringfällen auch: *Heermann*, WRP 2009, 285, 295 f.

255 *Mestmäcker/Schweitzer*, Europäisches Wettbewerbsrecht, § 2 Rn. 99; *Emmerich*, Kartellrecht, § 1 Rn. 9; *Schmidt*, Wirtschaftspolitik und Kartellrecht, S. 31; *Böhm* in: Kartelle und Monopole im modernen Recht (Bd. I), S. 3 ff.

b) Die missbräuchlichen Verhaltensweisen

aa) Allgemeines sowie die Missbrauchstatbestände von Art. 102 AEUV und § 19 GWB

Der zweite zentrale Punkt der Beurteilung missbräuchlicher Ausnutzung einer marktbeherrschenden Stellung ist die Frage, wann eine solche missbräuchliche Verhaltensweise vorliegt. Dazu hat insbesondere eine Näherung an den Begriff des Missbrauchs zu erfolgen. Dieser will nicht jegliche Verhaltensweisen verhindern, die in irgendeiner Weise als unbillig anzusehen sind, sondern nur jene, die mit Blick auf die Wettbewerbsstruktur bedenklich sind. Der Grund liegt darin, dass marktbeherrschende Unternehmen nicht mehr hinreichend durch den Markt kontrolliert werden und deshalb die Gefahr besteht, dass diese Unternehmen ihre Marktmacht dazu ausnutzen, ihre Stellung auf dem Markt zu erhalten, zu ihren Gunsten auszubauen oder die Marktstruktur umzugestalten, und damit den Restwettbewerb noch weiter schwächen.[256] Dabei ist marktbeherrschenden Unternehmen allerdings nicht jegliches Handeln verboten, das zu einer vorteilhaften Wettbewerbsstellung führt, sondern nur jenes, das außerhalb eines normalen Produkt- oder Dienstleistungswettbewerbs liegt. [257] So kommt nach ständiger Rechtsprechung der Unionsgerichte den marktbeherrschenden Unternehmen eine besondere Verantwortung dafür zu, dass sie durch ihr Verhalten einen wirksamen und unverfälschten Wettbewerb auf dem Gemeinsamen Markt nicht beeinträchtigen.[258] Wird innerhalb dieses Beurteilungsrahmens die Wettbewerbsstruktur beeinträchtigt, so liegt ein missbräuchliches Verhalten schon vor, ohne dass es des Vorliegens eines subjektiven Tatbestandes bedarf.[259] Notwendig ist allerdings ein Kausalzusammenhang zwischen der missbräuchlichen Verhaltensweise und der Wirkung auf den Markt[260], während zwischen der marktbeherrschenden Stellung und dem missbräuchlichen Verhalten zu Recht

---

256 In diesem Sinne BGH WRP 1995, 312, 316 (*Gasdurchleitung*); BGH WRP 2004, 376, 379 (*Strom und Telefon I*); EuGH Rs. 27/76 (*United Brands*), Slg. 1978, 207, Rn. 63/66; EuGH Rs. C-49/07 (*MOTOE*), Slg. 2008, I-4863, Rn. 37; *Weyer* in: Frankfurter Kommentar, § 19 GWB Rn. 801; *Mestmäcker/Schweitzer*, Europäisches Wettbewerbsrecht, § 15 Rn. 3.

257 EuGH Rs. 85/76 (*Hoffmann-LaRoche*), Slg. 1979, 461, Rn. 91; EuGH Rs. 31/80 (*L'Oréal*), Slg. 1980, 3775, Rn. 27; EuGH Rs. 62/86 (*AKZO*), Slg. 1991, I-3359, Rn. 69; EuG Rs. T-228/97 (*Irish Sugar*), Slg. 1999, II-2969 Rn. 111; EuG Rs. 65/98 (*van den Bergh Foods*), Slg. 2003, II-4653, Rn. 157; EuG Rs. T-219/99 (*British Airways*), Slg. 2003, II-5917, Rn. 241.

258 EuGH Rs. 322/81 (*Michelin*), Slg. 1983, 3461, Rn. 57; EuG Rs. T-228/97 (*Irish Sugar*), Slg. 1999, II-2969 Rn. 112; EuG Rs. T-219/99 (*British Airways*), Slg. 2003, II-5917, Rn. 242; *Mestmäcker/Schweitzer*, Europäisches Wettbewerbsrecht, § 15 Rn. 39.

259 EuGH Rs. 85/76 (*Hoffmann-LaRoche*), Slg. 1979, 461, Rn. 91; EuGH Rs. 62/86 (*AKZO*), Slg. 1991, I-3359, Rn. 69; EuG Rs. T-228/97 (*Irish Sugar*), Slg. 1999, II-2969 Rn. 111; EuG Rs. 65/98 (*van den Bergh Foods*), Slg. 2003, II-4653, Rn. 157; EuG Rs. T-219/99 (*British Airways*), Slg. 2003, II-5917, Rn. 241; BGH WuW/E BGH 1965, 1966 (*Gemeinsamer Anzeigenteil*); *Möschel* in: Immenga/Mestmäcker, Europäisches Kartellrecht, Art. 82 EGV Rn. 126; *Weyer* in: Frankfurter Kommentar, § 19 GWB Rn. 927; *Kling/Thomas*, Kartellrecht, § 5 Rn. 60.

260 *Möschel* in: Immenga/Mestmäcker, Europäisches Kartellrecht, Art. 82 EGV Rn. 125; *Kling/Thomas*, Kartellrecht, § 5 Rn. 65.

nur ein Zusammenhang, nicht jedoch ein Kausalzusammenhang engeren Verständnisses gefordert wird[261]. Damit ist zum einen dem Begriff der „Ausnutzung“ einer marktbeherrschenden Stellung genüge getan, ohne dass andererseits eine unnötig starke Einschränkung des Normanwendungsbereichs geschieht.[262]

Im europäischen Recht gibt Art. 102 S. 2 AEUV einen Beispielskatalog von missbräuchlichen Verhaltensweisen vor.[263] Zumeist werden die entsprechenden Fallkonstellationen ganz den Schutzgütern der Missbrauchskontrolle entsprechend in die Begriffe des Ausbeutungsmissbrauchs (betrifft die Beeinträchtigung der Interessen der Marktgegenseite, insbesondere der Verbraucher) und des Behinderungsmissbrauchs (betrifft die Schädigung der Wettbewerber zu Lasten der Marktstruktur) eingeordnet.[264] Jeweils ist eine normative Bewertung des Handelns des Unternehmens im Einzelfall unter Berücksichtigung der jeweiligen Gegebenheiten notwendig, um festzustellen, ob ein Verhalten wettbewerbsrechtlich erlaubt oder nicht mehr erlaubt ist.[265]

---

261 Grundlegend: EuGH Rs. 6/72 (*Continental Can*), Slg. 1973, 215, Rn. 25; EuGH Rs. 85/76 (*Hoffmann-LaRoche*), Slg. 1979, 461, Rn. 91, zur Ablehnung eines Kausalzusammenhangs, sowie: EuGH Rs. C-333/94 P (*Tetra Pak*), Slg. 1996, I-5951, Rn. 27, zur Annahme eines Zusammenhangs; Vgl. hierzu auch: *Möschel* in: Immenga/Mestmäcker, Europäisches Kartellrecht, Art. 82 EGV Rn. 124; *Eilmansberger* in: Münchener Kommentar zum Europäischen Wettbewerbsrecht, Art. 82 EG Rn. 124 ff.; *de Bronett* in: Handbuch des Kartellrechts, § 22 Rn. 99.

262 Ebenso *Eilmansberger* in: Münchener Kommentar zum Europäischen Wettbewerbsrecht, Art. 82 EG Rn. 128 ff.

263 Vgl. zu den Regelungsgehalten ausführlich *Möschel* in: Immenga/Mestmäcker, Europäisches Kartellrecht, Art. 82 EGV Rn. 132 ff.; *Eilmansberger* in: Münchener Kommentar zum Europäischen Wettbewerbsrecht, Art. 82 EG Rn. 194 ff.; *Rittner/Dreher*, Europäisches und deutsches Wirtschaftsrecht, § 19 Rn. 32 ff.; *Kling/Thomas*, Kartellrecht, § 5 Rn. 68 ff.

264 *Wessely* in: Frankfurter Kommentar, Anwendungsgrundsätze Art. 82 EGV Rn. 13 (dort wird der Behinderungsmissbrauch als Verdrängungsmissbrauch bezeichnet); *Weyer* in: Frankfurter Kommentar, § 19 GWB Rn. 831 ff.; *Lübbig* in: Loewenheim/Meessen/Riesenkampff, Art. 82 EGV Rn. 1; *Wiedemann* in: Handbuch des Kartellrechts, § 23 Rn. 32; *Rittner/Dreher*, Europäisches und deutsches Wirtschaftsrecht, § 19 Rn. 29; *Kling/Thomas*, Kartellrecht, § 5 Rn. 67; *Emmerich*, Kartellrecht, § 10 Rn. 3 f.

265 EuGH Rs. 27/76 (*United Brands*), Slg. 1978, 207, Rn. 152/160; EuG Rs. T-65/89 (*BPB Industries and British Gypsum*), Slg. 1993, II-389 Rn. 117; BGH WuW/E BGH 1965, 1966 (*Gemeinsamer Anzeigenteil*); *Wessely* in: Frankfurter Kommentar, Anwendungsgrundsätze Art. 82 EGV Rn. 15; *Götting* in: Loewenheim/Meessen/Riesenkampff, § 19 GWB, Rn. 60; *Möschel* in: Immenga/Mestmäcker, GWB, § 19 Rn. 16; *Mestmäcker/Schweitzer*, Europäisches Wettbewerbsrecht, § 15 Rn. 39; *Rittner/Dreher*, Europäisches und deutsches Wirtschaftsrecht, § 19 Rn. 28.

Gleiches gilt in den Grundsätzen im nationalen Recht bei der Anwendung von § 19 GWB[266], der ebenfalls in Absatz 1 eine Generalklausel aufstellt und diese mit Beispielstatbeständen in Absatz 4 flankiert[267].

Aus dem Sportbereich sind hierbei in besonderem Maße Regelungen virulent geworden, die sich mit dem Vertrieb von Eintrittskarten befassen. So ist mit den vorstehenden Grundsätzen von der Rechtsprechung die Koppelung von Eintrittskarten eines Spitzenspiels eines internationalen Fußballwettbewerbs mit jenen eines normalen Bundesligaspiels als missbräuchlich angesehen worden, soweit mehr als 25.000 Tickets entsprechend gekoppelt werden. Mit der vorgesehen Regelung hätten die Interessenten des Spitzenspiels nämlich eine Karte für das Bundesligaspiel erwerben müssen, um nicht Gefahr zu laufen, bei der Ticketvergabe für das gewünschte Spiel leer auszugehen.[268] Eine Regelung, nach welcher Eintrittskarten nur mit einer Kreditkarte einer bestimmten Gesellschaft bezahlt werden können, ist ebenfalls missbräuchlich, wenn nicht alternative Zahlungsmethoden angeboten werden.[269] Diskriminierende Praktiken, wie z.B. die Notwendigkeit einer Postanschrift in einem bestimmten Land, sind ebenso als missbräuchlich anzusehen.[270]

bb) Die weiteren verbotenen Verhaltensweisen nach dem GWB

Das nationale Kartellrecht verbietet neben der Regelung des § 19 Abs. 1 GWB in § 20 GWB explizit Diskriminierungen und unbillige Behinderungen, welche sich in

---

266 Vgl. die entsprechenden Fundstellen in den vorhergehenden Fußnoten. Allenfalls die Frage des Zusammenhangs zwischen der Marktbeherrschung und des Missbrauchs wird zumindest terminologisch enger gesehen, wenn von einer Kausalität die Rede ist. Da dieser Kausalzusammenhang auch zur wettbewerbsbeeinträchtigenden Wirkung bestehen kann, stellen sich die Unterschiede zum Unionsrecht als nicht so groß heraus. Vgl. zu dieser Problematik: BGH WRP 2004, 376, 379 (*Strom und Telefon I*); *Weyer* in: Frankfurter Kommentar, § 19 GWB Rn. 891 ff.; *Wiedemann* in: Handbuch des Kartellrechts, § 23 Rn. 33.

267 Vgl. zu den hier nicht näher interessierenden Regelungsgehalten und Fallbeispielen der Beispielstatbestände ausführlich die Darstellungen z.B. bei: *Götting* in: Loewenheim/Meessen/Riesenkampff, § 19 GWB, Rn. 63 ff; *Weyer* in: Frankfurter Kommentar, § 19 GWB Rn. 995 ff.; *Nothdurft* in: Langen/Bunte, Deutsches Kartellrecht, § 20 Rn. 103 ff.; *Wiedemann* in: Handbuch des Kartellrechts, § 23 Rn. 38 ff.; *Kling/Thomas*, Kartellrecht, Rn. 215 ff.

268 BGH NJW 1987, 3007, 3008 (*Gekoppelter Kartenverkauf*).

269 Vgl. insoweit die Pressemitteilung der Kommission vom 02.05.2005 (IP/05/519) über den Ticketvertrieb zur Fußball-Weltmeisterschaft 2006 in Deutschland. Siehe zur Ausgestaltung bei der UEFA EURO 2008 auch bei *Heermann*, CaS 2008, 111, 115.

270 Entscheidung der Kommission v. 20.07.1999 (*Fußball-Weltmeisterschaft 1998*), ABl. 2000 L 5/55, Rn. 88 ff. Der Verkauf von Eintrittskarten für die nachfolgende UEFA EURO 2000 war unter dem Eindruck dieser Entscheidung anders ausgestaltet und daher von der Kommission genehmigt worden, vgl. die Pressemitteilung der Kommission vom 08.06.2000 (IP/00/591).

ein allgemeines Diskriminierungs- und Behinderungsverbot nach § 20 Abs. 1 GWB, sowie in spezielle Verbote der Absätze 3–6 einteilen lassen. Unter einer Behinderung wird dabei jedes Verhalten verstanden, das die wettbewerbliche Betätigungsfreiheit eines anderen Unternehmens nachteilig beeinflusst.[271] Eine Diskriminierung ist die mittelbare oder unmittelbare unterschiedliche Behandlung ohne sachlich gerechtfertigten Grund, wie sich aus dem Wortlaut des § 20 Abs. 1 GWB ergibt. Sowohl die Behinderung als auch die Diskriminierung setzen in einem zweiten Schritt eine normative Bewertung des Verhaltens voraus. Hierzu ist eine umfangreiche Abwägung der beteiligten Interessen unter Berücksichtigung der Zielsetzungen des GWB vorzunehmen[272]. § 20 Abs. 6 GWB verbietet zudem in besonderer Weise die diskriminierende Verweigerung der Aufnahme eines Unternehmens in einen Wirtschafts- oder Berufsverband sowie in eine Gütezeichengemeinschaft, wodurch das Unternehmen im Wettbewerb unbillig benachteiligt werden würde. Wegen der damit verbundenen engen Verbindung zur Vereinsautonomie ist dieser Fall später noch eingehend darzustellen.[273]

Die in § 20 GWB genannten Verbote sind Teilaspekte des Verbots missbräuchlichen Verhaltens, so dass sich ihre Regelungsgehalte mit jenem des § 19 Abs. 1 GWB überschneiden.[274] Eigenständige Bedeutung erhält § 20 GWB vor allem durch die differenzierten Bestimmungen zu den Normadressaten.[275]

Spezielle Formen des Missbrauchsverbots enthält auch § 21 GWB. Zum einen wird in Absatz 1 der Boykottaufruf geregelt, der dann unzulässig ist, wenn der Aufruf in der Absicht geschieht, bestimmte Unternehmen unbillig zu beeinträchtigen. Zum anderen verbieten die Absätze 2–4 bestimmte einseitige wettbewerbsbeschränkende Verhaltensweisen, wie das Verbot der Veranlassung zu kartellrechtlich unerlaubtem Verhalten, mit welchem die Umgehung der Kartellrechtsverbote durch Anwendung von Druck- oder Lockmitteln vermieden werden soll[276], § 21 Abs. 2 GWB; das

271 BGH WuW/E BGH 1829, 1832 (*Original-VW-Ersatzteile II*); BGH WuW/E BGH 2762, 2768 (*Amtsanzeiger*); *Rixen* in: Frankfurter Kommentar, § 20 GWB Rn. 145; *Markert* in: Immenga/Mestmäcker, GWB, § 20 Rn. 116; *Nothdurft* in: Langen/Bunte, Deutsches Kartellrecht, § 20 Rn. 109; *Loewenheim* in: Loewenheim/Meessen/Riesenkampff, § 20 GWB, Rn. 67; *Kling/Thomas*, Kartellrecht, § 18 Rn. 98; *Lübbert* in: Handbuch des Kartellrechts, § 27 Rn. 1.

272 BGH WuW/E BGH 1027, 1031 (*Sportartikelmesse II*); BGH WuW/E DE-R 357, 359 (*Feuerwehrgeräte*); BGH WuW/E DE-R 1377, 1379 (*Sparberaterin*); *Nothdurft* in: Langen/Bunte, Deutsches Kartellrecht,§ 20 Rn. 122; *Lübbert* in: Handbuch des Kartellrechts, § 29 Rn. 2; *Kling/Thomas*, Kartellrecht § 18 Rn. 104.

273 Vgl. hierzu in diesem Kapitel unter Punkt II. 4.

274 *Nothdurft* in: Langen/Bunte, Deutsches Kartellrecht, § 20 Rn. 1.

275 *Markert* in: Immenga/Mestmäcker, GWB, § 20 Rn. 239.

276 BGH WuW/E BGH 690, 693 (*Brotkrieg*); BGH WuW/E BGH 1736, 1738 (*markt-intern*); *Roth* in: Frankfurter Kommentar, § 21 GWB Rn. 151; *Markert* in: Immenga/Mestmäcker, GWB, § 21 Rn. 52; *Nothdurft* in: Langen/Bunte, Deutsches Kartellrecht,§ 21 Rn. 49; *Kling/Thomas*, Kartellrecht, § 18 Rn. 311.

Verbot des Zwangs zu kartellrechtlich erlaubtem Verhalten, § 21 Abs. 3 GWB, oder das Verbot der Zufügung wirtschaftlicher Nachteile bei der Anrufung der Kartellbehörden gemäß § 21 Abs. 4 GWB.

cc) Platz für ideelle Zielsetzungen in diese Grundsätze

Die Ausführungen zu den Missbrauchsverboten zeigen, dass diese primär anhand wirtschaftsrechtlicher Begrifflichkeiten und Entwicklungen im Einzelfall beurteilt werden. Das ist aufgrund der wirtschaftspolitischen Zielsetzung von AEUV und GWB nicht verwunderlich. Für die Beachtung ideeller vereinsautonomer Zielsetzungen der Idealvereine verbleibt daher auf den ersten Blick, zumindest hinsichtlich der verbotenen Verhaltensweisen, kein Raum. Ob die wirtschaftliche Entfaltungsfreiheit von Wettbewerbern eingeschränkt wird oder nicht, ist zunächst nicht anhand ideeller Zwecksetzungen zu beurteilen. Dennoch gibt es auch im Rahmen der Missbrauchsverbote Möglichkeiten der Rechtfertigung, die einen Ansatzpunkt für die Beachtung der ideellen Tätigkeit von Vereinen bieten, wie sich nachfolgend[277] zeigen wird.

c) Die geschützten Personenkreise

Während Art. 102 AEUV und § 19 GWB, wie dargestellt, sowohl auf den Schutz der Verbraucher als auch auf den Schutz der Unternehmen abstellen, richten sich die weiteren Missbrauchsvorschriften des GWB grundsätzlich nur auf den Schutz von Unternehmen[278]. Der Unternehmensbegriff ist dabei der gleiche wie grundsätzlich im gesamten GWB, so dass jede Tätigkeit im geschäftlichen Verkehr als Anbieter oder Nachfrager von Waren oder gewerblichen Leistungen hierfür ausreicht.[279] Für Sachverhalte von angegriffenen Vereinstätigkeiten bedeutet dies also, dass die jeweiligen Betroffenen selbst im geschäftlichen Verkehr tätig sein müssen. Soweit sich demnach die Tätigkeit im Inneren der Verbands- bzw. Vereinsstruktur abspielt, muss das jeweilige Verbands- bzw. Vereinsmitglied selbst den funktionellen Unternehmensbegriff erfüllen. Soweit das Mitglied rein ideelle, private Interessen verfolgt, können diese Vorschriften des GWB dagegen nicht herangezogen werden.

Für § 20 Abs. 1 GWB gilt zudem die Einschränkung, dass nur der Geschäftsverkehr betroffen sein darf, der gleichartigen Unternehmen üblicherweise zugänglich ist. Dieses Tatbestandsmerkmal dient dazu, eine Basis für die Beurteilung vorzugeben, ob eine diskriminierende Handlung oder unbillige Behinderung vorliegen

277 Siehe unten in diesem Kapitel unter II. 2.

278 Ausnahmen stellen § 20 Abs. 4 GWB (nur Unternehmen, die kleine oder mittlere Wettbewerber sind), sowie § 21 Abs. 4 GWB (jedermann) dar. § 21 Abs. 1–3 GWB nimmt zudem sogar Unternehmensvereinigungen mit in den geschützten Personenkreis auf.

279 *Rixen* in: Frankfurter Kommentar, § 20 GWB Rn. 115; *Markert* in: Immenga/Mestmäcker, GWB, § 20 Rn. 90; *Loewenheim* in: Loewenheim/Meessen/Riesenkampff, § 20 GWB, Rn. 59.

kann.[280] Für das Merkmal der Gleichartigkeit genügt es, wenn die zu vergleichenden Unternehmen nach unternehmerischer Tätigkeit und wirtschaftlicher Funktion im Verhältnis zur Marktgegenseite dieselben Anforderungen erfüllen.[281] Die Beurteilung der Zugänglichkeit des Geschäftsverkehrs richtet sich danach, was sich innerhalb der in Betracht kommenden Kreise in natürlicher wirtschaftlicher Entwicklung als allgemein geübt und angemessen empfunden herausgebildet hat.[282] Diese Anforderungen gelten natürlich vollumfänglich auch bei der Beurteilung von Vereinstätigkeiten im Rahmen von § 20 Abs. 1 GWB.

2. Die Beachtung ideeller Zwecksetzungen bei der Missbrauchskontrolle

Nach Darstellung der Zwecke und Regelungsgehalte der Vorschriften zur Missbrauchskontrolle soll an dieser Stelle nunmehr die Frage beantwortet werden, ob und wo ideelle Zwecksetzungen im Rahmen der Missbrauchskontrolle rechtfertigend bei der Prüfung eingebracht werden können.

a) Die allgemeinen Rechtfertigungsmöglichkeiten

Im Gegensatz zu den Regelungen des Kartellverbots kennen die Vorschriften zur Missbrauchsaufsicht keine expliziten Tatbestände, welche es zulassen würden, rechtfertigende Gründe für kartellrechtlich missbilligtes Verhalten vorzubringen oder aber eine Freistellung zu erlangen. Mit anderen Worten: Missbräuchliches Verhalten ist immer verboten.[283] Eine Ausnahme gilt nur im Rahmen des Art. 106 Abs. 2 AEUV, der – auch im Rahmen von Art. 102 AEUV geltend – vorsieht, dass Unternehmen, die mit Dienstleistungen von allgemeinem wirtschaftlichen Interesse betraut sind oder den Charakter eines Finanzmonopols aufweisen, von den europäischen Kartellvorschriften freigestellt sind, soweit diese dazu führen würden, dass die Unternehmen ihre Aufgaben nicht mehr erfüllen könnten. Als Schranke dient dabei Art. 106 Abs. 2 S. 2 AEUV. Diese Vorschrift, die das Interesse der Mitgliedstaaten am Einsatz bestimmter Unternehmen mit dem Interesse der Gemeinschaft an der Einhaltung der Wettbewerbsregelung und der Schaffung eines Gemeinsa-

---

280 *Rixen* in: Frankfurter Kommentar, § 20 GWB Rn. 121; *Loewenheim* in: Loewenheim/Meessen/Riesenkampff, § 20 GWB, Rn. 60; *Lübbert* in. Handbuch des Kartellrechts, § 26 Rn. 1; *Emmerich*, Kartellrecht, § 29 Rn. 34.

281 BGH NJW-RR 1991, 825, 826 (*Zuckerrübenanlieferungsrecht*); BGH NJW-RR 1998, 1730 (*Bahnhofsbuchhandel*); *Rixen* in: Frankfurter Kommentar, § 20 GWB Rn. 125; *Markert* in: Immenga/Mestmäcker, GWB, § 20 Rn. 99; *Loewenheim* in: Loewenheim/Meessen/Riesenkampff, § 20 GWB, Rn. 61; *Lübbert* in. Handbuch des Kartellrechts, § 26 Rn. 2.

282 BGH WuW/E BGH 647, 651 (*Rinderbesamung*); BGH WuW/E BGH 2805, 2807 f. (*Stromeinspeisung*); *Rixen* in: Frankfurter Kommentar, § 20 GWB Rn. 133; *Loewenheim* in: Loewenheim/Meessen/Riesenkampff, § 20 GWB, Rn. 64.

283 EuGH Rs. 66/86 (*Ahmed Saeed*), Slg. 1989, 803, Rn. 32; *Lettl*, Kartellrecht, § 3 Rn. 5; *Kling/Thomas*, Kartellrecht, § 5 Rn. 6.

men Marktes in Einklang bringen soll[284], kann zwar in entsprechenden Fallgestaltungen auch für Idealvereine relevant werden. Der fehlende Bezug zur ideellen Zwecksetzung rechtfertigt es aber, diese Bestimmung bei der weiteren Betrachtung außer Acht zu lassen.

Aber ähnlich wie im Rahmen von Art. 101 AEUV und § 1 GWB, die bereits auf Tatbestandsebene gewisse Restriktionen beinhalten[285], kann auch bei der Missbrauchskontrolle eine Beurteilung möglicher sinnvoller oder zwingender Gründe für das kartellrechtlich problematische Verhalten über den Tatbestand geschehen. Hierfür bietet bereits der Wortlaut der Normen entsprechende Anhaltspunkte. Denn schon alleine der Missbrauchsbegriff beinhaltet ein Unwerturteil hinsichtlich des angegriffenen Verhaltens[286], verlangt also zwingend eine normative Beurteilung. Dies kommt in der stattzufindenden Interessensabwägung im Rahmen der Tatbestände von Art. 102 AEUV und § 19 Abs. 1 GWB zum Ausdruck.[287] Gleiches gilt für die weiteren Tatbestände des GWB, so beim Tatbestandsmerkmal der Unbilligkeit der Behinderung oder des Fehlens eines sachlich gerechtfertigten Grundes für eine Ungleichbehandlung im Rahmen von § 20 Abs. 1 GWB.[288] Den Begriff der Unbilligkeit verwenden auch § 20 Abs. 4 GWB[289], § 20 Abs. 6 GWB und § 21 Abs. 1 GWB. In § 20 Abs. 3 GWB und § 20 Abs. 6 GWB ist wiederum vom Fehlen einer sachlichen Rechtfertigung für das Verhalten die Rede. Innerhalb dieser Begriffe ist jeweils eine Interessensabwägung unter Beachtung der auf die Wettbewerbsfreiheit gerichteten Zielsetzung des GWB vorzunehmen. Eines separaten Rechtfertigungsgrundes bedarf es deshalb grundsätzlich nicht.

---

284 EuGH Rs. C-202/88 (*Frankreich/Kommission*), Slg. 1991, I-1223, Rn. 12; *Ehricke* in: Loewenheim/Meessen/Riesenkampff, Art. 86 EG, Rn. 76; *Mestmäcker/Schweitzer*, Europäisches Wettbewerbsrecht, § 34 Rn. 26 ff.; *Dohms* in: Handbuch des Kartellrechts, § 35 Rn. 275.

285 Vgl. zu den möglichen Tatbestandsrestriktionen zugunsten von Idealvereinen oben in diesem Kapitel unter I. 2.

286 *Götting* in: Loewenheim/Meessen/Riesenkampff, § 19 GWB, Rn. 60; *Rittner/Dreher*, Europäisches und deutsches Wirtschaftsrecht, § 19 Rn. 28.

287 EuGH Rs. 27/76 (*United Brands*), Slg. 1978, 207, Rn. 152/160; EuG Rs. T-65/89 (*BPB Industries and British Gypsum*), Slg. 1993, II-389 Rn. 117; BGH WuW/E BGH 1965, 1966 (*Gemeinsamer Anzeigenteil*); *Wessely* in: Frankfurter Kommentar, Anwendungsgrundsätze Art. 82 EGV Rn. 15; *Möschel* in: Immenga/Mestmäcker, GWB, § 19 Rn. 16; *Mestmäcker/Schweitzer*, Europäisches Wettbewerbsrecht, § 15 Rn. 39.

288 LG Dortmund WuW/E DE-R 2610, 2611; OLG Frankfurt, WuW/E OLG 3015, 3017 (zu § 26 Abs. 2 GWB a.F.); *Markert* in: Immenga/Mestmäcker, GWB, § 20 Rn. 129; *Nothdurft* in: Langen/Bunte, Deutsches Kartellrecht, § 20 Rn. 129 f.; *Loewenheim* in: Loewenheim/Meessen/Riesenkampff, § 20 GWB Rn. 69; *Zinger*, Diskriminierungsverbote und Sportautonomie, S. 78. Zu § 26 Abs. 2 GWB a.F.: BGH WuW/E BGH 1142, 1143 (*Hamburger Volksbühne*).

289 Dort in Verknüpfung mit dem Begriff des Fehlens einer sachlichen Rechtfertigung, vgl. § 20 IV 2 GWB.

b) Die Zulässigkeit der Beachtung außerwettbewerblicher Rechtfertigungsgründe

Fraglich ist allerdings, welche Interessen in die Abwägung eingestellt werden können. Stellt man einfach nur auf die Bedeutung der Begriffe „Missbrauch", „Unbilligkeit" und „Fehlen eines sachlich gerechtfertigten Grundes" ab, so liegt es nahe, sämtliche, auch außerwettbewerbliche Aspekte als potenzielle Rechtfertigungsgründe anzuerkennen. Andererseits spricht angesichts der wettbewerbspolitischen Ausrichtung des Kartellrechts vieles dafür, dass allenfalls wirtschaftliche Gründe im Sinne wettbewerbsfördernder Aspekte eine Rechtfertigung begründen können.

Für eine Fokussierung auf wirtschaftliche Gründe mag die Haltung der Kommission sprechen, die Wettbewerbsvorschriften in ihrer Anwendung stärker nach Effizienzgesichtspunkten auszulegen. Dies betrifft auch den Bereich der Missbrauchsaufsicht, wie ein entsprechendes Diskussionspapier der Kommission aus dem Jahr 2005 zeigt, in welchem eine „*efficiency defense*" diskutiert wurde.[290] Doch zum einen wird diese Neuausrichtung mit Recht kritisch gesehen[291], so dass auch der EuGH sich nicht an einer solchen ausschließlichen Orientierung an Effizienzgesichtspunkten beteiligen möchte[292]. Zum anderen verschließt sich selbst eine solche Ansicht nicht vor möglichen Rechtfertigungsgründen außerwettbewerblicher Art. Denn anderweitig verfolgte Regelungsziele können durch das Kartellrecht nicht einfach konterkariert werden.[293] Dementsprechend haben die nationale[294] und die europäische[295] Rechtspraxis derartige Rechtfertigungsgründe in ihren Entscheidungen zugelassen.

Im Ergebnis kann daher nichts anderes gelten als unter Art. 101 AEUV bzw. § 1 GWB. Da beide Normen auch die Beachtung außerwettbewerblicher Aspekte als Rechtfertigungsgründe für ein eigentlich verbotenes Kartell zulassen, soweit diese

---

290 DG Competition discussion paper on the application of Article 82 of the Treaty to exclusionary abuses vom Dezember 2005, Rn. 84 ff.

291 *Emmerich*, Kartellrecht, § 10 Rn. 7; *Heermann*, WuW 2009, 489, 500.

292 Vgl. EuGH, Beschluss des Präsidenten, Rs. C-481/01 P (R) (*NDC Health*), Slg. I-2002, 3401, Rn. 84.

293 *Weyer* in: Frankfurter Kommentar, § 19 GWB Rn. 991. Im Ergebnis ebenso: *Nothdurft* in: Langen/Bunte, Deutsches Kartellrecht, § 20 Rn. 138 f.

294 Vgl. z.B. BGH WuW/E DE-R 1006, 1010 f. (*Fernwärme Börnsen*) hinsichtlich Zielen des Klima- und Umweltschutzes; BGH WuW/E BGH 2683, 2687 (*Zuckerrübenanlieferungsrecht*) hinsichtlich der EG-rechtlich motivierten Stabilisierung des Zuckermarktes; BGH WuW/E BGH 1584, 1586 (*Anwaltsbücher*) hinsichtlich des kulturpolitischen Ziels des Erhalts der Buchpreisbindung; OLG Frankfurt, WuW/E OLG 3015, 3017, hinsichtlich des Ansehens eines Sportverbandes – ein Argument das im Fall bei der Abwägung allerdings nicht durchging.

295 Z.B. Kommission v. 20.07.1999 (*Fußball-Weltmeisterschaft 1998*), ABl. 2000 L 5/55, Rn. 105 ff. zu Sicherheitsaspekten bei Fußballspielen (Sicherheitsaspekte stellen keine vereinsautonomen Gesichtspunkte dar.).

aufgrund übergeordneter Regelungskomplexe zwingend zu berücksichtigen sind[296], wäre es widersprüchlich, im Rahmen der Missbrauchskontrolle Derartiges abzulehnen. Vielmehr gelten die gleichen Gründe auch hier: Zwar dürfen nicht jedwede Gründe dazu verwendet werden, die wirtschaftspolitische Grundvorstellung des Kartellrechts umzukehren. Stellen aber wie hier im Speziellen die Grundrechte klar, dass es einen Bereich freier Entscheidungsgewalt für Idealvereine geben muss, so müssen sich auch die Kartellrechtsordnungen daran halten. Die wechselseitige Beeinflussung der grundsätzlichen Regelungszwecke hat dabei zur Folge, dass es auf genereller Ebene erneut zu einer Abwägung der Interessen nach dem Prinzip der praktischen Konkordanz kommt.

Fraglich ist allerdings, ob die tatbestandsimmanente Beurteilung der richtige Platz hierfür ist. Denn für die Regelungen des Kartellverbotes wird nach hier vertretener Auffassung ein eigenständiger ungeschriebener Rechtfertigungsgrund bevorzugt.[297] Dennoch ist eine Gleichstellung für die Missbrauchskontrolle nicht veranlasst, so dass die ideellen Zwecksetzungen bereits auf Ebene des Tatbestandes berücksichtigt werden können. Dies ergibt sich daraus, dass die Tatbestände der Missbrauchskontrolle, wie eben dargelegt, mit den Begriffen des „Missbrauchs", der „Unbilligkeit" oder des „Fehlens eines sachlichen Grundes" eine Wertungsmöglichkeit beinhalten, die, im Gegensatz zu dem wettbewerbsorientierten Begriff der Wettbewerbsbeschränkung im Rahmen des Kartellverbotes, bereits ihrem Wortlaut nach Raum für die Beachtung außerwettbewerblicher Aspekte beinhalten. Zudem sind nach herrschender Auffassung die ausfüllungsbedürftigen Tatbestandsmerkmale wie vorliegend in der Missbrauchskontrolle, Einfallstore für die Wertungen der Grundrechte im Rahmen einer mittelbaren Drittwirkung der Grundrechte.[298] Die Entwicklung eines ungeschriebenen Rechtfertigungsgrundes ist demnach bei der Missbrauchskontrolle nicht angesagt.

c) Die systematische Stellung ideeller Rechtfertigungsmöglichkeiten in der Missbrauchsaufsicht

Aufgrund der vorstehenden Erwägungen ist zu konstatieren, dass ideelle Zwecksetzungen im Rahmen der Prüfung des Missbrauchsbegriffs zu beachten sind.[299] Die

296 Vgl. hierzu in diesem Kapitel unter Punkt I. 2. d) aa).

297 Siehe hierzu oben in diesem Kapitel unter I. 2. d) dd).

298 BVerfGE 7, 198, 205 f.; 73, 261, 269; *Pieroth/Schlink*, Grundrechte, Rn. 196; BGH NJW 1999, 1326; BGH NJW 1970, 378, 381; BVerfGE 7, 198, 205 f.; 73, 261, 269; *Zinger*, Diskriminierungsverbote und Sportautonomie, S. 91.

299 Ebenso *Grätz*, Missbrauch der marktbeherrschenden Stellung durch Sportverbände, S. 260, der die Interessensabwägung als Teil einer umfassenderen Verhältnismäßigkeitsprüfung ansieht; *Tyrolt*, Sportschiedsgerichtsbarkeit, S. 216; *Zinger*, Diskriminierungsverbote und Sportautonomie, S. 91; *Parrish/Miettinen*, The Sporting Exception in European Union Law, S. 142; *Heermann*, WuW 2009, 489, 497; *Schroeder*, WRP 2006, 1327, 1331; *Heß* in Heß/Dressler, Aktuelle Rechtsfragen des Sports, 1, 27, für die notwendige Regelungseinheitlichkeit im Sport, *Adolphsen*, Internationale Dopingstrafen, S. 192, und *Menzel*, WRP

Beachtung vereinsautonomer Gesichtspunkte unter diesem Prüfungspunkt wird auch aus Sicht der Praxis bestätigt. So folgerte die Kommission im Fall *E-NIC/UEFA*, dass das Verbot der Teilnahme von mehr als einer Mannschaft mit dem gleichen Eigner an internationalen Wettbewerben wegen der damit verbundenen Sicherstellung des Vertrauens in die Ungewissheit des Spielausgangs nicht als Missbrauch einer marktbeherrschenden Stellung anzusehen sei.[300] Ähnliches gilt bei der Beurteilung von Dopingstrafen, bei denen die Sicherstellung der Chancengleichheit im Wettbewerb als möglicher sachlicher Grund für eine Rechtfertigung angesehen wird.[301] Sogar der friedliche Zusammenhalt und das harmonische Miteinander in der deutschen Fußballnationalmannschaft ist als ein Rechtfertigungsgrund für die Zulässigkeit eines Exklusivvertrages der Nationalmannschaft mit einem Schuhausrüster herangezogen worden.[302]

Freilich müssen die in Rede stehenden Regelungen der Sportverbände im konkreten Einzelfall auch geeignet, erforderlich und angemessen sein.[303] Diese Verhältnismäßigkeitsprüfung ist notwendiger Bestandteil der Interessensabwägung, da diese nicht nur die Interessen der Beteiligten erfasst, sondern auch die Elemente der Wettbewerbsfreiheit berücksichtigt. Denn dann kann die Interessensabwägung eine Beschränkung kartellrechtlicher Regelungen nur so lange rechtfertigen, wie die Wettbewerbsfreiheit nicht über Gebühr beeinträchtigt wird.[304]

So sind z.B. Dopingregelungen zwar generell geeignet die beachtenswerte Zielsetzung der Sicherstellung der Chancengleichheit des sportlichen Wettbewerbs zu gewährleisten. Hinsichtlich der konkreten kartellrechtlichen Zulässigkeit ist damit aber noch nichts gesagt. Hierfür ist auf die Umstände des Einzelfalls abzustellen. Zu berücksichtigen sind das Verschulden des Sportlers[305], der zeitliche Abstand

---

2002, 810, 813, speziell für die Gründe der Notwendigkeit der Dopingbekämpfung im Sport sowie *Giebel,* WRP 2006, 857, 860 f., für die unentgeltliche Abstellung von Nationalspielern an Fußballverbände zur Durchführung von Länderspielen.

300 Entscheidung der Kommission v. 25.06.2002 (*ENIC/UEFA*), COMP/37806, Rn. 45 f. (unveröffentlicht, erhältlich unter: http://ec.europa.eu/competition/antitrust/cases/dec_docs/37806/37806_7_3.pdf).

301 LG Stuttgart, SpuRt 2002, 245, 246; OLG München, SpuRt 2003, 199, 202; LG Dortmund, WuW/E DE-R 2610, 2612.

302 KG WuW/E OLG 1429, 1436 f., 1439 (*Deutscher Fußballbund*).

303 Vgl. zu möglichen Abwägungsaspekten bei verschiedenen Arten von Werbebeschränkungen bei Sportereignissen: *Rauste*, SpuRt 1998, S. 7 ff.

304 Damit wird zugleich deutlich, dass sich die von *Grätz*, Missbrauch der marktbeherrschenden Stellung durch Sportverbände, S. 260, vorgenommene Differenzierung, dass die Interessensabwägung letzter Teil der Verhältnismäßigkeitsprüfung sei, letztlich als nicht notwendig erweist.

305 Dabei reicht allerdings ein Anscheinsbeweis, der über eine positive Dopingprobe geführt werden kann, aus, vgl. OLG Frankfurt, NJW-RR 2000, 1117, 1121; LG Stuttgart, SpuRt 2002, 245, 249; OLG München, SpuRt 2003, 199, 202; *Grätz*, Missbrauch der

zwischen Dopingverstoß und Sanktion[306] sowie die weiteren bereits unter dem Gesichtspunkt des Kartellverbots dargelegten Aspekte[307]. Auch ist das hier aufgestellte Drei-Stufen-Modell zu berücksichtigen, wonach bei Sachverhalten der *zweiten Stufe*, wie den Dopingregelungen, den Vereinen ein erhöhter Beurteilungsspielraum zusteht, der nur auf die Einhaltung der Grenzen überprüft werden kann.[308]

Betrachtet man die aufgestellten Grundsätze, so ist eine Verwandtschaft zu den dargelegten Grundsätzen im Rahmen des Kartellverbotes nicht zu leugnen. Auch hier kommt es – vereinfacht gesagt – auf die kartellrechtsneutrale, beachtenswerte Zielsetzung in Form der ideellen vereinsautonomen Zwecksetzung, auf die Geeignetheit und Erforderlichkeit im Hinblick auf diese Zielsetzung sowie auf die Angemessenheit im Sinne einer Interessensabwägung mit den Zielen des Kartellrechts an.[309] Daher ist zu Recht der *Meca-Medina*-Test auch im Rahmen der Missbrauchskontrolle zu integrieren und im Einzelfall anzuwenden.[310] Dabei müssen die Beurteilungsergebnisse gleich ausfallen. Denn entweder setzt sich der Beurteilungsspielraum der Vereine und Verbände gegenüber dem Kartellrecht einheitlich durch oder nicht. Eine Abweichung ergibt sich wie gezeigt[311] nur im Prüfungsaufbau, wonach außerwettbewerbliche Zielsetzungen bereits innerhalb des Tatbestandes berücksichtigt werden können.

Damit ist auch vorweggenommen, dass sich ideelle Rechtfertigungsgründe nicht stets gegenüber den kartellrechtlichen Zielsetzungen durchsetzen können. Auch wenn die Interessenabwägung zur Folge hat, dass die Vereine und Verbände ihr Recht zu selbständiger Wertfestsetzung nicht mehr in jeglicher Hinsicht besitzen[312], ist dies in entsprechenden Fallgestaltungen hinzunehmen, weil nämlich entweder das Handeln des Vereins von wirtschaftlichen Aspekten dominiert wird, oder aber die wirtschaftlichen Auswirkungen ideellen Handelns so groß sind, dass diese nicht ohne weiteres hinnehmbar sind. Hierüber hilft auch nicht das Argument hinweg, bei den Satzungsregelungen handle es sich um eine Teilrechtsordnung, die nicht auf den Interessenausgleich, sondern auf die Durchsetzung der Vereinsziele gegenüber den Mitgliedern gerichtet sei[313]. Denn es geht bei der kartellrechtlichen Missbrauchsaufsicht nicht primär um einen Interessensausgleich der Wettbewerber,

---

marktbeherrschenden Stellung durch Sportverbände, S. 312; *Menzel*, WRP 2002, 810, 815 und bereits oben in diesem Kapitel unter Punkt I. 3.

306 LG Dortmund WuW/E DE-R 2610, 2612.

307 Vgl. oben in diesem Kapitel unter I. 3.

308 Vgl. hierzu in diesem Kapitel unter Punkt I. 2. e).

309 Vgl. oben in diesem Kapitel unter I. 2. d) dd).

310 So auch *Klees*, EuZW 2008, 391, 392 f. und *Mournianakis*, WRP 2009, 562, 565. Angesichts fehlender Rechtspraxis diesbezüglich noch etwas zurückhaltender *Heermann*, WuW 2009, 489, 498.

311 Siehe vorstehend in diesem Kapitel unter II. 2. b).

312 So die Befürchtung von *Haas/Prokop*, JR 1998, 45, 47.

313 *Hausmann*, BB 1994, 1089, 1092.

sondern um den Schutz des Wettbewerbs und der damit notwendig zusammenhängenden Wettbewerbsfreiheit der Marktakteure. Dieses Schutzziel ist aber Einschränkungsmöglichkeit auch für die Vereinsautonomie, ohne dass damit freilich diese über Gebühr eingeschränkt werden dürfte.[314] Hierfür sind die je nach Einstufung divergierenden Beurteilungsspielräume der Vereine zu beachten.

3. Betrachtung anhand der in der Einleitung aufgeworfenen Fallgestaltungen

Nachfolgend sollen die in der Einleitung dargestellten und aufgeworfenen Fallgestaltungen unter den aufgestellten Grundsätzen beurteilt werden. Dabei soll der Fall *Meca-Medina*[315] allerdings außen vor bleiben. Denn die maßgeblichen Punkte für die Beurteilung von Dopingregelungen sind im Rahmen des Kartellverbotes bereits aufgezeigt worden.[316] Diese Grundsätze finden auch bei der Missbrauchsaufsicht Anwendung.[317]

a) Zulassungsentscheidungen

aa) Zunächst ist auf den Fall der verweigerten Zulassung eines Brieftaubenmesssystems für Taubenwettflüge durch den Deutschen Brieftaubenzüchterverband einzugehen.[318] Hintergrund des hier vereinfachten Rechtsstreits war die Tatsache, dass dem Kläger die Zulassung für ein neues Messgerät unter anderem mit der Begründung verweigert wurde, dass das Gerät nicht alle zugelassenen Taubenringe elektronisch erfassen könne. Im Zuge dieser Fallgestaltung wird zudem generell auf die Anforderungen an Zulassungsentscheidungen in Bezug auf die Missbrauchsverbote eingegangen.

bb) Erster Prüfungspunkt ist das Vorliegen einer marktbeherrschenden Stellung eines Unternehmens. Dabei kann, wie gezeigt[319], nicht alleine auf die pyramidenartige Verbandsstruktur abgestellt werden, die auch im Bereich des Brieftaubensports existiert[320]. Da aber der Verband Deutscher Brieftaubenzüchter e.V. exklusiv über die Zulassung von Zeiterfassungssystemen auf dem Gebiet des deutschen Brieftaubensports entscheidet, wirkt sich das verbandliche Monopol als marktbeherrschende Stellung aus.[321] Diese Zulassungstätigkeit ist unternehmerischer Natur, da der Verband, selbst wenn er nicht selber nachfragend tätig wird, so doch die Nachfra-

---

314 Vgl. oben 4. Kap. I.

315 EuGH Rs. C-519/04 P (*Meca-Medina*) Slg. 2006, I-6991.

316 Siehe in diesem Kapitel unter I. 3.

317 Vgl. auch die Ausführungen in diesem Kapitel unter II. 2. c).

318 OLG Düsseldorf, Urteil vom 11.02.2009 (Az.: VI-U 13/08), red. Leitsatz in GRUR-RR 2009, 397.

319 Siehe oben in diesem Kapitel unter Punkt II. 1. a) bb).

320 Zur verbandsmäßigen Struktur §§ 4 ff. der Satzung des Verbandes Deutscher Brieftaubenzüchter e.V.

321 OLG Düsseldorf, Urteil vom 11.02.2009 (Az.: VI-U 13/08), JURIS-Rn. 46.

getätigkeit der ihm angehörigen Brieftaubenzüchter mittels Zulassungsentscheidungen im Einzelfall direkt und damit ausschlaggebend steuert.

cc) Sodann stellt sich die Frage nach dem Missbrauch der marktbeherrschenden Stellung, wobei vorliegend die Fallgruppe des § 19 Abs. 4 Nr. 1 GWB in Betracht kommt. Zu klären ist also entscheidend, ob das Zulassungserfordernis und die darauf basierende Entscheidung in concreto einen sachlich gerechtfertigten Grund darstellen.

Bei sportlichen Wettkämpfen sind technische Vorgaben z.B. hinsichtlich der zu verwendenden Sportgeräte generell zulässig, da diese Vorgaben notwendigerweise dazu benötigt werden, einheitliche chancengleiche Wettbewerbsbedingungen und daher überhaupt erst einen Wettkampf herzustellen.[322] Problematisch erscheint dagegen die Festlegung auf nur einen zulässigen Hersteller bzw. Lieferanten. Denn dann bestünde im Rahmen der Erforderlichkeitsprüfung das weniger einschneidende Mittel, nur Qualitätsvorgaben aufzustellen, bei deren Erfüllung alle bzw. mehrere Hersteller von Sportgeräten auf dem Markt tätig sein könnten. Das Festlegen auf einen Hersteller kann also zu Recht im Grundsatz nur dann als zulässig zu qualifizieren sein, wenn ansonsten die ordnungsgemäße Durchführung des Wettkampfes nicht möglich wäre.[323] Die Zulässigkeit kann aber auch dann gegeben sein, wenn ein anerkennenswertes Bedürfnis nach dem dauerhaften Einsatz eines bestimmten Gerätes eines Herstellers besteht. So ist die Festlegung auf einen bestimmten Spielball zulässig, wenn die angebotenen Spielbälle auf dem Markt trotz Einhaltung der Basisvorgaben unterschiedliche Eigenschaften aufweisen.[324] Gleichermaßen kann man die Festlegung auf nur einen Reifenhersteller bei Motorsportserien rechtfertigen, da zwar die Reifen hinsichtlich Größe und Material bestimmt werden können, den Herstellern aber genug Raum verbleibt, um ihre Reifen vorteilhaft zu entwickeln. Somit würden in den Motorsportserien nicht nur Fahrer- und Teamleistungen miteinander konkurrieren. Im Rahmen solcher Entscheidungen ist den Vereinen und Verbänden ein Beurteilungsspielraum zuzugestehen[325], der sich hinsichtlich seiner Größe jeweils danach richtet, ob ein vereinsautonomer Sachverhalt der zweiten oder der dritten Stufe vorliegt. Besteht ein Grund für die Festlegung auf bestimmte Hersteller, ist aber als Ausgleich für die Markteinengung ein diskriminierungsfreies und sachgerecht durchgeführtes Auswahlverfahren

---

322 *Schürnbrand*, ZWeR 2005, 396, 412; *Deselaers*, WuW 1998, 946, 953; *Buch*, WuW 2005, 266, 267 f.; *Hannamann*, Kartellverbot und Verhaltenskoordinationen im Sport, S. 417.

323 *Schürnbrand*, ZWeR 2005, 396, 412; *Fleischer*, WuW 1996, 473, 483 f.; *Deselaers*, WuW 1998, 946, 953.

324 Vgl. die Einschätzung des BKartA bei der Festlegung eines offiziellen Volleyballs in der Entscheidung des KG in WuW/E OLG 4907, 4908, 4911 (*Offizieller Volleyball*).

325 *Hannamann*, Kartellverbot und Verhaltenskoordinaten im Sport, S. 418. Dagegen tendenziell zu einengend: *Buch*, WuW 2005, 266, 274, der eine Festlegung auf einen Hersteller nur dann als zulässig ansieht, wenn die Sportgeräte so unterschiedliche Merkmale aufweisen, dass die Chancengleichheit gefährdet wäre.

durchzuführen und die Exklusivvereinbarung mittels kurzer Vertragslaufzeiten zu beschränken.[326]

Für den hier darzustellenden Fall des Brieftaubenzüchterverbandes gelten diese Grundsätze ebenfalls, zumal es sich beim Vergleich der Leistung von Brieftauben ebenfalls um sportliche Leistungen handelt. Vorliegend ging es zudem nicht um die Zulassung nur eines Herstellers der Messgeräte, sondern um die Zulassung auch jener neuen Geräte des klagenden Herstellers. Die Versagung der Zulassung wegen fehlender Inkompatibilität mit allen Taubenringen aller Hersteller stellt dabei einen ideellen, in der Durchführung des Wettkampfs liegenden Grund dar, der durch die Zweckverfolgung des Taubensports und mithin durch vereinsautonome Aspekte begründet ist. Denn ohne die Kompatibilität der Messelemente untereinander wäre ein Taubenflugwettkampf allenfalls schwerlich vorstellbar. Wegen der bestehenden starken negativen Wirkung auf die Absatzchancen nichtzugelassener Geräte liegt ein vereinsautonomer Sachverhalt der zweiten Stufe vor.[327] Dies führt dazu, dass den Vereinsinteressen innerhalb der bestehenden Beurteilungsgrenzen bei der Interessensabwägung grundsätzlich der Vorzug zu geben ist.[328] Gegen die Interessen des klagenden Herstellers sprach im Fall zudem, dass beschränkte Kompatibilitäten allenfalls den Herstellern dazu verhelfen Absatzchancen zu steigern sowie, dass eine Programmierung, die eine allseitige Kompatibilität herstellt, mit wenig Aufwand möglich war.[329] Zugunsten der Herstellerinteressen hätten allenfalls ein nicht transparentes, nicht auf sachlichen Kriterien beruhendes Zulassungsverfahren oder aber eine fehlende Geltung der Vorgabe allseitiger Kompatibilität für andere Hersteller[330] ins Feld geführt werden können. Hiermit hätte der Verband nämlich gezeigt, dass seine Zielsetzung für ihn selbst disponibel ist, so dass er sie auch anderen nicht hätte entgegensetzen können. Auch wenn der OLG-Senat in seinem Urteil die Vereinsautonomie und ihren grundrechtlichen Gehalt nicht erwähnt, so ist dennoch die Entscheidung in der Sache als richtig einzustufen.

dd) Ähnlich sind auch weitere Lizenzierungsfälle aus der Rechtspraxis zu bewerten, so beispielsweise die Lizenzierung für Fußballvereine, die an den Fußball-Bundesligen teilnehmen wollen. Das Lizenzierungsverfahren hat unter anderem die

---

326 *Schürnbrand*, ZWeR 2005, 396, 412; *Buch*, WuW 2005, 266, 274; *Hannamann*, Kartellverbot und Verhaltenskoordinationen im Sport, S. 418; Kommission v. 15.04.1998, IP/98/355, zur Beschränkung auf einen Tennisballlieferanten bei Turnieren des Dänischen Tennisverbandes.

327 Siehe schon oben 3. Kap. II. 3. b).

328 Der OLG-Senat spricht hierbei von einem „hohen Gewicht“, das den Vereinsinteressen zukomme, vgl. Urteil vom 11.02.2009 (Az.: VI-U 13/08), JURIS-Rn. 58.

329 OLG Düsseldorf, Urteil vom 11.02.2009 (Az.: VI-U 13/08), JURIS-Rn. 58.

330 Noch bis zum Abschluss der ersten Instanz hielt der Verband Deutscher Brieftaubenzüchter dieses Zulassungserfordernis nicht auch anderen Herstellern entgegen, vgl. die Ausführungen des OLG Düsseldorf, Urteil vom 11.02.2009 (Az.: VI-U 13/08), JURIS-Rn. 51.

Zwecke, den Liga-Spielbetrieb für die jeweils kommende Spielzeit wie auch längerfristig zuverlässig planen und durchführen zu können sowie die Integrität des Wettbewerbs zu erhöhen.[331] Dies stellt ideelle, vereinsautonome und, mit Blick auf den sportlichen Wettbewerb innerhalb der Bundesliga, anerkennenswerte Interessen dar. Wegen der mit der Verweigerung einer Lizenz verbundenen wirtschaftlichen Auswirkungen sind das Lizenzierungserfordernis sowie das Lizenzierungsverfahren als vereinsautonome Tätigkeiten auf der *zweiten Stufe* einzuordnen. Somit sind auch hier einerseits die Belange der Antragssteller der Lizenz zu beachten, aber andererseits auch die Beurteilungsspielräume der Verbände zu wahren. Sind die konkreten Regelungen anhand der dargelegten anerkennenswerten Verbandsziele ausgestattet, sind diese sowie die darauf basierenden Lizenzierungsentscheidungen daher regelmäßig kartellrechtlich nicht zu beanstanden. So ist es aus Gründen der Schaffung eines gerechten Auswahlsystems zu Recht nicht zu beanstanden, eine Ausschlussfrist für die Beurteilung der wirtschaftlichen Verhältnisse eines Vereins vorzunehmen. Somit kann die Lizenz selbst dann verweigert werden, wenn sich kurz danach die Vermögenslage des Vereins zum Positiven ändert.[332]

b) Erbringung von Vereinsleistungen

aa) Als zweiter Fall ist die Verweigerung eines Vereins an der Mitwirkung zur Rassezucht insbesondere durch Herausgabe von Decklisten zu thematisieren. Die Ablehnung wurde seitens des Vereins, der Mitglied im Verband für das deutsche Hundewesen (VDH) ist, darauf gestützt, dass der klagende Hundezüchter gleichzeitig in einem anderen Verein Mitglied war, jener Verein aber nicht dem VDH angehörte. Die Satzung des beklagten Vereins sah vor, dass in solchen Fällen bereits der Erwerb der Mitgliedschaft ausgeschlossen sein sollte. Eine derartige Regelung wurde durch die Vorgaben in der Satzung des VDH vorausgesetzt.[333]

bb) Das OLG bejahte eine marktbeherrschende Stellung des beklagten Zuchtvereins mit der Begründung, dass der Hundezüchter von den Leistungen des Vereins gemäß § 20 Abs. 2 S. 1 GWB abhängig sei. Denn nur vom VDH anerkannte Vereine dürften für die Rassezucht eine Deckerlaubnis erteilen sowie die entsprechenden Formalitäten vornehmen. Ein Ausweichen auf zwei andere im Bereich der Hunderasse dem VDH angehörige Vereine sei nicht möglich, da diese Vereine dieselbe Bestimmung in ihrer Satzung hätten und daher eine Rassezucht ebenfalls verhindert worden wäre.[334]

Diese Ausführungen des Senats sind in der Sache zwar richtig, allerdings ist diese Situation der typische Fall der kollektiven Marktbeherrschung. Denn alle für den Hundezüchter möglichen Ausweichmöglichkeiten verhalten sich aufgrund der

331 So die Ausführungen in der Präambel der Lizenzierungsordnung der DFL.
332 LG Frankfurt, NJW 1983, 761, 763
333 Siehe zum Sachverhalt auch OLG Karlsruhe NJW-RR 2009, 112.
334 OLG Karlsruhe NJW-RR 2009, 112, 113.

Bindung an das Verbandsregelwerk gleich, so dass alle Vereine und Verbände den Markt der nachweisbaren Züchtung von Rassehunden gemeinsam beherrschen. Eines Rückgriffs auf die Figur eines relativ marktstarken Unternehmens hätte es also nicht bedurft.

cc) Den Missbrauch in Form der Diskriminierung i.S.v. § 20 Abs. 1 GWB sah das OLG darin, dass es keinen sachlichen Grund dafür gebe, dass der Verein seine Züchtungsleistungen nur wegen der Mitgliedschaft in einem anderen Verein verweigere. Zwar sei ein berechtigter Grund im Ziel, eine gleichgerichtete Zucht zu gewährleisten, anzuerkennen. Allerdings wäre die Grenze dann überschritten, wenn die Satzungsbestimmung sich auch gegen Vereine wende, die zwar nicht Mitglied im Dachverband sind, sich jedoch nicht mit der Züchtung beschäftigen. Da dies bei dem Verein, in dem der Hundezüchter ebenfalls Mitglied war, der Fall war, war die Versagung der Mitwirkungsleistungen an der Zucht daher nach Ansicht des OLG nicht sachlich gerechtfertigt.[335]

Die Ausführungen des OLG liegen im Grundsatz auf der Basis des hier beschriebenen Ausgleichs zwischen ideellen Interessen und kartellrechtlicher Zielsetzung. So ist die Gewährleistung einer gleichgerichteten Zuchtlinie in der Tat ein berechtigter ideeller Grund. Dieser Grund kann eine sachliche Rechtfertigung aber nur darstellen, wenn sich die konkrete Einzelmaßnahme auch in den Grenzen dieses Grundes hält und eine Interessensabwägung nicht eine andere Beurteilung rechtfertigt. Soweit man die Grenze wie das OLG in der Züchtung an sich sieht, kann in der Tat die andere Mitgliedschaft in einem Verein, der sich nicht mit der Züchtung befasst, eine Verweigerung von Vereinshandlungen nicht rechtfertigen. Allerdings ist zu berücksichtigen, dass möglicherweise eine Gefährdung der Zuchtlinie auch durch andere Sachverhalte geschehen kann. So hat im Fall der andere Verein unter anderem auch das satzungsmäßige Ziel der „Förderung und Verbreitung" der betreffenden Hunderasse.[336] Insofern hätte man seitens des OLG weitere Feststellungen hierzu erwarten können. Zudem muss hier der Beurteilungsspielraum des beklagten Vereins bzw. des VDH berücksichtigt werden, welche sachnäher die Gefährdungslagen und mögliche Maßnahmen zur Sicherung der Zuchtlinie beurteilen können. Insofern spricht je nach Sachverhaltsgestaltung mehr für eine Kartellrechtmäßigkeit des Vereinsverhaltens. Dafür streitet auch, dass für das Ziel der Rassezüchtung die Mitgliedschaft in dem beklagten Verein für den Hundezüchter essentiell ist, nicht aber die Mitgliedschaft in dem anderen Verein.

dd) Generell kann also für die Beurteilung der Versagung von Vereinsleistungen folgendes gesagt werden: Halten sich die Versagungsregelungen und -entscheidungen innerhalb des Vereinszwecks, kommt den Vereinen ein großer Beurteilungsspielraum zu, wie der ideelle Zweck am besten verfolgt wird. In der

335 OLG Karlsruhe NJW-RR 2009, 112, 113.

336 Vgl. § 2 Nr. 2 lit. a) der Satzung der Eurasierfreunde Deutschland e.V.

anschließenden Interessensabwägung sind allerdings verschiedene Faktoren zu berücksichtigen: So kann eine Versagung der Leistungen deshalb rechtswidrig sein, weil die Gefährdung der Verwirklichung der Zielsetzung als gering anzusehen ist, andererseits aber das Mitglied die Leistungen essentiell benötigt. Im Fall der Verfolgung beruflicher oder gewerblicher Interessen streitet für das Mitglied dann auch die Wertung des Art. 12 Abs. 1 GG, der über die Ausfüllung unbestimmter Rechtsbegriffe in die Bewertung mit einfließt. Die Beurteilung, inwieweit der Wettbewerb auf dem betreffenden Markt durch die Vereinsregelung beschränkt oder sogar ausgeschaltet wird, ist ebenfalls mit zu berücksichtigen.

c) Verbandsorganisation

Abschließend soll auf Fragen der Organisation des Sports anhand des *MOTOE*-Urteils[337] des EuGH eingegangen werden. In diesem Fall versuchte der griechische Motorradsportverband MOTOE eine Genehmigung zur Durchführung von Motorradrennen zu erhalten. Nach griechischer Gesetzeslage war hierfür neben der Erteilung der Genehmigung durch den griechischen Staat das Einvernehmen des griechischen Reise- und Automobilclubs ELPA notwendig, welches weder an Bedingungen geknüpft war noch durch den Staat ersetzt werden konnte. Die ELPA veranstaltete und vermarktete selbst Motorradrennen in Griechenland und verweigerte das Einverständnis zur Genehmigung.

Von den Anforderungen des Art. 106 AEUV abgesehen[338], betrifft die Fallgestaltung Fragen zur Organisation des Sports, insbesondere dahingehend, wann eine Genehmigung zur Durchführung einer Veranstaltung seitens des monopolistischen Dachverbandes versagt werden darf. Innerhalb der pyramidenartigen Struktur der Verbände ist es nämlich zumeist Aufgabe des Dachverbandes, die innerhalb seiner Regelungsgewalt stattfindenden Veranstaltungen zu genehmigen. Auf diese Rechtsfrage sollen sich nachfolgende Ausführungen beschränken.

Eine unternehmerische Tätigkeit liegt dabei insbesondere dann vor, wenn der Verband selbst auf dem betreffenden Markt tätig wird, also z.B. selbständig konkurrierende Veranstaltungen durchführt und vermarktet.[339] Die beherrschende Marktstellung ergibt sich aus der ausschließlichen Genehmigungszuständigkeit des Verbandes.

Sodann ist zu prüfen, ob sich die Versagung einer Genehmigung als missbräuchlich darstellt. Dabei ist zunächst zu betonen, dass den Verbänden eine Organisationshoheit zukommt. Denn wie der Verbandszweck in organisatorischer Hinsicht am besten verwirklicht werden kann, betrifft essentielle Bereiche der Vereinsautono-

337 EuGH Rs. C-49/07 (*MOTOE*), Slg. 2008, I-4863.
338 Hierzu EuGH Rs. C-49/07 (*MOTOE*), Slg. 2008, I-4863, Rn. 43 ff.
339 So zu Recht auch der EuGH Rs. C-49/07 (*MOTOE*), Slg. 2008, I-4863, Rn. 23.

mie. Das Ein-Platz-Prinzip ist darüber hinaus deshalb sachlich gerechtfertigt, da andernfalls die gewünschte Koordination gar nicht stattfinden könnte.[340] Die verfassungsrechtlich ausdrücklich erwünschte soziale Assoziation[341] würde somit ad absurdum geführt. Überprüfungsmöglichkeiten können allenfalls dort bestehen, wo andere auf die Zulassung zum Markt angewiesen sind.[342] Insoweit betreffen diese Fallgestaltungen die *zweite Stufe* vereinsautonomer Tätigkeiten.

Bezogen auf die Genehmigungen von Veranstaltungen bedeutet dies, dass den Verbänden ein grundsätzlicher Beurteilungsspielraum zukommt, welche Veranstaltungen genehmigt werden können. Den Interessen der Bewerber und der Wettbewerbsfreiheit wird dadurch hinreichend Rechnung getragen, dass der Beurteilungsspielraum durch die *Meca-Medina*-Kriterien im Sinne einer Verhältnismäßigkeitsprüfung begrenzt wird. Die konkrete Entscheidung über die Zulassung muss sich also innerhalb der Grenzen des Vereinszwecks halten und im Übrigen angemessen sein, wobei allerdings der Beurteilungsspielraum der Verbände zu wahren ist. Dies gilt insbesondere dann, wenn der Verband auf dem gleichen Markt selbst Veranstaltungen durchführt und deshalb die Gefahr besteht, dass die Verweigerung der Genehmigung nicht auf ideellen Gründen beruht, sondern der Verbesserung eigener Vermarktungschancen dient.[343] Insoweit ist in verfahrensrechtlicher Hinsicht zu Recht zum einen zu fordern, dass die Gründe für die Ablehnung dargelegt werden, und zum anderen, dass eine organisatorische Trennung zwischen wirtschaftlichen und regulatorischen Aspekten eines Verbandes besteht.[344]

Der EuGH hat in seiner Entscheidung im Fall *MOTOE* weder den Verhältnismäßigkeitsgrundsatz angewendet noch eine Übernahme der *Meca-Medina*-Kriterien diskutiert. Vielmehr hat der Gerichtshof mit Blick auf die verfahrensgegenständliche griechische Regelung einen Verstoß gegen Art. 82, 86 EGV a.F. (entspricht Art. 102, 106 AEUV) darin gesehen, dass hierdurch die Gefahr des Missbrauchs

---

340 *Schroeder*, WRP 2006, 1327, 1328; Ebenso für den Bereich des Motorsports die Ausführung der *GA Kokott*, Rs. C-49/07 (*MOTOE*), Slg. 2008, I-4863, Rn. 96. Kritisch mit Blick auf die Situation in den USA allerdings: *Deselaers*, WuW 1998, 946, 949.

341 BVerfG NJW 1979, 699, 705; BVerfG NJW 1975, 1265; *Jarass* in: Jarass/Pieroth, Art. 9, Rn. 1; *Kemper* in: v. Mangoldt/Klein/Starck, Art. 9 Rn. 1; *Bernsdorff* in: Meyer, Art. 12, Rn. 1.

342 Vgl. hierzu auch in diesem Kapitel unter II. 4. c).

343 So im Ergebnis auch GA *Kokott*, Rs. C-49/07 (*MOTOE*), Slg. 2008, I-4863, Rn. 96, im *MOTOE-Fall*; Deselaers, WuW 1998, 946, 949.

344 *Deselaers*, WuW 1998, 946, 949; Vgl. auch die Mitteilung der Kommission v. 13.06.2001, ABl. 2001 C 69/5, bezüglich der Statuten der FIA und ihrer Formel 1-Verträge. Diese wurden erst dann als kartellrechtlich unbedenklich angesehen, als die FIA diese dahingehend änderte, dass nunmehr eine Trennung zwischen den wirtschaftlichen und regulatorischen Tätigkeiten im Motorsport gewährleistet war. Eine Zulassung von konkurrierenden Motorsportserien hängt damit nur noch davon ab, ob die grundsätzlichen Anforderungen an die Sicherheit des Motorsports erfüllt sind, vgl. Punkt 6 der Mitteilung.

einer marktbeherrschenden Stellung geschaffen wird.[345] Die fehlende Bezugnahme auf die *Meca-Medina*-Kriterien ist nur insofern nachzuvollziehen, dass die staatliche Gewährung besonderer oder ausschließlicher Rechte i.S.v. Art. 106 Abs. 1 AEUV im Fokus der Entscheidung stand.[346] Zur Annahme eines Verstoßes gegen die Wettbewerbsregeln genügt hierbei nach Rechtsprechung des Gerichtshofs bereits die Schaffung der Gefahr des Missbrauchs einer beherrschenden Stellung.[347]

4. Die Fälle des Aufnahmezwangs

Zuletzt sollen unter dem Punkt der Missbrauchskontrolle die Fälle des Aufnahmezwangs erörtert werden. § 20 Abs. 6 GWB verbietet es Wirtschafts- und Berufsvereinigungen sowie Gütezeichengemeinschaften, die Aufnahme eines Unternehmens ohne sachlich gerechtfertigten Grund abzulehnen, wenn dies zu einer unbilligen Benachteiligung des Unternehmens im Wettbewerb führen würde. Damit wird der Tatsache Rechnung getragen, dass die Aufnahme in derartige Vereinigungen für die betroffenen Unternehmen eine wettbewerblich entscheidende Bedeutung haben kann. Dies zum einen wegen der Mitwirkung bei der Durchsetzung von Interessen und zum anderen wegen des Zugangs zu Verbandseinrichtungen und sonstigen Vorteilen der Mitgliedschaft.[348] Gerade für Sportvereine ist zudem angesichts des Ein-Platz-Prinzips des Sportverbandsaufbaus die Mitgliedschaft unmittelbar im zuständigen Landessportbund und mittelbar im gesamten Sportverbandsaufbau essentielle Voraussetzung, um an anerkannten Wettkämpfen teilnehmen zu können.[349] Ähnliches gilt für Sportler, die in einen Sportverein aufgenommen werden wollen.

Daneben besitzt der kartellrechtliche Aufnahmeanspruch, der zivilrechtlich über Beseitigungs- und Schadensersatzansprüche gemäß § 33 GWB geltend gemacht werden kann, für Vereine deshalb eine große Wichtigkeit, weil unter anderem aus seinen Anforderungen heraus der allgemeine Aufnahmeanspruch für sozialmächti-

345 EuGH Rs. C-49/07 (*MOTOE*), Slg. 2008, I-4863, Rn. 50 ff.

346 Kritisch wegen der fehlenden Erwähnung dennoch: *Mournianakis*, WRP 2009, 562, 565.

347 EuGH Rs. C-49/07 (*MOTOE*), Slg. 2008, I-4863, Rn. 50; EuGH Rs. C-179/90 (*Merci convenzionali porto di Genova*), Slg. 1991, I-5889, Rn. 17; EuGH Rs. C-260/89 (*ERT*), Slg. 1991, I-2925, Rn. 37; *Ehrike* in:Loewenheim/Meessen/Riesenkampff, Art. 86 EG Rn. 67; *Mestmäcker/Schweitzer*, Europäisches Wettbewerbsrecht, § 33 Rn. 85; *Dohms* in: Handbuch des Kartellrechts, § 35 Rn. 122 ff.

348 *Rixen* in: Frankfurter Kommentar, § 20 GWB Rn. 418; *Nothdurft* in: Langen/Bunte, Deutsches Kartellrecht, § 20 Rn. 264; *Dorß* in: Loewenheim/Meesen/Riesenkampff, § 20 GWB Rn. 167; *K. Westermann* in: Münchener Kommentar GWB, § 20 Rn. 176; *Kling/Thomas*, Kartellrecht, § 18 Rn. 196; *Birk*, JZ 1972, 343, 344 f.; *Steinbeck*, WuW 1996, 91, 93. Siehe auch: BGHZ 63, 282, 285; BGH WuW/E BGH 2226, 2230 (*Aikido-Verband*). Zurückhaltender: BGH NJW 1980, 186 (*Anwaltsverein*).

349 *Steinbeck*, WuW 1996, 91, 93; *Traub*, WRP 1985, 591, 593.

ge Verbände gemäß § 826 BGB konkretisiert worden ist.[350] Rechtstatsächlich handelt es sich bei dem Aufnahmezwang um einen Kontrahierungszwang, da sich die Aufnahme in einen Verein per Aufnahmevertrag vollzieht.[351]

a) Persönlicher Anwendungsbereich

In personeller Hinsicht richtet sich der kartellrechtliche Aufnahmeanspruch vor allem an Berufs- und Wirtschaftsverbände. Hierunter sind all jene wirtschafts- und berufspolitisch orientierten, freiwilligen, privatrechtlichen Zusammenschlüsse von Unternehmen zu verstehen, welche die Interessen ihrer Mitglieder in ihrer Gesamtheit und nicht nur in einigen wenigen Bereichen wahrnehmen[352] und gegenüber der Öffentlichkeit, Verwaltung und Gesetzgebungsorganen vertreten.[353] Diese Definition zeigt bereits, dass Verbände und Vereine oftmals in den personellen Anwendungsbereich fallen können, da sie auf die generelle Interessenswahrnehmung ihrer Mitglieder angelegt sind. Allerdings ist dies nur dann der Fall, wenn die Interessensvertretung die unternehmerischen Interessen der Mitglieder umfasst und sich nicht alleine in ideeller Interessensvertretung erschöpft.[354] Dagegen ist es unschädlich, wenn neben unternehmerischen Zielen auch andere Zwecke mit gefördert werden.[355] Damit kommt dem Unternehmensbegriff erneut eine entscheidende Abgrenzungsfunktion für die Anwendbarkeit zu. Da die unternehmerische Tätigkeit jedoch weit gefasst wird[356], vermag dieser auch hier nicht zu einer spürbaren Eingrenzung des Anwendungsbereichs zu führen. So wurde eine Zuchtvereinigung für Rindvieh, welche Qualitätsrichtlinien für die landwirtschaftliche Zucht aufstellte und ihre Mitglieder entsprechend beriet, zu Recht als Wirtschafts- und Berufsverei-

---

350 BGHZ 63, 282, 284; OLG Frankfurt, WuW/E OLG 3752, 3753 (*Aikido-Bund II*); *Emmerich*, Kartellrecht, § 30 Rn. 2; *Steinbeck*, WuW 1996, 91, 94; Kritisch zur Konkretisierung des Sittenwidrigkeitsbegriffs durch die Merkmale des kartellrechtlichen Aufnahmezwangs: *Rinck* in: FS für F. Wieacker (1978), 476, 480.

351 *Grunewald*, AcP 182 (1982), 181, 185; *Steinbeck*, WuW 1996, 91, 92; *Zinger*, Diskriminierungsverbote und Sportautonomie, S. 75; *Gramlich*, Zum Aufnahmezwang nach § 20 Abs. 6 GWB, S. 7 f.

352 BGH WuW/E BGH 1726 (*Deutscher Landseer-Club*); OLG Hamburg, WuW/E OLG 2775, 2776 (*Hauptverband für Traberzucht und -rennen*); *Nothdurft* in: Langen/Bunte, Deutsches Kartellrecht, § 20 Rn. 266; *Markert* in: Immenga/Mestmäcker, GWB, § 20 Rn. 332.

353 *Rixen* in: Frankfurter Kommentar, § 20 GWB Rn. 419, 428; *Markert* in: Immenga/Mestmäcker, GWB, § 20 Rn. 330; *Dorß* in: Loewenheim/Meesen/Riesenkampff, § 20 GWB Rn. 175 f.; *Bechtold* in: Bechtold, § 20 Rn. 103; *Emmerich*, Kartellrecht, § 30 Rn. 3; *Kling/Thomas*, Kartellrecht, § 18 Rn. 197 f.; *Fuchs*, NJW 1965, 1510.

354 *Rixen* in: Frankfurter Kommentar, § 20 GWB Rn. 431; *Markert* in: Immenga/Mestmäcker, GWB, § 20 Rn. 334; *K. Westermann* in: Münchener Kommentar GWB, § 20 Rn. 178; *Emmerich*, Kartellrecht, § 30 Rn. 3.

355 BGH WuW/E BGH 1726 f. (*Deutscher Landseer-Club*); BGH NJW-RR 1986, 339, 340 (*Schwarzbuntzüchter*); *Markert* in: Immenga/Mestmäcker, GWB, § 20 Rn. 335; *Nothdurft* in: Langen/Bunte, Deutsches Kartellrecht, § 20 Rn. 267.

356 Vgl. hierzu ausführlich oben 4. Kap. II. 2.

nigung angesehen.[357] Gleiches gilt für Hundezuchtvereine, die durch die Aufstellung von Zuchtrichtlinien und die Führung von Zuchtbüchern die Einhaltung der Zuchtlinie garantieren und damit die gesamten wirtschaftlichen Interessen der Züchter als Vereinsmitglieder wahrnehmen.[358] Ähnlich liegt die Fallgestaltung bei Sportvereinen. Sobald allerdings keinerlei unternehmerische Interessen der Mitglieder vertreten werden, scheidet der kartellrechtliche Aufnahmeanspruch aus.[359]

Die Rechtsprechung zeichnet sich dabei oftmals durch Pragmatismus aus, in dem sie gerade diese Frage in nicht eindeutigen Fällen offenlässt, um sich bei der Beurteilung auf einen Anspruch aus § 826 BGB i.V.m. § 20 Abs. 6 GWB, also letztlich auf den gleichgelagerten allgemeinen Aufnahmeanspruch zu stützen.[360] Dies ist nicht nur aus rechtsdogmatischer Sicht bedauernswert, sondern auch deshalb praxisrelevant, weil ein kartellrechtlicher Verstoß nicht nur zu zivilrechtlichen, sondern auch zu verwaltungs- und ordnungswidrigkeitsrechtlichen Folgen führt. So kann die zuständige Kartellbehörde im Rahmen von § 32 GWB und ggf. im Wege einer einstweiligen Verfügung gemäß § 32a GWB gegen das kartellrechtswidrige Verhalten einschreiten. Dies gilt umso mehr, seit der früher über § 27 GWB a. F. bestandene Weg, eine Aufnahme anzuordnen, nicht mehr möglich ist.[361] Dabei sind Sportverbände gerade bei Sportarten mit kommerziellen Vermarktungschancen regelmäßig als Wirtschaftsvereinigungen anzusehen. Denn die Verbände sind zum einen die auch gegenüber der Öffentlichkeit bestehenden Vertreter der betreffenden Sportart in einem bestimmten Gebiet[362] und stellen zum anderen die organisatorischen Rahmenbedingungen für die Durchführung von kommerziell relevanten Wettkämpfen.[363]

357 BGH NJW-RR 1986, 339, 340 (*Schwarzbuntzüchter*).

358 BGH WuW/E BGH 1726 (*Deutscher Landseer-Club*). Gleiches gilt auch für den Verband für Traberzucht und -rennen, OLG Hamburg, WuW/E OLG 2775, 2776 (*Hauptverband für Traberzucht und -rennen*).

359 So, allerdings ohne nähere Begründung, für den Fall der verweigerten Aufnahme eines Aikido-Bundes in den Deutschen Sportbund das OLG Frankfurt, WuW/E OLG 3752, 3753 (*Aikido-Bund II*).

360 Vgl. z.B. BGH WuW/E BGH 2226 (*Aikido-Verband*); OLG Frankfurt WuW/E DE-R 2648, 2649; OLG München WuW/E DE-R 2695 f. BGHZ 63, 282, 286 lässt es sogar ausdrücklich dahinstehen, ob auch ein Anspruch aufgrund des kartellrechtlichen Aufnahmeanspruchs besteht. Denn die Vorschrift biete offensichtlich keinen weitergehenden Schutz für den Kläger.

361 Vgl. hierzu ausführlich *Markert* in: Immenga/Mestmäcker, GWB, § 20 Rn. 364 ff.; *Dorß* in: Loewenheim/Meesen/Riesenkampff, § 20 GWB Rn. 206.

362 Vgl. z.B. § 4 Punkt 1. b) DFB-Satzung, § 3 lit. c) DVV-Satzung, § 2 Abs. 1 DOSB-Satzung.

363 *Steinbeck*, WuW 1996, 91, 97; Im Ergebnis ebenso: *Rixen* in: Frankfurter Kommentar, § 20 GWB Rn. 431; *Nothdurft* in: Langen/Bunte, Deutsches Kartellrecht, § 20 Rn. 268; *K. Westermann* in: Münchener Kommentar GWB, § 20 Rn. 178; *Emmerich*, Kartellrecht, § 30 Rn. 4. Vgl. insbesondere auch BKartA WuW/E BKartA 357, 359 (*Berufsboxer*).

Auf der Seite der Schutzobjekte muss die Aufnahme eines Unternehmens abgelehnt worden sein, wobei für den Unternehmensbegriff die gleichen Maßstäbe wie auch sonst im Kartellrecht gelten.[364] Unternehmen im Sinne des Kartellrechts können daher zu Recht beispielsweise Hundezüchtervereine sein, die mit der Aufstellung von Zuchtrichtlinien und der Führung von Zuchtbüchern den Markt für Rassehunde beeinflussen und als Anbieter von Dienstleistungen am Markt auftreten.[365] Auch Sportvereine und untere Verbände sind, soweit sie geschäftlich tätig werden, Schutzobjekte des Aufnahmezwangs.

b) Interessensabwägung im Einzelfall

Die bisherigen Ausführungen zeigen, dass Vereine und Verbände oftmals den tatbestandlichen Anforderungen des kartellrechtlichen Aufnahmeanspruchs unterworfen sind. Somit fokussiert sich die Frage nach der Beachtung vereinsautonomer, ideeller Zwecksetzungen erneut auf die Ebene der Rechtfertigung. § 20 Abs. 6 GWB spricht diesbezüglich davon, dass die verweigerte Aufnahme sowohl eine nicht gerechtfertigte Ungleichbehandlung darstellen als auch zu einer unbilligen Benachteiligung im Wettbewerb führen muss, um zu einem Aufnahmezwang zu führen. Systematisch bestehen daher zwei Rechtfertigungsmöglichkeiten: zum einen durch eine gerechtfertigte Ungleichbehandlung im Vergleich zu anderen Aufnahmebewerbern und zum anderen durch eine fehlende unbillige Benachteiligung in Bezug auf den Wettbewerb. Vereinsrechtlich relevant ist vor allem der Vergleich mit anderen Aufnahmebewerbern, so dass ausschließlich dieser als Rechtfertigungsmöglichkeit behandelt werden soll. Zudem hat die unbillige Wettbewerbsbenachteiligung kaum eigene Bedeutung, da die wettbewerblichen Interessen des Bewerbers schon bei der Interessensabwägung im Rahmen der Beurteilung der Ungleichbehandlung mitberücksichtigt werden müssen.[366]

Maßgebliches Beurteilungskriterium der sachlichen Rechtfertigung ist erneut eine umfassende Abwägung zwischen den Interessen des Bewerbers an der Aufnahme sowie den Interessen des Verbandes und seiner Mitglieder an der Verweigerung der Aufnahme.[367] Dabei ist in diesen Fallgestaltungen schon sehr viel länger als bei den

---

364 *Rixen* in: Frankfurter Kommentar, § 20 GWB Rn. 434; *Markert* in: Immenga/Mestmäcker, GWB, § 20 Rn. 338; *Dorß* in: Loewenheim/Meesen/Riesenkampff, § 20 GWB Rn. 190; *Steinbeck*, WuW 1996, 91, 95 f.

365 BGH WuW/E BGH 1726 (*Deutscher Landseer-Club*).

366 *Rixen* in: Frankfurter Kommentar, § 20 GWB Rn. 471; *Nothdurft* in: Langen/Bunte, Deutsches Kartellrecht, § 20 Rn. 265; *Markert* in: Immenga/Mestmäcker, GWB, § 20 Rn. 355; *K. Westermann* in: Münchener Kommentar GWB, § 20 Rn. 188; *Emmerich*, Kartellrecht, § 30, Rn. 14.

367 BGH WuW/E BGH 1726, 1727 (*Deutscher Landseer-Club*); BGH WuW/E BGH 2226, 2230 (*Aikido-Verband*); BGH NJW-RR 1986, 339, 340 (*Schwarzbuntzüchter*); OLG Hamburg, WuW/E OLG 2775, 2777 (*Hauptverband für Traberzucht und -rennen*); OLG München, WuW/E DE-R 1527, 1531 f. (zu einem Aufnahmeanspruch nach § 20 Abs. 1 GWB); OLG Frankfurt WuW/E DE-R 2648, 2649; OLG München, WuW/E DE-R 2695, 2696; *Rixen*

anderen kartellrechtlichen Verhaltensanforderungen anerkannt, dass die Vereinsautonomie eine tragende Rolle spielt. Denn es ist offensichtlich, dass der Aufnahmezwang in durch Art. 9 Abs. 1 GG grundrechtlich geschützte Positionen eingreift[368], und daher über dessen Wertungen nicht hinweggegangen werden kann. Da andererseits auch der Beitritt zu einem Verein oder Verband von Art. 9 Abs. 1 GG umfasst ist[369], erweist sich die Interessensabwägung, vorbehaltlich der Berücksichtigung der Zielsetzungen des Kartellrechts, im Ausgangspunkt als Ausgleich von innerhalb der Vereinigungsfreiheit entstehenden Interessenskollisionen.[370] Im Einzelnen spielen damit jene Kriterien und Handlungslinien eine Rolle, die auch beim allgemeinen vereinsrechtlichen Aufnahmezwang relevant werden. Darüber hinaus sind beim kartellrechtlichen Aufnahmeanspruch jedoch vor allem auch Interessen zu beachten, die wettbewerblichen Ursprungs sind und daher auf der durch Art. 2, 12 Abs. 1, 14 GG geschützten Wettbewerbsfreiheit basieren.

Als Ausgangspunkt der Auflösung der Interessenskollision müssen daher die vereinsautonomen Belange des Vereins, so wie sie in der Vereinssatzung niedergelegt sind, gelten.[371] Erfüllt ein Bewerber diese satzungsmäßigen Voraussetzungen nicht, so kann er grundsätzlich keine Aufnahme in den Verein erzwingen, da die Bestimmungen regelmäßig einen sachlichen Grund darstellen[372], soweit diese nicht schon aus anderen Gründen als unzulässig einzustufen sind. Ein Bewerber kann in diesen

in: Frankfurter Kommentar, § 20 GWB Rn. 445; *Markert* in: Immenga/Mestmäcker, GWB, § 20 Rn. 344; *Dorß* in: Loewenheim/Meesen/Riesenkampff, § 20 GWB Rn. 183 f.; *K. Westermann* in: Münchener Kommentar GWB, § 20 Rn. 183; *Kling/Thomas*, Kartellrecht, § 18 Rn. 200; *Steinbeck*, WuW 1996, 91, 98. Zu den Schwierigkeiten bei der Abwägung im Einzelfall die richtigen Kriterien zu finden: *Traub*, WRP 1985, 591, 596 ff.

368 Vgl. aus der kartellrechtlichen Rechtsprechung und Literatur (teils zu § 27 GWB a.F.): BGH WuW/E BGH 1726, 1727 (*Deutscher Landseer-Club*); BGH WuW/E BGH 2226, 2229 (*Aikido-Verband*); OLG Hamburg, WuW/E OLG 2775, 2777 (*Hauptverband für Traberzucht und -rennen*); OLG Frankfurt, WuW/E OLG 3752, 3757 (*Aikido-Bund II*); OLG Hamburg ,WuW/E OLG 4309, 4310 f. (*Branchenseiten*); *Rixen* in: Frankfurter Kommentar, § 20 GWB Rn. 417; *Nothdurft* in: Langen/Bunte, Deutsches Kartellrecht, § 20 Rn. 265; *Dorß* in: Loewenheim/Meesen/Riesenkampff, § 20 GWB Rn. 171; *Kling/Thomas*, Kartellrecht, § 18 Rn. 196; *Birk*, JZ 1972, 343, 347; *Steinbeck*, WuW 1996, 91, 92; *Traub*, WRP 1985, 591, 595.

369 BVerfGE 10, 89, 102; *Pieroth/Schlink*, Grundrechte, Rn. 789; *Bauer* in: Dreier, Art. 9 Rn. 44; *Jarass* in: Jarass/Pieroth, Art. 9 Rn. 6; *Kemper* in: v. Mangoldt/Klein/Starck, Art. 9 Rn.2; *Larenz/Wolf*, § 9 Rn. 29; *Nicklisch*, JZ 1976, 105, 109.

370 Vgl. hierzu schon 1. Kap. V. 2. e) aa).

371 OLG Frankfurt WuW/E DE-R 2648, 2649; OLG Hamburg, WuW/E OLG 2775, 2777 (*Hauptverband für Traberzucht und -rennen*); LG Duisburg, SpuRt 2011, 202, 203; *Markert* in: Immenga/Mestmäcker, GWB, § 20 Rn. 345; *Dorß* in: Loewenheim/Meesen/Riesenkampff, § 20 GWB Rn. 173; *Gramlich*, Zum Aufnahmezwang nach § 20 Abs. 6 GWB, S. 130 f.

372 OLG Frankfurt WuW/E DE-R 2648, 2649; LG Köln WuW/E DE-R 2090, 2092; OLG München WuW/E DE-R 1527, 1529 (zu einem Aufnahmeanspruch nach § 20 Abs. 1 GWB); *Rixen* in: Frankfurter Kommentar, § 20 GWB Rn. 448; *Nothdurft* in: Langen/Bunte, Deutsches Kartellrecht, § 20 Rn. 279; *Markert* in: Immenga/Mestmäcker, GWB, § 20 Rn. 345; *K. Westermann* in: Münchener Kommentar GWB, § 20 Rn. 184.

Konstellationen nur in solchen Ausnahmefällen den Aufnahmeanspruch gegen den Willen des Vereins durchsetzen, in denen sich sein grundrechtlich geschütztes Interesse so verdichtet, dass es sich gegen die Vereinsautonomie durchzusetzen vermag.[373] Dies ist vor allem dann der Fall, wenn ein Bewerber auf die Mitgliedschaft in einem Verein aus wettbewerblichen Gründen dringend angewiesen und ihm ein Ausweichen auf andere Vereine nicht zumutbar oder nicht möglich[374] ist.[375] Denn in diesen Fällen greift das Argument der freien Entscheidung eines Bewerbers, ob und welchem Verein er beitritt sowie welcher Satzung er sich unterwirft, sehr viel weniger stark.[376] Der Aufnahmezwang wird so vor allem für Monopolverbände relevant.[377] Dies gilt umso mehr, wenn sich die Durchbrechung der Satzung nur als geringfügige Beeinträchtigung für den Verein darstellt, eine mildere Satzungsbestimmung innerhalb des Vereinszwecks möglich ist[378] oder der Vereinszweck auch auf für den Bewerber weniger einschneidende Weise als durch Aufnahmeverweigerung gesichert werden kann[379]. Auch eine der Satzungsbestimmung zuwiderlaufende dauernde Praxis[380], welche der Bewerber erfüllt, kann zu einem

---

373 In diesen Fällen kann davon gesprochen werden, dass sich die Satzungsbestimmungen als sachlich nicht gerechtfertigt darstellen, vgl. OLG München WuW/E DE-R 1527, 1529 OLG München WuW/E DE-R 1527, 1529 (zu einem Aufnahmeanspruch nach § 20 Abs. 1 GWB); *Bechtold* in: Bechtold, § 20 Rn. 108. Das OLG Frankfurt WuW/E DE-R 2648, 2649, spricht prägnant davon, dass in solchen Fällen, die Rechtsordnung die Selbstbestimmung des Vereins über die Aufnahme von Mitgliedern nicht hinnehmen könne.

374 Vgl. zu einem Fall bestehender Ausweichmöglichkeit OLG Düsseldorf, SpuRt 2007, 26 ff.

375 So in Anlehnung an die Formel der Rechtsprechung zum allgemeinen Aufnahmeanspruch, siehe BGH WuW/E BGH 2226 (*Aikido-Verband*); OLG Frankfurt WuW/E DE-R 2648, 2649; OLG München, WuW/E DE-R 2695, 2696; Vgl. auch: *K. Westermann* in: Münchener Kommentar GWB, § 20 Rn. 184; *Dorß* in: Loewenheim/Meesen/Riesenkampff, § 20 GWB Rn. 185.

376 *Steinbeck*, WuW 1996, 91, 93 f., spricht zu Recht davon, dass in diesen Fällen eine Ungleichgewichtslage zwischen dem Verein und dem Bewerber zugunsten des Vereins besteht, die einer Korrektur bedarf.

377 Dies aber eben nicht nur, denn § 20 Abs. 6 GWB spricht im Gegensatz zu den meisten Normen der Missbrauchsaufsicht gerade nicht von einer marktbeherrschenden Stellung der Verbände. Vielmehr wird bei einem Wirtschafts- oder Berufsverband per Gesetz vermutet, dass der Bewerber in ähnlicher Weise von einer Mitgliedschaft abhängig ist, wie dies bei sozialmächtigen Verbänden der Fall ist, vgl. *Markert* in: Immenga/Mestmäcker, GWB, § 20 Rn. 328; *Fuchs*, NJW 1965, 1510; *Traub*, WRP 1985, 591, 595 (zu § 27 GWB a.F.); *Gramlich*, Zum Aufnahmezwang nach § 20 Abs. 6 GWB, S. 4.

378 BGHZ 63, 282, 292 f.; OLG München, WuW/E DE-R 2695, 2696; LG Duisburg, SpuRt 2011, 202, 204 (zu § 826 BGB).

379 *Rixen* in: Frankfurter Kommentar, § 20 GWB Rn. 446; *Dorß* in: Loewenheim/Meesen/Riesenkampff, § 20 GWB Rn. 195.

380 Aus einer einmaligen Satzungsdurchbrechung kann der Aufnahmebewerber nicht in jedem Fall einen Aufnahmeanspruch herleiten, vgl. BGHZ 63, 282, 294 f.; BGH WuW/E BGH 1726, 1728 (*Deutscher Landseer-Club*).

Aufnahmeanspruch führen[381], da der Verein hiermit bereits zeigt, dass die Satzungsbestimmung zur Erfüllung des Vereinszwecks nicht notwendig ist. Zudem darf sich der Verein nicht hinter Satzungsbestimmungen verstecken, die im Hinblick auf die nicht gewünschte Aufnahme geschaffen wurden.[382] Daneben können vor allem kartellrechtliche Zielsetzungen diesen Befund flankieren. Dies richtet sich nach einer Beurteilung im Einzelfall, wobei allerdings nochmals festgehalten werden soll, dass dabei die Zwecksetzungen des Vereins eine hohe Wertigkeit erfahren müssen, so dass sich personelle, sachliche und räumliche Einschränkungen innerhalb dieses Zwecks regelmäßig rechtfertigen lassen.[383] So wurde zu Recht die Aufnahme eines Pressegrossisten in einen Verband von Buch-, Zeitungs- und Zeitschriftenverlegern mit der Begründung abgelehnt, dass der Verleger Tochtergesellschaft eines Verlages sei, der beherrschenden Einfluss auf die Tochter ausübte, und damit letztlich der Verlag Zugang zu dieser Vereinigung erlangt hätte.[384]

Im Falle einer Ablehnung der Vereinsmitgliedschaft trotz Erfüllung der Aufnahmevoraussetzungen ist dagegen regelmäßig der Aufnahmeanspruch gegeben.[385] Etwas anderes kann nur dann gelten, wenn der aufnehmende Verein beachtenswerte Gründe im Einzelfall vorbringt[386], die durch den Schutzzweck des Kartellrechts determiniert sein können[387] oder aber in der Person des Bewerbers, wie beispielsweise seine Vertrauenswürdigkeit, liegen[388].

Letztlich finden sich auch hier im Grundsatz erneut die allgemeinen Kriterien zur Beachtung vereinsautonomer Zielsetzungen im Kartellrecht und damit die *Meca-Medina*-Kriterien wieder: Die Entscheidung über die Aufnahme eines Bewerbers in einen Verein betrifft eine legitime kartellrechtsneutrale Zielsetzung, da die Vereinsautonomie garantiert, dass die Vereine sich ihre Mitglieder zur Verwirklichung des

---

381 BGH WuW/E BGH 1061, 1063 (*Zeitungsgroßhandel II*); OLG München, WuW/E DE-R 2695, 2697; *Markert* in: Immenga/Mestmäcker, GWB, § 20 Rn. 351.

382 OLG Frankfurt WuW/E OLG 3752, 3755 f. (*Aikido-Bund II*); *Dorß* in: Loewenheim/Meesen/Riesenkampff, § 20 GWB Rn. 197; *Steinbeck*, WuW 1996, 91, 98. Anders freilich dagegen, wenn die Veränderung auf einem sachlichen Grund beruht, z.B. um eine Satzung der Aufnahmeordnung des DOSB anzupassen, siehe LG Duisburg, SpuRt 2011, 202, 203.

383 *Rixen* in: Frankfurter Kommentar, § 20 GWB Rn. 450; *Markert* in: Immenga/Mestmäcker, GWB, § 20 Rn. 345.

384 BGH WuW/E BGH 1061, 1062 (*Zeitungsgroßhandel II*).

385 Vgl. z.B. BKartA WuW/E BKartA 357, 359 f. (*Berufsboxer*).

386 OLG Frankfurt WuW/E DE-R 2648, 2650; LG Köln WuW/E DE-R 2090, 2092; *Rixen* in: Frankfurter Kommentar, § 20 GWB Rn. 460 ff.; *K. Westermann* in: Münchener Kommentar GWB, § 20 Rn. 187; *Bechtold* in: Bechtold, § 20 Rn. 109.

387 *Nothdurft* in: Langen/Bunte, Deutsches Kartellrecht, § 20 Rn. 275; *Emmerich*, Kartellrecht, § 30 Rn. 12.

388 LG Köln WuW/E DE-R 2090, 2092; *Gramlich*, Zum Aufnahmezwang nach § 20 Abs. 6 GWB, S. 137.

Vereinsziels selbst aussuchen können. Eine Ablehnungsentscheidung muss sich grundsätzlich im Rahmen des Vereinsziels und den Satzungsbestimmungen hierzu halten (Erforderlichkeit der Aufnahmeablehnung)[389] und im Übrigen angemessen sein. Letztere Erfordernisse werden besonders dann relevant, wenn für den Bewerber gewichtige Interessen an der Mitgliedschaft bestehen, während ansonsten den Vereinen weitgehende Entscheidungsfreiheit zukommt, da die Frage der Aufnahme eines Bewerbers die *zweite Stufe* von Vereinstätigkeiten mit Bezug zur Vereinsautonomie betrifft.

c) Beispiele aus der Rechtsprechung

Unter diesen Rechtfertigungsgrundsätzen erweist es sich grundsätzlich als richtig, wenn ein Sportverein, der entgegen den Bestimmungen einen Sponsor im Vereinsnamen aufführt, keine Aufnahme in den zuständigen Landessportbund erzwingen kann.[390] Denn es ist eine berechtigte Zielsetzung, die Kommerzialisierung einer Sportart in gewissen Grenzen zu halten und eine weitgehende Abhängigkeit der Akteure von Geldgebern zu verhindern[391]. Dies betrifft gerade auch die Frage nach zulässigen Vereinsnamen, da diese für die Identität und Identifikation eines Vereins von erheblicher Bedeutung sind. Umgekehrt besteht für den Verein die einfache Möglichkeit den Vereinsnamen anzupassen um damit den Satzungsanforderungen zu entsprechen. Dies führt freilich ggf. zu Einnahmeeinbußen, die sich aber einerseits durch andere zulässige Vermarktungsmöglichkeiten mindern lassen, und die sich andererseits nicht als sportlich wettbewerbsrelevant darstellen, wenn man bedenkt, dass den anderen Vereinen die Möglichkeit eines Namenssponsorings ebenfalls nicht zusteht. Freilich sind dabei den Veränderungen der gestiegenen Kommerzialisierungsmöglichkeiten – z.B. werden die Stadionnamen in der Bundesliga heutzutage beinahe ausnahmslos an Unternehmen verkauft[392] – im Sport Rechnung zu tragen.[393] Dennoch kann gerade die Bedeutung des Vereinsnamens für die Identität und die Identifikation eines Vereins zu Fans und Mitgliedern auch im Bereich des Profifußballs eine derartige Einschränkung noch rechtfertigen.

389 So auch schon *Fuchs*, NJW 1965, 1512 f. und *Grunewald*, AcP 182 (1982), 181, 211 f.

390 Siehe hierzu OLG Frankfurt WuW/E DE-R 2648, 2650. Ähnlich: OLG Frankfurt WuW/E OLG 3568 ff. (*Sportverein Jägermeister Braunschweig*), allerdings unter dem Gesichtspunkt von § 26 Abs. 2 GWB a.F., was bei der hier interessierenden Frage der Interessensabwägung allerdings keine Unterschiede macht.

391 So zu Recht das OLG Frankfurt WuW/E OLG 3568, 3572 (*Sportverein Jägermeister Braunschweig*). Vgl. auch *Heermann*, WRP 2009, 285, 288.

392 Z.B. Allianz-Arena in München, Signal-Iduna-Park in Dortmund, Imtech-Arena in Hamburg, Commerzbank-Arena in Frankfurt, Audi-Sportpark in Ingolstadt.

393 *Heermann*, WRP 2009, 285, 298; *Hannamann*, Verhaltenskoordinationen und Kartellverbot im Sport, S. 412, die davon ausgeht, dass ein derartiges Verbot unangemessen und daher unzulässig sei. Ebenfalls gegen die einschränkende Bestimmung zur freien Namensgebung der Vereine: *Schmidt*, Organisations- und Rechtsfragen als Folgen der Kommerzialisierung des Fußballsports, S. 65.

Zu vielen Kontroversen hat im Sportbereich auch das Ein-Platz-Prinzip geführt. Demnach kann grundsätzlich nur ein Fachverband für eine Sportart in den DOSB und in den Landessportbünden aufgenommen werden.[394] Die Aufnahme konkurrierender Fachverbände wird dementsprechend regelmäßig abgelehnt, was unter anderem dazu führt, dass diese von der Vergabe von Sportfördermitteln ausgeschlossen sind. Ausgangspunkt für die Beurteilung der Rechtmäßigkeit der verweigernden Aufnahmeentscheidung ist dabei, dass das Ein-Platz-Prinzip grundsätzlich nicht zu beanstanden ist. So soll hiermit eine Zersplitterung der Sportart vermieden, ein einheitliches Regelwerk und damit die Vergleichbarkeit von sportlichen Leistungen gewährleistet sowie die Willensbildung im Sportbund dadurch erleichtert werden, dass die Vertreter der jeweiligen Sportart mit einer Stimme sprechen.[395] Auch soll so vermieden werden, dass Fördermittel unerwünscht gestreut werden.[396] Allerdings muss das Ein-Platz-Prinzip eine sachgemäße satzungsmäßige Ausgestaltung erfahren.[397] Gleiches gilt auch in anderen Bereichen, wo mit dem Ein-Platz-Prinzip eine Zersplitterung und damit eine Erschwerung der Verwirklichung des Verbandszwecks vermieden werden soll.[398] Soweit der Bewerber ein dringendes Interesse an der Mitgliedschaft hat, kann allerdings ein Aufnahmeanspruch dann gegeben sein, wenn eine mildere Satzungsbestimmung möglich wäre, die inhaltlich dem Zweck des Ein-Platz-Prinzips ebenfalls entspricht.[399] So erwähnt der BGH in der Entscheidung „*Rad- und Kraftfahrerbund*" die Möglichkeit, dass konkurrierende Fachverbände dann in den Deutschen Sportbund aufgenommen werden können, wenn sie eine gemeinsame Dachorganisation bilden, welche zur Vermeidung einer ungerechtfertigten Bevorzugung des Zuerstgekommenen die Rechte der Sportart im Sportbund einheitlich ausübt.[400] Im Einzelfall kann sogar ein Aufnahmeanspruch über die Wertung des Ein-Platz-Prinzips hinweg bestehen, wenn die Interessen des Bewerbers überwiegen.[401] Letztlich handelt es sich bei diesen richtigen Erwägungen

394 *Vieweg*, Faszination Sportrecht, S. 8 f. (http://www.irut.de/Forschung/Veroeffentlichungen/OnlineVersionFaszinationSportrecht/FaszinationSportrecht.pdf – Stand: 01.09.2010); *Hauptmann/Theissen*, SpuRt 2011, 181.

395 BGHZ 63, 282, 292 f.; OLG Frankfurt WuW/E OLG 3752, 3757 f. (*Aikido-Bund II*); *Hannamann*, Kartellverbot und Verhaltenskoordinationen im Sport, S. 380 f.; *Schroeder*, WRP 2006, 1327, 1328. Vgl. auch Kommission im Helsinki-Bericht KOM(1999) 644 endg., Punkt 4.2.3.

396 OLG Frankfurt WuW/E OLG 2784, 2785. (*Aikido-Verband*).

397 BGHZ 63, 282, 293 f.; OLG Frankfurt WuW/E OLG 3752, 3755 f. (*Aikido-Bund II*).

398 So z.B. für die Hundezucht: BGH WuW/E BGH 1726, 1727 f. (*Deutscher Landseer-Club*).

399 So zu Recht: BGHZ 63, 282, 292 f.; BGH WuW/E BGH 1726, 1728 (*Deutscher Landseer-Club*).

400 BGHZ 63, 282, 292 f.

401 Vgl. OLG Stuttgart NZG 2001, 997, 998. Dogmatisch ist die Entscheidung aber insoweit unzutreffend, als dass ein Aufnahmeanspruch „unmittelbar aus Art. 9 Abs. 1 GG" folgen soll. Eine unmittelbare Geltung der Grundrechte gibt es allerdings mit Ausnahme der ausdrücklichen Bestimmung des Art. 9 Abs. 3 GG nicht. Die Wertungen der Vereinigungsfreiheit können nur im Wege der mittelbaren Drittwirkung bei den ausfüllungsbedürftigen Tatbestandsmerkmalen in § 826 BGB oder § 20 Abs. 6 GWB

erneut um Gesichtspunkte der Erforderlichkeit und Angemessenheit, also um die Grenzen der Ausgestaltung des zulässigen Ein-Platz-Prinzips.

d) Geltung der vorgenannten Grundsätze auch für Ausschlüsse

Die gleichen Maßstäbe kommen auch bei der Überprüfung eines Mitgliedschaftsausschlusses zur Geltung. § 20 Abs. 6 GWB ist zu Recht auch auf diese Fallkonstellationen anwendbar, da mit dem Ausschluss notwendig gleichzeitig die Weigerung zur Neuaufnahme verbunden ist.[402] In solchen Fällen ist allerdings zu berücksichtigen, dass die Vereinsautonomie durch vorherige Ausschöpfung eines ggf. bestehenden vereinsinternen Rechtsschutzes gewahrt werden muss.[403]

5. Zusammenfassung

Neben dem Kartellverbot kommt auch dem Missbrauchsverbot entscheidende Begrenzung für Vereinstätigkeiten zu. Tatbestandlich sind die europäischen sowie deutschen Missbrauchsverbote für Vereine und insbesondere Verbände deshalb so virulent, weil regelmäßig eine marktbeherrschende Stellung vorliegt. Dies ergibt sich grundsätzlich aus dem Ein-Platz-Prinzip in Verbindung mit der jeweiligen wirtschaftlichen Tätigkeit auf dem jeweiligen Markt. Selbst wenn der regulierende Verband selbst nicht wirtschaftlich tätig wird, kann eine marktbeherrschende Stellung über die Figur der kollektiven Marktbeherrschung durch die unternehmerische Tätigkeit der dem Verband angehörigen Vereine angenommen werden.

Somit kommt dem Missbrauchsbegriff die entscheidende Bedeutung zur Beachtung vereinsautonomer Zwecke zu. Der Missbrauchsbegriff ermöglicht neben rein wirtschaftlichen Betrachtungen auch zwingende außerwettbewerbliche Aspekte zur Rechtfertigung. Allerdings müssen die ideellen Zwecke mit den Interessen der Schutzobjekte sowie den Zielsetzungen des Wettbewerbsrechts in Einklang gebracht werden. Hierzu bietet der *Meca-Medina*-Test eine geeignete Prüfungsstruktur: Es muss sich um ein legitimes Vereinsziel handeln, die Handlung im Einzelfall zur Erfüllung dieses Ziels geeignet und erforderlich sowie im Hinblick auf das Schutzinteresse des Kartellrechts angemessen sein. Für Vereinstätigkeiten der *zweiten Stufe* kommt den Vereinen und Verbänden dabei ein weiter Beurteilungsspielraum zu,

---

berücksichtigt werden, was freilich in der Sache für den allgemeinen Aufnahmeanspruch keine Änderung mit sich bringt. Vgl. zur Kritik an den diesbezüglichen Ausführungen im Urteil auch: *Nolte/Polzin*, NZG 2001, 980 f.

402 BGH WuW/E 1707, 1708 (*Taxi-Besitzervereinigung*); OLG Karlsruhe WuW/E 4313, 4314 (*Tankuntersuchung*); *Rixen* in: Frankfurter Kommentar, § 20 GWB Rn. 437; *Markert* in: Immenga/Mestmäcker, GWB, § 20 Rn. 341; *Nothdurft* in: Langen/Bunte, Deutsches Kartellrecht, § 20 Rn. 271; *Dorß* in: Loewenheim/Meesen/Riesenkampff, § 20 GWB Rn. 181; *K. Westermann* in: Münchener Kommentar GWB, § 20 Rn. 181; *Gramlich*, Zum Aufnahmezwang nach § 20 Abs. 6 GWB, S. 116.

403 *Rixen* in: Frankfurter Kommentar, § 20 GWB Rn. 439; *Markert* in: Immenga/Mestmäcker, GWB, § 20 Rn. 341; *K. Westermann* in: Münchener Kommentar GWB, § 20 Rn. 181.

während dieser bei Vereinstätigkeiten der *dritten Stufe* eingeschränkt ist. Die Tätigkeiten müssen jedenfalls in nichtdiskriminierender Weiser ausgeübt werden, da ansonsten das Kriterium der Erforderlichkeit bereits verneint werden muss. Beispiele für Sachverhalte mit weitem Beurteilungsspielraum sind insbesondere Zulassungsentscheidungen, die Erbringung von Vereinsleistungen und die Verbandsorganisation. Hierzu gehören auch die Fälle der verweigerten Aufnahme von Bewerbern. Ein Aufnahmeanspruch aus § 20 Abs. 6 GWB kann daher nur dann bejaht werden, wenn besondere Umstände des Einzelfalls vorliegen, die dazu führen, dass die Entscheidungsfreiheit der Vereine begrenzt wird. Dazu zählen unter anderem die soziale Mächtigkeit von Vereinen, die Möglichkeit weniger einschneidende Maßnahmen zur Sicherung des Vereinszwecks vorzunehmen, die Bedeutung der Vereinsaufnahme für den Bewerber oder dessen Ausweichmöglichkeiten auf andere Vereine.

III. Fusionskontrolle

Neben dem Verbotstatbestand und der Missbrauchskontrolle steht traditionell die Fusionskontrolle als dritte Säule des Kartellrechts. Eine Anwendung der Zusammenschlusskontrolle auf Idealvereine mag zunächst überraschen. Diese ist dennoch grundsätzlich möglich, da auch für die dort geltenden Vorschriften der Unternehmensbegriff maßgebliche Anwendungsvoraussetzung personell-sachlicher Art ist.[404] Soweit Idealvereine also wirtschaftlich tätig sind, würde auch der Zusammenschluss dieser Vereine theoretisch dem Kartellrecht unterfallen. Freilich sind vereinsrechtliche Fusionssachverhalte in der kartellrechtlichen Praxis praktisch nicht existent. Das zeigt sich schon daran, dass die Anwendung der Fusionskontrollvorschriften des deutschen und des europäischen Rechts an Schwellenwerte geknüpft ist, die von Idealvereinen kaum erreicht werden.

Das gilt vor allem im Hinblick auf den europäischen Rechtsrahmen, welcher in Art. 1 Abs. 1 VO 139/2004[405] seine Anwendbarkeit auf Sachverhalte mit gemeinschaftsweiter Bedeutung begrenzt. Eine gemeinschaftsweite Bedeutung ist nach Art. 1 Abs. 2 VO 139/2004 unter anderem dann gegeben, wenn ein weltweiter Gesamtumsatz aller beteiligten Unternehmen zusammen von mehr als 5 Mrd. € vorliegt. Dieser Wert würde nicht einmal erreicht, wenn sich alle Mannschaften der 1. Fußball-Bundesliga zusammenschließen würden, da die gesamte Liga in der Saison 2009/2010 einen zwar durchaus beeindruckenden, aber nicht ausreichenden

---

404 *Ruppelt* in: Langen/Bunte, Deutsches Kartellrecht, § 35 Rn. 6; *Richter* in: Handbuch des Kartellrechts, § 19 Rn. 21; *Mestmäcker/Schweitzer*, Europäisches Wettbewerbsrecht, § 24 Rn. 2; *Kling/Thomas*, Kartellrecht, § 20 Rn. 10. Vgl. auch *Mestmäcker/Veelken* in: Immenga/Mestmäcker, GWB, § 36 Rn. 4.

405 Verordnung (EG) Nr. 139/2004 des Rates vom 20.01.2004 über die Kontrolle von Unternehmenszusammenschlüssen („EG-Fusionskontrollverordnung"), ABl. 2004 L 24/1.

Gesamterlös von nur rund 1,77 Mrd. € erwirtschaftet hat[406]. Gleiches gilt für die vereinfachten Voraussetzungen nach Art. 1 Abs. 3 VO 139/2004. Auf die Fragen nach den gemeinschaftsweit getätigten Umsätzen sowie der Zwei-Drittel-Klausel kommt es somit nicht an, wenngleich wegen der zumeist regionalen Bedeutung von Idealvereinen die meisten Sachverhalte auch hieran scheitern würden.

Im Inland sind die Umsatzschwellen gemäß § 35 Abs. 1 Nr. 1 GWB mit 500 Mio. € zwar deutlich niedriger angesetzt, dennoch ist auch dieser Wert heutzutage mit den Mitteln und Zielsetzungen eines Idealvereins kaum erreichbar. Ausnahmen mögen sich in Zukunft im Bereich des kommerzialisierten Sports ergeben, doch auch dort wird der klassische Fall eines Zusammenschlusses von Vereinen aus heutiger Sicht mehr die Ausnahme als die Regel bleiben.

Praktisch bedeutsamer ist die Gründung von Vermarktungsgesellschaften innerhalb von Sportverbänden. Die Schaffung einer solchen Gesellschaft kann als Gründung eines Gemeinschaftsunternehmens anzusehen sein.[407] Der Sache nach handelt es sich ähnlich wie bei der Gründung von Verbänden allerdings um einen Fall einer möglicherweise verbotenen Koordinierung aufgrund Kartellverbotes, da die Vereine allenfalls Teile ihrer wirtschaftlichen Tätigkeiten zur Koordinierung abgeben und ansonsten unabhängig bleiben.[408] Nachdem sich dieser Sachverhalt zudem immer stark an der jeweiligen Ausgestaltung im Einzelfall orientiert – beispielhaft sei die DFL genannt, welche die Einrichtungen Bundesligen und deren Vermarktung als Rechtspacht vom DFB und nicht von den Vereinen erhalten hat[409] – soll an dieser Stelle, auch unter Berücksichtigung der sonstigen praktisch nicht relevanten Fälle, keine Betrachtung fusionsrechtlicher Sachverhalte im Bereich der Vereinsautonomie stattfinden.

IV. Beweislastverteilung bei ideellen Rechtfertigungen

Im letzten Abschnitt dieses Kapitels soll abschließend die Frage nach der Verteilung der Beweislast bei ideellen Rechtfertigungen geklärt werden. Diese wird dann relevant, wenn nach Lage des Sachverhalts offenbleibt, ob eine Rechtfertigung besteht. Während das europäische Recht in Art. 2 VO 1/2003 eine explizite Regelung zur Beweislast trifft, findet sich im deutschen Recht keine derartige allgemeine Normierung.

406 Vgl. den DFL Report 2011; erhältlich unter: http://static.bundesliga.de/media/native/autosync/dfl_bl_report_2011_fin_150dpi_deutsch.pdf. Vgl. auch *Heermann*, ZWeR 2009, 472, 491.

407 *Heermann* ZWeR 2009, 472, 490 f.

408 Vgl. hierzu auch *Heermann,* ZWeR 2009, 472, 490 f.; *Wertenbruch*, ZIP 1996, 1417, 1421; *Springer*, WRP 1998, 477, 483.

409 Vgl. § 16a DFB-Satzung und § 2 Punkt 1.2. DFL-Satzung; *Summerer*, Praxishandbuch Sportrecht, S. 126 f.

Zunächst ist festzuhalten, dass im Bußgeldverfahren wegen des strafähnlichen Charakters die Unschuldsvermutung, flankiert von Art. 6 Abs. 2 EMRK, greift. Aus diesem Grund können Unklarheiten in der Sachverhaltsaufklärung nie zulasten desjenigen gehen, der einen potenziellen Kartellrechtsverstoß begangen hat; mit anderen Worten: Ein non liquet geht immer zu Lasten der staatlichen Stellen.[410] Dies muss auch im Unionsrecht gelten. Dort ist der fundamentale Grundsatz des in dubio pro reo nicht zuletzt wegen des nun rechtsverbindlich geltenden Art. 48 Abs. 1 GRC ebenfalls anerkannt.[411] Diesem höherrangigem Grundsatz kann sich die Regelung des Art. 2 S. 2 VO 1/2003, wonach die Beweislast dafür, dass die Voraussetzungen des Freistellungstatbestandes des Art. 101 Abs. 3 AEUV vorliegen, den Unternehmen bzw. Unternehmensvereinigungen obliegt, die sich auf diese Bestimmung berufen, nicht entgegenstellen.[412]

Dementsprechend gilt die Beweislastverteilung des Art. 2 VO 1/2003 bei Verstößen gegen die Vorschriften der Art. 101 f. AEUV nur, soweit es sich um Verwaltungs- oder Zivilverfahren handelt.[413] Für das Verwaltungsverfahren ist darüber hinaus klarzustellen, dass Art. 2 VO 1/2003 keinerlei Änderungen am geltenden Amtsermittlungsgrundsatz herbeiführen soll[414], wie auch Erwägungsgrund Nr. 5 der VO 1/2003 a.E. klarstellt.

---

410 Vgl. *Dannecker/Biermann* in: Immenga/Mestmäcker, GWB, Vorbemerkung vor § 81, Rn. 253; *Achenbach* in: Frankfurter Kommetar, § 81 GWB Rn. 34; *Bohnert*, OWiG, § 3 Rn. 18; *Lettl*, Kartellrecht, § 11 Rn. 29.

411 EuGH Rs. C-199/92 P (*Hüls*), Slg. 1999, I-4287, Rn. 149 f.; EuGH Rs. C-235/92 P (*Montecatini*), Slg. 1999, I-4539, Rn. 145 f.

412 *Jaeger* in: Frankfurter Kommentar, Art. 2 VO 1/2003 Rn. 20; *Dannecker/Biermann* in: Immenga/Mestmäcker, Europäisches Kartellrecht, Vorbemerkungen zu Art. 23 ff. VO 1/2003 Rn. 64; *Schmidt* in: Immenga/Mestmäcker, Europäisches Kartellrecht, Art. 2 VO 1/2003 Rn. 39; *Sura* in: Langen/Bunte, Europäisches Kartellrecht, Art. 2 VO 1/2003 Rn. 7; *Böge/Bardong* in: Münchener Kommentar zum Europäischen Wettbewerbsrecht, Art. 2 VO 1/2003 Rn. 20, 29; *Schwarze/Weitbrecht*, Grundzüge des europäischen Kartellverfahrensrechts, § 11 Rn. 38; *Emmerich*, Kartellrecht, § 13 Rn. 23; *Dannecker* in: FS für U. Immenga (2004), 61, 65; *Montag/Rosefeld*, ZWeR 2003, 107, 120; Keinen Widerspruch zwischen Art. 2 S. 2 VO 1/2003 und den Regelungen des Ordnungswidrigkeitenverfahrens sieht dagegen *Dalheimer* in: Dalheimer/Feddersen/Miersch, Art. 2 Rn. 16.

413 *Schmidt* in: Immenga/Mestmäcker, Europäisches Kartellrecht, Art. 2 VO 1/2003 Rn. 36 f.; *Böge/Bardong* in: Münchener Kommentar zum Europäischen Wettbewerbsrecht, Art. 2 VO 1/2003 Rn. 13, 19.

414 *Jaeger* in: Frankfurter Kommentar, Art. 2 VO 1/2003 Rn. 2; *Böge/Bardong* in: Münchener Kommentar zum Europäischen Wettbewerbsrecht, Art. 2 VO 1/2003 Rn. 19; *Sura* in: Langen/Bunte, Europäisches Kartellrecht, Art. 2 VO 1/2003 Rn. 4; *Zuber* in: Loewenheim/Meessen/Riesenkampff, Art. 2 VO 1/2003/EG Rn. 13; *de Bronett*, Kommentar zum europäischen Kartellverfahrensrecht, Art. 2 Rn. 1; *Grätz*, Missbrauch der marktbeherrschenden Stellung durch Sportverbände, S. 269; *Schwarze/Weitbrecht*, Grundzüge des europäischen Kartellverfahrensrechts, § 11 Rn. 36.

Doch auch in den Zivil- und Verwaltungsverfahren ist die Beurteilung der hier in Rede stehenden ideellen Rechtfertigungen unter Art. 2 VO 1/2003 nicht eindeutig. So müsste an sich Art. 2 S. 1 VO 1/2003 gelten, da es sich bei diesen Rechtfertigungen entgegen Art. 2 S. 2 VO 1/2003 gerade nicht um eine Rechtfertigung nach Art. 101 Abs. 3 AEUV (= Art. 81 Abs. 3 EGV) handelt. Andererseits sind sie systematisch gesehen, sowohl nach Kartellverbot als auch nach Missbrauchsaufsicht Rechtfertigungstatbestände. Insofern könnte man sich einerseits auf den Standpunkt stellen, dass der europäische Verordnungsgeber ausdrücklich nur den Fall des Art. 101 Abs. 3 AEUV regeln wollte und dementsprechend alle anderen Fälle der Rechtfertigung nicht nach Maßgabe von Art. 2 S. 2 VO 1/2003 zu beurteilen sind. Eine solche Betrachtung greift allerdings deshalb zu kurz, weil Art. 101 Abs. 3 AEUV neben Art. 106 Abs. 2 AEUV den einzigen geschriebenen Rechtfertigungsgrund darstellt und insoweit kaum sinnvoll auch ungeschriebene Rechtfertigungsgründe genannt werden konnten. Letztlich erweist sich daher eine eindeutige generelle Beurteilung als schwierig. Dies zeigt sich vor allem am Missbrauchstatbestand des Art. 102 AEUV, bei dem Rechtfertigungen für ein bestimmtes Verhalten Teil des Missbrauchsbegriffs und damit des Tatbestandes sind.[415] Wohl nicht zuletzt deshalb wird vertreten, die Frage der Beweislast nach den Umständen des Einzelfalls zu verteilen[416], was freilich unter Gesichtspunkten der Rechtssicherheit gerade bei den mit Unsicherheiten behafteten Beurteilungen im Einzelfall zu kritisieren ist.

Vielmehr erweist es sich als richtig, die Beweislast für ideelle Rechtfertigungen derjenigen Partei aufzuerlegen, die sich darauf beruft. Dies entspricht der allgemeinen Beweislastverteilung[417], die auch unter Art. 81 Abs. 3 EGV a.F. ohne die Regelung des Art. 2 S. 2 VO 1/2003 als anerkannt galt[418]. Zudem ist diese sachgerecht, da einerseits gerade bei ideellen Rechtfertigungsgründen die Vereine die größere Sachnähe besitzen[419]. Zum anderen wird dadurch die Durchsetzung des Wettbewerbsrechts und damit der Schutz des Wettbewerbs erhöht[420]. Auch das EuG hat

---

415 Vgl. auch die Erwägungen von GA *Jacobs* in der Rs. C-53/03 (*Syfait*), Slg. 2005, I-4609, Rn. 72 und von GA *Kokott* in der Rs. C-95/04 P (*British Airways*), Slg. 2007, I- 2331, Rn. 43.

416 *Zuber* in: Loewenheim/Meessen/Riesenkampff, Art. 2 VO 1/2003/EG Rn. 8; *Hirsbrunner/Schädle*, EuZW 2006, 583, 585.

417 Vgl. *Schwarze/Weitbrecht*, Grundzüge des europäischen Kartellverfahrensrechts, § 11 Rn. 33; *Dalheimer* in: Dalheimer/Feddersen/Miersch, Art. 2 Rn. 1. Vgl. zu Art. 82 EGV a.F.: *Böge/Bardong* in: Münchener Kommentar zum Europäischen Wettbewerbsrecht, Art. 2 VO 1/2003 Rn. 9. Siehe auch zur diesbezüglichen Kritik am damaligen VO-Entwurf: *Fikentscher*, WuW 2001, 446, 449.

418 Siehe z.B. EuGH Rs. 42/84 (*Remia*), Slg. 1985, 2545, Rn. 45; EuG Rs. T-66/89 (*Publishers Association*), Slg. 1992, II-1995, Rn. 69.

419 *Heermann*, WuW 2009, 489, 501; *ders.*, WRP 2009, 285, 290; *Grätz*, Missbrauch der marktbeherrschenden Stellung durch Sportverbände, S. 269.

420 *Dalheimer* in: Dalheimer/Feddersen/Miersch, Art. 2 Rn. 2; *de Bronett*, Kommentar zum europäischen Kartellverfahrensrecht, Art. 2 Rn. 1; *Grätz*, Missbrauch der marktbeherrschenden Stellung durch Sportverbände, S. 269.

eine solche Beweislastverteilung bei der Beurteilung des missbräuchlichen Verhaltens schon zum Maßstab genommen.[421] Diese Betrachtungen müssen umso mehr gelten, als nach hier vertretener Auffassung ideelle Rechtfertigungsgründe im Rahmen einer Rechtfertigungsprüfung zu beachten sind[422] und diese daher nicht nur inhaltlich[423], sondern auch systematisch dem Art. 101 Abs. 3 AEUV ähnlich ist.[424] Damit muss auch der Rechtsgedanke des Art. 2 S. 2 VO 1/2003 entsprechend für diese Rechtfertigungsgründe Anwendung finden. Gleiches muss natürlich auch im Rahmen von Art. 102 AEUV gelten, denn eine unterschiedliche Beweislastverteilung je nach Kartellrechtsverstoß wäre sinnwidrig. Letztlich bleibt also festzuhalten, dass zumindest für die Rechtfertigungsmöglichkeiten aufgrund ideeller, vereinsautonomer Zwecksetzung die Vereine, die sich hierauf berufen, die Beweislast tragen.

Die gleichen Grundsätze sind mit den gleichen Erwägungen auch vollumfänglich im deutschen Recht anzuwenden, in welchem die allgemeinen Beweislastgrundsätze ohne eine geschriebene Regelung gelten[425]. Im Bußgeldverfahren ist dies wegen des Grundsatzes der Unschuldsvermutung freilich anders.[426]

---

421 EuG Rs. T-203/01 (*Michelin*), Slg. 2003, II-4071, Rn. 107; EuG Rs. T-201/04 (*Microsoft*), Slg. 2007, II-3601, Rn. 688, 1144. Vgl. auch EuGH verb. Rs. 100 bis 103/80 (*SA Musique Diffusion française*), Slg. 1983, 1825, Rn. 90.

422 Siehe hierzu oben 5. Kap. I. 2. d) dd).

423 Diesen Umweg muss *Heermann*, WuW 2009, 489, 502, in seiner Begründung gehen.

424 Mit diesem Argument dürfte sich der Unterschied zu jenen Autoren, die eine Beweislast für denjenigen, der sich auf den Kartellrechtsverstoß beruft, vertreten, nivellieren, da jene bei systematischen Rechtfertigungsgründen ebenfalls von der hier vorgeschlagenen Beweislastverteilung ausgehen, vgl. *Zuber* in: Loewenheim/Meessen/Riesenkampff, Art. 2 VO 1/2003/EG Rn. 8, und noch weitergehend: *Jaeger* in: Frankfurter Kommentar, Art. 2 VO 1/2003 Rn. 6 f.

425 Für die zivilrechtlichen Ansprüche allgemein: *Emmerich* in: Immenga/Mestmäcker, GWB, § 33 Rn. 86; *Rehbinder* in: Loewenheim/Meessen/Riesenkampff, § 33 GWB Rn. 52. Für den Aufnahmeanspruch gemäß § 20 Abs. 6 GWB: *Rixen* in: Frankfurter Kommentar, § 20 GWB Rn. 475.

426 *Vollmer* in: Münchener Kommentar GWB, § 81 Rn. 66; *Achenbach* in: Frankfurter Kommetar, § 81 GWB Rn. 34; *Dannecker/Biermann* in: Immenga/Mestmäcker, GWB, Vorbemerkung vor § 81, Rn. 253; *Wache* in: Karlsruher Kommentar zum OWiG, Vorbemerkungen vor § 53 Rn. 66; *Bohnert*, OWiG, § 3 Rn. 18; *Kling/Thomas*, Kartellrecht, § 23 Rn. 22; *Lettl*, Kartellrecht, § 11 Rn. 29.

6. Kapitel: Zusammenfassung der Ergebnisse der Arbeit

1. Den hier untersuchten Idealvereinen des bürgerlichen Rechts sowie den damit zusammenhängenden Kapitalgesellschaften des Sports und den ebenfalls mit einbezogenen internationalen Sportverbänden ausländischen Rechts kommt ein freier Raum der Entscheidungsfindung über den bestmöglichen Weg zur Verwirklichung ihres ideellen Vereinszwecks zu. Diese so genannte Vereinsautonomie umfasst sowohl einen Bereich der Setzung generell abstrakter „Normen" als auch deren Anwendung im Einzelfall.

2. Diese Autonomie der Vereine ist getragen von Subsidiaritätsgesichtspunkten sowie von Gedanken der Abgrenzung staatlicher von gesellschaftlichen Bereichen. Ihre Garantie erfährt die Vereinsautonomie in nationaler Sicht durch Art. 9 Abs. 1 GG. Diese verfassungsrechtliche Grundwertung ist bei allen Fragen der Zulässigkeit von vereinsautonomen Tätigkeiten mangels einschlägiger gesetzlicher Bestimmungen als Maßstab heranzuziehen. Während die Rechtsprechung im Verlauf des letzten Jahrhunderts vor allem durch die Entwicklung hin zu immer mächtigeren Vereinen und Verbänden einen Wandel erfahren hat, der mehr auf dem soziologisch motivierten Umgang mit diesen veränderten Tatsachen, denn auf einschlägiger rechtlicher Basis beruht, vermag ein Abstellen auf grundrechtliche Positionen den einschlägigen Fallgestaltungen ein rechtliches Fundament zu geben. Dabei ergeben sich immer wieder Grundrechtskollisionen als Ausgangspunkt, welche im Wege praktischer Konkordanz aufgelöst werden müssen. Die dafür herangezogenen einfachgesetzlichen Regelungen – namentlich §§ 134, 138 und 242 BGB – bedürfen daher entsprechender Ausgestaltung und Anwendung im Einzelfall, welche die grundsätzlich eigene Wertsetzung der Vereine gewährleistet.

3. Auch im europäischen Recht bestehen Grundrechte der Vereinigungsfreiheit, welche aus Gesichtspunkten der Effektivität der Grundrechtsbetätigung wie auch im deutschen Recht einen Bereich der Vereinsbetätigung und damit eine Vereinsautonomie beinhalten. Aus Sicht der Europäischen Menschenrechtskonvention ergeben sich diese Gewährleistungen aus Art. 11 EMRK, der für die Schaffung der Vereinigungsfreiheit des Art. 12 GRC Pate gestanden hat. Bereits vor der Rechtsverbindlichkeit der Grundrechtecharta wurde die Vereinigungsfreiheit mit ihren Ausprägungen durch den europäischen Gerichtshof in den Kanon der Grundrechte als ungeschriebene Grundsätze des Unionsrechts aufgenommen und damit anerkannt.

4. Als besonders spannungsträchtig erwiesen sich auf gemeinschaftsrechtlicher Ebene seit Mitte der 1970er Jahre im Bereich des Sports dabei die Kollisionen zwischen Regelungen der Sportverbände, wie Transferfristen oder Ablösesummen, mit den Regelungen der Grundfreiheiten. Die Entscheidung des EuGH, auch private Verbände an die Vorgaben der Grundfreiheiten zu binden, führt dazu, dass ein Ausgleich zwischen den gemeinschaftsrechtlich auf gleicher Stufe stehenden

Regelungsinstrumenten stattfinden muss. Dieser kann aus grundfreiheitlicher Sicht dadurch geschehen, dass die Vereinigungsfreiheit über die Figur der Grundrechte als zwingende Erfordernisse des Allgemeinwohls als Rechtfertigung für Handelsbeschränkungen gilt. Sodann ist im Wege praktischer Konkordanz erneut eine Abwägungsentscheidung zu treffen. Die oftmals beschworenen Besonderheiten des Sports lassen sich als sportspezifische Ausprägungen der Vereinsautonomie begreifen und geben daher kein Mehr für die Beurteilung derartiger Fälle her.

5. Der neu eingefügte Art. 165 Abs. 1 UAbs. 2 AEUV zum Sport stellt sich nach Wortlaut, Systematik und Genese als reine Ermächtigungsgrundlage zur Sportförderung auf europäischer Ebene dar. Die dort angesprochenen Besonderheiten des Sports sind als Begrenzung der Sportfördermaßnahmen im Verhältnis zu den Sportverbänden zu verstehen. Sie lassen sich allerdings auch als eine weitere Anerkennung sportspezifischer Regelungsnotwendigkeiten begreifen und stützen daher die grundrechtliche Begrenzung der Tätigkeiten europäischer Organe im Bereich des Sports.

6. An der Beurteilung der Tätigkeit von Idealvereinen erweist sich als problematisch, dass eine eindeutige Trennung von Tätigkeiten im Binnenbereich zur Zweckverwirklichung einerseits und Tätigkeiten, die sich als normale Teilnahme am Rechts- und Wirtschaftsverkehr darstellen, andererseits, nur schwer erfolgen kann. So wohnt bereits jeder Beziehung zwischen Verein und Mitglied eine Verbindung zu den Rechtsphären des Mitglieds inne. Auch lassen sich oftmals die ideellen Zwecksetzungen nicht ohne Außenwirkung, wie einer wirtschaftlichen Betätigung, realisieren. Diese Tätigkeiten, für die es vereinsrechtlich das Nebenzweckprivileg gibt, stehen dann in einem Bezug zur Vereinsautonomie. Die Tendenz der deutschen Rechtsprechung, derartige Aktivitäten nicht mehr unter die Vereinsautonomie zu fassen, erweist sich insoweit als bedenklich. Deren verfassungsrechtliche Absicherung kann nämlich nicht vollkommen verloren gehen, wenn Aktivitäten entfaltet werden, die auch wirtschaftlicher Natur sind.

7. Diese Abgrenzungsprobleme haben vor allem im Sport zu mannigfachen Theorien geführt. Diese sind allerdings nur dann praktikabel, wenn sie mit der vereinsautonomen Zweckmotivation und der Außenwirkung der Handlungen beide Pole beinhalten. Dies ist auch Grundlage des hier vertretenen Drei-Stufen-Modells für alle Vereinstätigkeiten mit Bezug zur Vereinsautonomie. Auf der *ersten Stufe* sind danach jene Tätigkeiten zu finden, die alleine Auswirkungen im Innenverhältnis haben. In diese Kategorie gehören auch jene Aktivitäten, deren Auswirkungen in das Außenverhältnis derart gering sind, dass diese nicht vernünftigerweise mit einbezogen werden können, obwohl sie in Extremfällen auch Auswirkungen auf dieses haben können. Hierhin gehören aus dem Bereich des Sports vielfach jene Regeln, die als Spielregeln im engeren Sinne bezeichnet werden, wie z.B. die Dauer des Spiels oder die Anzahl der Spieler auf dem Feld. Mit der *zweiten Stufe* sind all

jene Tätigkeiten angesprochen, die zwar eine beachtenswerte Außenwirkung besitzen, bei denen jedoch die vereinsautonome Zweckverwirklichung noch im Vordergrund steht. Hierzu gehören die Verhängung von Vereinsstrafen oder Nominierungs- oder Zulassungsentscheidungen. In die *dritte Stufe* schließlich lassen sich die Vereinstätigkeiten einordnen, bei denen die Außenwirkungen im Vergleich zur vereinsautonomen Motivation überwiegen, wie die Vermarktungstätigkeiten der Sportverbände.

8. Hieraus ergeben sich folgende rechtliche Konsequenzen: Auf der Ebene der *ersten Stufe* sind die grundrechtlichen Gewährleistungen der Vereinsautonomie voll zu beachten, da es sich um rein vereinsinterne Sachverhalte handelt. Für Tätigkeiten der *zweiten Stufe* ist ebenfalls die Vereinigungsfreiheit der Maßstab, da insoweit die vereinsautonome Zwecksetzung überwiegt. Anders ist der Fall auf der *dritten Stufe*, bei welcher die Außenwirkung grundsätzlich für die rechtliche Beurteilung maßgeblich ist, also grundrechtlich das jeweils einschlägige Freiheitsrecht. Allerdings sind die dahinterstehenden vereinsautonomen Zwecksetzungen mit zu beachten, da sie anders als bei bloßem wirtschaftlichen Handeln nicht vollkommen in den Hintergrund gedrängt werden dürfen. Dies bedeutet insbesondere, dass dem Idealverein bei Tätigkeiten auf der *zweiten Stufe* ein großer Beurteilungsspielraum zuzugestehen ist, während dieser bei Tätigkeiten, die der *dritten Stufe* zuzuordnen sind, in diesem Sinn eingeschränkt ist, dass regelmäßig die Ergebnisse reinen Handelns im Rechtsverkehr zugrunde zu legen sind.

9. Da für die ersten beiden Stufen der Vereinstätigkeiten die Grundrechte der Vereinigungsfreiheit einschlägig sind, müssen die Regelungen des Kartellrechts sich an diesen Gewährleistungen messen lassen. Notwendig hierfür ist die Bestimmung des Schutzgutes des Kartellrechts. Dieses ist die Freiheit des Wettbewerbs als Institution, welcher sich einer allgemeinen Definition entzieht, so dass die Frage, wann eine Beschränkung des Wettbewerbs vorliegt, für das Kartellrecht als negative Definitionsmöglichkeit relevant wird. Der freie Wettbewerb wird vor allem deshalb als schützenswert angesehen, weil er zu volkswirtschaftlich und soziologisch vorteilhaften Wirkungen führt. Mit dem Schutz des freien Wettbewerbs als Institution ist der Schutz der Wettbewerbsfreiheit der Marktteilnehmer eng verbunden, da sich freier Wettbewerb nur bei subjektiver Wettbewerbsfreiheit einstellt. Der Schutz der Wettbewerbsfreiheiten ist daher insoweit dem Kartellrecht als Schutzgut ebenfalls immanent. Hinsichtlich der nationalen Gewährleistung der Vereinigungsfreiheit bedeutet dies, dass maßgeblich an den Schutz der Wettbewerbsfreiheiten, die aus den Art. 12, 14, 2 Abs. 1 und 9 Abs. 1 GG abgeleitet werden, als verfassungsrechtliches Schutzgut anzuknüpfen ist, da der freie Wettbewerb im Grundgesetz nicht genannt und jedenfalls nicht explizit geschützt ist. Insoweit sind die kartellrechtlichen Regelungen zulässige Einschränkungsmöglichkeiten für die Vereinigungsfreiheit und damit der Vereinsautonomie, soweit sie sich im Ein-

zelfall als verhältnismäßig erweisen und nicht in den Wesensgehalt der Vereinigungsfreiheit eingreifen.

10. Für die Fälle mit Bezug zu den unionsrechtlichen Kartellbestimmungen gelten die Gewährleistungen der nationalen Vereinigungsfreiheit nicht, so dass insoweit Art. 12 GRC in Verbindung mit der Schrankenregelung des Art. 52 GRC den Maßstab darstellt. Art. 52 Abs. 3 GRC verweist dabei wegen der inhaltlichen Entsprechung von Art. 12 GRC mit Art. 11 Abs. 1 EMRK auf die Schrankenregelung des Art. 11 Abs. 2 EMRK. Ausweislich dessen Wortlauts lässt dieser eine Rechtfertigung aufgrund wettbewerbspolitischer Erwägungen allerdings nicht zu. Ein solcher könnte sich allenfalls durch eine erweiternde Auslegung der Schrankenbestimmungen im Rahmen der Rechtsprechung des EGMR zur EMRK als *„living instrument"* in Verbindung mit den unionsrechtlichen Besonderheiten als Wirtschaftsgemeinschaft und der Stellung des freien Wettbewerbs als Institution im Primärrecht ergeben. Eine solche Betrachtungsweise verwischt aber in unzulässiger Weise die Grenzen zwischen den Schrankenregelungen der Art. 52 Abs. 1 und Abs. 3 GRC und stellt sich im Übrigen mit der gestiegenen Bedeutung des Grundrechtsschutzes in der Union als problematisch dar. Allerdings kann der Schutz der für den freien Wettbewerb notwendigen subjektiven Wettbewerbsfreiheiten als Schutz der „Rechte anderer" in Art. 11 Abs. 2 EMRK verstanden werden. Anknüpfungspunkt für den Schutz der Wettbewerbsfreiheiten in der Union ist dabei Art. 16 GRC, welcher die unternehmerische Betätigung und als Ableitung hiervon auch die subjektive Wettbewerbsfreiheit schützt. Dagegen kann auf den subjektiven Gehalt der Grundfreiheiten nicht abgestellt werden, da dies auf einen unzulässigen Zirkelschluss im Verhältnis zu den Wettbewerbsvorschriften hinauslaufen würde.

11. Persönliche und zugleich sachliche Anwendungsvoraussetzung für die kartellrechtlichen Regelungen ist das Vorliegen eines Unternehmens oder einer Unternehmensvereinigung. Sowohl im nationalen als auch im unionsrechtlichen Kartellrecht wird unter einem Unternehmen unabhängig von ihrer Rechtsform jede Einheit verstanden, die anbietend oder zumindest nachfragend (im Unionsrecht nunmehr alleine strittig) wirtschaftlich auf dem Markt tätig wird. Da hiermit der funktionale Unternehmensbegriff angesprochen ist, können auch Idealvereine Unternehmen oder, sofern sie selbst nicht am Markt tätig sind, sondern Mitglieder als Unternehmen haben, Unternehmensvereinigungen sein. Als problematisch erweist sich die abzulehnende Rechtsprechung des EuGH, wonach rein nachfragende Tätigkeiten ohne wirtschaftliche Verwendung nicht dem Kartellrecht unterfallen sollen. Soweit Vereine rein nachfragend zur Erfüllung eines ideellen Zwecks tätig werden, erfüllen sie nach dieser Auffassung also nicht mehr den Unternehmensbegriff.

12. Eine generelle Bereichsausnahme für ideelle Tätigkeiten ist nicht angezeigt, da ansonsten das Kartellrecht und seine Ziele unreflektiert zurückgesetzt wären. Insoweit besteht mit der Zwecksetzung des Kartellrechts ein Bedürfnis, sämtliche Aspekte wirtschaftlichen Handelns zu erfassen, was der Annahme von ungeschriebenen Bereichsausnahmen enge Grenzen setzt. Die Besonderheiten ideeller Tätigkeit und die Anforderungen der Vereinigungsfreiheiten sind vielmehr im Rahmen der Kartellrechtstatbestände im Einzelfall zu berücksichtigen. Diese Erwägungen werden dadurch gestützt, dass das Kartellrecht allenfalls eng begrenzte Bereichsausnahmen kennt und vor allem auch soziale Tätigkeiten den wettbewerbsrechtlichen Anforderungen unterwirft. Ebenso ist eine generelle Bereichsausnahme für den Sport angesichts seiner wirtschaftlichen Auswirkungen abzulehnen.

13. Allerdings führt die Beachtung eines Kernbereichs der Vereinsautonomie dazu, dass Sachverhalte der *ersten Stufe* nicht als wirtschaftliche Tätigkeiten angesehen werden können, da sie als absolut geschützter Innenbereich anzusehen sind, selbst wenn sie sich nicht in allen Extremfällen auch tatsächlich auf den Innenbereich beschränken. Idealvereine handeln insoweit tatbestandlich nicht als Unternehmen im Sinne des Kartellrechts, ohne dass damit eine Bereichsausnahme aufgezeigt würde. Dies gilt im Bereich des Sports vor allem für die so bezeichneten Spielregeln im engeren Sinn. Tätigkeiten der *zweiten bzw. der dritten Stufe* unterfallen jedoch dem Unternehmensbegriff und damit dem Kartellrecht. Dies gilt auch im Sportbereich, ohne dass es in formaler Hinsicht darauf ankäme, ob ein Amateurverein vorliegt oder nicht.

14. Hinsichtlich des Kartellverbotes nach Art. 101 Abs. 1 AEUV bzw. des inhaltsgleichen § 1 GWB gilt, dass die Tatbestandsmerkmale durch die wirtschaftliche Tätigkeit von Idealvereinen genauso erfüllt werden können wie von sonstigen Unternehmen. Insbesondere die Alternative des Beschlusses einer Unternehmensvereinigung vermag wegen der korporationsrechtlichen Verbandsstruktur bei Vereinsregelungen oft zu greifen. Allenfalls die Spürbarkeit einer Wettbewerbsbeschränkung kann bei kleinen Vereinen und Verbänden im Einzelfall fehlen. Für die Beachtung ideeller Gründe der Tätigkeit verbleiben deshalb nur die Möglichkeiten einer Tatbestandsrestriktion oder einer Rechtfertigung. Eine „*rule of reason*" ist dabei aus systematischen Gründen abzulehnen. Das Konzernprivileg greift angesichts der weitgehenden Handlungsautonomie von Vereinen in der Regel ebenso wenig wie der Arbeitsgemeinschaftsgedanke.

15. Maßgebliche Anknüpfungspunkte vermögen allenfalls die Immanenztheorie in der Form der *Wouters*- und *Meca-Medina*-Entscheidungen des EuGH sowie die strukturähnlichen Rechtfertigungstatbestände des Art. 101 Abs. 3 AEUV und § 2 GWB darzustellen. Beide Instrumente sind jedoch in ihrem Ausgangspunkt auf wirtschaftliche Gesichtspunkte zugeschnitten. Daher wird hier die Einführung eines ungeschriebenen Rechtfertigungsgrundes befürwortet, da es sich bei den

ideellen Gründen der Tätigkeiten systematisch um Rechtfertigungen handelt. Voraussetzung für eine solche Rechtfertigung sind jene Elemente, die auch die Immanenztheorie und den geschriebenen Rechtfertigungsgrund ausmachen: Legitime Zwecksetzung (welche wegen der grundrechtlichen Vereinsautonomie regelmäßig vorliegt), Geeignetheit und Erforderlichkeit der Tätigkeit zur Zweckerreichung sowie Verhältnismäßigkeit der Maßnahme. Der größere Beurteilungsspielraum für Aktivitäten der *zweiten Stufe* führt dazu, dass grundsätzlich die Vereine über die Geeignetheit, Erforderlichkeit und Angemessenheit der Maßnahme selbst entscheiden können. Ein anschauliches Beispiel hierfür bieten die Dopingsanktionen der Sportverbände. Größere Überprüfungsmöglichkeiten bestehen im Bereich der Tätigkeiten der *dritten Stufe*, wie das Beispiel der Vermarktung von Übertragungsrechten durch die Sportverbände zeigt.

16. Auch die Regelungen zur Missbrauchsaufsicht sind für die Idealvereine von großer Bedeutung. Dies ergibt sich wegen des regelmäßig bestehenden pyramidenförmigen Verbandssystems aus einer Monopolstellung der Verbände. Allerdings darf nicht vom fachlichen ohne weiteres auf das wirtschaftliche Monopol geschlossen werden, wenngleich dieses damit oftmals ebenfalls vorliegt. Die Beachtung ideeller Rechtfertigungsgründe geschieht bei den Missbrauchsregelungen auf Tatbestandsebene, da diese Normen mit den normativen Tatbestandsmerkmalen „Missbrauch", „Unbilligkeit" und „Fehlen eines sachlichen Grundes" bereits Wertungen enthalten, die auch für außerwettbewerbliche Gründe maßgeblich sind. Auch hier sind wieder die aufgestellten Grundsätze zu den Beurteilungsspielräumen auf *zweiter bzw. dritter Stufe* zu beachten. Zu den Fällen mit grundsätzlich weitem Beurteilungsspielraum gehören auch die Fälle der verweigerten Aufnahme, deren Beurteilung sich am Vereinszweck zu orientieren hat, sofern nicht im Einzelfall besondere Umstände vorliegen, die aus Sicht des Bewerbers zu einem Aufnahmeanspruch führen.

17. Die Beweislast der ideellen Rechtfertigungsgründe bei Unaufklärbarkeit, ob eine Rechtfertigung im Einzelfall gegeben ist, obliegt der Partei, die sich auf die Rechtfertigung beruft – also den Vereinen oder Verbänden. Dies gilt bei Berührung mit europäischen Kartellrechtsvorschriften entgegen dem Wortlaut von Art. 2 S. 1 VO 1/2003 aus Gründen der Sachgerechtigkeit und aus dem Vergleich mit der Regelung des Art. 2 S. 2 VO 1/2003. Im deutschen Recht ergibt sich dies aus dem allgemeinen Grundsatz der Beweislastverteilung. Für das Verwaltungsverfahren wird dadurch der Untersuchungsgrundsatz nicht eingeschränkt. Im Bußgeldverfahren gilt je der Unschuldsgrundsatz, mit der Folge dass hier auch Art. 2 S. 2 VO 1/2003 nicht anwendbar ist.

Literaturverzeichnis

Adolphsen, Jens
Internationale Dopingstrafen, Tübingen 2003, zugl. Habilitationsschrift Univ. Regensburg 2002

Arens, Wolfgang
Transferbestimmungen im Fußballsport im Lichte des Arbeits- und Verfassungsrechts, SpuRt 1994, S. 179 ff.

Axer, Peter
Europäisches Kartellrecht und nationales Krankenversicherungsrecht, NZS 2002, S. 57 ff.

Baecker, Wolfgang
Grenzen der Vereinsautonomie im Sportverbandswesen, Berlin 1985, zugl. Dissertation Univ. Münster (Westfalen) 1984/85

Bagger, Tim B.
Die kartellrechtlichen Grenzen bei der Vergabe von Bundesligaübertragungsrechten, Baden-Baden 2010, zugl. Dissertation Univ. Bayreuth 2010

Balzer, Peter
Die Umwandlung von Vereinen der Fußball-Bundesligen in Kapitalgesellschaften zwischen Gesellschafts-, Vereins- und Verbandsrecht, ZIP 2001, S. 175 ff.

Bamberger, Heinz Georg / Roth, Herbert
Kommentar zum Bürgerlichen Gesetzbuch, Band 1, §§ 1–610, CISG, 2. Auflage, München 2007
(zitiert: *Bearbeiter* in: Bamberger/Roth)

Bartodziej, Peter
Ansprüche auf Mitgliedschaft in Vereinen und Verbänden, ZGR 1991, S. 517 ff.

Basedow, Jürgen
Konsumentenwohlfahrt und Effizienz – Neue Leitbilder der Wettbewerbspolitik?, WuW 2007, S. 712 ff.

Battis, Ulrich / Ingold, Albert / Kuhnert, Kathrin
Zur Vereinbarkeit der „6+5"-Spielregel der FIFA mit dem Unionsrecht, EuR 2010, S. 3 ff.

Baumann, Hendrik
Die audiovisuelle Verwertung der Fußballbundesliga, Baden-Baden 2010, zugl. Dissertation Univ. Marburg 2010

Bäune, Stefan
Kapitalgesellschaften im bundesdeutschen Lizenzfußball, Aachen 2001, zugl. Dissertation Univ. Halle 2001

Baur, Jürgen F.
Das Tatbestandsmerkmal „Wettbewerb", ZHR 134 (1970), S. 97 ff.

Bechtold, Rainer (Hrsg.)
- Kartellgesetz, Gesetz gegen Wettbewerbsbeschränkungen, 6. Auflage, München 2010 (zitiert: *Bearbeiter* in: Bechtold)
- Zur Anwendung des Kartellverbots auf wettbewerbsbeschränkende Tarifverträge, RdA 1983, S. 99 ff.
- Das neue Kartellgesetz, NJW 1998, S. 2769 ff.
- Die Entwicklung des deutschen Kartellrechts seit der 7. GWB-Novelle (Juli 2005 bis Oktober 2007), NJW 2007, S. 3761 ff.

Benisch, Werner
Einkaufsmacht und Kartellbegriff, WuW 1956, S. 480 ff.

Berg, Werner
Neue Entscheidungen des EuGH zur Anwendung des EG-Kartellrechts im Bereich der sozialen Sicherheit, EuZW 2000, S. 170 ff.

Bergmann, Bettina
Sportsponsoring und Kartellrecht – Was müssen Sponsoren, Verbände, Vereine beachten?, SpuRt 2009, S. 102 ff.

Bettermann, Karl August / Nipperdey, Hans Carl (Hrsg.)
Die Grundrechte, Vierter Band, 2. Halbband, Berlin 1962
(zitiert: *Bearbeiter* in: Bettermann/Nipperdey, Grundrechte IV/2)

Birk, Rolf
Der Aufnahmezwang bei Vereinen und Verbänden, JZ 1972, S. 343 ff.

Blask, Holger
Die Anwendbarkeit der Single-Entity-Theorie im professionellen Fußball, Köln u.a. 2005, zugl. Dissertation, Univ. Köln 2004

Bornkamm, Joachim
Hoheitliches und unternehmerisches Handeln der öffentlichen Hand im Visier des europäischen Kartellrechts, in: Festschrift für Günter Hirsch, München 2008, S. 231 ff.

Bötticher, Eduard
Wesen und Art der Vertragsstrafe sowie deren Kontrolle, ZfA 1970, S. 3 ff.

Böhm, Franz
Demokratie und ökonomische Macht, in: Kartelle und Monopole im modernen Recht (Band I), Karlsruhe 1961, S. 3 ff.

Bronett, Georg-Klaus de
Kommentar zum europäischen Kartellverfahrensrecht, München/Unterschleißheim 2005

Brost, Stefan
Die „Besonderheit des Sports" im neuen Artikel 165 des Lissabonner Vertrages, SpuRt 2010, S. 178 ff.

Brox, Hans / Walker, Wolf-Dietrich
Allgemeiner Teil des BGB, 35. Auflage, München 2011

Bohnert, Joachim
Kommentar zum Ordnungswidrigkeitengesetz, 3. Auflage München 2010
(zitiert: *Bohnert*, OWiG)

Buch, Michael
Kartellrechtliche Aspekte von Ausrüsterverträgen für den Wettkampfsport zwischen Herstellern und Sportverbänden, WuW 2005, S. 266 ff.

Buchberger, Markus
Überprüfbarkeit sportverbandsrechtlicher Entscheidungen durch die ordentliche Gerichtsbarkeit, Berlin 1999, zugl. Dissertation Univ. Bochum 1998

Buchner, Herbert
Die Rechtsverhältnisse im deutschen Lizenzfußball, RdA 1982, S. 1 ff.

Bunte, Hermann-Josef
Richterliche Inhaltskontrolle von Verbandsnormen, ZGR 1991, S. 316 ff.

Butte, Freyja C.
Das selbstgeschaffene Recht des Sports im Konflikt mit dem Geltungsanspruch des nationalen Rechts, Baden-Baden 2010, zugl. Dissertation Univ. Rostock 2008
(zitiert: *Butte*, Das selbstgeschaffene Recht des Sports)

Calliess, Christian
Zwischen staatlicher Souveränität und europäischer Effektivität – Zum Beurteilungsspielraum der Vertragsstaaten im Rahmen des Art 10 EMRK, EuGRZ 1996, S. 293 ff.

Calliess, Christian / Ruffert, Matthias
EUV/AEUV, Kommentar, 4. Auflage, München 2011
(zitiert: *Bearbeiter* in: Calliess/Ruffert)

Christiansen, Arndt
Die „Ökonomisierung" der EU-Fusionskontrolle: Mehr Kosten als Nutzen?, WuW 2005, S. 285 ff.

Coing, Helmut
Das Privatrecht und die Probleme der Ordnung des Verbandswesens, in: Festschrift für Werner Flume, Köln 1978, S.429 ff.

Creifelds, Carl / Weber, Klaus (Hrsg.)
Rechtswörterbuch, 20. Auflage, München 2011

Dalheimer, Dorothe / Feddersen, Christoph T. / Miersch, Gerald
EU-Kartellverfahrensordnung, Kommentar zur VO 1/2003, Sonderausgabe aus Grabitz/Hilf, Das Recht der Europäischen Union, Nach Art. 83 EGV, München 2005
(zitiert: *Bearbeiter* in: Dalheimer/Feddersen/Miersch)

Dannecker, Gerhard
Die Neuregelung der Sanktionierung von Verstößen gegen das EG-Kartellrecht nach der Verordnung (EG) Nr. 1/2003 des Rates vom 16. Dezember 2002 zur Durchführung der in

den Art. 81 und 82 des Vertrages niedergelegten Wettbewerbsregeln, in: Festschrift für Ulrich Immenga, München 2004, S. 61 ff.

Degenhart, Christoph
Staatsrecht I, Staatsorganisationsrecht, 27. Auflage, Heidelberg, 2011

Deselaers, Wolfgang
Sportverbände und Europäisches Kartellrecht, WuW 1998, S. 946 ff.

Detterbeck, Steffen
Allgemeines Verwaltungsrecht, 9. Auflage, München 2011

Deutscher, Jörg
50+1-Regelung in der Fußball-Bundesliga – Zur Mehrheitsbeteiligung von Investoren an Fußballklubs, SpuRt 2009, S. 97 ff.

Diekmann, Thomas / Wildberger, Niels
Wettbewerbsrechtliche Ansprüche im Rahmen von § 69 SGB V, NZS 2004, S. 15 ff.

Dietrich, Marcel
Sportregeln und Kartellrecht, CaS 2004, S. 249 ff.

Dreher, Meinrad
- Die 6. GWB-Novelle, in: Schwerpunkte des Kartellrechts 1998, Köln u.a. 1998, S. 111 ff.
- Die europafreundliche Anwendung des GWB – Zwang schadet!, WuW 2005, S. 251

Dreier, Horst
- Grundgesetz Kommentar, Band I (Präambel, Artikel 1–19), 2. Auflage, Tübingen 2004
- Grundgesetz Kommentar, Band II (Artikel 20–82), 2. Auflage, Tübingen 2006

(jeweils zitiert: *Bearbeiter* in: Dreier)

Dürig, Günter
Art. 9 Grundgesetz in der Kartellproblematik, NJW 1955, S. 729 ff.

Eggerstedt, Lea
Probleme der Lizenz- und Schiedsgerichtsverträge im deutschen Berufsfußball, Baden-Baden 2008, zugl. Dissertation Univ. Marburg 2006

Ehlers, Dirk
Europäische Grundrechte und Grundfreiheiten, 3. Auflage, Berlin 2009
(zitiert: *Bearbeiter* in: Ehlers)

Eichel, Benjamin
Transferentschädigungen für Berufsfußballer – Neue Erkenntnisse für die Behandlung des Sports im Europarecht durch „Bosman II“?, EuR 2010, S. 685 ff.

Eisner, Carolin
Die Schrankenregelung der Grundrechtecharta der Europäischen Union, Baden-Baden 2005, zugl. Dissertation Univ. Würzburg 2004

Emmerich, Volker
- Kartellrecht, 11. Auflage, München 2008
- Unlauterer Wettbewerb, 8. Auflage, München 2009
- Besprechung des Urteils des EuGH Rs. C-519/04 P (*Meca-Medina*) Slg. 2006, I-6991, JuS 2006, S. 1123 ff.
- Besprechung des Urteils des EuGH verb. Rs. C 264/01 u.a. (*AOK Bundesverband*), Slg. 2004, I-2493, JuS 2004, S. 712 ff.

Enneccerus, Ludwig / Nipperdey, Hans Carl
Allgemeiner Teil des Bürgerlichen Rechts, Erster Halbband: Allgemeine Lehren, Personen, Rechtsobjekte, 15. Auflage, Tübingen 1959

Erman, Walter
Bürgerliches Gesetzbuch, Handkommentar, Band I, 13. Auflage, Köln 2011
(zitiert: *Bearbeiter* in: Erman)

Fikentscher, Wolfgang
Das Unrecht der Wettbewerbsbeschränkung: Kritik an Weißbuch und VO-Entwurf zu Art. 81, 82 EG-Vertrag, WuW 2001, S. 446 ff.

Fischer, Ulrich
- Die Angst des Fußballs vor dem EG-Wettbewerbskommissar oder Tarifautonomie vs. Kartellrecht. Ein Spielbericht. EuZW 2002, S. 97
- Europäischer Profi-Mannschaftssport oder: Arbeits(kampf)recht gegen Wettbewerbsrecht – Eine Konferenzschaltung, SpuRt 2004, S. 251 ff.

Fleischer, Holger
- Absprachen im Profisport und Art. 85 EGV, WuW 1996, S. 473 ff.
- Tarifverträge und Europäisches Wettbewerbsrecht, DB 2000, S. 821 ff.

Flume, Werner
- Allgemeiner Teil des Bürgerlichen Rechts, Erster Band, Zweiter Teil: Die juristische Person, Berlin u.a. 1983
- Die Vereinsstrafe, in: Festschrift für Eduard Bötticher, Berlin 1969, S. 101 ff.
- Vereinsautonomie und kirchliche oder religiöse Vereinigungsfreiheit und das Vereinsrecht, JZ 1992, 238 ff.

Friauf, Karl Heinrich / Höfling, Wolfram (Hrsg.)
Berliner Kommentar zum Grundgesetz, Band 1, 35. Ergänzungslieferung (November 2011), Berlin 2011
(zitiert: *Bearbeiter* in: Friauf/Höfling)

Fritzsche, Jörg
„Notwendige“ Wettbewerbsbeschränkungen im Spannungsfeld von Verbot und Freistellung nach Art. 85 EGV, ZHR 160 (1996), S. 31 ff.

Fritzweiler, Jochen
Autonomie der Sportverbände – Gefahr für den Sport?, SpuRt 2011, S. 1

Fritzweiler, Jochen / Pfister, Bernhard / Summerer, Thomas (Hrsg.)
Praxishandbuch Sportrecht, 2. Auflage, München 2007
(zitiert: *Bearbeiter* in: Praxishandbuch Sportrecht)

Frowein, Jochen / Peukert, Wolfgang
Europäische Menschenrechtskonvention, EMRK-Kommentar, 3. Auflage, Kehl am Rhein 2009
(zitiert: *Bearbeiter* in: Frowein/Peukert)

Fuchs, Andreas
- Die 7. GWB-Novelle – Grundkonzeption und praktische Konsequenzen, WRP 2005, S. 1384 ff.
- Neue Entwicklungen beim Konzept der Wettbewerbsbeschränkung in Art. 81 Abs. 1 EG, ZWeR 2007, S. 369 ff.

Fuchs, Dieter
Satzungsautonomie und Aufnahmezwang nach dem GWB, NJW 1965, S. 1509 ff.

Fuhrmann, Claas
Ausgliederung der Berufsfußballabteilungen auf eine AG, GmbH oder eG?, Frankfurt a.M. 1999, zugl. Dissertation Univ. Marburg 1999

Gassner, Ulrich M.
Arzneimittel-Festbeträge: Luxemburg locuta – causa finita, WuW 2004, S. 1028 ff.

Gebauer, Jochen
Die Grundfreiheiten des EG-Vertrags als Gemeinschaftsgrundrechte, Berlin 2004, zugl. Dissertation Univ. Bielefeld 2003

Geiger, Rudolf / Khan, Daniel-Erasmus / Kotzur, Markus
EUV/AEUV, Kommentar, 5. Auflage, München 2010
(zitiert: *Bearbeiter* in: Geiger/Khan/Kotzur)

Geppert, Martin / Piepenbrock, Hermann-Josef / Schütz, Raimund / Schuster, Fabian (Hrsg.)
Beck'scher TKG-Kommentar, 3. Auflage, München 2006
(zitiert: *Bearbeiter* in: Beck'scher TKG-Kommentar)

Gerber, Hans
Über den Begriff der Autonomie, AcP 37 (1854), S. 35 ff.

Giebel, Christoph M.
Die Abstellung von Nationalspielern nach dem FIFA-Reglement im Konflikt mit dem Kartellrecht, WRP 2006, S. 857 ff.

Gierke, Otto von
Deutsches Privatrecht Band 1: Allgemeiner Teil u. Personenrecht , Leipzig u.a. 1895

Giese, F.
Grundgesetzliche Schranken bei Bekämpfung des Kartellmißbrauchs, NJW 1950, S. 336

Glinke, Torsten
Paragraph 31 GWB – Notwendige Ausnahme zum Kartellverbot oder gesetzgeberische Gefälligkeit für den Deutschen Fußballbund?, Münster u.a. 2003, zugl. Dissertation Univ. Münster 2002

Grabitz, Eberhard / Hilf, Meinhard / Nettesheim, Martin (Hrsg.)
Das Recht der Europäischen Union, Band I EUV/AEUV, 44. Ergänzungslieferung (Mai 2011), München 2011
(zitiert: *Bearbeiter* in: Grabitz/Hilf/Nettesheim)

Grabenwarter, Christoph
Europäische Menschenrechtskonvention, 4. Auflage, München u.a. 2009

Gramlich, Daniel
Zum Aufnahmezwang nach § 20 Abs. 6 GWB, Tübingen 2006, zugl. Dissertation Univ. Tübingen 2006

Gramlich, Ludwig
Grundfreiheiten contra Grundrechte im Gemeinschaftsrecht?, DÖV 1996, S. 801 ff.

Grätz, Daniel
Missbrauch der marktbeherrschenden Stellung durch Sportverbände, Tübingen 2009, zugl. Dissertation Univ. Bayreuth 2008

Grodde, Meinhard
- Der Einfluss des Europarechts auf die Vertragsfreiheit autonomer Sportverbände in Deutschland, Berlin 2007, zugl. Dissertation Univ. Konstanz 2006
- Die Aufnahme des Sports in die Europäische Verfassung, SpuRt 2005, S. 222 ff.

Große Wentrup, Anna
Die Europäische Grundrechtecharta im Spannungsfeld der Kompetenzverteilung zwischen Europäischer Union und Mitgliedstaaten, Berlin 2003, zugl. Dissertation Univ. Münster (Westfalen) 2002

Grote, Rainer / Marauhn, Thilo
EMRK/GG, Konkordanzkommentar zum europäischen und deutschen Grundrechtsschutz, Tübingen 2006
(zitiert: *Bearbeiter* in: Grote/Marauhn)

Grunewald, Barbara
- Gesellschaftsrecht, 8. Auflage, Tübingen 2011
- Vereinsaufnahme und Kontrahierungszwang, AcP 182 (1982), S. 181 ff.

Harte-Bavendamm, Henning / Henning-Bodewig, Frauke
Gesetz gegen den unlauteren Wettbewerb (UWG), Kommentar, 2. Auflage, München 2009

Haas, Ulrich / Prokop, Clemens
- Die Autonomie der Sportverbände und die Rechtsstellung des Athleten, JR 1998, S. 45 ff.
- Zu den formellen Grenzen der vereinsrechtlichen Disziplinargewalt im Rahmen von Unterwerfungsvereinbarungen, SpuRt 1998, S. 15 ff.

Habersack, Mathias
- Die Mitgliedschaft – subjektives und ‚sonstiges' Recht, Tübingen 1996, zugl. Habilitationsschrift Univ. Heidelberg 1995
- Gesellschaftsrechtliche Fragen der Umwandlung von Sportvereinen in Kapitalgesellschaften, in: Scherer, Urs (Hrsg.), Sportkapitalgesellschaften, Stuttgart u.a. 1998, S. 45 ff.

Hadding, Walther
Korporationsrechtliche oder rechtsgeschäftliche Grundlagen des Vereinsrechts?, in: Festschrift für Robert Fischer, Berlin u.a. 1979

Hannamann, Isolde
Kartellverbot und Verhaltenskoordinationen im Sport, Berlin 2001, zugl. Dissertation Univ. Erlangen-Nürnberg 2000

Hänlein, Andreas / Kruse, Jürgen
Einflüsse des Europäischen Wettbewerbsrechts auf die Leistungserbringung in der gesetzlichen Krankenversicherung, NZS 2000, S. 165 ff.

Hauptmann, Markus / Theissen, Christian M.
Der Aufnahmeanspruch gegenüber einem Sportverband – Voraussetzungen, Grenzen und aktuelle Entwicklungen, SpuRt 2011, S. 181 ff.

Hausmann, Friedrich Ludwig
Der Deutsche Fußball Bund (DFB) – Ein Kartell für ‚Fernsehrechte'?, BB 1994, S. 1089 ff.

Hayek, Friedrich August von
Recht, Gesetzgebung und Freiheit; Band 3: Die Verfassung einer Gesellschaft freier Menschen (Aus dem Amerikanischen übertragen von Martin Suhr), Landsberg am Lech 1981

Heckelmann, Dieter
Der Idealverein als Unternehmer?, AcP 1979 (179), S. 1 ff.

Hedemann, Justus Wilhelm
Ausstoßung aus Vereinen, Archiv für Bürgerliches Recht, Band 38 (1913), S. 132 ff.

Heermann, Peter W.
- Der Deutsche Fußballbund (DFB) im Spannungsfeld von Kartell- und Konzernrecht, ZHR 161 (1997), S. 665 ff.
- Kann der Ligasport die Fesseln des Kartellrechts sprengen?, SpuRt 1999, S. 11 ff.
- Mehrheitsbeteiligungen an Sportkapitalgesellschaften im Lichte des Europarechts, WRP 2003, S. 724 ff.
- Professionelle Sportligen auf der Flucht vor dem Kartellrecht, RabelsZ 67 (2003), S. 106 ff.
- Verbandsautonomie versus Kartellrecht, CaS 2006, S. 345 ff.
- Kartellrechtliche Betrachtungen zu Europa- und Weltmeisterschaften im Fussball, CaS 2008, S. 111 ff.
- Anwendung des europäischen Kartellrechts im Bereich des Sports, WuW 2009, S. 394 ff. und S. 489 ff.
- Sportsponsoring und Kartellrecht, WRP 2009, S. 285 ff.
- Kartellrechtliche Ausnahme für die Vermarktung des Ligasports?, ZWeR 2009, S. 472 ff.
- Keine kartellrechtliche Ausnahme für die Zentralvermarktung durch Sportligen aufgrund der Single Entity Defense, WRP 2011, S. 36 ff.

Hellmann, Hans-Joachim / Bruder, Stefan
Kartellrechtliche Grundsätze der zentralen Vermarktung von Sportveranstaltungen, EuZW 2006, S. 359 ff.

Hemmerich, Hannelore
Möglichkeiten und Grenzen wirtschaftlicher Betätigung von Idealvereinen, Heidelberg 1982, zugl. Dissertation Univ. Heidelberg 1981

Hendriks, Birger
Die kartellrechtliche Zulässigkeit von Streikhilfeabkommen, ZHR 141 (1977), S. 1 ff.

Herdegen, Matthias
- Europarecht, 13. Auflage, München 2011
- Völkerrecht, 10. Auflage, München 2011

Herdzina, Klaus
Wettbewerbspolitik, 5. Auflage, Stuttgart 1999

Herrmann, Harald
Die Erteilung von Bundesliga-Vereinslizenzen und Diskriminierungsverbot, WuW 1979, S. 149 ff.

Heß, Burkhard
Voraussetzungen und Grenzen eines autonomen Sportrechts unter besonderer Berücksichtigung des internationalen Spitzensports, in: Heß, Burkhard / Dressler, Wolf-Dieter (Hrsg.), Aktuelle Rechtsfragen des Sports, Heidelberg 1998, S. 1 ff.

Heselhaus, F. Sebastian M. / Nowak, Carsten
Handbuch der Europäischen Grundrechte, München u.a. 2006
(zitiert: *Bearbeiter* in: Heselhaus/Nowak)

Hilf, Meinhard
Die Freizügigkeit des Berufsfußballspielers innerhalb der Europäischen Gemeinschaft, NJW 1984, S. 517 ff.

Hilf, Meinhard / Pache, Eckhard
Das Bosman-Urteil des EuGH, NJW 1996, S. 1169 ff.

Hirsbrunner, Simon / Schädle Anne
Sicherer Hafen oder Bermudadreieck? – Wohin geht die Reise bei der Neuorientierung der Praxis der Europäischen Kommission gegenüber Missbräuchen marktbeherrschender Unternehmen i.S. des Art. 82 EG?, EuZW 2006, 583 ff.

Hobe, Stephan / Tietje, Christian
Europäische Grundrechte auch für Profisportler – JuS 1996, S. 486 ff.

Hoffmann, Jens
Die gesetzlichen Krankenkassen im Anwendungsbereich des deutschen Kartellrechts, WuW 2011, S. 472 ff.

Hohmann, Harald
Zentrale TV-Vermarktung von Automobilsport und das EG-Kartellrecht, WRP 1997, S. 1011 ff.

Hoppmann, Erich
Wirtschaftsordnung und Wettbewerb, Baden-Baden 1988

Hoeren, Thomas
Anmerkung zum Beschluss des BGH v. 11. 12. 1997 – KVR 7/96 (*Europapokalheimspiele*), JR 1998, S. 332 ff.

Hoeren, Thomas / Sieber, Ulrich (Hrsg.)
Handbuch Multimedia-Recht, 28. Ergänzungslieferung (April 2011), München 2011
(zitiert: *Bearbeiter* in: Handbuch Multimedia-Recht)

Immenga, Ulrich
- Grenzen des kartellrechtlichen Ausnahmebereichs Arbeitsmarkt, München 1989
- Ökonomie und Recht in der europäischen Wettbewerbspolitik, ZWeR 2006, S. 346 ff.
- Gefordertes Kartellrecht – 50 Jahre GWB, ZWeR 2008, S. 3 ff.
- Wettbewerbspolitische Aspekte der Rechtsangleichung im GWB, in: Festschrift für Günter Hirsch, München 2008, S. 241 ff.

Immenga, Ulrich / Mestmäcker, Ernst-Joachim (Hrsg.)
- Wettbewerbsrecht, Band 1. EG/Teil 1 – Kommentar zum Europäischen Kartellrecht, 4. Auflage, München 2007
  (zitiert: *Bearbeiter* in: Immenga/Mestmäcker, Europäisches Kartellrecht)
- Wettbewerbsrecht, Band 2. GWB – Kommentar zum Deutschen Kartellrecht, 4. Auflage, München 2007
  (zitiert: *Bearbeiter* in: Immenga/Mestmäcker, GWB)

Infantino, Gianni
Meca-Medina: Ein Schritt zurück für das europäische Sportmodell und die Spezifität des Sports?, SpuRt 2007, S. 12 ff.

Isensee,Josef / Kirchhof, Paul (Hrsg.)
- Handbuch des Staatsrechts, Band I – Grundlagen von Staat und Verfassung, 2. Auflage, Heidelberg 1995
  (zitiert: *Bearbeiter* in: HbStR I)
- Handbuch des Staatsrechts, Band IV – Aufgaben des Staates, 3. Auflage, Heidelberg 2006
  (zitiert: *Bearbeiter* in: HbStR IV (2006))
- Handbuch des Staatsrechts, Band V – Allgemeine Grundrechtslehren, 2. Auflage, Heidelberg 2000
  (zitiert: *Bearbeiter* in: HbStR V (2000))
- Handbuch des Staatsrechts, Band V – Rechtsquellen, Organisation, Finanzen, 3. Auflage, Heidelberg 2007
  (zitiert: *Bearbeiter* in: HbStR V (2007))
- Handbuch des Staatsrechts, Band VIII – Grundrechte: Wirtschaft, Verfahren, Gleichheit, 3. Auflage, Heidelberg 2010
  (zitiert: *Bearbeiter* in: HbStR VIII (2010))

Jaeger, Wolfgang / Pohlmann, Petra / Rieger, Harald / Schroeder, Dirk (Hrsg.)
Frankfurter Kommentar zum Kartellrecht, 74. Ergänzungslieferung (Juni 2011), Köln 2011
(zitiert: *Bearbeiter* in: Frankfurter Kommentar)

Jänich, Volker M.
Fußballübertragungsrechte und Kartellrecht, GRUR 1998, S. 438 ff.

Jarass, Hans D.
Charta der Grundrechte der Europäischen Union, Kommentar, München 2010
(zitiert: *Jarass*, GRC)

Jarass, Hans D. / Pieroth, Bodo
Grundgesetz für die Bundesrepublik Deutschland, Kommentar, 11. Auflage, München 2011
(zitiert: *Bearbeiter* in: Jarass/Pieroth)

Jellinek, Georg
Allgemeine Staatslehre, 3. Auflage 1914, 4. Neudruck Berlin 1922

Jungheim, Stephanie
Auswirkungen der Produktion des Basissignals durch die DFL auf die Bundesliga-Fernsehrechte, SpuRt 2008, S. 89 ff.

Kainer, Friedemann
Grundfreiheiten und staatliche Schutzpflichten – EuGH, NJW 1998, 1931, JuS 2000, S. 431 ff.

Kahlenberg, Harald
Anmerkung zum Urteil des LG Frankfurt a.M. – 2/14 O 392/93 – vom 18.1.1994 (SpuRt 1994, 102 f.), SpuRt 1994, S. 129 ff.

Kahlenberg, Harald / Haellmigk, Christian
Referentenentwurf der 7. GWB-Novelle: Tief greifende Änderungen des deutschen Kartellrechts, BB 2004, S. 389 ff.

Kantzenbach, Erhard
Die Funktionsfähigkeit des Wettbewerbs, 2. Auflage, Göttingen 1967

Kaser, Max / Knütel, Rolf
Römisches Privatrecht, 19. Auflage, München 2008

Kauffmann, Hans
Vereinsautonomie und Verfassung, Sportwissenschaft 1981, S. 198 ff.

Kersting, Christian / Faust, Sabine
Krankenkassen im Anwendungsbereich des Europäischen Kartellrechts, WuW 2011, S. 6 ff.

Kingreen, Thorsten
- Die Struktur der Grundfreiheiten des Europäischen Gemeinschaftsrechts, Berlin 1999
- Die Gemeinschaftsgrundrechte, JuS 2000, S. 857 ff.
- Grundrechtsverbund oder Grundrechtsunion?, EuR 2010, S. 338 ff.

Kirchhof, Ferdinand
Private Rechtsetzung, Berlin 1987, zugl. Habilitationsschrift DHVW Speyer 1985

Klees, Andreas
- Die so genannte „50+1"-Regel im deutschen Profifußball im Lichte des europäischen Wettbewerbsrechts, EuZW 2008, S. 391 ff.
- Welcher Unternehmensbegriff gilt im GWB?, EWS 2010, S. 1 ff.

Kling, Michael / Thomas, Stefan
Kartellrecht, München 2007

Kluge, Friedrich
Etymologisches Wörterbuch der deutschen Sprache, 24. Auflage, Berlin 2002

Kluth, Winfried
Die Bindung privater Wirtschaftsteilnehmer an die Grundfreiheiten des EG-Vertrages, AöR 122 (1997), S. 557 ff.

Koenig, Christian
Herstellung von Wettbewerb als Verwaltungsaufgabe, DVBl. 2009, S. 1082 ff.

Koenig, Christian / Engelmann, Christina
Das Festbetrags-Urteil des EuGH: Endlich Klarheit über den gemeinschaftsrechtlichen Unternehmensbegriff im Bereich der Sozialversicherung?, EuZW 2004, S. 682 ff.

Koenig, Christian / Loetz, Sascha / Neumann, Andreas
Telekommunikationsrecht, Heidelberg 2004

Kohler, Stefan
Mitgliedschaftliche Regelungen in Vereinsordnungen, Heidelberg 1992, zugl. Dissertation Univ. Heidelberg 1991

Köhler, Helmut
- BGB Allgemeiner Teil, 35. Auflage, München 2011
- Zur Konkurrenz lauterkeitsrechtlicher und kartellrechtlicher Normen, WRP 2005, S. 645 ff.

Köhler, Helmut / Bornkamm, Joachim
Gesetz gegen den unlauteren Wettbewerb, Kommentar, 29. Auflage, München 2011
(zitiert: *Bearbeiter* in: Köhler/Bornkamm)

Kopp, Ferdinand / Ramsauer, Ulrich
Verwaltungsverfahrensgesetz, Kommentar, 12. Auflage, München 2011

Kopp, Ferdinand / Schenke, Wolf-Rüdiger
Verwaltungsgerichtsordnung, Kommentar, 17. Auflage, München 2011

Kordel, Guido
Arbeitsmarkt und Europäisches Kartellrecht, Köln u.a. 2004, zugl. Dissertation Univ. Bonn 2003

Kotzenberg, Jochen
Die Bindung des Sportlers an private Dopingregeln und private Schiedsgerichte, Baden-Baden 2007, zugl. Dissertation Univ. Marburg 2006

Krebs, Peter / Becker, Maximilian / Dück, Hermann
Das gewerbliche Veranstalterrecht im Wege richterlicher Rechtsfortbildung, GRUR 2011, S. 391 ff.

Kronberg, Marie
Voraussetzungen und Grenzen der Bindung von Sportverbänden an die Europäischen Grundfreiheiten, Berlin 2011, zugl. Dissertation Univ. Passau 2010
(zitiert: *Kronberg*, Bindung von Sportverbänden an die Europäischen Grundfreiheiten)

Kulka, Michael
Die kartellrechtliche Zulässigkeit von Tarifverträgen über das Ende der täglichen Arbeitszeit im Einzelhandel, RdA 1998, S. 336 ff.

Kummer, Max
Spielregel und Rechtsregel, Bern 1973

Langen, Eugen / Bunte, Hermann-Josef (Hrsg.)
- Kommentar zum deutschen und europäischen Kartellrecht
  Band 1 – Deutsches Kartellrecht, 11. Auflage, Köln 2010
  (zitiert: *Bearbeiter* in: Langen/Bunte, Deutsches Kartellrecht)
- Kommentar zum deutschen und europäischen Kartellrecht
  Band 2 – Europäisches Kartellrecht, 11. Auflage, Köln 2010
  (zitiert: *Bearbeiter* in: Langen/Bunte, Europäisches Kartellrecht)

Larenz, Karl
Zur Rechtmäßigkeit einer „Vereinsstrafe", in: Gedächtnisschrift für Rolf Dietz, München 1973, S. 45 ff.

Larenz, Karl / Wolf, Manfred
Allgemeiner Teil des Bürgerlichen Rechts, 8. Auflage, München 1997

Lenz, Carl Otto / Borchardt, Klaus-Dieter (Hrsg.)
EU-Verträge, Kommentar nach dem Vertrag von Lissabon, 5. Auflage, Köln 2010
(zitiert: *Bearbeiter* in: Lenz/Borchardt)

Lewis-Anthony, Sian
Case law of Article 11 of the European Convention on Human Rights, in: Freedom of Association, S. 28 ff., Dordrecht 1994

Lettl, Tobias
Kartellrecht, 2. Auflage, München 2007

Loewenheim, Ulrich / Meessen, Karl / Riesenkampff, Alexander
Kartellrecht, Kommentar, 2. Auflage, München 2009
(zitiert: *Bearbeiter* in: Loewenheim/Meessen/Riesenkampff)

Lohbeck, Eckhart
Die Vereinsordnungen, MDR 1972, S. 381 ff

Look, Frank van
Vereinsstrafen als Vertragsstrafen, Berlin 1990, zugl. Dissertation Univ. Mainz 1988/89

Löwer, Sandra
Inhaltskontrolle von Nutzungs- und Leistungsbeziehungen zwischen dem Idealverein und seinen Mitgliedern, Frankfurt a.M. 2008, zugl. Dissertation Univ. Marburg 2007

Lukes, Rudolf
Erstreckung der Vereinsgewalt auf Nichtmitglieder durch Rechtsgeschäft, in: Festschrift für H. Westermann, Karlsruhe 1974, S. 325 ff.

Lutter, Marcus
Theorie der Mitgliedschaft – Prolegomena zu einem Allgemeinen Teil des Korporationsrechts, AcP 180 (1980), S. 84 ff.

Lutz, Helmut
Die Beurteilung von Einkaufskooperationen nach deutschem Wettbewerbsrecht, WRP 2002, S. 47 ff.

Macdonald, Ronald St. John / Matscher, F. / Petzold, Herbert (Eds.)
The European System for the Protection of Human Rights, Dordrecht u.a. 1993
(zitiert: *Bearbeiter* in: Macdonald/Matscher/Petzold)

Mailänder, K. Peter
Sport als Wirtschaftsgut, in: Festschrift für Karlmann Geiß, Köln u.a. 2000, S. 605 ff.

Mangoldt, Hermann von / Klein, Friedrich / Starck, Christian (Hrsg.)
- Grundgesetz, Kommentar, Band 1: Präambel, Artikel 1 bis 19, 6. Auflage, München 2010
- Grundgesetz, Kommentar, Band 2: Präambel, Artikel 20 bis 82, 6. Auflage, München 2010

(jeweils zitiert: *Bearbeiter* in: v. Mangoldt/Klein/Starck)

Marauhn, Thilo
Die wirtschaftliche Vereinigungsfreiheit zwischen menschenrechtlicher Gewährleistung und privatrechtlicher Ausgestaltung, RabelsZ 63 (1999), S. 537 ff.

Maunz, Theodor / Dürig, Günter (Hrsg.)
- Grundgesetz, Kommentar, Band I: Art. 1–5; 62. Lieferung (Mai 2011) München 2011
- Grundgesetz, Kommentar, Band II: Art. 6–15; 62. Lieferung (Mai 2011) München 2011
- Grundgesetz, Kommentar, Band IV: Art. 23–53a; 62. Lieferung (Mai 2011) München 2011

(jeweils zitiert: *Bearbeiter* in: Maunz/Dürig)

Maurer, Hartmut
- Staatsrecht I: Grundlagen, Verfassungsorgane, Staatsfunktionen, 6. Auflage, München 2010
- Allgemeines Verwaltungsrecht, 18. Auflage, München 2011

Meessen, Karl M.
Die 7. GWB-Novelle – verfassungsrechtlich gesehen, WuW 2004, S. 733 ff.

Mentzel, Tobias
Solidarität im professionellen Fußballsport versus europäisches Wettbewerbsrecht, Bern 2007, zugl. Dissertation Univ. Würzburg 2006

Menzel, Tobias
- Werbebeschränkungen im Sport, Frankfurt a.M. 2002, zugl. Dissertation Univ. Marburg 2001
- Dopingsperren durch Sportverbände als Missbrauch einer marktbeherrschenden Stellung, WRP 2002, S. 810 ff.

Merz, Hans
Kartellrecht – Instrument der Wirtschaftspolitik oder Schutz der persönlichen Freiheit?, in: Festschrift für Franz Böhm (Wirtschaftsordnung und Rechtsordnung), Karlsruhe 1965, S. 227 ff.

Mestmäcker, Ernst-Joachim
- Veranstalterrechte als Fernsehrechte, in: Festschrift für Otto Sandrock, Heidelberg 2000, S. 689 ff.
- 50 Jahre GWB: Die Erfolgsgeschichte eines unvollkommenen Gesetzes, WuW 2008, S. 6 ff.

Mestmäcker, Ernst-Joachim / Schweitzer, Heike
Europäisches Wettbewerbsrecht, 2. Auflage, München 2004

Meyer, Jürgen
Charta der Grundrechte der Europäischen Union, Kommentar, 3. Auflage, Baden-Baden 2011 (zitiert: *Bearbeiter* in: Meyer)

Meyer-Cording, Ulrich
- Betriebsstrafe und Vereinsstrafe im Rechtsstaat, NJW 1966, S. 225 ff.
- Die Vereinsstrafe, Habilitationsschrift, Tübingen 1957
- Die Rechtsnormen, Tübingen 1971

Meyer-Ladewig, Jens
Europäische Menschenrechtskonvention, Handkommentar, 3. Auflage, Baden-Baden 2011

Montag, Frank / Rosenfeld, Andreas
A Solution to the Problems? Regulation 1/2003 and the modernization of competition procedure, ZWeR 2003, S. 107 ff.

Möschel, Wernhard
Recht der Wettbewerbsbeschränkungen, Köln 1983

Mournianakis, Ioannis
Die Gewährung ausschließlicher Rechte an nationale Sportverbände (Art. 86 Abs. 1 i.V.m. Art. 82 EG), WRP 2009, S. 562 ff.

Mugdan, Benno
Die gesamten Materialen zum Bürgerlichen Gesetzbuch für das Deutsche Reich, Band 1: Einführungsgesetz und Allgemeiner Teil, Neudruck der Ausgabe Berlin 1899, Heidelberg 1979

Müller-Glöge, Rudi / Preis, Ulrich / Schmidt, Ingrid (Hrsg.)
Erfurter Kommentar zum Arbeitsrecht, 12. Auflage München 2012
(zitiert: *Bearbeiter* in: Erfurter Kommentar)

Münchener Kommentar zum BGB
- Band 1 – Allgemeiner Teil (§§ 1–240), 6. Auflage, München 2012
- Band 5 – Schuldrecht, Besonderer Teil III (§§ 705–853), 5. Auflage, München 2009
(jeweils zitiert: *Bearbeiter* in: Münchener Kommentar)

Münchener Kommentar zum Europäischen und Deutschen Wettbewerbsrecht (Kartellrecht)
- Band 1: Europäisches Wettbewerbsrecht, 1. Auflage, München 2007
(zitiert: *Bearbeiter* in: Münchener Kommentar zum Europäischen Wettbewerbsrecht)
- Band 2: Gesetz gegen Wettbewerbsbeschränkungen (GWB), 1. Auflage, München 2008
(zitiert: *Bearbeiter* in: Münchener Kommentar GWB)

Muresan, Remus
Die neue Zuständigkeit der Europäischen Union im Bereich des Sports, CaS 2010, S. 99 ff.

Mutius, Albert von
Die Vereinigungsfreiheit gem. Art. 9 Abs. 1 GG, Jura 1984, S. 193 ff.

Nacken, Gert
Tarifverträge über das Ende der Arbeitszeit und § 1 GWB, WuW 1988, S. 475 ff.

Naumann, Kolja
Art. 52 Abs. 3 GrCh zwischen Kohärenz des europäischen Grundrechtsschutzes und Autonomie des Unionsrechts, EuR 2008, S. 424 ff.

Neumann, Andrea
Marken und Vermarktung im Sport, in: Spektrum des Sportrechts (Herausgeber: Klaus Vieweg), Berlin 2003, S. 295 ff.

Neumann, Volker
Solidarische Wettbewerbsordnung statt Vertragsarztrecht?, NZS 2002, S. 561 ff.

Nicklisch, Fritz
- Inhaltskontrolle von Verbandsnormen, Heidelberg 1982
- Der verbandsrechtliche Aufnahmezwang und die Inhaltskontrolle satzungsmäßiger Aufnahmevoraussetzungen, JZ 1976, S. 105 ff.

Nolte, Martin / Polzin, Carsten
- Grundrechtskollisionen im Sport, NZG 2001, S. 838 ff.
- Zum Aufnahmezwang für Verbände mit überragender Machtstellung, NZG 2001, S. 980 f.

Oppermann, Thomas / Classen, Claus Dieter / Nettesheim, Martin
Europarecht, 5. Auflage, München 2011

Orth, Jan Friedrich
Vereins- und Verbandsstrafen am Beispiel des Fußballsports, Frankfurt a.M. 2009, zugl. Dissertation Univ. Köln 2008

Orth, Mark-E.
Anmerkung zum Urteil des EuGH in der Rs. C-519/04 P (*Meca-Medina*) Slg. 2006, I-6991, SpuRt 2006, S. 198 f.

Ouart, Peter E.
Die „50+1"-Regelung bleibt auf dem Prüfstand, SpuRt 2010, S. 54 ff.

Pache, Eckhard
Die Europäische Grundrechtscharta – ein Rückschritt für den Grundrechtsschutz in Europa?, EuR 2001, S. 475 ff.

Palandt, Otto
Bürgerliches Gesetzbuch, Kommentar, 70. Auflage, München 2011
(zitiert: *Bearbeiter* in: Palandt)

Palme, Christoph
Das Bosman-Urteil des EuGH: Ein Schlag gegen die Satzungsautonomie?, JZ 1996, S. 238 ff.

Palme, Christoph / Hepp-Schwab, Herrmann / Wilske, Stephan
Freizügigkeit im Profisport – EG-rechtliche Gewährleistungen und prozessuale Durchsetzbarkeit, JZ 1994, S. 343 ff.

Palzer, Christoph / Preisendanz, David
Frischer Wind in der privaten Durchsetzung des Kartellrechts?, EWS 2010, S. 215 ff.

Parlasca, Susanne
Kartelle im Profisport, Ludwigsburg u.a. 1993, zugl. Dissertation Univ. Hamburg 1993

Parrish, Richard / Miettinen, Samuli
The Sporting Exception in European Union Law, The Hague 2008

Penski, Ulrich / Elsner, Bernd
Eigentumsgewährleistung und Berufsfreiheit als Gemeinschaftsgrundrechte in der Rechtsprechung des Europäischen Gerichtshofs, DÖV 2001, S. 265 ff.

Persch, Sven
- Sportförderung in Europa: Der neue Art. 165 AEUV, NJW 2010, S. 1917 ff.
- Der EuGH und die Besonderheiten des Sports im Arbeitsrecht, NZA 2010, S. 986 ff.

Pfister, Bernhard
- Autonomie des Sports, sport-typisches Verhalten und staatliches Recht, in: Festschrift für Werner Lorenz, Tübingen 1991, S. 171 ff.
- Sportregeln vor staatlichen Gerichten, SpuRt 1998, S. 221 ff.
- Der rechtsfreie Raum des Sports in: Hadding, Walther (Hrsg.), Festgabe Zivilrechtslehrer 1934/1935, Berlin 1999, S. 457 ff.
- Meca-Medina, kein Schritt zurück!, SpuRt 2007, S. 58 f.

Pieroth, Bodo / Schlink, Bernhard
Staatsrecht II, Grundrechte, 27. Auflage, Heidelberg 2011

Prütting, Hanns / Wegen, Gerhard / Weinreich, Gerd
BGB Kommentar, 6. Auflage, Köln 2011
(zitiert: *Bearbeiter* in: Prütting/Wegen/Weinreich)

Raiser, Thomas
Der Begriff der juristischen Person. Eine Neubesinnung, AcP 199 (1999), S. 104 ff.

Raupach, Arndt
Fußball – das Spiel zwischen Idealismus und Kommerz, SpuRt 2008, S. 241 ff.

Rauste, Olli
Werbebeschränkungen bei Sportveranstaltungen und europäisches Kartellrecht, SpuRt 1998, S. 7 ff.

Reemann, Jörg Ludwig
Die Verfassung des Vereins – Notwendiger Inhalt und Individualschutz, Darmstadt 1988, zugl. Dissertation Univ. Münster 1988

Rehbinder, Manfred
Urheberrecht, 16. Auflage, München 2010

Reichert, Bernhard
Vereins- und Verbandsrecht, 12. Auflage, Köln 2009

Reichold, Hermann
Gegenmachtprinzip und arbeitsrechtliche Kartellgarantie des Art. 9 Abs. 3 GG, in: Kartellrecht und Arbeitsmarkt, 6. Ludwigsburger Rechtsgespräch, München 2010, S. 55 ff.

Rengeling, Hans-Werner / Szczekalla, Peter
Grundrechte in der Europäischen Union, Köln u.a. 2004

Reuter, Dieter
- Die Verfassung des Vereins gem. § 25 BGB, ZHR 148 (1984), S. 523 ff.
- Probleme der Transferentschädigung im Fußballsport, NJW 1983, S. 649 ff.

RGRK
Das Bürgerliche Gesetzbuch unter besonderer Berücksichtigung der Rechtsprechung des Reichsgerichts und des Bundesgerichtshofs, Band 1 (§§ 1–240), 12. Auflage, Berlin u.a. 1982
(zitiert: *Bearbeiter* in: RGRK)

Rinck, Gerd
Einwirkungen des Kartellrechts auf das allgemeine Privatrecht, in: Festschrift für Franz Wieacker, Göttingen 1978, S. 476 ff.

Rittner, Fritz / Dreher, Meinrad
Europäisches und Deutsches Wirtschaftsrecht, 3. Auflage, Heidelberg 2008

Rittner, Fritz
- Die multinationalen Unternehmen und die Möglichkeiten eines Weltwirtschaftsrechts, in: Festschrift für Reimer Schmidt, Karlsruhe 1976, S. 221 ff.

- Drei Grundfragen des Wettbewerbs, in: Festschrift für Alfons Kraft zum 70. Geburtstag, Neuwied u.a. 1998, S. 519 ff.

Rittner, Fritz / Kulka, Michael
Wettbewerbs- und Kartellrecht, 7. Auflage, Heidelberg 2008

Roth, Wulf-Henning
- Tarifverträge aus kartellrechtlicher Sicht, in: Tarifautonomie und Kartellrecht (Referate einer FWI-Veranstaltung), Köln u.a. 1990, S. 7 ff.
- Drittwirkung der Grundfreiheiten?, in: Festschrift für U. Everling (Band II), Baden-Baden 1995, S. 1231 ff.

Röthel, Anne
- Grundfreiheiten und private Normgebung, EuR 2001, S. 908 ff.
- Anmerkung zu EuGH verb. Rs. C-51/96 und C-191/97 (Deliège) und EuGH Rs. C-176/96 (Lehtonen), EuZW 2000, S. 379 f.

Rupp, Hans Heinrich
Verfassungsrecht und Kartelle, in: Ernst-Joachim Mestmäcker (Hrsg.), Wettbewerb als Aufgabe, Bad Homburg v.d.H. u.a. 1968, S. 187 ff.

Säcker, Franz Jürgen (Hrsg.)
Berliner Kommentar zum Telekommunikationsgesetz, 2. Auflage, Frankfurt a.M. 2009
(zitiert: *Bearbeiter* in: Berliner Kommentar zum TKG)

Säcker, Franz Jürgen / Rancke, Friedbert
Verbandsgewalt, Vereinsautonomie und richterliche Inhaltskontrolle, AuR 1981, S. 1 ff.

Sachs, Michael
Grundgesetz, Kommentar, 6. Auflage, München 2011
(zitiert: *Bearbeiter* in: Sachs)

Sauter, Eugen / Schweyer, Gerhard / Waldner Wolfgang
Der eingetragene Verein, 19. Auflage, München 2010

Savigny, Friedrich Carl von
Vom Beruf unserer Zeit für Gesetzgebung und Rechtswissenschaft, Heidelberg 1814

Schaub, Alexander / Dohms, Rüdiger
Das Weißbuch der Europäischen Kommission über die Modernisierung der Vorschriften zur Anwendung der Artikel 81 und 82 EG-Vertrag, WuW 1999, S. 1055 ff.

Schebstadt, Arnd
Sektorspezifische Regulierung – Im Grenzgebiet zwischen Marktaufsicht und Marktgestaltung, WuW 2005, S. 6 ff.

Scheffler, Arndt
Anmerkung zum Urteil des EuGH in der Rs. C-205/03 P (*FENIN*), EuZW 2006, S. 601 ff.

Schilling, Theodor
Internationaler Menschenrechtsschutz, 2. Auflage, Tübingen 2010

Schimke, Martin
Sportübertragungsrechte in der Europäischen Union aus kartellrechtlicher Sicht, in: Sport in der Europäischen Union, Heidelberg 1996, S. 31 ff.

Schindler, Dierk
Die Kollision von Grundfreiheiten und Gemeinschaftsgrundrechten, Berlin 2001, zugl. Dissertation Univ. Augsburg 2000

Schlosser, Peter
- Prozessuale Fragen um den privatrechtlichen Vereinsverwaltungsakt, MDR 1967, S. 884 ff.
- Vereins- und Verbandsgerichtsbarkeit, München 1972
- Die olympische Schiedsgerichtsbarkeit und das deutsche Recht, in: Festschrift für Albrecht Zeuner, Tübingen 1994, S. 467 ff.

Schmidt, Ingo
Wettbewerbspolitik und Kartellrecht, 8. Auflage, Stuttgart 2005

Schmidt, Karsten
Gesellschaftsrecht, 4. Auflage, Köln u.a. 2002

Schmidt, Stefan
Organisations- und Rechtsfragen als Folgen der Kommerzialisierung des Fußballsports, Speyer 2003, zugl. Dissertation DHVW Speyer 2003

Schmidtchen, Dieter
Der „more economic approach" in der Wettbewerbspolitik, WuW 2006, S. 6 ff.

Schmittmann, Michael / Lehmann, Maik
Blick nach Brüssel, AfP 1996, S. 255 ff.

Schmitz, Thomas
Die Grundrechtecharta als Teil der Verfassung der Europäischen Union, EuR 2004, S. 691 ff.

Schockenhoff, Martin
- Der Grundsatz der Vereinsautonomie - Inhalt und Geltung eines ungeschriebenen Tatbestandsmerkmals, AcP 193 [1993], S. 35 ff.
- Vereinsautonomie und Autonomie kirchlicher Vereine, NJW 1992, S. 1013 ff.

Scholz, Rupert
- Konzentrationskontrolle und Grundgesetz, Stuttgart 1971
- Entflechtung und Verfassung, Baden-Baden 1981
- Tarifautonomie, Arbeitskampf und privatwirtschaftlicher Wettbewerb, in: Festschrift für Fritz Rittner, München 1991, S. 629 ff.

Scholz, Rupert / Aulehner, Josef
Die „3+2"-Regel und die Transferbestimmungen des Fußballsports im Lichte des europäischen Gemeinschaftsrechts, SpuRt 1996, S. 44 ff.

Schöpflin, Martin
Der nichtrechtsfähige Verein, Köln u.a. 2003, zugl. Habilitationsschrift Univ. Marburg 2001

Schroeder, Werner
- Anmerkung zum Urteil des EuGH Rs. C-415/93 (*Bosman*), JZ 1996, S. 254 ff.
- Anmerkung zum Urteil des EuG Rs. T-313/02 (*Meca-Medina*), SpuRt 2005, S. 23 f.
- Sportrecht und Europäisches Wettbewerbsrecht, SpuRt 2006, S. 1 ff.
- Monopol von Sportverbänden und Veranstalterkonkurrenz bei Wettkämpfen, WRP 2006, S. 1327 ff.

Schultz, Alexander
Das Verhältnis von Gemeinschaftsgrundrechten und Grundfreiheiten des EGV, Berlin 2005, zugl. Dissertation Univ. Kiel 2003

Schulz, Sebastian
Grundrechtskollisionen im Berufssport, Baden-Baden 2011, zugl. Dissertation Univ. Kiel 2010

Schürnbrand, Jan
Die Anwendung des Kartellrechts im Bereich des Sports, ZWeR 2005, S. 396 ff.

Schwarze, Jürgen
- Der Grundrechtsschutz für Unternehmen in der Europäischen Grundrechtecharta, EuZW 2001, S. 517 ff.
- Der Schutz der Grundrechte durch den EuGH, NJW 2005, S. 3459 ff.

Schwarze, Jürgen / Hetzel, Philipp
Der Sport im Lichte des europäischen Wettbewerbsrechts, EuR 2005, S. 581 ff.

Schwarze, Jürgen / Weitbrecht, Andreas
Grundzüge des europäischen Kartellverfahrensrechts, Baden-Baden 2004

Schwier, Henning
Wirtschaftsgrundrechte von Unternehmen in der Europäischen Grundrechtecharta unter besonderer Berücksichtigung des sachlichen Anwendungsbereiches, Frankfurt a.M. u.a. 2008, zugl. Dissertation Univ. Köln 2007
(zitiert: *Schwier*, Wirtschaftsgrundrechte von Unternehmen in der Europäischen Grundrechtecharta)

Senge, Lothar (Hrsg.)
Karlsruher Kommentar zum Gesetz über Ordnungswidrigkeiten, 3. Auflage München 2006
(zitiert: *Bearbeiter* in: Karlsruher Kommentar zum OWiG)

Simon, Stefan
Autonomie im Völkerrecht: Ein Versuch zum Selbstbestimmungsrecht der Völker, Baden-Baden 2000, zugl. Dissertation Univ. Köln 1998

Smith, Adam
An Inquiry into the Nature and Causes of the Wealth of Nations, Second Volume, Nachdruck der Erstauflage von 1776, London 1812

Soergel, Hans-Theodor
Kommentar zum Bürgerlichen Gesetzbuch, Band 1: Allgemeiner Teil 1 (§§ 1–103), 13. Auflage, Stuttgart u.a., 2000
(zitiert: *Bearbeiter* in: Soergel)

Springer, Ulrich
Die zentrale Vermarktung von Fernsehrechten im Ligasport nach deutschem und europäischem Kartellrecht unter besonderer Berücksichtigung des amerikanischen Antitrust-Rechts, WRP 1998, S. 477 ff.

Staudinger, Julius von
Kommentar zum Bürgerlichen Gesetzbuch mit Einführungsgesetz und Nebengesetzen, Buch 1, Allgemeiner Teil 2 (§§ 21–79), 14. Neubearbeitung, Berlin 2005
(zitiert: *Bearbeiter* in: Staudinger)

Steinbeck, Anja
- Vereinsautonomie und Dritteinfluss, Berlin u.a. 1999, zugl. Habilitationsschrift Univ. Mainz 1998
- Der Anspruch auf Aufnahme in einen Verein, WuW 1996, S. 91 ff.

Steinbeck, Anja / Menke, Thomas
Bundesliga an die Börse, NJW 1998, S. 2169 ff.

Steiner, Udo
- Die Autonomie des Sports, München 2003
- Besonderes Verwaltungsrecht, 8. Auflage, Heidelberg u.a. 2006
  (zitiert: *Bearbeiter* in: Besonderes Verwaltungsrecht)
- Der Sport auf dem Weg ins Verfassungsrecht – Sportförderung als Staatsziel, SpuRt 1994, S. 2 ff.

Stender-Vorwachs, Jutta
Sport und Kultur, SpuRt 2004, S. 201 ff.

Stern, Klaus (Hrsg.)
- Das Staatsrecht der Bundesrepublik Deutschland, Band I – Grundbegriffe und Grundlagen des Staatsrechts, Strukturprinzipien der Verfassung, 2. Auflage München 1984
  (zitiert: *Bearbeiter* in: Stern, Staatsrecht I)
- Das Staatsrecht der Bundesrepublik Deutschland, Band IV/1 – Die einzelnen Grundrechte: Der Schutz und die freiheitliche Entfaltung des Individuums, München 2006
  (zitiert: *Bearbeiter* in: Stern, Staatsrecht IV/1)

Stöber, Kurt
Handbuch zum Vereinsrecht, 9. Auflage, Köln 2004

Stommel, Sonja
Die Vereins- und Verbandsgerichtsbarkeit unter besonderer Berücksichtigung der Berufsverbände, Münster u.a. 2002, zugl. Dissertation Münster (Westfalen) 2000/01

Stopper, Martin
- Wer ist Veranstalter und Rechtsträger im Profi-Fußball?, SpuRt 1999, S. 188 ff.
- Deutsche Rechtsprechung zu Transfer-Zahlungen seit „Bosman" – Übersicht und Kritik, SpuRt 2000, S. 1 ff.
- Zentralvermarktung der Bundesliga-Fernsehübertragungsrechte: Finale mit Elfmeterschießen, SpuRt 2003, S. 48 ff.
- Ligasportvermarktung: Verhaltenskoordination oder Gemeinschaftsproduktion?, ZWeR 2008, S. 412 ff.
- Spielmanipulation: Das Bundeskartellamt kennt das richtige Ergebnis der TV-Zentralvermarktung, SpuRt 2008, S. 177 ff.
- Die 50+1-Regel im deutschen Profi-Fußball, WRP 2009, S. 413 ff.

Streinz, Rudolf (Hrsg.)
- EUV/EGV, Kommentar, 1. Auflage, München 2003
  (zitiert: *Bearbeiter* in: Streinz)
- Europarecht, 8. Auflage, Heidelberg 2008
- Die Auswirkungen des EG-Rechts auf den Sport, SpuRt 1998, S. 1 ff., 45 ff., 89 ff.
- EG-Grundfreiheiten und Verbandsautonomie, SpuRt 2000, S. 221 ff.
- Der Fall Bosman: Bilanz und Folgen, ZEuP 2005, S. 340 ff.

Streinz, Rudolf / Leible, Stefan
Die unmittelbare Drittwirkung von Grundfreiheiten, EuZW 2000, S. 468 ff.

Strickrodt, Georg
Liefer- und Leistungsverträge unter den Wirkungen des Kartellverbots, WuW 1957, S. 75 ff.

Ströbele, Volker Michael
Die Auswirkungen der „Besonderheiten des Sports" auf die Anwendung von Verfahrensgrundsätzen in sportgerichtlichen Verfahren am Beispiel des Fußballs, Tübingen 2010, zugl. Dissertation Univ. Tübingen 2010

Summerer, Thomas
Investoren für die Bundesliga?, SpuRt 2008, S. 234 ff.

Szczekalla, Peter
Die sogenannten grundrechtlichen Schutzpflichten im deutschen und europäischen Recht, Berlin 2002, zugl. Dissertation Univ. Osnabrück 2000

Teubner, Gunther
Organisationsdemokratie und Verbandsverfassung, Tübingen 1978, Habilitationsschrift Univ. Tübingen 1977

Tettinger, Peter
Wettbewerb in freien Berufen – berufsgrundrechtliche Aspekte, NJW 1987, S. 294 ff.

Tettinger, Peter / Stern, Klaus (Hrsg.)
Kölner Gemeinschaftskommentar zur Europäischen Grundrechte-Charta, 1. Auflage, München 2006
(zitiert: *Bearbeiter* in: Tettinger/Stern)

Traub, Fritz
Verbandsautonomie und Diskriminierung, WRP 1985, S. 591 ff.

Tuhr, Andreas von
Der Allgemeine Teil des Deutschen Bürgerlichen Rechts, Erster Band: Allgemeine Lehren und Personenrecht, Leipzig 1910

Tumbrägel, Kai
Die Zentralvermarktung von Sportübertragungsrechten am Beispiel von Fußball und Formel 1, Göttingen 2001, zugl. Dissertation Univ. Münster (Westfalen) 2001

Tilch, Horst / Arloth, Frank (Hrsg.)
Deutsches Rechts-Lexikon, Band 3 (Q-Z), 3. Auflage, München 2001

Tyrolt, Jochen
Sportschiedsgerichtsbarkeit und zwingendes staatliches Recht, Baden-Baden 2007, zugl. Dissertation Univ. Heidelberg 2005
(zitiert: *Tyrolt*, Sportschiedsgerichtsbarkeit)

Uerpmann-Wittzack, Robert
Doppelter Grundrechtsschutz für die zukünftige europäische Union, DÖV 2005, S. 152 ff.

Ulmer, Peter
Der Begriff „Leistungswettbewerb" und seine Bedeutung für die Anwendung von GWB und UWG-Tatbeständen, GRUR 1977, S. 565 ff.

Vetter, Rainer
Das FIFA-Spielervermittler-Reglement im Spannungsverhältnis zum europäischen Kartellrecht, SpuRt 2005, S. 233 ff.

Vieweg, Klaus
- Normsetzung und -anwendung deutscher und internationaler Verbände: Eine rechtstatsächliche und rechtliche Untersuchung unter besonderer Berücksichtigung der Sportverbände, Habilitation, Berlin 1990
- Zur Inhaltskontrolle von Verbandsnormen, in: Festschrift für Rudolf Lukes, Köln u.a. 1989, S. 809 ff.
- Doping und Verbandsrecht, NJW 1991, S. 1511 ff.

Vieweg, Klaus / Röthel, Anne
Verbandsautonomie und Grundfreiheiten, ZHR 166 (2002), S. 6 ff.

Vitzthum, Wolfgang Graf (Hrsg.)
Völkerrecht, 5. Auflage, Berlin u.a. 2010
(zitiert: *Bearbeiter* in: Vitzthum)

Wagner, Gerhard
Bundesliga Going Public: Traumpaß oder Eigentor?, NZG 1999, 469 ff.

Waldhauser, Herrmann
Anmerkung zum Beschluß des BGH vom 11. Dezember 1997 (KVR 7/96) zur Zentralvermarktung der Europacupspiele durch den DFB, ZUM 1998, S. 129 ff.

Weber, Albrecht
Einheit und Vielfalt der europäischen Grundrechtsordnung(en), DVBl. 2003, S. 220 ff.

Weihs, Antje
Zentrale Vermarktung von Sportübertragungsrechten, Berlin 2004, zugl. Dissertation Univ. Tübingen 2003

Weiß, Wolfgang
Anmerkung zum Urteil des EuGH Rs. C-438/00 (*Deutscher Handballbund*), SpuRt 2003, S. 157 f.

Weisbrod, Christian
Europäisches Vereinsrecht, Frankfurt am Main 1994, zugl. Dissertation Univ. Münster (Westfalen) 1993

Weitbrecht, Andreas / Mühle, Jan
Europäisches Kartellrecht 2009, EuZW 2010, S. 327 ff.

Weizsäcker, C. Christian von
Konsumentenwohlfahrt und Wettbewerbsfreiheit: Über den tieferen Sinn des „Economic Approach", WuW 2007, S. 1078 ff.

Wertenbruch, Johannes
- Die zentrale Vermarktung von Fußball-Fernsehrechten als Kartell nach § 1 GWB und Art. 85 EGV, ZIP 1996, S. 1417 ff.
- Anmerkung zum Urteil des EuGH Rs. C-415/93 (*Bosman*), EuZW 1996, S. 91 ff.

Westerholt, Margot Gräfin von
Übertragung von Sportveranstaltungen im Fernsehen, ZIP 1996, S. 264 ff.

Westerkamp, Georg
Ablöseentscheidungen im bezahlten Sport, Münster (Westfalen) 1980, zugl. Dissertation Univ. Münster(Westfalen) 1980

Westermann, Harm Peter
Das Recht des Leistungssports, in: Festschrift für Fritz Rittner, München 1991, S 771 ff.

Wiedemann, Gerhard (Hrsg.)
Handbuch des Kartellrechts, 2. Auflage, München 2008
(zitiert: *Bearbeiter* in: Handbuch des Kartellrechts)

Winkler, Roland
Die Grundrechte der Europäischen Union, Wien 2006, zugl. Habilitationsschrift Univ. Salzburg 2004/2005

Winkler, Sebastian
Die Vermutung des „äquivalenten" Grundrechtsschutzes im Gemeinschaftsrecht nach dem Bosphorus-Urteil des EGMR, EuGRZ 2007, S. 641 ff.

Wolff, Reinmar
Der drittbestimmte Verein – Satzungsrechte Dritter zwischen Vereinigungsfreiheit und Vereinsautonomie, Berlin 2006, zugl. Dissertation Univ. Marburg 2005

Würdinger, Hans
Freiheit der persönlichen Entfaltung, Kartell- und Wettbewerbsrecht, WuW 1953, S. 721 ff.

Zinger, Susanne
Diskriminierungsverbote und Sportautonomie, Berlin 2003, zugl. Dissertation Univ. Tübingen 2001/2002

FSC
www.fsc.org
MIX
Papier | Fördert
gute Waldnutzung
FSC® C083411

Kolibri 360 GmbH
Ferdinand-Jühlke-Straße 7
99095 Erfurt, Deutschland
produktsicherheit@kolibri360.de